DUKE ZBULUAR DHIATËN E VJETËR

Autorët dhe redaktorët:

Robert D. Branson, Ph.D.
(Robert D. Branson, Doktor i Filozofisë)
Profesor i literaturës biblike
Drejtor i katedrës së fesë dhe filozofisë
Universiteti Nazaretas Olivet
Burbonej, Ilinoi

Tim M. Grin, Ph.D.
(Tim M. Green)
Profesor i Dhiatës së Vjetër
Dekan i Shkollës së fesë
Universiteti Nazaretas Treveka
Neshvill, Tenesi.

Xhim Edlin, Ph.D.
(Jim Edlin)
Profesor i literaturës dhe gjuhëve biblike
Drejtori i katedrës së fesë dhe filozofisë
Universiteti Nazaretas MidAmerika
Olejthë, Kansas

Aleks Varugeze, Ph.D.
(Alex Varughese)
Profesor i fesë
Drejtor i katedrës së fesë dhe filozofisë
Universiteti Nazaretas Mount Vernon
Mount Vernon, Ohajo

Komiteti Këshillimor për librin
Duke Zbuluar Dhiatën e Vjetër

Rev. **Kendal Frenklin**
(Kendall Franklin)
Pastor
Kisha e parë të Nazaretasit Hutçinson
Hutçinson, Kansas

Rev. **David Roland**
(David Roland)
Mbikqyrës i Distriktit Verilindor të
    Indianas
Kisha e Nazaretasit; Marion, Indiana

Rej Hendriks *(Ray Hendrix)*
Drejtor i Literaturës së Misionit Botëror
Kisha e Nazaretasit
Kansas Siti, Misuri

Gjon Rajt, Ph.D.
(John Wright)
Asistent profesor i teologjisë
Universiteti Nazaretas Point Loma
San Diego, Kaliforni

Tom Kinj, Ph.D. (zëvendës)
(Tom King)
Kryetar i studimeve biblike/teologjike
Kolegji Biblik Nazaretas
Kolorado Springs, Kolorado

DUKE ZBULUAR DHIATËN E VJETËR

Historia dhe besimi

ALEX VARUGHESE, REDAKTORI

Robert D. Branson ◆ Jim Edlin ◆ Tim M. Green

Titulli i Origjinalit:
Discovering the Old Testament
Autorë: Robert Branson, Jim Edlin, dhe Timothy Green
Redaktori: Alex Varughese
E drejta e botimit 2003
nga Beacon Hill Press of Kansas City,
Një degë e "Nazarene Publishing House" (Shtëpisë Botuese Nazaretase)
Kansas City, Missouri 64109 ShBA

Përkthyer në shqip nga: Evisa Myftaraj, Julinda Ndreka, Rezarta Shëngjergji dhe Gentjan
 Suli

Ky version është botuar në shqip nga Fondacioni Kisha Shqiptare e Nazaretasit me lejën e
 Shtëpisë Botuese Nazaretase, Kansas City, Missouri

Në qoftë se nuk ka ndonjë shënim të veçantë, citimet nga Bibla janë marrë nga Diodati i Ri,
 përkthimi 1991-94.

2008

Përmbajtja

Hyrje

Dhiata e Vjetër luan një rol të rëndësishëm në besimin e krishterë dhe në edukimin e krishterë. Pothuajse të gjithë të krishterët pohojnë së Dhiata e Vjetër është Shkrim i frymëzuar nga Perëndia, dhe se është pjesë e Fjalës së tij. Megjithatë Dhiata e Vjetër është një libër që nuk studiohet nga pjesa më e madhe e të krishterëve. Historitë e Noeut, Abrahamit, Jozefit dhe Davidit u mësohen fëmijëve në Shkollën e së Dielës, por ndodh rrallë që të rriturit të përkushtohen në një studim serioz të Dhiatës së Vjetër. Shumë lexues ngatërrohen nga zakonet e lashta, gjeografia e çuditshme, fjalët dhe veprat e dhunshme, të herëpashershme të Izraelit. Prandaj, megjithëse shpallim që Dhiata e Vjetër është fjala e frymëzuar e Perëndisë, në praktikë nuk i kushtojmë vëmendjen asaj.

Është e qartë se, në qoftë se duam që Dhiata e Vjetër të funksonojë në ne si fjala e Perëndisë, atëhere duhet ta kuptojmë më mirë atë. Libri Duke zbuluar Dhiatën e Vjetër: historia dhe besimi, mund të na ndihmojë që të kuptojmë më mirë Dhiatën e Vjetër. Ky libër është ndërtuar në mënyrë të qartë, e koncize, është i lehtë për t'u lexuar dhe ka vlera pedagogjike për kurset hyrëse-shqyrtuese të Dhiatës së Vjetër. Gjithashtu, ky volum do të jetë një burim i rëndësishëm për lexuesit në përgjithësi, dhe për studentët e rritur të Dhiatës së Vjetër. Fotografitë, hartat dhe shënime anësore, do të tërheqin lexuesit që kanë të theksuar anën pamore. Lexuesit më të rinj në moshë, të cilët janë mësuar me tekste të ndërtuara me anë të teknologjisë moderne të mjeteve ndihmëse pamore, do ta ndjejnë veten si në shtëpi.

Në treg ka shumë tekste hyrëse të Dhiatës së Vjetër. Një veçori e librit Duke zbuluar Dhiatën e Vjetër, janë shënimet historike, kulturore, arkeologjike, interpretuese dhe teologjike. Këto shënime anësore sqarojnë informacionin dhe e çojnë lexuesin drejt një kuptimi më të thellë të Dhiatës së Vjetër si Fjala e Perëndisë. Shënimet historike i drejtohen mjedisit të ngjarjeve të rëndësishme historike, dhe zhvillimit të koncepteve domethënëse te botës së lashtë. Shënimet kulturore ilustrojnë zakonet dhe praktikat fetare të Izraelit dhe të kulturave të vendeve të tjera të Lindjes së Afërme në lashtësi. Shënimet arkeologjike hapin dritare në zbulimet e rëndësishme arkeologjike, të cilat ndriçojnë tekstet biblike. Shënimet interpretuese japin parime udhërrëfyese për interpretimin e llojeve të ndryshme të literaturës në Djatën e Vjetër, si p.sh. letërsi tregimtare, ligjore, urtësie, poetike dhe profetike. Shënimet teologjike trajtojnë çështje teologjike domethënëse të Dhiatës së Vjetër.

Studentët dhe mësuesit do të gjejnë mjete ndihmëse pedagogjike. Çdo kapitull nis me objektivat mësimore, me listë fjalësh, pyetje orientuese, fjali përmbledhëse, pyetje për reflektim, zbatime dhe burime kyçe për studim të mëtejshëm. Të katërt autorët janë mësuesa të kurseve të nivelit të parë të Dhiatës së Vjetër në kolegje dhe universitete të arteve liberale të krishtera. Çdonjëri prej autorëve është i kualifikuar si specialist, dhe ka marrë doktoratura në fushën rreth të cilës libri shkruhet. Unë ju siguroj që studentët e këtyre autorëve hynë në studime për masters me një kuptim të qartë të Shkrimeve dhe me një besim të gjallë dhe të mirëinformuar.

Shumica e teksteve që shqyrtojnë Dhiatën e Vjetër, përqëndrohen në paraqitjen e përmbajtjes së librave të saj, duke mos u kushtuar vëmendje çështjeve të rëndësishme teologjike. Dhe pikërisht këto çështje teologjike ndodhen në thelb të bindjes së krishterë që deklaron se Dhiata e Vjetër është Fjalë e frymëzuar e Perëndisë. Edhe pse ky libër nuk është një libër teologjik i Dhiatës së Vjetër, çdo kapitull tregon bindjen e autorëve rreth faktit që Perëndia ka punuar tek njerëzit dhe ngjarjet e Dhiatës së Vjetër. Çdo kapitull bazohet mbi pikëpamjen uesliane për mëkatin, shpëtimin, hirin, besimin, shenjtërinë dhe shpresën e besimtarit, dhe të gjitha këto janë të përmbledhura në shënimet teologjike.

Libri Duke zbuluar Djatën e Vjetër fton studentët dhe mësuesit që të mësojnë rreth mesazhit të Dhiatës së Vjetër. Shpjegimet e qarta dhe koncize, përmbledhjet e thjeshta dhe pamjet e paraqitura, u përgjigjen pyetjeve dhe shmangin keqkuptimet, të cilat i pengojnë njerëzit që të lexojnë dhe të shijojnë studimin e Dhiatës së Vjetër. Lutja ime është që dashuria për Shkrimet dhe marrëdhënia juaj me Perëndinë të thellohen ndërsa studioni këtë libër.

–Roger L. Hahn
Redaktues i përgjithshëm i teksteve mësimore
Beacon Hill Press of Kansas City

Fjala e redaktorit
për studentët

Mirë se vini në këtë udhëtim që do t'ju drejtojë në zbulimin e Dhiatës së Vjetër, përmes një mënyre të re dhe përtëritëse. Ky udhëtim, për ju si lexues dhe studentë të Dhiatës së Vjetër, do të jetë një sfidë por edhe një aventurë emocionuese. Qëllimi i këtij libri është që t'ju sigurojë një hartë orientuese të skicuar qartësisht dhe në mënyrë strategjike, e cila do ta bëjë këtë udhëtim një eksperiencë të papërshkrueshme mësimi.

Në këtë udhëtim, përmes Dhiatës së Vjetër, do të ndeshemi me disa udhëkryqe të mëdha në zhvillimin e historisë dhe fesë së popullit të Perëndisë, Izraelit. Kapitujt e ndryshëm në këtë libër, janë ndërtuar në mënyrë të tillë që t'ju ndihmojnë të kuptoni domethënien e këtyre ngjarjeve historike, dhe të traditave fetare që i kanë dhënë formë dhe drejtim historisë së Izraelit.

Çdo kapitull është ndërtuar me kujdes, dhe nuk paraqet vetëm përshkrimet e këtyre ngjarjeve dhe ideve fetare, por paraqet dhe "shenja e tabela treguese", të cilat do t'ju ndihmojnë të ecni përmes kapitullit pa shumë vështirësi. Fillimisht ne ju ftojmë të bëheni të njohur me këto "shenja e tabela treguese" para se të niseni për udhëtimin tuaj për zbulimin e Dhiatës së Vjetër.

Objektiva

Në fillim të çdo kapitulli do të gjeni një listë objektivash. Këto objektiva të tregojnë se çfarë duhet të jesh i aftë të bësh si rezultat i studimit të çdo kapitulli. Ne të këshillojmë që të kesh parasysh këto objektiva ndërsa lexon dhe studion çdo kapitull. Nënvizo dhe thekso seksione në kapituj, në të cilat gjen përshkrime të temave që do të të ndihmojnë në përmbushjen e objektivave.

Fjalët kyçe për të kuptuar

Në çdo kapitull ka shpjegime ose përkufizime fjalësh, prezantime njerëzish dhe vendesh të rëndësishme. Këto fjalë janë vendosur në fillim të çdo kapitulli, dhe në tekst janë shkruar me shkronja të zeza. Ju duhet t'i kuptoni dhe të jeni të aftë për t'i dalluar e përshkruar këto fjalë. Kjo është thelbësore për të patur një udhëtim të suksesshëm përmes Dhiatës së Vjetër.

Disa pyetje që duhen marrë parasysh ndërsa lexoni

Në fillim të çdo kapitulli do të gjeni, gjithashtu, dy ose tri pyetje. Këto pyetje kanë për qëllim përgatitjen e tablosë para se të filloni leximin dhe studimin e lëndës së temës së kapitullit. Para se të fillosh të lexosh shkruaj përgjigjet e këtyre pyetjeve. Ky ushtrim do të të ndihmojë që të mendosh më parë, dhe të jesh i përgatitur për çështjet historike dhe teologjike që do të paraqiten.

Fjali përmbledhëse

Është e natyrshme që çdo lexues pasi lexon një libër ose kapitull, të bëjë pyetjen "Cila ishte pika kryesore?" Në fund të çdo kapitulli ne kemi nxjerrë disa përfundime domethënëse për t'ju ndihmuar. Në to përmblidhen gjërat kryesore të kapitullit. Përdorni këto fjali përmbledhëse për të përsëritur gjërat që keni mësuar, dhe rikthehuni në seksionet që mund të mos i keni parë me vëmendje.

Pyetje për reflektim

Gjithashtu, çdo kapitull mbaron me disa pyetje. Këto pyetje do të të ndihmojnë që të mendosh më thellësisht për këto çështje, ngjarje dhe ide fetare që ke mësuar. Qëllimi i këtyre pyetjeve nuk është që vetëm t'ju udhëheqin drejt reflektimit për atë që keni mësuar, por dhe t'ju sfidojë që t'i zbatoni këto mësime në situata jetësore.

Burime për studime të mëtejshme

Ne nuk pretendojmë që ky libër do t'u përgjigjet të gjitha pyetjeve që keni për Dhiatën e Vjetër. Megjithëse është bërë një punë e madhe për përgatitjen e këtij libri, ne jemi të vetëdijshëm që hiri i Perëndisë siguron edhe përmes personave të tjerë të ditur, të cilët ndihmojnë që ne të kuptojmë Fjalën e Perëndisë. Çdo kapitull përfundon me listën e tri ose katër komentarëve të Biblës ose burimeve, e cila shpresojmë që do t'ju ndihmojë për studimin e mëtejshëm të Dhiatës së Vjetër.

Shënime anësore

Në çdo kapitull kemi përfshirë shënime anësore me të dhëna të shkurtra, por shumë të dobishme, për tema që lidhen me interpretime biblike, me teologjinë, historinë, kulturën e lashtë të Lindjes së Afërme dhe arkeologjinë. Simbolet e këtyre shënimeve jepen më poshtë.

I	Shënimet interpretuese paraqesin parime kyçe në mënyrë të përgjithshme, dhe të udhëheqin drejt interpretimit të llojeve kryesore letrare të Dhiatës së Vjetër të tilla si; letërsi tregimtare, ligjiore, urtësie, poetike, profetike dhe apokaliptike.

T	Shënimet teologjike trajtojnë çështje të rëndësishme teologjike të Dhiatës së Vjetër.

H	Shënimet historike na japin një pamje të zhvillimit të koncepteve dhe ideve fetare, ose të çështjeve të tjera historike, që lidhen me tema të veçanta.

K	Shënimet kulturore ilustrojnë zakonet kulturore dhe idetë fetare të Izraelit dhe të Lindjes së Afërme në lashtësi.

A	Shënimet arkeologjike shpjegojnë zbulime të rëndësishme arkeologjike, të cilat hedhin dritë mbi tekste të caktuara biblike.

Mjetet ndihmëse pamore

Në këtë libër kemi përfshirë piktura, harta dhe ilustrime, të cilat do t'ju ndihmojnë ndërsa do të studioni këtë libër. Ne shpresojmë që në këtë rast të jetë e vërtetë shprehja "Një pamje vlen sa njëmijë fjalë". Gjithashtu, ne iu inkurajojmë që të studioni hartat dhe të përpiqeni të kapërceni largësinë gjeografike mes jush dhe vendndodhjes së ngjarjeve biblike.

Si përfundim, lutja jonë është që këto "shenja dhe tabela ndihmëse" t'ju jenë shumë të dobishme, ndërsa filloni aventurën e zbulimit të Dhiatës së Vjetër.

Fjala e redaktuesit për mësuesit

Qëllimi kryesor i këtij vëllimi është që të paraqesë një tekst të qartë, konciz, të lehtë për t'u lexuar dhe me vlera pedagogjike për kurset e nivelit fillestar të Dhiatës së Vjetër, të cilat janë pjesë e rëndësishme e programit mësimor për arsim të përgjithshëm në universitete. Çdo kapitull i librit u drejtohet çështjeve pedagogjike, që janë vendimtare për zotërimin e përmbajtjes, gjithashtu dhe për vlerësimin dhe zbatimin e saj. Metodat pedagogjike përfshijnë objektivat mësimore, listë fjalësh, pyetje për studentët, në mënyrë që të orientohen kur studiojnë materialet e çdo kapitulli, shqyrtime të përgjithëm të përmbajtjes së librave të Dhiatës së Vjetër, fjali përmbledhëse, pyetje për reflektim të mëtejshëm, vlerësimin dhe zbatimin e mësimeve dhe tri ose katër burime kyçe për lexime e studim të mëtejshëm.

Ne kemi përfshirë, gjithashtu, një numër të madh shënime anësore, që paraqesin tema dhe çështje të ndryshme. Këto shënime, të ndara si interpretuese, teologjike, historike, kulturore dhe arkeologjike, janë të vendosura në vende strategjike në kapitull. Duke përdorur parimet hermenutike, shënimet interpretuese i japin lexuesit udhëzimin e duhur për interpretimin e materialeve të Dhiatës së Vjetër. Shënimet teologjike përqëndrohen në një analizë të thellësishme të çështjeve kyçe teologjike, në zbatimin e tyre dhe në lidhjen e tyre me lexuesit e krishterë të Dhiatës së Vjetër. Shënimet historike, kulturore dhe arkeologjike japin informacion shtesë, i cili do t'i ndihmojë lexuesit që të kenë idenë e duhur për kohën dhe mjedisin e Dhiatës së Vjetër. Ne shpresojmë që këto shënime të jenë burim i vlefshëm informacioni për studentët tuaj, dhe të ndihmojnë për të kuptuar me thellë fjalën e Perëndisë.

Ata që kanë ndihmuar për bërjen e këti libri, kanë sjellë pikëpamje të veçanta dhe janë njerëz të specializuar për pjesë të ndryshme të Dhiatës së Vjetër. Kapitujt janë caktuar për t'u shkruar duke u bazuar në specialitetin e çdonjërit prej autorëve të këtij libri, të cilët kanë marrë edhe doktoratura në fushat e tyre. Pra çdo kapitull pasqyron interesin studimtor, përgatitjen akademike dhe aftësinë mësimdhënëse të autorëve të këtij libri. Libri përmban materiale dhe metoda mësimdhënëse të cilat i kemi testuar dhe provuar në kurset e studimit të Dhiatës së Vjetër. Vitet e gjata të eksperiencës së mësimdhënies nëpër kurset e Dhiatës së Vjetër, na ndihmuan që të vendosnim se cila do të ishte struktura, format dhe përmbajtja e këtij libri. Ne e paraqesim këtë libër si vepër dijetarësh, por është përdorur një gjuhë që kuptohet lehtë dhe niveli i vështirësisë është i përshtatshëm për studentet e vitit të parë të universitetit. Ne jemi përpjekur që t'i trajtojmë çështjet kritike me qartësinë më të madhe, duke mos e shkëmbyer asnjëherë dijen me një trajtim sipërfaqsor të lëndës.

Së fundi, duke pasur parasysh të vërtetën e padiskutueshme, që kisha e trashëgoi këtë pjesë të Fjalës së përjetshme nga historia e popullit të Izraelit dhe nga besimi i tij, konsiderojmë se Dhiata e Vjetër është pjesë e Shkrimeve të krishtera. Pra, kurdo që u është dukur e arsyeshme, autorët kanë kërkuar që të vënë pika lidhëse mes historisë dhe besimit të Izraelit dhe asaj të kishës. Uniteti i Biblës, vazhdimësia mes dy dhiatave dhe plani i shpëtimit për gjithë njerëzimin, të cilin ai e përmbushi përmes vdekjes dhe ringjalljes së Jesus Krishtit, janë bindjet kryesore të autorëve të këtij vëllimi. Në këtë vëllim janë përdorur shpesh pjesë nga Dhiata e Re, në mënyrë që mesazhi i Dhiatës së Vjetër të shpjegohet, qartësohet dhe të interpretohet nën dritën e mesazhit kryesor të Dhiatës së Re.

Qoftë ky libër një vegël e rëndësishme në duart tuaja ndërsa u mësoni studentëve tuaj Fjalën e përjetshme dhe besnike të Perëndisë, dhe ndërsa përçoni hirin e tij në klasë.

Falënderime

Dëshirojmë të falenderojmë disa njerëz që kanë dhënë ndihmëm e tyre për këtë libër, qoftë përmes pjesëmarrjes së drejtpërdrejtë, qoftë nëpërmjet mbështetjes së tyre entuziaste dhe inkurajuese. Autorët punuan së bashku për disa çështje kyçe që lidheshin me formatimin dhe organizimin e librit. Aleks Varugeze (Alex Varughese) ka shkruar materialet hyrëse (kap.1-4), një sërë kapitujsh mbi librat e Pentatukut (5-11) dhe për profetët e Izraelit (25-28, 30-31 dhe një pjesë të 32-shit). Robert Brenson (Robert Branson) ka shkruar kapitujt që mbulojnë Fjalët e Urta të Izraelit dhe literaturën poetike (21-24). Xhim Edlin (Jim Edlin) shkroi kapitujt që trajtojnë Mërgimin dhe Restaurimin, gjithashtu dhe librat që i përkasin periudhës së pasmërgimit (18-20, 29, pjesën më të madhe të kap. 32 dhe shtojcën). Tim Grin (Tim Green) shkroi kapitujt që trajtojnë historinë e Izraelit, duke filluar që nga pushtimi i Kanaanit, e deri në mërgimin babilonas (12-17).

Roxher Han (Roger Hahn), redaktor për iniciativën njëqindvjeçare të Kishës së Nazaretasit, dhe Boni Peri (Bonnie Perry), redaktor drejtues i shtëpisë botuese "Beacon Hill Press of Kansas City", na kanë dhënë mbështeje të vazhdueshme gjatë shkrimit të këtij libri. Ne u jemi thellësisht mirënjohës për ndihmën dhe inkurajimin e tyre të vazhdueshëm. Një falënderim i veçantë i shkon Xhudi Kingut (Judi King) për sigurimin e fotografive, si dhe Sharon Pejxhit (Sharon Page) për vizatimet e saj mjeshtërore dhe skemat e këtij libri.

Nuk gjejmë fjalë të përshtatshme për të shprehur vlerësimin për mësuesit tanë (disa prej të cilëve kanë hyrë në paqen e përjetëshme), të cilët na kanë ndihmuar dhe drejtuar në studimin e Fjalës së Perëndisë kur ishim studentë. Gjithashtu, u detyrohemi edhe shumë studentëve, të cilët kanë marrë pjesë në kurset tona të Dhiatës së Vjetër, dhe na kanë dëgjuar me durim kur kemi provuar të japim mësim atë që është shkruar në këtë libër. Mirënjohje të veçantë meritojnë familjet dhe miqtë tanë për mbështetjen e tyre gjatë procesit të shkrimit të këtij libri. Me mirënjohje të thellë ne ua dedikojmë këtë libër të gjithëve atyre që na kanë mësuar të vërtetën e përjetëshme: "Ja, të kesh frikë nga Zoti, kjo është dituri…" (Jobi 28:28).

Robert D. Branson
Xhim Edlin
Tim M. Grin
Aleks Varugeze, Redaktori

SEKSIONI I

TË BËHEMI GATI PËR ZBULIMIN E DHIATËS SË VJETËR

Ky seksion e njeh lexuesin me:

- Një shikim të përgjithshëm të Biblës, si regjistrim i mirëfilltë i zbulesës së Perëndisë; dhe me historinë biblike, si një interpretim teologjik i ngjarjeve historike.

- Historinë, se si Dhiata e Vjetër u bë pjesë e Shkrimeve të Shenjta, dhe me historinë e përkthimit të Biblës.

- Një sërë parimesh dhe udhëzimesh për interpretimin e Dhiatës së Vjetër.

- Mjedisin gjeografik dhe kulturor të historive të Dhiatës së Vjetër.

- Historia biblike: Hyrje

- Dhiata e Vjetër si pjesë e Shkrimit të Shenjtë

- Interpretimi i Dhiatës së Vjetër

- Bota e Dhiatës së Vjetër

1 Historia biblike: Hyrje

Studimi i këtij kapitulli do t'ju ndihmojë:

- Të njihni natyrën e veçantë të historisë biblike dhe ndryshimin mes saj dhe historisë jobiblike të botës.
- Të përkufizoni historinë biblike.
- Të përcaktoni se çfarë është zbulesa dhe frymëzimi.
- Të diskutoni mbi pikëpamjen biblike të lidhjes së Perëndisë me historinë.
- Të tregosh historinë e jetës tënde duke e futur në kornizën e historisë së Biblës.

Disa pyetje që duhen marrë parasysh ndërsa lexoni:

1. Mendo mbi historinë e jetës tënde dhe identifiko ato kohë të cilat i cilëson si "momentet më të mira" të marrëdhënies tënde me Perëndinë.

2. Çfarë kupton ti kur thua që jeta jote është një udhëtim me Perëndinë?

Fjalët kyçe për të kuptuar

Zbulesë
Zbulesë e veçantë
Zbulesë e përgjithshme
Mishërim
Frymëzim
Teoria e diktimit të frymëzuar
Teoria dinamike e frymëzimit
Kanun
Autoritet
Historia teologjike
Teologji
Kairos
Historia e shpëtimit

Historia e Biblës shpesh është quajtur "historia me e madhe që është treguar ndonjëherë". Kjo është një mënyrë e përshtatshme për ta karakterizuar Biblën, sepse është historia e një marrëdhënieje në të cilën Perëndia zbulon dhe shpreh dashurinë e Tij ndaj njerëzimit. Kjo histori i zbulon lexuesit se kush është Zoti. Është historia e zbulesës hyjnore, e vetëzbulimit të Perëndisë ndaj njerëzimit përmes fjalëve dhe veprave të Tij. Kështu që kjo histori është më shumë se thjesht një "rrëfenjë", por është histori sepse ngjarjet historike shërbejnë si mjedis i zbulesës hyjnore që regjistrohet në Bibël.

Ngjarjet historike, duke filluar me krijimin e universit dhe të njerëzimit nga Perëndia, lindjen e qytetërimit njerëzor dhe shfaqjen e fuqive politike botërore, të gjitha këto janë pjesë e historisë së Biblës. Pika qendrore e historisë biblike është zbulesa e Perëndisë në, dhe përmes personit të Jezusit të Nazaretit. Perëndia u vesh me trupin njerëzor prej mishi e gjaku në personin e Jezusit (**mishërimi**), dhe kështu ia shfaqi veten botës ne mënyrë të plotë. Ngjarjet historike në Dhiatën e Vjetër përbëjnë mjedisin e këtij vetëzbulimi përfundimtar të Perëndisë. Historia vazhdon që të shërbejë si arenë e veprave të Perëndisë, duke vepruar përmes Krishtit dhe Shpirtit të tij të Shenjtë. Është e nevojshme që të kemi parasysh marrëdhënien thelbësore mes zbulesës dhe historisë, ndërsa fillojmë këtë udhëtim nëpër Dhiatën e Vjetër, duke ecur bashkë me komunitetin e besimit të asaj kohe.

Histori të ndryshme biblike na tregojnë atë që ka bërë Perëndia në të kaluarën, atë që po bën në të tashmen dhe atë që do të bëjë në të ardhmen. Shkrimtarët biblike, jo vetëm që i mblodhën dhe i renditën materialet historike, por edhe i interpretuan ngjarjet që të tregonin kuptimin dhe qëllimin e veprimeve të Perëndisë në historinë njerëzore. Pra, historia biblike, është **histori teologjike**, diçka mjaft e ndryshme nga historia jobiblike e botës në përmbajtje dhe drejtim (**teologjia** është

T **Zbulesa**

Bibla është regjistrimi më i sigurtë dhe i vërtetë i vetëzbulimit të Perëndisë ndaj njerëzimit (zbulesa). Zbulesa nuk vjen vetëm nëpërmjet fjalës së folur të Perëndisë, por edhe përmes veprave të tij. Sidoqoftë, Bibla nuk bën dallim mes të dyjave, sepse fjala e folur nga Perëndia, në të vërtetë, është e njëjtë me atë që Ai bën. Termi *zbulesë e veçantë*, shpesh përdoret për të përshkruar vetëzbulesën e Perëndisë në histori, përmes fjalëve dhe veprave të Tij. Qëllimi i kësaj zbulese është që t'i bëjë të ditur njerëzimit dashurinë e Perëndisë dhe vullnetin e Tij për jetët tona, dhe të na nxisë që t'i përgjigjemi Atij përmes besimit dhe bindjes. Shprehja më e mirë e dashurisë hyjnore, është ardhja e Jezus Krishtit në botë. Zbulesa e veçantë na ndihmon që të kuptojmë planin e Perëndisë për shpëtim. Kjo pikëpamje e zbulesës, plotëson dhe mbështet të kuptuarin e faktit që Zoti e shfaq veten edhe përmes krijimit të tij, që është bota dhe gjithçka shohim rreth nesh. Ne mund të përdorim termin *zbulesë e përgjithshme*, për të përshkruar këtë zbulesë (shfaqje) të madhështisë, fuqisë dhe lavdisë së Perëndisë, që na shfaqet me anë të bukurisë së natyrës.

T Frymëzimi

Frymëzimi hyjnor është burimi nga i cili u mor zbulesa dhe u regjistrua nga shkrimtarët biblikë. Megjithëse ne nuk mund të shpjegojmë saktësisht mënyrën dhe procesin e frymëzimit, Shkrimet dëshmojnë që Perëndia luajti një rol kryesor dhe aktiv në shkrimin e Biblës (2 Tim. 3:16-17, 2 Pjet. 1:20-21). Disa të krishterë e shohin frymëzimin si diktim të fjalëve që u bëri Perëndia shkruesve të Biblës (**teoria e diktimit të frymëzimit**). Një mendim tjetër është ai i teologëve ungjillorë ueslianë, të cilët njohin përfshirjen aktive të Shpirtit të Shenjtë në shkrimin e Biblës (**teoria dinamike e frymëzimit**).[2] Shpirti i Shenjtë i përgatiti shkrimtarët biblikë për ta marrë dhe për ta transmetuar zbulesën. Këtyre shkrimtarëve iu dha një i kuptuar i veçantë i veprimtarive të Perëndisë në histori, të cilat i interpretuan duke i parë me syrin e traditave të tyre të besimit, dhe e transmetuan përmes shkrimit. Teoria dinamike përqendrohet në përfshirjen e Shpirtit të Perëndisë në jetën dhe punën e shkrimtarëve biblikë. Përderisa Shpirti i Shenjtë është Agjenti aktiv në transmentimin e zbulesës përmes Shkrimeve, është e nevojshme që t'i nënshtrohemi autoritetit dhe udhëheqjes së Shpirtit për një kuptim të saktë të Fjalës së Perëndisë.

'shkenca' ose studimi i Perëndisë dhe i cilësive të tij). Dallohet nga historia shekullare sepse përqëndrohet në veprimtarinë e Perëndisë dhe sepse bazohet në besimin që ka një lidhje e drejtpërdrejtë mes Tij dhe ngjarjeve historike të ndryshme.

Shkrimtarët biblike, i shihnin ngjarjet që ndodhnin në historinë e tyre të besimit, si ngjarje të planifikuara në mënyrë hyjnore për shpëtimin e gjithë njerëzimit. Sipas mendimit të krishterë, Perëndia e përmbushi planin e shpëtimit përmes Krishtit, i cili erdhi në botën tonë "sipas këshillit të caktuar dhe të paranjohur të Perëndisë" (Vep. 2:23). Apostulli Pal flet për mishërimin, duke thënë se Perëndia dërgoi Birin e tij "kur u mbush koha" (Gal. 4:4). Kjo përmbushje kohe (në greqisht *kairos*), është koha, apo periudha e vendosur nga Perëndia për përmbushjen e planeve dhe qëllimeve të tij.[1] Studiuesit shpesh e përshkruajnë historinë biblike si **historia e shpëtimit** (në gjermanisht *heilsgeschichte*), për shkak të theksit që vë ajo mbi shpengimin e njerëzimit nga mëkati.

Historia biblike ka vazhdimësi dhe unitet. Kjo është e dukshme si në historitë e Dhiatës së Vjetër, dhe në historitë e Dhiatës së Re. Dhiata e Vjetër, e cila është në qendër të këtij libri, është historia dhe traditat e besimit të izraeliteve. Ngjarjet e mëdha, që vijojnë, përbëjnë kuadrin e historisë së Dhiatës së Vjetër:

Krijimi dhe mëkati i njerëzimit (Zanafilla 1–11)

Besëlidhja e Perëndisë me Abrahamin dhe me pasardhësit e tij (Zanafilla 12–50)

Eksodi i Izraelit nga Egjipti dhe Sinai (Eksodi 1–40)

Udhëtimi i Izraelit në shkretëtirë dhe pushtimi i Kanaanit (Numrat, Ligji i Përtërirë, Jozueu)

Izraeli nën udhëheqjen e drejtuesve karizmatikë (Gjyqtarët dhe 1 Samueli 1–9)

Fillimi i monarkisë (1 Samueli 10–1 Mbretërve 11)

Mbretëritë e ndara të Izraelit (1 Mbretërve 12–2 Mbretërve 25)

Mërgimi dhe restaurimi (Ezdra dhe Nehemia)

T **Bibla si kanun**

Zbulesa dhe frymëzimi i jep Biblës vend të veçantë në Kishën e Krishterë. Bibla është kanuni i Kishës së Krishterë. Në kuptimin e përgjithshëm, termi kanun i referohet një përmbledhjeje shkrimesh të pranuara nga feja si autoritative dhe normative për besimin dhe praktikat. Bibla si **kanun**, pasqyron autoritetin e shkrimeve në traditën e krishterë. Bibla ka **autoritet** sepse është regjistrim i vetëzbulimit të Perëndisë. Bibla vendos standardet (në kuptimin e drejtpërdrejtë fjala *canon*, në greqisht, do të thotë thupër, standard, ose diçka e drejtë), për besimin dhe praktikat.

Megjithëse nuk është e regjistruar në Dhiatën e Vjetër, historia e mëvonëshme e Izraelit (judenjve), është e mirënjohur. Pas persëve, sundimtarët grekë morën kontrollin në Palestinë për rreth 170 vjet. Pas sundimit grek, judenjtë vendosën një mbretëri të tyren, të pavarur, e cila zgjati për rreth 100 vjet. Pavarësia e tyre mori fund kur Roma mori kontrollin politik në Palestinë. Historia e Dhiatës së Re është vendosur në këtë kontekst të gjerë të historisë së Izraelit.

Ne e njohim Perëndinë kryesisht përmes ngjarjeve historike që janë regjistruar në Bibël . Meqë këto ngjarje historike janë pjesë e traditës së besimit tonë, atëherë historia biblike, në kuptimin më të plotë e më të vërtetë, është historia jonë. Ne nuk mund të rrimë në anë të kufijve të historisë biblike si spektatorë, por duhet të hyjmë në këtë 'histori' në mënyrë që të përjetojmë një marrëdhënie të gjallë e dinamike me Perëndinë. Udhëtimi ynë në këtë histori do të kalojë përmes Kopshtit të Edenit, e do të vazhdojë deri tek vdekja e ringjallja e Jezusit. Në këtë udhëtim do të ndeshemi me Perëndinë, i cili vjen tek ne duke na gjykuar për mëkatshmërinë tone. Por më e rëndësishme është se do të ndeshemi me Zotin, që vjen tek ne përmes Birit të tij Jezus Krisht duke na ofruar hirin, faljen, shpëtimin dhe jetën e përjetshme

Fjali përmbledhëse

- Zbulesa është vetëzbulimi i Perëndisë ndaj njerëzimit.
- Bibla është regjistrimi i zbulesës, e shkruar nga njerëz të frymëzuar nga Shpirti i Shenjë.
- Bibla është kanuni i Kishës së Krishterë.
- Vetëzbulesa e Perëndisë përmes Jezus Krishtit është pika qendrore e historisë biblike.
- Historia biblike është interpretimi teologjik i ngjarjeve historike.
- Njarjet historike në Bibël tregojnë vazhdimësi dhe qëllim.
- Historia Biblike na sfidon që të hyjmë në një marrëdhënie personale me Perëndinë.

Pyetje për reflektim

1. Lexo pjesët që vijojnë dhe diskuto pyetjen "Çfarë po bën Perëndia?" në këto pjesë: Zanafilla 1:1–2:4; 15:7-21; 45:4-8; Jeremia 29:1-14.
2. Çfarë është thënë për Perëndinë dhe veprimtarinë e Tij në Jobin 38:1–39:30; Isaia 40:12-24; 41:1-4; 43:1-28?
3. Lexo Psalmin 107. Listo karakteristikat e Perëndisë, të cilat gjenden në këtë psalm.
4. Në besimin biblik gjendet bindja se historia jonë është një histori me Perëndinë. Në qoftë se kjo është e vërtetë, trego ndikimet e këtij besimi në jetën tënde.

Burime për studime të mëtejshme

Cullman, Oscar, *Christ and Time*, përkth. Floyd V. Filson, Philadelphia: Westminster Press, 1964. Lexo pjesën e parë: "The Continuous Redemptive Line."

Dunning, H. Ray. *Grace, Faith and Holiness.* Kansas City: Beacon Hill Press of Kansas City, 1988. Lexo kapitullin 4; "Revelation: Its Meaning and Necessity."

2 Dhiata e Vjetër si pjesë e Shkrimit të Shenjtë

Objektivat

Studimi i këtij kapitulli do t'ju ndihmojë:

- Të rendisni ndarje dhe libra të ndryshme të Dhiatës së Vjetër.
- Të bëni një përmbledhje të historisë së shkrimit të Dhiatës së Vjetër në gjuhën hebraike.
- Të përshkruani fazat e ndryshme të kanunizimit të Dhiatës së Vjetër.
- Të njihni fazat kryesore në historinë e përkthimit të Biblës.

Disa pyetje që duhen marrë parasysh ndërsa lexoni:

1. Cilat janë disa nga mësimet më të njohura për Fjalën e Zotit, që kanë ndikuar në kuptimin tënd për mënyrën se si ka ardhur Bibla deri tek ne?
2. Përse është e nevojshme që të kuptosh në mënyrën e duhur karakterin dhe strukturën e Biblës?
3. Ne dëgjojmë njerëzit shpesh që thonë "Në Bibël thuhet...". Çfarë kuptojnë ata kur i referohen Biblës në këtë mënyrë?

Fjalët kyçe për të kuptuar

Torah (Ligji)
Nebiim (Profetët)
Profetët e mëparshëm
Profetët e mëvonshëm
Kethubim (Shkrimet)
Tradita gojore
Autografet (dorëshkrimet origjinale)
Skribët
Kumran (*Qumran*)
Rrotullat e Detit të Vdekur
Kodiku
Tekstet Masore
Biblia Hebraica (Bibla hebraike)
Kanunizimi
Targume
Septuaginti
Apokrifa
Kanuni i Ligjit të Përtërirë/Deuterokanun
Zheromi
Vulgata (*Vulgate*)
Uiklif (*Wycliffe*)
Tindejl (*Tyndale*)
Mbreti Xhejms I
Barasvlefshmëri formale
Barasvlefshmëri dinamike

Për çfarë është shkruar Dhiata e Vjetër? Kush e shkroi? Kur u shkruan librat e saj? Si u bënë pjesë e Biblës librat e Dhiatës së Vjetër? Si u shkrua Bibla në gjuhën angleze? Në këtë kapitull ne do të trajtojmë këto çështje të rëndësishme, dhe do të diskutojmë disa fakte kryesore që kanë të bëjnë me Dhiatën e Vjetër.

Për çfarë është shkruar Dhiata e Vjetër?

Dhiata e Vjetër (e njohur gjithashtu dhe si Shkrimet Hebraike) është Bibla e judaizmit dhe pjesë e Biblës së krishterimit. Përveç disa pjesëve në gjuhën aramaike (p.sh. Ezdra 4:8–6:18; 7:12-26; Danieli 2:4b–7:28), librat e Dhiatës së Vjetër u shkruan në hebraisht. Botimi protestant i Dhiatës së Vjetër dhe i Biblës hebraike janë të ngjashëm sepse që të dy kanë 39-të libra të njëjtë. Dhiata e Vjetër romako-katolike ka 7 libra më tepër (gjithsej 46 libra). Përveç kësaj, librat e Esterit dhe Danielit në Dhiatën e Vjetër romako-katolike, kanë shtojca ose suplemente (shih shënimi për Apokrifën më vonë në këtë kapitull).

Tradita hebraike i ndan shkrimet hebraike në tri seksione: *Torah* (Ligji), *Nebiim* (Profetët) dhe *Kethubim* (Shkrimet). Fjala *TaNaK* i referohet kësaj ndarjeje të trifishtë të shkrimeve hebraike. Klasifikimi i librave të Dhiatës së Vjetër, që vijon më poshtë, është mbështetur në traditën hebraike.

Librat që i përkasin **Torah**, ose Ligjit (Zanafilla, Eksodi, Levitiku, Numrat dhe Ligji i Përtërirë), përmbajnë regjistrimet më të hershme të historisë njerëzore dhe të historisë së hershme të Izraelit. Në historitë e Izraelit përfshihet historia e të parëve të këtij kombi dhe e formimit të tij si popull nga Perëndia, ligjet dhe rregullat e vendosura nga Perëndia për besimin e Izraelit dhe për jetën që do të jetonin në këtë botë, dhe historia e udhëtimit të tyre për në vendin e Kanaanit.

Përveç Zanafillës 1–11, këta libra tregojnë historinë e Izraelit duke filluar aty rreth vitit 1800 para K., e deri më 1240 para K.

Seksioni i *Nebiimit* (Profetët) ka dy nëndarje. Seksioni i parë, gjithashtu i njohur si **Profetët e Mëparshëm** (Jozueu, Gjyqtarët, 1 dhe 2 Samueli, dhe 1 e 2 Mbretërit), merret me historinë e popullit të Izraelit, duke filluar që nga hyrja e tyre në vendin e Kanaanit, e deri në fillimin e robërisë në Babiloni (1240 para K deri 587 para K). Këta libra janë të njohur në traditën e krishterë si libra historikë. Seksioni i dytë, **Profetët e Mëvonshëm**, përmban librat e profetëve të mëdhenj të Izraelit si Isaia, Jeremia, Ezekieli, dhe librat e dymbëdhjetë profetëve të vegjël (Osea, Joeli, Amosi, Abdia, Jona, Mikea, Nahumi, Habakuku, Sofonia, Hagai, Zakaria dhe Malakia).

Seksioni *Kethubim* (**Shkrimet**), përmban librat që vijojnë: Psalmet, Jobi, Fjalët e Urta, Ruthi, Kantiku i Kantikëve, Predikuesi, Vajtimet, Esteri, Danieli, Ezdra, Nehemia, 1dhe 2 Kronikat.

Botimet e Biblës hebraike, protestante dhe romako-katolike, dallojnë nga njëra–tjetra nga mënyra se si janë organizuar librat e Dhiatës së Vjetër. Në traditën hebraike, Profetët e Mëvonshëm janë vendosur pas Profetëve të Mëparshëm, dhe Shkrimet janë vendosur pas librit të Malakisë. Në Biblën protestante Shkrimet janë shpërndarë mes Profetëve të Mëparshëm dhe të Mëvonshëm. Katolikët nuk kanë një organizim të qëndrueshëm, përfundimtar të librave të Dhiatës së Vjetër. Për më shumë informacion rreth organizimit më të pranuar të Biblës në traditën romako-katolike, shih botimet e fundit të *Biblës së Jeruzalemit* ose të *Biblës së Re Amerikane* (*New American Bible*).

Krijimi i Dhiatës së Vjetër

Është e vështirë që të përcaktosh saktësisht se kur e mori formën që ka sot Dhiata e Vjetër. Ne mendojmë se forma që ka sot Dhiata e Vjetër është rezultat i një procesi të gjatë dhe të ndërlikuar që përfshin shkrimin, zhvillimin dhe pranimin e dorëshkrimeve të zgjedhura nga judaizmi si Shkrimet e Shenjta. Referencat në librin e Eksodit na tregojnë se shkrimi ishte një veprimtari që praktikohej në kohën e Moisiut. Disa tekste biblike e përmendin "Librin e Ligjit" (shih Ligji i Përtërirë 31:24-26, 2 Mbretërve 22:8-10), si "Shkrimet" e Izraelit të lashtë. Përveç kësaj gjejmë referenca për dokumente të lashta, si për shembull "Libri i Luftrave të Zotit" (Numrat 21:14), "Libri i të Drejtit (Libri i Jasharit)" (Jozueu 10:13), "Libri i Mbretërve të Izraelit" (2 Kronikave 33:18). Tek Jeremia 36 na tregohet historia e Jeremisë që i dikton fjalët e tij Barukut, i cili shkroi fjalët e profetit në një rrotull. Gjithesesi, këto pak referenca nuk na shpjegojnë në mënyrë të qartë procesin kompleks nëpër të cilin kanë kaluar librat e Dhiatës së Vjetër dhe sesi morën formën e sotme.

Ne mendojme se historitë në librin e Zanafillës ishin pjesë e traditave fetare të Izraelit gjatë kohës së Moisiut (shekulli 13-të para K.). Duke filluar që nga libri i Eksodit, ngjarjet biblike përqëndrohen në jetën dhe shërbesën e Moisiut. Historitë e Eksodit, Levitikut, Numrave dhe të Ligjit të Përtërirë i përkasin periudhës së Moisiut. Ka mundësi që pjesa thelbësore e këtyre historive të ketë qenë **traditë gojore** e Izraelit (histori të transmetuara gojorisht nga një brez te tjetri) për tri ose më shumë shekuj para se të vinin në formën e shkruar. Gjithashtu, ka mundësi që pjesët e shumta të librave të Jozueut, Gjyqtarëve, 1 dhe 2 Samuelit, 1 dhe 2 Mbretërve, të kenë ekzistuar si traditë gojore për një kohë mjaft të gjatë. Ne mendojmë se pjesa më e madhe e librave të Dhiatës së Vjetër e mori formën përfundimtare mes viteve 800 para K. dhe 400 para K.

Ne nuk jemi shumë të sigurtë për vendet ku u shkruan librat e Dhiatës së Vjetër, por ka shumë të ngjarë që të jenë shkruar në

H **Apokrifa**

Përkthyesit e Septuagintit përkthyen edhe shkrime të tjera fetare të cilat nuk u njohën zyrtarisht si Shkrime të vërteta e të frymëzuara të judaizmit. Këto shkrime janë të njohura nga tradita protestante si **Apokrifa**, që do të thotë "libra të fshehur". 15-të librat që vijojnë përbëjnë listën tradicionale të librave apokrifal: 1 dhe 2 Esdrës, Lutja e Manasit, Libri i Urtisë së Salomonit, Libri i Siracidit (*Ecclesiasticus* në latinisht), Libri i Juditës, Libri i Tobisë, shtesa të Esterit, Libri i Barukut, Letra e Jeremisë, Kënga e Tre Fëmijëve, Suzana, E bukura dhe Dragoi dhe Libri i parë dhe i dytë të Makabenjve. Në shekullin e parë Septuaginti i përmbante të gjithë librat apokrifal përveç 2 Esdras. Më vonë këto libra u bënë pjesë e Biblës në latinisht, dhe u kanunizuan në Kishën Romako-katolike gjatë mesjetës. Gjatë reformimit protestant, reformatorët vunë në pikëpyetje autoritetin e librave apokrifal. Martin Luteri u shpreh se këto libra nuk ishin të frymëzuar në mënyrë hyjnore, megjithëse kishin vlerë si shkrime historike dhe devocionale. Tradita romako-katolike vazhdoi që'i shihte këta libra si të frymëzuar dhe t'i quante *deuterokanun* (kanun me autoritet të dorës së dytë). Në përgjithësi kishat protestante ndoqën pikëpamjet e Luterit. Biblat e bëra nga dijetarët ekumenikë përfshinin edhe Apokrifën.

Palestinë dhe Babiloni. Ne nuk i kemi dorëshkrimet origjinale (**autografet**) të librave të Dhiatës së Vjetër. Kopjet ose dorëshkrimet e mëvonshme të Dhiatës së Vjetër janë shkruar nga **skribët**, të cilët i kopjuan me kujdes dorëshkrimet ekzistuese. Konsumimi dhe prishja e rrotullave i ka nxitur ata që të shkruanin kopje të reja nga dorëshkrimet e vjetra.

Pas shkatërrrimit të Jeruzalemit më 587 para K., veç atyre që qëndruan në Palestinë, komunitete të hebrenjve lulëzuan dhe në Babiloni e Egjipt. Shumë dijetarë besojnë se këto bashkësi hebrenjsh në Palestinë, Babiloni dhe Egjipt, vazhduan detyrën e kopjimit dhe ruajtjes së teksteve biblike. Gjithesesi, ne nuk kemi dorëshkrime që të mbështesin teorinë e kopjimit të teksteve. Një arsye për këtë mungesë të dorëshkrimeve të lashta është se kur u bënë kopjet e reja, rabinët judenj me shumë kujdes dhe përnderim, i hoqën mënjanë dorëshkrimet e dëmtuara.

Dorëshkrimet më të vjetra hebraike, që kemi sot, janë përafërsisht të viteve 100 para K. Këto dorëshkrime të gjetura në **Kumran** (*Qumran*), në zonën veriperëndimore të Detit të Vdekur, hedhin pak dritë mbi historinë e dorëshkrimeve të Dhiatës së Vjetër, dhe ndihmojnë kuptimin tonë. **Rrotullat e Detit të Vdekur**, të zbuluara mes viteve 1947 dhe 1956 pas K., përmbanin dy kopje të librit të Isaisë (një kopje të plotë), një komentar të librit të Habakukut, disa prej psalmeve dhe pjesë të të gjitha librave të Dhiatës së Vjetër, përveç Esterit. Përveç këtyre, në shpellat e Kumranit janë gjetur dhe një numër i madh materialesh jobiblike.[1]

Zbulimet e Kumranit vërtetuan mendimin e dijetarëve, që në kohën para krishterimit ekzistonte tradita e mbajtjes së dorëshkrimeve të ndryshme. Megjithëse nuk dihet shumë për historinë dhe riprodhimin e dorëshkrimeve të Dhiatës së Vjetër, ne besojmë se rreth viteve 100 para K., autoritetet judeaase në Palestinë filluan procesin e analizimit të dorëshkrimeve të ndryshme të kësaj tradite, në mënyrë që të bënin standardizimin dhe të vendosnin Shkrimet zyrtare të judaizmit. Kjo do të thotë se një numër i madh dorëshkrimesh nuk u pranuan si pjesë e Shkrimeve. Ky proces mbaroi rreth viteve 100 pas K.[2]

Me vendosjen e standardit dhe stabilizimin e traditës së dorëshkrimeve autoritare, judaizmi i kushtoi vëmëndje të veçantë kopjimit dhe ruajtjes së dorëshkrimeve të librave të Dhiatës së Vjetër. Kur bënë kopje të reja të Shkrimeve, skribët ndoqën rregulla të veçanta, duke përfshirë numërimin e fjalëve dhe shkronjave në çdo rresht. Breza të tërë skribësh u kujdesën besnikërisht që të përmbushnin detyrën e kopjimit të dorëshkrimeve në katër shekujt e parë të erës sonë. Teksti i Dhiatës së Vjetër hebraike që qe shkruar para erës së krishterë, ishte përbërë vetëm nga bashkëtingëllore dhe pa asnjë ndarje të fjalëve. Një nga kontributet më domethënëse të skribëve gjatë periudhës së krishterimit të hershëm, ishte ndarja e fjalëve. Dorëshkrimet ishin shkruar fillimisht në rrotulla të përbëra nga fletë papirusi. Në fillim të shekullit të tretë pas K. **kodikët** (libër me faqe) zëvendësuan rrotullat, megjithëse komunitetet judeaase vazhduan që të lexonin nga ato gjatë adhurimit.

Rreth vitit 500 pas K. një familje skribësh judenj në Tiberiada, në bregun perëndimor të Detit të Galilesë, u bë kopjuesja më e shkëlqyer e dorëshkrimeve të Dhiatës së Vjetër. Kjo familje skribësh dha ndihmë të madhe në punën, që është bërë për t'i dhënë Biblës Hebraike formën që ka sot. Ata paraqitën një sistem zanoresh për tekstin e Dhiatës së Vjetër, që ishte shkruar vetëm me bashkëtingëllore. Këta skribë janë të njohur me emrin Masorë, për shkak të kontributit që dhanë nëpërmjet shënimeve dhe shpjegimit të teksteve biblike (*Masora*). Puna e Masorëve përfundoi rreth vitit 900 pas K.. Tradita e dorëshkrimeve e vendosur nga këta skribë është e njohur me emrin **Teksti Masor** (TM). Botimi i tretë i *Biblia Hebraica* (Bibla Hebraike) i Kitelit (*Kittel*) është mbështetur në kopjen e dorëshkrimit të Ben Asherit (Ben Asher), që është bërë nga skribët Masorë rreth vitit 900 pas K.

Kanunizimi i Dhiatës së Vjetër

Gjatë fazave të ndryshme të historisë së zhvillimit dhe transmetimit të librave të Dhiatës së Vjetër, judaizmi filloi që t'i njihte këto libra si autoritare dhe normative për besimin dhe praktikën. Historia e saktë e këtij proçesi (**kanunizimi**) nuk njihet.[3]

Dijetarët besojnë se librat e Ligjit (*Torah*) ishin Shkrimet autoritare (kanuni) të judaizmit rreth viteve 400 para K. Është e mundur që këto libra të jenë bërë të tillë për shkak të ndikimit të Ezdrës, priftit që ndikoi në jetën judease në shekullin e pestë para K. Judaizmi i pranoi Profetët e Mëparshëm dhe Profetët e Mëvonshëm si kanun rreth vitit 200 para K. Disa pjesë të Kethubimit (Shkrimeve), ishin të përfshira në Shkrimet e Shenjta të judaizmit në shekullin e parë pas K. Referencat nga Ligji, Profetët dhe Psalmet në Dhiatën e Re (shih p.sh. Luka 24:44) na tregojnë për natyrën e kanunit judeas në shekullin e parë pas K. Pranimi zyrtar i Kethubimit si kanun u bë në Këshillin e Jamnias rreth vitit 95 pas K. Në këtë këshill rabinët miratuan zyrtarisht të 39-të librat e Dhiatës së Vjetër.

Përkthimi i Biblës

Rreth shekullit të gjashtë para K., gjuha aramaike, e cila ishte shumë e afërt me atë hebraike, u bë gjuha e folur e Lindjes së Afërme në lashtësi. Për hir të judenjve që flisnin gjuhën aramaike, sinagogat filluan që të bënin zakon një përkthim të atypëratyshëm të Shkrimeve nga hebraishtja në gjuhën aramaike. Ky zakon ekzistonte në kohën e Ezdrës dhe të Nehemisë në gjysmën e dytë të shekullit të pestë para K. (shih Nehemia 8:8), dhe vazhdoi deri në 400-të vitet e para të erës së krishterë. Skribët judenj filluan t'i shkruanin këto parafraza gojore para kohës së Krishtit. Këto shkrime janë të njohura me emrin **Targum** (që do të thotë "përkthim"). Targumet e morën formën e tyre përfundimtare të shkruar në shekullin e pestë ose të gjashtë pas K.

Përkthimi i një pjese të Dhiatës së Vjetër nga hebraishtja në greqisht, ishte ngjarja e parë aktuale në historinë e përkthimit të Biblës. Kjo u bë në Aleksandri të Egjiptit në dobi të judenjve greqishtfolës të cilët jetonin aty. Sipas shkrimit legjendar *"Letër e Aristeas"*, puna ishte bërë me nismën e sundimtarit grek Ptoleme Filadelfus (285-246 para K.). Disa dijetarë mendojnë se nisma për përkthimin nuk erdhi nga sundimtari grek, por nga judenjtë greqishtfolës në atë qytet. Rreth vitit 250 para K. përkthyesit përkthyen *Torah*-n në gjuhën greke. Brenda 200 viteve që vijuan, e gjithë Dhiata e Vjetër ishte përkthyer në greqisht dhe përdorej nga kisha e hershme. Ky përkthim është i njohur si **Septuaginti** ose LXX, i cili i përmbahet traditës që thotë se e përkthyen 70 ose 72 pleq judenj.

Përkthimi i Biblës në latinisht ishte përpjekja e dytë e madhe në historinë e përkthimit të Biblës. Dijetarët besojnë se eksistonte një version i hershëm i Biblës në latinisht qysh në vitet 180-të pas K. Në shekullin e katërt pas K., peshkopi **Zherom** filloi të përkthente Biblën në latinisht, duke përdorur versionet latine ekzistuese dhe atë të Septuagintit. Ai u shpërngul në Bethlehem në vitin 385 pas K., ku për 14-të vjet përktheu Biblën Hebraike në latinisht.

I   Përkthimet modern të Biblës

Dy teori të përkthimit udhëheqin punën e përkthyesve, të cilat synojnë të sjellin në ditët tona përkthime të Biblës. Teoria e parë kërkon një përkthim fjalë për fjalë të tekstit (përkthimi i drejtëpërdrejtë) që ruan sa më shumë fjalët, rendi dhe struktura origjinale e fjalive. Kjo metodë e **barasvlefshmërisë formale**, megjithëse është mënyra më e pëlqyer për një numër mesatar lexuesish, për të qëndruar sa më afër teksitit origjinal të Biblës, shpesh është e vështirë për t'u zbatuar. Përderisa format e mendimit dhe strukturat e fjalive do të variojnë nga gjuha në gjuhë, do të jetë shumë e vështirë që t'i përmbahemi saktësisht kësaj teorie. Madje dhe përkthimet më besnike dhe fjalë për fjalë, duhet të rregullojnë paksa strukturën e fjalisë dhe të arrijnë në kuptime fjalësh që duken më të përshtatshme ndaj kontekstit. *Bibla e Re Standarde Amerikane (The New American Standard Bible, NASB)* është shembulli më i afërt i përkthimit fjalë për fjalë. Metoda e dytë kërkon **barasvlefshmërinë dinamike**, ose përkthimin mendim për mendim (sipas mendimit). Kjo metodë kërkon përdorimin e shprehjeve dhe formave të mendimit modern, që t'ua përcjellë mesazhin në mënyrë sa më të vërtetë dhe sa me të saktë lexuesve modernë. *Versioni i Ri Ndërkombetar (The New International Version, NIV), Versioni i Ri Standard i Riparë (New Revised Standard Version, NRSV)* dhe *Versioni i Ri i Mbretit Xhejms (New King James Version, NKJV)* përfaqësojnë përkthimet që përdorin elemente të të dyja metodave të përkthimit, fjalë për fjalë dhe mendim për mendim.

Gjon **Uiklif** (*John Wycliffe*) (1330-1384) bëri përpjekjen e parë për përkthimin e Biblës nga latinishtja në anglisht. Qëllimi i punës së Uiklifit ishte që të luftonte korrupsionin në kishë, duke bërë të mundur që Biblën ta kishin edhe njerëzit e thjeshtë. Përkthimi i plotë i Dhiatës së Re, i bërë prej tij, u shfaq më 1380. Dy vjet më vonë, ai dhe miqtë e tij përfunduan së përkthyeri të gjithë Biblën. Pas vdekjes së tij më 1384, miqtë e tij i bënë një rishikim botimit të parë. Autoritetet e kishës e dënuan punën e Uiklifit dhe urdhëruan që kockat e tij të zhvarroseshin e të digjeshin.

Uilliam **Tindejl** (*William Tyndale*) (1494-1536), ishte dijetari i parë që përktheu një pjesë të Biblës në anglisht nga gjuhët origjinale në të cilat ishte shkruar. Duke pasur frikë se mos sulmohej nga kisha, Tindejli u shpërngul në Gjermani në vitin 1524. Aty publikoi botimin e parë të Dhiatës së Re në vitin 1526. Ky ishte botimi i parë i shtypur i Biblës në anglisht. Autoritetet e kishës e dënuan punën e tij, e akuzuan për herezi dhe më 1536 ai u dënua me vdekje.

Përkthime të tjera në anglisht që u bënë pas punës së Tindalit në shekullin e 16-të janë:

Në 1535 Majls Koverdejl (*Miles Coverdale*), një bashkëpunëtor i Tindejlit,

Gjatë shekullit të gjashtë dhe të shtatë, etërit e kishës i dhanë më shumë rëndësi punës së Zheromit se sa versioneve të tjera ekzistuese në latinisht. Megjithëse fjala *vulgata* (që do të thotë "e përbashkët/e thjeshtë") ishte një term që i referohej versioneve të hershme në latinisht, përfundimisht me këtë emër u quajt përkthimi i Zheromit, i njohur tashmë si **Vulgata**. Vulgata latine u bë gradualisht Bibla zyrtare në Evropën Perëndimore gjatë mesjetës.

botoi Biblën e parë të plotë në anglisht. Gjon Roxhers (*John Rogers*), nën pseudonimin Tomas Mateu (*Thomas Matthew*), botoi Biblën e Mateut (*Matthew's Bible*) më 1537. Më 1539, Sër Tomas Kromuell (*Sir Thomas Cromwell*), sekretar i Mbretit Henri VIII, dha mandatin për shkrimin e Biblës së Madhe (*Great Bible*), që ishte versioni i parë i autorizuar në anglisht. Bibla Gjeneva (*Geneva Bible*), e botuar më 1560, ishte Bibla e parë që përdori vargjet me numra. Më 1568 u botua Bibla e Peshkopëve (*Bishop's Bible*), e cila ishte një rishikim i Biblës së Madhe.

Më 1604 **Mbreti Xhejms** I urdhëroi që të bëhej përkthimi i plotë i Biblës në anglisht. Ky përkthim do të ishte sa më besnik ndaj origjinalit dhe do të përdorej në të gjitha kishat e Anglisë gjatë adhurimit. Rreth 54 dijetarë punuan të ndarë në 6 grupe. Puna për përkthimin filloi në 1607 dhe përfundoi më 1611. Pjesët e Dhiatës së Re të këtij versioni të ri ishin kryesisht përshtatje e punës së Tindejlit. Duke filluar që nga botimi i origjinalit, për rreth 2 shekuj e gjysmë, versioni i Mbretit Xhejms ishte Bibla më popullore në gjuhën angleze.

Tani po themi dhe dy fjalë për besueshmërinë e përkthimit në anglisht.

Përkthimet më të mira janë ato që janë bërë drejtpërdrejt nga tekstet origjinale në hebraisht dhe greqisht, me ndihmën e të gjitha burimeve të mundshme për studim modern të Biblës. Përkthimi duhet të udhëhiqet nga përkushtimi për ruajtjen e integritetit të teksteve biblike, duke mbajtur të pacënuar karakterin historik , teologjik, kulturor dhe letrar të tekstit origjinal. Përkthimi duhet të përfshijë shënime shpjeguese për lexuesin, si psh. variante për lexim, kuptime të mundshme të pjesëve të vështira në tekstin origjinal dhe referenca nga versionet e lashta, siç janë Septuaginti dhe Vulgata. Fjalët dhe mënyrat e të menduarit bashkëkohor, duhet të përdoren vetëm për të kuptuar më qartë mentalitete dhe ide të lashtësisë. Përkthyesit duhet të shmangin përkthimet jo të drejtpërdrejta, parafrazat dhe zgjerimet e tekstit. Në qoftë se ndiqen këto udhëzime në përkthim, atëherë Fjala e Perëndisë nuk do të ngelet e errësuar prej fjalëve arkaike. Po ashtu, nuk do të humbasë në një lumë fjalësh që mund të kenë kuptim të ndryshëm për njerëz të ndryshëm.

Fjali përmbledhëse

- Dhiata e Vjetër ka një total prej 39-të librash, te grupuar në tri ndarje të mëdha.
- Origjina e tekstit të Dhiatës së Vjetër që kemi sot është e një tradite dorëshkrimesh, i pranuar nga judaizmi si Shkrime zyrtare rreth vitit 100 pas K.
- Kanunizimi i shkrimeve të Dhiatës së Vjetër u bë në periudha të ndryshme të historisë së judaizmit.
- Përkthimi në greqisht i librave të Dhiatës së Vjetër ishte Shkrimet e kishës së hershme.
- Bibla në latinisht ishte Bibla e mesjetës.
- Uiklifi bëri një punë nismëtare të përkthimit të Biblës në anglisht nga Bibla Vulgata në latinisht.
- Dhiata e Re e Tindejlit ishte përkthimi i parë anglez nga origjinali në greqisht.
- Versioni i Mbretit Xhejms u botua në vitin 1611 pas K.
- Përkthyesit modernë ndjekin parimet e teorisë së barasvlefshmërisë formale dhe/ose teorisë së barasvlefshmërisë dinamike.

Pyetje për reflektim

1. Si mendoni, përse ishte e nevojshme për judaizmin që të mbyllte kanunin (të kufizonte listën e librave që u pranuan si shkrime autoritare)?

2. Përse është e rëndësishme për të krishterët që të shohin dy ose tri përkthime gjatë një studim serioz të Biblës?

3. "Çdo përkthim është një interpretim". Si i vlerësoni përkthimet moderne të Biblës duke patur parasysh këtë thënie?

Burime për studime të mëtejshme

Cross, Frank Moore, dhe Shemaryahu Talmon, redaktuesit *Qumran and the History of the Biblical Text.* Cambridge, Mass.: Harvard University Press, 1975. Lexo artikullin "The Old Testament Text" nga Shemaryahu Talmon.

Ewert, David. *From Ancient Tablets to Modern Translations.* Grand Rapids: Zondervan Publishing House, 1983. Lexo kapitullin 7, "The Text of the Old Testament," dhe kapitujt 15-20 në historinë e Biblës angleze.

Objektivat

Studimi i këtij kapitulli do t'ju ndihmojë:

- Të përcaktoni dhe të përshkruani fjalët "hermenutikë" dhe "interpretim" (exegesis) në lidhje me përmbajtjen biblike.
- Të përshkruani shkurtimisht disa metoda të lashta të interpretimit biblik.
- Të përkufizoni disa metoda të ndryshme kritike-historike të interpretimit të Biblës
- Të rendisni hapat që bëhen në një studim induktiv të Biblës.
- Të studioni tekstin biblik duke përdorur metodën e duhur të interpretimit biblik.

Fjalët kyçe për të kuptuar

Hermenutikë
Targumi
Esenët
Pesher
Mishna
Talmud
Midrash
Interpretimi i
    drejtpërdrejtë
Tipologjik
Alegorik
Krishtocentrik
Apologjetë
Skolasticizëm
Pietizëm
Kritika Historike
Kritika Letrare
Kritika e Burimit
Hipoteza e
    Dokumentimit
Kritika e Formës
Kritika e Redaktimit
Kritika Kanunore
Interpretimi (*Exegesis*)

Disa pyetje që duhen marrë parasysh ndërsa lexoni:

1. Cili është rezultati i një leximi dhe i një interpretimi të gabuar të Biblës?
2. Në çfarë mënyre e studion ti Biblën?
3. Si e përcakton ti nëse një mësim ose veprim është biblik ose jo?

Çdo lexues i Biblës është i përfshirë në detyrën e interpretimit të Fjalës së Perëndisë. Interpretimi është një veprimtari e vazhdueshme në jetën e kishës. Në këtë kapitull bëhet një përpjekje, e cila synon që të kuptohet nevoja e interpretimit të duhur biblik dhe nevoja e metodës së duhur që na mundëson të kuptojmë Fjalën e Perëndisë në ditët tona. Çfarë metodash ka përdorur judaizmi dhe krishterimi në të kaluarën për të interpretuar Shkrimet? Cilat janë disa nga metodat moderne të interpretimit biblik? Cila metodë na lejon të ruajmë integritetin dhe vërtetësinë e Dhiatës së Vjetër si Fjala e Perëndisë për ne sot? Tani do të merremi me keto pyetje.

Detyra e interpretimit Biblik

Interpretimi biblik është edhe art edhe shkencë. Në të përdoren parime, rregualla dhe metoda te veçanta. Fjala "**Hermenutikë**" do të thotë rregulla dhe parime që drejtojnë zbatimin e interpretimit. Interpretimi biblik (hermenautikë biblike) është i nevojshëm për shkak të largësisë që ndan lexuesin modern, nga autorët dhe lexuesit e parë të Biblës. Kjo nuk është largësi vetëm në kohë, por edhe në gjuhë, në mënyrat e mendimit, në kulturë dhe gjeografi. Ne kemi nevojë të udhëtojmë në botën e lashtë që të kuptojme mjedisin gjuhësor, kulturor e gjeografik, në të cilin Perëndia e zbuloi veten e tij për herë të parë përmes fjalëve dhe veprimeve të Tij. Ky udhëtim do të na udhëheqë në zbulimin e asaj që autorët patën për qëllim të thoshnin përmes tekstit. Ky hap është i nevojshëm që ne të kuptojmë sesi lidhet Fjala e Zotit me ne sot.

Një shikim i metodave të ndryshme të lashta dhe moderne të interpretimit biblik

Interpretimi i lashtë hebraik

Dijetarët e konsiderojnë praktikën e lashtë të përkthimit dhe interpretimit të Shkrimeve hebraike në aramaisht, (një përkthim i tillë është quajtur *Targum*), për hebrenjtë që flisnin këtë gjuhë, si përpjekja e parë sistematike në historinë e interpretimit biblik hebraik. Fillesa e kësaj praktike ka mundësi që të jetë në shekullin e pestë para K. (shih Nehemia 8:7-8). Rreth shekullit të dytë pas K., skribët judenj filluan që të shkruanin përkthimin dhe interpretimin gojor. *Targumi* e morri formën e tij të plotë të shkruar rreth shekullit të katërt pas K. Madje dhe sot rabinët judenj i referohen Targumit kur shpjegojnë Shkrimet hebraike.

Rrotullat e Detit të Vdekur na sjellin prova të interpretimit aktiv të Shkrimeve nga **Esenët** në shekullin që paraprin fillim e erës së krishterë. Ata ndoqën një mënyrë interpretuese të njohur me emrin *pesher*, sipas së cilës interpretuesi mund të sugjerojë një ndryshim në tekst, ose të fusë një lexim alternativ, që të mbështesë një interpretim të veçantë. Kur studionin tekstin, shpesh e ndanin në pjesëza fjalësh dhe fjalish pa i kushtuar vëmendje kontekstit, në mënyrë që t'i jepnin mbështetje biblike sistemit të tyre fetar. Esenët lidhën shumë profeci të Dhiatës së Vjetër me ngjarje të ndryshme të kohës, duke përfshirë dhe vetë historinë e tyre.

Mishna (vepra e shkruar e mësimeve gojore te rabinëve të mëdhenj të judaizmit të hershëm) dhe **Talmudi** (komentar në Mishna nga rabinët e mëvonshëm), na sjellin të ilustruara veçori të ndryshme të interpretimit hebraik të Shkrimeve nga rabinët. Interpretimi i rabinëve varej nga traditat interpretuese të vendosura nga rabinët e mëparshëm. Rabinët shpesh i interpretonin tekstet sipas kuptimit të drejtpërdrejtë (fjalë për fjalë) ose sipas kuptimit të dukshëm të tekstit. Gjithashtu ata ndoqën dhe metodën **midrash**. Kjo metodë zbulonte kuptimin e fshehur në tekst, duke përdorur teknika të ndryshme, përfshirë këtu dhe copëzimin e tekstit në fjalë dhe fjali pa i kushtuar vëmendje kontekstit.

> ## I Citate nga Mishna mbi rregullat dhe urdhëresat e të shtunës
>
> Të mos vihet enë nën llampë (në të shtunën) që të mbledhë vajin (që rrjedh); por në qoftë se është vënë atje para se të binte nata, është e lejueshme. Por ky vaj nuk mund të përdoret për asgjë (në të shtunën) meqë nuk është përgatitur tashmë (për të shtunën)......R. Eliezer thotë: "Është fajtor ai që thur tri fije (në të shtunën) në fillim (të pëlhurës), ose një fije të vetme në copën që ishte thurur". Por Sags thotë: "Qoftë në fillim a në fund (të pëlhurës), sasia e ndaluar është dy fije."[1]

Interpretimi i krishterë–1800 vitet e para

Shkruesit e Dhiatës së Re e interpretuan Dhiatën e Vjetër duke u mbështetur në bindjen e tyre se Perëndia i përmbushi premtimet e tij për ardhjen e mbretit mesianik, përmes personit të Jesusit të Nazaretit. Tek ungjijtë ne gjejmë një numër të madh citimesh nga librat profetikë të Dhiatës së Vjetër, të cilat synojnë të tregojnë se Jezusi i përmbushi në mënyrë të drejtpërdrejtë profecitë për Mesinë (**interpretimi i drejtpërdrejtë**). Herë pas here në Dhiatën e Re shohim të përdoren metodat bashkëkohore judease, si p.sh. midrashi dhe pesheri, që lidhin disa pjesë nga Dhiata e Vjetër me jetën dhe shërbesën e Jezusit. Gjithashtu, disa shkrues të Dhiatës së Re përdorën metodën **tipologjike** dhe **alegorike**. Tipologjia merr si të qenë faktin, që disa ngjarje, njerëz dhe koncepte fetare të Dhiatës së Vjetër paratregojnë realitete, të cilat na paraqiten në Dhiatën e Re. Metoda alegorike pretendon se teksti ka një kuptim shpirtëror që qjendet nën fjalët e drejtperdrejta, dhe që kuptimi shpirtëror është më i rendësishëm se kuptimi i drejtpërdrejtë i tekstit.

Në kohën e kishës së hershme të krishterë (100-590 pas. K.), etërit e kishës i përdorën të dyja metodat e interpretimit, edhe tipologjiken edhe alegoriken. Interpretimi biblik, gjatë kësaj kohe kishte natyrë **krishtocentrike** (e përqëndruar në personin e Jezus Krishtit dhe në shërbesën e tij) dhe **apologjetike** (mbrojtëse e besimit të krishterë ndaj herezive dhe kundërshtimeve të mësimeve të krishtera). Metoda alegorike ishte shumë e përhapur në Aleksandri. Aty ishin mësuesit e mëdhenj Klementi i Aleksandrisë (rreth viteve 150-215 pas.K.) dhe Origeni (rreth viteve 185-254 pas.K.).

Në Antioki të Sirisë etërit e kishës e mbështetën metodën e interpretimit të drejtpërdrejtë, duke i studiuar Shkrimet nga ana historike dhe gramatike.

Më vonë, gjatë mesjetës (500-1500 pas.K.) iu dha shumë rëndësi traditave fetare, të cilat ishin trashëguar prej dijetarëve dhe drejtuesve të kishës nga brezat e mëparshëm. Disa ndjekës të **Skolasticizmit** (lëvizje intelektuale që filloi para Rilindjes, nisi nëpër manastire e pastaj u përhap nëpër universitete) vazhduan të përdornin metodën interpretuese të drejtpërdrejtë gjatë kësaj periudhe, duke studiuar tekstin nga ana historike.

Gjatë kohës së Reformimit (1500-1600 pas.K.), lëvizja protestante i dha më shumë rëndësi autoritetit të Shkrimeve se sa traditave fetare të vendosura nga kisha katolike romake. Megjithëse, në komentarët e Martin Luterit herë-herë shohim të jetë përdorur interpretimi alegorik, reformatoret kryesisht përdorën metodën e interpretimit të drejtpërdrejtë. Martin Luteri dhe Gjon Kalvini, drejtuesit më të mëdhënj të Reformimit, ishin krishtocentrikë në interpretimin e Biblës. Luteri mendonte se Krishti gjendej kudo në Shkrime, kurse Kalvini ishte më i kujdesshëm dhe e lidhte Dhiatën e Vjetër me Krishtin vetëm atëherë kur mund të përligjej një lidhje e tillë.

Pietizmi, (lëvizje që lindi si kundërpërgjigje ndaj mungesës së spiritualizmit në kishë. Kjo mungesë u krijua nga qëndrimi intelektual dhe skolastik ndaj besimit të krishterë). Pietizmi, që erdhi pas periudhës së Reformimit, i dha rëndësi metodës së drejtpërdrejtë të interpretimit. Nën ndikimin e pietizmit, Bibla u bë burim i një përkushtimi personal dhe i një jete të devotshme. Ne e shohim këtë ndikim ne jetën e Gjon Ueslit (*John Wesley*), i cili theksoi përkushtimin personal përmes studimit të Biblës dhe lutjes.

Interpretimi Biblik–periudha moderne

Periudha moderne e historisë së interpretimit biblik, (që nga fillimi i shekullit të 19-të deri në te tashmen) e ka parë lindjen e **kritikës historike** si një metodë të re në studimin e Biblës.[3] Kjo metodë doli në pah nën ndikimin e Racionalizmit dhe Ndriçimit të shekullit të 17-të e të 18-të. Kjo mënyrë e studimit të Biblës, ka për qëllim të shpjegojë Shkrimet, duke qëndruar brenda kufijve të arsyes njerëzore dhe të ligjeve natyrore. Kjo metodë është më shumë e interesuar për zbulimin e rrethanave historike, fetare dhe letrare, që kanë ndikuar në krijimin e tekstit biblik, sesa për kuptimin e tekstit që na paraqitet në formën e sotme. Kjo metodë në përgjithësi ngre çështjen e besueshmërisë historike të teksteve biblike dhe të autoritetit të tyre si Fjalë e Perëndisë. Duke e parë Biblën nga një perspektivë ungjillore, ne jemi te bindur se Bibla u flet me autoritet hyjnor çështjeve dhe shqetësimeve njerëzore. Gjithsesi, ne kemi parasysh dhe çështjen e ngritur për mjedisin letrar dhe historik të tekstit, si dhe të klimës teologjike që ndikoi në krijimin e tij. Kjo do të na udhëheqë drejt kuptimit më objektiv të Shkrimeve dhe të domethënies që ka, si për dëgjuesit e lashtësisë, dhe për ata modernë. Metoda kritike-historike na sfidon që të hetojmë këto aspekte të ndërlikuara të tekstit biblik. Duke e parë nga kjo anë, themi se ne përfitojmë nga kontributi i metodës moderne kritike-historike të studimit të Biblës. Në vijim po ju japim një përshkrim të shkurtër të disa zhvillimeve të rëndësishme brenda metodës kritike-historike të interpretimit modern të Biblës.

Kritika letrare është një term i gjerë që mbulon një shumëllojshmëri metodash, e cila në një farë mënyre, kërkon të shpjegojë kuptimin e tekstit, duke

---

> **I**   **Një shembull i interpretimit tipologjik**
>
> Në Letrën e parë të Klementit, shkrimtari trajton historinë e spiunëve që dërgoi Jozueu për zbulim në Jeriko, dhe shpëtimin e tyre nga Rahabi, prostituta (Jozueu 2). Shkrimtari tregon historinë dhe jep një shpjegim të udhëzimeve dhe të premtimit që i bënë spiunët Rahabit para se të ktheheshin te Jozueu. "Përveç kësaj ata i dhanë asaj një shenjë … një fill të kuq, që duhej ta varte para shtëpisë së saj. Në këtë mënyrë ata deklaruan se shpëngimi duhej te vinte nga derdhja e gjakut të Zotit për gjithë ata që besojnë dhe shpresojnë në Perëndinë."[2]

vlerësuar strukturën dhe veçoritë letrare, datimin e shkrimeve, autorësinë, dëgjuesit e kohës kur është shkruar, burimet letrare e kështu me radhë.[5] Mjedisi historik dhe letrar, që ndikoi në krijimin e tekstit, ka përparësi në kritikën letrare. Vitet e fundit kritika letrare është ndarë në më shumë degë të fushave të veçanta të studimit, si p.sh. kritika e burimit, kritka e gjinisë, kritika retorike, strukturalizmi, kritika tregimtare, e kështu me radhë. Mes këtyre degëve të shumëllojshme të kritikës letrare, kritika e burimit ka qenë një metodë e rëndësishme në studimin biblik.

I **Një shembull i interpretimit alegorik**

Në vijim kemi një pjesë nga Letra e Barnabës, e shkruar nga një jude i krishterë nga Aleksandria rreth vitit 100 pas.K. Këtu shohim autorin, që zbaton mësimet shpirtërore të Dhiatës së Re, në historinë e ofrimit të mëshqerrës, tek Numrat 19.

"Tani si mund të mendoni që ky është një lloj i atyre urdhërimeve, që i ishin dhënë Izraelit, e që njeriu me ligësinë më të madhe duhet të ofrojë një mëshqerrë, ta therë e ta djegë, dhe pastaj djemtë që duhet të marrin hirin e ta hedhin nëpër enë dhe të lidhin rreth një shkopi lesh të purpurtë bashkë me hisop, dhe kështu të spërkasin njerëzit një nga një, në mënyrë që të pastrohen nga mëkatet? Këtu të kemi parasysh se si na flet ai me thjeshtësi. Viçi është Jezusi, ndërsa njeriu mëkatar që e ofron Atë, janë ata që e çuan në therje...Dhe djemtë që spërkasin janë ata që na shpallën faljen e mëkateve dhe pastrimin e zemrës... Dhe përse ishte vendosur leshi mbi dru? Sepse prej drurit (të kryqit) e mban Jezusi mbretërinë e tij. Kështu (përmes kryqit) edhe ata që besojnë në të do të jetojnë përjetë."[4]

Kritika e burimit ka për qëllim që të kuptojë se cilët janë burimet e ndryshme, që ndihmuan në zhvillimin e librave biblikë. Për shembull, mbi bazën e kësaj metodologjie, e përdorur si mjet studimi nga Julius Uellhausen (*Julius Wellhausen*) (*Prolegomena ndaj historisë së Izraelit*, 1878), u arrit në përfundim se Pentatuku ishte i përbërë nga katër dokumente të ndryshëm letrare dhe teologjike (**hipoteza e dokumentimit**). Ai i etiketoi këta dokumente kështu: J (të *Jehovas*), E (të *Elohimit*), P (Priftëror) dhe L (të Ligjit të Përtërirë) Uellhausen mbështeti teorinë që thoshte se këto katër burime e kanë prejardhjen në kohë të ndryshme, duke filluar që nga mesi i shekullit të 9-të para K., deri në mes të shekullit të 5-të para K. Dijetarët modernë të metodës kritike-historike vazhdojnë që ta shohin Pentatukun si përbërje të burimeve të ndryshme. Vitet e fundit shumë dijetarë i kanë zgjeruar dhe riparë katër burimet e prezantuara nga Uellhausen.

Kritika e formës është një disiplinë tjetër e metodës kritike-historike.[6] Kjo metodë kritike e studimit të Biblës përqëndrohet në gjinitë e ndryshme letrare që gjenden në librat biblikë. Hipoteza kryesore thotë se librat biblikë janë të përbërë nga njësi letrare që dallohen qartë, të cilat në fillim ruheshin duke i mbajtur mend përmendësh (tradita gojore). Gjithashtu, kritika e formës hedh idenë se këto njësi letrare lindën dhe qarkulluan në mjedise të veçanta të jetës kulturore dhe fetare, ose në rrethana të ndryshme jetësore (*Sitz im Leben*). Në Izrael këto mjedise e rrethana mund t'i hasje në tempull ose mjedise të tjera fetare, në familje ose mjedise të tjera shoqërore, në oborrin mbretëror ose institucione të tjera politike, e kështu me radhë. Qëllimi i kritikës së formës është që të zbulojë rrethana të tilla jetësore. Kritika e formës gjithashtu kërkon që të zbulojë qëllimin ose synimin e gjinive të veçanta letrare. Qëllimi (si p.sh. udhëzim, drejtim, shpjegim, paralajmërime, shpresë) që synon të arrijë një gjini e veçantë letrar është i rëndësishëm për interpretimin e tekstit. Studimi i psalmeve të llojeve të ndryshme nga Herman Gunkel (*Hermann Gunkel*), është puna pioniere e kritikës së formës për Dhiatën e Vjetër.[7] Gunkeli i grupoi psalmet në himne, vajtime bashkësie, këngë individuale, këngë falenderuese, vajtime individuale, liturgji hyrëse dhe psalme mbretërore. Pjesën më të madhe të psalmeve ai e grupoi si adhurimin e Izraelit. Martin Dibelius (*Martin Dibelius*) dhe Rudolf Bultman (*Rudolph Bultmann*) ushtruan ndikim të madh në kritikën e formës së Dhiatës së Re nëpërmjet studimeve të ungjijve.[8]

Kritika e redaktimit është një disiplinë relativisht e vonë, e zhvilluar në mes të shekullit të 20-të.[9] Kjo metodë u praktikua për herë të parë në një hetim që iu bë ungjijve. Dijetarët e kritikës së redaktimit i panë shkruesit e ungjijve si teologë, të cilët përshtatën dhe rregulluan rrëfimet, në mënyrë që të përcillnin kuptimin e tyre të veçantë teologjik ose teologjinë e kishës së kohës së tyre. Kështu, qëllimi i kritikës së redaktimit është që të rindërtojë temat teologjike kryesore e pasqyruara në formën që ka sot teksti, të cilat mund të jenë të ndryshme nga qëllimi fillestar teologjik. Kjo metodë beson se libri ka ardhur në formën e tij përfundimtare si rezultat i një proçesi redaktimi ose modelimi. Ky proçes përfshin rregullimin, rishikimet, dhe ripunimin e materialeve të vjetra. Pothuajse të gjithë librat e Biblës i janë nënshtruar shqyrtimit të hollësishëm të kritikës së redaktimit.

Kohët e fundit ka pasur zhvillime të tjera në fushën e dijes biblike. Shumicën e këtyre zhvillimeve e përfshin mënyra letrare e studimit të Biblës (shih diskutimin mbi kritikën letrare). Do ta mbyllim këtë seksion duke hedhur më parë një vështrim të shpejtë mbi **kritikën kanunore**, e cila është një përqasje tjetër e kohëve të fundit dhe që ka orientim teologjik.[10] Qëllimi i kësaj metode është që ta trajtojë Biblën në formën e saj të sotme kanunike. Bindja kryesore është se Bibla përmban tradita, të cilat janë pranuar nga bashkësitë judease dhe të krishtera si tradita me autoritet. Kështu, përkrahësit e kësaj metode kërkojne që të zbulojnë bindjet teologjike, të cilat ndikuan te shkruesit dhe redaktorët e librave biblikë. Megjithëse kritika kanunike nuk hedh poshtë zbulimet kryesore të kritikës historike, përsëri kjo metodë e vë theksin mbi mesazhin teologjik të librave të ndryshëm biblikë dhe të Biblës ne tërësi.

Një metodë induktive për studimin e tekstit të Dhiatës së Vjetër.

Dijetarët ungjillorë mbështesin metodën induktive të studimit të Biblës, e cila përpiqet të nxjerrë kuptimin e tekstit duke bërë vëzhgime dhe duke nxjerrë përfundime për hollësitë e paraqitura në tekst. Metoda induktive nënkupton një studim metodik dhe sistematik të tekstit. **Interpretimi** *(exegesis)* është proçesi i nxjerrjes së kuptimit të tekstit biblik nga lexuesi i tij modern i diteve të sotme. Ne ju këshillojmë që të ndiqni hapat e mëposhtëm në përdorimin e metodës induktive për interpretimin e një pjese të Dhiatës së Vjetër.

Hapi 1. Studimi i një pjese të Dhiatës së Vjetër duhet të fillojë me një *hetim të librit ku ndodhet pjesa*. Çfarë seksioni të Dhiatës së Vjetër i përket libri? Çfarë lidhjesh ka libri me librat e tjerë të Dhiatës së Vjetër? Cilës periudhe të historisë së Izraelit i përket libri? Cilat janë temat kryesore teologjike të librit? Cila është gjinia kryesore letrare i përdorur në libër? Çfarë strukture letrare ka libri? Studenti do të gjejë përgjigje për këto pyetje themelore, në tekste të tilla vëzhguese të Dhiatës së Vjetër siç është ky libër.

Hapi 2. *Përcakto njësinë letrare që është në qendër të interpretimit.* Njësia letrare është një pjesë në Shkrim, e cila ka një temë të përkufizuar qartë ose një ide qëndrore. Shumica e librave të Dhiatës së Vjetër është e përbërë nga një numër i madh pjesësh të mëvetësishme ose njësish letrare, dhe secila ka nga një ide ose temë kyce. Ndryshimet në temë, personazhe, folësa, dëgjuesa, vendndodhje, gjini letrare, e kështu me radhë, na ndihmojnë që të dallojmë kufijtë e njësive të ndryshme letrare në librat biblikë.

Hapi 3. *Dallimi i formës letrare (gjinisë) dhe qëllimit të saj.* Librat e Dhiatës së Vjetër përmbajnë një shumllojshmëri letrare. Çdo lloj ose gjini letrare nxjerr në pah një stil dhe një model të caktuar. Çdo lloj letrar ka një funksion në vetvete, të cilin kërkon që ta përmbushë. Për shembull, lloji rrëfimtar mund të kërkojë të shpjegojë zanafillën e një zakoni ose të një tradite fetare, ose mund të ketë qëllim udhëzues. Ligji vendos kërkesat e padiskutueshme të Perëndisë në formën e urdhëresave, ndalesave dhe udhëzimeve. Profecia përcjell shpresë, inkurajim, paralajmërime, madje dhe kërcënim për gjykim. Psalmet në tërësi, e pajisin lexuesin me gjuhën e adhurimit dhe të lutjes. Udhëzimet e fjalëve të urta vendosin

---

I **Llojet kryesore letrare (gjinitë) në Dhiatën e Vjetër**

Më poshtë janë të renditura llojet më të përdorura letrare në Dhiatën e Vjetër.

Lloji rrëfimtar: Në Dhiatën e Vjetër seksionet e madha të Zanafillës, Eksodit, Numrave, Jozueut, Gjyqtarëve, 1 dhe 2 Samuelit, 1 dhe 2 Mbretërve, Ruthit, Esterit, 1 dhe 2 Kronikave, Ezdrës dhe Nehemias janë të llojit rrëfimtar. Rrëfimet mund të jenë tregime të thjeshta që merren me ngjarje historike (tregime historike), ose tregime biografike, autobiografike ose tregime që shpjegojnë origjinën e një emri, një vendi ose të një zakoni (tregime etiologjike), ose historinë e një familjeje ose fisi.

Ligj: Librat e Eksodit, Levitikut, Numrave dhe Ligjit të Përtërirë përmbajnë një sasi të madhe materialesh ligjore. Këto mund të jenë në formën e ndalesave, porosive, udhëzimeve ose urdhërimeve.

Poetik: Rreth një e treta e Dhiatës së Vjetër është poezi. Psalmet, Fjalët e Urta, Kantiku i Kantikëve dhe Vajtimet janë disa nga librat e Dhiatës së Vjetër që janë tërësisht poezi.

Profeci: Librat e profetëve përmbajnë fjalime profetike të mbajtura nga profetët e Izraelit. Profecia, e quajtur dhe orakull, është një mesazh i dhënë nga Perëndia, të cilin profetët ishin të detyruar që ta shpallnin. Zakonisht profeti e jepte profecinë duke përdorur fjalime me stil kumtues (fjalime që fillonin kështu: "Kështu thotë Zoti").

Urtësi: Mësime urtësie që përdorin diskutime, dialogje dhe fjalë të urta, gjenden në librin e Jobit, te Fjalëve të Urta dhe te Predikuesit.

Apokaliptik: Libri i Danielit është i njohur si letërsi apokaloptike, sepse përmban vegime për fundin e papritur dhe katastrofik të historisë njerëzore, dhe vendosjen e mbretërisë së Perëndisë përmes ndërhyrjes së Tij të drejtpërdrejtë në punët e njerëzimit.

treguesit moralë dhe etikë për sjelljen dhe marrëdhëniet njerëzore. Shkrimet apokaliptike zbulojnë ngjarje të ardhshme dhe vegime të sundimit sovran të Perëndisë në botë. Kështu, njohja e llojit letrar të tekstit, e ndihmon studiuesin që të përqëndrohet në qëllimin e paramenduar të tekstit.

Hapi 4. *Zbulimi i rrethanave të drejtpërdrejta të pjesës biblike.* Qëllimi i këtij hapi është që të vendosë tekstin në rrethanat e atëhershme historike, shoqërore, kulturore dhe fetare. Çdo libër i Dhiatës së Vjetër i përket një periudhe të veçantë historiko-kulturore. Kush ishte autori? Cilët ishin dëgjuesit e asaj kohe? Kur e pati fillimin e tij mesazhi i librit? Si ishte situata historike e asaj periudhe (udhehëqja politike dhe zhvillimet politike të asaj kohe)? A ka në tekst referenca për zakone kulturore të veçanta të asaj periudhe? Çfarë praktikash ose besimesh fetare kishin njerëzit, të cilëve u ishin drejtuar këto libra? Cila nevojë shpirtërore e nxiti shkrimin e mesazhit që përmban teksti? Rindërtimi i rrethanave do ta lejojë lexuesin që të kapë kuptimin e tekstit dhe të hyjë në botën nga ku zuri fill. Kjo është thelbësore për kuptimin e asaj që ka dashur të thotë autori në tekst.

Hapi 5. Gjeni lidhjen mes pjesëve të tekstit, duke e ndjekur atë si një të tërë. Pjesët e Biblës ndodhen në një mjedis letrar. Kjo do të thotë që teksti i përket një konteksti letrar, i cili përcaktohet nga pjesët pararendëse dhe pasuese. Këto pjesë pararendëse dhe pasuese mund t'i lidhë në tekst një temë e përbashkët që i përshkon, organizimi letrar, ose të dyja bashkë. Disa pjesë mund të jenë të organizuara sipas rendit kronologjik, të tjera sipas llojit ose gjinisë së përbashkët letrare. Shpesh kuptimi i pjesëve pararendëse dhe atyre pasuese, mund të përcaktojë kuptimin e tekstit që po

studiohet. Njohja e vazhdimësisë (ose e mungesës së vazhdimësisë) letrare dhe teologjike të tekstit me tekstet rrethuese, është vendimtare për ta kuptuar tekstin në mënyrën e duhur.

Hapi 6. Hapi tjetër i interpretimit përfshin njohjen e *strukturës letrare të tekstit* që ka përdorur autori për të zhvilluar idenë kryesore. Këtu ne duhet ta analizojmë tekstin si një vepër letrare, të kërkojmë për nëntema dhe të studiojmë zhvillimin e planit ose idenë kryesore. Si bëhet hapja e tekstit? A u drejtohet disa njerëzve të veçantë? A prezanton një folës teksti? A përdor folësi nëntema për të zhvilluar më shumë idenë kryesore? A ka kalime brenda pjesës? Si mbyllet teksti? Një lexim i kujdesshëm i tekstit do të nxjerrë në pah strukturën letrare ose njësi të ndryshme vargjesh brenda tij, të cilat përvijojnë zhvillimin e temës kryesore të tekstit që studiohet.

Hapi 7. *Studio strukturën gramatikore, mënyrën e përdorimit të fjalëve dhe shprehjeve dhe kuptimin e tyre.* Kur kemi të bëjmë me prozë është e nevojshme që të njohim strukturën e fjalisë (fjalinë kryesore dhe të nënrenditur). Është e rëndësishme që të dallojmë se si është e lidhur fjalia e nënrenditur me fjalinë kryesore. Kjo detyrë duhet të përfshijë gjithashtu dhe të bërit e pyetjeve mbi llojin e fjalisë kryesore (është urdhër, deklarim/dëftim, apo pohim?) dhe të fjalisë së varur (a u përgjigjet pyetjeve Kur? Ku? Pse? Si?). Qëllimi kryesor është që të zbulohet rrjedha e mendimit, e cila e qartëson kuptimin tonë për mesazhin e tekstit. Kur merremi me pjesë poetike, duhet që të jemi të vëmendshëm për të kuptuar llojet e ndryshme të paralelizmave dhe mjeteve poetike, të tilla si krahasimet e metaforat (shih kap. 21 "Poezia Hebraike").

Pjesa tjetër e këtij hapi flet për hetimet e kuptimit të fjalëve në kontekstin e tyre origjinal të kohës antike. Është e rëndësishme që të përcaktojmë, se çfarë ka pasur për qëllim të thotë autori nëpërmjet fjalëve e shprehjeve, dhe se si mund ta kenë kuptuar dëgjuesit e tij tekstin në kontekstin e tij origjinal historik e kulturor. Shpesh një fjalë mund të ketë një sërë kuptimesh. Disa fjalë mund të kenë kuptim të veçantë teologjik. Është e rëndësishme që të zgjidhet kuptimi i përshtatshëm për kontekstin. Qëllimi i përpjekjes sonë këtu është që të lidhim fjalët dhe shprehjet me njëra–tjetrën, dhe të kuptojmë domethënien e tekstit në kontekstin e tij origjinal. Kjo detyrë kërkon përdorimin e komentarëve biblikë, fjalorëve biblikë, studime Biblike dhe burime të tjera që përmbajnë studime të fjalëve hebraike.

Hapi 8. *Nxirr përfundime për të vërtetat teologjike ose mësimet që autori i tekstit ka pasur për qëllim që t'u percillte dëgjuesve të tij në lashtësi.* Qëllimi ynë këtu është që të zbulojmë se si flet ose vepron Perëndia në përgjigje të nevojave njerëzore. Në kontekstin e mëkatit njerëzor, teksti mund të përmbajë paralajmërime, thirrje për pendim ose një kërcënim për gjykim. Në një kontekst që flitet për dëshpërimin dhe shpresën e venitur, fjala e Tij mund të jetë fjalë shprese, sigurie, ngushëllimi, ose një premtim ndihme a shpëtimi. Në një kontekst, ku flitet për dyshimin, fjala e Tij mund të jetë një zbulesë e madhështisë dhe lavdisë së Tij, ose një mrekulli për të prodhuar besim. Fjala e Perëndisë mund të jetë një mësim, udhëheqje, këshillë ose qortim. Për aq kohë sa fjala e Perëndisë ose veprimet e tij janë zbulesë, ne duhet të bëjmë pyetjen: "Çfarë reagimi nxit zbulesa tek marrësit?" Përgjigjja njerëzore mund të jetë lavdërim e adhurim, bindje e nënshtrim, përulje dhe mirënjohje. Të gjitha këto janë karakteristika të atyre që i kanë besuar Perëndisë. Në rastin kur përgjigjja njerëzore ka qenë mosbindje, mospranim, rebelim dhe kokëfortësi ndaj

Fjalës, teksti na udhëzon që të modelojmë jetët tona sipas shembullit të atyre që kanë qenë besnikë ndaj Perëndisë. Mësimet teologjike të tekstit na japin bazën e duhur për të përcaktuar parimet biblike që lidhen me jetën e krishterë në kohën tonë.

Hapi 9. *Lidh tekstin dhe teologjinë e tij me mesazhin e përgjithshëm të Biblës.* Pyetjet që vijojnë do të na ndihmojnë. A trajton teologjia e tekstit, që kemi përpara, kultura dhe situata të veçanta në jetën e Izraelit të lashtë ose në kishën e hershme të krishterë? A gjejmë shprehje të tjera të ngjashme në librin ku ndodhet teksti? A gjejmë shprehje të tjera të ngjashme diku tjetër në Bibël? A është teologjia e tekstit në përputhje me mësimet e përgjithshme teologjike të Biblës? A gjejmë qartësim ose zgjerime të teologjisë së tekstit diku tjetër në Dhiatën e Vjetër? A e interpreton, qartëson ose modifikon Dhiata e Re tekstin e Dhiatës së Vjetër? Këto pyetje do të na ndihmojnë të vendosim autoritetin biblik të tekstit. Më tej, këto hapa do të na ndihmojnë që të bëjmë dallimin mes praktikave fetare, që janë të kushtëzuara nga kultura dhe koha, dhe të vërtetave teologjike që janë të përjetshme dhe të pandryshueshme në karakter dhe zbatim.

Hapi 10. *Zbato mesazhin e teksitit në jetën e krishterë bashkëkohore.* Interpretimi nuk mund të mbetet në zbrazëti. Mësimet teologjike të teksit përmbajnë mesazhin e Perëndisë për ne sot. Ky është një mesazh që ne kemi nevojë ta dëgjojmë dhe t'i bindemi. Disa tekste përcjellin mesazhe që mund të jenë të kufizuara nga koha dhe kultura. Mësimet teologjike që mund të zbatohen universalisht, janë ato që mësojnë karakteristikat dhe atributet hyjnore të Perëndisë, planin e Tij për shpëtimin e gjithë njerëzimit, sjelljen morale dhe etikën e duhur, si dhe ato që aftësojnë gjithë qeniet njerëzore që të transformohen në imazhin e Perëndisë.

Përgjithësisht, një parim teologjik, i cili mund të zbatohet në pratikë në mënyra të ndryshme dhe në përputhje me qëllimin e teksit biblik, mund të konsiderohet një parim i përjetshëm. Nga ana tjetër, mësime të veçanta lidhen me kontekte të veçanta dhe gjejnë zbatime të kufizuara. Në shumicën e rasteve interpretimi i duhur i teksit do të na drejtojë në këtë proçes vlerësimi.

Po themi edhe një fjalë të fundit për metodat induktive të studimit të Biblës. Gjatë këtij proçesi, interpretuesi duhet që të kërkojë me lutje udhëheqjen hyjnore dhe ndihmën e Shpirtit të Shenjtë. Vetëm Shpirti i Shenjtë mund të ndriçojë mendjet tona të dobta, të bëjë të mundur që të kuptojmë misterin e zbulesës së Perëndisë dhe të na aftësojë që t'i përgjigjemi Fjalës së tij me besnikëri e bindje.

Fjali përmbledhëse

- Qëllimi i interpretimit është që të kuptojmë domethënien e tekstit biblik dhe ta lidhim atë me kohën tonë.
- Interpretimi hebraik dhe i krishterë i Biblës përfshin metoda dhe praktika të ndryshme.
- Metodat kritike moderne e leximit të Biblës përqëndrohen në mjedisin që prodhoi tekstin.
- Interpretimi biblik kërkon studim sistematik të tekstit biblik, duke i kushtuar vëmendje mjedisit të tij historik dhe kulturor.
- Interpretimi i saktë biblik duhet të mbyllet me zbatimin e mesazhit të tekstit për kohën tonë.

Pyetje për reflektim

1. Cilat janë disa nga përparësitë e përdorimit të metodës kritike-historike kur studiojmë Biblën?
2. Cilat janë disa nga kufizimet e metodës kritike-historike?
3. Si të ndihmon kuptimi i historisë së interpretimit biblik në njohjen e ndërmarrjes së tërësishme të interpretimit biblik?

Burime për studime të mëtejshme

Fee, Gordon D., dhe Douglas Stuart. *How to Read the Bible for All Its Worth*. bot. 2. Grand Rapids: Zondervan, 1993.

Klein, William W., Craig L. Blomberg, dhe Robert L. Hubbard, Jr. *Introduction to Biblical Interpretation*. Dallas: Word Publishing, 1993.

4 Bota e Dhiatës së Vjetër

Objektivat

Studimi i këtij kapitulli do t'ju ndihmojë:

- Të përshkruani mjedisin e përgjithshëm gjeografik të Dhiatës së Vjetër.
- Të njihni kultura të ndryshme të Lindjes së Afërme në lashtësi.
- Të njihni dhe të gjeni në hartën e Palestinës qytete kryesore të Dhiatës së Vjetër.

Disa pyetje që duhen marrë parasysh ndërsa lexoni:

1. Diskuto sesi mund të ketë ndikuar orgjina kulturore dhe gjeografike në perceptimin tuaj fetar.
2. Cili do të ishte rezultati përfundimtar i studimit të historisë pa pasur njohuri për gjeografinë?

Fjalët kyçe për të kuptuar

Gjysmë Hëna Pjellore (*Fertile Crescent*)
Kuneiform (shkrimi në trajtë kunji)
Sumerët
Akadianët
Amorejtë
Semitik
Hitejtë
Horejtë
Asirianët
Babilonasit
Persianët
Faraonët
Hiksotë
Filistejtë
Palestinë
Kanaanët/kananejtë
Fenikasit
Arameot
Amonitët
Moabitët
Edomitët
Madianitët
Amalekitët
Fusha bregdetare
Zona e kodrave qendrore
Lugina e Jordanit

Historia e Izraelit, ndodhi në një vend që është i njohur nga ne si Lindja e Mesme. Megjithëse vendi i quajtur Kanaan në Dhiatën e Vjetër u bë vendbanimi i Izraelit, populli i Izraelit jetoi edhe në Egjipt e në Babiloni në periudha të ndryshme të historisë së tij. Tani ne do të hedhim shikimin në këtë botë më të madhe, në të cilën Izraeli u formua si komb. Qëllimi është që t'u bëjmë një vëzhgim të shkurtër kushteve gjeografike kulturore, fetare dhe politike, të cilat përbëjnë mjedisin e historisë së Dhiatës së Vjetër.

Lindja e Afërme e Lashtë

Bota e Dhiatës së Vjetër është quajtur Lindja e Afërme e Lashtë (LAL), ose bota semitike e lashtë. Kjo zonë shtrihet nga lindja në perëndim duke filluar nga ana veriu i Gjirit Persik, deri në veri të Deltës së Nilit në Egjipt, dhe nga veriu në jug duke filluar nga malet e Turqisë lindore, deri në veri të Detit të Kuq. Ky rajon i gjerë është i përbërë prej shkretëtirash të thata e të djerra me disa lugina pjellore lumenjsh, dhe një numër të madh malesh të larta e të thyera. Disa vende të botës moderne si Izraeli, Jordania, Libani, Siria dhe Iraku, gjenden në këtë rajon.

Qytetërimi dhe grupet kulturore u vendosën afër luginave pjellore dhe lumenjve. Përleshjet dhe lufta për pushtet ishte një mënyrë jetese në këtë botë të lashtë. Një sërë grupesh të fuqishme etnike kanë sunduar në këtë rajon në kohë të ndryshme,

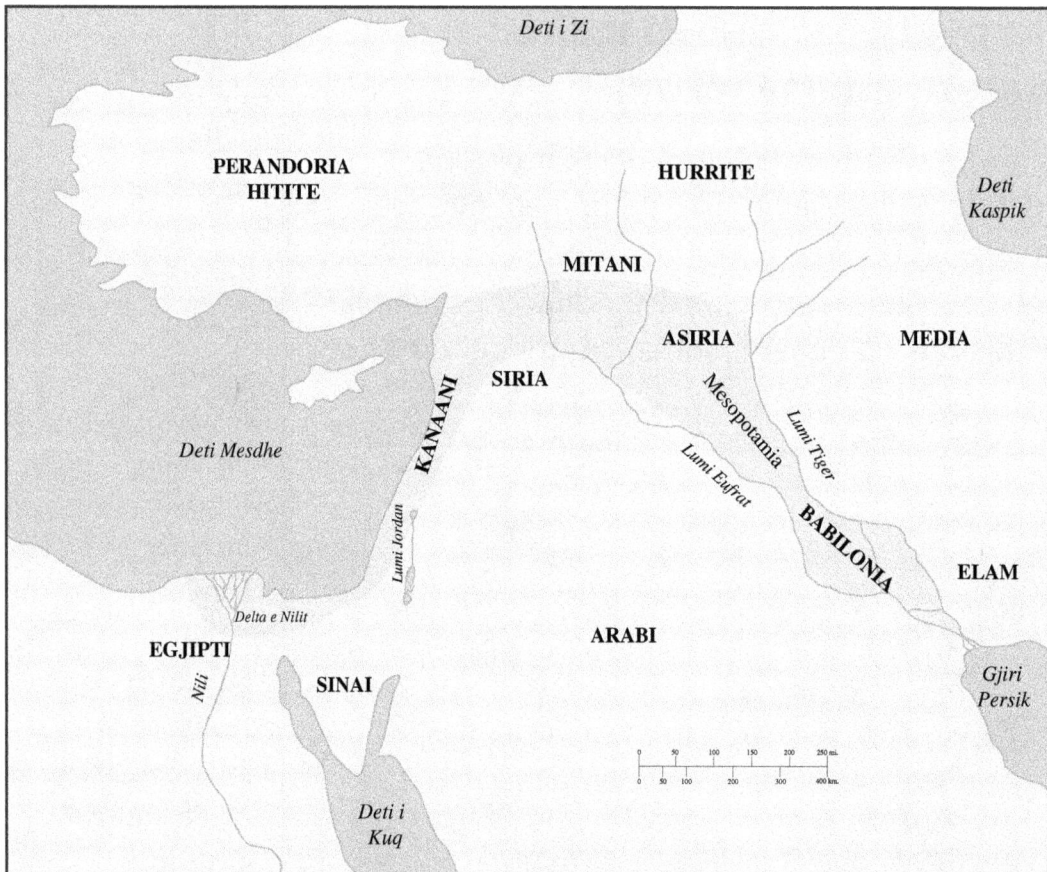

Lindja e Afërme e Lashtë. Gjysmë Hëna Pjellore *(Fertile Crescent)*

duke kontrolluar vendin pjellor dhe rrugët tregtare. Në këtë terren ishin të shpeshta dhe thatësirat, zija e bukës, përmbytjet, sulmet e karkalecave dhe fatkeqësi të tjera natyrore. Pra me pak fjalë, jeta në këtë rajon nuk ishte aspak e sigurtë.

Fushat pjellore dhe vendet me ujë në Lindjen e Mesme të Lashtë gjendeshin në luginën e Mesopotamisë, në Deltën e Nilit dhe në Siri-Palestinë. Këto tri rajone bashkë pak a shumë janë në formë gjyshmë-hëne. **"Gjysmë Hëna pjellore"** (*"Fertile Crescent"*). Rajoni Siri-Palestinë ishte ura mes kontinenteve të Afrikës dhe Azisë. Në kohë të ndryshme të historisë së lashtë, një sërë fuqish politike janë orvatur që të kontrollojnë këtë rajon, për shkak të pozicionit strategjik gjeografik dhe rendësisë së rrugëve tregtare të transportit në botën e lashtë.

Lugina e Mesopotamisë

Mesopotamia, vendi që ndodhej mes lumenjve Eufrat dhe Tigër, ka qenë vendbanimi i shumë grupeve kulturore në lashtësi. Në kohën biblike ajo përbëhej nga Asiria në veri, dhe nga Babilonia në jug. Më poshtë do të përmendim shkurtimish disa nga grupet më domethënëse që kanë populluar Mesopotaminë nga vitet 3000 para K. deri në 330 para K.

Sumerët krijuan qytetërimin dhe kulturën e tyre në jug të luginës së Mesopotamisë, në fillim të mijëvjeçarit të 3-të para K. Dijetarët i referohen qytetërimit sumer si qytetërimi i parë domethënës në historinë njerëzore. Sumerët shpikën shkrimin në trajtë kunji (*kuneiform*) dhe ndërtuan qytete si psh.: Sumeri, Eridu, Uri, Larsa dhe Nipuri.

K | **Enuma Elish**

Një pjesë nga *Enuma Elish* na paraqet krijimin e njeriut nga perëndia Marduk, i cili luftoi dhe mundi Tiamatin dhe forcat e saj.

Kur Marduku dëgjon fjalët e perëndive,

zemra e tij e nxit që të krijojë vepra arti.

Duke hapur gojën, ai i drejtohet Eas

që t'i kumtojë planin që ka në zemër:

"Gjak, unë do të mbledh dhe do t'i sjell kockat në ekzistencë.

Do të ngre të egrin, 'njeri' do të jetë emri i tij.

Me të vërtetë, njeriun e egër do të krijoj.

Ai do të jetë nën shërbimin e perëndive.

Që barra t'u lehtësohet!"[1]

Historia e krijimit, *Enuma Elish*, është një krijim i rëndësishëm i mendimit fetar sumer.

Akadianët, një grup seminomadik semitik, mori kontrollin e pjesës jugore të luginës së Mesopotamisë rreth vitit 2300 para K., dhe ndërtoi një perandori nën udhëheqjen e Sargonit të Madh. Megjithëse sumerët nuk kishin më kontroll në këtë zonë, kultura e tyre vazhdoi që të ndikonte tek akadianët. Akadianët huazuan ose përshtatën një sërë elementësh nga kultura dhe feja sumere. Miti akadian i krijimit është një zgjerim i historisë sumere (*Enuma Elish*).

Amorejtë sunduan pothuajse të gjitha zonat e Mesopotamisë dhe Siri-Palestinës rreth shekullit të 18-të para K. Ata ishin një grup semitik të cilët i bënë qytetet e Marisë dhe Babilonisë qendra të rëndësishme te pushtetit të tyre politik. Zbulimet në Mari përfshijnë me mijëra mbishkrime që flasin për çështje legale, shtëpiake e tregtare. Dijetarët besojnë se paraardhësit e izraelitëve janë amorejtë.

Hitejtë zinin pjesën qendrore të Azisë së Vogël rreth viteve 2000-1700 para K. Ligjet

K Kush janë Semitët?

Termi semit ka interpretime të ndryshme. Disa dijetarë u drejtohen me këtë term atyre grupeve racore që e kanë prejardhjen nga Semi, një nga tri djemtë e Noeut. Më gjerësisht ky term u drejtohet të gjithë atyre grupeve që flasin gjuhë që i përkasin familjes së gjuhëve semitike (gjuhët e lashta si akadisht, ugarisht, kanaanisht, fenikisht, hebraisht, aramaisht, etiopisht, arabisht etj). Ky term, në mënyrë më të kufizuar, në kohët moderne është përdorur për të emëruar njerëz me prejardhje hebraike. Këtu ne e përdorim termin *semit* në kuptimin më të përgjithshëm, në mënyrë që të përfshijë gjithë popujt e lashtë që ishin të lidhur me njeri-tjetrin nga tipare të përbashkëta kulturore dhe gjuhësore.

hite dhe tekstet që trajtonin çështje ligjore janë burim i rëndësishëm për të kuptuar praktikat ligjore e politike të Lindjes së Afërme në lashtësi.

Horejtë, ose Hurritë, fillimisht jetonin në malet e Armenisë. Në shekullin e 17-të dhe 16-të para K. pati një përhapje të jashtëzakonshme në të gjitha anët e Fertile Krescente (Fertile Crescente). Në Mitani horejtë vendosën një dinasti dhe një perandori që kontrollonte Sirinë dhe Mesopotaminë e sipërme. Kjo perandori më vonë u pushtua nga asirianët. Nuzi, në krahinën lindore të Tigrit ishte qendra e qytetërimit hore. Pllaka me mbishkrime të Nuzit (që datojnë në shekullin e 15-të para K.) na tregojnë se ka disa ngjajshmëri me zakonet dhe kulturën e stërgjyshërve të Izraelit.

Asirianët luajtën një rol të rëndësishëm në rrjedhën e ngjarjeve të kombit të Izraelit në shekullin e 8-të e të 7-të para K. Pjesa veriore e Mesopotamisë ishte vendbanimi i asirianëve. Ashuri dhe Niniveja ishin qytetet kryesore të Asirisë. Asirianët vunë në zbatim një plan për ndërtimin e perandorisë në shekullin e 8-të para K., nën drejtimin e Tiglath-Pileserit III, dhe fituan kontroll politik mbi Sirinë, Izraelin, madje dhe Egjiptin. Në mes të shekullit të 7-të para K., Asiria filloi që të dobësohej e të humbiste kontrollin e perandorisë, si pasojë e sulmeve të përbashkëta të medasve, babilonasve dhe skithasve. Babilonasit shkatërruan Niniven në vitin 612 para K., dhe pas kësaj Asiria pushoi së ekzistuari si komb.

Babilonasit. Babilonia u bë fuqia më e madhe politike në shekullin e 7-të para K.. Pjesa jugore e Mesopotamisë u bë e njohur me emrin Babiloni. Qyteti i Babilonisë, që ndodhej në breg të Eufratit, ishte qyteti më i rëndësishëm i babilonasve. Në vitin 587 para K., babilonasit pushtuan Jeruzalemin dhe i detyruan hebrenjtë që të mërgonin në Babiloni. Robëria e hebrenjve zgjati deri në vitin 539 para K. kur Babilonia u pushtua nga perandoria Perse. Kiri, mbreti pers, u dha liri hebrenjve që ishin në robëri dhe i lejoi që të ktheheshin në vendin e tyre. Gjithsesi komunitetet hebrenjsh vazhduan që të ekzistonin në Babiloni edhe pas robërisë.

Persianët u bënë fuqia kryesore politike në shekullin e 6-të para K. nën udheqjen e Kirit. Atdheu i tyre ishte Irani i sotëm. Kiri bashkoi në perandorinë e tij medasit, që dikur ishin të fuqishëm, dhe më vonë babilonasit. Perandoria u shtri drejt perëndimit, që të përfshinte Azinë e Vogël, Sirinë, Palestinën dhe Egjiptin. Në lindje u shtri deri në Indi. Përfundimisht persianët u dobësuan në fuqi, dhe perandoria e tyre më vonë u bë pjesë e asaj bote që Aleksandri i Madh pushtoi rreth vitit 330 para K.

Rajoni i Deltës së Nilit (Egjipti i Poshtëm)

Dhiata e Vjetër e përmend Egjiptin si vendbanimin e popullit të Izraelit në fillimet e hershme të ekzistencës së tij. Egjipti i Dhiatës së Vjetër është pjesa veriore (i njohur gjithashtu dhe si Egjipti i Poshtëm ose si Rajoni i Deltës) e Egjiptit modern. Izaraeli në historinë e tij të vonë e mban mend Egjiptin si vendin e skllavërisë së tij. Egjipti vazhdoi që të ushtronte pushtetin politik mbi Izraelin në kohë të ndryshme. Mbretërit e izraelit bënë shpesh aleanca me Egjiptin, megjithëse profetët i dënonin veprime të tilla dhe i quanin si kthim në robëri e skllavëri. Një numër i madh hebrenjsh banuan në Egjipt gjatë pushtimit të Judës nga babilonasit në vitin 587-të para K. Më vonë Aleksandria u bë qendër e jetës hebraike në Egjipt.

Historia egjiptiane është ndarë në periudhën e Mbretërisë së Vjetër (2900-2300 para K.), në periudhën e Mbretërisë së Mesme (2100-1710 para K.) dhe në periudhën e Mbretërisë së Re (1550-330 para K.). Dy periudhat e ndërmjetshme (2300-2100 para K. dhe 1710-1550 para K.) u karakterizuan nga paqëndrueshmëria politike dhe ekonomike, dhe nga përleshjet për pushtet mes sundimtarëve kundërshtarë, të njohur si **faraonët**. Ka të ngjarë Arbrahami të ketë ndërmarrë udhëtimin e tij në Egjipt, gjatë gjysmës së vonë të periudhës së Mbretërisë së Mesme. Gjatë periudhës së dytë të ndërmjetshme, sundimtarët e Egjiptit ishin **hiksotë**, një popull semit që sundoi në Egjipt për më shumë se 100 vjet. Jozefi dhe pjesa tjetër e familjes së Jakobit u vendosën në Egjipt gjatë fillimit të mbretërimit të hiksove. Historia e Moisiut, robërisë së Izraelit dhe daljes nga Egjipti, i përkasin fillimit të hershëm të periudhës së Mbretërisë së Re. Rreth vitit 1000 para K.

fuqia politike e Egjiptit u dobësua dhe vazhdoi që të humbiste terren. Ndërkohë bota po shihte ngritjen e fuqive të reja siç ishin: Asiria, Babilonia, Persia dhe Greqia në shekujt pasues.

Rajoni Siri-Palestinë

Rajoni Siri-Palestinë është më i përmenduri në Dhiatën e Vjetër. Ky rajon ishte i përbërë nga vendet e Izraelit, Libanit, Sirisë dhe Jordanisë, që përfshihen në hartën e sotme politike. Në zonën e bregdetit lindor të Detit Mesdhe, ishin vendet e filistejve (Filistea), kanaanëve/kananejve (Kanaani) dhe fenikasve (Fenikia). Vende të tjera të lashta në këtë rajon ishin: Siria (verilindje), Amoni, Moabi, Edomi dhe Madiani (lindje dhe juglindje). Zona e Negevit jugor ishte shtëpia e amalekitëve të lashtë.

Filistejtë ishin banorët e parë të fushës bregdetare në jugperëndim të Kanaanit, në bregun lindor të Detit Mesdhe. Ata erdhën në këtë rajon nga Kreta ose nga ndonjë ishull tjetër i Detit Mesdhe rreth vitit 1200 para K. Ashkeloni, Ashdodi, Gaza, Ekroni dhe Gathi ishin ndër qytetet kryesore të themeluara nga filistejtë në këtë zonë (Pentapoli Filiste). Nga Bibla ne dimë se ata ishin një kërcënim i vazhdueshëm për izraelitët. Në vitet e hershme të historisë së Izraelit, në **Palestinë** filistejtë ushtruan kontroll mbi shumë nga rajonet bregdetare dhe në rajonet e kodrave të ulta të Judës. Kërcënimit filistin ndaj Izraelit i erdhi fundi kur Davidi u bë mbret i Izraelit (1000 para K.).

Para ardhjes së Izraelit në vendin e Kanaanit (Palestinë), banorët e parë të këtij rajoni ishin **kanaanejtë** (gjithashtu i përkthyer **kanaanët**), një përzierje e disa grupeve etnike dhe kulturore. Shumica e tyre ishin pasardhës të Kanaanit, nipit të Noeut. Qytetet si Jeriko, Megido (Megiddo/ Meghido), Beth-Shean, Ai, Sikem, Gezer dhe Lakish, ishin qendra të kulturës kanaane në mijëvjeçarin e 3-të para K. Amorejtë nga lugina e Mesopotamisë pushtuan Kanaanin dhe shkatërruan shumë qytete kanaane. Pushitimi amorit vazhdoi gjatë fillimit të hershëm të mijëvjeçarit të dytë para K. Në Kanaan u vendosën grupe të ndryshme amorejtë dhe rindërtuan qytetet që shkatërruan. Abrahami, që iku nga shtëpia e tij në Ur, në Mesopotaminë Jugore, për t'u vendosur në Kanaan, ka të ngjarë që të ketë qenë pjesë e amorejve ardhës (shih Zanafilla 11:27–12:4). Banorët e kësaj zone ishin girgazejtë, perezejtë, jebusejtë, hitejtë, dhe

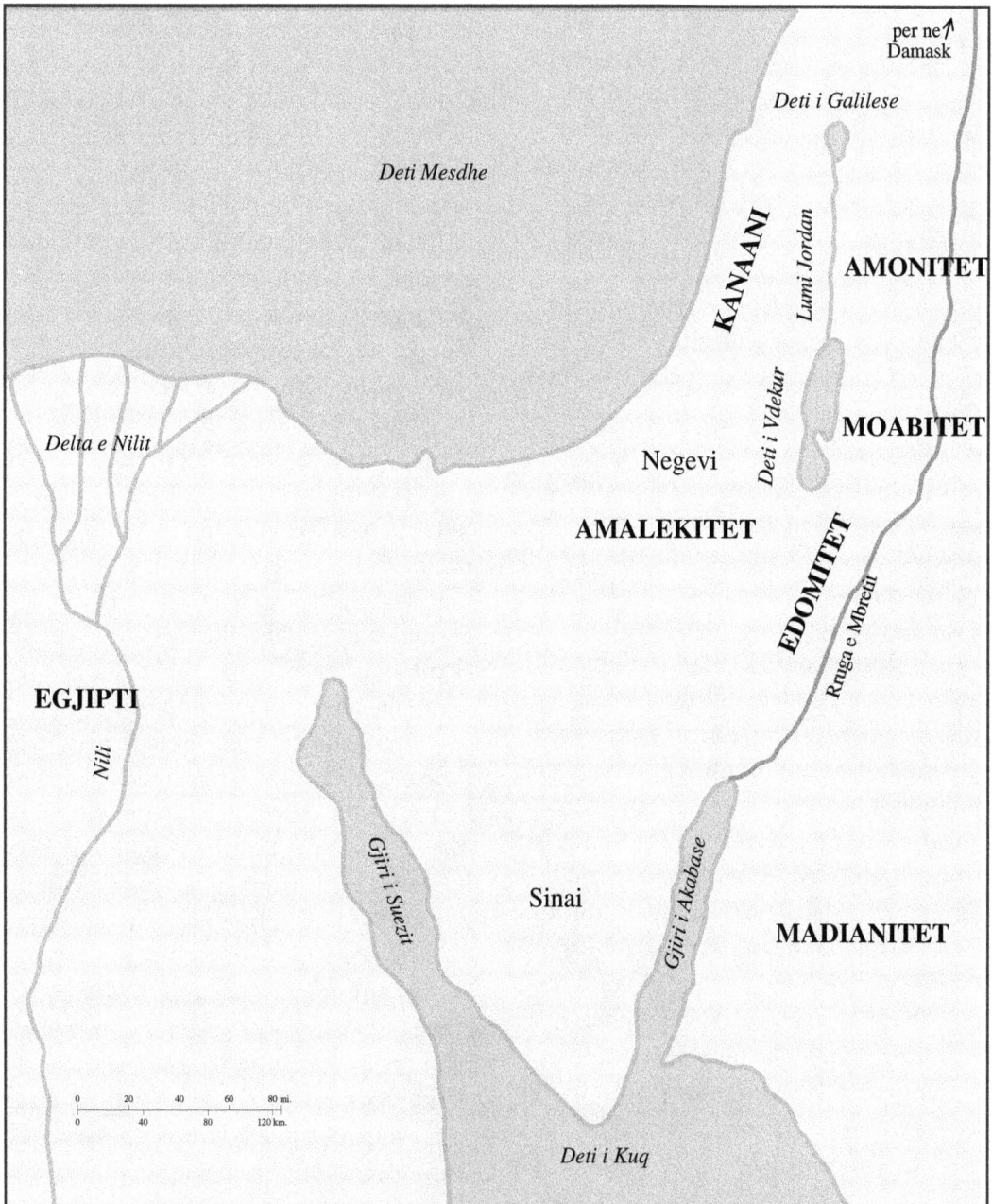

Mbretëritë fqinje të Izraelit në shekullin e 13-të para K

hivejtë (shih 15:19-20). Ka të ngjarë që të gjithë këta popuj të ishin nëngrupe të amorejve.

Fenikasit, që popullonin zonën veriperëndimore në brigjet lindore të Mesdheut, ishin tregtarë dhe detarë. Ata u përhapën në Palestinë dhe ndikuan kulturën dhe fenë e kananejve. Tiro ishte një qendër e rëndësishme e tregtisë dhe kulturës së tyre. Ata bënë aleancë me Davidin dhe Salomonin, mbretër të Izraelit, dhe ndihmuan për modelimin dhe ndërtimin e tempullit në Jeruzalem gjatë ditëve të Salomonit.

Arameot ka të ngjarë që të ishin pasardhës të grupit amore. Ata e bënë Aramin, ose Sirinë, vendbanimin e tyre dikur gjatë mijëvjeçarit të dytë para K. Bibla bën një sërë lidhjesh mes izraelitëve dhe arameove. Vendbanimi i Abrahamit për pak kohë ishte Harani, i njohur gjithashtu si Padan-Aram, qyteti i Nahorit dhe Aram Naharaim. Stërgjyshrit e Izraelit (Abrahami, Isaku dhe Jakobi) mbajtën lidhje me këtë rajon. Kredoja më e hershme rrëfyese e Izraelit (shih Ligji i Përtërirë 26:5-10) i drejtohet atit të Izraelit (ka shumë të ngjarë Jakobit) si një "arameo shtegtar" v. 5. Qendra e shtetit arameo ishte Damasku, i cili edhe sot është kryeqytet i Sirisë. Populli i Izraelit kishte konflikte të shpeshta për kufijtë me sirianët/arameot që nga shekulli 10-të deri në shekullin e 8-të para K.

Amonitët, **Moabitët** dhe **Edomitët** ishin tri grupet e popujve kryesorë që popullonin zonën lindore të lumit Jordan. Libri i Zanafillës i përshkruan amonitët dhe moabitët si pasardhës të Lotit (19:30-38), dhe edomitët si pasardhës të Esaut, vëllait të Jakobit (kapitulli 36). Amonitët jetuan në lindje të luginës së Jordanit dhe kishin kryeqytet Rabbath-Amonin (Amani modern). Moabitët ndodheshin në jug të territorit amonit. Amonitët mbajtën lidhje shoqërore dhe fetare, përfshi dhe lidhje martesore, me popullatën izraelite. Edomitët, edhe këta të lidhur me të parët e Izraelit, mbajtën një qëndrim armiqësor ndaj Izraelit. Ata ishin vendosur në jug të Moabit. Rruga më e rëndësishme tregtare e kohës së lashtë, Rruga e Mbretit (ose Rruga Mbretërore), kalonte përmes Edomit dhe Moabit nga veriu në jug.

Madianitët dhe **Amalekitët** luajtën gjithashtu një rol të rëndësishëm në historinë e Izraelit. Madianitët zinin anën juglindore të Edomit. Libri i Zanafillës ndjek gjurmët e orgjinës së tyre deri tek Abrahami dhe Keturahu (25:1-2). Gruaja e Moisiut ishte vajza e një prifti madianit. Madianitët shtypën Izraelin gjatë kohës së Gjyqtarëve. Amalekitët ishin vendosur në jug të Kanaanint, në zonën e Negevit. Këta pasardhës të Esaut (36:12) ishin kombi i parë që nisi luftë kundër popullit të Izraelit gjatë udhëtimit të tij për në Tokën e Premtuar (shih Eksodi 17:8-16).

Populli i Izraelit jetoi dhe u përpoq që të mbante indentitetin e tij fetar si populli i zgjedhur i Perëndisë, në mes të një bote që në pjesën më të madhe ishte armiqësore dhe kundër eksistencës së tij. Ndërsa zhvilloheshin luftra dhe përleshje për mbijetesë dhe liri, edhe Izraeli ndikoi shumë nga ana fetare e kulturore nga popujt që ndodheshin rreth tij. Dhiata e Vjetër tregon për pasojat tragjike sa herë që Izraeli u përpoq që të huazonte ide fetare dhe kulturore nga popujt që e rrethonin. Rezultati përfundimtar ishte humbja e indentitetit dhe e lirisë që u dha Perëndia kur i shpëtoi nga skllavëria e egjiptasve. Kësaj historie do t'i kthehemi edhe njëherë më vonë.

Palestina

Vendi që u premtoi Perëndia pasardhësve të Abrahamit është përshkruar tek Eksodi si "Një vend ku rrjedh qumështi dhe mjalti" (3:8). Ky vend ka edhe emra të tjerë përveç atyre të zakonshmëve si "Toka e Premtuar" dhe "Toka e Shenjtë". Zakonisht në Bibël është quajtur Kanaan. Një emër tjetër i zakonshëm është Palestinë, që nënkupton vendin e filistejve, të cilët dikur ishin kërcënimi më i madh ndaj Izraelit dhe qëndrimit të tij në Tokën e Premtuar. Ky emër u vu nga Erodoti, një historian grek i cili jetoi në shekullin e 5-të para K. Romakët dhe të tjerë që erdhën më pas përdorën emrin Palestinë. Kështu ngeli e u përdor nga shumica e popullsisë deri në ditët tona. Izrael është emërtimi politik i kohës moderne për zonën që i përket shtetit hebre sot.

Kanaan dhe Palestinë janë emërtimet që parapëlqejmë të përdorim për vendin e Izraelit të Dhiatës së Vjetër, sepse nuk përmbajnë ngjyrime politike. Ky vend ndodhet mes Detit Mesdhe (në Bibël Deti i Madh) dhe shkretëtirës. Është relativisht vend i vogël, rreth 550 kilometra i gjatë nga veriu në jug, dhe 100 kilometra i gjerë nga lindja në perëndim. Gjithsesi, kufiri biblik "Nga Dani në Beer-Sheba" ishte vetëm 250 kilometra i gjatë. Kushtet gjeografike dhe klimatike të këtij vendi janë të shumëllojshme. Brenda kësaj krahine të vogël mund të ndodhesh në një vend të tillë si psh. në malin Hermon, i cili është 3.030 metra mbi nivelin e detit, dhe brenda pak orësh mund të shkosh në zonën e Detit të Vdekur, e cila është afërsisht 430 metra nën nivelin e detit, pika më e ulët në planet.

Palestina ka katër zona gjeografike të dallueshme. **Fusha bregdetare**, përgjatë bregut të Detit Mesdhe, shtrihet nga Gaza në jug, deri në Liban në veri. Ky vend është një rrip i ngushtë toke me kodra në lindje dhe det në perëndim. Vargmali Karmel, i cili pothuajse arrin detin në pjesën veriore të vendit, ndan fushën bregdetare në dy pjesë, në pjesën veriore dhe jugore. Ako, në pjesën veriore të fushës, ishte një qytet-port i rëndësishëm në kohën e lashtë. Pjesa jugore përfshinte fushën e Sharonit, një zonë pjellore me port natyral të quajtur Jopë (Jafa moderne). Filistejtë kishin kontrollin e pjesës jugore të fushës së Sharonit dhe zonën në jug të Jopës. Për këtë arsye, qysh atëherë kjo krahinë quhet ndonjëherë Fusha e Filistisë.

Nëndarja e dytë kryesore gjeografike e Palestinës është **zona e kodrave qendrore**. Ky rrip toke shtrihet nga Galileja në veri, deri në Negev në jug. Ndahet në tri pjesë: Kodrat e Galilesë, Kodrat e Samarisë dhe Kodrat e Judës. Një luginë që shtrihet nga lindja në perëndim, i ndan kodrat e Galilesë në Galilenë e Sipërme dhe Galilenë e Poshtme. Malet e Galilesë së Sipërme janë më të lartë sesa të Galilesë së Poshtme. Krahina e Galilesë së Poshtme ka male të izoluara, siç është mali Tabor, dhe lugina të gjera. Fusha e Jezreelit (e njohur gjithashtu dhe si lugina e Jezreelit), Armagedoni, Mali i Megidos, dhe Fusha e Ezdralonit), e cila është afërsisht 83 kilometra e gjatë, lidh krahinën bregdetare me luginën e Jordanit. Është rreth 33 kilometra e gjerë nga veriu në jug, dhe ndan krahinën e Galilesë nga kodrat e Samarisë. Në kohën e lashtë në këtë krahinë kanë kaluar rrugë të rëndësishme tregtare e ushtarake. Megido ishte një qytet i rëndësishëm, i fortifikuar, që ndodhej në anën perëndimore të luginës së Jezreelit. Në Samari kishte shumë kodra dhe lugina të gjera pjellore që ishin të njohura për bujqësinë. Në këtë krahinë ndodhen edhe mali Gerizim dhe mali Ebal. Dy qytetet kryesore të kësaj krahine në kohën e lashtë ishin Samaria dhe Sikemi. Kodrat e Judës janë vazhdimi i kodrave të Samarisë. Jeruzalemi, i cili ndodhet në këtë krahinë, ka një lartësi prej 866 metrash mbi nivelin e detit. Kësaj krahine i përkasin gjithashtu Hebroni dhe Betlehemi.

Ndarja e tretë kryesore gjeografike e Palestinës është **Lugina e Jordanit**. Ajo është pjesë e një ultësire gjeografike që shtrihet nga rrëza e malit Hermon në veri, deri në Detin e Kuq në jug. Përmes kësaj lugine kalon lumi Jordan, i cili buron në veri në zonën e Danit. Ai merr një kthesë e dredhon mes Detit të Galilesë dhe Detit të Vdekur. Deti i Galilesë (i njohur gjithashtu si Deti i Kinerethit, Liqeni i Gjenezaretit dhe Liqeni i Tiberiadës), është liqen me ujë të ëmbël, 21 kilometra i gjatë dhe 13 kilometra i gjerë. Është i njohur për bollshmërinë e peshqve dhe për stuhitë e papritura. Deti i Vdekur (i njohur gjithashtu si Deti i Kripur) është 432 metra nën nivelin e detit. Është rreth 108 kilometra larg Detit të Galilesë në jug, afërsisht 83 kilometra i gjatë, dhe 16 kilometra i gjerë. Megjithëse në këtë det derdhen ujërat e ëmbla të lumit Jordan, përsëri ka një përbërje të lartë kripe e mineralesh për shkak të avullimit të vazhdueshëm të ujërave.. Për shkak së kripës (rreth 30-33%) është e pamundur që në të gjallojnë bimë ose kafshë. Qyteti më i rëndësishëm në luginë e Jordanit, e mbase qyteti më i vjetër në Palestinë, është Jeriko që ndodhet 11 kilometra në veri të Detit të Vdekur.

Dhe tani arritëm tek nëndarja e fundit më e madhe gjeografike e Palestinës. Rrafshnalta e **Transjordanit** ndodhet në lindje të lumit Jordan dhe është territori i Jordanisë moderne. Në veri është krahina e Bashanit, një pllajë pjellore e njohur për kullotat e saj dhe për bagëtinë e trashë (lopët dhe demat). Lumi Jarmuk ndan Bashanin nga kodrat e Galaadit në jug. Gjithashtu dhe krahina e Galaadit është e njohur për tokën e saj pjellore dhe për

prodhimet bujqësore. Lumi Jabbok kalon nga lindja në perëndim përmes kësaj krahine. Në jug të Galadit ndodheshin mbretëritë e lashta të Amonit, Moabit dhe Edomit.

Në studimin tonë të gjeografisë së krahinave së Palestinës duhet të përfshijmë edhe dy zona të tjera. Zonën e Negevit, e cila përbën kufirin jugor të Palestinës (shih Zanafilla 12:9; 20:1) është një krahinë e thatë, e nxehtë dhe e djerrë, që nuk kishte ndonjë rëndësi ekonomike në kohën biblike. Beer-Sheba ishte një vend i rëndësishëm në krahinën e Negevit, për shkak se kishte lidhje me etërit e Izraelit (shih Zanafilla 21:31-32; 26:17-33). Kadesh-Barneu, vendi ku populli i Izraelit fushonte gjatë udhëtimit të tij në shkretëtirë, ndodhet rreth 83 kilometra në jug të Beer-Shebës. Zona tjetër është krahina e Shefalahut (vendet e ulta), e cila e ndan

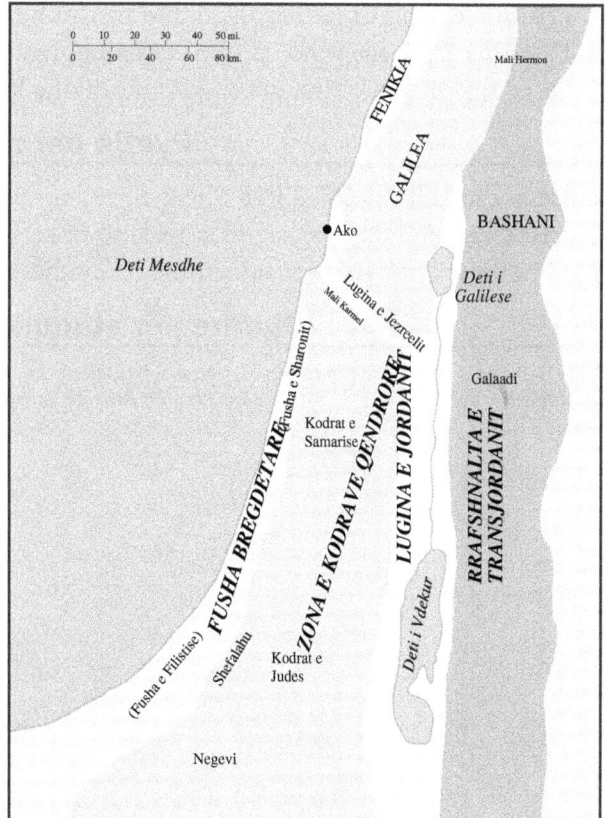

Katër nëndarje gjeografike të Palestinës

pjesën jugore të fushës bregdetare (zonën e filistejve) nga vendi kodrinor i Judës. Kjo krahinë ka qenë skenë e shumë përplasjeve mes Izraelit dhe filistejve. Lakishi ishte një qendër e rëndësishme e fortifikuar në rajonin e Shefalahut.

Në këtë botë të lashtë Perëndia solli në eksistencë popullin e quajtur Izrael. Izraelitët zhvilluan sistemin e tyre unik të besimit brenda këtyre krahinave gjeografike. Elementi më i rëndësishmi i besimit të Izraelit, mbase ishte besimi në një Perëndi të vërtetë, sovran dhe të madhërishëm, i cili krijoi universin. Ky besim ishte në kontrast të plotë me besimet politeiste që gjejmë mbi krijimin, në kultuarat e tjera fqinje të Izraelit.

Tani do të kalojmë tek historia e krijimit në librin e Zanafillës. Këtu fillon udhëtimi ynë si popull i Perëndisë, një udhëtim që do të na çojë përtej Kopshtit të Edenit, dhe përfundimisht në ditën e sotme.

Fjali përmbledhëse

- Njohja e mjedisit gjeografik është thelbësore që ne të kuptojmë mesazhin e Dhiatës së Vjetër.
- Vendi i Dhiatës së Vjetër është pjesë e Lindjes së Afërme të Lashtë.
- Palestina është vendi-urë mes Azisë dhe Afrikës.
- Të parët e Izraelit i përkasin grupit etnik të amorejve.
- Perëndia bëri që Izraeli të ekzistonte si komb në një botë kur dikur mbizotëronte ndikimi kulturor, politik dhe fetar i popujve të ndryshëm politeistë.
- Historia e Egjiptit ndihmon që disa histori biblike të gjejnë vend në perspektivën historike.
- Palestina është një vend që karakterizohet nga krahina të ndryshme gjeografike, të cilat përfshijnë fusha, kodra, male, shkretëtira dhe lugina.

Pyetje për reflektim

Lexo Zanafilla 11:27–13:18 dhe gjej, në hartën e Lindjes së Afërme të Lashtë të kohës së patriarkëve, vendet që përmenden në këtë tekst. Konsultohu me atlasin e Biblës, i cili mund të të ndihmojë me harta të ndryshme të Lindjes së Afërme të Lashtë dhe Palestinës.

Burime për studime të mëtejshme

May, Herbert G., Redaktor *Oxford Bible Atlas*. New York: Oxford University Press, 1984.
Page, Charles R., II, dhe Carl A. Volz. *The Land and The Book: An Introduction to the World of the Bible*. Nashville: Abingdon, 1993.

SEKSIONI II

ZBULIMI I PENTATUKUT

Ky seksion e njeh lexuesin me:

- Mënyrën se si e kuptonte Izraeli universin dhe njerëzimin
- Të parët e Izraelit dhe historitë e tyre
- Robërinë dhe lirimin e Izraelit nga Egjipti
- Udhëtimin e Izraelit drejt Tokës së Premtuar
- Ligjet dhe udhëzimet që i dha Moisiu Izraelit

- Pikëpamja e Izraelit për botën: Zanafilla 1–11

- Besëlidhja e Perëndisë me Abrahamin: Zanafilla 12–25

- Familja e besëlidhjes: Zanafilla 26–50

- Lindja e një kombi: Eksodi 1–18

- Komuniteti i besëlidhjes: Eksodi 19–40

- Izraeli në shkretëtirë: Levitiku dhe Numrat

- Udhëzime për jetën në tokë: Ligji i Përtërirë

5 Pikëpamja e Izraelit për botën: Zanafilla 1–11

Objektivat

Studimi i këtij kapitulli do t'ju ndihmojë:

- *Të shpjegoni titullin, autorësinë dhe përmbajtjen kryesore të Librit të Zanafillës.*
- *Të bëni vlerësimin e të vërtetave kyçe teologjike që gjenden në historinë e krijimit.*
- *Të identifikoni historitë kryesore që gjenden tek Zanafilla 3–11.*
- *Të vlerësoni mësimet teologjike të historive kryesore që gjenden në Zanafillën 3–11.*
- *Të bëni një vlerësim të kushteve të tanishme të njerëzimit.*
- *Të zhvilloni një strukturë teologjike për besimin personal dhe jetën në botë sot.*

Disa pyetje që duhen marrë parasysh ndërsa lexoni:

1. Bëni një listë të përfytyrimeve dhe besimeve që keni për Perëndinë. Zgjidh nga lista besimin kryesor dhe më të rëndësishëm për Perëndinë. Shpjegoni përse.
2. Përse është e rëndësishme që të kesh besim tek Perëndina si Krijuesi i universit?
3. Përse e kundërshtojmë autoritetin?
4. Cilat janë ato aspekte të marrëdhënieve njerëzore ku haset kundërshtia ndaj autoritetit?

Fjalët kyçe për të kuptuar

Torah

Pentatuk

Zanafilla

Septuaginti

Rrëfimet/traditat e hershme

Rrëfimet/traditat patriarke

Teocentrik

Antropocentrik

Enuma Elish

Creatio ex nihilo

E Shtunë

Imazhi i Perëndisë

Pema e jetës

Pema e njohjes të së mirës dhe të së keqes

Protevangelium

Kopshti i Edenit

Zemra

Besëlidhja me Noeun

Epi i Gilgameshit

Zigurat

Babel

Deklarata hapëse e Biblës e përcakton Perëndinë si Krijuesin suprem. Ky rrëfim besimi është pika e fillimit të historisë së Izraelit. Edhe rrëfimi i krishterë përmes Kredos së Apostujve "Unë besoj në Perëndinë Atë, të plotëfuqishmin, Krijuesin e qiellit e të tokës", është një përmbledhje e këtij besimi themelor për Perëndinë. Gjithashtu, populli i Izraelit e shikonte historinë e tij në kontekstin e krijimit të universit dhe njerëzimit nga Perëndia. Në këtë kapitull ne do të trajtojmë rrëfimet e Zanafillës mbi Perëndinë, krijimin dhe njerëzimin, të cilat shërbejnë si hyrje në historinë e prejardhjes së Izraelit.

Titulli dhe autorësia

Libri i Zanafillës është libri i parë i Biblës. Është gjithashtu dhe libri i parë i *Torah* (ose *Pentatuku*). Titulli **Zanafilla** (që do të thotë fillim ose origjinë) vjen nga përkthimi grek i Biblës (**Septuaginti**). Kush e shkroi këtë libër dhe katër librat e tjerë të Pentatukut? Ne nuk e dimë. Përbërja e gjithë Pentatukut, në formën e tij përfundimtare, vazhdon që të jetë temë debati mes dijetarëve që studiojnë Biblën.

Ne mendojmë se pjesa më e madhe e traditave, historive dhe ligjeve në Pentatuk, vjen nga koha e Moisiut (shek. 13 para K.). Është e vështirë të thuhet se sa materiale të shkruara ekzistonin nga këto në kohën e Moisiut. Ndoshta shumica ngeli si traditë gojore për një kohë të gjatë. Gjithashtu ne mendojmë se në një kohë shumë më të vonë, skribët izraelitë mblodhën burimet letrare dhe traditat gojore të brezave të mëparshëm dhe i ruajtën në dorëshkrime. Duket se ky proces ka kaluar faza dhe breza të ndryshëm të veprimtarisë skribe. Është e vështirë që të caktosh kohën se kur e mori formën përfundimtare Pentatuku. Dijetarët kritikë modernë mendojnë se Pentatukun e formuan të paktën katër burime kryesore letrare e

teologjike. Ata i etiketojnë këto burime si të *Jehovas* (J) (ose), të *Elohimit* (E), Priftëror (P) dhe të Ligjit të Përtërirë (L). Ata e quajnë burimin të Jehovas si më të vjetrin (shek. 9 para K.), burimin Priftëror si më të vonin (shek.5 para K.) dhe caktojnë vitin 400 para K. si kohën kur Pentatuku ka marrë formën përfundimtare.

Përmbajtja

Historia në Librin e Zanafillës tregohet në 50-të kapituj. Libri mund të ndahet në dy pjesë:
1. Traditat e hershme (1:1–11:32)
2. Traditat patriarke (12:1–50:26)

11-të kapitujt e parë përmbajnë histori për krijimin dhe historinë më e hershme për njerëzimin. Këto histori përqëndrohen në ngjarje të ndodhura shumë kohë para se njerëzimi të fillonte të dokumentonte historinë dhe qytetërimin e tij. Kështu, ne e quajmë përmbajtjen e këtyre kapitujve **rrëfimet /traditat e hershme**. Këta kapituj përmbajnë rrëfime për botën nga e cila doli ati i Izraelit, Abrahami, për të ndjekur thirrjen e Perëndisë. Kështu, këta kapituj shohin pas tek rrethanat universale të lindjes së kombit të Izraelit. Kapitujt 12–50 janë histori të paraardhësve më të mëdhenj të Izraelit, të patriarkëve Abraham, Isak dhe Jakob. Dijetarët i etikëtojnë këta kapituj si **rrëfimet/traditat patriarke**. Libri i Zanafillës në tërësi, përmban disa histori familjesh që lidhin një brez me tjetrin. Kur ka boshllëqe në këto histori familjesh, ne gjejmë gjenealogji të zgjeruara ose pemë familjare që lidhin grupe njerëzish, ose individë, me paraardhës të caktuar (shih kapituj 5; 10; 11:10-32; 25:12-18; dhe 36). Këto gjenealogji duket se tregojnë marrëdhëniet dhe lidhjet familjare të grupeve të ndryshme shoqërore dhe etnike që ekzistonin në botën e lashtë.

Rrëfimet–Parimet e interpretimit

I Në vazhdim po ju paraqesim disa parime të përgjithshme që duhet t'i kemi parasysh kur përpiqemi të interpretojmë rrëfimet në Dhiatën e Vjetër.

- Rrëfimet tek Zanafilla 1–11 supozojnë realitete historike. Gjithsesi, nuk na jepen të dhëna të mjaftueshme për të përcaktuar data të sakta të ngjarjeve në këta kapituj. Disa të krishterë i shohin këto histori si krijime letrare për temë fetare. Kurse të tjerë i marrin këta kapituj si regjistrime të drejtpërdrejta të ngjarjeve historike të vërteta. Një pikëpamje më e ekuilibruar sheh në këta kapituj, si traditën gojore edhe atë letrare, të cilët japin njoftim për besimet fetare të Izraelit, për historinë më të hershme të njerëzimit.

- Rrëfimet njoftojnë për realitetin e zbulesës hyjnore. Shpesh vëmë re mungesën e detajeve në rrëfim. Gjithashtu, dhe boshllëqet historike janë shumë të pranishme në rrëfimet biblike. Ne duhet që të shmangim tundimin e mbushjes së këtyre boshllëqeve me trillime ose ngjarje imagjinare.

- Zbulesa nënkupton ngjarje të mbinatyrshme. Disa mund të shpjegohen lehtë, disa nuk mund të shpjegohen.

- Përpiquni të identifikoni fokusin e veçantë të rrëfimit dhe qëllimin e tij që tregimtari kishte ndërmend (si p.sh. historia e një familjeje, shpjegimi i origjinës së një zakoni, emërtimi i një vendi, një histori heroike, dhënia e konfliktit të një familjeje, dhënia e një zbulese hyjnore, etj.).

- Përpiquni të vendosni ngjarjet në mjedisin e tyre historik, kulturor, shoqëror dhe fetar. Vendosja e një rrëfimi në mjedisin e tij real historik, do të na lejojë që të shohim lidhjen e tij me historinë më të gjerë të Dhiatës së Vjetër dhe ndikimin që ka në ngjarjet pasuese.

- Përpiquni të identifikoni koncepte te veçanta teologjike ose ide fetare që përshkojnë rrëfimin (si p.sh. zgjedhje, besëlidhje, premtime hyjnore dhe përmbushje).

- Përpiquni të vlerësoni rrëfimet biografike nën dritën e biografisë së plotë të personazhit kryesor. Një histori mund të shërbejë vetëm si hallkë në zinxhirin e ngjarjeve. Lexuesi duhet të përqëndrohet në vlerësimin tërësor të personazhit nga shkrimtarët biblikë.

- Përpiquni të zbuloni rolin e luajtur nga Perëndia në secilin rrëfim. Madje, edhe atëherë kur në ndonjë rrëfim nuk përmendet Perëndia, përsëri mund të nënkuptohet ndërhyrja e mistershme e Tij.

■ Traditat e hershme të Izraelit (1:1–11:32)

Dy trajtime të historisë për krijimin

Zanafilla 1 dhe 2 trajton në mënyrën më të saktë dhe më sistematike historinë e Perëndisë si Krijues i universit. Këta kapituj përmbajnë dy histori të veçanta të krijimit, ose dy tradita. Historia e parë (1:1–2:4a) përshkruan në mënyrë të përmbledhur krijimin e botës dhe të gjithçkaje në të. Ky trajtim mund të quhet historia **teocentrike**

Enuma Elish

K *Enuma Elish*, historia mesopotamike e krijimit, fillon me historinë e dy hyjnive, Apsusë (perëndi mashkull) dhe Tiamatit (perëndeshë e ngjashme me Apsunë). U lindën breza pasardhës perëndish. Kjo gjë çoi në luftë për rend e autoritet mes brezave të vjetër e mes brezave të rinj të perëndive. Apsuja u vra në këtë përleshje dhe Tiamati mblodhi forcat e saj për t'u hakmarrë. Perënditë e tjera, të frikësuara, zgjodhën Mardukun, një perëndi tjetër më të ri dhe energjik, për t'u përballur me forcat e Tiamatit. Marduku luftoi dhe e vrau Tiamatin. Ai krijoi universin duke përdorur kufomën e saj. Panteoni i perëndive e shpalli Mardukun mbret. Marduku e krijoi njerëzimin nga gjaku i perëndisë së therur, dhe ndërtoi për të Babiloninë, vendin ku do të banonte. Historia mbyllet me lavdërim të Mardukut.[1]

Krijimi nga asgjëja

T Tek Zanafilla 1:1 parashtrohet e vërteta e krijimit të botës nga asgjëja (***creatio ex nihilo***). Bota në të cilën jetojmë, është bota e Perëndisë, e ngjizur nga urtësia e tij, e modeluar, planifikuar dhe e sjellë në ekzistencë nga fjala e tij e plotfuqishme. Bibla deklaron besimin se fuqia krijuese e Perëndisë ka qenë në veprim qysh prej fillimit të historisë. Perëndia vazhdon që t'i flasë me fjalën e tij të fuqishme dhe autoritare krijimit të tij, dhe që të sjellë gjera në ekzistencë. Për këtë fuqi vepruese në jetën e Abrahamit, i cili besoi tek Perëndia, Apostulli Pal tha:: "... i cili u jep jetë të vdekurve dhe thërret gjërat që nuk janë sikur të ishin" (Romakëve 4:17). Është ky besim që na aftëson sot të shpresojmë tek Perëndia "kundër çdo shprese", ashtu siç bëri Abrahami, "duke qenë plotësisht i bindur se atë që Ai kishte premtuar, ishte edhe i fuqishëm ta bënte" (v. 18, 21)

(në greqisht *theos* do të thotë "Perëndia"), sepse Perëndia dhe vepra krijuese e Tij e mrekullueshme është tema kryesore. Historia e dytë (2:4b-25) trajton në mënyrë më të hollësishme krijimin e burrit, kafshëve, gruas dhe caktimin hyjnor të rolit që do të kishte njeriu në kopësht. Ky trajtim quhet histori **antropocentrike** (në greqisht *anthropos* do të thotë "njeri"), dhe theksi kryesor vihet mbi natyrën, fatin dhe thirrjen e njeriut. Pjesa tjetër e historisë së njerëzimit, duke përfshirë dhe historinë e Izraelit në Dhiatën e Vjetër, tregohet në vazhdim të historisë së dytë për krijimin

Tani ne do të studiojmë këto dy histori të krijimit, për të fituar një kuptim të tërësishëm të asaj që thotë Bibla për Perëndinë dhe krijimin e Tij.

Historia e parë e krijimit (1:1–2:4a)

Në qoftë se lexojmë me kujdes Zanafillën 1:1-2:4a, do të kuptojmë se në qendër të këtij teksti është Krijuesi dhe ajo që ai krijoi. Subjekti i veprimit (Perëndia) është e dukshme (shih frazën e përsëritur: "Dhe Perëndia tha…"). Rezultati i veprimit, domethënë ajo që Perëndia bëri, është e qartë gjithashtu.

Zanafilla 1:1 është nje deklarim përmbledhës, i cili pohon besimin tek Perëndia si Krijuesi sovran. Krijuesi krijoi universin ("qiejt dhe tokën"). Folja hebraike (*bara'*, do të thotë "i krijuar") është përdorur këtu për të përshkruar veprimtarinë e Perëndisë, domethënë pushtetin që ka Perëndia për të sjellë në ekzistencë gjëra që nuk ekzistojnë. Në Dhiatën e Vjetër, *bara'* nuk përdoret kurrë si folje për të përshkruar veprimtaritë njerëzore. Mjafon vetëm kjo deklaratë besimi për të dalluar histori biblike mbi krijimin nga çdo mit tjetër pagan, siç është për shembull histori mesopotamike e krijimit, i njohur si *Enuma Elish*. Universi ishte "pa trajtë dhe e zbrazët" e mbuluar nga errësira para se të thirrej në ekzistencë nga Perëndia (v. 2). Gjithsesi, edhe kjo gjendje kaosi që ishte në fillim, qe nën kontrollin dhe pushtetin e Shpirtit të Perëndisë (v. 3).

Pjesa tjetër e historisë përqëndrohet në 6–të ditët e aktivitetit krijues të Perëndisë, i cili solli dritën, jetën dhe bukurinë që shohim sot në botë.[2] Fraza e herëpashershme "Dhe Zoti tha", përshkruan krijimin nëpërmjet pushtetit të fjalës ose urdhërit të Perëndisë. Nuk ka një shpjegim të kënaqshëm të fjalës "ditë" në historinë e parë për krijimin. Fjala hebraike për ditën, (*yom*), përdoret në mënyra të ndryshme në Dhiatën e Vjetër, duke nënkuptuar ndonjëherë kohë të përcaktuar e ndonjëherë jo. Fraza e përsëritur në këtë rrëfim "Erdhi mbrëmja dhe pastaj erdhi mëngjesi" (1:5, 8, 13, 19, 23, 31), tregon se besimi izraelit e vendos rrëfimin për krijimin brenda kornizës së kuptimit hebre për ditën. Kjo strukturë rrëfimi parashikon përfundimin e punës krijuese të Perëndisë dhe pushimin e tij në ditën "e shtatë" (**E Shtunë**).

Gjatë tri ditëve të para të krijimit, Perëndia u përqëndrua në ndarjen ose në vënien e kufijve mes atyre që kishte krijuar. Në ditën e parë të krijimit, Zoti krijoi dritën dhe e ndau nga errësira që ekzistonte mbi univers (v. 3-5). Ditën e dytë ai krijoi qiejt, dhe ndau ujërat që ishin mbi të, nga ato që ishin nën të (v. 6-8). Ujërat poshtë i ndau në dete, gjë që çoi në krijimin e tokës (v. 9-10). Ky kufi dhe rregull natyror që vendosi Perëndia në kohën e krijimit, bëri që Izraeli të besonte në besnikërinë dhe autoritetin e Perëndisë si Krijuesi (shih Psa. 46:1-3; 75:3; Isa. 40:21-26).

K   **Pikëpamja i Izraelit për universin**

Historia e parë e krijimit pasqyron pikëpamjen e Izraelit për strukturën e universit (kozmologjia). Izraeli besonte se toka ishte e rrafshtë dhe rrethore. Mbi tokë është një kupë qiellore, ose kubeja, që qëndron mbështetur në malet rreth anëve të tokës. Uji që është sipër në qiell është burimi i shiut. Toka qëndron mbi shtylla të zhytura në ujërat që janë poshtë saj (Psalmi 46:2). Këto ujëra ushqejnë burimet, rrëketë dhe lumenjtë (Jobi 38:16).

Diagramë që tregon kuptimin hebre për universin (shih shënim më lart).

Pasi ishte formuar toka në ditën e tretë, Perëndia e urdhëroi atë që të prodhonte bimë të ndryshme dhe pemë frutore (1:11-13). Krijimi i diellit, hënës dhe yjeve u bë në ditën e katërt (v. 14-19). Kjo veprimtari është e ngjashme me krijimin e dritës në ditën e parë. Ditën e pestë, Perëndia e mbushi qiellin me zogj dhe detin me lloje te ndryshme krijesash të gjalla (v. 20-23). Kjo veprimtari është e ngjashme me vendosjen e kupës qiellore (qiellit) në ditën e dytë. Ditën e gjashtë ai krijoi kafshët e tokës dhe njeriun si mashkull dhe femër (v. 24-26). Përsëri, dhe këtu hiqet një paralele me krijimin e tokës nga Perëndia në ditën e tretë.

Veprimtaria e fundit e Perëndisë në ditën e gjashtë qe krijimi i njerëzimit. Ai e krijoi burrin dhe gruan sipas shëmbëlltyrës të tij, i urdhëroi të nënshtronin tokën dhe të sundonin mbi çdo gjë të gjallë që krijoi (v. 27-28). Perëndia vendosi që njeriu dhe kafshët të ushqeheshin në mënyrë vegjetariane (v. 29-30). Pasi përfundoi punën e tij krijuese në gjashtë ditë, Perëndia "u

---

T Njerëzimi në imazhin e Perëndisë

Imazhi i Perëndisë është një ide biblike shumë domethënëse. Fjalët imazh dhe shëmbëlltyrë kanë të njëjtin kuptim. Në kontekstin e historisë së krijimit tek Zanafilla, këto fjalë i drejtohen funksionit, vendit dhe përgjegjësisë së njerëzimit në botën e krijuar (1:26). Perëndia e krijoi njerëzimin për të qenë sipas **imazhit të Tij**, dhe të sundonte mbi krijesën e Tij si përfaqsuesi i Tij tokësor. Në kuptimin biblik, të qënit njeri do të thotë të kesh aftësinë e dhënë nga Perëndia që ta duash Atë dhe krijimin e Tij, dhe të kujdesesh për krijimin e Tij. Individët dhe bashkësia njerëzore reflektojnë imazhin e Perëndisë kur e duan Atë me gjithë qenien e tyre, zemër, shpirt e forcë (Ligji i Përtërirë 6:5), dhe kur e duan njeri-tjetrin me një dashuri joegoiste (Levitiku 19:18; Marku 12:29-31). Dhiata e Re e përshkruan Jezusin si "shëmbëllesën" e Perëndisë së padukshëm (Kolosianët 1:15), i cili për hir të shpëtimit të botës mori "trajtë shërbëtori" dhe "u bë i bindur deri në vdekje, deri në vdekje të kryqit" (Filipianëve 2:7-8). Të duash Perëndinë duke iu bindur në mënyrë të pakushtëzuar, dhe të duash të tjerët me një dashuri joegoiste, do të thotë të jesh në "imazhin e Perëndisë". Këta janë tregues thelbësorë.[3]

E Shtuna

Mësimet për të shtunën (*Shabat* në hebraisht) janë si mëposhtme: Së pari, çlodhje e Perëndisë (hebraisht *shabat*) ditën e shtatë, do të thotë që krijimi është një vepër e plotësuar. Perëndia solli në ekzistencë brenda gjashtë ditëve të krijimit gjithçka që kishte për qëllim të krijonte. Pra bota që krijoi për njerëzimin është vepër e përfunduar—një botë e besueshme, e modeluar dhe e krijuar nga një Perëndi krijues dhe i besueshëm. Ne nuk duhet të shqetësohemi për qëndrueshmërinë e botës ku jetojmë. Së dyti, Perëndia "u çlodh" pas punës që bëri në gjashtë ditë. Ritmi i punës dhe pushimi në historinë e parë të krijimit, na jep një model hyjnor për një jetë të rregullt e të shëndetshme në botën e Perëndisë. Edhe puna, edhe pushimi, janë pjesë e planit të Perëndisë për krijimin e tij. E shtuna na ofron lirinë nga skllavëria e punës së tepërt, nga vetmjaftueshmëria dhe materializmi. Së treti, e shtuna është një kohë për të vështruar pas dhe për të reflektuar. Vështrimi pas dhe reflektimi, do të na çojë drejt mirënjohjes dhe varësisë ndaj Perëndisë, që siguron në mënyrë të hirshme plotësimin e nevojave tona të përditshme jetësore. Së fundmi, Jezusi na jep mësimin me anë të shembullit të tij që e shtuna është për të gjithë njerëzimin. Është një kohë për t'u sjellë shërim dhe prehje të gjithëve atyre që janë të lodhur e të raskapitur (Mateu 11:28; Marku 2:23—3:6).

çlodh" (në hebraisht *shabat* do të thotë "të pushosh") nga të gjitha veprimtaritë e tij në ditën e shtatë. Ai e bekoi dhe e bëri ditën e shtatë "të shenjtë", ose e mënjanoi nga gjashtë ditët e krijimit (2:2-3).

Seksualiteti dhe dallimi gjinor i njeriut është pjesë e planit krijues të Perëndisë. Fraza "ai krijoi njeriun; ai krijoi mashkullin dhe femrën" (1:27), shpreh planin hyjnor për solidaritet mes qenieve njerëzore, dallimin gjinor dhe ekzistencën në bashkësi. Pikëpamja biblike që thotë se mashkulli dhe femra janë krijuar në imazhin e Perëndisë, thekson edhe një herë barazinë mes dy gjinive. Shfrytëzimi, zhvlerësimi dhe manipulimi i gjinisë së kundërt, i mohon individit vendin që duhet të ketë në shoqërinë njerëzore.

Historia e dytë e krijimit (2:4b-25)

Edhe ky tekst trajton punën e Perëndisë si Krijuesi. Gjithsesi, në këtë trajtim të dytë të historisë theksi vihet mbi natyrën e njeriut dhe në planin e përcaktuar hyjnor për ekzistencën njerëzore. Cilët jemi ne si qenie njerëzore? Çfarë natyre kanë dhe në ç'mënyrë janë bërë qeniet njerëzore? Cili është qëllimi hyjnor i ekzistencës njerëzore? Cila është natyra dhe baza e duhur e marrëdhënies sonë me Perëndinë? Cili është themeli kryesor për harmoni në familje e në jetën shoqërore? Këto janë pyetjet, të cilat ky tekst kërkon t'u përgjigjet.

Historia e dytë e krijimit fillon me një vëzhgim mbi gjendjen e djerrë të tokës (v. 5). Kjo shërbeu si arsye për vendimin, që mori Perëndia, për të krijuar njeriun. Në shumica e rasteve, referenca për njeriun tek Zanafilla 1–4 (hebraisht *àdam*) është në të shquarën, pra e mbart idenë mbi njeriun në kuptimin e përgjithshëm (njerëzimi). Perëndia e "formoi" njeriun (*àdam*) nga toka (në hebraisht *àdamah*), dhe njeriu u bë një qenie e gjallë (në hebraisht *nephesh*) kur Perëndia i fryu në hundë frymën e jetës.

Perëndia bëri një kopsht, një vend ku të banonte njerëzimi (v. 8-10, 15). Në mes të kopshtit ndodhej **pema e jetës** dhe **pema e njohjes së të mirës dhe së keqes**. Një lumë që ndahej në katër degë e ujiste.

Dijetarët mendojnë se fjala *Eden* do të thotë "luks", "bollëk", "kënaqësi". Përkufizimi i zakonshëm i Edenit si parajsë, vjen nga kuptimi që i ka dhënë përkthimi i Septuagint-it. Tek Zanafilla 2 dhe 3, Edeni është një krahinë e madhe gjeografike, në të cilën Perëndia bëri një kopësht që të jetonte njeriu. Fraza "në lindje" (2:8) ka bërë që disa dijetarë të mendojnë se Edeni ndodhej në krahinën e Mesopotamisë.

Perëndia vendosi në kopësht Adamin, në mënyrë që ta punonte e të kujdesej për të. Bashkë me këtë detyrë, Perëndia i dha njeriut dhe lejen që të hante lirisht nga "çdo pemë e kopështit", përveç "pemës së njohjes së të mirës dhe së keqes" (2:16-17). Ndalimi përfshinte paralajmërimin se pasoja e shkeljes së urdhrit hyjnor do të ishte vdekja. Pema e njohjes së të mirës dhe së keqes na shfaqet si objekt i tundimit përsëri në kapitullin 3. Përsa i përket kuptimit dhe domethënies së pemes së njohjes së të mirës dhe të së keqes, dijetarët mendojne se ajo ka të bëjë me vlerat morale dhe gjykimin moral të njerëzimit, me njohjen e gjithçkaje dhe zgjimin seksual. Tek Zanafilla 2, kjo pemë është simbol i lirisë së kufizuar njerëzore në **Kopshtin e Edenit**.

Pema e Jetës, që gjithashtu ndodhej në mes të kopshtit, përmendet në disa vende të tjera në Bibël, dhe duket se përfaqson mundësinë e pavdekshmërisë njerëzor (Zanafilla 3:22). Në tekste të tjera biblike, Pema e Jetës lidhet me urtësinë, drejtësinë, shpresën, shërimin e marrëdhënieve dhe shpërblimin e përjetshëm për besnikërinë (shih Fjalët e Urta 3:18; 11:30; 13:12; 15:4; Zbulesa 2:7; 22:2, 14, 19).

> **T Gjërat e lejuara dhe të ndaluara**
>
> Çështja e lirisë njerëzore dhe e ndalesave hyjnore në historinë e dytë të krijimit, mbart qartësisht të vërtetën, se bindja është çelësi për një marrëdhënie kuptimplotë dhe harmonike me Perëndinë. Nga njëra anë, Perëndia i dha njeriut lirinë, ose lejen, që ta shijonte kopshtin, por nga ana tjetër ky lejim erdhi bashkë me një ndalim dhe një paralajmërim (2:16-17). Teksti na i bën të qartë se liria që i dha Perëndia njeriut nuk ishte liri e pakufizuar. Qeniet njerëzore nuk janë krijesa autonome. Lirisë sonë i janë caktuar kufij hyjnorë, dhe ne duhet të qëndrojmë brenda këtyre kufijve. Liria kërkon që ne të shprehim mirënjohjen tonë për hirin e bollshëm të Perëndisë. Ndalesat kërkojnë vepra bindjeje. Bindja ndaj urdhërimeve të Perëndisë, është mënyra më e përshtatshme për të njohur sovranitetin e tij si Krijues i ne të gjithëve.

Historia e dytë e krijimit, mbyllet me një raport për veprimet që ndërmori Perëndia për të bërë një "ndihmë që i leverdis" për burrin (2:18). Së pari Perëndia krijoi kafshët e fushës dhe zogjtë e qiellit. Burri u vuri emra kafshëve dhe zogjve, dhe kështu u caktoi atyre nga një rol të veçantë nën autoritetin e tij. Gjithsesi, ndihmësi i përshtatshëm për burrin, ishte gruaja që krijoi Perëndia nga "brinjët" e tij. Fjala hebraike për fjalën ndihmës (*'ezer*), nuk ka kuptimin e nënshtrimit apo të shërbëtorit, përkundrazi, do të thotë që gruaja ka një rol forcues, mbështetës, plotësues dhe përkrahës në jetën e burrit. Burri e njohu gruan si pjesën e qenies së tij, e llojit të tij, si dikë që qe caktuar për t'u bërë "mish i mishit të tij" (v. 23-24). Këtu gjejmë një model hyjnor për martesën dhe krijimin e familjes (v. 18-24). Mbështetja dhe ndihma e ndërsjellë, është modeli biblik për një marrëdhënie të shëndetshme mes një burri e një gruaje. Pali e ilustron këtë koncept biblik duke bërë një krahasim me marrëdhënien mes Krishtit dhe Kishës së Tij, dhe me dashurinë sakrifikuese që tregoi përmes vdekjes së Tij (Efesianëve 5:21-33). Rrëfimi përfundon me deklaratën e mbyllëse që thotë se burri dhe gruaja ishin "lakuriq" por nuk kishin turp. Kjo pasqyron gjendjen e pafajësisë, vërtetësisë dhe integritetit që karakterizonte marrëdhënien e çiftit të parë njerëzor.

Kapitulli tjetër në librin e Zanafillës, na tregon se burri i parë dhe gruaja e parë dështuan në mbartjen e imazhit të Perëndisë në kopësht. Tani do t'i kthehemi kësaj historie.

Mëkati i njerëzimit (3:1-24)

Historia e Zanafillës 3 është vazhdim i historisë që fillon në 2:4b. Rrëfimi fillon me një bisedë mes gruas dhe gjarprit, një krijese "që kishte krijuar Perëndia" (3:1). Në tekst nuk jepen të dhëna të tjera të rëndësishme për krijesën, përveç faktit që ishte dredharak ("dinak") dhe i pazbutur ("i egër").

Gjarpri e filloi bisedën me pyetjen: "A ka thënë me të vërtetë Perëndia: 'Mos hani nga të gjitha pemët e kopshtit?'" (v. 1). Biseda u zhvillua mes gjarprit dhe gruas. Gjithsesi, edhe burri ishte i pranishëm në skenë si partner i heshtur (shih v. 6). Pyetja e gjarprit ishte një përpjekje e bërë me qëllim për të hequr përqëndrimin nga liria dhe për ta vendosur te ndalimi. Edhe përgjigjia e gruas përqëndrohet tek ndalimi dhe te paralajmërimi i vdekjes (v. 2-3). Gjarpri deklaroi me forcë se ata nuk kishin për të vdekur. Madje ai i siguroi se do të bëheshin "si Perëndia e do të njihnin të mirën dhe të keqen" (v. 5).

Njerëzimi i besoi fjalës së gjarprit dhe hëngri frutin e pemës së ndaluar nga Perëndia (3:6-7). Rezultati ishte se burrit dhe gruas iu hapën sytë dhe kuptuan se ishin "lakuriq". Faji dhe turpi i shtynë që të bënin mbulesa e të fshihnin lakuriqësinë e tyre. Madje ata u përpoqën që të fshiheshin nga prania e Perëndisë. Megjithatë Perëndia i gjeti (v. 9). Në procesin gjyqësor që pasoi burri akuzoi gruan, gruaja akuzoi gjarprin dhe që të dy e shpallën veten të pafaj (v. 9-13). Fuqia e mëkatit nuk prishi vetëm marrëdhënien hyjnore–njerëzore, por dhe atë ndërpersonale (v. 10-13). Burri dhe gruaja nuk ishin më "një mish", të lidhur në një marrëdhënie harmonike, besnike dhe të dashur. Secili prej tyre e shihte tjetrin si përgjegjës për gjendjen e vështirë ku ndodheshin. Ata nuk qëndruan para Perëndisë duke mbeshtetur njeri-tjetrin dhe duke marrë përgjegjësinë, por fajësuan njeri-tjetrin dhe u përpoqën që të justifikonin veprimet e tyre individuale.

Gjykimi i Perëndisë erdhi mbi gjarprin, gruan dhe burrin (v. 14-19). Ai e caktoi gjarprin që të ishte armiku i njerëzimit. Bëri që lindja e fëmijëve të ishte eksperiencë e dhimbshme për gruan. Si pasojë e mëkatit të saj, mbi të do të sundonte burri (v. 16). Ndëshkimi i Perëndisë për burrin nuk ishte më pak i ashpër (v. 17-19). Ai e bëri tokën një vend të vështirë për t'u punuar nga ai. Njerëzimi do të jetonte mes mundit e vështirësive. Perëndia shqiptoi vdekjen si ndëshkim për mëkatin e njerëzimit.

Rrëfimi mbyllet me vënien e emrit të gruas nga burri. Burri e quajti gruan Evë (fjala hebraike është e ngjashme me fjalën "i gjallë"). Emri ishte një tregues se jeta do të vazhdonte përmes saj, edhe pse ishin nën mallkimin e vdekjes (v. 20). Perëndia e veshi çiftin mëkatar dhe fajtor me tunika prej lëkure (v. 21). Pësimi i fundit për mëkatin, ishte përzënia e mëkatarëve nga kopështi.

Përkufizimi i mëkatit

T Megjithëse fjala *mëkat* nuk gjendet tek Zanafilla 3:1-7, për ta përshkruar dhe përkufizuar, na vijnë në ndihmë një sërë aspektesh të këtij rrëfimi. Rrëfimi e bën të qartë që mëkati nuk mund të shpjegohet me një përkufizim të thjeshtë. Gjithsesi, rrëfimi na zbulon disa anë të mëkatit. Burri dhe gruaja i besuan fjalës së gjarprit në vend që t'i besonin fjalës së Perëndisë. Pra mëkati në këtë rrëfim është mungesa e besimit në Perëndinë dhe fjalën e Tij. Rrëfimi na tregon se mungesa e besimit në Perëndinë ka pasoja shkatërruese. Mosbesimi ndaj Perëndisë i çoi drejt aktit të mosbindjes (v. 6). Përveç kësaj, ngrënia e frutit të pemës së ndaluar nga ana e burrit dhe e gruas, të cilët ishin urdhëruar në mënyrë hyjnore nga Perëndia që të jetonin në kopësht duke iu bindur besnikërisht, ishte nje veprim i vullnetshëm dhe i qëllimshëm (shih 2:15-17). Në vend që t'i besonte dhe të njihte autoritetin e Perëndisë si Krijuesi, çifti i parë u bë viktimë e fuqisë joshëse të tunduesit. Dyshimi dhe mungesa e besimit i çoi ata deri aty sa të besonin pretendimin e rremë se mund të bëheshin "si Perëndia" (3:5). Përfundimisht, mund të themi se ngrënia e frutit të pemës së ndaluar ishte shfaqje e mungesës së besimit, e vetsovranitetit, krenarisë dhe rebelimit ndaj autoritetit sovran të Perëndisë mbi ta.

Perëndia vendosi kerubinë që të ruanin hyrjen e kopshtit, në mënyrë që njerëzimi mëkatar të mos hynte me forcë në vendbanimin nga e cila u përzu.

Udhëzimi që gjejmë në këtë rrëfim është se ne duhet të jetojmë në lirinë që Perëndia na ofron përmes hirit, por duke pasur parasysh që liria jonë ka kufi. Perëndia na bën thirrje që t'i besojmë Atij dhe fjalëve të Tij kur përballemi me shqetësimet e jetës. Kur tundohemi, modeli ynë është Jezusi, i cili i rezistoi fuqisë së tunduesit dhe përpjekjeve të tij për të shfrytëzuar shqetësimet njerëzore dhe dëshirat e jetës (shih Mateu 4:1-11).

■ Kaini dhe Abeli: njerëzimi jashtë kopshtit (4:1-16)

Bota jashtë kopshtit është mjedisi ku zhvillohet historia e kapitullit 4. Historia lëviz nga lindja e Kainit dhe Abelit, në një përshkrim të shkurtër të detyrave të tyre. Të dy vëllezërit vinin para Perëndisë për ta adhuruar me ofrimet e tyre. Ky është akti i parë i adhurimit që është regjistruar në Bibël. Zoti e pranoi Abelin dhe ofrimin e tij. Ne nuk e dimë përse nuk e pranoi Perëndia Kainin dhe ofrimin e tij (v. 4-5). Por dimë një gjë. Me të vërtetë Perëndia nuk e pranoi Kainin, por i dha atij dhe një mundësi që të kërkonte miratimin e tij. Sidoqoftë, Kaini vazhdoi të ishte i zemëruar dhe hodhi poshtë udhëzimin dhe paralajmërimin e Perëndisë

për fuqinë e mëkatit. Vazhdimi i historisë tregon për Kainin (v. 8-16). Kaini vrau vëllanë e tij, dhe gjakderdhja e kësaj qenieje të pafajshme njerëzore bëri që njerëzimi të armiqësohej më tepër me Perëndinë. Në vazhdim, Perëndia dha gjykimin për Kainin, i cili do të ishte një endacak dhe ikanak mbi tokë. Kaini u tmerrua kur dëgjoi se do të jetonte si endacak i pastrehë. Kur dashuria nuk shprehet dhe praktikohet si aksiomë e marrëdhënieve, përfundimi do të jetë armiqësimi dhe frika. Megjithëse rrethohej nga vdekja, ai dëgjoi të shqiptohej fjala e mëshirshme e Perëndisë për mbrojtje të jetës së tij (v. 15). Perëndia vendosi një shenjë mbrojtjeje mbi Kainin. Ai u largua nga prania e Perëndisë që të jetonte në vendin e Nodit (që do të thotë "endje") në lindje të Edenit.

■ Perëndi i brengosur (4:17–9:29)

Pjesa tjetër e historive të hershme tregon se pushteti i mëkatit vazhdoi që të shfrytëzonte e të sundonte shoqërinë njerëzore. Dhuna u bë një mënyrë jetese për pasardhësit e Kainit (4:17-24). Adami dhe Eva lindën djalin e tyre të tretë i cili u quajt Seth. Ai i "i përngjiste" dhe qe "shëmbëlltyrë"

T **Mëkati dhe hiri**

Në këtë histori shohim gjithashtu se Perëndia vepron ndaj qenieve mëkatare njerëzore me dhembshuri dhe hir. Madje dhe vizita që i bëri burrit dhe gruas pas mosbindjes së tyre, ishte një veprim i hirshëm. Shumica e dijetarëve ungjillorë e shohin Zanafillën 3:15 si një fjalë për fitoren përfundimtare të Perëndisë mbi pushtetin e mëkatit përmes Mesisë (*protevangelium*). Megjithëse dënimi për mosbindjen ishte vdekja, Perëndia lejoi vazhdimin e ekzistencës së jetës njerëzore përmes lindjes së fëmijëve. Perëndia u mor me çështjen e turpit dhe fajit të njeriut, duke siguruar për ta tunika që i kishte bërë me lëkurë (3:21). Kështu, në rrëfim na jepet një përshkrim i mrekullueshëm i Perëndisë që vepron nëpërmjet hirit të tij jetëdhënës, madje dhe në mes të mëkatit dhe vdekjes. Perëndia në këtë rrëfim është një perëndi që këmbëngul për t'u dhënë jetë atyre që janë të vdekur në mëkat (Efesianëve 2:1-7).

T **Zemra**

Zemra (në hebraisht *leb*) është vendi i emocioneve, i kuptimit dhe vullnetit njerëzor. Zemra njerëzore përfaqëson gjithë qenien njerëzore. Një zemër e korruptuar është ajo zemër që ka humbur gjithë ndjeshmërinë e patjes së mendimeve dhe motiveve të pastra, sepse është e ligë fund e krye. Ezekieli një zemër të tillë e quan "zemër prej guri" (36:26). Kjo zemër nuk mund të thyhet sepse është kokëfortë dhe rebele. Në kontrast me këtë zemër njerëzore, historia tek Zanafilla e përshkruan zemrën e Perëndisë si zemër të brengosur (6:6). Megjithëse mëkati mund t'i sjellë gëzim mëkatarit, ai thyen zemrën e Perëndisë.

e Adamit (v. 25-26, 5:3). Kapitulli 5 është një gjenealogji që ndjek vijën e paraardhësve të Noeut deri tek Sethi. Në këtë gjenealogji ne gjejmë të regjistruara periudha të gjata jete për njerëzimin. Këtu meritojnë vëmendje të veçantë dy emra. Enoku, i cili nuk e vuajti vdekjen, sepse eci me Perëndinë (5:21-24), dhe Methuselahu, me jetëgjatësinë më të madhe që është regjistruar ndonjëherë, 969 vjet. Zanafilla 6:1-8 tregon se mëkati vazhdoi që të sundonte mbi njerëzimin. Historia e martesës së "djemve të Perëndisë" me "vajzat e njerëzve" (v. 1-4), mbase pasqyron pikëpamjen e Izraelit që në periudhën e hershme mëkati preku madje edhe mbretërinë hyjnore. Qeniet hyjnore kaluan kufijtë e tyre dhe hynë në lidhje jo të shenjta me njerëzimin mëkatar. Edhe kjo histori përgatit skenën për historinë e përmbytjes mbarëbotërore.

Historia biblike e përmbytjes (Zanafilla 6–9) fillon me raportin e përhapjes së gjerë dhe rritjes së ligë të mëkatit, gjë që i shkaktoi brengosje dhe dhimbje Perëndisë. Qeniet njerëzore u korruptuan deri në atë pikë, sa çdo mendim i zemrave të tyre ishte i lig.

Perëndia vendosi që t'i jepte fund historisë njerëzore, e cila ishte plot ligësi. Në mes të mëkatit dhe gjykimit, Noeu, një njeri i drejtë dhe i paqortueshëm, "gjeti hir në sytë e Zotit" (6:8). Vendimi i Perëndisë ishte që të shkatërronte tokën duke e përmbytur. Me urdhërin e Perëndisë, Noeu ndërtoi një arkë që të shpëtonte veten dhe familjen e tij. Gjithashtu, në arkë mori dhe çifte kafshësh e shpendësh të të gjitha llojeve. Shiu dhe përmbytja, që zgjati për 150-të ditë, zhduku gjithë krijesat e gjalla. Kur u tërhoqën ujërat e përmbytjes, arka ngeli në malet e Araratit. Rrëfimi mbyllet me vendosjen e **besëlidhjes** që bën Perëndia **me Noeun** (8:21–9:17). Kjo është besëlidhja e parë që përmendet në Bibël. Besëlidhja përmbante premtimin se Perëndia nuk do ta shkatërronte më kurrë tokën me përmbytje. Perëndia premtoi se koha do të ishte e parashikueshme, e ndarë në stinë dhe në cikle natyrore. Ai e bekoi Noeun dhe familjen e tij, dhe u dha leje që të hanin mish pa gjak. Gjithashtu Perëndia vendosi vlerën dhe shenjtërinë e jetës njerëzore mbi bazën e faktit që njerëzimin e kishte krijuar sipas shëmbëlltyrës së Tij. Rrëfimi mbyllet me tregimin e vendosjes së ylberit si shenjë e besëlidhjes së Tij me krijesën e Tij.

Edhe kultura të tjera të lashta ruanin rrëfime të tyre tradicionale të përmbytjes botërore, e cila shkatërroi tokën dhe botën e lashtë. Një nga rrëfimet më të shquara është rrëfimi mesopotamik, të cilin e gjejmë të regjistruar tek **Epi i Gilgameshit**.

Historia mesopotamike e përmbytjes, edhe pse ka disa ngjashmëri të jashtme me historinë e Dhiatës së Vjetër, përsëri ka dallime shumë domethënëse në përmbajtje dhe teologji. Ndoshta dallimi më i rëndësishëm i historisë mesopotamike nga ajo biblike, është se në të mungon çdo arsye morale ose etike e veprimeve të hyjnive.

Deklarata e fundit e rrëfimit të përmbytjes i cakton tre djemtë e Noeut (Semi, Kami dhe Jafeti) si paraardhësit e të gjithë njerëzve që populluan botën (9:18-19). Gjenealogjia në kapitullin 10-të na jep listën e gjithë kombeve që rrodhën nga Semi, Kami dhe Jafeti. Nga tri djemtë, Kami (paraardhësi i Kanaanit), u mallkua nga i ati për shkak të mungesës së respektit dhe sjelljes së keqe ndaj tij (v. 20-27). Mëkati i tij ishte se kur pa lakuriq të atin e dehur, nuk bëri asnjë veprim për ta mbuluar. Kështu ai nuk parandaloi që i ati të bëhej objekt publik talljeje dhe turpi. Vëllezërit e tij u bekuan nga Noeu sepse vepruan me respekt duke ruajtur nderin e të atit. Nga fjalët e bekimit dallojmë se Noeu i dha përparësi Semit, i cili ishte paraardhës i popujve semitikë.

Perëndia bëri një parapërgatitje për fillimin e ri të njerëzimit. Në mes të brengosjes dhe të gjykimit, përsëri Perëndia mbeti i hirshëm dhe i dha botës një fillim të ri. Besëlidhja që lidhi Perëndia me Noeun u bë baza e një marrëdhënie të re mes tij dhe botës. Perëndia premtoi se do ta ruante botën, pavarësisht nga ligësia dhe rebelimi njerëzor. Kjo besëlidhje ka natyrë të përjetshme. Është një premtim solemn i bërë nga Krijuesi sovran, i cili kupton dobësinë dhe natyrën mëkatare të njerëzimit, dhe na trajton me durim, dashuri dhe dhembsuri. Mbajtja e kësaj besëlidhjeje është përgjegjësi e Perëndisë. Kështu, historia e përmbytjes përfundon me një notë shprese për njerëzimin pas përmbytjes. Në fund i fundit, ky hir i Perëndisë ndaj nesh është shpresa dhe shpëtimi ynë.

■ Një njerëzim i shpërndarë dhe i pështjelluar (11:1-9)

Në këtë fillim të ri për njerëzimin, e gjithë bota fliste të njëjtën gjuhë (v. 1-2). Gjuha e përbashkët është çelësi për bashkimin, kuptimin, bashkëpunimin dhe harmoninë. Njerëzimi lëvizi në drejtim të lindjes dhe u vendos ne Shinar (Babiloni). Ka të ngjarë që sipas kësaj historie, origjina e qytetërimit njerëzor dhe e jetës sedentare, të ketë qenë në pjesën jugore të Mesopotamisë së lashtë. Gjithashtu, disa dijetarë gjejnë në këtë histori padinë, që Izrael ngriti kundër qytetit të Babilonisë, për shkak të kullave-tempull, të njohur me emrin **Zigurat**.

Qëllimi parësor i këtij njerëzimi të ri ishte që të ndërtonte një qytet me tulla dhe bitum, dhe një kullë për të arritur qiellin, në mënyrë që të bënin një emër për veten (v. 3-4). Frika se "mos shpërndaheshin mbi faqen e tërë

> ### K Epi i Gilgameshit
>
> *Epi i Gilgameshit* përmban versionin mesopotamik të përmbytjes. Ky ep është historia e Gilgameshit, mbretit te Ereçit, i cili ishte dy të tretat perëndi dhe një të tretën njeri, dhe e kërkimit të tij për pavdekësinë. Frika nga vdekja e shtyu heroin Gilgamesh që të ndërmerrte një udhëtim për të takuar Utnapishtimin, i cili shumë kohë më parë i mbijetoi një përmbytjeje të madhe dhe fitoi pavdekësinë. Kur perënditë e mëdha planifikuan që të shkatërronin njerëzimin duke e përmbytur pa asnjë arsye, perëndia Ea e paralajmëroi Utnapishtimin dhe e udhëzoi që të ndërtonte një barkë që t'i shpëtonte katastrofës. Gjithashtu, në histori tregohet për dërgimin e zogjve që të shihnin nëse ishin tërhequr ujërat. Në një version tjetër të historisë së përmbytjes, në epin e Antrahasit, heroi quhet Antrahas. Edhe ai merr një paralajmerim për përmbytjen dhe ndërton një barkë për t'i shpëtuar.[4]

Zigurat. Altari u gjet në majë të kësaj strukture që ngjan me një kullë. Kulla e Babelit mund të ketë pasur një strukturë të ngjashme.

dheut" (v. 4), tregon se ata po kundërshtonin urdhërin e Perëndisë për t'u shumuar e për të mbushur tërë tokën (shih Zanafilla 1:28; 9:1). Kështu Ai zbriti poshtë dhe prishi planet njerëzore (11:5-9). Perëndia ngatërroi (në hebraisht *balal*) gjuhën e tyre, e cila ishte burimi i krenarisë, i forcës dhe i sigurisë së rreme (emri i qytetit, **Babel**, që fjalë për fjalë do të thotë "porta e Perëndisë", tingëllon si fjala *balal* në hebraisht). Përfundimi i gjithë kësaj ishte shpërndarja e njerëzimit në mbarë faqen e dheut.

Në këtë rrëfim, qyteti dhe qytetarët e tij, japin shembullin më të hershëm të krenarisë dhe mendjemadhësisë njerëzore. Bota vazhdon që të na japë shembuj të përpjekjeve plot krenari të qenieve njerëzore, për të bërë të pavdekshëm emrin e tyre. Disa e bëjnë këtë duke përdorur tulla, beton, çelik e mermer. Disa të tjerë duke bërë përpjekje të pareshtura për të arritur majat e shoqërisë sonë konkuruese dhe të lëvizshme. Ne e harrojmë shpesh të vërtetën që thotë: "Në

qoftë se Zoti nuk ndërton shtëpinë, më kot lodhen ndërtuesit" (Psalmi 127:1).

Perëndia vjen si gjykatës hyjnor atje ku ka krenari dhe rebelim. Vendimi i Perëndisë për të ngatërruar gjuhën njerëzore dhe për t'i shpërndarë, ishte gjykimi i Tij për rebelimin e tyre. Gjithsesi, këtu shohim që Perëndia përmbush edhe vullnetin e Tij për krijimin, në mënyrë që ata të shumoheshin dhe të mbushnin tokën. Akti hyjnor i shpërndarjes e ndau njerëzimin në grupe të veçanta etnike dhe gjuhësore (shih Tabelën e Kombeve tek Zanafilla 10).

Pjesa tjetër e kësaj historie biblike na njofton se Perëndia, që e gjykon njerëzimin duke e ndarë dhe shpërhapur, është dhe Perëndia që e mbledh atë në shpëtim. Kapitulli tjetër në librin e Zanafillës (kapitulli 12) përqëndrohet në fillimet e veprimeve që ndërmerr Perëndia për të mbledhur njerëzimin. Perëndia takoi dhe thirri Abrahamin, një anëtar të këtij njerëzimi të shpërndarë, për t'iu bindur, me

qëllim që nëpërmjet tij të bashkonte dhe të
bekonte gjithë familjet e botës (v. 1-3). Dhe
tani le të shohim këtë histori.

Fjali përmbledhëse

* Historia e parë e krijimit përqëndrohet tek universi dhe krijimi i tij nga Krijuesi sovran, Perëndia.
* Historia e dytë e krijimit përqëndrohet në qëllimin e ekzistencës së njerëzimit.
* Perëndia e krijoi njeriun sipas imazhit të tij.
* Bindja është e domosdoshme në marrëdhënien tonë me Perëndinë.
* Njerëzimi nuk i qëndroi tundimit për të mos besuar në fjalën dhe autoritetin e Perëndisë.
* Në mes të gjykimit, Perëndia tregoi hir ndaj njerëzimit.
* Noeu jetoi një jetë të paqortueshme në mes të një bote mëkatare.
* Megjithëse Perëndia e gjykoi botën duke e përmbytur, përsëri siguroi për të një fillim të ri.
* Perëndia shpërndau pasardhësit e Noeut, të cilët u bashkuan në planin e tyre për të kundërshtuar vullnetin e Perëndisë.

Pyetje për reflektim

1. Çfarë shprese gjen në të vërtetën, që thotë se, Perëndia ka pushtetin për të sjellë në ekzistencë gjërat që nuk ekzistojnë?
2. Ne kuptojmë se Perëndia është një perëndi që i vendos kufij krijimit të Tij. Cilët janë ndikimet e këtij kuptimi rreth Perëndisë për jetën tonë praktike?
3. Cili duhet të jetë qëndrimi i duhur i krishterë ndaj çështjes së pabarazisë dhe diskriminimit gjinor, bazuar në kuptimin biblik të burrit dhe gruas si imazhi i Perëndisë?
4. Si e shprehim ne vetsovanitetin tonë (jep shembuj)?
5. Cilat janë disa nga pasojat negative kur fajësojmë të tjerët për veprimet tona?
6. Cilat janë disa nga gjërat që bëjmë, të cilat brengosin zemrën e Perëndisë?
7. Cilat janë disa nga gjërat që bëjmë për t'i ngritur një emër vetes?

Burime për studime të mëtejshme

Blocher, Henri. *In the Beginning: The Opening Chapters of Genesis.* Downers Grove, Ill.: InterVarsity Press, 1984.

Brueggemann, Walter. *Interpretation: A Bible Commentary for Teaching and Preaching: Genesis.* Atlanta: John Knox Press, 1982. Faqet 1-104.

Hamilton, Victor. *The Book of Genesis: Chapters 1—17. New International Commentary on the Old Testament.* Grand Rapids: Eerdmans, 1990. Faqet 103-368.

Fretheim, Terence E. *The Book of Genesis: Introduction, Commentary, and Reflections.* Vëll. 1 i The New Interpreter's Bible. Nashville: Abingdon Press, 1994. Faqet 321–416.

Besëlidhja e Perëndisë me Abrahamin: Zanafilla 12–25

Objektivat

Studimi i këtij kapitulli do t'ju ndihmojë:

- Të njihni vazhdimësinë dhe lidhjen mes traditave të hershme dhe traditave patriarke të Izraelit.
- Të identifikoni ndarjet kryesore brenda traditave patriarke.
- Të përshkruani mjedisin historik të traditave patriarke.
- Të vlerësoni domethënien teologjike të thirrjes që i bëri Perëndia Abrahamit, në lidhje me skemën e përgjithshme të historisë biblike.
- Të analizoni udhëtimin e besimit duke përdorur shembuj nga jeta e Abrahamit.

Fjalët kyçe për të kuptuar

Abrahami
Uri
Amorejtë
Hebrenjtë
Terahu
Sara
Loti
Harani
Patriarkë/Etër
Melkisedeku
El Elyon
Besëlidhje
Agari
El Roi
Ismaeli
El Shaddai
Rrethprerje
El Olam
Isaku
Moriahu
Jehovah Jireh
Lidhja e Isakut
Rebeka

Disa pyetje që duhen marrë parasysh ndërsa lexoni:

1. Përse është e rëndësishme për një person që të ketë një kuptim të qartë të historisë dhe traditave të besimit të tij fetar (pavarësisht nga prejardhja e tij fetare)?

2. Në qoftë se do të të kërkohej që të shpjegoje besimin tënd fetar, cilat ngjarje do të përmendje si pikë fillimi?

Ngjarja tjetër biblike që pason historinë e Kullës së Babelit, ka në qendër takimin e Perëndisë me **Abrahamin**. Historia e Izraelit në Dhiatën e Vjetër fillon me historinë tradicionale të Abrahamit dhe të familjes së tij, me të cilin Perëndia pati një marrëdhënie të veçantë. Tani do të shohim këtë histori të fillimit të Izraelit.

Mjedisi

Historitë patriarke i përkasin pjesës së hershme të mijëvjeçarit të dytë, atëherë kur amorejtë kishin kontrollin mbi pjesën me të madhe të Mesopotamisë dhe të Sirisë-Palestinës (1950-1700 para. K.). Si datë të përafërt të kohës së Abrahamit ne shënojmë 1900-1800 para K. Abrahami ishte pasardhës i Semit, një nga tre djemtë e Noeut (Zanafilla 10:1). Lindi në Ur, një qendër urbane në pjesën jugore të Mesopotamisë (11:31). Ai i përkiste grupit etnik **amore**/arameas (shih Ligji i Përtërirë 26:5). Ka mundësi që hebrenjtë të ishin një nëngrup kulturor i këtij grupi etnik (Zanafilla 14:13). Disa dijetarë mendojnë se **hebrenjtë** ishin pjesë e një grupi më të ulët ekonomiko–shoqëror në lashtësi në Lindjen e Afërme, i njohur me emrin **Habiru**.

Terahu, babai i Abrahamit, e nxorri familjen e tij jashtë Urit dhe udhëtoi drejt Kanaanit (11:31). Në familje bënin pjesë dhe Abrahami, gruaja e tij **Sara** dhe nipi i tij **Loti**. Ata e ndërprenë udhëtimin kur arritën në **Haran**, në pjesën veriperëndimore të Mesopotamisë, ku u vendosën dhe ndërtuan shtëpinë e tyre.

Përmbajtja

Historitë tradicionale të patriarkeve të Izraelit (Zanafilla 12–50) përmbajnë rrëfime përmbledhse të ngjarjeve nga jeta e Abrahamit, Isakut dhe Jakobit, të tre etërve kryesor të lashtë (**patriarkëve**) të kombit të Izraelit.

Më poshtë po paraqesim një përvijim të këtij seksioni të librit të Zanafillës:

1. Historitë tradicionale të Abrahamit (12:1–25:18).

2. Historitë tradicionale të Jakobit (25:19–50:26).

Historitë tradicionale të Jakobit përfshinë historitë e Isakut, babait të tij (kap. 26), dhe historitë e Jozefit, djalit të tij (kap. 37–50).

■ Abrahami: Nga Harani në Kanaan (12:1–14:24)

Historia e Abrahamit fillon me urdhërin e Perëndisë (i njohur si thirrja e Abrahamit), i cili iu dha atij në kohën kur jetonte në Haran (12:1-4). Perëndia e urdhëroi Abramin (i cili më vonë u njoh me emrin Abraham [shih 17:5]) që të linte shtëpinë e tij dhe të ndërmerrte një udhëtim drejt një vendi që do

---

T **"Ungjilli i dhënë më përpara"**

Perëndia premtoi se do ta bënte Abrahamin bekim për "tërë familjet e tokës" (12:3). Ky premtim hyjnor do të thoshte se bindja dhe besimi i Abrahamit ndaj Perëndisë, do t'i çonte drejt një realiteti të ri jete të gjithë popujt e botës. Bekimi i Abrahamit do të frymëzonte kombet që të kërkonin bekimet e Perëndisë për jetën e tyre përmes besimit dhe bindjes ndaj Tij. Apostulli Pal gjen në këtë program hyjnor "ungjillin e dhënë më përpara", i cili fton gjithë kombet që të marrin pjesë në bekimin e Abrahamit duke ndjekur shembullin e tij të besimit (Galatasve 3:8-9). Duke e parë nga perspektiva e besimit biblik, ky element i premtimit që i bëri Perëndia Abrahamit është më i rëndësishmi, për shkak të domethënies së tij universal.

t'ia tregonte më vonë. Urdhëri u pasua nga dy premtime hyjnore: Perëndia do të bënte nga Abrahami një komb të madh, dhe të gjitha familjet e tokës do të bekoheshin me anë të tij. Abrahami iu bind këtij urdhëri dhe la Haranin kur ishte 75 vjeç. Ai mori me vete gruan e tij Sarën, nipin e tij Lotin dhe të gjithë pasurinë e tij. Rruga e çoi Abrahamin në Sikem të Kanaanit. Perëndia iu shfaq atje dhe i premtoi që do t'u jepte pasardhësve të tij vendin e Kanaanit. Prej andej, Abrahami udhëtoi në drejtim të jugut, ku ngriti çadrën e tij afër Bethelit, dhe më vonë shkoi ne krahinën e Negevit. Ai ngriti altare në vendet ku kishte udhëtuar, në mënyrë që të adhuronte Perëndinë që i shfaqej shpeshherë.

Një zi buke ne vendin e Kanaanit, e detyroi Abrahamin dhe familjen e tij që të zbriste në Egjipt (12:10-20). Kur hynë në Egjipt, Abrahami u hoq si vëllai i Sarës. Faraoni e mori Sarën në oborrin e tij, dhe i dha Abrahamit një pajë të pasur në kafshë dhe shërbëtorë. Por Perëndia ndërhyri duke e goditur faraonin dhe shtëpinë e tij me fatkeqësira për shkak të Sarës. Faraoni mori vesh të vërtetën për Sarën, dhe u kërkoi që të largoheshin nga Egjipti bashkë me pasurinë që fituan atje.

Pasi u kthye në Kanaan, Abrahami bëri një marrëveshje me Lotin që secili të shkonte në rrugë të tij (13:1-18). Ai e lejoi nipin e tij të zgjidhte fushën pjellore të Jordanit, që ishte dhe e pasur me ujëra. Loti u vendos afër qytetit të Sodomës. Abrahami jetoi në vendin e Kanaanit dhe shtëpia e tij ishte Hebroni. Më vonë, në një përpjekje heroike,

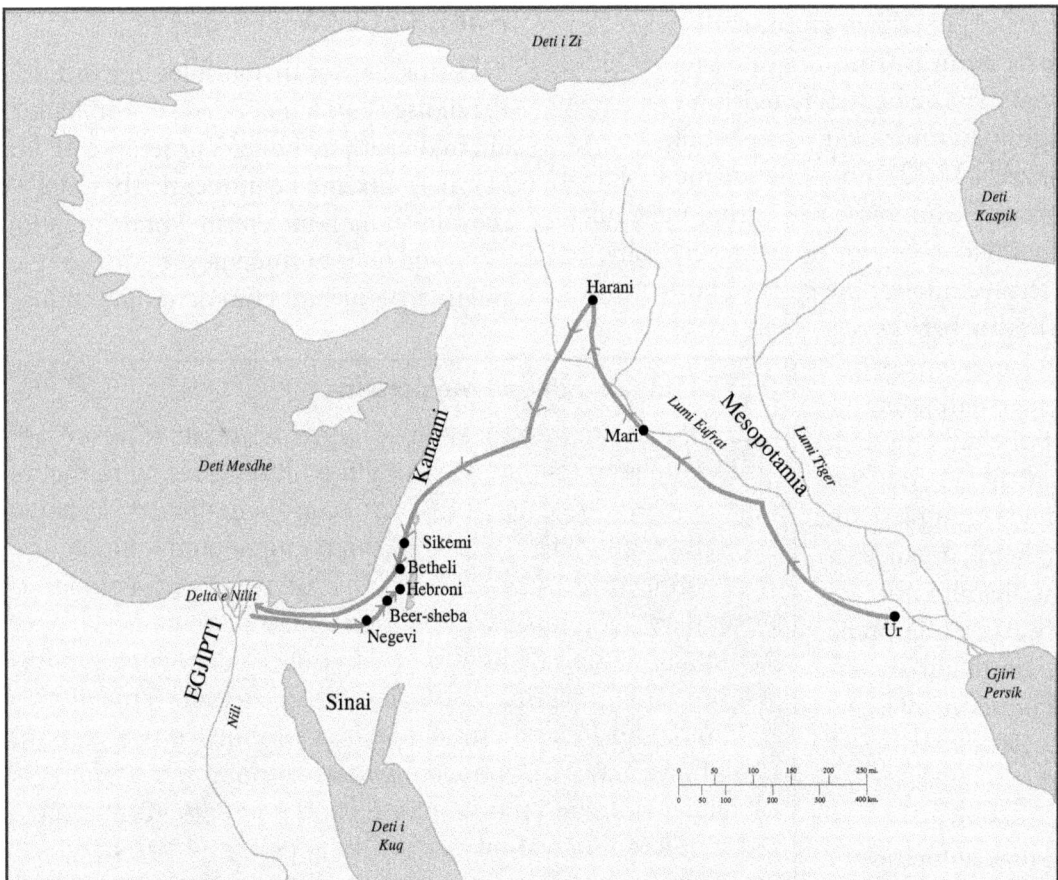

Udhëtimi i Abrahamit nga Uri për në Kanaan, dhe qëndrimi i tij i shkurtër në Egjipt

K Besëlidhja

Besëlidhja është një kontratë formale dhe ligjore e vendosur mes dy palësh. Në ceremoninë e besëlidhjes përfshihej betimi i bërë nga të dy palët, ritualet e flijimit dhe ngrënia së bashku e një vakti për të vulosur kushtet e saj. Në disa raste, rituali i flijimit përmbante dhe prerjen e kafshëve në dy gjysma. Shembujt biblikë na tregojnë për lloje të ndryshme besëlidhjesh. Nje besëlidhje e vendosur mes dy njerëzish që i përkasin të njëjtës gjendjeje shoqeroro-ekonomik, quhet aleancë (shih Zanafillën 21:22–34; 26:17–33; 31:43–54). Besëlidhjet e Perëndisë, që janë të përqendruara në premtimet hyjnore (besëlidhja e Perëndisë me Noeun, Abrahamin dhe Davidin), mund të quhen besëlidhje premtimi. Besëlidhja e Perëndisë me Izraelin në malin Sinai, përqendrohet tek kushtet që vendos për marrëdhënien me atë komb. Besëlidhja e kushtëzuar kërkon që ana përfituese të tregojë besnikëri dhe bindje ndaj krijuesit të kësaj besëlidhje.

ai drejtoi një grup shërbëtorësh dhe e shpëtoi Lotin nga sulmi i disa mbretërve të huaj që bastisën Sodomën (14:1-24). Me kthimin e tij nga kjo fitore, ai u njoh me **Melkisedekun**, priftin-mbret të Salemit (14:18-20). Melkisedeku e bekoi Abrahamin në emër të Perëndisë Shumë të Lartë, Krijues i qiejve dhe i tokës (*El Elyon*).

■ Besëlidhja e Perëndisë me Abrahamin (15:1-21)

Perëndia bëri një **besëlidhje** me Abrahamin. Ai i premtoi që do t'i jepte një djalë, dhe që do t'i shumëzonte pasardhësit e tij derisa të bëhen sa yjet e qiellit. Abrahami i besoi Zotit dhe "ai ia vuri (besimin e tij) në llogari të drejtësisë" (v. 6). Perëndia e konfirmoi premtimin e tij përmes ritualit të vendosjes së besëlidhjes (v. 7–17). Vendosja e besëlidhjes përfundon me betimin që bën Perëndia për t'u dhënë pasardhësve të Abrahamit vendin mes Nilit dhe Eufratit.

■ Agari dhe Ismaeli (16:1-16)

Vonesa e lindjes së djalit të Abrahamit përmes saj, e shtyu Sarën që t'i jepte **Agarin**, shërbëtoren e saj egjiptiane, si grua në mënyrë që t'i lindte një djalë. Shtatzania e

T Drejtësia përmes besimit

"Abrahami i besoi Zotit, që ia vuri në llogari të drejtësisë" (Zanafilla 15:6). Kjo deklaratë shërben si parim drejtues për jetën e jetuar mes kohës së premtimit hyjnor dhe përmbushjes së tij.

Perëndia e njohu si të drejtë Abrahamin sepse ai i besoi Atij. Besimi të çon në drejtësi përpara Perëndisë. Këtu me drejtësi kuptojmë më shumë se të qënit njeri i mirë. Duhet që të kesh dhe një marrëdhënie të drejtë me Perëndinë. Një jetë e drejtë është ajo që jetohet sipas kushteve të Perëndisë, duke iu nënështruar vullnetit të tij dhe në përputhje me planet që ka Ai për të ardhmen. Abrahami jo vetëm që e dëgjoi fjalën e premtimit, por edhe e përqafoi atë si realitetin e tij dhe të brezave të ardhshëm që do të dilnin nga ai. Ai e besoi që ky Premtimbërës do të ishte gjithashtu dhe Premtimbajtës.

Agarit shkaktoi xhelozi dhe grindje, gjë që e nxiti Sarën për ta keqtrajtuar shërbyesen e saj. Si pasojë Agari u largua nga shtëpia. Por Perëndia u takua me të dhe i premtoi që nga djali i saj do të dilte një komb i madh. Ajo e adhuroi Perëndinë duke e quajtur "Perëndia që shikon" (*El Roi*). Agari u kthye në shtëpi dhe lindi **Ismaelin** kur Abrahami ishte 86 vjeç.

> # T Rrethprerja
>
> Vepra rituale e rrethprerjes, që dikur ishte shenjë e jashtme e besëlidhjes, merr kuptim shpirtëror në tekstet e mëvonshme biblike. Moisiu sfidon popullin e Izraelit që të "rrethpresë zemrën" (Ligji i Përtërirë 10:16), dhe më vonë premton se Perëndia do të rrethpresë "zemrat" e tyre dhe të pasardhësve të tyre (Ligji i Përtërirë 30:6, gjithashtu shih Jeremia 4:4, 9:26). Në këto pjesë tregohet për pastrimin e zemrës dhe përkushtimin për një jetë të jetuar sipas kushteve të Perëndisë.[1] Doktrina uesliane e shenjtërimit të plotë e gjen modelin e saj të Dhiatës së Vjetër dhe premtimin për të në këto pjesë.
>
> Edhe Pali në Dhiatën e Re e barazon rrethprerjen e vërtetë me "rrethprerjen e zemrës", e cila tregohet përmes besnikërisë dhe të jetuarit në bindje (Romakëve 2:29; Kolosianëve 2:11–12; 3:11). Kështu rrethprerja shpirtërore është mjeti nëpërmjet së cilës çlirohemi dhe pastrohemi nga natyra jonë rebele dhe e pabindur. Vepra pastruese e hirit të Perëndisë në zemrat tona mëkatare, na jep një natyrë të re dhe një kushtim të ri për të jetuar një jetë plot dashuri për Perëndinë dhe njerëzimin.

▪ Rrethprerja (17:1-27)

Perëndia iu shfaq përsëri Abrahamit duke iu zbuluar si "Perëndia i Plotfuqishëm" (*El Shaddai*). Perëndia e urdhëroi Abrahamin që të bënte një jetë të paqortueshme. Kjo do të thoshte që ai duhej t'i bindej plotësisht Perëndisë, dhe të jetonte duke qenë i vetdijshëm për praninë e Tij në të gjitha fushat e jetës së tij. Perëndia ndryshoi emrin e Abramit në Abraham, dhe të Saraj në Sara. Ky nuk ishte thjesht ndryshim emrash, por dhe fillimi i një marrëdhënieje të re mes Perëndisë dhe këtij çifti. Ai premtoi që Abrahami do të bëhej "ati i shumë kombeve" dhe që vetë Sara do të lindte birin e tij.

Si përgjigje të premtimit të besëlidhjes, Perëndia i kërkoi Abrahamit të vendoste ritualin **e rrethprerjes** si shenjë të besëlidhjes për gjithe brezat e ardhshëm. Abrahami rrethpreu të gjithë meshkujt e shtëpisë së tij, përfshirë veten e tij dhe Ismaelin. Nga ana e Abrahamit rrethprerja ishte një akt bindjeje ndaj Perëndisë dhe zbatimi i besimit, e shprehur përmes një shenje të jashtme, të dukshme dhe të qëndrueshme. Kjo shenjë e dallonte Abrahamin si përfituesi besnik i premtimeve të besëlidhjes së Perëndisë. Më vonë në traditën biblike, rrethprerja u bë metaforë e përkushtimit të vërtetë ndaj besimit që fillonte në brendësi të zemrës.

▪ Sodoma dhe Gomora (18:1–19:38)

Perëndia e vizitoi Abrahamin kur ishte 99-të vjeç, dhe i përsëriti premtimin që Sara do të lindte një djalë pas një viti (18:1-15). Gjatë vizitës, Perëndia i bëri të ditur Abrahamit planin e Tij për të shkatërruar qytetet mëkatare të Sodomës dhe Gomorës. Megjithëse Abrahami ndërhyri tek Perëndia për t'i kursyer këto qytete, mungesa e të paktën 10-të njerëzve të drejtë nuk i la zgjidhje tjetër, veçse të zbatonte gjykimin e

> ## T Lidhja e Isakut
>
> Urdhëri i Perëndisë për ofrimin e Isakut si sakrificë, është i njohur si **Lidhja e Isakut** (në traditën hebraike, *Akedah*).
>
> Urdhëri që i dha Perëndia Abrahamit ishte një provë përmes së cilës do të kuptonte nëse Abrahami e druante vërtetë. Gjithashtu, do të ishte një provë përmes së cilës Abrahami do të mësonte se Perëndia e meritonte besimin e tij. Në traditën biblike, *druajtja ndaj Zotit,* është nënshtrimi ndaj autoritetit të tij sovran. Abrahami iu bind pa nguruar Perëndisë dhe nuk i vuri në dyshim premtimet e tij. Kjo lloj bindje nuk kërkon dëshmi ose prova, madje as premtime, sepse bazohet mbi besimin. Këtu kemi shembullin biblik e besimit të singertë, besimit në Perëndinë thjesht sepse Ai është Perëndi. Historia përfundon me një njoftim që tregon se Perëndia i qëndroi besnik premtimeve të tij, dhe se Abrahami mori përsëri premtime sepse iu bind zërit të Perëndisë (22:17–19). Perëndia i vërtetoi Abrahamit se Ai ishte Perëndi që e meritonte besimin. Edhe Abrahami edhe Perëndia e kaluan provën.

tij (18:16–19:29). Loti dhe familja e tij i shpëtuan shkatërrimit me zjarr të Sodomës. Por gruaja e tij e shpërfilli urdhërin hyjnor që thoshte se nuk duhej të shikonin shkatërrimin që po linin pas ndërsa iknin, kështu që u bë statujë prej kripe. Rrëfimi mbyllet me origjinën e moabitëve dhe amonitëve, të cilët e kishin prejardhjen nga inçesti i vajzave të Lotit.

▪ Abrahami dhe Abimeleku (20:1-18)

Në kohën kur jetonin në krahinën e Negevit, Abrahami tha përsëri se Sara ishte motra e tij për shkak të frikës që pati për jetën e tij. Si pasojë mbreti i Gerarit, Abimeleku, e mori atë në haremin e tij. Mbreti e ktheu Sarën te Abrahami sepse Perëndia i zbuloi të vërtetën për të dhe Abrahamin. Më vonë Abimeleku dhe Abrahami bënë një besëlidhje, dhe u betuan se do të jetonin në paqe dhe do të silleshin me besnikëri ndaj njëri-tjetrit (shih 21:22-34). Pasi u bë kjo besëlidhje në Beer-Sheba, Abrahami e adhuroi Zotin duke e quajtur "Perëndia i Përjetshëm" (*El Olam*).

▪ Lindja e Isakut dhe përzënia e Ismaelit (21:1-34)

Sara i lindi një djalë Abrahamit kur ai ishte 100 vjeç dhe e quajti **Isak** (që do të thotë "ai qesh"). Emri nënkupton të qeshurën e Perëndisë në fund, sepse Abrahami dhe Sara iu përgjigjën premtimit hyjnor me të qeshur (17:17-19; 18:12-15). Lindja e djalit të premtuar e nxiti Sarën që të vepronte kundër Agarit dhe Ismaelit. Me këmbënguljen e Sarës Abrahami i përzuri në shkretëtirë. Por Perëndia i erdhi në ndihmë Agarit dhe Ismaelit, siguroi për nevojat e jetës së tyre dhe premtoi se do të bënte nga Ismaeli një komb të madh (21:1-21).

▪ Ofrimi i Isakut (22:1-24)

Historia e urdhërit që i dha Perëndia Abrahamit për të ofruar Isakun si sakrificë, është ngjarja kulmore në rrëfimet për Abrahamin (v. 1-19). Abrahami e çoi birin e tij në një nga malet e **Moriahut** (që sipas historisë tradicionale është vendi ku Salomoni ndërtoi tempullin e Jeruzalemit, sot i njohur si Mali i Tempullit) dhe ishte shumë afër përmbushjes së urdhërit hyjnor. Perëndia ndërhyri dhe e ndaloi që të sakrifikonte Isakun. Ai siguroi një dash për ta sakrifikuar në vend të tij. Mali shërbeu si kujtesë për të vërtetën që "Zoti do të sigurojë," **Jehovah-Jireh**. Ky është një tjetër emër që është përdorur për Perëndinë në rrëfimet patriarke.

■ Vdekja e Sarës dhe martesa e Isakut (23:1–24:67)

Sara vdiq në moshën 127 vjeçare, ndërsa Abrahami jetonte ende në vendin e premtimit "si i huaj dhe i ardhur" (23:4). Ai bleu nga hitejtë shpellën e Makpelahut në Hebron për të varrosur gruan e tij (v. 1-20). Ky veprim tregon shpresën dhe besimin e tij, se një ditë Toka e Premtuar do të bëhej vendi i qëndrimit për familjen e besëlidhjes. Më vonë kjo shpellë do të ishte dhe vendi i varrimit të Abrahamit, Isakut, gruas së Isakut, **Rebekës**, djalit të Isakut, Jakobit, dhe gruas së Jakobit, Leas. Pra patriarkët u bashkuan në vdekje në Tokën e Premtuar, dhe nc vdekje u bënë trashëgimtarë të vendit.

Abrahami dërgoi një shërbëtor besnik në vendlindjen e tij, në Mesopotami, për të kërkuar një grua për Isakun. Shërbëtori solli me vete Rebekën, e cila ishte mbesa e Nahorit, vëllait të Abrahamit (Zanafilla 24). Shërbëtori ishte njeri i lutjes. Ai sjell përpara nesh shembullin e përkushtimit në kohën e patriarkëve. Lutja e tij për udhëheqje hyjnore (v. 12-14), lavdërimi dhe falënderimi për drejtimin e Perëndisë (v. 26-27), na tregon konkretisht natyrën personale të marrëdhënies së besimtarëve me Perëndinë në Bibël.

■ Vitet e fundit të jetës së Abrahamit (25:1-18)

Pjesa mbyllëse e rrëfimeve të Abrahamit përfshin tregimin e martesës së patriarkut me Keturahun, e cila i lindi disa djem. Mes bijëve të Abrahamit përmendim Madianin, që do të bëhëj paraardhësi i madianitëve (v. 1-6).

Historia e Abrahamit përfundon me vdekjen e tij në moshën 175 vjeçare (v. 7-11). Kjo vdekje bashkoi birin e premtuar, Isakun, me Ismaelin, birin që ishte jashtë premtimeve të besëlidhjes. Ata e varrosën atin e tyre në shpellën e Makpelahut. Rrëfimi përfundon me një përmbledhje të pasardhësve të Ismaelit, të cilët pushtuan Shkretëtirën Arabe.

Pjesa tjetër e historive patriarke ka në qendër historinë e familjes së fëmijëve të Abrahamit, të cilët ishin brenda besëlidhjes, dhe punën formuese të Perëndisë për t'i bërë ata mjete të drejtësisë dhe të drejtës në botë. Dhe tani do të shohim këtë histori.

Kubeja e Shkëmbit në Malin e Tempullit: vendndodhja tradicionale e Malit të Moriahut

K — Zakonet dhe feja e patriarkëve

Traditat e patriarkëve të Izraelit na japin grimca të mënyrës së jetesës dhe adhurimit në kohët e lashta. Patriarkët bënë një jetë gjysmë endacake, duke u endur nga një vend në tjetrin dhe duke kërkuar kullota dhe burime uji. Ata jetuan në çadra duke rritur dele dhe kafshë të tjera. Shpesh bënë besëlidhje me fqinjët e tyre dhe jetuan paqësisht në vendin që Perëndia u premtoi t'u jepte (21:22-34; 26:26-31).

Familja patriarke përfshinte shumë anëtarë dhe shërbëtorë. Kreu i shtëpisë ishte drejtuesi i familjes. Në ngjarjen e shpëtimit të Lotit nga Abrahami, shohim se shërbëtorët e shtëpisë përbëjnë një "ushtri" që e ruajti, mbrojti, madje dhe e shpëtoi familjen që ishte në telashe (kap. 14). Martesat stiseshin nga dhëndrri ose nga familja. Zakoni e kërkonte që dhëndrri ose familja të paguante një prikë në ar e argjend, ose nëpërmjet punës (24:52–53; 29:16-30). Gruaja kishte të drejtë që të zgjidhte si zëvendësuese për lindjen e fëmijëve të burrit, një nga shërbëtorët e saj. Në pamundësi të patjes së fëmijëve, çifti caktonte si trashëgimtar një skllav të birësuar (15:2-3).

Patriarkët e adhuruan Perëndinë duke ngritur altare në vendet ku u shfaqej (Sikem, Bethel, Beer-Sheba dhe Hebron). Ata u kthyen përsëri tek këto vende që të përkujtonin shfaqjen e Perëndisë. Atëherë nuk kishte priftëri ose rituale të ndërlikuara. Patriarkët e thirrën Perëndinë me një sërë emrash. Këto emra mbartnin kuptimin e tyre për mënyrën e shfaqjes së shumëllojshme të fuqisë së Perëndisë. Në historinë e vonë të Izraelit, vendet e adhurimit patriark u bënë qendra të rëndësishme fetare dhe të peligrinazheve shpirtërore.

Fjali përmbledhëse

- Historitë tradicionale të patriarkëve tregojnë për Abrahamin, Isakun dhe Jakobin.
- Historitë tradicionale të patriarkëve i përkasin fillimit të hershëm të mijëvjeçarit të dytë para K.
- Perëndia e thirri Abrahamin që të bëhej burim bekimi për të gjithë familjet e tokës.
- Perëndia i premtoi Abrahamit një tokë dhe një komb të madh.
- Abrahami iu përgjigj thirrjes së Perëndisë dhe besëlidhjes me bindje dhe besim.
- Abrahami është model i besimit dhe i drejtësisë, sepse jeta e tij tregon si t'i nënështrohesh autoritetit sovran të Perëndisë edhe në mes të rrethanave të vështira të saj.

Pyetje për reflektim

1. Cilat janë disa nga pengesat e dukshme që pengojnë rritjen dhe pjekurinë shpirtërore në historinë e Abrahamit?
2. Çfarë mësimesh nxjerrim nga historia e Abrahamit për mënyrën se si mund t'i kapërcejmë pengesat e mëdha?
3. Bëni një listë të cilësive shpirtërore që gjenden në ngjarjet e ndryshme të jetës së Abrahamit, në të cilat shfaqen besimi dhe bindja.
4. Diskutoni se si mund të jetojmë një jetë, që është burim bekimesh, për njerëzit e tjerë të botës në të cilën ndodhemi (përdorni shembuj nga jeta e Abrahamit).

Burime për studime të mëtejshme

Brueggeman, Walter. *Interpretaton: A Bible Commentary for Teaching and Preaching: Genesis.* Atlanta: John Knox Press, 1982. Faqet 105-203.

Hamilton, Victor. *The Book of Genesis: Chapters 1–17. New International Commentary on the Old Testament.* Grand Rapids: Eerdmans, 1990. Faqet 369-483.

_____, *The Book of Genesis: Chapters 18–50. New International Commentary on the Old Testament.* Grand Rapids: Eerdmans, 1995. Faqet 3-169.

Fretheim, Terence E. *The Book of Genesis: Introduction, Commentary, and Reflections.* Vëll. 1 i The New Interpreter's Bible. Nashville: Abingdon Press, 1994. Faqet 417-515.

Objektivat

Studimi i këtij kapitulli do t'ju ndihmojë:

- Të shpjegoni konceptin biblik të zgjedhjes.
- Të përshkruani ngjarjet kryesore në jetën e Jakobit.
- Të krahasoni dhe ballafaqoni eksperiencat e Jakobit në Bethel dhe Peniel, me eksperiencat e sotme fetare të krishtera.
- Të bëni një përmbledhje të historisë se Jozefit, dhe të diskutoni për vendin që zë ai në historinë patriarke.
- Të vlerësoni koncepte biblike, të tilla si premtimi dhe përmbushja, sovraniteti i Perëndisë dhe kujdesi hyjnor, të cilat janë të ilustruara në jetën e fëmijëve të Jakobit.

Fjalët kyçe për të kuptuar

Esau
Jakobi
E drejta e parëbirnisë
Zgjedhje
Edomi
Beer-Sheba
Harani
Luc
Betheli
Labano
Rakela
Lea
Dina
Mitspahu
Izraeli
Penu'el/Peniel
Sikem
Hiksotë
Manasi
Efraimi
Gosheni

Disa pyetje që duhen marrë parasysh ndërsa lexoni:

1. Çfarë roli luajnë prindërit në krijimin e shemërisë mes fëmijëve të tyre? Cilat janë disa nga pasojat negative të shemërisë mes vëllezërve/motrave?

2. Cilat janë disa nga mënyrat për të kapërcyer ndikimet negative të krizave dhe konflikteve familjare?

3. Çfarë ëndrrash keni për jetën? Si do të reagonit nëse ëndrrat nuk ju plotësohen?

Pjesa e dytë e traditës patriarke (Zanafilla 25:19–50:26) përmban historinë e ndërhyrjes së Perëndisë që vazhdonte në drejtimin e familjes së Abrahamit. Këtu ne gjejmë historitë e birit të Abrahamit, Isakut, djalit të Isakut, Jakobit, dhe historinë e 12-të bijve të Jakobit. Në këto histori rrëfimtari na e tregon historinë me shumë sinqeritet, dhe nuk përpiqet aspak që të fshehë karakteristikat dhe veçoritë negative të familjes së besëlidhjes. Gjithashtu, këto histori na tregojnë se si e zbatoi Perëndia planin e Tij, dhe se si i përmbushi qëllimet e tij përmes fëmijëve të Abrahamit, edhe pse kundërshtitë dhe krizat ishin ngjarje të përditshme të jetës së tyre.

■ Historitë e Jakobit dhe Esaut (25:19–28:22)

Rrëfimet patriarke vazhdojnë me historinë e lindjes së dy djemve të Isakut dhe Rebekës (25:19-26). Perëndia iu përgjigj lutjes së Isakut për Rebekën, e cila ishte shterpë. Ajo ngeli shtatzënë dhe lindi **Esaun** (më vonë u quajt Edom, që në hebraisht do të thotë "i kuq", 25:30; 36:9) dhe **Jakobin** (në hebraisht ky emër do të thotë "ai i zë vendin" ose "ai mban me dorë thembrën"). Para se të lindte bijtë e saj, fjala e Perëndisë erdhi tek Rebeka: "Dy kombe ndodhen në barkun tënd … dhe më i madhi do t'i shërbejë më të voglit" (25:23). Esau, trashëguesi natyral i privilegjeve të **parëbirnisë** (një pjesë e dyfishtë e trashëgimisë familjare dhe privilegjet e drejtimit), do të marrë vendin e dytë në familje.

Ndoshta historia më e njohur në këtë seksion të rrëfimeve patriarke, është historia e Esaut që i shet të drejtën e parëbirnisë Jakobit për një tas me supë që ai kishte bërë (25:22-33). Supë e kuqe, në hebraisht është *adom*. Kjo fjalë përmban të njëjtat shkronja të emrit **Edom**, vendit të ndodhur në juglindje

të Izraelit dhe që banohej nga edomitët, pasardhësit e Esaut.

Zanafilla 26-të është i vetmi kapitull që i kushtohet historisë së Isakut. Në kohën kur jetonte në Gerar, Isaku tha se Rebekën e kishte motër, për shkak se kishte frikë se mos e vrisnin. Mbreti Abimelek zbuloi të vërtetën dhe e qortoi Isakun sepse shkaktonte sjelljen e ligësisë dhe fajit mbi popullin e tij. Pasi kishte lëvizur nga një vend në tjetrin, më në fund Isaku e ngriti çadrën e tij në **Beer-Sheba**, aty ku i ishte shfaqur Perëndia dhe i kishte përsëritur premtimet e besëlidhjes.

Historia e njohur e Isakut, i cili ia jep bekimet e parëbirnisë Jakobit, djalit më të vogël, është shembulli klasik të mashtrimit në Bibël (kap. 27). Tema qendrore në këtë histori është rituali i bekimit. Jakobi, nëpërmjet mashtrimit, mori nga ati i tij bekimet që i përkisnin ligjërisht Esaut. Kur mësoi të vërtetën më vonë, Isaku nuk mund

---

T Zgjedhja e Jakobit

Teologët e quajnë zgjedhjen e Jakobit nga Perëndia në vend të Esaut, **zgjedhja** e Jakobit. Zgjedhja nuk është parimi veprues nëpërmjet të cilit Perëndia kryen shpëtimin tonë. Ky veprim hyjnor thjesht tregon se premtimi i përket Perëndisë dhe nuk zotërohet nga njeriu. Jakobi si djali i dytë, thjesht mori premtimin për diçka që nuk ishte e drejtë natyrale e tij, duke iu referuar radhës së lindjes. Zgjedhja e Jakobit është një shembull i shkëlqyer i misterit të hirit të Perëndisë që punon në jetët tona.

t'i kthente fjalët e bekimit të parë, sepse ishin solemne dhe të fuqishme.

Esau kërcënoi se do të vriste Jakobin kur i ati i tyre të vdiste (27:41–28:9). Rebeka, e cila dëgjoi për kërcënimin, e bindi Isakun që ta dërgonte Jakobin larg e të martohej me një vajzë nga njerëzit e saj në **Haran**. Rrugës për në Haran, Jakobi kaloi një natë në një vend që quhej **Luc**. Në ëndërr ai pa një shkallë që lidhte tokën me qiellin, dhe engjëjt që hipnin e zbrisnin në të. Perëndia i dha atij premtimet e besëlidhjes, bekimet e Abrahamit dhe mbrojtje gjatë udhëtimit. Jakobi e quajti **Bethel** (që do të thotë "shtëpia e Perëndisë") këtë vend, i bëri një zotim Perëndisë dhe u nis në rrugën e tij drejt Haranit.

> **T** **Ëndrra e Jakobit në Bethel**
>
> Ëndrra e Jakobit në Bethel (Zanafilla 28:10-22) ishte një pikë kritike në jetën e Jakobit. Ëndrra i tregoi Jakobit një mënyrë tjetër se si duhej ta jetonte jetën, duke besuar në të ardhmen, e cila ishte fshehur në premtimin e Perëndisë. Perëndia e lidhi veten me një mashtrues që ishte shumë larg nga shtëpia, duke i bërë atij premtime të pakushtëzuara. Perëndia vazhdon që të vijë në botën tonë plot mëkat. Shkruesi i ungjillit, Gjoni, thotë për këtë ardhje të Perëndisë, "Fjala u bë mish dhe banoi ndër ne", në mënyrë që ne të gjithë mund të merrnim "hir mbi hir" (Gjoni 1:14, 16). Ardhja e Perëndisë në jetët tona është një moment hiri. Gjithashtu është momenti kur ne fillojmë të besojmë në Atë që vjen bashkë me premtimin e pranisë së Tij të hirshme.

■ Jakobi në Haran (29:1–31:55)

Jakobi shkoi në Haran ku kaloi dhe 20-të vitet e ardhshme të jetës së tij. Ai qëndroi në shtëpinë e dajës së tij **Labanos** (29:1–31:21). Aty ai u bë viktimë e mashtrimit të dajës së tij. I shërbeu Labanos për 14-të vjet që të martohej me **Rakelën**. **Lea**, gruaja e tij e parë lindi gjashtë djem dhe një vajzë (Rubenin, Simeonin, Levin, Judën, Isakarin, Zabulonin dhe **Dinën**). I lindën gjithashtu dhe dy djem (Gadi dhe Asheri) nga shërbëtorja Zilpah. Rakela lindi Jozefin. Nga shërbëtorja e saj Bilhah, lindën dy djem (Dani dhe Neftali). Më vonë, pasi familja u kthye në Kanaan, Rakela vdiq kur po lindte Beniaminin, djalin më të vogël (shih 35:16-18).

■ Kthimi i Jakobit në Kanaan (32:1–36:42)

Njëzet vjet më vonë Jakobi vendosi të kthehej në Kanaan. Kthimi i tij në shtëpi është subjekti i rrëfimeve tek Zanafilla 31:22–33:20. Ai u largua nga Harani, bashkë me familjen dhe pasurinë e tij, kur Labanoja nuk ishte aty. Labanoja e ndoqi që t'i rimerrte pasurinë. Më në fund dy mashtruesit vendosën që të shkonin në rrugë të ndryshme, duke bërë paqe me njëri-tjetrin përmes besëlidhjes në **Mitspah**.

Zanafilla 32 na paraqet në mënyrë të fuqishme vështirësitë që hasi Jakobi për t'u kthyer në shtëpi. Ai ishte larguar nga shtëpia duke lënë pas konflikt, frikë dhe marrëdhënie të prishura. Perëndia i dha Jakobit një vizion të engjëjve të tij (ushtrisë së Perëndisë), i cili i dha sigurinë për udhëtimin në Kanaan. Përveç kësaj, Jakobi dërgoi lajmëtarë dhe dhurata tek i vëllai, Esau, në mënyrë që ta zbuste.

Kur e kuptoi që as lutjet e as dhuratat nuk patën efekt, ai e dërgoi familjen bashkë me

Jakobi lufton me Perëndinë

Historia e Jakobit në Peniel/Penu'el është një nga rrëfimet, jashtëzakonisht e fuqishme, në Bibël. Historia na tregon qartë se Perëndia e filloi këtë luftë, në mënyrë që Jakobi të kishte një takim ballë për ballë me Atë që e zgjodhi. Ky takim bëri që Jakobi të njihte përpara Perëndisë emrin e tij, i cili mbarte natyrën e tij mëkatare dhe mashtruese. Perëndia e quajti atë me emrin e ri *Izrael*, që do të thotë "Perëndia mbron" ose "Perëndia ruan". Rrëfimi rezultoi në transformimin nga një qenie mëkatare, në një person që mbështetej në forcën që vinte nga Perëndia. Pali shkroi: "Nëse dikush është në Krishtin, ai është një krijesë e re, gjërat e vjetra kanë shkuar; ja, të gjitha gjërat u bënë të reja" (2 Korintasve 5:17).

pasurinë e tij përtej lumit Jabok. Vetë qëndroi në anën tjetër të lumit ku luftoi me Perëndinë. Kur Jakobi iu përgjërua Perëndisë që ta bekonte, ai e quajti **Izrael**. Jakobi e quajti vendin e këtij takimi **Penu'el** ose **Peniel** (që do të thotë "fytyra e Perëndisë").

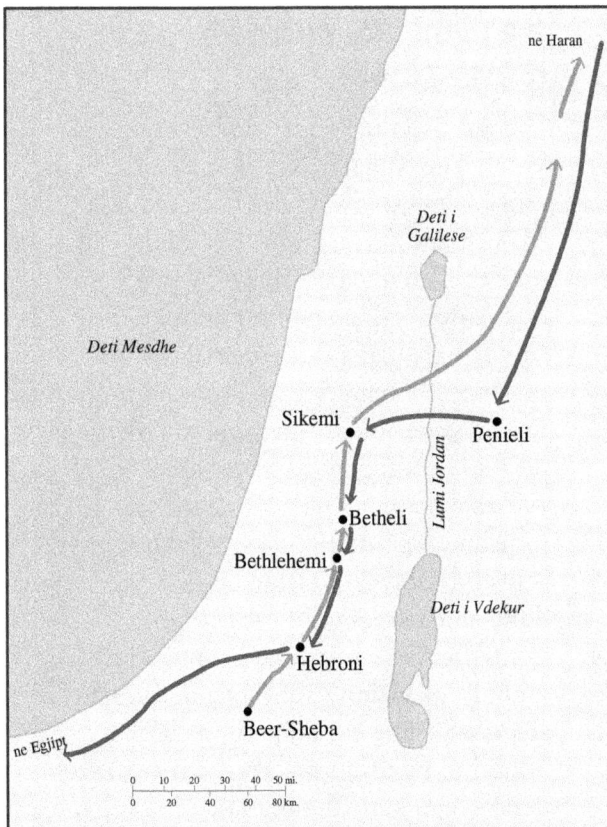

Udhëtimi i Jakobit për në Haran, kthimi në Kanaan dhe më pas në Egjipt

Ai e vazhdoi udhëtimin dhe u takua me vëllain e tij Esaun.

Jakobi vazhdoi udhëtimin, dhe më në fund arriti në vendin e Kanaanit dhe u vendos në Sikem (33:18). Ai bleu prona për veten nga vendasit. Megjithëse Jakobi donte të jetonte në paqe mes vendasve, bijtë e tij i masakruan për t'u hakmarrë ndaj një anëtari të familjes mbretërore të **Sikemit**, i cili përdhunoi motrën e tyre Dinën (kap.34). Jakobi u hidhërua për çnderimin dhe turpin që i sollën djemtë e tij duke u sjellë tradhëtisht.

Jakobi u kthye në Bethel, atje ku Perëndia u takua me të (kap. 35). Në këto rrëfime përfshihet dhe historia e vdekjes së Rakelës, gruas së tij të dashur, dhe e vdekjes së Isakut, babait të tij të dashur. Rakela vdiq gjatë lindjes së Beniaminit, djalit më të vogël, në afërsi të Bethlehemit modern. Kapitulli 36-të përmban një listë të pasardhësve të Esaut.

■ Historitë e Jozefit (Zanafilla 37–50)

Pjesa kryesore e fundit e historive patriarke, është historia e fëmijëve të Jakobit, në të cilën, Jozefi, djali i 11-të, luan një rol kryesor. Dijetarët i vendosin historitë e Jozefit në Egjipt gjatë kohës së

T **"Zoti ishte me të"**

Zoti ishte me Jozefin në çdo çast të jetës së tij. "Zoti ishte me të", kjo është tema e Zanafillës 39–50. Kjo nuk është një deklaratë e lehtë besimi. Në këtë përmbledhje të fuqishme teologjike të përvojave jetësore të Jozefit, ne përballemi me sfidën e të jetuarit në mënyrë besnike, me integritet, guxim, dhe shpresë kur përballemi me kohë të vështira dhe të trazuara. Kohë të tilla shërbejnë si mjedisi në të cilën mund të përjetojmë praninë e pashpjegueshme dhe të hirshme të Perëndisë. Apostulli Pal i bën jehonë kësaj çështjeje në fjalët e tij: "As vdekja e as jeta, ...as gjërat e tashme e as gjërat e ardhshme, as lartësitë, as thellësitë, as ndonjë tjetër krijesë nuk do të mund të na ndajë nga dashuria e Perëndisë..." (Romakëve 8:38-39).

---

sundimit të hershëm të **hiksove** (rreth 1700 para K.).

Dashuria e veçantë e Jakobit për Jozefin, shkaktoi mëri dhe urrejtje tek djemtë e tjerë për vëllain më të vogël. Kjo krizë u thellua nga ëndrrat e Jozefit, i cili aludonte se kishte një status mbretëror mbi pjesën tjetër të familjes. Vëllezerit i'u përgjigjën ëndrrës duke thurur një plan për të vrarë ëndëruesin dhe ëndrrën e tij. Më pas ata e shitën tek tregtarët ismaelitë, të cilët lëviznin me karvan, dhe që më vonë e shitën si skllav tek egjiptianët. Vëllezërit i thanë të atit se biri i tij i dashur ishte vrarë nga kafshët e egra (kap. 37).

Jeta në Egjipt e çoi Jozefin nga shtëpia e një zyrtari egjiptian, në burg, dhe prej andej në praninë e Faraonit. Aftësia e tij për të shpjeguar ëndrrat e Faraonit, i solli sukses dhe një pozitë të lartë në mbretërinë e Egjiptit. Gjithashtu Faraoni i vuri Jozefit një emër egjiptian dhe i dha një grua egjiptiane, e cila i lindi dy djem, **Manasin** dhe **Efraimin**. Këta dy djem më vonë u bënë

paraardhësit e dy nga 12-të fiset e Izraelit (kap.39–41).

Një zi buke që pllakosi në Kanaan e nxiti Jakobin që të dërgonte djemtë e tij në Egjipt për të blerë drithë (kap. 42). Jozefi, që i njohu vëllezërit e tij, i dërgoi përsëri në shtëpi bashkë me drithin, por me kusht që të ktheheshin me vëllain më të vogël. Jakobi nuk donte kurrsesi që ta dërgonte Beniaminin në Egjipt. Kur në vend shtrëngoi zia, Jakobit nuk i ngeli zgjidhje tjetër veçse ta dërgonte Beniaminin në Egjipt bashkë me vëllezërit (kap. 43).

Kur u kthyen, Jozefi u bëri një dredhi duke planifikuar që të mbante Beniaminin në Egjipt (kap. 44). Juda iu lut Jozefit që ta linte Beniaminin të kthehej tek i ati. Ai i tha Jozefit se humbja e Beniaminit do të ishte e padurushme për të atin. Fjalët prekëse të Judës dhe gatishmëria e tij për të qëndruar në vend të Beniaminit, e bënë Jozefin të derdhte lot. Më në fund ai u tregoi vëllezërve se kush ishte. Gjithashtu ai i ngushëlloi vëllezërit duke u thënë se Perëndia e dërgoi atë në Egjipt, që të shpëtonte jetën e familjes së tij. Ai i dërgoi përsëri në Kanaan që të sillnin Jakobin në Egjipt. Jakobi erdhi në Egjipt që të takonte birin e tij, dhe të dy u ribashkuan në krahinën e **Goshenit**, në Deltën e Nilit. Me kërkesën e Jozefit, Faraoni i dha leje Jakobit dhe bijëve të tij që të vendoseshin në Goshen (kap. 45–47).

Para se të vdiste, Jakobi i kërkoi Jozefit të betohej që të mos ta varroste në Egjipt. Jakobi u dha bijve te Jozefit një vend të njëjtë me atë të bijve të tij. Ai bekoi Jozefin dhe bijtë e tij, dhe ia dha epërsi Efraimit nga vëllai i tij më i madh Manasi. Gjithashtu ai thirri dhe bijtë e tjerë dhe i dha secilit bekimet e fundit. Judës i dha një pozitë mbretërore mes vëllezërve të tij (shih 49:10). Jakobi vdiq pasi shqiptoi bekimet. Bijtë e tij e çuan trupin në Kanaan, dhe e varrosën në shpellën e Makpelahut. Pas varrimit e gjithë familja u kthye në Egjipt.

Pjesa e fundit e historisë së Zanafillës përqëndrohet në pajtimin e Jozefit me vëllezerit e tij (50:15–26). Vëllezërit e Jozefit kishin frikë se mos ai hakmerrej, pasi tashmë ati i tyre kishte vdekur. Ata erdhën tek ai për të kërkuar falje për fajin që kishin kryer kundër tij. Ai i qetësoi përsëri duke i siguruar se veprimet e këqia, që kishin kryer ndaj tij, në të vërtetë ishin pjesë e planit të mirë të Perëndisë, në mënyrë që ata të përfitonin nga këto të mira që gjendeshin në Egjipt. Me kërkesën e tij, ata i premtuan se do t'i merrnin kockat e tij me vete kur Perëndia t'i vizitonte dhe t'i nxirrte nga Egjipti. Në këtë mënyrë Jozefi do të varrosej në Tokën e Premtuar. Jozefi vdiq në moshën 110-të vjeçare, dhe trupi i tij i balsamuar u vendos në një akivol për udhëtimin e tij të ardhshëm drejt Tokës së Premtuar.

> ## T Perëndia i Jozefit
>
> Ne njohim dy pohime kyçe teologjike në fjalët që u drejtoi Jozefi vëllezërve të tij (45:4-13; 50:19-21) . Së pari, *sovraniteti i Perëndisë në jetët tona*. Perëndia rrallëherë i pezullon planet e tij për shkak të përgjigjes negative të njeriut ndaj vullnetit të tij. Ne gjithashtu jetojmë në një botë që thur plane të liga komplotuese kundër besimtarëve. Por planet që ka Perëndia për popullin e Tij nuk janë plane të së keqes, përkundrazi, janë plane për të mirën e tyre "për t'u dhënë një të ardhme dhe një shpresë" (Jeremia 29:11). Në të vërtetë, "të gjitha gjërat bashkëveprojnë për të mirë për ata që e duan Perëndinë..." (Romakët 8:28), madje edhe atëherë kur veprat e njerëzve mund të jenë në kundërshtim të plotë me vullnetin dhe qëllimet e Tij për ne. Së dyti, *Perëndia qëndron besnik dhe i hirshëm duke u përkujdesur për ne*. Ai e ruajti Jozefin në mënyrë që familja e Jakobit të mund të kishte një të ardhme. Ai siguroi për njerëzit e Tij në mënyrat e Tij të pazakonshme dhe të mistershme. Ky është lajm i mirë për ne që "shqetësohemi për...atë që do të hamë ose pimë" (Mateu 6:25).

Pjesa tjetër e Pentatukut (Eksodi, Levitiku, Numrat dhe Ligji i Përtërirë) është me plot kuptimin e fjalës, historia e vizitës që i bëri Perëndia Izraelit, në mënyrë që të përmbushte premtimet që u kishte bërë etërve. Në librin e Eksodit ne njihemi me ngjarjet, që nxitën nisjen e udhëtimit të Izraelit nga Egjipti për në atdhe.

Tani do t'i kthehemi kësaj pjese të historisë së Izraelit, të cilën e gjejmë në Librin e Eksodit.

Fjali përmbledhëse

- Perëndia, duke ushtruar lirinë e hirshme të Tij, zgjodhi që Jakobi të merrte premtimet e besëlidhjes.
- Jakobi e takoi Perëndinë në Bethel dhe mori premtimet e besëlidhjes.
- Jakobi luftoi me Perëndinë në Peniel, dhe aty mori një bekim dhe emrin Izrael.
- Pjesa e parë e jetës së Jozefit ishte plot me telashe, por Zoti ishte me të.
- Perëndia tregoi kujdes dhe shfaqi sovranitetin e tij në ngjarje të ndryshme të jetës së Jozefit.

- E gjithë familja e Jakobit u largua nga Kanaani dhe u vendos në Egjipt.

Pyetje për reflektim

1. Përmend disa shembuj nga veprimtaritë e lirisë dhe hirit të Perëndisë sot në jetën tonë, të cilat duket se mund të përmbysin standardet njerëzore dhe pritshmëritë e kulturës/fesë. Si do të reagoje ti ndaj këtyre veprimeve hyjnore?
2. Cili është rezultati i një jete që jetohet pjesërisht duke i besuar Perëndisë dhe pjesërisht duke u besuar forcave tona?
3. Lidh eksperiencën e Jakobit në Peniel me eksperiencën tënde fetare sot.
4. Çfarë provash të dukshme sheh në jetën tënde, të cilat tregojnë se "Perëndia është me ty" në çdo rrethanë?
5. "...të gjitha gjërat bashkëveprojnë për të mirë për ata që e duan Perëndinë...". Cilat janë disa nga sfidat që paraqet ky premtim biblik për jetët tona, të cilat janë të mbushura me lëndime, zhgënjime, dhimbje dhe tragjedi?

Burime për studime të mëtejshme

Brueggemann, Walter. *Interpretation: A Bible Commentary for Teaching and Preaching: Genesis*. Atlanta: John Knox Press, 1982. Faqet 204-380.

Hamilton, Victor. *The Book of Genesis: Chapters 18–50. New International Commentary on the Old Testament*. Grand Rapids: Eerdmans, 1995. Faqet 169-715.

Fretheim, Terence E. *The Book of Genesis: Introduction, Commentary, and Reflections*. Vëll. 1 i The New Interpreter's Bible. Nashville: Abingdon Press, 1994. Faqet 516–673

Objektivat

Studimi i këtij kapitulli do t'ju ndihmojë:

- Të njiheni me përmbajtjen dhe organizimin e Librit të Eksodit.
- Të përshkruani mjedisin historik dhe shoqëror e historisë së Eksodit.
- Të dini të shpjegoni temën e premtimit dhe të përmbushjes për sa i përket historisë së hershme të Izraelit.
- Të diskutoni mbi domethënien e thirrjes së Moisiut.
- Të përshkruani domethënien e emrit *Jehovah*.
- Të përshkruani Pashkën dhe domethënien teologjike që ka ajo për kishën e krishterë.

Fjalët kyçe për të kuptuar

Eksodi
Hiksotë
Seti I
Avarisi
Ramsesi II
Hebrenjtë
Pitomi
Raamsesi
Moisiu
Madianët
Jethro
Horeb
Jehovah (Yahweh)
Adonai
Plagët
Pashka
Pesach
Amalekitët

Disa pyetje që duhen marrë Parasysh ndërsa lexoni:

1. Cili është ndryshimi mes besimit personal dhe fesë së trashëguar?

2. Si mendoni ju, çfarë besimi fetar kishin fëmijët e Izraelit (qëndrimi që kishin ndaj Perëndisë dhe ndaj premtimeve të besëlidhjes që u kishte bërë paraardhësve të tyre) gjatë periudhës 430 vjeçare që jetuan në Egjipt? Cilat mund të kenë qenë disa nga pyetjet që kishin ata për besimin e tyre?

Vizita që i bën Perëndia popullit të Tij për t'i sjellë shpëtim, është një nga temat kryesore në Bibël. Perëndia shkoi që të vizitonte fëmijët e Izraelit në Egjipt. Ai i çliroi nga skllavëria. Kjo histori çlirimi nuk është një ngjarje e veçuar në historinë biblike. Është e lidhur drejtpërdrejt me thirrjen e Perëndisë dhe me besëlidhjen që bëri me Abrahamin, Isakun dhe Jakobin. Përveç kësaj, historia e shpengimit tek **Eksodi** është e lidhur gjithashtu dhe me besimin e Izraelit për krijimin. Në teologjinë biblike shpengimi është qëllimi i krijimit. Shpengimi deklaron të vërtetën, se Perëndia krijues është dhe Shpenguesi. Në këtë kapitull ne do të trajtojmë ngjarjen dramatike të veprës krijuese–shpëtuese të Perëndisë, të cilën e kryente në historinë e Izraelit.

Titulli dhe autorësia

Eksodi është libri i dytë i *Torah* (ose libri i dytë i Moisiut). Fjala *Eksod* vjen nga fjala greke *exodos*, që do të thotë "dalje" ose "largim", dhe kështu e gjejmë dhe në përkthimin e Septuagintit. Dijetarët që mbështesin hipotezën e dokumentimit, i grupojnë materialet e këtij libri sipas tri burimeve letrare (atij të Jehovas, të Elohimit dhe Priftëror). Ne e shohim librin si një dokument teologjik, i cili është i rrënjosur thellë në traditën që i përket periudhës së Moisiut, dhe në autoritetin e tij si ligjdhënësi më i madh i Izraelit. Ka të ngjarë që libri ta ketë marrë formën e tij përfundimtare para vitit 700 para K.

Mjedisi

Historitë e librit të Eksodit i përkasin periudhës së Mbretërisë së Re të Egjiptit. Nga mesi i shekullit të 15-të para K., egjiptianët dëbuan **hiksotë** dhe rimorën përsëri kontrollin mbi vendin e tyre. Ka shumë të ngjarë që izraelitët, që nga koha kur u vendosën në Egjipt (rreth 1700 para K.), e

deri në kohën e Mbretërisë së Re të Faraonit **Seti I** (1309–1290 para K.), të kenë jetuar duke pasur një liri relative. Seti I bëri kryeqytetin e tij **Avarisin** në Deltën e Nilit, dhe kjo mbase për të ushtruar kontroll politik mbi Kanaanin dhe Sirinë. Ai filloi ndërtimin e një qyteti në Avaris ku do të vendosej pallati i tij, të cilin e vazhdoi djali i tij **Ramsesi II** (1290–1224 para K.). Ky qytet është i njohur me emrin Raamses (shih Eksodin 1:11). Ka të ngjarë që ngjarjet që përshkruhen tek Eksodi 1:8-22 (robëria dhe skallavëria e Izraelit), t'i përkasin kohës së Setit I. Kështu që ka një boshllëk prej afërsisht 400 vjetësh mes ngjarjes së fundit në Librin e Zanafillës dhe fillimit të Librit të Eksodit (nga 1700 deri në 1300 para K.). Ikja e Izraelit nga Egjipti (Eksodi) ndodhi gjatë mbretërimit të Ramsesit II. Ne mendojmë se data e përafërt e kësaj ngjarjeje është viti 1280 para K. Tradita biblike thotë se Izraeli qëndroi 430 vjet në Egjipt (shih Eksodi 12:40; Gal. 3:17).

Përmbajtja

Libri i Eksodit ndahet në dy pjesë kryesore:
1. Robëria dhe çlirimi (1:1–18:27)
2. Izraeli në Malin Sinai (19:1–40:38)
Ky kapitull do të përqëndrohet në ngjarjet e rrëfyera në pjesën e parë të këtij libri.

■ Robëria e Izraelit në Egjipt (1:1-22)

Historia e Librit të Eksodit fillon me një përmbledhje të vendosjes së Jakobit dhe 12-të bijve të tij në Egjipt, dhe të shtimit të tyre në numër. Kapitujt e parë të librit të Eksodit nganjëherë u drejtohen izraelitëve me emrin

hebrenj, pasardhës të Abraham hebreut (shih Zanafilla 14:13). Kur izraelitët u shtuan shumë në numër, egjiptianët i panë si kërcënim të mundshëm për sigurinë e tyre si komb. Një faraon që nuk i përmendet emri (ka shumë të ngjarë Seti I), i mbajti nën zgjedhë duke i vënë të bënin punë të detyruara, dhe u ngarkoi detyrën e ndërtimit të **Pitomit** dhe **Raamsesit**, dy qytete–depozitë. Skallavëria nuk e ndaloi rritjen e popullit të tyre. Kështu Faraoni urdhëroi mamitë hebrenje që të vrisnin foshnjat hebrenje meshkuj pasi të kishin lindur. Mamitë, të cilat kishin fikë nga Perëndia, nuk iu bindën urdhërit mbretëror dhe i lanë foshnjat që të jetonin. Më pas Faraoni i

urdhëroi izraelitët që të hidhnin në lumin Nil foshnjat e porsalindura meshkuj.

■ Lindja e Moisiut dhe thirrja e tij (2:1–4:31)

Kapitulli dy përshkruan shkurtimisht vitet e para të jetës së Moisiut. Shpëtimi i tij nga vajza e Faraonit, na ilustron mënyrën misterioze se si Perëndia dekretoi jetën për foshnjën që, me anë të pushteteve mbretërore, ishte e destinuar të vdiste. Emri **Moisi** (*mosheh*) ka të ngjarë që të ketë qenë një emër mbretëror egjiptian, dhe që tingëllon njësoj si fjala hebraike *mashah*, që do të thotë "nxjerr jashtë" (shih 2:10). Ai u rrit si biri i vajzës së faraonit. Megjithatë ai e dinte se nga rridhte, dhe e identifikoi veten me popullin e tij të përvuajtur. Pasioni për të vendosur drejtësi për popullin e tij, e shtyu që ta merrte vetë këtë çështje në dorë, dhe kështu vrau një egjiptian që keqtrajtoi një hebre. Duke qenë një i kërkuar, ai u arratis në **Madian**. Aty jetoi në shtëpinë e Reuelit (i njohur gjithashtu dhe me emrin **Jethro**) dhe u martua me vajzën e tij Seforën.

Ndërkohë në Egjipt izraelitët vazhdonin që të ishin në skallavëri. Perëndia e dëgjoi thirrjen e tyre për ndihmë, dhe kujtoi premtimet që i kishte bërë Abrahamit, Isakut dhe Jakobit. Ai takoi Moisiun, i cili ishte me kopenë e tij në **Horeb**, në krahinën jugore të gadishullit të Sinait. Nga mesi i një fërrishtjeje që po digjej por që nuk po konsumohej nga zjarri,

---

T Përgjigjia e Perëndisë ndaj zgjedhës në botë

Robëria dhe skllavëria e Izraelit është në qendër të historisë së Dhiatës së Vjetër. Një sundimtar tiran, lëshoi nje dekret vdekjeje ndaj një populli që i përkiste rendit më të ulët shoqëror dhe ekonomik të shoqërisë. Mirëpo këtu ne gjejmë dhe historinë e përkujdesjes dhe interesimit të Perëndisë për të varfërit dhe për të shtypurit në botë. Në kohën kur ky dekret vdekjeje ishte dhënë, ai erdhi tek ky komunitet i persekutuar me ofertën e Tij për liri dhe jetë.

Këto histori përçojnë tek ne të vërteta për skllavërinë shpirtërore të njerëzimit nën pushtetin e Satanit. Por edhe na sfidojnë që të bëhemi më të ndjeshëm ndaj realiteteve politike dhe shoqërore të shoqërisë sonë. Genocidet, spastrimet etnike dhe dhuna racore në botën tonë, janë tragjedi për të cilat të gjithë ne shumë shpesh jemi dëshmitarë. Në këto histori mbështeten dhe flitet për të pafavorizuarit ekonomikisht, për të përjashtuarit nga shoqëria, dhe për njerëzit e veçuar për shkak të racës ose grupit etnik, në shoqërinë tonë . Gjithashtu këto histori flasin kundër atyre që qeverisin sipas ideologjive që u shërbejnë interesave të tyre, dhe politikave shtypëse ekonomike dhe shoqërore. Gjithsesi, lajmi i mirë është se Perëndia vazhdon të jetë burim force dhe jete për të varfërit dhe të vuajturit në botë.

T Perëndia që thërret

Në historinë e thirrjes së Moisiut ne ndeshemi me këtë Perëndi që na thërret të largohemi nga mënyra jonë e përditshme, e zakonshme dhe egoiste e të jetuarit, në mënyrë që të jetojmë një jetë që mund të na çojë drejt një kuptimi të ri për punën e tij sovrane në botë. Thirrja e Perëndisë nuk është thjesht një thirrje për përkushtim dhe bindje, por edhe një thirrje që ta jetojmë jetën tonë duke marrë pjesë plotësisht në të gjitha realitetet e vështira të jetës. Moisiu "...parapëlqeu që të keqtrajtohej bashkë me popullin e Perëndisë, se sa të gëzonte për një farë kohe dëfrimet e mëkatit....ai qëndroi i patundur sikur të shihte të padukshmin" (Hebrenjve 11:25, 27). Aftësitë tona të kufizuara për të kryer detyrën e madhërishme hyjnore, nuk duhet të na pengojnë për të qenë të bindur ndaj Atij që na thërret. Takimi me Perëndinë e shenjtë dhe bindja ndaj thirrjes së Tij të shenjtë, do të krijojë për ne mundësi të reja për të përjetuar hirin e tij. Ai që na thirri, është dhe ai që na premtoi se do të jetë me ne, në mënyrë që të përfundojë punën e mirë që nisi në ne (Filipianëve 1:5-6).

Emri personal i Perëndisë

Origjina e emrit personal të Perëndisë, *Jehovah* (ose *Yahweh*), është një çështje që është diskutuar shumë. Emri hyjnor përmban katër bashkëtingëllore hebraike të transliteruara në YHWH. Ne nuk e dimë shqiptimin e saktë të emrit. Tradita e mëvonshme hebraik u shtoi zanoret e "**Adonai**", një tjetër epitet i Perëndisë, katër shkronjave YHWH. Në traditën e vjetër fetare ky emër ishte i njohur si Jehovah. "Jahuej" (*Yahweh*) është një shqiptim i përhapur, i adoptuar nga studiuesit modernë të Biblës. Hebrenjtë nuk e shqiptojnë emrin hyjnor për shkak të shenjtërisë së tij. Shumica e Biblave në anglisht e përkthejnë emrin hyjnor "Zoti". (Në Biblën shqipe ky emër përkthehet "Zoti".)

Katër shkronjat e emrit hyjnor vijnë nga rrënja e foljes hebraike *hayah*, që do të thotë "me qenë". Eksiztenca e përjetshme e Perëndisë, prania e vazhdueshme në krijimin e Tij dhe pushteti i Tij për t'i bërë gjërat të ndodhin, janë të gjitha ide të bartura nga kjo formë e foljes që është rrënjë e emrit hyjnor. *Yahweh* (*Jehovah*) është Perëndia që ishte, që është dhe që do të jetë me popullin e Tij gjatë gjithë historisë. Ky emër do të thotë se Ai është me ne në të gjitha rrethanat e jetës. Ai është Emanueli, Perëndia me ne (Isaia 8:10). Fraza "Unë Jam" në thelb bart këtë kuptim për Perëndinë (Eksodi 3:14).

Perëndia e thirri Moisiun që të shkonte e të çlironte Izraelitët nga zgjedha egjiptiane. Moisiu u përpoq që të mos i bindej kësaj kërkese hyjnore duke thënë se i mungonte besueshmëria (3:11), duke i drejtuar perëndisë për identitetin e tij (v. 13) dhe duke shprehur frikën e tij se Izraeli nuk do ta besonte (4:1). Ai kundërshtoi dhe një herë të fundit duke vënë në dukje paaftësinë e tij për të folur në mënyrë të rrjedhshme (v. 10). Perëndia iu përgjigj çdo herë duke e siguruar me praninë e Tij. Ai i zbuloi identitetin e tij me emrin *Jehovah* (**ose** *Yahweh*), që është emri personal i Perëndisë sipas traditës Izraelite.

■ Moisiu ballafaqohet me Faraonin (5:1–11:10)

Perëndia dërgoi Moisiun dhe vëllain e tij Aaronin tek Faraoni me kërkesën që ta linte Izraelin të largohej nga Egjipti për tri ditë, udhëtim në shkretëtirë për adhurim. Faraoni e hodhi poshtë kërkesën, dhe i urdhëroi njerëzit e tij që t'ua bënin jetën më të vështirë skllevërve izraelitë. Me që u tall nga Faraoni dhe u përbuz nga izraelitët, Moisiu u kthye tek Perëndia i zhgënjyer dhe duke u ankuar. Perëndia e siguroi duke i premtuar se do ta udhëhiqte Izraelin jashtë Egjiptit, dhe do t'i sillte në Tokën e Premtuar me dorën e Tij të fuqishme shpenguese dhe gjykuese.

Perëndia i kujtoi Moisiut se detyra e tij do të ishte e vështirë. Ai i tha se do të "ngurtësonte zemrën e Faraonit" (7:3) përmes disa shenjave mrekullish. Ky plan hyjnor përfshinte dhe dërgimin e një sërë fatkeqësish ose **plagësh** në Egjipt. Në këto fatkeqësi përfshihen kthimi i ujit të lumit Nil në gjak, plaga e bretkosave, e mushkonjave, mizave, ngordhja e bagëtisë, ulçerat, breshëri, karkalecat, erësira dhe në fund vdekja e fëmijëve të parëlindur dhe të pjellave të pare të bagëtisë (kap 7-11). ka mundësi që plagët të mos ishin drejtuar vetëm kundër pushtetit politik që kontrollonte Egjiptin, por dhe kundër perëndive të kombit të tyre (shih 12:12).[1]

■ Pashka dhe kalimi i Detit të Kallamave (12:1–15:21)

Megjithëse plagët erdhën si shenjë e pushtetit të Perëndisë, Faraoni zgjodhi që të ishte kokëfortë. Gjatë plagës së fundit, Perëndia i ruajti fëmijët e Izraelit duke u dhënë udhëzime për ndjekjen e ritualit të **Pashkës**. Rituali përfshinte lyerjen e kasave të dyerve të shtëpive të tyre me gjakun e një qengji, dhe ngrënien me nxitim të këtij mishi të pjekur.

Plaga e dhjetë bëri që Faraoni ta linte Moisiun dhe Aaronin që ta nxirrte Izraelin jashtë Egjiptit, dhe ta çonte në shkretëtirë për të adhuruar Perëndinë. Megjithëse kishte një rrugë që të çonte drejt e në Kanaan përgjatë Detit Mesdhe, Perëndia e udhëhoqi Izraelin në një drejtim tjetër, sepse kishte mundësi që lufta me filistejtë në krahinën bregdetare, mund ta shtynte që të kthehej në Egjipt.

Eksodi i Izraelit nisi nga Raamsesi dhe udhëtimi vazhdoi drejt Detit të Kallamave. Dijetarët e kanë të vështirë që të përcaktojnë në mënyrë të saktë detin (në hebraisht *yam suph* nuk është Deti i Kuq, por Deti i Kallamave). Ka mundësi që të ketë qenë ndonjë liqen aty afër). Perëndia shkoi para Izraelit, që t'i drejtonte në këtë udhëtim, duke shfaqur praninë e tij "në një kolonë resh ditën", dhe "në një kolonë zjarri natën" (13:21). Faraoni bëri përpjekjen e fundit për të rimarrë kontrollin mbi izraelitët duke i ndjekur me ushtrinë e tij. Perëndia e shpëtoi popullin e tij

---

T **Ngurtësimi i zemrës së Faraonit**

Faraoni nuk pranoi që të njihte pushtetin Sovran të Perëndisë (ai "ngurtësoi" zemrën), dhe vazhdoi kështu që nga fillimi e deri në fund. Edhe Perëndia e "ngurtësoi" zemrën e Faraonit (9:12; 4:21) duke i dërguar gjithnjë e më shumë "shenja" atij, që në mënyrë të ndërgjegjshme dhe të përsëritur zgjodhi, që të kundërshtonte sundimin e tij sovran. Ngurtësimi i zemrës së Faraonit nga Perëndia filloi pas plagës së gjashtë (9:12). Duke arritur në këtë pikë, gjykimi hyjnor filloi që të shfaqte forcën e tij mbi personin që nuk ua kishte vënë veshin thirrjeve të përsëritura për pendim (shih raste të ngjashme gjykimi tek Psalmi 81:11-12, Romakëve 1: 24-27).

duke e ndarë Detin e Kallamave dhe duke mbytur ushtrinë egjiptiane. Izraeli pa dhe u bë dëshmitar i pushtetit të Jehovas, Perëndisë së tij. "Zoti e shpëtoi Izraelin" dhe ata "besuan" në Të (14:30-31). Moisiu i këndoi një këngë lavdërimi Perëndisë, i cili shpëtoi Izraelin nga pushteti i Faraonit (15:1-18).[2]

■ Udhëtimi i Izraelit në malin Sinai (15:22–18:27)

Kalimi i Detit të Kallamave e çoi Izraelin drejt e në shkretëtirë, dhe që aty nuk mund të ktheheshin më në Egjipt. Moisiu e drejtoi Izraelin në Malin Sinai (Horeb). Gjatë rrugës, në Mara, populli i Izraelit murmuriti kundër Moisiut sepse uji aty ishte i hidhur. Në shkretërirën e Sinait, murmuriti sepse nuk kishte për të ngrënë. Në Redifim populli ankohej sepse nuk kishte ujë të pijshëm. Murmuritjet e Izraelit gjatë rrugës për në Sinai na duken të pakuptueshme, nën dritën e veprave të madhe dhe të fuqishme që Perëndia kishte bërë për atë. Këto rrëfime na tregojnë se Izraeli harroi shpejt fuqinë shpenguese të Perëndisë dhe kujdesin dhe shqetësimin e Tij për popullin. Kur u përballuan me vështirësi të vërterta në shkretëtirë, Izraelitët nuk e besuan Perëndinë për plotësimin e nevojave të tyre. Pavarësisht nga murmuritjet e tyre, Perëndia ua dha atyre

---

T **Pashka dhe Kisha**

Elementi kryesor në ritualin e Pashkës ishte gjaku i qengjit të flijuar, i cili siguroi mbrojtje për izraelitët. Në Dhiatën e Re, sakrifica e Krishtit merr kuptimin e flijimit të qengjit të Pashkës (1 Korintasve 5:6-8), dhe Jezusi është qengji i therur për të paguar shpërblesën për çlirimin e burrave e grave për Perëndinë (Zbulesa 5). Pashka, si në Dhiatën e Re dhe në të Vjetrën, përfaqson punën shpenguese të Perëndisë dhe i jep shpresë bashkësisë së besimit. Pashka e Dhiatës së Vjetër na sjell në pikën e parë të takimit me punën shpenguese të Perëndisë, e cila përmbushet plotësisht përmes shpengimit në Jezusin. Shpengimi i Dhiatës së Re është në radhë të parë liria nga mëkati dhe nga i ligu, gjë e cila të çon drejt një jete të re në Krishtin. Vakti i Pashkës për kishën është Darka e Zotit, e cila lidh dhe identifikon jetën e Krishterë me vuajtjen, vdekjen dhe ringjalljen e Jezusit. Gjithashtu, kjo bashkësi e shenjtë na mbush me shpresë për një jetë me Krishtin në të ardhmen.

H **Pashka**

Në traditat fetare të Izraelit, Pashka (*Pesach*) është festimi që zgjat 7 ditë të pranverës, në të cilën përkujtohet çlirimi i Izraelit nga Egjipti. Rituali quhet Pashkë (*Pesach*) sepse ditën që Perëndia kaloi nëpër Egjipt me gjykim nuk i preku fëmijët e Izraelit (folja *pesach* në hebraisht do të thotë "të kesh mëshirë", "të mbrosh" "të kalosh") (shih 12:11-13). Ne gjejmë udhëzime të hollësishme tek Eksodi 12 dhe 13 për ndjekjen e ritualit të Pashkës dhe të Festës së Bukëve Pa Maja, si ngjarje të përvitshme të përkujtimit të mbrojtjes hirplote të Perëndisë. Gjithashtu, këto festa fetare kanë për qëllim që të rrënjosin besimin në çdo brez të ri. Me rikryerjen dhe ritregimin e historisë së Pashkës, populli i Izraelit edhe sot i kthehet historisë së tij të shkuar dhe gjen identitetin tek paraardhësit e tij, të cilët u mbajtën fort pas shpresës së hyrjes në Tokën e Premtuar edhe në kohën kur luftonin për jetë.

manën dhe mishin, ujin prej shkëmbit, dhe fitoren mbi **Amalekitët**, të cilët u përpoqën ta pengonin udhëtimin e Izraelitëve nëpër shkretëtirës. Në muajin e tretë pas largimit nga Egjipti, arritën në Malin Sinai (19:1-2).

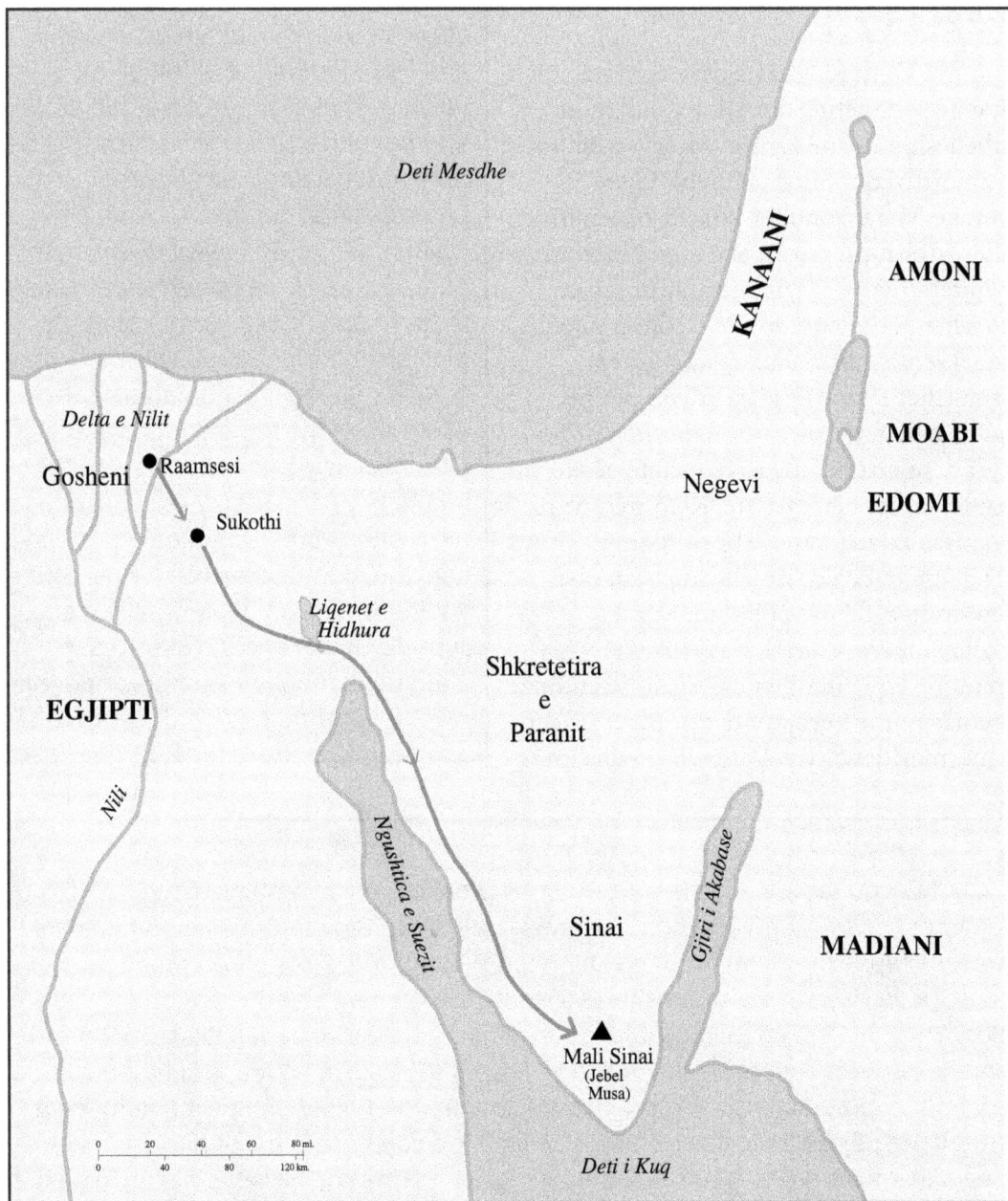

Rruga që mund të ketë ndjekur Izraeli në udhëtimin nga Egjipti, për në malin Sinai.

Fjali përmbledhëse

- Pas vdekjes së Jakobit, pasardhësit e tij (Izraelitët) qëndruan në Egjipt për më shumë se 400 vjet.
- Edhe pse banonin në një vend të huaj, populli i Izraelit u shumëfishua dhe u bë një popull të madh, ashtu si Perëndia e premtoi në besëlidhjen.
- Egjiptët i shtypën dhe skllavëruan Izraelitët
- Historia e hershme për Moisiun na tregon për mënyrën e mrekullueshme se si Perëndia ndërhyri në jetën e tij.
- Perëndia e dëgjoi thirrjen e popullit të Izraelit, dhe si përgjigje e caktoi Moisiun për ta udhëhequr atë në largimin nga Egjipti.
- Perëndia ua zbuloi veten e Tij Moisiut dhe Izraelit, duke përdorur emrin personal të Tij, *Jehovah.*
- Perëndia ua zbuloi veten e Tij Izraelit dhe Egjiptasve, si Perëndia sovran i universit.
- Perëndia e shpengoi Izraelin nga Egjiptasit, dhe e udhëhoqi për të dalur nga Egjipti me anë të Moisiut.

Pyetje për reflektim

1. Cilat janë mësimet që ne mësojmë për premtimet e Biblës, në bazë të historisë së Izraelit në Egjipt.
2. Cilët janë qëndrimet ose tundimet që mund të lindin tek ne kur ne po presim plotësimin e premtimeve të Perëndisë në jetët tona.
3. Përshkruaj eksperiencën tënde për Perëndinë, si Perëndia që është "aty duke qenë me ne."
4. Si kryen çlirim Perëndia në ditën e sotme. Trego shëmbuj nga jeta jote ose nga jeta e dikujt që është afër jush.

Burime për studime të mëtejshme

Brueggemann, Walter. *The Book of Exodus: Introduction, Commentary, and Reflections.* Vëll. 1 i The New Interpreter's Bible. Nashville: Abingdon Press, 1994. Faqe 690-829.

Childs, Brevard S. *The Book of Exodus: A Critical, Theological Commentary.* The Old Testament Library. Philadelphia: Westminster Press, 1974. Faqe 4-339.

Fretheim, Terrence E. *Interpretation: A Bible Commentary for Teaching and Preaching: Exodus.* Louisville: John Knox Press, 1991. Faqe 23-200.

Objektivat

Studimi i këtij kapitulli do t'ju ndihmojë:

- Të përshkruani synimin dhe qëllimin e besëlidhjes në malin Sinai
- Të diskutoni kuptimin e Izraelit për Perëndinë, bazuar në historitë e Eksodit për Sinain.
- Të përshkruani lidhjen e Dhjetë Urdhërimeve me ditën e sotme.
- Të lidhni temat e Eksodit rreth besëlidhjes dhe Tabernakullit me temat korespondese në Dhiatën e Re.

Fjalët kyçe për të kuptuar

Mali Sinai
Jebel Musa
Besëlidhje
Besëlidhja e Malit Sinai
Teofani (*Theophany*)
Dhjetë Urdhërimet
Kodi i Besëlidhjes
Kodi i Hammurabit
Ligjet e Kushtëzuar
Ligjet Ndalues
Tabernakull
Gjykatë
Vend i Shenjtë
Vendi Shumë i Shenjtë
Arka e Besëlidhjes (ose e Dëshmisë)
Pajtuesi
Altar i olokausteve
Eleazari
Ithamari
Viçi i artë

Disa pyetje që duhen marrë Parasysh ndërsa lexoni:

1. Kush është faktori më i rëndësishëm që vendos qëndrueshmëri në marrëdhëniet njerëzore?

2. Cilat janë arsyet që njerëzit adhurojnë Perëndinë sot?

3. Pse e quajnë njerëzit martesën një "besëlidhje"?

Në kapitullin e mëparshëm, ne vështruam historinë e daljes së Izraelit nga Egjipti dhe udhëtimin e tyre në Malin Sinai. Pjesa e dytë e librit të Eksodit (kapituj 19–40) shqyrton historinë e takimit të Zotit me Izraelin në Malin Sinai.

■ Lidhja e Besëlidhjes në Sinai (19:1–24:18)

Izraeli arriti në **Malin Sinai** në muajin e tretë pasi ata u larguan nga Egjipti. Ne nuk e dimë vendosjen e saktë të Malit Sinai. Vendndodhja tradicionale është **Jebel Musa** ("Mali i Moisiut") në pjesën jugore të Gadishullit Sinai ku ndodhet manastiri i Shenjtore Katerinës. Në Malin Sinai, Perëndia takoi Moisiun dhe i zbuloi atij qëllimin e Tij, për njerëzit që Ai shpengoi nga Egjipti (19:3-6). Perëndia e shpëtoi Izraelin nga Egjipti për t'i sjellë ata në një marrëdhënie të re me veten e tij (vargu 4). Marrëdhënia quhet një **besëlidhje** (*berith*), dhe e ardhmja e marrëdhënies së Izraelit me Perëndinë varej nga gadishmëria e Izraelit për t'iu "bindur" Perëndisë së tyre (fjalë për fjalë, "dëgjoni zërin tim") dhe për të "zbatuar" besëlidhjen me Atë (vargu 5). Kjo besëlidhje (e njohur si **Besëlidhja e Malit Sinai**) ishte një tjetër zhvillim i besëlidhjes së Perëndisë me Abrahamin. Njerëzve që Perëndia iu drejtua në Sinai ishin fëmijët e Abrahamit dhe përfituesit e premtimeve të Perëndisë që bëri me të. Si shpërblim të besnikërisë së Izraelit, Perëndia i premtoi t'i trajtonte ata si një thesar të veçantë, një mbretëri priftërinjësh, dhe një komb të shenjtë (vargje 5b-6).

Moisiu u tregoi njerëzve besëlidhjen e ofruar nga Perëndia, dhe njerëzit bënë përkushtimin që të hynin në besëlidhje me Perëndinë (19:7-8). Perëndia e urdhëroi Moisiun të shkonte tek populli dhe ta përkushtonte, kështu që ata mund të ishin gati për ta takuar Perëndinë kur Ai të shfaqej në mal. Perëndia u shfaq në mal në mes të

T **Zgjedhja e Izraelit**

Në Malin Sinai, Izraeli u bë populli i zgjedhur dhe i shenjtë duke hyrë në një marrëdhënie besëlidhjeje me Perëndinë (19:3-8). Zgjedhja e Tij për Izraelin e solli popullin në një vend të veçantë të privilegjuar në botë. Zgjedhja gjithashtu nënkuptonte për Izraelin përgjegjësinë për të mbartur dëshminë e punës shpëtuese të Perëndisë në botë. Me anë të zgjedhjes, Izraeli u bë "thesari" i Perëndisë (në hebraisht, *segullah*). Perëndia i premtoi t'i jepte Izraelit statusin e kombësisë, jo të një mbretërie sunduese politike, por të një mbretërie shërbyese me një qëllim priftëror. Qëllimi i caktuar i Izraelit në botë ishte të promovonte diturinë e Perëndisë dhe të ndërmjetësonte bekimet e Tij tek kombet në botë. Gjithashtu, Perëndia e thirri atë të ishte një komb i shenjtë, një komb "i vënë mënjanë" (në Hebraisht, *qadash*) për shërbim të Tij. Kështu shenjtëria duhet të ishte shenja dalluese e këtij populli të besëlidhjes. Formula "në qoftë se...atëherë" (vargu 5) tregon qartë natyrën e kushtëzuar të kësaj besëlidhje dhe zgjedhjeje. Karakteri i shenjtë i popullit varej në përkushtimin e besëlidhjes së tyre, për të dëgjuar dhe t'iu bindur Perëndisë në ecjen e tyre të përditëshme me Të. Në teologjinë biblike, ndjekja e shenjtërisë nënkupton një marrëdhënie bindjeje dhe dëgjimi, në çdo moment, të Perëndisë, i cili i thërret njerëzit e Tij të jenë të shenjtë.

tymit, zjarrit, bubullimave, vetëtimave, dhe tërmeteve. Populli qëndronte tek buza e malit dhe pa madhështinë e lavdisë së Perëndisë (19:10-25). **Teofani** (*Theophany*) është termi teologjik që përshkruan shfaqje të tilla të Perëndisë në mënyrë të mbinatyrshme ndaj njerëzimit.

Izraeli pranoi nga Perëndia **Dhjetë Urdhërimet** në Malin Sinai si 10 kushtet kryesore të besëlidhjes së Malit Sinai (Eksodi 20:1-17). Urdhërimet janë përgjithësisht të ndara në dy grupe ose në "dy pllaka" (shiko Eksodi 24:12; 31:18; 34:1). Katër Urdhërimet e para merren me marrëdhënien me Perëndinë (20:3-11), dhe gjashtë urdhërimet e fundit merren me marrëdhënien me persona të tjerë (20:12-17). Nga këto të dhjetë, tetë prej tyre jane thënë si urdhërime negative por me ndikim pozitiv. Kur një veprim ose një sjellje është e ndaluar, e kundërta e këtij veprimi ose sjellje është nxjerrë nga këto urdhërime negative.

T Dhjetë Urdhërimet

Urdhërimi i parë (20:3) kërkon lidhje të veçantë ekskluzive te Izraelit me *Jehovah* (ose Zotin), si Perëndia i vetëm i tyre. Dashuria e sinqertë për Perëndinë kërkon nga ne besnikëri të plotë dhe devotshmëri në Perëndinë. Urdhërimi i dytë (20:4-6) ndalon çfarëdolloj përpjekje për t'i bërë skulpturë ose shëmbëlltyrë Perëndisë në çfarëdolloj forme. Ky urdhërim na fton ne të mendojmë me habi dhe çudi shenjtërinë madhështore të Krijuesit, i cili mbush gjithë tokën me lavdinë e Tij (Isaia 6:3). Urdhërimi i tretë (Eksodi 20:7) ndalon keqpërdorimin e emrit të shenjtë të Perëndisë për qëllime të paligjshme dhe personale. Urdhërimi na kerkon ne të vëzhgojmë me kujdes fjalët dhe veprimet tona në emër të Perëndisë, të shikojmë nëse ne jemi duke e lavdëruar Perëndinë apo e blasfemojmë emrin e Tij. Urdhërimi i katërt (20:8) na drejtohet për përjetimin e "pushimit" pas gjashtë ditëve të punës. Dita e shtunë është e shenjtë- një ditë për pushim e *lënë mënjanë* nga ditët e tjera të javës.

Urdhërimi i pestë (vargu 12) është i vetmi urdhërim me një premtim te lidhur me të. Mënyra se si ne e duam Perëndinë është pasqyruar plotësisht në mënyrën se si ne i trajtojmë prindërit tanë, që janë i afërmi ynë më i drejtpërdrejtë. Urdhërimi i gjashtë (vargu 13) është një ndalim kundër dhunimit të jetës njerëzore, që është e paprekshme. Ky urdhërim mbron dinjitetin dhe vlerën e çdo qënie njerëzore. Urdhërimi i shtatë (vargu 14) kërkon besnikëri në marrëdhënien bashkëshortore. Besnikëria në martesë pasqyron besnikërinë në besëlidhjen me Perëndinë.

Urdhërimi i tetë (vargu 15) ndalon shkeljen e të drejtave të tjetrit në mbajtjen dhe përdorimin e pronës së vet. Ky urdhërim flet kundër padrejtësisë ekonomike, përfitimeve të siguruara në kurriz të të varfërve dhe të pafavorizuarve, si dhe kundër të gjitha shfrytëzimeve në shoqërinë tonë. Urdhërimi i nëntë (vargu 16) ndalon gënjeshtrën në gjykatë, e cila do të çonte në dështimin të drejtësisë në shoqëri. Jeta jonë e përbashkuar varet nga angazhimi ynë për të folur me sinqeritet rreth të afërmit tonë. Urdhërimi i dhjetë (vargu 17) ndalon ambicien epshore dhe dëshirën për të marrë çfarë nuk është ligjërisht e jona. Besëlidhja jonë me Perëndinë na drejtohet neve për t'i trajtuar të tjerët dhe pronën e tyre me dashuri dhe përkujdesje.

Dhjetë Urdhërimet janë rrënjosur në teofani të Malit Sinai, dhe ato i përkasin përmbajtjes së besëlidhjes Sinai. Dhjetë Urdhërimet, ose Dekalogu ("dhjetë fjalët"), nxjerrin në pah karakterin e shenjtë të Perëndisë. Në fillim të dhënies së këtyre urdhërimeve, Perëndia e identifikon vetveten si Perëndia që nxorri Izraelin nga skllavëria në Egjipt, duke aluduar për pretendimin e Tij legjitim mbi Izraelin, si dhe për autoritetin e Tij për të shprehur vullnetin e Tij për ata (20:2).[2] Qëllimi përfundimtar i urdhërimeve ishte të rrënjoste dashurinë e pakushtëzuar dhe të paçmueshme për Perëndinë dhe dashurinë për të tjerët (shih Ligji i Përtërirë 6:5; Levitiku 19:18; Marku 12:29, 32). Megjithatë, është e rëndësishme për ne të kuptojmë që dashuria për Perëndinë dhe dashuria për të tjerët janë të pandashme nga njera-tjetra. Ne nuk mund ta duam me të vërtetë të afërmin tonë pa dashurinë e vërtetë për Perëndinë; në të vërtetë, është dashuria jonë për Perëndinë (ose më saktë mënyra se si ne e duam Perëndinë) që përkufizon dhe përcakton dashurinë për të tjerët.

Eksodi 20:22–23:33 përmban ligjet e veçanta të lidhura me besëlidhjen e Sinait. Kjo pjesë është quajtur shpesh dhe Libri i besëlidhjes ose **kodi i besëlidhjes**. Kjo mbledhje e ligjeve ka disa ngjajshmëri me ligjet e lashta të Lindjes se Afërme, veçantërisht me **Kodin e Hammurabit** (1792-1750 para Krishtit.) dhe ligjet e Hitejve të shekullit të 16 para Krishtit.[3] Kjo pjesë fillon dhe mbaron me një thirrje për besnikëri, të demonstruar nëpërmjet adhurimit të vërtetë dhe premtimit të Perëndisë, të bekimeve dhe përkrahjes (20:21-26; 23:20-33). Pjesa kryesore e kodit të besëlidhjes përmban ligje të veçanta që merren me skllevërit, krime vdekjeprurëse, krime jo vdekjeprurëse, dëmtimit të pronave, detyra sociale dhe fetare, detyra morale, dhe festimet fetare (21:1–23:19). Më poshtë është një listë e

> ### K Fragment nga Kodi i Hammurabit (numrat tregojnë numrin e secilit ligj)
>
> 120. Në rast se një pronar e depoziton drithin e tij në shtëpinë e një pronari (tjetër) për magazinim dhe ndoth një humbje tek magazina, ose pronari i shtëpisë hap magazinën e merr grurin, ose e mohon plotësisht (pranimin e) drithit, që ishte magazinuar në shtëpinë e tij, pronari i drithit do të caktojë haptazi të dhënat në lidhje me drithin e tij në prani të Perëndisë, dhe pronari i shtëpisë do t'i japë pronarit të drithërit dyfishin e drithit që ai mori [shih ligjin e Izraelit në Eksodin 22:7-9].
>
> 196. Nëse një pronar ka prishur shikimin e një anëtari të aristokracisë, do të prishet edhe shikimi i tij.
>
> 197. Nëse ai ka thyer kockën e një pronari (tjetër), ata do të thyejnë kockën e tij.
>
> 198. Nëse ai ka prishur shikimin e një njeriu të thjeshtë ose thyer kockën e një njeriu të thjeshtë, ai do të paguajë një mina (peshë të caktuar) prej argjendi.
>
> 199. Nëse ai ka dëmtuar syrin e një skllavi të një pronari ose ka thyer kockën e një skllavi të një pronari, ai do të paguajë ½ e vlerës së tij.
>
> 200. Nëse një pronar ka dërrmuar dhëmbin e një pronari të rangut të vet, atij do t'i dërrmohet dhëmbi i tij.
>
> 201. Nëse ai ka dërrmuar dhëmbin e një njeriu të thjeshtë, ai do të paguajë 1/3 mina prej argjendi [shiko ligjet e Izraelit për dëmtimet personale tek Eksodi 21:12-27].[1]

I Materiale ligjore/të ligjit –parimet e interpretimit

• Interpretuesi duhet të kuptojë kontekstin e veçantë historik dhe karakterin e pohimeve legale në Dhiatën e Vjetër. Besëlidhja, që Perëndia bëri me Izraelin në Malin Sinai, është konteksti historik i Ligjit.

• Ligjet Biblike ndahen në tre kategori: **ligjet e kushtëzuar** (ligje me një "nëse...atëherë" përmbajnë illustrime të rasteve të veçanta dhe thënie ndëshkuese; **ligjet ndalues** janë ndalime absolute; udhëzimet janë rregulla për adhurimin dhe ritualet.

• Ligji gjithashtu merret me faqe të ndryshme të jetës dhe marrëdhënieve njerëzore duke përfshirë adhurimin, flijimin, moralitetin, sjelljen shoqërore, rregullin shoqëror, jetën familjare, dhe higjenën. Ligji, si një i vetëm, ka qëllim për të mbrojtur karakteristikën dalluese të Izraelit si një popull i shenjtë.

• Ligjet e Dhiatës së Vjetër janë bazuar mbi parime shpirtërore dhe teologjike të caktuara. Këto ligje sigurojnë një model për sjelljen morale dhe etike.

• Përgjegjësia personale në të gjitha fushat e marrëdhënies njerëzore është një theksim i rëndësishëm i ligjeve në Dhiatën e Vjetër.

• Dhjetë Urdhërimet janë standarte të patjetërsueshme të përshpirtshmërisë, sjelljes morale, dhe sjellje etike për të gjithë njerëzimin.

• Kur ne shqyrtojmë disa nga ligjet e Dhiatës së Vjetër, që mund të duken në kundërshtim me frymën e mësimeve në Dhiatën e Re, duhet t'i japim theksim ligjit më të lartë të dashurisë në Predikimin në Mal, hirit të Perëndisë dhe drejtësisë që vjen tek ne nëpërmjet Jezus Krishtit.

ekonomikisht; përkushtim ndaj ndershmërisë dhe drejtësisë; dhe vënia mënjanë e një kohe të veçantë për t'i dhënë falënderime Perëndisë.

Eksodi 24 përshkruan beslidhjen e bërë në Sinai ndërmjet Perëndisë dhe Izraelit. Rituali i lidhjes së besëlidhjes përfshinte bërjen e një altari, flijimin e ofertës së paqes, leximin e Librit të Besëlidhjes, betimin e njerëzve për t'iu bindur të gjithave fjalëve të Zotit, spërkatjan e njerzëve me gjakun, si dhe ngrënien e një vakti nga pleqtë e Izraelit në prezencën e Perëndisë (24:3-11). Tregimi mbaron me njoftimin rreth ngjitjes së Moisiut në mal, dhe të resë që do të mbulonte malin. Ai qëndroi në mal për 40 ditë dhe 40 netë (vargu 18).

■ Udhëzime rreth Tabernakullit (25:1– 31:18)

Në Malin Sinai, Perëndia mësoi Izraelin të ndërtonte një çadër si ndërtesë, duke ndjekur modelin dhe planin e veçantë të dhënë nga vetë Ai (kapitujt 25–31; 35–40). Kjo ndërtesë, e njohur si **Tabernakulli**, ose Çadra e Mbledhjeve, ishte banesa e dukshme e Perëndisë në mesin e popullit të Izraelit. Megjithëse Perëndia dha planin dhe modelin e Tabernakullit, ndërtimi i Tabernakullit u mbështet plotësisht në ofertën vullnetare të njerëzve dhe të punës së punëtorëve të aftë, që ishin pajisur nga Fryma e Perëndisë (25:1-7; 31:1-11).

disa prej çështjeve më të mëdha që marrin vëmëndje në kodin e besëlidhjes: trajtimi njerëzor nga njëri-tjetri; dënimi për krimin që është i drejtë dhe i miratuar nga shoqëria; mbrojtja e të drejtave të pronës së tjetrit; dëmshpërblimi për dëmtimet e bëra ndaj të tjerëve; përkujdesja, interesimi, dhe dhembshuria për jo të favorizuarin

Oborri

Vendi shume i shenjte

Tryeza me buke e paraqitjes

Arka e beselidhjes (ose e deshmise)

Veli

Vendi i shenjte

Hyrja

Altar i temjanit

Shandani shtate degesh

Legeni i bronzte

Altari i olokausteve

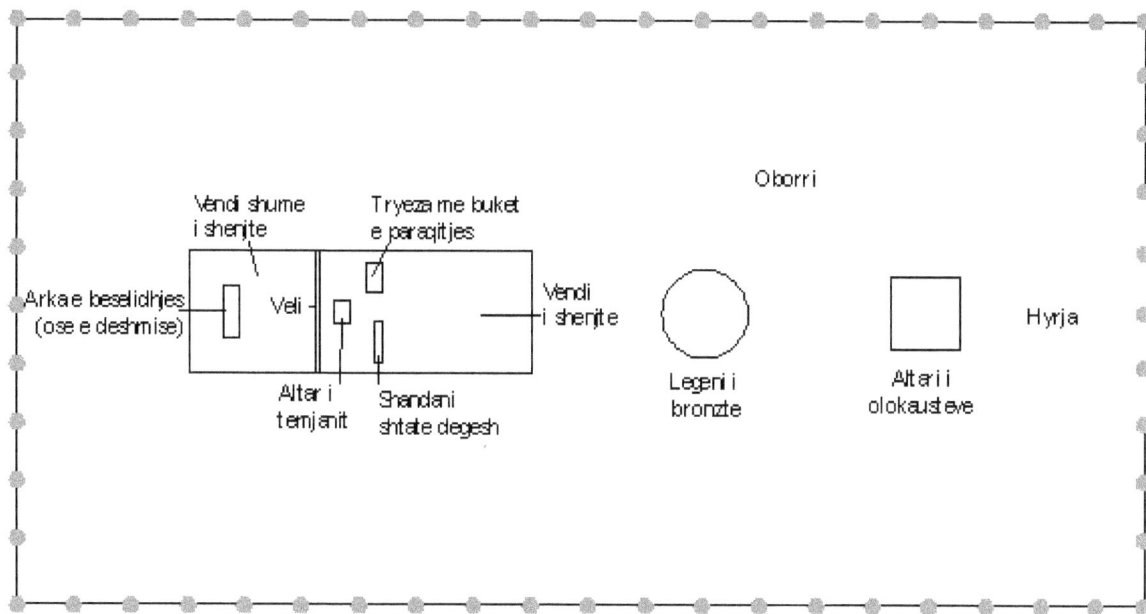

Një skicim i Tabernakullit

Eksodi 25:8 është themelor në kuptimin tonë për qëllimin e Tabernakullit, i cili duhet të ishte një "shenjtërore" (në Hebraisht, *miqdash;* nga *qadash,* e cila do të thotë "të lësh mënjanë" ose "përkushtoj"; mbiemri *qadosh* do të thotë "i shenjtë") për Perëndinë. Shenjtëria e Perëndisë kërkonte që kjo tendë të ishte një vend i shenjtë, i veçar nga çadrat në të cilat Izraeli jetonte. Detaje të dhëna me saktësi nga Perëndia të orendive të tij, masave, dhe materialeve, vërtetojnë më shumë karakterin e shenjtë të tendës. Tabernakulli nuk ishte një vend ku Perëndia banonte por më saktë një vend që iu mbarte kuptimin njerëzve se Perëndia banonte (nga *shakan,* që kupton "të banosh") në mes tyre (shih 25:8). (Fjala shekhinah, e cila kupton "që banon brënda" ose "prezenca hyjnore," vjen nga fjala shakan.) Funksioni i Tabernakullit (në Hebraisht, *mishkan*) ishte për t'i dhënë Izraelit nje dëshmi te dukshme dhe të qartë për realitetin e prezencës së Perëndisë që banon ndër njerëzit e Tij në udhëtimin e përditshëm të tyre.

Tabernakulli përbëhej nga tre hapësira: **oborri, vendi i shenjtë**, dhe **vendi shumë i shenjtë** (ose shenjtërorja e shenjtëroreve). Vendi i shenjtë dhe vendi shumë i shenjtë përbënin hapësirën e paprekshme dhe të shenjtë të Tabernakullit. I shenjti i të shenjtëve, hapësira më e brendshme e Tabernakullit, ishte vendi më shumë i shenjtë dhe ishte i ndarë nga vendi i shenjtë me një vel (Eksodi 26:31-33). Askush përveç kryepriftit në Izrael s'kishte të drejtë për të hyrë në vendin shumë të shenjtë. Ai ishte lejuar të hynte brënda dhomës më të brendshme, të shenjtë, vetëm në Ditën e Shlyerjes (shiko Levitiku 16). **Arka e besëlidhjes** (gjithashtu i përkthyer arka e dëshmisë), një arkë druri e veshur me ar të pastër, ndodhej në këtë hapësirë të shenjtë. Arka mbante dëshmitë ose dy pllakat prej guri, në të cilat ishin shkruar Dhjetë Urdhërimet. Në historinë e mëvonshme të Izraelit, arka u bë simboli i dukshëm i fuqisë dhe prezencës së Perëndisë. Kapaku i arkës, ose "mbulesa e shlyerjes" (emri hebraisht *kapporet* që fjalë për fjalë do të thotë "një mbulesë"), ishte një pllakë e fortë prej ari. Kjo mbulesë është gjerësisht e njohur si **pajtuesi** (në Greqisht, *hilasterion;* shih Romakët 3:26; Hebrenjtë 9:5). Në çdo kënd të pajtuesit ishte një kerubin, me krahët e tij i bënte hije pajtuesit.

Vendi i shenjtë ishte dhoma e jashtme e Tabernakullit. Vetëm anëtarët e priftërinjve kishin të drejtë hyrjeje në këtë vend. Kjo hapësirë e shenjtë përmbante tryezën për "bukën e paraqitjes," një shandan shtatë krahësh (*menorah*), dhe një altar temjani për ofertën e parfumit.

Oborri ishte pjesë e rrethuar e Tabernakullit që përcaktonte kufinjtë e hapësirës së shenjtë. Altari dhe legeni për larje ishin vendosur në oborr. Altari (gjithashtu i njohur si **altari i olokausteve** ose altari i bronzit) ishte për flijimet sakrifikuese për hir të komunitetit të adhuruesve (shih Levitiku 1–7). Eksodi 29:38-39 përcaktonte një ofertë (flijim) të djegur në mëngjes dhe një në mbrëmje në këtë altar. Legeni për larje siguronte ujin për larjen rituale e priftërisë. Priftërinjve u kërkohej të ishin të larë përpara se të hynin në vendin e shenjtë për të kryer ritualet e përditshme.

Rrëfimi i Tabernakullit përmban dy kapituj mbi veshjen e priftërisë dhe ritualin shugurues të priftërinjve (Eksodi 28–29). Megjithëse Izraeli, si një komb, mori statusin e një mbretërie priftërinjësh në Malin Sinai, privilegji i veçantë për t'i shërbyer

Perëndisë në Tabernakull si priftërinj, iu dha te vëllait të Moisiut, Aaronit dhe bijve të tij, që i përkisnin fisit të Levit. Nga katër bijtë e Aaronit, **Eleazari** dhe **Ithamari** u bënë stërgjyshër të priftërinjve në Izrael (shih 1 Kronikave 24:1-6). Eksodi 28 merret me rrobat shumëngjyreshe të priftërinjve, të përshkruar me hollësi. Udhëzimet për shugurimin e priftërinjve janë dhënë në kapitullin 29. Shenjtëria e priftërinjve pasqyrohet në veshjen e jashtme të tyre. Rituali i shugurimit i veçonte ata nga joklerikët. Hyrja e Izraelit në prezencën e shenjtë të Perëndisë dhe takimi i tyre me Perëndinë, kërkonin prezencën

---

T | Tabernakulli dhe adhurimi

Në tregimet rreth Tabernakullit, ne nuk gjejmë vetëm vendin e adhurimit por gjithashtu një model të përshtatshëm të adhurimit. Të bësh punën e Perëndisë, t'i japësh Perëndisë, dhe të marrësh prej Perëndisë–të gjitha bëheshin me besnikëri ndaj Atij që ishte prezent me Izraelin në jetën e përditshme të tyre. Në Tabernakull, çdo objekt dhe material, nga më pak i shenjtë deri tek më shumë i shenjtë, nga më pak i vlefshmi deri tek më shumë i vlefshmi, kishte vendin dhe funksionin e tij të përcaktuar siç duhej. Çdo gjë në Tabernakull pasqyronte shenjtërinë e Perëndisë. Çdo gjë në Tabernakull i ftonte njerëzit e Perëndisë të mendonin për misterin e prezencës së Tij ndërmjet tyre. Çdo gjë në Tabernakull të çon tek mundësia që Izraeli mund të takohet me Perëndinë. Ne mund të tundohemi, që ta anashkalojmë këtë pjesë të Shkrimeve, shumë të gjatë dhe të mërzitshme, sepse ne nuk adhurojmë në këtë mënyrë të përcaktuar, rituale dhe arkaike. Por i fshehur në detajet e këtij tregimi është premtimi, se një takim me Perëndinë, i cili është i shenjtë, madhështor, dhe misterioz, është një mundësi për ata që e kërkojnë Atë. Tabernakulli na fton të mendojmë mbi misterin e prezencës së shenjtë të Perëndisë në mesin tonë dhe të gjejmë mënyrat kuptimplote dhe të disiplinuar për ta adhuruar Atë "në shkëlqimin e shenjtërisë së tij" (Psalmi 29:2).

ndërmjetësuese të priftërisë. Ata që i shërbenin Perëndisë, në këtë pozitë, duhet të pasqyronin shenjtërinë e Perëndisë në të gjitha sferat e jetës së tyre. Kjo duket se është një çështje kryesore në Eksodin 28–29.

■ Mëkati i Izraelit dhe Restaurimi (32:1–34:35)

Në mes të përshkrimit të Tabernakullit, mobilimit të tij, dhe përcaktimit të punëtorëve për ta ndërtuar atë, ne gjejmë historinë e braktisjes së besimit të Izraelit dhe prishjen e besëlidhjes me Perëndinë (kapitujt 32–34). Ndërkohë që Moisiu ishte në mal, njerëzit iu afruan Aaronit duke e detyruar atë të bënte një viç prej ari. Aaroni i prezantoi **viçin e artë** Izraelit si perëndinë e tyre dhe ata e adhuruan idhullin me oferta, flijime dhe me aktivitete të tjera festive (32:1-6). Kur Moisiu zbriti nga mali me dy pllaka që përmbanin urdhërimet e shkruara nga Perëndia, ai pa festë dhe kërcim përpara viçit të artë. Në zemërimin e tij ai i theu pllakat dhe i bëri njerëzit të pinin ujë që ishte i përzier me pluhurin e pllakave të thyera dhe të copëtuara. Aaron u përpoq të justifikonte vetveten nga përgjegjësia e tij për këtë idhujtari. Me urdhër të Moisiut, Levitët therën rreth 3.000 njerëz atë ditë si ndëshkim për mëkatin e tyre (vargjet 7-29).

Moisiu ndërhyri tek Perëndia që të tregonte mëshirë dhe falje tek njerëzit mëkatarë (vargjet 11-14, 30-34). Ai iu lut Perëndisë të vazhdonte ta drejtonte dhe të udhëhiqte popullin në destinacionin e tyre (33:12-16). Perëndia u përgjigj në favor te Moisiut dhe një herë, përsëri, i tregoi atij lavdinë e Tij, si një shenjë e favorit të Tij ndaj shërbëtorit të Tij besnik (vargjet 17-23). Me urdhër të Perëndisë, Moisiu bëri dy pllaka prej guri dhe u ngjit në mal përsëri ku edhe një herë ai mori kushtet e besëlidhjes nga Perëndia. Moisiu ishte në mal për 40 ditë dhe 40 netë të tjera, dhe ai shkruajti Dhjetë Urdhërimet në pllakat që kishte marrë me vete. Ai u

> ### T Tabernakulli në Dhiatën e Re
>
> Një numër autorësh të Dhiatës së Re kanë adoptuar terminologjinë e Tabernakullit në shkrimet e tyre. Për shembull, Gjoni, autori i Ungjillit sipas Gjonit, flet për realitetin përfundimtar të prezencës së Perëndisë me popullin e Tij nëpërmjet Jezusit të Nazaretit në mishërim. "Dhe Fjala u bë mish dhe banoi (ose "tabernakulloi") ndër ne" (Gjoni 1:14). Gjoni në këtë mënyrë lidh vendin e prezencës hyjnore me Krishtin e mishëruar. Ndoshta interpretimi i Krishterë i Tabernakullit në mënyrë më të hollësishme është gjetur në Letrën drejtuar Hebrenjve. Shkrimtari i kësaj letre i referohet Tabernakullit tokësor si një "shëmbull dhe hije e gjërave qiellore" (8:5). Shkrimtari më tej njofton që orenditë dhe ritualet në Tabernakullin tokësor pasqyrojnë të vërtetën që "udha e shenjtërores [d.m.th., prezenca e vërtetë e Perëndisë] ende nuk ishte shfaqur" (9:8). Megjithatë, Krishti që u shfaq si "kryeprifti" "hyri një herë e përgjithmonë në shenjtërore me gjakun e vet" jo vetëm për "shpëtim të amshuar" por gjithashtu të "pastrojë ndërgjegjen tonë nga veprat e vdekura" dhe të na jap mundësi neve t'i "shërbejmë Perëndisë së gjallë" (9:11-14). Tabernakulli në Dhiatën e Vjetër, në këtë mënyrë na kujton ne betimin dhe garancinë e premtimit të Perëndisë për të banuar në ne nëpërmjet Zotit tonë Jezus Krisht. Për më tepër apostulli Pal përshkruan besimtarin e Krishterë si "tempulli i Perëndisë," vend banimi i Shpirtit të Shenjtë (1 Korintasve 3:16-17; 6:19-20).

kthye dhe ia dha urdhërimet popullit të Izraelit (34:1-35).

■ Ndërtimi i Tabernakullit (35:1–40:38)

Pjesa përfundimtare e Eksodit (kapitujt 35–40) tregon me kujdes në detaje ndërtimin e Tabernakullit, mobilimi i tij, dhe rrobat priftërore. "Lavdia e Zotit e mbushi tabernakullin" kur Moisiu dhe Izraeli bënë të gjitha ato që Perëndia iu urdhëroi atyre të bënin në lidhje me ndërtimin e Tabernakullit (40:34).

Historia e Eksodit mbaron me një poshtëshënim, një kujtesë e shkruar nga një komunitet besimi i mëvonshëm, që Perëndia, i cili erdhi të banonte midis popullit të besëlidhjes së Tij në një vend të caktuar, i drejtoi ata nga "reja… gjatë ditës, dhe zjarri… brënda resë gjatë natës *gjatë gjithë zhvendosjeve të tyre*" (vargu 38, theksim i shtuar). "Dalja" (eksodi) e Izraelit nga Egjipti në të vërtetë ishte *një dalje me* Perëndinë, që i shpëtoi ata nga skllavëria. Bashkësia e besimit në Dhiatën e Re e gjeti prezencën e vërtetë të Perëndisë ndër ata në Jezusin e Nazaretit, Fjala e Mishëruar, (Gjoni 1:14). Ne, gjithashtu, mund të kemi siguri dhe gëzim në realitetin e prezencës së Shpirtit të Shenjtë, që na jep udhëheqje dhe ngushëllim në udhëtimin tonë të përditshëm.

Ndërsa për Izraelin në Malin Sinai, kjo ishte vetëm fillimi i udhëtimit të tyre me Perëndinë.

Fjali përmbledhëse

- Perëndia e solli Izraelin në Malin Sinai dhe hyri në një marrëdhënie bese me ata.
- Perëndia i dha Izraelit Dhjetë Urdhërimet si udhëzime bazë për jetën e tij si populli i Perëndisë në botë.
- Izraeli mëkatoi kundër Perëndisë përmes idhujtarisë, por Perëndia i restauroi ata nëpërmjet lutjeve ndërhyrëse të Moisiut.
- Perëndia i premtoi Izraelit prezencën banuese të Tij midis tyre nëpërmjet planit dhe modelit për ndërtimin e Tabernakullit.

Pyetje për Reflektim

1. Çfarë do të kuptojmë kur themi që marrëdhënia jonë me Perëndinë është një besëlidhje.
2. Çfarë janë përgjegjësitë dhe detyrat e një të krishteri, që pohon se ka një marrëdhënie besëlidhjeje me Perëndinë nëpërmjet Jezus Krishtit.
3. Çfarë sugjerimesh keni ju për të ofruar adhurimin tonë ndaj Perëndisë sot në bukurinë e shenjtërisë së Tij?
4. Si mund ta bëjmë ne adhurimin një mënyrë jetese sot?

Burime për studime të mëtejshme

Brueggemann, Walter. *The Book of Exodus: Introduction, Commentary, and Reflections.* Vëllimi1 i The New Interpreter Bible. Nashville: Abingdon Press,1994. Faqet 830-981.

Childs, Brevard S. *The Book of Exodus: A Critical, Theological Commentary.* The Old Testament Library. Philadelphia: Westminster Press, 1974. Faqet 340-638.

Fretheim, Terrence E. *Interpretation: A Bible Commentary for Teaching and Preaching: Exodus.* Louisville: John Knox Press, 1991. Faqet 201-312.

Objektivat

Studimi i këtij kapitulli do t'ju ndihmojë:

- Të përshkruani përmbajtjen e Librit të Levitikut.
- Të diskutoni rëndësinë e flijimit dhe ofertave për besimin e Izraelit.
- Të lidhni ritualet e shenjta tek Levitiku me theksimin e Krishterë për jetën e shenjtë.
- Të përshkruani përmbajtjen e Librit të Numrave.
- Të indetifikoni ngjarjet kryesore që ndodhën gjatë udhëtimit të Izraelit nga Sinai deri në fushat e Moabit.
- Të diskutoni çështjet e dyshimit dhe të besimit ashtu si lidhen me udhëtimin e gjatë (pelegrinazhin) shpirtëror të dikujt, duke përdorur historinë e Librit të Numrave.

Disa pyetje që duhen marrë parasysh ndërsa lexoni:

1. Pse është e nevojshme të kesh rregullore dhe rregulla për adhurim?
2. Si e mirëmbani ju pastërtinë në jetën tuaj sot?
3. Cilat janë disa prej pengesave të besimit në jetën tonë fetare?
4. Pse është e vështirë t'i besosh Perëndisë në mes të situatave të vështira në jetë?

Fjalët kyçe për të kuptuar

Olokausti
Oferta e blatimeve ushqimore
Oferta e flijimeve të falënderimit (ose të paqes)
Oferta e flijimeve për mëkatet
Oferta e flijimeve për ndreqjen e shkeljeve
Yom Kippur
Azazel
Kodi i shenjtërisë
Kadesh
Moab
Levitë
Pastërti
Nazireo
Miriam
Jozueu
Kaleb
Meriba
Edom
Rruga Mbretërore
Balaam
Balak
Fushat e Moabit
Qytetet e strehimit

Deri tani ne kemi ndjekur historinë e popullit të Izraelit, që nga ditët e patriarkëve (etërve) deri në çlirimin e tyre nga Egjipti, si dhe besëlidhjen e Perëndisë me ta në Malin Sinai. Në Malin Sinai, Perëndia dërgoi ligjet që ishin përcaktuar për të dhënë rregull ekzistencës së Izraelit si një popull i shenjtë. Tani do të kthehemi te Librin e Levitikut, i cili përmban udhëzime për jetesën e shenjtë të Izraelit dhe marrëdhënien me Perëndinë që e nxorri atë nga Egjipti.

Libri i Levitikut

Titulli dhe autorësia

Emri *Levitiku* vjen nga përkthimi grek dhe latin i Dhiatës së Vjetër. Emri nënkupton që ky libër ishte një manual udhëzimi për priftërinjtë e Izraelit. Ne nuk mund të japim një datë të saktë se kur ai u shkrua. Ligjet e shpallura në Sinai ka të ngjarë që u zhvilluan me shumë gjatë historisë së mëvonshme të Izraelit. Ka të ngjarë që shumica e tyre ekzistonin në një formë të shkruar rreth viteve 700 para Krishtit[1] Megjithatë, shumica e studiuesve kritike bien dakort, se ligjet dhe rregullat e gjetura në këtë këtë libër janë puna e shkrimtarëve priftëror të Izraelit (P), e datuar përafërsisht në vitet 400 para Krishtit

Mjedisi historik

Libri rrjedh nga besëlidhja e bërë në Malin Sinai (shih Levitiku 27:34). Si një libër i pranuar i kanunit biblik, ai ka për qëllim njoftimin e komunitetit të besëlidhjes për kërkesat e Perëndisë gjatë pelegrinazhit të tyre të shenjtë me Të.

Përmbajtja

Megjithëse përmbajtja e librit është shpesh e përshkruar si biseda e Perëndisë me Moisiun, dhe nganjëherë me Aaronin, është e qartë që populli ishte marrësi i fundit i këtyre fjalëve (shih formulën e përsëritur, "Zoti i tha Moisiut, 'Folu bijve të Izraelit'" gjatë gjithë këtij libri). Në atë kuptim, ne mendojmë për këtë libër jo si një udhëzues për priftërinë por më saktë si udhëzimet e Perëndisë për njerëzit, që kanë bërë një besëlidhje me Të. Përmbajtja e librit mund të jetë përvijuar si më poshtë:

1. Flijimet dhe ritualet (1:1–16:34)
2. Jetesa e Shenjtë (17:1–27:34)

■ Flijime dhe oferta të ndryshme (1:1–7:38)

Kapitujt 1–7 përshkruajnë ligje të pesë ofertave të ndryshme për Perëndinë. Një ofertë (në hebraisht, *qorban;* nga rrënja e një folje që do të thotë "të afrohesh" ose "të sjellësh afër") është një dhuratë që sjell një person në prezencën e shenjtë të Perëndisë.

I gjithë **olokausti** ishte flijimi i kafshëve meshkuj të patëmetë nga bagëtia ose çifti i zogjve të paracaktuar; e gjithë kafsha digjej në altar. Termi Hebraik nënkupton "ajo që ngjitet lart," ndoshta duke nënkuptuar flakët e zjarrit dhe të tymit të flijimitsë që ngjiten lart. Flijimi jepte "një erë të këndshme për Zotin"(1:9, 13, 17). Në **oferta e blatimeve ushqimore**, një pjesë e vogël e brumit, i bërë prej majës së miellit të grurit të përzier me vaj ulliri dhe temjan, digjej në altar. **Oferta e flijimeve të falënderimit** (ose të paqes) përfshinte një ushqim të shenjtë të ndarë ndërmjet priftit dhe adhuruesit. Si një rregull, vetëm ata që qëndronin në një marrëdhënie të drejtë me Perëndinë lejoheshin të sillnin këto tre ofrime.

Oferta e flijimeve për mëkatet sillte falje nëpërmjet flijimit të një kafshe. **Oferta e**

> ## T Ofertat e flijimeve për mëkatin dhe ndreqjen e shkeljeve
>
> Ofertat e flijimeve për mëkatin dhe fajësinë ishin mënyra se si Perëndia u mor me mëkatin. Nëpërmjet këtyre flijimeve, hiri i faljes së Perëndisë vjen në bashkësinë besnike të Izraelit. Ai hir hyjnor tani vjen tek ne nëpërmjet Krishtit dhe shlyerjes së Tij. Të shijosh atë hir do të thotë që ne duhet t'i japim hir "fajtorëve tanë" (shih Mateu 6:12). Por më tepër se kaq, populli i Perëndisë sot duhet të kryejë restaurimin dhe dëmshpërblimin, dhe në këtë mënyrë do të vijë shërimi dhe pajtimi në një botë, që nuk e di se si t'i bëjë gjërat e drejta.

flijimeve për ndreqjen e shkeljeve kërkonte një pagesë të dëmshpërblimit për të korrigjuar gabimin e kryer nga një mëkatar.

■ Shugurimi i priftërinjve (8:1–10:20)

Përkushtimi dhe shugurimi i Aaronit dhe bijve të tij si priftërinj për të shërbyer në Tabernakull është tema e Levitikut në kapitujt 8 deri në 10. Këta kapituj, të ngjajshëm me pjesën pasuese të Librit të Levitikut, përmbajnë rituale dhe ceremoni të ndërlikuar që kërkojnë saktësi në kryerjen e tyre. Dy bijtë e Aaronit (Nadabi dhe Abihu) ndiznin zjarrin në temjanicë dhe vendosnin temjan në të pa miratimin hyjnor. Ata u përpinë nga zjarri për veprimin e paligjshëm dhe jo të shenjtë.

■ Pastërti dhe papastërti (11:1–15:33)

Kapitujt 11–15 merren me lloje të ndryshme të papastërtisë dhe me udhëzimet për t'i pastruar ato. Ligjet dietike bëjnë dallim ndërmjet kafshëve të pastra dhe të papastra, dhe mënyrës së veprimit për të hequr papastërtinë e shkaktuar nga kontakti i dikujt me mishin.[2] Ligji i pastrimit përfshin veprime të veçanta, që një nënë e re, duhet të bëjë për të kthyer pastërtinë e saj pas lindjes së fëmijës. Ligji i pastrimit gjithashtu përcakton proçedurën për pastrimin nga papastërtia e shkaktuar prej sëmundjeve të infektimit të lëkurës, prej mykut, dhe lëngjeve trupërore. Të gjitha këto ligje tregojnë që Perëndia ishte shumë i interesuar në lidhje me shëndetin dhe mbarëvajtjen e bashkësisë së besëlidhjes.

■ Dita e Shlyerjes (16:1-34)

Levitiku 16 fokusohet në proçedurën e ndërlikuar, në të cilën kombi si një i tërë pastrohej nga mëkati dhe pasojat e tij, në një ditë të paracaktuar, e njohur si Dita e shlyerjes së mëkateve (*Yom Kippur*). Kjo ishte dita e vetme, në të cilën kryeprifti hynte në vendin shumë të shenjtë. Rituali përfshinte ofrimin e një demi si një flijim për mëkatin për të bërë shlyerjen për kryepriftin dhe për shtëpinë e tij, ofrimi i një cjap si një flijim për mëkatin, për të bërë shlyerjen për popullin e Izraelit, dhe e dëbimit të një cjap (*Azazel*) në shkretëtirë. Kryeprifti hynte në vendin shumë të shenjtë, një herë me gjakun e një demi dhe për herë të dytë me gjakun e cjapit, dhe e spërkaste atë përpara dhe në kapakun "pajtuesin" ("mbulesa e shlyerjes" në disa përkthime). Perëndia e caktoi këtë ditë si një ditë të përvitshëm për Izraelin që të kërkonte pastrimin hyjnor të mëkatit për popullin (16:29-31). Kjo ditë ishte për Izraelin një ditë e Shtune, pushim jo vetëm çlodhje nga puna por gjithashtu edhe nga fuqia e mëkatit.

■ Kodi i Shenjtërisë (17:1-26:46)

Levitiku 17–26 përmban ligje të tjera, të lidhura me temën e shenjtërisë. Kjo pjesë

T Flijim i Gjakut dhe Shlyerja

Derdhja e gjakut të një kafshe ishte mjeti i dhënë me mëshirë mëkatarëve nga Perëndia (shih Levitiku 17:11). Gjaku bënte "shlyerjen" për mëkatet e njeriut (17:11). Fjala *shlyerje* mbarte idenë e "mbulimit" të diçkaje; në këtë rast, mbulesën e mëkatit nga gjaku. Por ajo gjithashtu përfshinte pastrimin nga mëkati. Në Dhiatën e Vjetër, gjaku pastronte një mëkatar nga të gjitha mëkatet (16:30). Flijimi i kafshës ishte një akt zëvendësimi me të cilën një mëkatar e merrte prej Perëndisë të dyja, si drejtësinë, ashtu dhe mëshirën e Tij. Flijimi i gjakut ishte në këtë mënyrë e dobishme për fitimin e faljes, restaurimin, dhe pastrimin nga Perëndia.

Autorët e Dhiatës së Re e përshkruajnë vdekjen e Jezusit si mjeti i dhënë nga Perëndia me anë të të cilit mëkatet e gjithë njerëzimit shlyhen. Shkrimtari i Hebrenjve shpall që "gjaku i Krishtit... do ta pastrojë ndërgjegjen tonë nga veprat e vdekura për t'i shërbyer Perëndisë së gjallë" (9:14).

Dita e Shlyerjes së Mëkateve

Ritualet, në Ditën e Shlyerjes, fokusoheshin në pastrimin e mëkatit të komunitetit të shenjtë të Izraelit, kështu që ata të mund të përjetonin realitetin e prezencës së Perëndisë në Tabernakull. Një qëllim i rëndësishëm i kësaj dite ishte të hiqnin mëkatin dhe efektet e tij nga komuniteti. Izraeli e kryente këtë duke dërguar cjapin e shlyerjes së fajit (cjapin e gjallë) në shkretëtirë (16:20-22). Pohimi i Gjon Pagëzorit për Jezusin, "Ja, Qengji i Perëndisë, që heq mëkatin e botës!" është një mënyrë e mrekullueshme e të shprehurit për pastrimin dhe heqjen e mëkatit të lidhur me vdekjen flijuese të Jezusit (Gjoni 1:29). Një dimension shtesë i shlyerjes së Krishtit është që Ai është gjithashtu Kryeprifti që hyri në vendin qiellor shumë të shenjtë me gjakun e tij "për të prishur mëkatin...; për të marrë mbi vete mëkatet e shumëve" (Hebrenjte 9:26, 28). Vdekja e Jezusit në këtë kuptim qëndron në vazhdimësi të drejtpërdrejtë me qëllimin e Ditës së Shlyerjes.

paanëshme, restaurimit dhe zotërimit të tokës, dhe shpërblimit dhe ndëshkimit nga Perëndia.

Udhëzimet në Librin e Levitikut mbarojnë me rregulla të hollësishme në lidhje me marrjen e zotimeve të veçanta kundrejt Perëndisë (kapitulli 27).

Libri i Numrave

Libri i Numrave vazhdon temën e shenjtërisë, që u parashtrua në Librin e Levitikut duke theksuar pozicionin qendror të Tabernakullit dhe udhëheqjes së Perëndisë në udhëtimin e Izraelit nëpër shkretëtirë. Libri përmban rrëfime rreth ankesave dhe kryengritjes së Izraelit kundër Perëndisë kur, ata përballeshin me realitete të vështira të jetës në shkretëtirë. Historia e këtij libri e çon Izraelin nga Sinai në fushat e Moabit.

është gjerësisht e njohur si kodi i shenjtërisë. **Kodi i shenjtërisë** i drejtohet fushave si adhurimit të përshtatshëm, te ngrënurit, marrëdhënieve seksuale, sjelljes shoqërore, sjelljes së priftërisë, kalendarit fetar, blasfemisë, drejtësisë së drejtë dhe të

Titulli dhe autorësia

Emri "Numrat" e ka prejardhjen nga përkthimi grek dhe latin (*arithmoi* në greqisht dhe *Numeri* në latinisht). Ky emër pasqyron të dhëna të regjistrimit të popullsisë në kapitujt 1 dhe 26. Emri Hebraik *bemidbar* ("në shkretëtirë") përshtatet mirë me mjedisin gjeografik të librit.

Si në rastin e librave të tjerë të Pentatukut, ne mendojmë që historitë dhe letërsia ligjore tek Numrat e kanë origjinën e tyre gjatë periudhës së Moisiut. Libri në formën e pranuar si pjesë të kanunit biblik, paraqet kontekstin e vendit të shkretë në shekullin e 13të para Krishtit. Megjithatë, ne gjithashtu pranojmë faktin, që libri në formën dhe organizimin e tij të sotme, mund të ketë qenë puna e brezave të mëvonshëm. Studiues kritikë gjejnë në këtë libër një përzierje materialesh letërsie të kategorisë J (*Jehovah*), E (*Elohim*), dhe P (Priftërore).[3]

Mjedisi

Ngjarje të ndryshme të përshkruara tek Numrat 1:1–10:10 ndodhën në rrethinën e Malit Sinai, në vitin e dytë të largimit të Izraelit nga Egjipti. Izraeli u largua nga Mali Sinai në muajin e 14të pasi ata kishin lënë Egjiptin. Destinacioni i tyre i menjëhershëm ishte shkretëtira e Paranit, menjëherë drejt veriut të Malit Sinai. Ata arritën në Kadesh, me sa duket një oaz i ndodhur pikërisht në jug të kufirit të Tokës së Premtuar. Nga **Kadesh**, Moisiu dërgoi 12 zbuluesa të vrojtonin tokën e Kanaanit dhe fuqinë e banorëve të saj (12:16; 13:26). Në vitin e 40të të udhëtimit të tyre, Izraeli arriti në **Moab**, vend, drejtpërdrejt në lindje të Jerikos, përtej lumit Jordan (20:22; 22:1).

Ne nuk e dimë me siguri se ku Izraeli e kaloi kohën gjatë viteve midis Kadeshit dhe

> ### T Shenjtëria në Levitikun
>
> Thirrja për shenjtëri ("jini të shenjtë") është një temë e rëndësishme në kodin e shenjtërisë (shih 19:2; 20:7, 26; 21:6, 8). Kodi i shenjtërisë përshkruan arenën e jetës së përditshme si konteksti më i përshtatshëm për të praktikuar jetën e shenjtë. Shenjtëria tek Levitiku nuk është një çështje personale për kënaqësinë e individit. Është përgjegjësi e komunitetit të jesh i shenjtë, kështu që ajo do të jetë degë ndërmjetësimi i shenjtërisë së Perëndisë në botë. Ligji këmbëngul në "duajeni të afërmin tënd si veten tënde", si parimi veprues për të arritur këtë qëllim (19:18). Dhiata e Re thekson "duaje të afërmin tënd porsi vetveten" (Mateu 22:39; Romakët 13:9; Jakobi 2:8) gjithashtu përsërit pozicionin qëndror të ligjit të dashurisë në sjelljen e Krishterë.

Moabitit (afërsisht 38 vite). Është e mundur që Izraeli, pas arritjes së parë në Kadesh, qëndroi atje për disa muaj dhe e la atë krahinë, duke u endur paqëllim në shkretëtirë për 38 vjet. Ata përfundimisht u kthyen në Kadesh për të filluar etapën e fundit të udhëtimit që i drejtoi ata në Moab. Rrëfimet nuk e përfshijnë historinë e plotë të Izraelit në shkretëtirë. Fokusi është në vitin e 2të dhe vitin e 40të të udhëtimit të Izraelit. Libri, në formën e tij në të cilën gjendet në Biblël, përfshin historinë e Izraelit ndërmjet 1280-1240 para Krishtit.

Përmbajtja

Rrëfimet tek Numrat mund të paracaktohen në tre pjesët e mëposhtme:

1. Përgatitja për largimin nga Sinai (1:1–10:10)

2. Udhëtimi nga Sinai drejt Moabit (10:11–21:35)

3. Izraeli në Fushat e Moabit (22:1–36:13)

■ Përgatitja për Largimin (1:1–10:10)

Përgatitja e Izraelit për të lënë Malin Sinai filloi me organizimin e popullit si një ushtri. Me urdhërin e Perëndisë, Moisiu bëri rregjistrimin e njerëzve (të të gjithë fiseve, përveç fisit të Levit), që ishin "në gjendje për të shërbyer në ushtri" (1:3). Nga fillimi, Izraeli parashikonte kundërshtim nga armiqtë e tij dhe mundësinë e luftës me ta gjatë rrugës për të marrë Tokën e Premtuar.

Përgatitja për të lënë Sinain, gjithashtu përfshinte një vendosje të organizuar të fiseve të Izraelit rreth Tabernakullit. **Levitët**

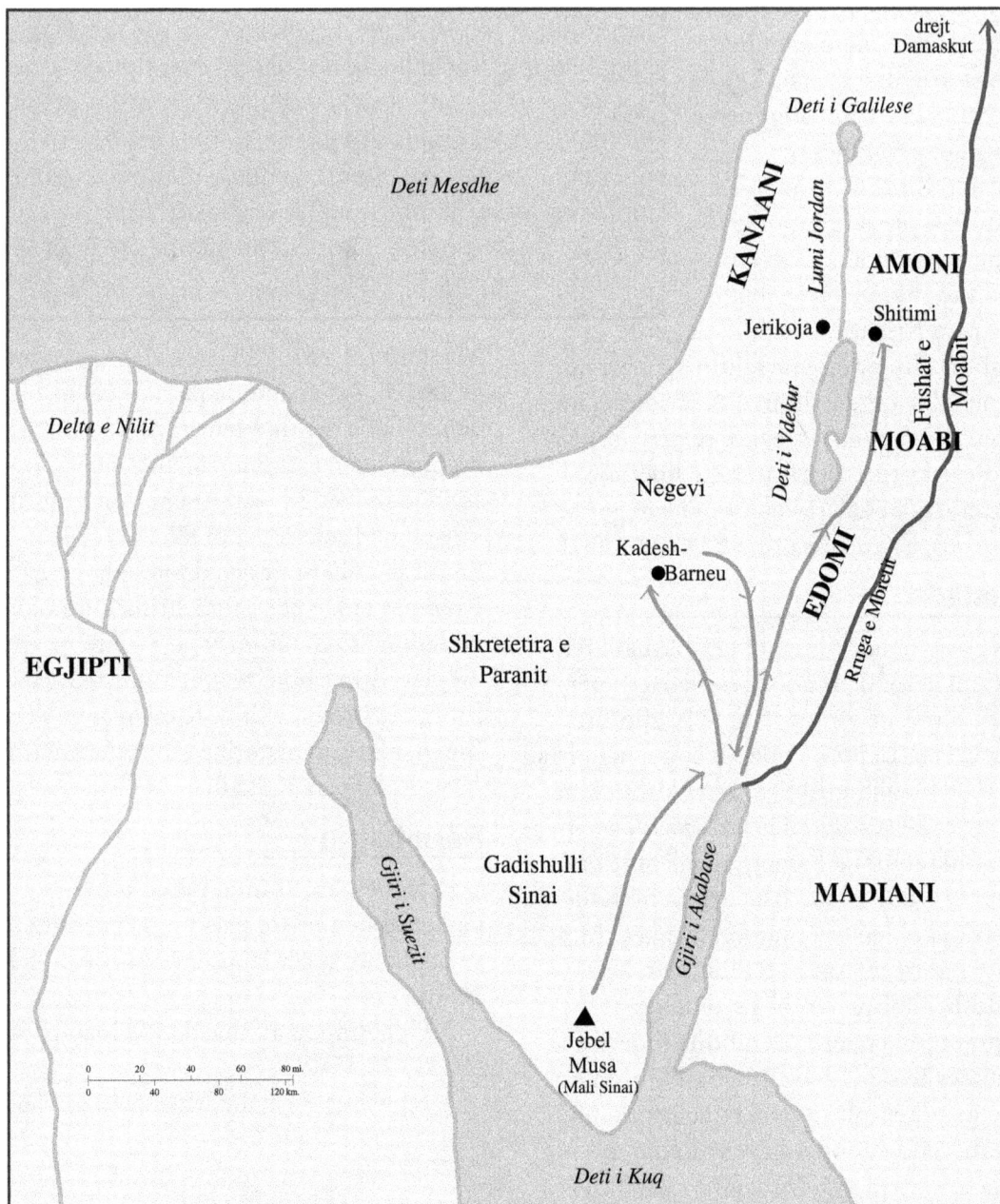

Rruga e mundshme e udhëtimit të Izraelit nga Mali Sinai deri në fushat e Moabit.

e ngritën kampin rreth Tabernakullit për të ruajtur paprekshmërinë e vendit të shenjtë. Moisiu i ngarkoi të gjithë Levitët që ishin ndërmjet moshës 30 vjeç deri në moshën 50 vjeç me misionin për të kryer detyrat e Tabernakullit.

Përgatitja për udhëtim përfshinte hapa që duheshin marrë për të përjashtuar papastërtinë nga kampi i Izraelit (kapitulli 5). Perëndia

> **T** **Një bashkësi me Perëndinë në qendër**
>
> Pozicioni i tendave të Izraelit me tendën e banesës së Perëndisë në qendër mbarte temën e jetës së njerëzve me në qendër Perëndinë (2:1-2). Në çdo anë, tendat e Izraelit kishin përballë Tabernakullin. Kjo temë e bashkësisë dhe familjes me Perëndinë në qendër flet fuqishëm kundër tendencës tonë për t'i dhënë Perëndisë vetëm një vendi anësor në jetën tonë. Kur Perëndia nuk është më në qendër të jetës sonë, jeta bëhet e zbrazet dhe pa shenjtërinë. Rezultati është një jetë e mbizotëruar nga materializmi, vetë-mjaftueshmëria, dhe krenaria.

hapi rrugën për të treguar **pastërtinë** në jetë të të gjithëve, sipas dëshirës, me anë të një zotimi të veçantë. Personi që merrte një zotim të tillë ishte i njohur si një **Nazireo**. Sansoni, Samueli, dhe Gjon Pagëzori ishin midis atyre që ishin Nazireo një herë në jetën e tyre (Gjyqtarët 13:5; 1 Samuelit 1:11; Lluka 1:15). Para largimit të tyre nga Mali Sinai, Perëndia u dha priftërinjve detyrën, që ata të shpallnin bekimin e Tij për njerëzit e Tij, të cilët të ishin gati të fillonin një udhëtim përgjatë gjithë jetës me Të.

Numrat 7:1–10:10 përshkruan fazën përfundimtare të përgatitjeve për nisjen nga Mali Sinai. Udhëheqësit e fiseve të Izraelit sollën ofertat për Tabernakullin. Moisiu i shenjtëroi Levitët për shërbimin e tyre. Po ashtu joklerikët dhe priftëria ishin të përfshirë në përgatitjet përfundimtare për udhëtimin e tyre për në Tokën e Premtuar.

■ Ankime dhe rebelimi (10:11–14:45; 16:1–17:13)

Numrat 10:11-28 përshkruajnë udhëtimin e Izraelit nga Sinai, nën drejtimin e resë së prezencës së Perëndisë. Çdo fis kishte një vend të caktuar në radhën e marshimit, me fisin e Judës në fillim dhe Neftalin në fund. Levitët, që mbanin sendet e shenjta, ishin në mes të radhës së marshimit. Ata që mbanin arkën e besëlidhjes ishin në fillim të radhës, për t'i dhënë Izraelit një shënjë të dukshme se drejtoheshin nga Perëndia gjatë udhëtimit të tyre (shih vargun 33; gjithashtu shih Jozueu 3:14).

Rrëfimet në kapitujt pasues na japin një paraqitje të shkurtër të jetës rebeluese të Izraelit në shkretëtirë. Në Taberah, njerëzit u ankuan rreth mjerimit të tyre. Ata gjithashtu kërkonin mish dhe ankoheshin se ishin më mirë në Egjipt. Perëndia iu përgjigj duke u dërguar shkurtat si mish, por bashkë me mishin erdhi gjykimi i Perëndisë. Madje edhe Moisiu ishte i thyer nga lodhja dhe nga pesha e përgjegjësisë së tij si drejtues. Perëndia e udhëzoi Moisiun të caktonte 70 pleq për të ndarë përgjegjësinë e drejtimit. **Miriam** dhe Aaroni, motra e vëllai i Moisiut, u ankuan kundër drejtimit të Moisiut. Ata pohonin se edhe ata, gjithashtu, ishin marrës të fjalës së Perëndisë. Perëndia u zbuloi atyre se Moisiu në të vërtetë ishte shërbëtori i Tij i zgjedhur me të cilin Ai fliste direkt, dhe jo nëpërmjet vegimeve dhe ëndrrave.

Numrat 13–14 përmbajnë historinë e Izraelit për hetimin e fshehur të tokës së Kanaanit, dhe ngjarjet pasuese të rebelimit dhe gjykimit të tij nga Perëndia. Nga Kadeshi, afër kufirit jugor të Kanaanit, Moisiu dërgoi 12 zbuluesa për të vëzhguar tokën. Ata udhëtuan gjatë gjithë tokës për 40 ditë dhe bënë vlerësimin e fuqisë dhe prodhimtarisë së tokës. Vëzhguesit u kthyen me shembuj të frutave të tokës. Lajmi i mirë që ata sollën ishte, se toka ishte me të vërtetë një tokë e "qumështit dhe e mjaltit." Kalebi i nxiti njerëzit që të ngjiteshin dhe ta pushtonin vendin (13:30).

Raporti i shumicës, megjithatë përfundonte që banorët e tokës ishin gjigantë, përpara të cilëve Izraelitët ishte si "karkaleca" (v. 33). Ky lajm i keq shkaktoi panik, dhe rebelim. Ata i keqinterpretuan qëllimet dhe premtimet e mira të Perëndisë, si plane të Tij fatkeqe dhe u përpoqën të gjenin një drejtues që mund ti kthente ata mbrapsht në Egjipt. **Jozueu** dhe **Kalebi** iu lutën popullit të mos rebeloheshin kundër Perëndisë. Perëndia e ndëshkoi popullin me dënimin e endjes së tyre në shkretëtirë për 40 vjet dhe vdekjen përfundimtare të kujtdo që la Egjiptin, përveç Jozueut dhe Kalebit.

Koreu, Dathani dhe Abirami, dhe drejtues joklerikë të tjerë, kundërshtuan autoritetin priftëror të Moisiut dhe Aaronit dhe deklaruan se e tërë asambleja ishte e shenjtë prandaj kishte të drejta dhe privilegje priftërore (kap.16). Me anë të një shënje të mbinatyrshme të lulëzimit të shkopit të Aaronit, Perëndia vërtetoi se shtëpia e Aaronit është si një familje priftërore e ligjëruar (17:1-13).

■ Ligje të tjera (15:1-41; 18:1–19:22)

Ligje të ndryshme të tjera ndërpresin rrëfimin e udhëtimit të Izraelit në shkretëtirë. Ndër to janë ligjet në lidhje me ofertën e blatimeve ushqimor, Ofertën e flijimeve për mëkatet e kryera nga padituria, mosrespektimi i së shtunës, si dhe i qëllimit të thekëve në rrobat (kap.15). Kapitulli 18 merret me ligjet në lidhje me priftërinjtë dhe Levitët. Moisiu u caktoi Levitëve kryerjen e

detyrave të Tabernakullit. Ofrimet e njerëzve i përkisnin priftërinjve. Një e dhjeta e të ardhurave të njerëzve i përkiste Levitëve. Një e dhjeta e të ardhurave të Levitëve i përkiste kryepriftit. Kapitulli 19 përmban ligje të pastrimit nga papastërtia.

■ Udhëtimi nga Kadeshi deri në Moab (20:1–21:35)

Numrat 20–21 përshkruajnë pjesën e fundit të udhëtimit të Izraelit në shkretëtirë. Në **Meriba**, populli rebeloi edhe një herë kundër Moisiut sepse nuk kishte ujë. Perëndia e urdhëroi Moisiun të merrte shkopin e tij dhe t'i fliste shkëmbit, që ishte përpara tyre, të prodhonte ujë. Moisiu në një moment zemërimi goditi shkëmbin dy herë me shkopin e tij. Megjithëse uji doli nga shkëmbi, ky ishte një akt mosbindjeje nga ana e Moisiut. Perëndia i tregoi Moisiut dënimin që atij nuk do t'i lejohej të udhëhiqte popullin në Tokën e Premtuar.

Mbreti i **Edomit** refuzoi ta lejonte Izraelin të udhëtonte në **Rrugën Mbretërore**, e cila ishte rrugë tregëtie më kryesorja në kohërat e lashta, kalimi nga krahina e Gjirit të Akabasë në jug deri në Damask në veri përmes Edomit, Moabit, Amonit, Galaadit, dhe Bashanit. Izraeli udhëtoi rreth Edomit dhe arriti në Malin Hor. Aaroni vdiq dhe u varros në Hor. Gjatë rrugës për në fushat e Moabit, Izraeli u ndesh dhe siguroi një fitore lufte mbi mbretin e Aradit; Sihonin, mbretin e Amorejve; dhe Ogun, mbretin e Bashanit.

■ Profecitë e Balaamit (22:1–24:25)

Izraeli arriti fushat e Moabit dhe e ngriti kampin atje. Historia e **Balaamit** me gomaricën e tij na paraqet një pjesë humoristike në ngjarjet e shkretëtirës tek Numrat. **Balaku**, mbreti i Moabit, dërgoi lajmëtarët e tij të punësonin Balaamin, një magjistar dhe parashikues nga veriu i

T Jeta në Shkretëtirë

Jeta e Krishterë është shpesh e krahasuar me udhëtimin në shkretëtirë të Izraelit. Ne mësojmë tre mësime teologjike nga udhëtimi në shkretëtirë i Izraelit. Së pari, *në jetën tonë të përditshme me Perëndinë, ne duhet të mbështetemi në dhuratat e Tij misterioze dhe të hirshme.* Në tokën e pavlerë, Perëndia siguroi për Izraelin një menu të manës dhe mishit ku "mund të hash sa të duash". Dhurata "e bukës së përditshme" nga Perëndia është hiri i Perëndisë ndaj nesh. Dhe për këtë, ne duhet të jemi mirënjohës. Ungjilli gjithashtu fton "para së gjithash të kërkoni mbretërinë dhe drejtësinë e Tij" dhe të besoni në dhuratat e hirshme të Perëndisë (Mateu 6:33; shih vargjet 25-34).

Së dyti, *ne duhet të besojmë në realitetin e padukshëm por fuqiplotë të pranisë së Perëndisë me ne.* Izraeli rebeloi kundër Perëndisë sepse ata humbën vizionin e Perëndisë që i shpëtoi ata nga Egjipti. Ata panë vetëm gjigandët në tokën e Kanaanit. Forcat e dukshme dhe kërcënuese të jetës shpesh kanë fuqi të na shkëpusin nga realiteti i padukshëm i prezencës së Perëndisë me ne. Apostulli Pal tha, "Në qoftë se Perëndia është me ne, kush mund të jetë kundër nesh?" (Romakët 8:31). Besimi i vërtetë është "siguria e gjërave që shpresohen, tregim i gjërave që nuk shihen" (Hebrenjtë 11:1).

E treta, *ne duhet t'i nënshtrohemi udhëheqjes besnike të Perëndisë.* Në shkretëtirë, Izraeli refuzoi të dyja si udhëheqjen njerëzore ashtu edhe atë hyjnore. Përfundimi tragjik i kësaj ishte një udhëtim i paqëllimtë dhe i drejtuar gabim, që i çoi në shumë vite të humbura dhe gjykimin e vdekjes dhe të rrënimit. Historia e Izraelit na paralajmëron rreth rrezikut të individualizmit dhe vetqeverisjes. Nënshtrimi ndaj autoritetit të udhëheqjes, e cila është përgjegjëse, si edhe e drejtuar nga Perëndia, është shënja e jetës së shenjtë.

me lajmëtarët e Balakut dhe pastaj u përpoq ta ndalonte atë? Pjesa më mahnitëse e kësaj historie është aftësia e gomaricës për të folur me padronin e saj. Megjithëse ne nuk mund t'i përgjigjemi këtyre pyetjeve, një gjë është e qartë. Perëndia përdori një gomaricë dhe një person pagan t'i sillte bekimet në Izrael, në vend të mallkimeve. Kjo histori vërteton bindjen e Izraelit se asnjë fuqi e mbinatyrshme në botë nuk mund të mallkojë apo bekojë Izraelin. Vetëm Perëndia mund të sjellë një mallkim ose një bekim tek njerëzit e Tij. Ata nuk kanë pse të shqetësohen se mos shkatërohen nga fuqitë e liga rreth tyre.

▪ Izraeli në Fushat e Moabit (25:1–36:13)

Kapitujt 25–36 tregojnë disa incidente që ndodhën në **fushat e Moabit**. Ndërsa ata u vendosën atje, Izraeli adhuroi Baalin dhe u përfshi në kultin pjellorie Kanaanite. Më vonë të dhënat tregojnë që Balaami ishte përgjegjës për këtë ndikim të korruptuar në Izrael (31:16; Zbulesa 2:14). Gjykimi i Perëndisë ra mbi popullin për shkak të idhujtarisë dhe veprimeve imorale seksuale (Numrat 25).

Mesopotamisë, për të bërë një mallkim mbi Izraelin, kështu që ushtria e tij do të ishte në gjendje ta mundte dhe t'i dëbonte Izraelitet prej tokës së tij. Kjo histori është mbushur me pyetje dhe çështje të çuditshme. A ishte Balaami një besimtar i Jehovah (Zotit)? Përse e lejoi Perëndia Balaamin të shkonte

Moisiu bëri një rregjistrim tjetër për të përcaktuar numrin e njerëzve që ishin të aftë të shkonin në luftë (kap.26). Ai gjithashtu vendosi Ligjin për të mbrojtur të drejtat trashëguese të grave ku nuk kishte fëmijë mashkull, dhe të pengonte kalimin e trashëgimisë nëpërmjet martesës (27:1-11; 36:1-12). Jozueu u caktua si trashëgimtar i Moisiut (27:12-23). Kapitujt 28–30 përmbajnë disa ligje në lidhje me oferta të veçanta dhe betime fetare. Shkatërrimi i Madianitëve është tema e kapitullit 31. Moisiu i lejoi fiset e Rubenit, Gadit, dhe gjysmën e fisit të Manasit të vendoseshin në lindje të Jordanit, dhe vendosi kufijtë e tokës së Kanaanit (kap.32, 34). Ai gjithashtu caktoi 48 qytete për vendstrehimin e Levitëve dhe 6 qytete si **qytetet e strehimit** për ata që janë fajtore të vrasjes pa dashje (kap.35).

Ne kemi udhëtuar me Izraelin nga Mali Sinai deri në fushat e Moabit. Këtu Izraeli, një brez i ri, shumica fëmijë të lindur në shkretëtirë, brezi i dytë i atyre që lanë Egjiptin, presin për udhëzimet për të hyrë në Tokën e Premtuar. Ne tani do të kalojmë në librin Ligji i Përtërirë për të parë udhëzimet përfundimtare të Moisiut për Izraelin se si duhet të jetojë në Tokën e Premtuar.

Fjali përmbledhëse

- Libri i Levitikut është një manual udhëzues për priftërinjtë e Izraelit.
- Levitiku bën dallimin midis ofertave spontane për të kënaqur Perëndinë dhe ofertave për faljen e mëkateve dhe hedhjen tutje të fajit.
- Shenjtëria është ndarja veç nga ndikimet jofetare të botës dhe përkushtim ndaj Perëndisë.
- Ruajtja e shenjtërisë në të gjitha fushat e jetës dhe në të gjitha marrëdhëniet është një pjesë përbërëse e domosdoshme të një jetë të shenjtë.
- Perëndia udhëhoqi Izraelin dhe siguroi gjithçka të nevojshme për të në shkretëtirë.
- Izraeli rebeloi kundër Perëndisë sepse dështoi të besonte tek Perëndia për plotësimin e nevojave të tyre.
- Shkretëtira u bë vendi i gjykimit për shkak të rebelimit dhe ankesave te Izraelit.
- Moisiu e solli Izraelin tek fushat e Moabit dhe caktoi Jozueun për të udhëhequr kombin për në tokën e Premtuar.

Pyetje për reflektim

1. Diskutoni për mënyrën se si të ruajmë shenjtërinë në jetën e përditshme të krishtere.
2. Cilat janë disa nga fushat ku ne tentojmë të fshijmë kufijtë midis së shenjtës dhe asaj profane?
3. Cilat janë disa nga mënyrat praktike për të shlyer mëkatet tona, veçse të pendohemi dhe të lutemi për falje?
4. Cilat janë ato gjëra që tentojnë të sjellin shqetësim, dyshim dhe frikë për ekzistencën sot?
5. Në çfarë mënyrash rebelojmë kundër dashurisë dhe përkujdesjes së Perëndisë për ne?

Burime për studime të mëtejshme

Kaiser Walter C, Jr, *The Book of Leviticus: Introduction, Commentary, and Reflections.* Vëllimi 1 i The New Interpreter's Bible. Nashville: Abingdon Press, 1994, faqet 985-1191.

Wenham, Gordon J. *The Book of Leviticus: New International Commentary on the Old Testament.* Grand Rapids: Eerdmans, 1979.

_____. *Numbers: An Introduction and Commentary.* Tyndale Old Testament Commentary. Downers Grove, Ill.: Intervarsity Press, 1981.

Objektivat

Studimi i këtij kapitulli do t'ju ndihmojë:

- Të përshkruani përmbajtjen e librit Ligji i Përtërirë.
- Të diskutoni mjedisin historik dhe gjeografik të Ligjit të Përtërirë.
- Të identifikoni *Shema-n* dhe parimet teologjike të mbështetura nga *Shema.*
- Të diskutoni festa të ndryshme fetare të Izraelit të lashtë.
- Të diskutoni domethënien e përtëritjes së besëlidhjes dhe teologjinë e bekimeve dhe mallkimeve.
- Të vlerësoni mësimet teologjike të Ligjit të Përtërirë, dhe të tregoni se si këto mësime janë ndihmuese në formimin e jetës aktuale si populli i Perëndisë.

Fjalët kyçe për të kuptuar

Deuteronomion
Torah
Shema
Cherem
Pashka
Festa e Bukëve të Ndorme
Festa e Javëve
Pentakost (Festa e Rrëshajëve)
Festa e Kasolleve
Festa e Tabernakujve
Festa e Vjelave
Mali Ebal
Mali Gerizim
Teologjia e Ligjit të Përtërirë
Mali Nebo
Pisgahu

Disa pyetje që duhen marrë parasysh ndërsa lexoni:

1. Cilat janë parimet udhëzuese të jetës tuaj fetare?

2. Çfarë do të thotë për ju "do ta duash Zotin Perëndinë tënd me gjithë zemrën tënde" (Ligji i Përtërirë 6:5)?

Libri i Ligjit të Përtërirë përmban fjalimet e fundit të Moisiut tek populli që ishte gati të pushtonte Tokën e Premtuar. Ata që hartuan librat historikë (Jozueu, Gjyqtarët, 1 dhe 2 e Samuelit, dhe 1 dhe 2 e Mbretëve) e gjetën këtë libër si burimin teologjik për interpretimin e tyre dhe vlerësimin e historisë së Izraelit. Ky libër është një prej librave të Dhiatës së Vjetër më shumë të cituar nga autorët e Dhiatës së Re. Jezusi e mposhti tundimin në shkretëtirë duke pohuar të vërtetat teologjike të njoftuara në Ligjin e Përtërirë 6:13, 16, dhe 8:3 (shih Mateu 4:1-11). Gjithashtu, mësimi i Jezusit, "Duaje Zotin Perëndinë tënd me gjithë zemrën tënde, me gjithë shpirtin tënd dhe me gjithë mendjen tënde" është një citim i drejtpërdrejtë nga Ligji i Përtërirë 6:5 (Mateu 22:37).

Titulli dhe Autorësia

Titulli në Anglisht, *deuteronomy*, vjen nga titulli grek **Deuteronomion** ("ligji i dytë")". Ligji i Përtërirë është "ligji i dytë" me kuptimin që ai është Ligji i dhënë ose i përsëritur për herë të dytë. Ligji i Përtërirë përmbledh thelbin e ligjit, që Perëndia i dha Izraelit në Malin Sinai.

Studiuesit nuk bien dakort për datën dhe autorësinë e Ligjit të Përtërirë. Studiuesit kritike mendojnë për librin si një dokument i krijuar ne fund të shekullit të 7 para Krishtit në kontekstin e reformës fetare të Mbretit Josia. Megjithatë, duke ditur që libri në formën e tij të sotme, si gjendet në Bibël, përmban porositë e Moisiut drejtuar Izraelitëve, të cilët ishin duke u përgatitur të hynin në Tokën e Premtuar, supozohet se përmbajtja e librit i përket shekullit të 13 para Krishtit Për këtë arsye është shumë e mundshme që thelbi kryesor i udhëzimeve në Librin e Ligjit të Përtërirë i përkasin periudhës së Moisiut, dhe libri ka të ngjarë se mund të ketë ekzistuar në formën e shkruar për shumë kohë përpara reformës së Josias në

shekullin e 7të para Krishtit (shih 2 Mbretërve 22:8-13).[1] Por, është gjithashtu e mundshme, që ndërhyrës të mëvonshëm të frymëzuar, i zgjeruan udhëzimet e Moisiut për të adresuar sfidat specifike teologjike në kontekstin e veçantë fetar të tyre. Sidoqoftë, është e vështirë të vendosësh një datë të saktë për formimin përfundimtar dhe rregullimin e përmbajtjes të këtij libri.

Mjedisi

Vargjet hyrëse (1:1-5) identifikojnë fushat e Moabit si mjedis i fjalimeve të fundit të Moisiut. Moisiu e solli Izraelin nga Egjipti në fushat e Moabit. Izraeli kishte ngritur kampin matanë krahinës së Jordanit, në pjesën lindore të lumit Jordan. Shkretëtira ishte mbrapa, dhe Toka e Premtuar ishte përpara. Populli pas pak do të shikonte një ngjarje shumë të rëndësishme në historinë e tij. Ata do të hynin në token, që Perëndia ia kishte premtuar t'ia jepte Abrahamit si një trashëgimi për pasardhësit e tij. Premtimi i Perëndisë për ta bërë Abrahamin një komb të madh ishte tashmë i përmbushur. Hyrja e tyre në Kanaan do të krijonte ambientin, në të cilin Izraeli do të bëhej një bekim për "tërë familjet e tokës" (Zanafilla 12:3).

Përmbajtja

Hyrja thotë se përmbajtja e librit është shpjegimi i Moisiut për Ligjin (**Torah**), që Perëndia i dha Izraelit në Horeb (1:5). *Torah*, zakonisht i përkthyer si "ligji," merr në këtë libër një kuptim të ri. Këtu Ligji është më tepër sesa çfarë ndalon ose lejon; më saktë është vullneti plot hir i Perëndisë, *udhëzimet* e Tij për jetën dhe sjelljen e njeriut. Ne me të drejtë mund ta quajmë këtë libër si parimet udhëzuese të Perëndisë për jetën besnike dhe bindëse të Izraelit në Tokën e Premtuar. Libri ka pjesët kryesore si më poshtë:

Predikimi i parë i Moisiut (1:6–4:43)
Predikimi i dytë i Moisiut (5:1–28:68)
Predikimi i tretë i Moisiut (29:1–30:20)
Epilogu (31:1–34:12)

■ Predikimi i parë i Moisiut (1:6–4:43)

Moisiu e filloi predikimin e tij me një përmbledhje të të dhënave të udhëtimit të Izraelit nga Mali Sinai në fushat e Moabit, dhe përfundoi me një thirrje besnikërie dhe bindjeje ndaj Perëndisë. Në këtë predikim Moisiu solli në kujtesën e popullit ngjarjet e rëndësishme gjatë udhëtimit të tyre në shkretëtirë. Moisiu ia kujtoi Izraelitëve që shpengimi i tyre nga Egjipti ishte prova e dashurisë dhe besnikërisë së Perëndisë për etërit. Izraeli duhet të jetojë nga e vërteta që Perëndia i tyre është Perëndia i vetëm. Predikimi mbaroi me përcaktimin e tre qyteteve shtrehimi të fiseve të Rubenit, Gadit, dhe Manasit në tokën lindore të lumit Jordan.

■ Predikimi i dytë i Moisiut (5:1–28:68)

Kjo pjesë është kryesisht një grumbullim i udhëzimeve për çështje të ndryshme. Në formën e saj të sotme, ai është një predikim i gjatë.

Moisiu i drejtohet dëgjuesve të tij, ashtu si atyre, me të cilët Perëndia bëri një besëlidhje në

Malin Sinai (5:1-5). Ai u foli sikur dëgjuesit e tij ishin në Malin Sinai, ku ata panë lavdinë e Perëndisë. Ai gjithashtu i dha brezit të ri Dhjetë Urdhërimet (vargjet 6-21). Ai iu kujtoi dëgjuesve të tij, që në Malin Sinai ata e përkushtuan vetveten në mënyrë që të jetonin jetët e tyre në bindje ndaj fjalës së Perëndisë (vargjet 22-27). E ardhmja e

---

T Shema

Ligji i përtërirë 6:4-9 është pjesë e lutjes së mëngjesit dhe e mbrëmjes së Judaizmit. Në adhurimin hebraik të përditshëm, ky tekst është përsëritur bashkë me Ligjin e Përtërirë 11:13-21 dhe Numrat 15:37-41 si "Recitimi i Shemas." Emri **Shema** vjen nga fjala hyrëse "Dëgjo" në 6:4 (në Hebraisht, s*hema*).

Shema fillon me rrëfimin që "Zoti, Perëndia ynë, është një i vetëm" (6:4). Ky rrëfim thërret qartë për një jetë në marrëdhënie me Perëndinë në të cilën nuk ka vend për perëndi të tjera. Besëlidhja ka nevojë për fisnikëri totale drejt Perëndisë. Ky rrëfim na fton ne të reflektojmë mbi fjalët e Jezusit, "Askush nuk mund t'u shërbejë dy zotërinjve" (Mateu 6:24).

Moisiu gjithashtu e ftoi popullin e Perëndisë të shfaqë besnikërinë e tij fisnike drejt Perëndisë, duke shprehur një dashuri me gjithë zemër, energjike dhe i kufizuar vetëm për Atë (Ligji i Përtërirë 6:5). Thirrja për ta dashur Perëndinë është pa dyshim sfida kryesore e Librit të Ligjit të Përtërirë. Jezusi e quajti këtë urdhërim të duash si "urdhërimi i parë dhe i madhi" (Mateu 22:38). Këtu ne gjejmë thirrjet për të modeluar dashurinë në mënyrën më të afërt, duke përfshirë zemrën, shpirtin, dhe forcën e besimtarit.

Shema është ftesa e hirshme e Perëndisë tek jeta e shenjtë. Thirrja për ta dashur Perëndinë është mbi të gjitha një thirrje për të jetuar në përvojën e përkushtimit të Tij besnik dhe të vazhdueshëm ndaj nesh. Vetëm atëherë ne mund ta duam Atë me të vërtetë. Gjoni shpall, "Perëndia është dashuri; dhe ai që qëndron në dashuri qëndron në Perëndinë dhe Perëndia në të...Ne e duam atë, sepse ai na deshi i pari" (1 Gjonit 4:16,19).

T Jeta e përqendruar tek *Torah*

Moisiu sfidoi popullin e Izraelit të jetonin jetën e tyre me vëmëndje të vazhdueshme ndaj urdhërave të Perëndisë. Ai i udhëzoi Izraelitët të lejonin Ligjin (*Torah*) e Perëndisë të depërtonte dhe të ndikonte në mendimin, ndjenjën, dëshirat, dhe veprimet e tyre. Veç kësaj, Moisiu e dha Ligjin si bazën dhe të vërtetën udhëzuese për jetën e Izraelitëve brënda ose jashtë shtëpisë. Edhe në ditët e sotme, shiriti (*tefillin*) në krah dhe në ballë, si dhe shkrimi (*mezuza*) mbi pllakat e shtëpisë dhe portat i kujton Hebrenjve atë fuqi të Ligjit, për ta rregulluar jetën në një botë të forcave shtypëse. Psalmisti na kujton ne që lumturia (ose bekimi) është përvoja e atyre që jetojnë jetën e përqendruar tek Ligji ditën dhe natën (Psalmi 1:1-2). Ne jemi të sfiduar nga ky tekst i vjetër të rregullojmë jetët tona nga Fjala dhe jo nga bota.

popullit të Perëndisë në Tokën e Premtuar varej nga përkushtimi i tyre ndaj besëlidhjes që ata kishin bërë me Perëndinë (5:32–6:3).

Moisiu i sfidoi dëgjuesit e tij të ndërtonin jetën e tyre në Tokën e Premtuar në bazë të pohimit teologjik, që thotë se vetëm Zoti (*Jehovah*) është Perëndi (6:4). Ata do të jetonin jetët e tyre duke e dashur Perëndinë e tyre me gjithë zemrën, shpirtin, dhe forcën e tyre (v. 5). Çdo gjeneratë duhet t'i mësonte fëmijëve të tyre Ligjin. Ligji duhet të jetë një preokupim i përhershëm i njerëzve gjatë gjithë kohës. Ata duhet të bënin shenja dhe gjëra përkujtuese që përfaqësonin rëndësinë e Ligjit në jetët e tyre.

Moisiu gjithashtu e sfidoi Izraelin të flaknin në mënyrë kategorike tundimin për të shkuar pas perëndive të tjera (Ligji i Përtërirë 6:10-19). Ai i ngarkoi prindërit me përgjegjësinë që t'u shpjegonin fëmijëve të tyre kuptimin e jetës të përqendruar në Ligjin. Brezat e ardhshëm mund të pyesin, "Çfarë kuptimi kanë këto rregulla, statute dhe dekrete, që Zoti, Perëndia ynë, na ka urdhëruar?" Në përgjigje, prindërit duhet t'u tregojnë fëmijëve të tyre historinë e shpengimit, përjetimin e besnikërisë së vazhdueshme të Perëndisë, dhe i nxit ata të qëndrojnë besnikë ndaj Zotit (vargjet 20-25). Rrëfimi i prindërve për udhëtimin e tyre të besimit kishte për qëllim t'u jepte fëmijëve

mundësinë të rregullonin jetët e tyre me kujtesën vitale të së shkuarës, me mirënjohje të vërtetë për të tashmen, dhe me pritjen shpresëdhënëse për të ardhmen. Në Izrael, shtëpia ishte vendi i parë i formimit fetar. Apostulli Pal gjeti në Timoteun e ri një besim të gjallë dhe prekës, të cilën ai trashëgoi nga gjyshja e tij, Loide, dhe nëna e tij, Eunike (2 Timoteut 1:5).

Moisiu e ngarkoi popullin me përgjegjësinë për të larguar nga Toka e Premtuar banorët vendas të saj, të cilët ishin një kërcënim për besnikërinë dhe besimin e Izrailit ndaj Perëndisë (Ligji i Përtërirë 7:1-5). Këta njerëz dhe perënditë e tyre do ta kthenin Izraelin larg nga kushtimi i tyre për t'i shërbyer Perëndisë. Perëndia zgjodhi Izraelin për arsye të dashurisë së Tij për të dhe për arsye të besëlidhjes së Tij me etërit e Izraelit (vargjet 6-11). Në Tokën e Premtuar, Perëndia do t'i sjellë mirëqenie popullit të Tij dhe do të largojë nga mezi i tyre të gjitha vuajtjet dhe sëmundjet e tyre (vargjet 12-16). Për më tepër, Ai do të tregoj fuqinë e Tij të madhe midis Kanaanitëve dhe do t'i largojë ata dhe idhujt e tyre nga toka. Izraeli nuk duhet ta lakmojë arin dhe argjendin e Kanaanitëve, por më saktë të shkatërrojë çdo gjë sepse çfarëdo që i përkiste atyre ishte nën mallkimin hyjnor (termi hebraisht **cherem** do të thotë gjëra të kushtuara tek Perëndia për shkatërrim).

Moisiu e përshkroi shkretëtirën si një vend ku Perëndia e provoi Izraelin dhe e përuli popullin e Tij, kështu që ata do të mësonin të vërtetën që Ai është i vetmi sigurues për të gjitha nevojat e tyre (8:1-10). Populli i Perëndisë nuk duhet të mendojë që ata e zaptuan tokën nga fuqia e tyre dhe nga forca e duarve të tyre (vargjet 11-18). Pasoja për haresën ndaj Perëndisë dhe për t'i shkuar pas perëndive Kanaanite, do të ishte shkatërrimi i Izraelit (vargjet 19-20).

Kapitulli 9 fokusohet në drejtësinë e Perëndisë dhe besnikërinë e Tij ndaj besëlidhjes, pavarësisht nga padrejtësia dhe rebelimi i Izraelit. Veprimi i Perëndisë, për largimin e popujve të këqinj nga Toka e Premtuar, nuk do të thotë që Izraeli ishte një popull i drejtë. Veprimet e Perëndisë shërbejnë vetëm për të treguar kushtimin e Tij për të respektuar besëlidhjen e bërë me etërit e Izraelit. Moisiu iu kujtoi ndërhyrjen e tij personale tek Perëndia, të sillnin ndër mend besëlidhjen, në mes të mëkatit dhe rebelimit të Izraelit, në disa vende gjatë udhëtimit të tyre në shkretëtirën (9:1-29).

Kërkesa kryesore e Perëndisë është tema qendrore e kapitullit 10. Moisiu e nxiti popullin të kishte frikë nga Zoti, të ecte në rrugët e Tij, ta donte Atë, t'i shërbente Atij me tërë qenien e tyre (zemër dhe shpirt), dhe të respektonte urdhërimet e Tij (10:12-22). Në mënyrë që kjo lidhje të bëhej realitet, njerëzit duhet të rrethprisnin zemrat e tyre– ta nënshtronin veten e tyre tek vullneti i Perëndisë. Të plotësoje këtë kërkesë, gjithashtu do të kërkonte një përkushtim të madh për t'u kujdesur për të venë, jetimin, dhe për të huajin në vend. Ftesa për bindje në kapitullin 11 mbaron me një njoftim serioz i një bekimi dhe një mallkimi–një bekim Izraelit për bindjen e tij tek kërkesa kryesore e Perëndisë, dhe një mallkim për mosbindje.

Midis rregullave dhe udhëzime të ndryshme të tjera, në Ligjin e Përtërirë 12–26, ne gjejmë përsëritje dhe përshtatje e ligjeve të tjera të Ligjit në Pentatukun, si dhe disa ligje dhe rregulla të reja. Këto rregulla shërbenin si udhëzime për themelimin e një jete të rregullt në Tokën e Premtuar. Izraeli nuk duhet të ndiqte pas shëmbullin pagan të adhurimit, por më saktë të ndiqte mënyrat e pranueshme dhe të autorizuara të adhurimit në vendin e zgjedhur nga Perëndia për "t'iu vënë emrin e Tij si banesë e Tij" (12:1-32). Shkatërrimi i idhujtarëve dhe të qyteteve idhujtare është tema e kapitullit 13. Kapitulli 14 merret me ligjet e kafshëve të pastra dhe të papastra, dhe dhënien e të dhjetës së prodhimit të fushës dhe e të parëlindurit të kopesë dhe tufës.

T Përgjegjësia Shoqërore e Izraelit

Moisiu e ftoi komunitetin e besëlidhjes të ishin një popull i dhembshur, që të donte dhe të kujdesej për të venë dhe të huajin në tokë– të shtypurin dhe të padobishmin në shoqëri, të cilët përfaqësonin një kategori që rrallë herë merrnin mbrojtje nga sistemet shoqërore dhe politike të fortë dhe shtypëse në botën e lashtë. Theksimi për përgjegjësinë shoqërore të Izraelit gjendet në referenca si p.sh. Ligji i Përtërirë 14:29; 15:7-11; 24:19-22; 26:12-15. Ne na sjell ndërmënd këtu të jemi "imitues të Perëndisë" duke vepruar me ndershmëri, duke ndihmuar drejtësinë, dhe duke i dhënë ushqim dhe rroba të varfërve mes nesh. Në thelbin e ungjillit të Krishterë është thirrja për të jetuar jetën plot dhembshuri të Jezusit, i cili u prek nga keqardhja kur Ai pa të shtypurit, të munduarit, dhe të dobëtit në ditët e Tij në tokë (Mateu 9:36; Jakobi 1:27).

Përfituesat e të dhjetës përfshinte Levitët, të huajin, vejushën, dhe jetimin. Shqetësimi për të varfërin është gjithashtu e pasqyruar në ligjet që merren me faljen e borxhit dhe lirimin e skllevërve në vitin e shtatë (15:1-18). Izraeli duhet t'i kujtonte ngjarjet shpëtuese të mëdha të Perëndisë dhe zemërgjerësinë e bekimeve të të korrave duke zbatuar ritin e Pashkës, Festës së Javëve, dhe Festës së Kasolleve (Festës së Tabërnakujve) (16:1-17).

Shqetësim për mirëmbajtjen e sistemit gjyqësor dhe proçesave të drejtësisë, kriteret për zgjedhjen e mbretërve të ardhshëm, që do të drejtojnë Izraelin, dhe urdhëzime për sjelljen e tyre janë temat në kapitullin e 17.

Priftërinjtë dhe Levitët do të siguronin mjetet e jetesës nga ofrimet e popullit (18:1-8). Udhëzimet e Moisiut ndalonin të gjitha format e parashikimit të së ardhmes dhe caktonte profetët dhe profecinë si mënyrën e drejtë për kërkimin e fjalës së Perëndisë (vargjet 9-22). Proçesi i duhur ligjor, mbrojtja e atyre që kanë kryer vrasje padashje, dhe nevoja e dy ose tre dëshmimtarëve për të vendosur fajësinë, janë temat e gjetura në kapitullin 19. Ligji jepte çlirim nga shërbimi ushtarak i detyrueshëm zotëruesit të shtëpisë së re dhe burrave të sapomartuar, dhe përcaktonte udhëzime për sjelljen e Izraelit gjatë luftës dhe gjatë rrethimit të qyteteve armike (20:1-20).

Kapitujt 21–25 përmbajnë një numër të ligjeve të ndryshme. Kapitulli 26 paraqet udhëzimet për sjelljen e ofertave të falënderimit për të korrurrat bujare të prodhimit dhe korrjes në Tokën e Premtuar. Adhuruesi jo vetëm duhet të sjellë disa prej fruteve të para, në një kosh në vendin e caktuar të adhurimit, por gjithashtu duhet të rrëfente historinë e shpengimit nga Egjipti dhe dhuratën e tokës "ku rrjedh qumësht dhe mjaltë" si një përgjigje falenderuese ndaj Perëndisë. Përsëri veprat e këndshme të Perëndisë, në interes të Izraelit, në të shkuarën, përbënin bazat teologjike të këtyre urdhëzimeve për jetën e tyre në Tokën e Premtuar. Ajo çfarë ishte në rrezik ishte e ardhmja e Izraelit si populli i Perëndisë. Dhe kjo e ardhme

---

H Festat pelegrine të Izraelit

Izraeli kujtonte dhe festonte veprat shpëtuese të Perëndisë dhe bekimeve të Tij nëpërmjet disa festimeve vjetore. **Pashka** kremtoi shpengimin e Izraelit nga Egjipti. **Festa e Bukëve të Ndorme**, përkujtonte heqjen e majasë nga shtëpitë Izraelite dhe ngrënien e bukës së paardhur për 7 ditë. Gjatë **Festës së Javëve** (gjithashtu i quajtur Festës së Rrëshajëve) Izraelitët ofronin frutin e parë të korrjes së grurit të tyre tek Zoti. Javëve i referohet periudhës shtatë-javore të korrjes që filloi me korrjen e elbit dhe përfundonte me korrjen e grurit. Festimi ndodhte në ditën e 50-të pas Pashkës (kështu që emri **Pentakost**, nga kuptimi Grek "pesëdhjetë"). Më vonë në Izrael, festa e Pentakostit u bë një përkujtim i dhënies së Ligjit në Malin Sinai. **Festa e Kasolleve** shënonte përfundimin e vitit bujqësor. Kjo festë i kujtonte Izraelit gjithashtu ditët e endjes në shkretëtirë. Kjo festë është e njohur gjithashtu si **Festa e Tabernakujve** dhe si **Festa e Vjelave**. Populli ndërtonte kasolle dhe jetonte aty për 7 ditë që t'i kujtonte vetvetes ditët e jetesës në çadrën e tyre në shkretëtirë. Këto festa ishin festime pelegrine, në të cilat kërkohej që çdo mashkull Izraelit të dilte përpara Perëndisë në Jeruzalem, me ofrimin e duhur, për të shprehur mirënjohje ndaj Perëndisë (Ligji i Përtërirë 16:16-17).

> **T** **Zgjedhja e jetës dhe e vdekjes**
> Moisiu përfshinte në predikimin e tij edhe zgjedhjen midis jetës dhe vdekjes (Ligji i Përtërirë 30:15-20). Bibla i jep lexuesit të saj një alternativë, një realitet tjetër sesa vdekjen si fatin e tij. Zgjedhja e Perëndisë do të thotë jetë. Kjo zgjedhje, megjithatë, do të thotë refuzimin e të gjithë perëndive të tjera, që kanë pasur pretendime për jetën e dikujt. Të zgjedhësh perëndi të tjera do të thotë vdekje dhe shkatërrim. Sfida e Jozueut. "Zgjidhni sot kujt doni t'i shërbeni" e përsërit këtë ftesë. Jeta është dhuratë për ata që thonë bashkë me Jozueun: "Sa për mua dhe për shtëpinë time, do t'i shërbejmë Zotit" (Jozueut 24:15). Në shoqërinë tonë të mbushur me vdekje, zgjedhja e jetës është e vetmja alternativë e vërtetë që ofron shpresë. Ungjilli e prezanton atë alternativë në fjalët e Jezusit, "Unë jam udha, e vërteta dhe jeta" (Gjoni 14:6).

varej nga përkushtimi i tyre për t'iu bindur udhëzimeve të Perëndisë.

Predikimi i dytë përfundon me thirrjen për të përtërirë besëlidhjen (kap. 27–28). Moisiu i kërkoi Izraelit të hynin në besëlidhje, me bindje dhe besnikëri (shih 26:16-19; 27:9-10). Ai, për më tepër, e sfidoi popullin ta ripohonte këtë besëlidhje kur ata hynë në Tokën e Premtuar, përmes ritualeve të veçanta të kryera në **Malin Ebal** dhe **Malin Gerizim**, afër Sikemit. Ceremonitë përfshinin gdhendjen e ligjit të besëlidhjes mbi gur, ndërtimin e një altari, dhe ofrimin e flijimeve në Malin Ebal. Në vazhdim fiset do të shpallnin bekimet dhe mallkimet–gjashtë fise qëndronin mbi Malin Gerizim për të shqiptuar bekimet e bindjes, dhe gjashtë fise të tjera qëndronin mbi Malin Ebal për të shqiptuar mallkimet e mosbindjes. Studiuesit

e quajnë këtë teologji të bekimeve dhe mallkimeve si **Teologjia e Ligjit të Përtërirë**.

■ **Predikimi i tretë i Moisiut (29:1–30:20)**

Lidhja e besëlidhjes së bërë është tema e predikimit të tretë të Moisiut. Moisiu e filloi këtë predikim me një përsëritje të historisë, të veprave shpenguese të hirshme të Perëndisë për hir të Izraelit. Më pas ai e ftoi Izraelin të hynin në një besëlidhje me Perëndinë, gjë që ishte e domosdoshme për vendosjen e tyre si një popull në Tokën e Premtuar. Kjo besëlidhje ishte lidhëse për brezat e tashme edhe të ardhshme. Besëlidhja kërkonte fisnikëri dhe besnikëri vetëm ndaj Perëndisë. Kapitulli 29 mbaron me një përshkrim të hollësishëm të pasojës të kokëfortësisë dhe thyerjes së besëlidhjes (vargjet 16-29). Moisiu theksoi pendimin, si çelësi i restaurimit të popullit të Perëndisë, kur ata vuanin pasojën e mosbindjes (kap.30). Ai premtoi që Zoti do të rrethpriste zemrën e njerëzve të Tij, kështu që ata do ta donin Atë me gjithë zemrën, shpirtin, dhe forcën e tyre (vargjet 1-10). Fjala e Perëndisë është shumë afër njerëzve të Tij; Ai ka vendosur fjalët e Tij në gojën e tyre dhe në zemrën e tyre (vargjet 11-14). Moisiu e mbaroi predikimin me zgjedhjen midis jetës ose vdekjes. Bindje do të thotë jetë dhe bekime; mosbindje do të thotë vdekje dhe shkatërrim. Jeta e Izraelit në Tokë varej në vendimin e tyre për të zgjedhur jetën (vargjet 15-20).

■ **Epilogu (31:1–34:12)**

Kapitujt e fundit të librit "Ligji i Përtërirë" (31–34) përbëjnë epilogun, përfundimin e librit, si edhe të gjithë Pentatukut. Këto kapituj përmbajnë përgatitjet përfundimtare të Moisiut për ta dërguar Izraelin përmes lumit Jordan në Tokën e Premtuar. Ai caktoi

Jozueun për të drejtuar popullin (31:1-8). Ai u dha *Torah* (Ligjin) priftërisë më urdhërin, që në çdo shtatë vjet, ata duhet ta lexonin atë para tërë popullit, në veshët e tërë izraelitëve (vargjet 9-13). Kapitulli 32 tregon këngën e tij të lamtumirës, një kujdesë për besnikërinë e Perëndisë, pavarësisht nga pabesia e Izraelit. Pas dhënies së bekimeve të fundit fiseve të Izraelit (kap 33), ai shkoi në majë të **Malit Nebo**, në **Pisgah**, nga ku ai pa Tokën e Premtuar (34:1-9). Atje ai vdiq dhe Zoti e varrosi atë në luginë poshtë malit, në tokën e Moabit. Libri mbaron me një epilog të përshatshëm, që thotë "Nuk doli më në Izrael një profet i ngjashëm me Moisiun, me të cilin Zoti fliste sy për sy" (v. 10).

Sfida, që është në fjalët e fundit të Ligjit (*Torah*) është e qartë. Ajo është një ftesë për Izraelin, për t'u ngritur, si një popull që jeton në përjetimin, duke parë Perëndinë dhe duke e njohur Atë "ballë për ballë" siç bëri Moisiu. Vetëm Izraeli mund ta mbush zbrazëtinë e lënë nga vdekja e Moisiut. Moisiu vdiq, por Izraeli jeton.

Ne kemi ndjekur historinë e Izraelit nga Egjipti deri në fushat e Moabit. Ëndrra për Tokën e Premtuar së shpejti do të përmbushet në historinë e popullit të Perëndisë. Ne tani do të shohim llojin e fatit të Izraelit, që ai ka zgjedhur për veten e vet kur hyri në Tokën e Premtuar. Për të parë këtë, ne do kalojmë tek librat historikë, duke filluar me librin e Jozueut.

Fjali përmbledhëse

- Moisiu i dha udhëzimet përfundimtare Izraelit përpara hyrjes së tyre në Tokën e Premtuar.
- Të mbash mënd Perëndinë është një temë e rëndësishme në Ligjin e Përtërirë.
- Moisiu i përsëriti Izraelit Dhjetë Urdhërimet.
- Moisiu e sfidoi Izraelin të bindej, të donte, dhe ti shërbente Perëndisë me gjithë zemrën dhe shpirtin e tyre.
- Një pjesë e rëndësishme e një jete besëlidhjeje e Izraelit ishte dhe përgjegjësia shoqërore ndaj të vesë, jetimit dhe të huajit në vend.
- E ardhmja e Izraelit në Tokën e Premtuar do të varej nga përkushtimi i tij për të jetuar një jetë sipas kërkesave të Perëndisë.
- Parimi baze, që theksohet në teologjinë e Ligjit të Përtërirë, është bekimi për bindjen dhe mallkimi për mosbindjen.
- Moisiu e sfidoi Izraelin që të ripërtërinin besëlidhjen me Perëndinë.

Pyetje për reflektim

1. Cilët janë disa nga rrjedhimet praktike të pranimit të Perëndisë si të vetmin Perëndi?
2. Cilat janë disa shprehje të dukshme të përkushtimit tonë për të dashur Perëndinë me gjithë zemrën, mendjen dhe forcën tonë?
3. Duke përdorur Librin e Ligjit të Përterirë si një udhërrëfyes, përgatisni një listë me parimet udhëzuese që do të na jepnin neve direktiva për të jetuar një jetë me besim në këtë botë laike ku ne jetojmë.

Burime për studime të mëtejshme

Craigie, Peter C. *The Book of Deuteronomy: New International Commentary on the Old Testament.* Grand Rapids: Eerdmans, 1976.

Miller, Patrick D. *Interpretation: A Bible Commentary for Teaching and Preaching: Deuteronomy.* Louisville, Ky.: John Knox Press1990.

Thompson, J. A. *Deuteronomy: An Introduction and Commentary. Tyndale Old Testament Commentary.* Downers Grove Ill.: InterVarsity Press, 1974.

SEKSIONI III

ZBULIMI I LIBRAVE HISTORIKË

Ky seksion e njeh lexuesin me:

- Autorësinë dhe përmbajtjen e historisë sipas traditës së Ligjit të Përtërirë
- Historinë e pushtimit të Tokës së Premtuar nga Izraeli
- Fillimin e monarkisë në Izrael
- Themelimin e shtëpisë së Davidit
- Ndarjen e mbretërisë së Davidit
- Ngjarjet që çuan në shkatërrimin e mbretërisë së ndarë
- Historinë e Izraelit pas mërgimit në Babiloni

- Izraeli në Tokën e Premtuar: Jozueu

- Krizat morale dhe shpirtërore të Izraelit: Gjyqtarët dhe Ruthi

- Kalimi drejt monarkisë: I Samuelit

- Mbretëria me shtëpi mbretërore: II Samuelit

- Mbretëria e ndarë (Pjesa I): I Mbretërve

- Mbretëria e ndarë (Pjesa II): II Mbretërve

- Mërgimi dhe restaurimi

- Rivizitë e Historisë: I e II Kronikave

- Ndërtimi i jetës në komunitet: Ezdra, Nehemia dhe Esteri

12 Izraeli në Tokën e Premtuar: Jozueu

Objektivat

Studimi i këtij kapitulli do t'ju ndihmojë:

- Të përshkruani lidhjen midis historisë sipas traditës së Ligjit të Përtërirë dhe librit të Ligjit të Përtërirë
- Të kuptoni domethënien e brezave në historinë sipas traditës së Ligjit të Përtërirë të portretizuar tek Jozueu
- Të përshkruani rolin dhe kuptimin e luftës së shenjtë
- Të diskutoni mënyrën në të cilën njerëzit hynë, morën në zotërim dhe shpërndanë token e premtimit.

Disa pyetje që duhen marrë parasysh ndërsa lexoni:

- Cilët faktorë mund të ndikojnë mbi historianët e kohëve të sotme kur shkruajnë historinë e një kombi?
- Çfarë është sot një "luftë e shenjtë"?
- Çfare keni mësuar mbi Perëndinë dhe Izraelin deri në këtë pike?

Fjalët kyçe për të kuptuar

Nebiimi
Profetët e mëparshëm
Historia sipas traditës së Ligjit të Përtërirë
Sipas traditës së Ligjit të Përtërirë
Historia profetike
Reforma e Josias
Rahabi
Kreu i ushtrisë së Zotit
Lufta e shenjtë
Cherem (shfarosje)
Akani
Gabaonitët
Qytetet e strehimit
Sikemi (*Shechem*)
Përtëritja e besëlidhjes

Pjesa e dytë kryesore e Dhiatës së Vjetër, e njohur si Profetët apo **Nebiim-i**, merret me tregimin "e pjesës së mbetur të historisë" së popullit të Perëndisë. Kur populli të vendosej në tokën e premtimit, a do të ishte besnikë për të jetuar në plotësinë e zemrës, shpirtit dhe forcës siç e pat udhëzuar Moisiu? A do ta vendosnin njerëzit përfundimisht besimin e tyre në perëndi të tjerë, idhuj, apo edhe në skemat e tyre? Po të vepronin kështu, çfarë do t'u ndodhte me pas? Këto pyetje pasqyrojnë shqetësimet parësore të Profetëve (*Nebiim*). Pjesa e parë e *Nebiimit* njihet zakonisht si **Profetët e Mëparshëm**, e cila është një koleksion librash që përmban historinë e Izraelit që nga ngulimi i popullit në vendin e Kanaanit dhe deri në mërgimin e tij në Babiloni. Në këtë pjesë, historianët dhe autorët e Izraelit e vlerësojnë dhe interpretojnë jetën dhe fatin e popullit të Perëndisë në Tokën e Premtuar mbështetur mbi udhëzimet e Moisiut në Ligjin e Përtërirë.

Tani do t'i kthehemi historisë së Izraelit të regjistruar në Profetët e Mëparshëm, apo e thënë ndryshe librat historikë. Do të trajtojmë pjesën tjetër të Nebiimit (të quajtur edhe Profetët e Mëvonshëm) në Seksionin V. Në studimin tonë të Profetëve të Mëparshëm përfshijmë edhe librat e tjerë historikë të Kronikave, Ezdras, Nehemias dhe Esterit, që vijnë nga pjesa e historisë së Izraelit pas mërgimit. Sipas kanunit hebraik, Kronikat, Ezdra, Nehemia dhe Esteri u përkasin pjesës së Shkrimeve (*Kethubim*).

Historia sipas traditës së Ligjit të Përtërirë

Në studimet biblike, pjesa e Profetëve të Mëparshëm njihet shpesh edhe si **historia sipas traditës së Ligjit të Përtërirë**. (Studiuesit biblike bëjnë dallimin e mëposhtëm në përdorimin e terminologjisë: Ligji i Përtërirë është libri i pestë i Ligjit (*Torah*), termi "i Ligjit të Përtërirë" i referohet gjuhës dhe teologjisë së përdorur në Ligjin e Përtërirë, dhe termi **"sipas traditës së Ligjit të Përtërirë"** i referohet historisë së Izraelit të treguar tek librat e Jozueut, Gjyqyarëve, Samuelit dhe Mbretërve). Sipas këtij përcaktimi, historia e Izraelit, e treguar në formën e saj përfundimtare tek librat e Jozueut, Gjyqtarëve, Samuelit dhe Mbretërve, është një vepër e vetme e shkruar duke patur parasysh shqetësimet dhe bindjet teologjike të Ligjit të Përtërirë. Këta libra i shohin dhe i vlerësojnë ngjarje të ndryshme të jetës së Izraelit në Tokën e Premtuar duke patur në themel Ligjin e Përtërirë. Ky bllok materialesh është, pra, një interpretim teologjik i historisë së Izraelit përmes lentes së traditës fetare profetike të Izraelit të lashtë. Për shkak të çështjeve profetike të këtij materiali, historia sipas traditës së Ligjit të Përtërirë mund të quhet me të drejtë edhe **historia profetike**.

Shkruesit e historisë sipas traditës së Ligjit të Përtërirë e kanë marrë informacionin nga burime të ndryshme, si "libri i kronikave të mbretërve të Izraelit" dhe "libri i kronikave të mbretërve të Judës" (për informacion, shihni I Mbretërve 14:19, 29; 15:7, 31). Ka të ngjarë që nga shkruesit të jenë përdorur edhe lista, anale dhe histori të tjera që nuk janë përmendur specifikisht në tekst. Megjithatë, kur lexohen këta dhe të tjerë libra historikë (si historia e kronistit, përfshirë në I dhe II Kronikave, Ezdra dhe Nehemia), duhet të pranojmë se shqetësimi parësor i shkruesve nuk është të paraqesin

H   H Kronologjia e Izraelit

Përcaktimi i datave të sakta në kronologjinë e Izraelit të lashtë ka paraqitur vështirësi për studiuesit biblike. Ndërkohë që rrymat e studiuesve biblike kanë pikpamje të ndryshme në lidhje me data të veçanta, dy kronologjitë e pranuara më gjerësisht, sugjerohen nga Thiel (Thiele) dhe Allbrajt (Albright).[2] Të dyja këto kronologji mund të vihen përballë njëra-tjetrës në lidhje me datat kryesore të periudhës mbretërore.

Ngjarja	Thiele	Albright
Mbretërimi i Saulit	1020–1000 Para K.	1020–1000 Para K.
Mbretërimi i Davidit	1000–965 Para K.	1000–961 Para K.
Mbretërimi i Salomonit	965–931 Para K.	961–922 Para K
Ndarja e Mbretërisë	931 Para K.	922 Para K.
Rënia e Mbretërisë Veriore	723/22 Para K.	721 Para K.
Rënia e Mbretërisë Jugore	586 Para K.	587 Para K.

një listë "pa ngjyrë" ngjarjesh të shkëputura, por një histori e tërë që ka një linjë interpretimi për jetën e Izraelit nga këndvështrimi teologjik. Për historinë sipas traditës së Ligjit të Përtërirë, ky këndvështrim gjendet në predikimet dhe mesazhet e Moisiut tek Ligji i Përtërirë.

Datimi, autorësia dhe përmbajtja e historisë sipas traditës së Ligjit të Përtërirë[1]

Në cilën pike të historisë së Izraelit do të jetë shkruar vallë historia sipas traditës së Ligjit të Përtërirë në trajtën e saj përfundimtare? Dhe kush do ta ketë shkruar atë? Do të përpiqemi t'u japim përgjigje këtyre pyetjeve, para se të studiojmë librin e Jozueut. Ngjarjet e pasqyruara në historinë sipas traditës së Ligjit të Përtërirë, i referohen kohës së hyrjes së Izraelit në Kanaan (rreth vitit 1240 para K). Ka të ngjarë, që edhe vetë burimet e shkruara dhe gojëdhënat e përdorura nga shkruesit e historisë sipas traditës së Ligjit të Përtërirë të kenë patur një histori të gjatë të vetën. Shumë studiues besojnë, se farat e mendimit,

sipas Ligjit të Përtërirë, janë mbjellë në fundin e shekullit të 10të para K. (rreth 922 para K.), kur kombi Izraelit u nda në dy mbretëri. Jeroboami I, mbreti i parë i Mbretërisë Veriore, ngriti vendet e adhurimit në Dan dhe Bethel, ku në secilën prej tyre ndodhej një viç i artë, vepër që do t'i ketë zemëruar së tepërmi tradicionalistët profetikë në atë mbretëri. Mund të presupozohet se këta njerëz besnikë të Izraelit ishin të parët që kundërshtuan dhe nxitën protestën kundër Jeroboamit I, i cili ngriti krye kundër vendit të zgjedhur të Perëndisë për adhurim dhe udhëzimeve (*Torah*) të Moisiut. Disa studiues mendojnë se ky qark profetik ruajti dhe përçoi traditat e lashta të Izraelit dhe historinë e braktisjes së besimit (apostazisë) së kombit.

Ka të ngjarë që, kur asirët shkatërruan Mbretërinë Veriore në vitin 721 para K., pjesëtarët e rrethit profetik verior të kenë migruar në Mbretërinë Jugore dhe të kenë vazhduar mbështetjen e tyre për adhurim në një vend të përqendruar, Tempullin e Jeruzalemit. Në vitin 621 Para K., gjatë mbretërimit të Mbretit Josia, punëtorët gjetën një rrotull të Ligjit (*Torah*) të Moisiut gjatë pastrimit të Tempullit në Jeruzalem. Shumë studiues mendojnë se kjo rrotull përmbante ligjet thelbësore (kapitujt 12-26) të Librit të sotëm të Ligjit të Përtërirë. Leximi i Toras e shtyu Josian të shpallte një kohë pendese dhe reformimi, që përfshinte shkatërrimin e të gjitha vendeve të paautorizuara për adhurim në Judë.

Ka të ngjarë që, pjesa më e madhe e historisë sipas traditës së Ligjit të Përtërirë të ketë arritur formën e saj të tanishme gjatë kësaj **reforme të Josias** (apo të Ligjit të Përtërirë). Shkrimi i kësaj historie, në këtë kohë, do të shërbente për të shpalosur mënyrën, në të cilën populli i Perëndisë ishte larguar prej Tij gjatë gjithë historisë së Izraelit. Qëllimi i kësaj historie do të ishte që t'i bënte thirrje Izraelit për të qëndruar besnik ndaj Perëndisë dhe për ta adhuruar me të vërtetë Atë. Historia ishte shkruar, gjithashtu, për të shpalosur besnikërinë e vazhdueshme të Perëndisë për shtëpinë e Davidit në Mbretërinë Jugore, mbret i të cilës ishte Mbreti Josia. Reformimi dhe mbretërimi i Mbretit Josia mbartte në vetvete idealin e Ligjit të Përtërirë të Ligjit (*Torah*). Historia (Jozueu deri tek II Mbretërve 23:25) e sfidonte popullin të ecte në gjurmët e Josias, duke u penduar me gjithë zemër, dhe duke e vendosur shpresën vetëm në Perëndinë (shih II Mbretërve 23:24-25).

Megjithatë, brenda disa vjetëve pas reformës, populli përsëri u largua nga Perëndia, duke iu rikthyer adhurimit të

T Teologjia sipas traditës së Ligjit të Përtërirë

Historia sipas traditës së Ligit të Përtërirë paraqet katër çështjet mbizotëruese teologjike si vijon:

Së pari, historia sipas traditës së Ligit të Përtërirë paraqet aleancat politike dhe fetare me kombet fqinje si mëkati parësor i popullit të Perëndisë. Tek Gjyqtarët, deri tek II Mbretërve gjejmë shembuj të veçantë për sa i përket mënyrës se si Izraeli u largua nga Perëndia dhe rendi pas perëndive të tjerë (adhurimi i Baalit). Disa mbretër të Izraelit, lidhën aleanca me kombe të tjera apo i besuan forcës së vet ushtarake.

Së dyti, historia sipas traditës së Ligjit të Përtërirë i percepton, si rënien e Mbretërisë Veriore ashtu edhe mërgimin e popullit të Judës në Babiloni, si mallkime të Ligjit të Përtërirë në veprim. Populli u kthye drejt perëndive të tjerë dhe mbretërit lidhën aleanca politike–të dyja veprimet çuan në shkatërrimin e tyre. Për rrjedhojë, historia e Izraelit i jep përgjigje pyetjes "Pse jemi në mërgim?"

Së treti, historia sipas traditës së Ligjit të Përtërirë i jep shpresë kombit nën gjykimin e Perëndisë. Shkatërrimi nuk është kurrë fjala përfundimtare. Gjithmonë, shkruesit e kanë mbajtur lart shpresën se Perëndia do ta çlirojë përfundimisht popullin e Tij, edhe prej shkatërrimit, që ata vetë e kanë kërkuar. Historia përfundon me lirinë e Mbretit Jehojakin (II Mbretërve 25:27-30), që ishte shenja e lirisë së ardhshme të mbarë kombit.

Së katërti, shkruesit, i bëjnë thirrje kombit për pendesë. Historia sipas traditës së Ligit të Përtërirë vazhdimisht e lë të hapur ftesën që populli të kthehet nga varësia ndaj sistemeve fetare apo politike dhe t'i besojë Perëndisë. Të njëjtat tema shërbejnë si shqetësime kryesore teologjike në mesazhet e Profetëve të Mëvonshëm.

perëndive të tjerë. Në vetëm një çerek shekulli pas reformës, edhe Mbretëria Jugore u shkatërrua dhe shumë prej shtetasve të saj u morën në mërgim në Babiloni. Historianët e mbyllën historinë e Izraelit me popullin dhe mbretin e tyre në mërgim (II Mbretërve 23:26–25:30). Sidoqoftë, edhe ky përfundim tragjik nxirrte në pah shpresën se Perëndia, që ishte treguar besnik në të shkuarën, do të vazhonte ta mbante të hapur të ardhmen për popullin e Tij. Nga ana tjeter, populli duhej të pendohej dhe të jetonte me besnikëri.

Për historinë sipas traditës së Ligjit të Përtërirë, mund të paraqitet përvijimi i mëposhtëm:

Jozueu 1–12, Hyrja dhe ngulimi në tokën e premtimit
Jozueu 13–22, Shpërndarja e tokës
Jozueu 23–24, Lamtumira e Jozueut
Gjyqtarët 1–16, Historitë e gjyqtarëve
Gjyqtarët 17–21, Shpërbërja e fiseve
I Samuelit 1–12, Samueli dhe kalimi drejt monarkisë
I Samuelit 13–31, Mbretërimi i Saulit
II Samuelit 1–24, Mbretërimi i Davidit
I Mbretërve 1–11, Mbretërimi i Salomonit
I Mbretërve 12–II Mbretërve 17, Mbretëritë e ndara deri në rënien e Izraelit

---

T **Domethënia e "lidhjes"**

Kapitujt hyrës të Jozueut përçojnë shqetësimin e Ligjit të Përtërirë, që çdo brez i ri duhet të kuptojë lidhjen me brezat e mëparshëm. Do të ishte e lehtë për brezat që do të hynin në tokën e premtuar ta shihnin veten duke përjetuar një ditë krejt të re nën një udhëheqje të re. Megjithatë, Jozueu lidhet vazhdimisht me brezin e mëparshëm të Moisiut. Ndonëse po ndodhte diçka e re, ajo ishte vazhdimësi e një tabloje më të madhe që përfshinte brezin e mëparshëm.

II Mbretërve 18–25, Fundi i Mbretërisë së Judës dhe mërgimi në Babiloni

Libri i Jozueut

Libri i Jozueut, libri i parë i historisë sipas traditës së Ligjit të Përtërirë, ka të bëjë në rradhë të parë me mënyrën në të cilën izraelitët hynë dhe morën në zotërim tokën e premtimit. Pas vdekjes së Moisiut, populli i besëlidhjes u gjend në një proces sa formimi aq edhe transformimi. Deri në këtë çast, kishin ndodhur ngjarje të ndryshme dhe ishin dhënë udhëzime për veprime të mëtejshme. Megjithatë, jetës së përbashkët, si popull i besëlidhjes, i duhej dhënë trajtë sipas jetës reale në tokën e premtimit.

Mjedisi

Libri në formën e tij aktuale presupozon vendosjen e ngjarjeve në shekullin e 13të Para K. Jozueu doli si udhëheqës i Izraelit pas vdekjes së Moisiut. Libri trajton hyrjen e Izraelit në Kanaan nga fushat e Moabit në pjesën lindore të Lumit Jordan. Historitë e librit mund të vendosen gjatë periudhës së viteve 1240–1225 Para K.

Përmbajtja

Libri përshkruan historinë e hyrjes, marrjen në zotërim dhe shpërndarjen e tokës si një vepër solemne adhurimi. Tek Ligji i Përtërirë, Moisiu i kujtoi popullit se toka do të ishte dhuratë nga Perëndia. Historitë tregojnë se Jozueu dhe Izraeli e morën tokën si vepër adhurimi ndaj besnikërisë së Perëndisë. Historitë tek Jozueu mund të grupohen në katër pjesë:

1. Hyrja në tokën e premtuar (1:1–5:15)
2. Marrja në zotërim e tokës (6:1–12:24)
3. Shpërndarja e tokës (13:1–21:45)
4. Lamtumira e Jozueut dhe përtëritja e besëlidhjes (22:1–24:33)

■ Hyrja në tokën e premtuar (1:1–5:15)

Kapitulli hyrës i librit të Jozueut na tregon lidhjen e drejtpërdrejtë të udhëheqjes së Jozueut me atë të Moisiut. Megjithëse me hyrjen në tokën e premtuar filloi një epokë e re për popullin e Perëndisë, kjo epokë e re kishte lidhje të drejtpërdrejtë me atë që kishte bërë Perëndia në brezin e mëparshëm. Libri fillon me inkurajimin, që Perëndia i jep Jozueut, për të plotësuar detyrën e Moisiut, duke udhëhequr izraelitët për në Kanaan. Perëndia e siguroi Jozueun se Ai vetë do të ishte me të dhe e urdhëroi "ji i fortë dhe trim" ndërsa kryente detyrën (1:6, 9; shih v. 7).

Jozueu filloi detyrën duke i udhëzuar izraelitët të përgatiteshin për hyrjen në Kanaan (v. 10-15). Ai dërgoi dy zbulues në Jeriko për të parë vendin ku ata u takuan dhe u ndihmuan nga **Rahabi**, një kanaane (kap. 2). Rahabi, ndonëse joizraelite, e pa fuqinë e Perëndisë në veprim mes izraelitëve. Zbuluesit u kthyen me njoftime krejt ndryshe nga ato të 10 zbuluesve të një brezi më parë (shih Numrat 13–14). "Me siguri Zoti na e ka lënë në duart tona tërë vendin" (Jozueu 2:24).

Kapitujt 3–5 rrëfejnë me hollësi historinë e kapërcimit të Lumit Jordan dhe fushimin e Izraelit në Gilgal. Priftërinjtë, me arkën e besëlidhjes në krye, i prinin popullit për të kaluar matanë lumit. Sapo këmbët prekën ujin, ujërat u ndalën dhe populli ecte në tokë të thatë. Në këtë histori, brezi që hyri në tokën e premtuar, është i lidhur drejtpërdrejt me brezin paraardhës që kaloi Detin e Kallamave (pjesë e Detit të Kuq) (Eksodi 14). Të dyja historitë e ndarjes së ujërave shpalosin një tablo të plotë të shpëtimit të Perëndisë për popullin e Tij. Perëndia e çliroi popullin nga skllavëria në Egjipt si dhe *u dha* jetë në Tokën e Premtuar.

Me të mbaruar kalimi në anën tjetër të Jordanit, populli u përgjegj me tri vepra domethënëse. Izraelitët ngritën 12 gurë në Jordan si përkujtimore e çlirimit nga Perëndia për brezat e ardhshëm, sipas urdhërimit të Moisiut (Ligji i Përtërirë 27:2). Së dyti, në fushimin në Gilgal, Jozueu rrethpreu të gjithë meshkujt izraelitë si shenjë përkatësie në bashkësinë e besëlidhjes. Së fundi, kombi festoi Pashkën për herë të

T   Lufta e shenjtë dhe mbretëria e Perëndisë

Historitë e ndryshme të betejave në librin e Jozueut pasqyrojnë praktikën e lashtë të **luftës së shenjtë**. Në këtë veprim, njerëzit luftonin në emër të Perëndisë. Perëndia u jepte fitore. Duke qenë se beteja i takonte Perëndisë, gjithçka që fitohej i takonte Atij. Për rrjedhojë, gjithçka, që kapej në luftë, i kushtohej apo flijohej Perëndisë me shfarosje (*cherem*).

Këto histori i prezantojnë krishterët e kohëve të sotme me një sfidë. Megjithatë, histori të luftërave të tilla duhen kuptuar së pari në dritën e këndvështrimit të tyre teologjik. Theksi i traditës së Ligjit të Përtërirë, mbi luftën e shenjtë, tregon për domosdoshmërinë që populli i Perëndisë të mos ndjekë mënyrat e botës. Populli i Perëndisë është i huaj dhe shtegtar në këtë botë (Hebrenjve 11:8-12). Megjithëse janë "në botë", ata nuk janë "prej botës" (Gjoni 17:11, 14). Prandaj, historitë e luftës së shenjtë nuk duhet të merren asnjëherë si model për ngritjen e mbretërisë së Perëndisë. Kryqi i Jezusit na tregon se fuqia fituese e popullit të Perëndisë nuk gjendet tek vrasja e armikut, por tek dorëzimi i jetës tonë dhe sakrifikimi për të tjerët.

parë që prej daljes nga Egjipti 40 vjet më parë.

Pjesa e parë e Jozueut mbyllet me takimin e Jozueut me një "burrë". Jozueu donte të dinte se në anën e kujt ishte ky "burrë". Kjo qënie e misterhsme u identifikua si "**kreu i ushtrisë së Zotit**" (5:13-15). Për Jozueun, kjo ishte një kujtesë e rëndësishme se beteja i takonte Zotit.

■ Marrja në zotërim e tokës (6:1–12:24)

Kjo pjesë fillon me historinë e njohur të marrjes së Jerikos. Rrëfenja në kapitullin 6 tregon saktësi të madhe liturgjike me përsëritjen e numrit shtatë gjatë historisë (p.sh. shtatë priftërinj me shtatë brirë dashi; në ditën e shtatë marshimi shtatë herë rreth qytetit). Theksi mbi shkatërrimin e plotë të qytetit dhe banorëve të tij është tregues i natyrës së marrjes së Jerikos si vepër adhurimi. Gjithçka duhej vendosur nën *cherem*-in apo në shfarosje si flijim.

Sulmi i pasuksesshëm mbi Ai-n jep një kundërvënie të drejtpërdrejtë me historinë e Jerikos (kap. 7). Perëndia i zbuloi Jozueut se Izraeli dështoi në këtë fushatë ushtarake sepse ata i mbajtën disa prej "gjërave të kushtuara" për vete. Me anë të hedhjes së shortit, Jozueu zbuloi se fajtori ishte **Akani**. Izraeli e dënoi me vdekje Akanin dhe familjen e tij bashkë me gjithçka zotëronte. Edhe njëherë, izraelitët dolën kundër qytetit të Ait, dhe këtë here patën sukses (kap.8). Të marra së bashku, historitë e Jerikos dhe Ait reflektojnë bindjen profetike/sipas traditës së Ligjit të Përtërirë, se toka e premtimit nuk duhej parë kurrë si fitim personal, por gjithmonë si dhuratë nga Perëndia.

Pas ndërtimit të një altari në Malin Ebal dhe leximit të Ligjit (*Torahut*) të Moisiut në prani të popullit (8:30-35),

Jozueu ndërmori dy fushata të tjera ushtarake për të pushtuar pjesën e mbetur të vendit. Fushata e pare u bë kundër pesë qytet-shteteve në jug. Me dinakëri, **gabaonitët** i mashtruan izraelitët për të lidhur një traktat që garantonte mbrojtjen e tyre (kap.9). Jozueu më vonë zbuloi mashtrimin e gabaonitëve dhe i vuri të punojnë si "druvarë dhe bartës të ujit" (v. 21). Pesë qytet-shtetet e Jeruzalemit, Hebronit, Jarmuthit, Lakishit dhe Eglonit e sulmuan Gabaonin në shenjë hakmarrjeje për traktatin e tij me Izraelin. Izraelitët erdhën në ndihmë të gabaonitëve dhe i mposhtën këto qytet-shtete. Qytet-shtetet u përfshinë në fisin jugor izraelit të Judës (kap.10).

Me territoret qendrore dhe jugore, tashmë nën kontrollin Izraelit, Jozueu udhëhoqi një fushatë të tretë në veri (kap.11). Nën

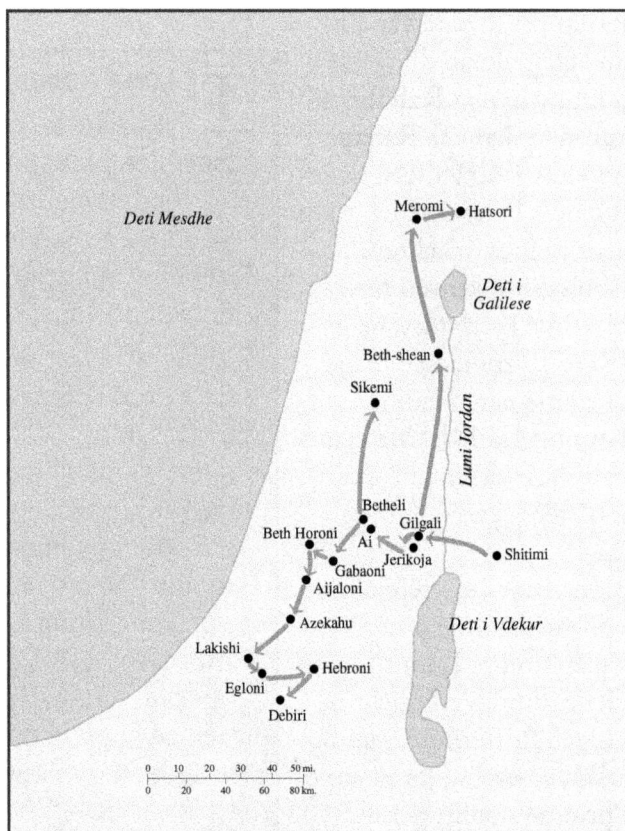

Deti Mesdhe

Meromi   Hatsori

Deti i Galilese

Beth-shean

Sikemi

Lumi Jordan

Betheli

Beth Horoni   Ai   Gilgali

Gabaoni   Jerikoja   Shitimi

Aijaloni

Azekahu

Deti i Vdekur

Lakishi

Egloni   Hebroni

Debiri

0   10   20   30   40   50 mi.
0   20   40   60   80 km.

Pushtimi i pjesës qendrore, jugore dhe veriore të Kanaanit nga Izraeli

H **Pushtimi i Kanaanit**

Shënime të ndryshme në Librin e Jozueut dhe vëzhgime në Librin e Gjyqtarëve tregojnë, se Jozueu dhe izraelitët nuk e pushtuan të gjithë Tokën e Premtuar. Kapitulli i pare i Gjyqtarëve përshkruan banorët që mbetën në vendin e Kanaanit.

Të dhëna arkeologjike nuk tregojnë për një shkatërrim masiv të Kanaanit apo ndryshim të plotë kulturor në shekullin e 13-të Para K. Megjithatë, ka tregues të pranueshëm arkeologjikë, se zona të ndryshme kanë përjetuar shkatërrim të dhunshëm gjatë kësaj periudhe. Disa vende arkeologjike tregojnë gjithashtu një ndryshim në një nivel kulturor më pak të sofistikuar. Në shumë raste, izraelitët duket se thjesht kishin vendosur ngulimet e tyre bashkë me vendasit kanaaneas, shpesh duke jetuar në paqe dhe duke i përvetësuar zakonet e fqinjëve të tyre të rinj.

Tregues arkeologjikë dhe historikë, si dhe studime kulturore dhe antropologjike, i kanë çuar studiuesit biblikë në postulimin e teorive të ndryshme mbi ngulimin e Izraelit në Kanaan. Disa studiues biblikë sugjerojnë se Izraeli e pushtoi vendin jo me anë të një pushtimi të vetëm të unifikuar, por me anë të migrimit të fiseve të ndryshme gjysmë-nomade në periudha të ndryshme. Këto fise gjysmë-nomade të Izraelit hynë në vend në një mënyrë më paqësore për të kërkuar një vendndodhje bujqësore të qëndrueshme për jetën e tyre.[3] Të tjerë sugjerojnë se kanaanejtë vendas, që ishin nën sundimin shtypës të mbretërve të qytet-shteteve, i mirëpritën izraelitët që erdhën në atë vend në emër të Zotit. Gjithashtu, ata mendojnë se këta kanaanej janë bashkuar me izraelitët dhe kanë luftuar kundër shtypësve të tyre.[4]

Megjithëse këto teori mund të kenë një fare vlefshmërie, rrëfimi biblik nuk i mbështet përfundimet e tyre. Nga këndvështrimi i historisë, sipas traditës së Ligjit të Përtërirë, njerëzit e Izraelit e morën në zotërim token si një vepër adhurimi si përgjigje ndaj Perëndisë, që i kishte nxjerrë nga Egjipti.

drejtimin e mbretit të qytet-shtetit të njohur të Hatsorit, koalicioni i qytet-shteteve të veriut luftuan kundër Izraelit. Fitorja ishte dukshëm në anën e izraelitëve dhe Hatsori u shkatërrua plotësisht.

Rrëfenja tregon se këto fushata në pjesën qendrore, jugore dhe veriore mundësuan Izraelin të marrë në zotërim Tokën e Premtuar. Historitë e pushtimit mbyllen me thënien: "Kështu Jozueu shtiu në dorë tërë vendin, pikërisht ashtu siç i kishte thënë Zoti Moisiut; Jozueu ia la pastaj si trashëgim Izraelit, simbas ndarjeve të tyre në fise" (11:23).

■ Shpërndarja e Tokës (13:1–21:45)

Në kapitujt 12 deri në 21, gjejmë hollësi të veçanta që kanë të bëjnë me shpërndarjen e tokës për secilin fis. Ndërsa leximi i këtij materiali mund të bëhet lehtësisht monoton, ajo që mund të nxirret nga këto hollësi ka vlerë shumë të madhe. Në këndvështrimin e traditës së Ligjit të Përtërirë, toka nuk i përkiste një kombi të caktuar, partie politike, apo mbreti. Në fund të fundit, toka ishte pronë e Perëndisë dhe Ai i kishte dhënë çdo fisi një parcelë toke si trashëgimi për t'u mbajtur brenda secilës njësie familjare përjetësisht. Për këtë arsye, profetët e Izraelit,

Me shpërndarjen e tokës fiseve të ndryshme, Jozueu ngriti 6 qytete strehimi (kap. 20) dhe 48 qytete për levitët (kap. 21), sipas udhëzimeve të Moisiut (Ligji i Përtërirë 18:1-8; 19:1-10). **Qytetet e strehimit** i lejonin personat e akuzuar për krime kapitale një proçes gjyqësor të drejtë. Qytetet e levitëve u siguronin levitëve një vend për të banuar duke qenë se këtyre priftërinjve shëtitës nuk u ishte caktuar një territor specifik.

■ Lamtumira e Jozueut dhe përtëritja e besëlidhjes (22:1–24:33)

Historia e pushtimit dhe vendosjes së Izraelit në Kanaan mbyllet me adhurim. Pas ngulimit të fiseve, populli u mblodh për një ligjëratë lamtumire nga udhëheqës i vet (kap. 23), si dhe përtëritjen e besëlidhjes me Perëndinë dhe njeri-tjetrin (kap. 24). Periudha e udhëheqjes nga Jozueu u mbyll ashtu si ajo e Moisiut. Veprimi përfundimtar i të dy udhëheqësve ishte çuarja e popullit drejt përtëritjes së besëlidhjes (shih Ligji i Përtërirë 27–28).

Predikimi i fundit nga Jozueu i përsërit qartë këshillimet e pararendësve të tij. Ai e udhëzoi popullin të zbatonte me kujdes Ligjin (*Torah*) e Moisiut (23:6) dhe të mos

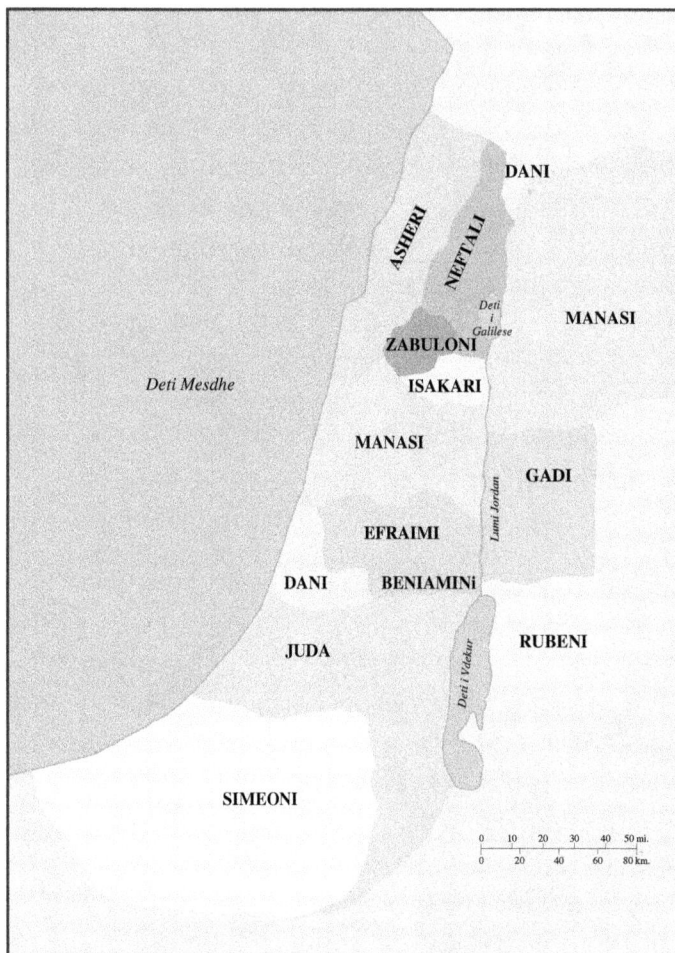

Ngulimet e 12 fiseve të Izraelit

si për shembull, Elia, Amosi, Mikea dhe Isaia kritikuan ashpër veprimin e heqjes së trashëgimisë së tokës nga familjet. (I Mbretërve 21; Amosi 8:4-6; Mikea 2:1-2, 9; Isaia 5:8).

A **Përmendja e parë e Izraelit**

Himni i fitores së Mer-ne-Ptah përmban rastin më të hershëm të përmendjes së Izraelit, të zbuluar deri tani. Afër fundit të shekullit të 13-të Para K., mbreti egjiptas Mer-ne-Ptah udhëhoqi një fushatë të susksesshme kundër rebelëve në Kanaan. Në një himn, që kremton fitoren, thuhet se Izraeli është shndërruar në rrënojë dhe asnjë nuk ka mbijetuar. Megjithatë, termi *Izrael*, në këtë himn i referohet një grupi njerëzish dhe jo një vendndodhjeje gjeografike. Në këtë pikë, njerëzit duket se kanë qenë ende në procesin e ngulimit në tokën e premtuar.[5]

> **K** **Traktati zotër-vasalë**
>
> Historia e përtëritjes së besëlidhjes, përshkruar tek Jozueu 24, përfshin elementë të ndryshëm të traktateve në lashtësi midis zotërve dhe vasalëve të tyre, shpesh të quajtur traktate zotër-vasalë. Këto elemente përfshijnë: hyrjen historike që përshkruan marrëdhënien midis të zotit dhe vasalit (v. 2-13); kërkesat e traktatit, (v. 14-15); një dokumentim me shkrim të kërkesave të traktatit (v. 25-26); dhe thirrja e dëshmitarëve për traktatin (v. 22-27).

përzihej me kombet e tjera (v. 7) apo të martohen me të huajt (v. 12). Gjithashtu, ai e kujtoi popullin se është Perëndia që lufton për popullin (V. 10).

Në kapitullin përmbyllës, Jozueu e udhëhoqi popullin në pertëritjen e besëlidhjes së tyre në vendin qendror të adhurimin në **Sikem**. Shërbesa e **përtëritjes së besëlidhjes** filloi me një përmbledhje të zgjeruar të historisë së popullit me Perëndinë (24:1-13). Në këtë përmbledhje, Jozueu e përqendroi vëmendjen në veprimtarinë e vetë Perëndisë. Ai e mbyll me kujtesën se Perëndia i kishte dhënë popullit një tokë, të cilën nuk e kishin punuar, dhe qytete të cilat nuk i kishin ndërtuar. Vetë identiteti i izraelitëve mbështetej mbi veprimtarinë hirëplotë të Perëndisë karshi tyre.

Si përgjigje ndaj hirit që Perëndia kishte shfaqur ndaj Izraelit, Jozueu i bëri thirrje popullit të angazhohej të bënte një jetë "tërësisht" dhe "plotësisht" me përkushtim ndaj Tij (v. 14). Ai e sfidoi gjithashtu popullin të hiqte çdo perëndi, të cilit mund

t'i shërbenin. *Jehovah* (Zoti) ishte i vetmi Perëndi që i kishte shpëtuar; prandaj, vetëm Zoti mund të ishte objekti i nderimit dhe shërbimit të tyre.

Populli me entuziazëm u përgjigj duke thenë se kurrë nuk do ta braktisnin Perëndinë për t'u shërbyer perëndive të tjerë. Jozueu e mbylli shërbesën duke bërë një besëlidhje me popullin, duke shkruar rregulla të ndryshme, dhe në fund duke ngritur një gur si dëshmi në lidhje me vendimin e popullit për t'i shërbyer Perëndisë me gjithë zemër (v. 25-27).

Libri mbyllet me përshkrimin e vdekjes së Jozueut (v. 29-30) dhe varrimin e eshtrave të Jozefit në Sikem. Para se të vdiste, Jozefi kishte parashikuar se Perëndia do ta vizitonte popullin e Tij dhe do t'i sillte në tokën që ua kishte premtuar paraardhësve të tyre (Zanafilla 50:24-25). Këtu gjejmë jo vetëm përmbushjen e asaj shprese, por edhe mbylljen e duhur të historisë së Jozefit. Biri i mërguar i Jakobit gjeti prehje në Tokën e Premtuar.

Tani që premtimi i Perëndisë për Izraelin u përmbush, mbetet pyetja: A do t'i qendronte besnik besëlidhjes me Perëndinë populli i Izraelit? A do t'i shërbenin Atij me gjithë zemër? A do t'i refuzonin perënditë e Kanaanit? A do ta refuzonin kulturën e Kanaanit? Këtyre pyetjeve u kushtohet vëmendje në librin vijues, Libri i Gjyqtarëve.

Fjali përmbledhëse

- "Historia sipas traditës së Ligjit të Përtërirë" interpreton jetën e Izraelit përmes këndvështrimit të mesazhit të Moisiut në librin e Ligjit të Përtërirë.
- Libri i Jozueut lidh drejtpërdrejt brezin që hyri në tokën e premtuar me brezin e Moisiut
- Izraeli hyri në Kanaan dhe e pushtoi atë vend si shenjë adhurimi e mirënjohje ndaj Perëndisë, që ia kishte dhënë këtë vend popullit të Tij

- Thirrja për t'i shërbyer Perëndisë plotësisht mbështetet në vepër hirëplotë të Perëndisë dhe identitetit aktual të Izraelit si populli i Perëndisë.

Pyetje për reflektim

1. Në ç'mënyra mund ta transmetojë besimin populli i Perëndisë me besnikëri nga njëri brez në tjetrin?
2. Si mund të mbetet populli i Perëndisë i dallueshëm nga shoqëria mbizotëruese në të cilën jeton?
3. Si mundet populli i Perëndisë t'i shërbejë Perëndisë "me gjithë zemër" dhe "në mënyrë të pandarë"?
4. Në ç'mënyrë duket Jozueu si "Moisiu i dytë"?
5. Si e transmeton Libri i Jozueut zotërimin e vendit si shenjë adhurimi?

Burime për studime të mëtejshme

Coote, Robert B. *The Book of Joshua: Introduction, Commentary and Reflections.* Vëll. 2 i The New Interpreter's Bible (Nashville: Abingdon Press, 1998), 553-719.

Hess, Richard S. *Joshua: An Introduction and Commentary.* Downers Grove, Ill.: InterVarsity Press, 1996.

Woudstra, Marten H. *The Book of Joshua. New International Commentary on the Old Testament.* Grand Rapids: Eerdmans, 1981.

13 Krizat morale dhe shpirtërore të Izraelit: Gjyqtarët dhe Ruthi

Objektivat

Studimi i këtij kapitulli do t'ju ndihmojë:

- Të diskutoni sfidat fetare dhe kulturore me të cilat u përballën izraelitët gjatë viteve të para të ngulimit të tyre në Kanaan.
- Të vlerësoni kërcënimin e baalizmit ndaj adhuruesve të Perëndisë.
- Të përshkruani rolin e gjyqtarëve.
- Të shpjegoni ciklin e hakmarrjes në kontekstin e historisë sipas traditës së Ligjit të Përtërirë.
- Të bëni vlerësimin e portretizimit të dobësive të gjyqtarëve të ndryshëm.
- Të përshkruani mesazhet qendrore të Librit të Ruthit.

Fjalët kyçe për të kuptuar

Baali
Cikli ndëshkimi
Feja e pjellorisë
Asherahu/Asherothi
Gjyqtarët
Ehudi
Debora
Kantiku i Deboras
Baraku
Gedeoni
Abimeleku
Fabula e Jothamit
Jefteu
Sansoni
Filistejtë
Nazireo
Ruthi
Kethubim
Megilloth
Martesa "levirate" (Martesa me vejushën e vëllait)
Shpenguesi (*go'el*)

Disa pyetje që duhen marrë parasysh ndërsa lexoni:

1. Cilat janë disa prej tipareve dalluese të kulturës së krishterë që janë në kundërshtim me kulturën ku jetoni?

2. Çfarë i ndodh një populli kur humbet kujtesën e traditave të tij apo shkëputet nga brezat e mëparshëm?

Pas vdekjes së Jozueut, populli i Perëndisë filloi procesin e gjatë për ta kthyer Tokën e Premtuar në shtëpinë e tyre të përhershme. Fillimi i ri i Izraelit në Tokën e Premtuar po përballej me sfida të vështira. Kombi ishte vendosur pak a shumë në vendin e ri, megjithëse kishte ende shumë zona që ishin nën kontrollin e kanaanejve. Duket se populli i Izraelit shqetësohej gjithnjë e më shumë për të përdorur strategji të reja për mbijetesë në atë vend sesa vazhdimin e marrjes së pjesës tjetër të Tokës së Premtuar. Libri i Gjyqtarëve tregon se në këtë fazë të historisë, kombi kaloi nëpër kriza të mëdha kulturore, morale dhe frymërore.

historitë e tij i referohen kohëve të vjetra kur jetonin heronj e heroina luftëtare. Ka shumë të ngjarë që fise të ndryshme të Izraelit të kenë treguar, për breza me rradhë, për bëmat, besimin dhe dështimet e disa gjyqtarëve-luftëtarë. Çdo brez i ri do të kishte mësuar si veçoritë pozitive ashtu edhe ato negative të këtyre udhëheqësve, si persona që duheshin ndjekur në disa raste, apo si shembuj që duheshin shmangur në raste të tjera.

Libri i Gjyqtarëve

Titulli dhe autorësia

Titulli i këtij libri është emërtuar me vend sipas personazheve qendrore në historitë e tij. Megjithëse ky libër është pjesë e historisë sipas traditës së Ligjit të Përtërirë, që ishte hartuar gjatë një periudhe të mëvonshme,

Mjedisi

Për rreth 200 vjet (afërsisht nga 1220 Para K. deri në 1050 Para K.), Izraeli ishte përpjekur të vendosej në tokën që mbizotërohej nga ideologjitë fetare, kulturore, dhe politike të kanaanejve. Pas vdekjes së Jozueut, fiset e Izraelit nuk patën unitet dhe një udhëheqësi të fortë kombëtare. Udhëheqësit e familjes, klanit dhe fisit udhëhiqnin në nivele të ndryshme vendore. Kjo periudhë e përballi popullin e Perëndisë me dy sfida domethënëse: së pari, vështirësia e kalimit nga mënyra gjysmë-

Një altar kananas në Megido

shtegëtare e banimit në shkretëtirë në të shkuarën, në një stil jete bujqish me vendbanim të përhershëm; së dyti, organizimi i jetës në shoqëri si një popull besëlidhjeje pa ndihmën e një udhëheqësi kombetar të fortë. Historia në librin e Gjyqtarëve tregon se në të dyja këto fusha, Izraeli iu nënshtrua trysnisë së kulturës mbizotëruese që i rrethonte.

Përmbajtja

Veçoria karakteristike e Librit të Gjyqtarëve është cikli i përsëritur katërfaqësh i jetuar nga izraelitët. Së pari, izraelitët në mënyrë të përsëritur largoheshin nga të adhuruarit të Perëndisë për të adhuruar **Baalin**, apo bënin atë që ishte "keq në sytë e Zotit" (2:11). Në reagim ndaj apostazisë (braktisjes) së tyre, Perëndia i dorëzoi në duart e një kombi pushtues (v. 14). Si rrjedhojë e shtypjes nga kombi armik, populli thërriste për ndihmë (v. 15, 18). Në fund, Perëndia u dërgonte një çlirues apo "gjyqtar" për të luftuar armikun (v. 16, 18). Për sa jetonte gjyqtari, vendi jetonte në paqe. Por, kur gjyqtari vdiste, cikli fillonte edhe

njëherë nga e para. Ky **cikël ndëshkimi** na jep kuadrin e përgjithshëm për histori të ndryshme të gjyqtarëve.

Ky model katërfaqësh i apostazisë, dhënies në duart e një armiku, thirrjes për ndihmë dhe çlirimit, pasqyron shumë qartë shqetësimet parësore teologjike të historisë sipas traditës së Ligjit të Përtërirë. Me këtë paradigmë në sfond, një pjesë e madhe e pjesës në vijim të librit paraqet shembuj specificë, në të cilët realizohet cikli.

T **Tërheqja joshëse e Baalizmit**

Problemi i adhurimit të Baalit nga Izraeli shkonte më thellë sesa shkelja e urdhërimit të parë. Populli i Perëndisë e copëzonte ekzistencën e tij dhe praktikonte si besimin tradicional e tyre ashtu edhe sistemin e bindjeve dhe besimit të fqinjëve të tyre kanaanë. Ndonëse vazhduan ta shohin Perëndinë si Shpëtimtarin e tyre nga armiqtë, adhurimi i Baalit shumë izraelitëve u dukej të ishte mënyra e përkryer për ta bërë të suksesshme jetën e përditshme. Në kulturën tone të orientuar ndaj konsumit, baalizmi vazhdon joshjen e tij me oferta tërheqëse nga sisteme ekonomike, politike, dhe fetare. Gjithsesi, populli i Perëndisë duhet të jetojë me anë të së vërëtetës se "njeriu nuk rron vetëm me bukë, por rron me çdo fjalë që del nga goja e Zotit" (Ligji i Përtërirë 8:3, shih edhe Mateu 4:4).

K **Feja kanaane**

Adhurimi i Baalit ishte karakteristikë e fesë kanaane. Si **fe e pjellorisë**, baalizmi funksiononte për të përmbushur nevojat e një populli bujqësor.[1] Adhurimi i Baalit mbështetej në mitin ciklik, sipas të cilit Baali ishte marrë rob në botën e nëndheshme nga perëndia i vdekjes (Mot). Kanaanejtë e lidhnin thatësirën dhe zinë e bukës, si dhe mungesën e frytshmërisë së tokës me robërinë e Baalit. Gjithashtu, ata besonin se në kohën e duhur, bashkëshortja e Baalit, **Asherahu** (apo në disa raste e njohur si **Asherothi** ose Anati) do të zbriste në botën e nëndheshme dhe do të shpëtonte Baalin. Baali dhe bashkëshortja e tij do të përfshiheshin në veprimtari seksuale që, për rrjedhojë, do ta bënte tokën pjellore dhe të frytshme. Ky cikël përsëritej çdo vit, gjë që bënte të mundur që toka të prodhonte gjithmonë.

H　Roli i gjyqtarëve

Në ditët e hershme të Izraelit në Kanaan, 12 fiset ishin të organizuara në njësi më të mëdha jo të ngurta, ndoshta ngjanin më shumë me një konfederatë fisesh relativisht të pavarur. Duket se drejtuesit e familjes apo pleqtë merrnin vendime të rëndësishme që preknin klanet dhe familjet brenda secilit fis. Megjithatë, mosmarrëveshjet ndërmjet fiseve duket se u liheshin juridiksionit të "**gjyqtarëve**" (në hebraisht: *shophetim*) që i gjejmë në Librin e Gjyqtarëve. Ndonëse disa prej udhëheqësve të hershëm të Izraelit nuk identifikohen specifikisht si *gjyqtarë*, folja në hebraisht e përdorur për veprimtarinë e tyre parësore (*shaphat*, që do të thotë "gjykoj") tregon për këtë rol. Personi që kryen funksionin e *shaphati-it* është ai që vendos drejtësinë apo merr vendime ligjore.

Gjithsesi, roli parësor i gjyqtarëve ishte të udhëhiqnin fiset në luftën kundër armiqve që kërkonin të merrnin kontroll mbi vendin. Përgjatë gjithë Librit të Gjyqtarëve, shohim se Fryma e Perëndisë ka fuqizuar persona të ndryshëm për të udhëhequr fushata ushtarake. Pas fitores, udhëheqësit ushtarakë

■ Të huaj në dhé të huaj (1:1–2:23)

Dy kapitujt e hapjes përgatisin truallin për historinë e librit. Pavarësisht nga udhëzimet përfundimtare të Jozueut, pjesa më e madhe e fiseve nuk vazhdoi t'i dëbonte kanaanejtë nga vendi. Perëndia i kishte paralajmëruar izraelitët se kanaanejtë dhe perënditë e tyre do të ishin kërcënim për jetën e tyre në vazhdim në vendin e Kanaanit, pasi Izraelitët nuk iu bindën udhëzimeve të Tij. Rrëfimtari bën më pas një përmbledhje të ciklit të ndëshkimit që Izraeli përjetoi në 200 vjetët që pasuan.

■ Othnieli, Ehudi, dhe Shamgari (3:1-31)

Kapitulli 3 paraqet historitë e tre "gjyqtarëve". Cikli i ndëshkimit filloi me largimin e Izraelit nga Perëndia dhe adhurimi për Baalin. Perëndia i dorëzoi në duart e mbretit të Aramit, Kushan-Rishathaimit. Kur i thirrën Perëndisë për ndihmë, Fryma e Zotit fuqizoi Othnielin për të rrëzuar pushtetin e mbretit

Rrëfenja në Librin e Gjyqtarëve mund të ndahet si më poshtë:
1. Hyrje (1:1–2:23)
2. Gjyqtarët e Izraelit (3:1–16:31)
3. Histori të ndryshme (17:1–21:25)

T　Teologjia e dobësisë

Historitë e ndryshme të gjyqtarëve nxjerrin në pah dy veçori domethënëse. Në përshkrimin e armiqve përfshihet përmendja e veçantë e forcës, pasurisë apo pushtetit të tyre. Atë që Perëndia e ngrinte si "gjyqtar", ishte shpesh person me një status të dobët apo të ulët. Në të gjitha këto raste, Fryma e Zotit është burimi që fuqizon. Gjyqtarët korrin fitore, jo me anë të forces së tyre, por me forcën e Zotit. Historitë e shprehin shumë qartë bindjen se Perëndia e shpalos forcën e Tij nëpërmjet të dobtëve dhe të pafuqishmëve.

Shekuj më vonë, apostulli Pal tha se fuqia e Perëndisë përsoset në dobësinë e njeriut. Duke reflektuar mbi përovjën e tij, ai i deklaroi Kishës së Korintit: "Kur jam i dobët, atëherë jam i fortë" (II Korintasve 12:10)

dhe për të çliruar izraelitët. Për sa ishte gjallë ai, izraelitët jetuan në paqe.

Pas vdekjes së Othnielit, izraelitët përsëri u larguan nga Perëndia. Mbreti Eglon i Moabit e pushtoi Izraelin dhe sundoi mbi të për 18 vjet. Si përgjigje e thirrjes së izraelitëve, Perëndia përgatiti Ehudin, një mëngjarash, për të çliruar popullin. Pas **Ehudit**, Shamgari e çliroi Izraelin nga Filistejtë.

▪ Debora (4:1–5:31)

Kapitulli 4 përmban historinë e profeteshës/gjyqtares **Debora**. Kjo pasohet nga **Kantiku i Deboras** (kap. 5), që shumë studiues e shohin si një prej pjesëve poetike më të lashta në Dhiatën e Vjetër.

Historia e Deboras fillon me përshkrimin e zakonshëm të apostazisë së Izraelit dhe shtypjen e mëpastajme nga Jabini, mbreti i qytet-shtetit kanaan të Hatsorit, Izraelitët përsëri i thirrën Perëndisë për ndihmë. Debora, që ishte tashmë duke zgjidhur mosmarrëveshje ligjore, caktoi **Barakun** të udhëheqë izraelitët në betejë kundër Jabinit dhe gjeneralit të tij, Sisera. Me Perëndinë në anën e tyre, këmbësoria e Barakut, megjithëse e pajisur keq, i dëboi forcat e Siserës të përforcuara me qerre lufte. Sisera ia mbathi dhe gjeti strehë tek një aleat i vet, Keneu Heberi. Gruaja e Heberit, Jaela, i dha për të pirë, dhe ndërsa ai flinte, i nguli një pykë në tëmtha. Sado tmerruese mund të duken këto hollësi në këtë histori, edhe njëherë theksi vihet mbi fitoren e Perëndisë me anë të të dobtëve dhe të pafuqishmëve në botë.

▪ Gedeoni dhe Abimeleku (6:1–9:57)

Perëndia ngriti **Gedeonin** për të çliruar izraelitët nga shtypja e madianitëve. Ai i dha fitore Gedeonit me 300 ushtarët, që kishte më pak të ngjarë të fitonin, të cilët ai i

zgjodhi nga mesi i një ushtrie izraelite prej 32 000 ushtarësh. Suksesi i Gedeonit e shtyu popullin t'i kërkojë atij të bëhej mbreti i tyre. Megjithatë, ai refuzoi kërkesën e tyre duke përsëritur bindjen e tij se Perëndia ishte mbret mbi popullin e Tij (8:23).

Kapitulli 9 tregon për përpjekjet e **Abimelekut**, një prej bijve të shumtë të Gedeonit, për t'u bërë mbret. Pas therjes së 70 vëllezërve të tij, Abimeleku u vetëshpall mbret i Izraelit. Vetëm Jothami, djali më i vogël i Gedeonit, ia doli t'i shpëtonte masakrës. Jothami qëndroi në Malin Gerezim dhe u tregoi banorëve të Sikemit një fabul që sherbente si satire ndaj atyre personave që përdorën pushtet despotik (shih **fabulën e Jothamit** tek 9:8-15).

▪ Tola, Jairi dhe Jefteu (10:1–11:40)

Pas përmendjes së shkurtër së historisë së Tolas (10:1-2) dhe Jairit (v. 3-5), historia fokusohet mbi **Jefteun** në kapitujt 10 dhe 11. Këtë herë, shtypësit e Izraelit ishin amonitët. Perëndia dërgoi Jefteun, birin e një prostitute dhe komiti, si çliruesin e rradhës për izraelitët. Para se të shkonte në betejë, ai u betua se do të flijonte cilindo që do të dilte e para nga shtëpia e tij kur të kthehej me fitore. Kur u kthye në shtëpi, personi i parë që i doli për ta përshëndetur ishte e bija, fëmija i vetëm që kishte. Për të përmbushur premtimin e tij, Jefteu bëri një flijim njeriu, që ishte një vepër e neveritshme për popullin e Perëndisë.

▪ Ibtsani, Eloni, Abdoni, dhe Sansoni (12:1–16:31)

Rrëfimtari përmend shkurtazi historinë e gjyqtarëve Ibtsan, Elon dhe Abdon (12:8-15) dhe vazhdon me një tregim të hollësishëm të historisë së **Sansonit** (kapitujt 13-16). Tek Sansoni shohim degjenerimin e plotë të pozitës së gjyqtarit.

Historia e Sansonit fillon me një referim të apostazisë së Izraelit. Këtë herë, shtypësit ishin **filistejtë**, që kishin pushtuar pjesën jugperëndimore të ultësirës bregdetare të Kanaanit.

Prindërit e kishin rritur Sansonin si **Nazireo** (shih Numrat 6). Kapitujt 14–16 pëshkruajnë forcën e madhe dhe karakterin e mprehtë të Sansonit. Megjithatë, gjatë gjithë historisë, ndërthuret një fill i përsëritur i veprimeve vetëshkatërruese të heroit. Veprimtaritë e tij treguan se betimi i Nazireos kishte pak, në mos aspak kuptim për të. Sidoqoftë, pavarësisht mosbesnikërisë së Sansonit, Perëndia qëndroi besnik dhe e mbushi me Frymën e Tij, duke bërë të mundur që Sansoni të kryente mrekulli të mëdha.

▪ Ditët e fundit të Gjyqtarëve (17:1–21:25)

Në pesë kapitujt e fundit të Librit të Gjyqtarëve, ndjejmë se sa të shpërndara e të palidhura ishin fiset e Izraelit. Gjatë gjithë librit, shpesh shohim grimca të "pavarësisë" relative të çdo fisi. Në këtë pjesë, rrëfimtari përfshin dy shembuj të veçantë të tensionit në rritje që ekzsitonte midis fiseve. Fisi i

---

T **Izraeli i pabesë**

Historia e Sansonit portretizon në mënyrë të gjallë Izraelin si komb. Gjithashtu, izraelitët kishin një betim, një besëlidhje me Zotin. Në zemër të këtij betimi ishte angazhimi për t'i shërbyer Perëndisë dhe të mbetej një popull i ndarë mënjanë nga bota. Megjithatë, vazhdimisht, populli i Perëndisë "flirtoi" dhe shpesh u bashkua me fqinjët dhe perënditë e tyre. Gjithsesi, Perëndia vazhdoi të tregohej besnik duke dërguar Frymën e Tij mbi gjyqtarë të ndryshëm që çlironin izraelitët nga robëruesit. Pavarësisht nga trazirat, tradhëtia dhe pasiguria gjatë viteve të hershme në tokën e premtimit, Perëndia kurrë nuk e braktisi popullin e Tij.

Danit vendosi të migrojë në drejtim të veriut si rrjedhojë e kërcënimit në rritje të filistejve. Megjithatë, gjatë shtegtimit të tyre, danitët jo vetëm që vodhën objekte adhurimi por edhe morën një prift nga fisi i Efraimit. Me të arritur në veri, ky fis ngriti qytetin e Danit dhe vendosën një objekt adhurimi të vjedhur si idhull. Më vonë, qyteti i Danit u bë një prej dy vendeve të përcaktuara për adhurim nga Jeroboami I si rivale të Jeruzalemit (shih I Mbretërve 12:26-30).

Kapitujt 19—21 tregojnë ngjarje tragjike që çuan në luftën e Izraelit me fisin e Beniaminit. Pjesa tjetër e fiseve të Izraelit vendosën të ndëshkojnë beniaminitët, pasi

---

T **Një komb i ndarë**

Kapitujt e fundit të Librit të Gjyqtarëve tregojnë, jo vetëm një mungesë të një udhëheqjeje kombëtare, por edhe mungesë uniteti midis fiseve të ndryshme. Individë të veçantë, por edhe fise të tëra filluan të krijonin perëndi të veta, të ngrinin faltoret e veta, dhe të punësonin priftërinjtë e vet. Mbijetesa individuale dhe fisnore doli mbi interesat kombëtare dhe ruajtjen e besimit të përbashkët. Është e qartë se, ndryshe nga kapitujt e mëparshëm të librit, "shpërbërja" e bashkësisë në kapitujt e fundit nuk vjen nga *jashtë* por nga *brenda*. Fjalët e fundit të rrëfimtarit se "secili bënte atë që i dukej e drejtë në sytë e tij" pasqyron rrjedhojat e humbjes së identitetit bashkësinor brenda popullit të Perëndisë. Kur individualiteti merr përparësi mbi interesat e përbashkëta, shpesh, kjo çon në përçarje dhe luftë për mbijetesë

disa njerëz zemërligj të këtij fisi kishin abuzuar me konkubinën e një Leviti që po kalonte nëpër territorin e tyre. Në këtë luftë, benianimintët për pak u shuajtën krejt dhe në një pike, u desh të bëhej një plan i veçantë për të ripopulluar atë fis.

Deklarata në fund të Librit të Gjyqtarëve na paraqet si një shënim përmbyllës për periudhën parambretërore, ashtu edhe një shënim paraprirës për kapitullin vijues në jetën e Izraelit: "Në atë kohë nuk kishte asnjë mbret në Izrael; secili bënte atë që i dukej e drejtë në sytë e tij." (21:25). Sigurisht, të bëje atë që "dukej e drejtë në sytë e tij" do të thotë që njerëzit nuk jetonin sipas Ligjit (*Torahut*), siç i kishte udhëzuar Moisiu dhe Jozueu. Në mungesë të një mbreti, i cili do ta ngrinte Ligjin (*Torahun*) si standard, për sjelljen e popullit të Perëndisë (shih Ligji i Përtërirë 17), Izraeli jetoi 200 vjetët e parë në Kanaan sipas ligjit që ata kishin hartuar për vete. Kapitulli vijues në historinë e Izraelit na tregon hapat e mëtejshëm që bëri Izraeli për të shpallur autonominë ndaj Perëndisë.

Libri i Ruthit

Titulli dhe autorësia

Libri i **Ruthit** është një prej historive më të bukura e më të dashura në Dhiatën e Vjetër. Personazhet si Ruthi, Naomi, dhe Boazi janë nga më shumëngjyrëshit në Bibël. Libri me të drejtë e ka marrë titullin nga personazhi qendror i historisë që përshkruhet në të. Nuk dihet se kush e ka shkruar këtë libër. Përkthyesit e Septuagintit e vendosën librin e Ruthit midis Librit të Gjyqtarëve dhe atij të I Samuelit. Kjo mund të ketë ardhur për shkak të vargut të parë që e vendos historinë e Ruthit në periudhën e gjyqtarëve (shih 1:1). Megjithatë, libri nuk ishte në fillim pjesë e "historisë sipas traditës

së Ligjit të Përtërirë". Gjithashtu, ai nuk pasqyron mendimin dhe gjuhën e njohur të librave të "historisë sipas traditës së Ligjit të Përtërirë".

Sipas Biblës Hebraike, Libri i Ruthit gjendet në ndarjen e tretë, të njohur si **Kethubim**, apo Shkrimet. Ky libër dhe katër libra të tjerë (Kantiku i Kantikëve, Predikuesi, Vajtimet dhe Esteri) shpesh përmenden si **Megilloth** (rrotullat) apo Rrotullat Festive. Libri i Ruthit, sipas traditës, lexohej gjatë Festës së Javëve (ose e Rrëshajëve), më vonë është quajtur Pentakosti, që kremtonte dhënien e Ligjit në Malin Sinai.

Mjedisi

Megjithëse historia zhvillohet në periudhën para-monarkiste, shkrimi i historisë duket të jetë bërë në një periudhë më të vonë. Disa studiues mendojnë se libri është shkruar në periudhën e hershme të monarkisë, ndoshta për të gjurmuar prejardhjen e Mbretit David (Ruthi ishte stërgjyshja e Davidit). Të tjerë, e vendosin librin gjatë një periudhe në jetën e Izraelit kur ngushtësia e mendimit dhe nacionalizmi i dukshëm ishin të përhapur. Një atmosferë e tillë ekskluziviteti lindi gjatë periudhës pas mërgimit (veçanërisht gjatë shekullit 5 Para K.) kur populli i Perëndisë po perpiqej të ripërkufizonte identitetin e tij nëpërmjet mjeteve të ngushta dhe të ashpra. Gjatë kësaj periudhe, të huajt mbaheshin larg, ndërsa burrat hebrenj, madje nxiteshin të ndaheshin nga grate e huaja (shih Ezdra 10:1-5 dhe Nehemia 13:23-27). Në mes të kësaj situate, Libri i Ruthit do të kërkonte të luftonte nacionalizmin e ngushtë, duke vënë në dukje prejardhjen moabite të Davidit.

Përmbajtja

Historia e Ruthit ka formën e një drame me katër akte. Historia fillon me zi buke, vdekje dhe tragjedi. Megjithatë, përfundon me nota gëzimi të një martese, ndërtimi të shtëpisë, dhe fëmijë që do të vazhdojnë brezat e ardhshëm. Historia ka pjesët e mëposhtëme:

1. Naomi dhe Ruthi (1:1-22)
2. Boazi dhe Ruthi (2:1-23)
3. Plani i Naomit (3:1-18)
4. Boazi martohet me Ruthin (4:1-21)

■ Naomi dhe Ruthi (1:1-22)

Kapitulli i parë tregon historinë e një familjeje izraelite, Elimeleku dhe Naomi me dy djemtë e tyre, Mahloni dhe Kilioni. Zia e bukës në qytetin e tyre, Betlem, e shtyu këtë familje të shpërngulet në Moab ku dy djemtë u martuan me moabitet Ruth dhe Orpah.

Vdekja e bashkëshortit dhe e djemve e detyroi Naomin të kthehej në Betlem. Ajo i nxiti Ruthin dhe Orpahun të qendrojnë me familjet e tyre në Moab. Orpahu vendosi të qendronte me familjen e saj, ndërsa Ruthi u përgjegj me besnikëri të madhe: "...kudo që të shkosh ti do të shkoj edhe unë, dhe kudo që të rrish ti do të rri edhe unë; populli yt do të jetë populli im, Perëndia yt do të jetë edhe Perëndia im" (1:16).

■ Boazi dhe Ruthi (2:1-23)

Me kthimin e saj dhe Naomit në Betlem, Ruthi takoi Boazin, një i afërm i Elimelekut, kur kishte shkuar për të mbledhur kallinj në arat e Boazit. Ligji urdhëronte lënien e kallinjve pa mbledhur që të mblidheshin për ushqim nga të varfërit (shih Levitiku 19:9-10). Boazit i la mbresa përkushtimi i Ruthit ndaj nënës së bashkëshortit të saj të vdekur. Ai e ftoi të hante me të dhe i udhëzoi shërbëtorët ta trajtonin me mirësjellje kur të mblidhte kallinj në fushë. Kur u kthye në shtëpi, Naomi i tregoi Ruthit se Boazi ishte **shpenguesi** (*go'el*) i tyre.

■ Plani i Naomit (3:1-18)

Naomi e mësoi Ruthin si të fitonte favorin e Boazit në mënyrë që ai të martohej me të. Duke ndjekur këshillat e Naomit, Ruthi i hyri në zemër Boazit. Boazi i premtoi se do të kërkonte mjetet për të qenë *go'eli* i saj.

■ Boazi martohet me Ruthin (4:1-21)

Boazi e ngriti çështjen para portës së qytetit ku bëheshin veprimet zyrtare. Meqë një burrë tjetër ishte i afërm, më i afërt me bashkëshortin e vdekur të Ruthit, ky burrë duhej të hiqte dorë nga e drejta për t'u martuar me Ruthin. Me heqjen dorë të tij, Boazi veproi më tej si *go'eli* i Ruthit dhe e mori për grua. Historia mbyllet me lindjen e djalit të Boazit dhe Ruthit, Obedi. Në vargun përmbyllës të librit, zbulojmë se Obedi ishte i ati i Isait, dhe Isai ishte i ati i Davidit.

K **Martesa "levirate"**

Në Izraelin e lashtë, Ligji nuk e lejonte shitjen e pasurisë së familjes për shkak të besimit se pronar i tokës ishte Perëndia. Nëse prona e një familjeje duhej shitur për shkak të vështirësive, atëherë shpenguesi, apo *go'el*, i afërmi më i afërt, ishte përgjegjës për ta riblerë apo shpenguar (Levitiku 25:25-28). Në ligjin sipas Ligjit të Përtërirë, roli i *go'el-it* përfshinte edhe martesën me vejushën e vëllait pa pasardhës. Ky zakon quhet **martesa "levirate"** (Ligji i Përtërirë 25:5-10). Burri që bëhet bashkëshort i vejushës së vëllait të vdekur bëhet *go'el-i* i saj.

T Mësime nga Libri i Ruthit

Konteksti historik i Ruthit në periudhën e gjyqtarëve jep një korrigjues domethënës teologjik për qëndrimin kulturor, fetar dhe social të asaj periudhe. Këtu, paraqiten tri aspekte të rëndësishme të Librit të Ruthit, që ofrojnë një kuptim të bindjeve themelore të fesë së Izraelit të mbështetur në besëlidhje.

Së *pari,* historia e Ruthit tregon shumë qartë se, kujdesi sigurures i Perëndisë, u jepet të gjithë njerëzve, pavarësisht nga kombësia e tyre. Historitë e luftës dhe e të mposhtjes së kombeve të tjera tek Gjyqtarët mund të na bindin për të arritur në përfundimin se Perëndia i Izraelit ishte thjesht një Perëndi nacionalist, që ishte me izraelitët kundër gjithë të tjerëve. Megjithatë, historia e Ruthit e kundërshton kuptimin e ngushtë të nacionalizmit, që do ta kufizonte vepritmarinë dhe hirin e Perëndisë në një grup të caktuar etnik apo kombëtar. Perëndia, që ndërhyn në mënyrë të mahnitshme në histori, është Perëndi i të gjithë popujve. Populli i Perëndisë sot sfidohet nga ky libër për të qenë një bashkësi pa kufij kombëtarë, racorë, apo etnikë.

Së *dyti,* Ruthi paraqet një sens uniteti edhe në mes të shumëllojshmërisë. Si Moisiu ashtu edhe Jozueu vazhdimisht i kujtonin Izraelit nevojën për unitet. Uniteti i familjes dhe uniteti midis një izraeliteje dhe një moabiteje që gjejmë tek Ruthi janë në kundërvënie të madhe me grupimet luftarake dhe konkurrencat fisnore, të paraqitura në Librin e Gjyqtarëve. Fjalët e famshme të Ruthit drejtuar Naomit "Populli yt do të jetë populli im dhe Perëndia yt do të jetë edhe Perëndia im" shembin muret e ndarjes të shprehura në përkatësinë kombëtare, racore dhe socioekonomike. Këtu, na kujtohen fjalët e Palit "Nuk ka as Jude, as Grek, nuk ka as skllav as të lirë, nuk ka as mashkull as femër, sepse të gjithë jeni një në Jezus Krishtin" (Galatasve 3:28).

Së *treti,* historia e Ruthit flet mbi besnikërinë dhe shqetësimin e përbashkët në nivele të ndryshme. Kjo besnikëri dhe ky shqetësim i përbashkët ishin cilësi që mungonin në Izrael gjatë periudhës së gjyqtarëve. Ruthi, një jo-izraelite i dha shembullin bashkësisë së besëlidhjes se si të tregonin përkushtim dhe besnikëri besëlidhjeje në nivelin social. Gjatë gjithë kësaj historie, gjejmë dëshirën e shprehur jo për shqetësime individuale por për mirëqënien e bashkësisë, dhe veçanërisht, mirëqënien e pjesëtarëve më të dobët brenda bashkësisë. Ruthi, në këtë këndvështrim, është ideali që duhet të ndjekë populli i Perëndisë, pavarësisht nëse

Fjali përmbledhëse

- Libri i Gjyqtarëve portretizon përpjekjen e vazhdueshme dhe tundimin e izraelitëve për të gjetur sisteme fetare që mund t'i manipulonin.
- Në dobësinë e gjyqtarëve, fuqia e Perëndisë bëhet e dukshme.
- Cikli i ndëshkimit tregon qartë temat e "historisë sipas traditës së Ligjit të Përtërirë" të rebelimit fetar, gjykimit hyjnor, thirrjes për pendesë, dhe shpresës për ndihmë hyjnore.
- Tek historia e Ruthit, mbretëria e Perëndisë zgjerohet përtej kufijve të kombësisë apo racës.
- Libri i Ruthit tregon prejardhjen e Davidit nga Ruthi, një grua moabite.

Pyetje për Reflektim

1. Si ndikon pragmatizmi fetar mbi besimtarët sot ashtu si ndikonte mbi izraelitët atëherë?
2. Ku e shohim ciklin e ndëshkimit të përsëritur në jetën tone?
3. Si e pasqyrojnë historitë e gjyqtarëve këndvështrimin biblik të forcës dhe dobësisë njerëzore?
4. Çfarë mësimesh mund të nxjerrim për jetën tonë nga historia e Sansonit?
5. Sipas Librit të Ruthit, si i përdor Perëndia personat jashtë bashkësisë së besimit?

Burime për studime të mëtejshme

Boling, Robert G, Judges, Vëll 6A i *Anchor Bible.* New York: Doubleday, 1975.

Grey, John. Joshua, Judges, Ruth. *New Century Bible Commentary.* Grand Rapids: Eerdmans, 1986.

Olson, Dennis T. *The Book of Judges: Introduction, Commentary, and Reflections.* Vëll. 3 i The New Interpreter's Bible, Nashville: Abingdon Press, 1998. Faqet 723-888.

Robertson Farmer, Kathleen A. *The Book of Ruth: Introduction, Commentary, and Reflections.* Vëll. 3 i The New Interpreter's Bible. Nashville: Abingdon Press, 1998. Faqet 891-946.

Objektivat

Studimi i këtij kapitulli do t'ju ndihmojë:

- Të diskutoni lidhjen midis historive të monarkisë së hershme tek I Samuelit me historitë pararendëse të Izraelit tek Jozueu dhe Gjyqtarët.

- Të shprehni rolin e Samuelit në kalimin e Izraelit nga gjyqtarët në monarkinë.

- Të përshkruani dy këndvështrimet e mbretërimit tek I Samuelit dhe lidhjen midis tyre.

- Të bëni një vlerësim të mbretërimit të Saulit.

- Të përshkruani mënyrën e ardhjes së Davidit në pushtet dhe rritjen e rivalitetit midis Davidit dhe Saulit.

Fjalët kyçe për të kuptuar

Elkanahu
Ana
Shilohu
Eli
Samueli
Kantiku i Anës
Hofni
Finehasi
Filistejtë
Dagoni
Eben- Ezeri
Sauli
Mesia
Davidi
Isai
Jonathani
Mikali
Mediume në Endor
Mali Gilboa

Disa pyetje që duhen marrë parasysh ndërsa lexoni:

1. Pse disa njerëz kërkojnë "të jenë si" të tjerët që kanë më shumë pasuri dhe janë të pranuar në shoqëri?

2. Çfarë përçon ideja e mbretërimit të Perëndisë?

3. Cilat janë disa prej tundimeve për ata që kanë pushtet të madh?

Libri i Gjyqtarëve u mbyll me shënimin se Izraeli nuk kishte mbretër gjatë ditëve të hershme të qëndrimit të Izraelit në Kanaan. Kjo deklaratë përmbyllëse përgatit skenën për segmentin tjetër të historisë sipas traditës së Ligjit të Përtërirë. Libri i I Samuelit tregon historinë e kalimit të Izraelit nga udhëheqësia karizmatike ushtarake e pajisur nga Fryma drejt një institucioni më të përhershëm mbretërie.

Titulli dhe autorësia

Ky libër është titulluar sipas Samuelit, i cili ishte gjyqtari i fundit i Izraelit dhe i pari i profetëve. Ai zuri vendin midis epokës së gjyqtarëve (periudha paramonarkike) dhe epokës së shtetit dhe mbretërisë (periudha monarkike). Për rrjedhojë, ai qëndroi në kryqëzimin midis sundimit hyjnor dhe atij njerëzor. Ai, ashtu si edhe Moisiu dhe Jozueu, e sfidoi Izraelin që të besonte vetëm në Perëndinë.

Në fillim, librat e ndarë të I dhe II Samuelit, kanë qenë një libër i vetëm në Biblën Hebraike. Në Septuagint, dy librat e Samuelit dhe dy librat e Mbretërve renditen si I, II, III, dhe IV Mbretërit. Përkthyesit e Septuagintit me sa duket e kanë parë përmbajtjen e këtyre librave si një histori në vazhdimësi e monarkive izraelite.

Megjithëse I Samuelit është pjesë e veprës së përfunduar të historisë sipas traditës së Ligjit të Përtërirë, ka të ngjarë që disa rrëfenja brenda librit të kenë qenë pjesë e traditës gojore të Izraelit. Nga ana tjetër, ka të ngjarë, që disa prej rrëfenjave, të kenë ekzistuar të shkruara para përfundimit të historisë sipas traditës së Ligjit të Përtërirë.

Mjedisi

Historitë e I Samuelit i përkasin periudhës afërsisht midis viteve 1050 dhe 1000 Para Krishtit. Në 200 vjetët e mëparshëm, Izraeli kishte kaluar një sërë krizash kombëtare, kulturore, dhe fetare si dhe një shkatërrim të plotë të ligjit, rendit, dhe shoqërisë. Krizat brenda kombit keqësoheshin nga kërcënime të jashtme prej armiqve, ndër të cilët, më të spikaturit ishin filistejtë, që i kishin shtyrë kufijtë e tyre në zonën bregdetare jugperëndimore në territoret e Izraelit. Gjithashtu, kapitujt e hershëm të librit tregojnë se edhe familja priftërore, përgjegjëse për Tabernakullin në Shiloh, ishte e korruptuar dhe abuzive në marrëdhëniet e tyre me adhuruesit. Ky është konteksti në të cilin Perëndia e thirri Samuelin për të qenë udhëheqës në Izrael.

Përmbajtja

Historia e I Samuelit trajton udhëheqësinë e Samuelit dhe të Saulit, dy figura kyçe në historinë e hershme në Tokën e Premtuar. Përmbajtja e këtij libri mund të ndahet në dy pjesë kryesore:

1. Samueli dhe kalimi drejt monarkisë (1:1–12:25)

2. Mbretërimi i Saulit (13:1–31:13)

Pjesa e parë e librit (kapitujt 1–12) paraqesin një përmbledhje të historisë së ngritjes së Samuelit, si

---

H **Shilohu**

Gjatë kësaj kohe në historinë e Izraelit, Shilohu duket të ketë shërbyer si shenjtërorja kryesore për të 12 fiset. Arka e besëlidhjes ishte vendosur në Tabernakull. Krerët e familjeve izraelite kryenin pelegrinazhin e përvitshëm në shenjtëroren qendrore për t'i ofruar flijimet e tyre Perëndisë. Historia e Elit dhe bijve të tij na tregon se shërbimi në shenjtërore ishte përgjegjësi e familjes priftërore dhe ishte i trashëgueshëm.

udhëheqësi i fundit karizmatika[a] i kombit. Kjo pjesë tregon, gjithashtu, kalimin e Izraelit nga udhëheqja karizmatike në monarki. Pjesa e dytë e librit (kapitujt 13–31) përqendrohet në ngritjen dhe rënien e Saulit, mbretit të parë të Izraelit.

■ Lindja dhe thirrja e Samuelit (1:1–4:1)

Historia e ngritjes së monarkisë në Izrael fillon me historinë e lindjes së Samuelit. Rrethanat e lindjes së Samuelit pasqyrojnë disi historitë e lindjes së disa figurave të tjera kyçe në Bibël, si Isaku, Jakobi, Sansoni, dhe Gjon Pagëzori. Historia fillon me biografinë e prindërve të Samuelit, **Elkanahu**, levit (shih I Kronikave 6:27), dhe **Ana** bashkëshortja e tij që nuk mund të lindte. Ana përqeshej dhe ngacmohej nga Penina, gruaja e dytë e Elkanahut, që i kishte lindur fëmijë bashkëshortit të saj. Gjatë vizitës së përvitshme në **Shiloh**, Ana i premtoi Perëndisë se po t'i jepte një djalë, do t'ia kushtonte Atij si Nazireo. Ajo u kthye në shtëpi e siguruar nga prifti **Eli** se Perëndia do t'i përgjigjej lutjes së saj. Më vonë, ajo u ngjiz dhe lindi një djalë që e quajti **Samuel**, duke qenë se ajo i kishte kërkuar Perëndisë një bir. Ana u kthye në Shiloh më vonë dhe ia ofroi të birin Perëndisë për t'i shërbyer Atij. Atë që ia kërkoi Perëndisë, ia dha Atij përsëri. Kjo ishte vërtetë një vepër adhurimi, në të cilin nuk kishte egoizëm apo përpjekje për ta ruajtur për veten dhuratën e hirshme të Perëndisë. Lindja e Samuelit mbyllet me kantikun lavdërues të Anës (2:1-10). Pjesa e dytë e kapitullit 2 përgatit kushtet për ngritjen e Samuelit në pozita udhëheqëse

---

T Kantiku i Anës

Kantiku i Anës na paraqet lavdërimin e saj për Perëndinë që e ngriti nga pozicioni i saj i poshtëruar. Gjithashtu, kantiku parashikon lartësimin e të përulurit dhe poshtërimin e krenarit në botë. Kjo temë pasqyrohet gjatë gjithë historisë sipas traditës së Ligjit të Përtërirë. Me vend, Kantiku i Anës përmendet më vonë tek Kënga e Mariës (Lluka 1:46-55). Pali e përsërit këtë temë në analizën e tij për kryqin e Jezus Krishtit: "Perëndia ka zgjedhur gjërat e dobëta të botës për të turpëruar të fortët...që asnjë mish të mos mburret përpara tij" (I Korintasve 1:27, 29).

---

me një përshkrim të hollësishëm të ligësisë së bijve të Elit, **Hofni** dhe **Finehasi** (vargjet 11-36). Samueli u rrit si një djalosh që kishte gjetur hir në sytë e Perëndisë dhe të njerëzve. Si rrjedhojë e ligësisë egoiste të Hofnit dhe Finehasit, një profet anonim i shpalli Elit se bijtë e tij do të vdisnin dhe pasardhësve të tij do t'i hiqej ofiqi i priftërisë.

Me rënien e e sigurtë të familjes së Elit, historia vijon me thirrjen e Samuelit në pozicionin e udhëheqësit në Izrael (3:2-4:1). Një natë, ndërsa Samueli ishte shtrirë në tempull (Tabernakull), thirrja e Perëndisë iu drejtuar 4 herë. Në çdo rast, Samueli iu përgjigj Elit duke menduar se ishte këshilltari i tij që po e thërriste. Në fund, Eli e kuptoi se ishte Perëndia që po e thërriste Samuelin dhe e udhëzoi se çfarë të thoshte kur Perëndia ta thërriste përsëri. Kur Samueli më në fund iu përgjigj Perëndisë, Ai i zbuloi rënien e pritshme të familjes së Elit. Nga ky çast e në vazhdim, Samueli mori përgjegjësi udhëheqjeje gjithmonë e më të mëdha dhe u bë i njohur ndër njerëzit si zëdhënës për Perëndinë.

■ Humbja dhe fitorja e Izraelit (4:2–7:17)

Mposhtja e izraelitëve nga **filistejtë** dhe marrja e arkës shërbejnë si kontekst i afërt

---

[a] Udhëheqje e thirrur dhe e pajisur nga Fryma e Shenjtë.

T Thirrja e Samuelit

Historia e thirrjes së Samuelit pasqyron dy çështje të historisë sipas traditës së Ligjit të Përtërirë. Së pari, *Perëndia nuk do ta braktiste popullin e Tij duke e lënë pa një udhëheqje të duhur.* Ai siguroi për ta udhëheqësit e Tij të zgjedhur për t'i drejtuar nëpër ditët e errëta të ekzistencës së tyre. Së dyti, *çdo brez është përgjegjës për t'ia transmetuar besimin me besnikëri brezit pasardhës.* Megjithëse Perëndia po thërriste Samuelin, Eli nga brezi që po largohej e mësoi Samuelit të tregonte vëmendje ndaj Perëndisë. Besnikëria e Elit, i hapi rrugën Samuelit që t'i përgjigjej thirrjes së Perëndisë.

lidhur me ngritjen e Samuelit si udhëheqës karizmatik ushtarak. Perceptimi i gabuar i Izraelit se arka do t'u garantonte fitoren i shtyu ta merrnin me vete në fushën e betejës. Për habi të tyre, filistejtë i mundën dhe morën arkën si trofe të fitores së tyre mbi izraelitët dhe Perëndinë e tyre. Izraeli mori një mësim serioz se Perëndia nuk do të lejonte që të shndërrohej në një "hajmali fatsjellëse" apo të manipulohej nga ndokush.

Me marrjen e arkës larg Izraelit, e gjithë shpresa u duk se u davarit. Megjithatë, historia për arkën (4:1–7:1) nuk përfundon me humbje! Filistejtë e çuan arkën në Ashdod dhe e vendosën në tempullin e **Dagonit**, kryehyji i tyre dhe perëndi i drithërave. Shumë shpejt, filistejtë morën një mësim të vlefshëm se idhulli i tyre Dagon nuk ishte i barabartë dhe aq më pak më i madh se Perëndia i Izraelit. Të këqijat që pllakosën më pas filistejtë, i detyruan ta kthejnë arkën në Izrael me dhurata dhe ofrime. Në mes të asaj që dukej një humbje e thellë për popullin e Perëndisë, Ai u shpalos sovran dhe i pamposhtur.

Pas kthimit të arkës në Izrael, Samueli mblodhi njerëzit në Mitspah. Ashtu si pararendësit e tij, Moisiu dhe Jozueu, ai i bëri thirrje popullit të kthehej tek Perëndia me gjithë zemër, të largojë të gjithë perënditë e huaj që kishin në gjirin e tyre dhe t'i shërbenin vetëm Atij (7:3). Populli u përgjigj duke larguar idhujt dhe u mblodhën në Mitspah për të agjëruar. Ndërsa Samueli ishte duke bërë një flijim në emër të popullit, filistejtë sulmuan përsëri. Megjithatë, këtë herë Perëndia ndërhyri dhe e fuqizoi Izraelin duke bërë të mundur që t'i zbrapste filistejtë andej nga erdhën. Për ta përkujtuar çlirimin dhe për të shërbyer si dëshmi për brezat pasardhës, Samueli ngriti një gur përmendoreje në vendin ku u arrit fitorja. Ai e quajti gurin **Eben-Ezer**, që do të thotë "guri i ndihmës". Samueli i rikujtoi Izraelit se Perëndia kishte qenë ndihma e tyre, gjatë gjithë kohës deri në atë ditë.

■ Sauli–mbreti i parë i Izraelit (8:1–15:35)

Pavarësisht nga fitorja, që Perëndia i kishte dhënë Izraelit, populli i Perëndisë vendosi që të kishte një mbret për prijës. Ata mendonin se mbretëria do t'u sillte identitet të ngjashëm me atë të kombeve fqinje (8:5, 19-20). Megjithëse, në fillim, Samueli ishte tepër ngurrues, ai ua përmbushi kërkesën pasi Perëndia e autorizoi të vepronte në këtë mënyrë. Në bisedë me Samuelin, Perëndia i tregoi se dëshira e popullit për të patur një mbret ishte në të vërtetë një shenjë e mospranimit të vetë Perëndisë.

Samueli e paralajmëroi Izraelin në mënyrë solemne se do të përballeshin me sfida të reja duke patur një qenie njerëzore për mbret. Ai u renditi disa nga mënyrat me anë të të cilave mbreti do t'i skllavëronte dhe do t'ua vështirësonte jetën. Izraeli reagoi prerazi se donin të kishin një mbret pavarësisht paralajmërimit të Samuelit.

Mbretin e parë të Izraelit e zgjodhi vetë Perëndia (kapitujt 9–10). Përmes rrethanash të çuditshme Perëndia e solli **Saulin** në shtëpinë e Samuelit (shih historinë intriguese tek 9:3-14). Samueli i shpalli se Perëndia e kishte caktuar si mbretin e parë të Izraelit. Sauli iu përgjigj Samuelit me përulje dhe pranoi se ishte i padenjë për të qenë një instrument për t'u përdorur nga Zoti (v. 21). Të nesërmen në mëngjes, Samueli mori një enë të vogël me vaj dhe e derdhi mbi Saulin duke e vajosur si mbret princ të Izraelit.

Një traditë tjetër e përshkruan përzgjedhjen e Saulit si një ngjarje publike (shih 10:17-27). Samueli mblodhi të gjitha fiset e Izraelit dhe, duke hedhur short, zgjodhi fisin e Beniaminit. Pastaj e ngushtoi rrethin e përzgjedhjes së mbretit sipas klanit dhe familjes, dhe në fund, shorti i ra Saulit. Por Sauli nuk gjendej gjëkundi. Në fund, njerëzit e gjetën të fshehur në mes të plaçkave. Samueli e shpalli si të zgjedhurin e Perëndisë dhe njerëzit e njohën dhe pranuan si mbretin e tyre. Një traditë e tretë lidhur me ngritjen e Saulit në pozitën e mbretit, përshkruan udhëheqjen e tij në betejë kundër Amonitëve që kishin kërcënuar popullin e Jabeshit të Galaadit. Ashtu si gjyqtarët e periudhave të mëparshme, ai i solli lirinë popullit të Jabeshit të Galaadit. Populli e solli në Gilgal dhe e bëri mbret mbi Izrael.

Kur Sauli ishte mbret mbi Izraelin, Samueli u tërhoq nga detyra si gjyqtar i Izraelit. Në një fjalim përmbyllës para popullit (kap. 12), Samueli shpalli bindjen thelbësore profetike se nëse populli dhe mbreti do t'i bindeshin Perëndisë, të gjithë do të ishin mirë. Ai e sfidoi popullin të kishte frikën e Perëndisë dhe t'i shërbente Atij me besnikëri dhe me gjithë zemër.

Pavarësisht suksesseve të hershme ushtarake të Saulit mbi amonitët, pjesa tjetër e mbretërimit të tij ishte një tragjedi e madhe. Rënia e Saulit nuk duket të ketë

H **Dy pikëpamje mbi mbretërimit**

Studiuesit e Biblës kanë identifikuar tek I Samueli si pikëpamje kundër, por edhe në favor të mbretërimit. Disa studiues kanë sugjeruar se autorët kanë marrë material lidhur me mbretërimin nga dy burime të ndryshme. Burimi, që pasqyron një vlerësim kundër mbretërimit, ose pikëpamjen antimonarkiste (I Samuelit 8; 10:17-27; 12), e paraqet dëshirën e Izraelit për mbretërim si refuzimi ndaj mbretërimit të Perëndisë. Sipas këtij burimi, Perëndia i dorëzohej dëshirës së popullit, dhe e caktoi Saulin si mbret. Burimi që pasqyron një vlerësim në favor të mbretërimit, ose pikëpamjen promonarkiste (I Samuelit 9:1–10:16; 11), e paraqet Samuelin si njeri që luajti një rol shumë veprues në caktimin e Saulit si mbret.

Ne mendojmë se të dy pikëpamjet së bashku paraqesin, për brezat e mëpasshëm, një vlerësim realist të mbretërimit, dhe mëtej edhe të pushtetit njerëzor. Rrëfenja në kapitullin 8 pasqyron realitetin që Perëndia ngarkon njerëz me misionin e sundimit mbi krijimin e Tij (shih Zanafilla 1:28). Megjithatë, ashtu si shfaqet në historinë e monarkisë së Izraelit, ata njerëz, të cilëve Perëndia u dha pushtet, shfrytëzuan pushtetin e tyre dhe e korruptuan pozitën e mbretit. Në vend që të administronin, të shërbenin, dhe të sundonin besnikërisht, si njerëz të Perëndisë për hir të Perëndisë, ata kërkuan të bëheshin si perëndi me pushtet absolut (shih modelin më të hershëm për një sjellje të tillë tek Zanafilla 3:5).

K **Vajosja si ritual**

Megjithëse edhe persona zyrtarë të tjerë, si për shembull priftërinjtë, vajoseshin me vaj, si pjesë e ritualit të emërimit të tyre, vajosja e personave si mbretër kishte një kuptim të dallueshëm në Dhiatën e Vjetër. Në këtë ritual, prifti në detyrë derdhte vaj ulliri mbi kokën e personit që do të emërohej mbreti i ri. Në mënyrë simbolike, ky akt përçonte fuqizimin e personit nga Fryma e Perëndisë. Me t'u shuguruar me vaj, mbreti thirrej me titullin *mashiach* (**mesia**), apo përkthyer fjalë për fjalë i vajosuri. Fjala e barazvlefshme në greqisht është *christos*, nga e cila rrjedh emërtimi Krisht.

lidhje me sundimin e tij despotik. Në të vërtetë, ndryshe nga mbretërit që erdhën pas tij, Sauli nuk mblodhi taksa, nuk ngriti ushtri me detyrim dhe u mor shumë pak me tregti ndërkombëtare. Në shumë mënyra, Sauli ngjasonte më shumë me gjyqtarët para tij sesa me mbretërit pas tij. Megjithatë, rënia e tij erdhi si pasojë e drejtpërdrejtë e mosbindjes ndaj udhëzimeve të qarta të Samuelit. Rrëfimtari tregon shembujt e mëposhtëm.

Gjatë përgatitjeve për betejë kundër filistejve, luftëtarët izraelitë u grumbulluan në Gilgal dhe pritën që Samueli të vinte e të ofronte flijimin priftëror (shih 13:1-15). Megjithatë, Samueli nuk po vinte dhe trupave po u humbte durimi. Sauli ndiente gjithmonë e më shumë trysninë për të nisur betejën. Prandaj, e mori vetë gjendjen nën kontroll dhe ofroi flijimin. Pas pak çastesh, arrin Samueli. Kur dëgjoi ç'kishte bërë Sauli, Samueli e qortoi dhe i shpalli se Perëndia e kishte hedhur poshtë si mbret. Perëndia do të zgjidhte dikë tjetër për të zënë vendin e Saulit.

Në betejën vijuese kundër amalekitëve, Sauli nuk e kreu shfarosjen e plotë (*cherem*)

të kampit armik (15:1-9). Përkundrazi, ai ia kurseu jetën mbretit të amalekitëve, Agagut, dhe mbajti për vete bagëtitë më të majme. Në reagim ndaj veprimit të Saulit, Perëndia iu drejtua Samuelit duke i thënë se ishte penduar që e kishte bërë Saulin mbret. Mëngjesin vijues, Samueli shkoi te Sauli për këtë çështje. Kur Sauli pretendoi se i kishte mbajtur bagëtinë e majme për t'ia ofruar Perëndisë si flijim, Samueli ia ktheu se Perëndia dëshironte bindjen dhe jo flinë e tij (v. 22). Samueli shpalli mospranimin përfundimtar nga Perëndia të Saulit si mbret.

■ Sauli dhe Davidi (16:1–31:13)

Samueli i kishte treguar Saulit se Perëndia po kërkonte një njeri sipas "zemrës së tij" që të bëhej udhëheqës i Izraelit (13:14). Kapitulli 16 na prezanton **Davidin** si personi i zgjedhur. Perëndia e udhëzoi Samuelin të shkonte në Betlem dhe të vajoste një nga bijtë e Isait. Megjithëse para Samuelit dolën shtatë bijtë e **Isait**, Perëndia i tregoi atij Davidin, më të voglin, si të zgjedhurin e Tij. Historia tregon qartë të vërtetën se Perëndia shikon zemrën e njerëzve dhe jo pamjen e tyre kur i thërret për punën e Tij. Gjithashtu, këtu gjejmë të rishprehur pohimin e traditës së Ligjit të Përtërirë se Perëndia përdor të dobëtit të turpërojë të fortët. Samueli e vajosi Davidin si mbretin e ardhshëm mbi Izrael. Në çastin e vajosjes së Davidit, "Fryma e Zotit zbriti [te ai]" duke e pajisur dhe fuqizuar atë për të qenë udhëheqës. Në të njëjtën kohë, "Fryma e Zotit ishte larguar nga Sauli" (16:13-14). Rrëfimtari na tregon historinë e njohur të fitores së Davidit mbi Goliathin për të vërtetuar fuqizimin e Davidit nga Fryma si i vajosuri i Perëndisë (kapitulli 17).

Që nga ky çast e në vazhdim, historia përqendrohet në rivalitetin midis Saulit dhe Davidit, si dhe ngjarjet tragjike që çuan në vdekjen e Saulit. Gjithmonë e më shumë, Sauli largohej nga njerëzit që e rrethonin dhe u gjend i izoluar në botën e tij të veçuar dhe torturuese. Ndërkohë, Davidi kishte një miqësi të ngushtë me të birin e Saulit, **Jonathanin**. Njerëzit në përgjithësi e shikonin Davidin si luftëtar më të madh se Sauli. Xhelozia e Saulit për Davidin u shndërrua në frikë dhe ai hartonte plane të ndryshme për ta shkatërruar Davidin. Ai i dha atij të bijën, **Mikal**, për bashkëshorte, dhe i kërkoi si kusht lafshat e 100 filistejve. Ai mendoi se filistejtë do ta vrisnin Davidin kur të përiqej të arrinte kushtin për bashkëshorten. Davidi e zuri në befasi Saulin kur i solli edhe njëqind lafsha shtesë të filistejve. Rivaliteti dhe urrejtja vazhduan deri në ditën e vdekjes së Saulit.

Sauli i kaloi vitet e tij të fundit në përpjekje për të rivendosur pushtetin dhe besueshmërinë e tij si sundues i Izraelit. Për të rivendosur pushtetin e tij, duhej më parë të shkatërronte Davidin dhe të mbronte kombin nga kërcënimi në rritje kundër mbretërisë së tij nga ana e filistejve. Në një rast, ai thuri plane që Davidi të vritej nga Jonathani dhe shërbëtorët e tij, por si Jonathani dhe Mikali e ndihmuan të arratisej nga komploti i të atit. Ndonëse Davidi mund

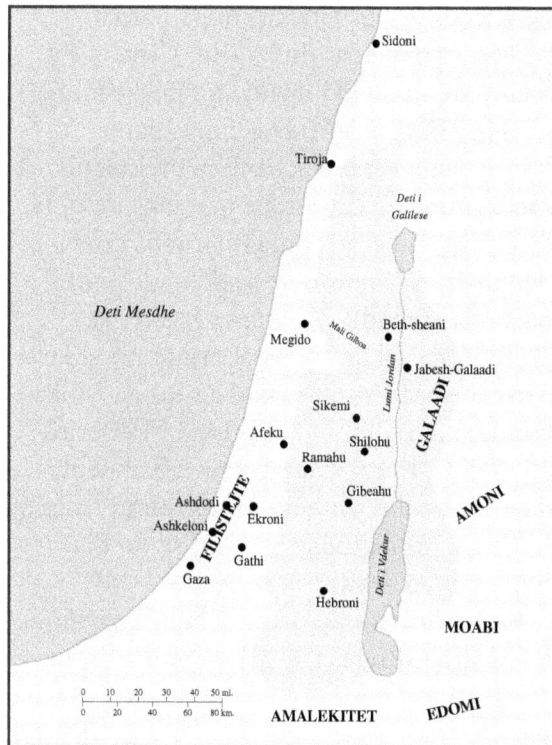

Kufijtë e mbretërisë së Sauli

t'ia kishte marrë jetën Saulit fare lehtësisht në dy raste, ai u përmbajt nga respekti për pozitën e Saulit si i vajosuri i Perëndisë (kapitujt 24 dhe 26). Përpjekjet e vazhdueshme të Saulit për t'i marrë jetën Davidit, e shtynë Davidin të arratiset në vendin e filistejve, ku u bë aleati i tyre dhe ushtar mercenar i Akishit, mbretit të Gathit (kapitujt 25, 29, 30).

T Davidi dhe Goliathi

Historia e Davidit dhe Goliathit na bën të qartë bindjen e traditës së Ligjit të Përtërirë, se fitorja nuk vjen nga forca dhe fuqia njerëzore, por nga veprimtaria e Perëndisë nëpërmjet jetëve njerëzore. Historia fillon me përshkrimin e Goliathit me hollësi të qarta, për të treguar nga pikpamja njerëzore se djali i vogël nga Betlemi as që kishte të krahasuar me filisteun gjigand. Megjithatë, fjalët e Davidit drejtuar Goliathit shprehin qartë kuptimin e "përparësisë" sipas traditës së Ligjit të Përtërirë (shih 17:45-47). Davidi doli para Goliathit "në emër të Zotit të ushtrive, Perëndisë të ushtrisë së Izraelit" (v. 45). Davidi ishte i sigurtë se beteja i takonte Perëndisë. Ai ruajti kurajon dhe u përball me armikun pa patur aspak frikë.

Ndërkohë, filistejtë kishin përparuar ndjeshëm në territorin izraelit. Ushtria e Saulit nuk mund ta ndalte dot pushtimin e mëtejshëm të vendit. Duke mos patur ndihmë nga Perëndia, Sauli iu drejtua një **mediumeje në Endor,** në përpjekjet e tij të dëshpëruara për të kontaktuar me frymën e Samuelit. Ai shpresonte se do të dëgjonte fjalë nga Perëndia nëpërmjet frymës së profetit të vdekur. Kjo vepër ishte një shkelje e qartë e urdhërimit të paraqitur nga Moisiu kundër parashikimit (shih Ligji i Përtërirë 18:10-11). Kur u shfaq fryma e Samuelit, fjala për Saulin ishte një konfirmim i fjalës që Perëndia kishte thënë më parë se do t'ia hiqte mbretërimin.

Kapitulli i fundit i jetës së Saulit zhvillohet në **Malin Gilboa.** Tre nga djemtë e Saulit, përfshirë Jonathanin, u vranë në betejë kundër filistejve. I rrethuar nga ushtria pushtuese e filistejve dhe përballë një humbjeje të sigurtë, Sauli i kërkoi shërbëtorit të tij ta vriste. Duke qenë se shërbëtori refuzoi të vriste mbretin e Izraelit, Sauli mori shpatën e tij dhe ra mbi të. Të nesërmen, filistejtë prenë kokën e Saulit dhe e ekspozuan trupin e tij publikisht mbi një mur në Beth-Shan. Njerëzit e Jabeshit të Galaadit, të cilët Sauli i kishte shpëtuar nga amonitët, i treguan mirënjohje duke e varrosur mbretin ashtu si i takonte.

Me vdekjen e Saulit, krijohen kushtet që Davidi të marrë rolin si mbret. Megjithatë, si do ta shohim edhe në kapitullin vijues, rruga drejt mbretërimit nuk ishte një shteg i lehtë për Davidin. Libri tjetër, II Samuelit, fillon

Fjali përmbledhëse

- Samueli siguroi udhëheqje për Izraelin si gjyqtar, prift, dhe profet në periudhën midis gjyqtarëve dhe monarkisë.
- Vendimi i Izraelit për të patur një mbret njerëzor ishte shenjë e mospranimit të mbretërimit të Perëndisë mbi ta.
- Kantiku i Anës dhe histori të tjera tek I Samueli pasqyrojnë bindjen se Perëndia përdor të dobëtit në shërbimin e Tij për të rrëzuar të pushtetshmit dhe kryelartët.
- Roli i Samuelit në jetën e Saulit pasqyron natyrën e shërbesës profetike në faktin se ai ishte zëri i premtimit dhe zëri i gjykimit.
- Historia e rënies së Saulit përshkruan rrjedhojat tragjike të përpjekjeve njerëzore për të marrë në duart e veta kontrollin e jetës.

Pyetje për reflektim

1. Si e pasqyrojnë historitë tek I Samuelit shqetësimin për ta dashur Perëndinë me gjithë zemër?
2. Si lidhet thirrja e Perëndisë në jetën e Samuelit me thirrjen e Perëndisë në jetët tona sot?
3. Në ç'mënyra vazhdojmë të kërkojmë të kemi "mbretër" në vend të Perëndisë?
4. Si pasqyrohet rënia e Saulit në botën e sotme? Në Kishë? Në jetët tona?

Burime për studime të mëtejshme

Baldwin, Joyce G. *1 and 2 Samuel: An Introduction and Commentary.* Tyndale Old Testament Commmentary. Downers Grove, Ill.: InterVarsity Press, 1988.

Birch, Bruce C. *The First and Second Books of Samuel: Introduction, Commentary, and Reflections.* Vëll. 2 i The New Interpreter's Bible. Nashville: Abingdon Press, 1988. Pages 949-1198.

Brueggemann, Walter. *First and Second Samuel.* Louisville, Ky.: John Knox Press, 1990.

15 Një mbretëri me shtëpi mbretërore: Libri i II i Samuelit

Objektivat

Studimi i këtij kapitulli do t'ju ndihmojë:

- Të përshkruani si e konsolidoi Davidi fuqinë e tij.
- Të përshkruani rëndësinë dhe kuptimin e besëlidhjes së Davidit.
- Të shprehni qartë mënyrën se si u shpërbë shtëpia e Davidit.
- Të kuptoni rolet e dyfishta të profetëve Nathan dhe Gad.

Disa pyetje që duhen marrë parasysh ndërsa lexoni:

1. Çfarë strategjish përdorin sot udhëheqësit politikë për t'i sjellë stabilitet dhe bashkim qeverive të tyre?

2. Pse është e rëndësishme që një udhëheqës të ketë një sjellje morale të paqortueshme?

3. Cilat janë disa nga shkaqet e konflikteve prind-fëmijë në shoqërinë tonë sot?

4. Cilat janë disa nga pasojat negative të përzierjes së politikës me fenë?

Fjalët kyçe për të kuptuar

Ish-Boshethi
Abneri
Hebroni
Joabi
Jebusi
Qyteti i Davidit
Jeruzalemi
Hirami
Teologjia e Sionit
Bayit
Nathani
Besëlidhja e Davidit
Teologjia mbretërore
Mashiach
Mefiboshethi
Rrëfenja për trashëgimin e fronit
Uriahu
Bath-Sheba
Salomoni
Amnoni
Tamara
Absalomi
Hushai
Ahithofeli
Gadi
Araunahu

Libri i II Samuelit trajton konsolidimin e fuqisë së Davidit mbi Izraelin, si dhe shpërbërjen e mëvonshme të kësaj fuqie. Në historinë e ngritjes dhe rënies së Davidit, shohim edhe një herë portretizimin, sipas traditës së Ligjit të Përtërirë, të premtimit të Zotit për shpresë drejtuar popullit të tij, si edhe gjykimin e Tij mbi mëkatin. Ashtu sikurse në Librin e I Samuelit, edhe këtu shohim fuqinë e bekimeve dhe të mallkimeve të Ligjit të Përtërirë, që vepron në historinë e Izraelit..

Titulli dhe autorësia

Megjithëse ky libër merr emrin e Samuelit, ai kishte vdekur tashmë dhe historitë i përkasin kohës kur Davidi ishte mbret i Izraelit. Megjithatë, ka të ngjarë që titulli të përçojë bindjen e traditës së Ligjit të Përtërirë se shërbesa profetike e Samuelit vazhdonte ta udhëhiqte Izraelin gjatë mbretërimit të Davidit.

Libri i II Samuelit është vazhdim i Librit të I Samuelit, i cili përfundon me vdekjen e Saulit. Ky libër fillon me një tjetër përshkrim të vdekjes së Saulit dhe me vajtimin e Davidit për Saulin dhe Jonathanin. Prapëseprapë, Libri i II Samuelit i përket historisë sipas traditës së Ligjit të Përtërirë. Megjithatë, ka shumë të ngjarë që disa nga materialet e këtij libri të kenë ekzistuar si dokumente të pavarura para se të bëheshin pjesë e historisë sipas traditës së Ligjit të Përtërirë.

Mjedisi

Historia e Librit të 2-të të Samuelit mbulon periudhën përafërsisht nga 1000 deri 960 para Krishtit. Historia e zhvendos vëmendjen e saj nga Sauli dhe fisi i Beniaminit te Davidi, fisi i Judës dhe gjithë kombi i Izraelit. Libri tregon historinë e vendosjes së Davidit si mbret, në fillim nga populli i Judës dhe, më pas, nga pjesa tjetër e Izraelit. Kërcënimit të pushtimit të kufijve nga filistejtë i erdhi fundi. Gjatë mbretërimit të Davidit, Izraeli u bë një komb që ndërtonte mbretëri duke aneksuar vende dhe toka fqinje. Megjithëse Davidit i duhej të merrej me ca probleme të brendshme, kjo periudhë nga këndvështrimi politik, mund të përcaktohet si periudha e artë në historinë e Izraelit.

Përmbajtja

Libri i II Samuelit mund të ndahet në katër pjesë:
1. Krijimi i një dinastie (1:1–8:18)
2. Besnikëria ndaj besëlidhjes dhe thyerja/shkelja e besëlidhjes (9:1–12:31)
3. Problemet e familjes së Davidit (13:1–18:33)
4. Restaurimi i mbretërisë së Davidit (19:1–24:25)

■ Krijimi i një dinastie (1:1–8:18)

Vdekja e Saulit i hapi rrugën Davidit për t'u shpallur mbret i Izraelit. Megjithatë, ai veproi me shumë maturi dhe hapat që ndërmori ishin të kujdesshëm, të menduar mirë, duke treguar respektin e duhur për familjen e Saulit. Libri i II Samuelit hapet me një tjetër traditë rreth vdekjes së Saulit. Davidi jo vetëm që tregoi shenjat tradicionale të zisë për të vdekurin, por ai vajtoi edhe vdekjen e njerëzve të fuqishëm të Izraelit në betejë (shih Vajtimin e Davidit 1:19-27). Megjithëse ishte viktimë e trajtimit të pamëshirshëm të Saulit, ai demonstroi dashuri, mëshirë dhe dhembshuri për armikun e tij përmes vajtimit.

Davidi u tregua i kujdesshëm duke mos e marrë pushtetin menjëherë. Ai e dinte se djali i Saulit që kishte mbijetuar, **Ish-Boshethi**, do të ishte një pretendues legjitim i fronit të të atit. Ai ishte i vetdijshëm edhe për ndikimin domethënës të **Abnerit**, komandantit ushtarak të Saulit. Në këto tregime ne shohim një reflektim si të respektit të Davidit për familjen e Saulit, ashtu edhe të asaj që është edhe më e rëndësishme, të mprehtësisë së tij politike, një tipar që e ndihmoi më vonë të sigurunte mbretërinë e tij.

Davidi ndërmori hapin e parë për të vendosur mbretërinë e tij, duke kërkuar miratimin e fisit të tij, Judës, të cilët e kurorëzuan mbret në **Hebron**. Ai e bëri Hebronin kryeqytetin e tij dhe sundoi atje si mbret i Judës për shtatë vjetët që pasuan (1000 deri 993 para Krishtit).

Në të njëjtën kohë, i biri i Saulit, Ish-Boshethi, filloi sundimin e tij si mbret mbi 11 fiset e tjera. Ai kishte në krah Abnerin, që ishte edhe pushteti i vërtetë pas fronit. Me këtë ndarje mes fiseve të Izraelit, konfliktet, përplasjet dhe betejat për pushtet ishin të pashmangshme. II Samuelit 2–4 tregon historitë tragjike të tradhëtisë dhe të gjakderdhjes nga Abneri dhe komandanti i Davidit, **Joabi**. Periudha e luftës civile dëshmoi vdekjen e dhunshme të Abnerit dhe Ish-Boshethit, e cila i hapi përfundimisht rrugën Davidit për ta konsoliduar pushtetin e tij mbi gjithë Izraelin.

Në fillim të mbretërimit të tij në Izrael, Davidi ndërmori shumë fushata të suksesshme ushtarake. Megjithëse **Jebusi** ishte marrë qysh më parë nga izraelitët, ai mbeti një kështjellë e fortë e kanaanejve. Me ushtrinë e tij personale, Davidi mundi më në fund ta mposhtte kështjellën jebuse e ta shpallte atë si qytetin e tij. Ai ia ndryshoi edhe emrin duke e quajtur tashmë **Qyteti i Davidit**. Ai e themeloi gjithashtu këtë qytet neutral që gjendej midis fiseve në veri dhe Judës në jug si kryeqytet të mbretërisë së tij. Në një periudhë të mëvonshme, qyteti i Davidit filloi të quhej **Jeruzalem** (domethënë "themeli i paqes"), një reflektim i rolit që ai luajti në sjelljen e paqes në vend.

Vitet e para të Davidit si mbret i një Izraeli të Bashkuar rezultuan pozitive si në nivel ndërkombëtar, ashtu edhe atë vendas. **Hirami**, mbreti i Fenikisë, dërgoi marangozë, muratorë dhe materiale për të ndërtuar një pallat për Davidin. Megjithatë, rrëfimtari është i kujdesshëm duke vëzhguar se suksesi i tij erdhi falë pranisë së Zotit me të (5:10).

Filistejtë, të cilit kishin qenë dikur aleatë të Davidit, ndërmorën një konfrontim për të sfiduar forcën e Davidit. Në betejat me filistejtë, Davidi provoi se ishte një udhëheqës ushtarak i zoti. Ai e zmbrapsi armikun në territoret e veta dhe nuk e la ta kalonte kufirin.

Përpjekja tjetër e Davidit si udhëheqës ishte krijimi i një identiteti të përbashkët për popullin e tij. Ai e bëri këtë duke e sjellë

H | **Jeruzalemi dhe priftërinjtë e tij**

II Samuelit 15:24-37 tregon sesi Tsadoku, prifti, fitoi të njëjtin vend me Abiatharin në priftërinë e Jeruzalemit. Abiathari erdhi nga linja e priftërinjve levitë të Izraelit dhe qëndroi në krah të Davidit gjatë betejës së tij më Saulin (shih I Samuelit 22:20-23). Megjithatë, ne nuk e dime origjinën e saktë të Tsadokut apo sesi ai u bë prift në Jeruzalem.[1] Gjatë mbretërimit të Davidit, familja e Tsadokut dhe e Abiatharit shërbyen si priftërinj. Kur u bë mbret Salomoni, ai e dëboi Abiatharin nga Jeruzalemi, sepse mbështeste rivalin e Salomonit, Adonian, i cili kërkonte të bëhej mbret (I Mbretërve 2:26-27, 35). Tsadoku, i cili mbështeste mbretërimin e Salomoni, u bë kryeprift, dhe pasardhësit e tij më vonë u bënë familja priftërore në Jeruzalem.

T Teologjia mbretërore

Besëlidhja e Perëndisë është një vazhdim i drejtpërdrejtë i besëlidhjes së Sinait dhe besëlidhjes së Perëndisë me Abrahamin. Megjithatë, vëmendja këtu përqendrohet tek një familje dhe jo tek i gjithë komuniteti i Izraelit. Mbreti nga familja e Davidit ishte "biri" i Perëndisë që sundoi Izraelin, "popullin" e Perëndisë, me të cilin lidhi besëlidhjen e Sinait. Zhvillimi i kësaj **teologjie mbretërore** çoi në besimin se mbretërimi i një mbret nga familja e Davidit përfaqësonte mbretërimin e Perëndisë mbi njerëzit. Psalme të ndryshme e reflektojnë këtë kuptim të mbretërimit (shih 2, 18, 20, 21, 72, 89, 110, 132). Me kalimin e kohës, termi *i vajosuri* (në hebraisht *mashiach*) filloi të përfaqësojë mbretin ideal nga familja e Davidit që do të mishëronte siç duhej mbretërimin e drejtë të Perëndisë në Izrael.

T Sioni, Qyteti i Perëndisë

Me transferimin e arkës, "qyteti i Davidit" u bë "qyteti i Perëndisë". Në brezin vijues të monarkisë, pallati i mbretit dhe Tempulli i Zotit gjendeshin përbri njëri-tjetrit duke legjitimuar shpesh njëri-tjetrin. Kështu, politika dhe feja u bënë binjake të pandashme, gjë që çoi më vonë në krijimin e një nacionalizmi fetar në Izrael.

Krijimi i Jeruzalemit si një qendër fetare çoi në zhvillimin e "**teologjisë së Sionit**" në traditat teologjike të Izraelit. Gjatë ditëve para monarkisë, Sioni ishte një kodër e fortifikuar brenda kështjellës jebuse. Me t'u ndërtuar Tempulli në këtë vend, vetë Mali i Tempullit filloi të njihej me emrin Sion. Ky emër u bë më vonë emri i gjithë qytetit të Jeruzalemit. Sioni në Dhiatën e Vjetër reflekton sigurinë e gjetur në malin e shenjtë të Perëndisë. Duke reflektuar mbretërimin e fuqishëm të vetë Perëndisë, ky term përcillte imazhe të mbrojtjes së Perëndisë për popullin e Tij dhe të fuqisë së Perëndisë në beteja. Ai mishëronte me gjallëri fitoren e Perëndisë, sovranitetin dhe pamposhtshmërinë e Tij. Psalme të ndryshme (shih 46, 48, 76, 84, 87, 122, 125, 132) lavdërojnë bukurinë e Sionit dhe mbretërimin e Perëndisë mbi Malin e Sionit. Megjithëse kjo mënyrë e të kuptuarit ngjallte një ndjenjë të fortë besimi, ajo shpesh çonte edhe në një siguri të rreme e madje edhe pathyeshmëri të rreme të popullit dhe të vetë qytetit. Profetë të mëvonshëm, si Mikea dhe Jeremia, predikonin kundër një sigurie të tillë të rreme.

arkën e besëlidhjes nga Kirjath-Jearimi në Jeruzalem. Kjo nismë i dha Izraelit një vend qendror për t'u mbledhur së bashku për të adhuruar Zotin, i cili i solli nga Egjipti. Jeruzalemi u bë kështu si kryeqytet politik, ashtu edhe fetar i mbretërisë së tij. Traditat e mëvonshme të Izraelit e njohën Jeruzalemin si simbolin e pranisë së Perëndisë mes popullit të tij, për shkak se arka qëndronte në atë qytet.

Sapo Jeruzalemi u bë vendi i arkës së besëlidhjes, Davidi thuri plane për ndërtimin e një tempulli, i cili do të ishte një "shtëpi" (*bayit* në hebraisht) për arkën dhe kështu një "shtëpi" për Zotin (shih Librin e II Samuelit 7:1-3). Megjithëse fillimisht mbështetës i planeve të Davidit, profeti **Nathan** u kthye tek ai duke shpallur se pasardhësi i Davidit, që do të ulej në fron, do ta përmbushte dëshirën e tij. Përmes Nathanit, Zoti premtoi t'i bënte pasardhësit e Davidit një dinasti të përhershme, të trashëgueshme, ose një "shtëpi" (*bayit*) mbretërore. Gjithashtu, ai premtoi të hynte në një marrëdhënie atërore me pasardhësit e Davidit. Ky betim premtues, që Perëndia i dha Davidit, njihet si **besëlidhja e Davidit** (shih Librin e II Samuelit 7:12-17).

Rrëfimtari e mbyll këtë pjesë të viteve të para të Davidit, si mbret i dytë i Izraelit, me një përshkrim të hollësishëm të pushtimit të tij të Filistejve, Moabitëve, Sirëve dhe Edomitëve (kap. 8). Nga këto kombe, Davidi mori plaçkë lufte në flori, argjend dhe bronz, përveç pagesës së haraçeve. Historia mbaron me thënien "Kështu Davidi mbretëroi mbi tërë Izraelin, duke dhënë vendime dhe duke administruar drejtësinë tërë popullit të tij" (8:15).

■ Besnikëria ndaj besëlidhjes dhe thyerja e besëlidhjes (9:1–12:31)

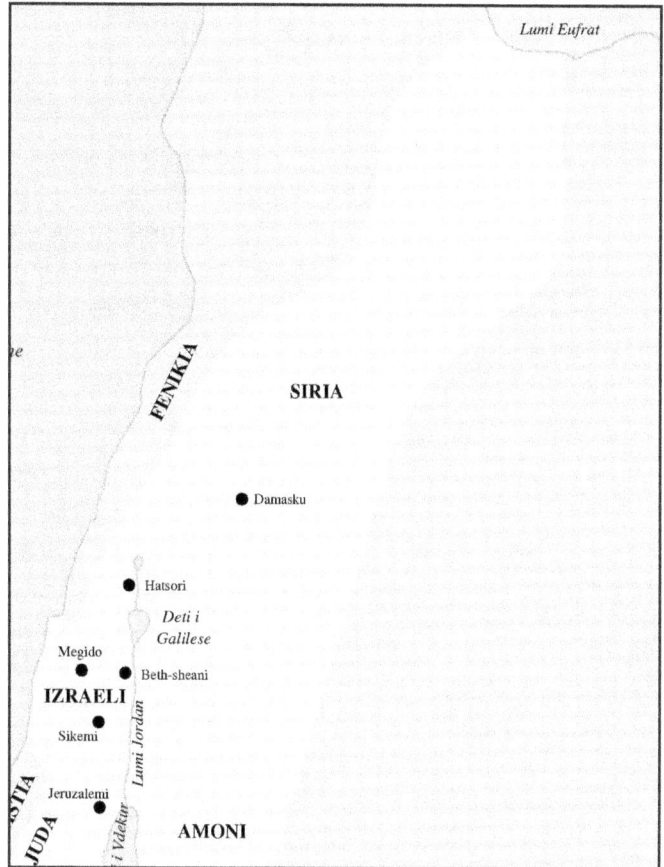

Zona nën kontrollin politik dhe ekonomik të Izraelit gjatë mbretërimit të Davidit dhe Salomonit

Në këtë pjesë, historitë e Davidit përfshijnë dy shembuj të veprimeve "të drejta dhe të duhura" të Davidit, sikurse edhe një shembull të dështimit të tij tragjik të ruajtjes së drejtësisë dhe të drejtës në marrëdhëniet e tij ndërpersonale. Duke treguar një bujari të tepruar, ai ftoi djalin sakat nga këmbët të Jonathanit, **Mefibosheth**, për të qëndruar nën kujdesin e tij për ato vite jete që i mbeteshin dhe për të marrë të ardhura nga prona e gjyshit të tij. Po kështu, Davidi u përpoq ta ruante besëlidhjen edhe me të birin e mbretit të Amonit, pas vdekjes së të atit të tij (shih 10:1).

Kapitulli 11 tregon se si Davidi, i cili u bë shembulli i besnikërisë ndaj besëlidhjes në shtëpinë e Saulit, e shkeli besëlidhjen me Perëndinë dhe shkatërroi jo vetëm një martesë, por edhe një jetë të pafajshme njeriu. Në këtë histori të njohur të mëkatit të Davidit me gruan e **Uriahut**, **Bath-Shebën**, shohim portretin e një despoti oriental, i cili manipulonte njerëzit për të arritur planet e veta. Përmes një plani të kujdesshëm, ai bëri që Uriahu të vdiste në fushën e betejës, duke i hapur kështu rrugën martesës së tij me Bathshebën, me të cilin kishte kryer tradhëti bashkëshortore. Kur erdhi lajmi i vdekjes së Uriahut, Davidi bëri atë që dukej gjëja më e ndershme për një mbret "të drejtë". Ai u martua me gruan e ushtarit të tij të vrarë, një dredhi dhelpërake në marrëdhëniet e tij publike dhe një maskim për mëkatin e tij. Tregimtari e përfundon këtë histori tragjike

T **Davidi: Një mëkatar i penduar**

Psalmi 51 lidhet me lutjen e Davidit për falje kur Nathani i del ball për ballë. Në lutjen e tij, psalmisti shpreh njohjen e tij të afërt të mëkatit njerëzor dhe ndikimin e tij të fuqishëm mbi jetën e njeriut që nga lindja e tij. Psalmi njeh gjithashtu edhe hirin falës të Perëndisë, që e pastron njeriun nga mëkati, dhe dhuratën e një zemre të re si zgjidhje për shthurjen njerëzore.

duke thënë se kjo gjë "nuk i pëlqeu Zotit" (11:27).

Profeti Nathan, i cili kishte folur më parë për besëlidhjen e Perëndisë me Davidin, u përball me Davidin dhe i zbuloi atij gjykimin e Perëndisë për shkak të mëkatit. Nëpërmjet një krahasimi me një njeri të pasur që i mori qengjin e dashur një të varfri, Nathani e bëri Davidin ta dënonte veten. Profeti i tha se e keqja që i kishte bërë Uriahut do të binte mbi Davidin dhe familjen e tij (12:11).

Në këtë pikë të historisë, Davidi shfaqet si një mëkatar vërtet i penduar. Ai e pranoi se veprimi i tij kishte qenë një mëkat ndaj Perëndisë. Megjithëse Nathani i tha se Perëndia e kishte falur, historitë e mëvonshme tregojnë pasojat jetëgjata të mëkatit të Davidit, duke filluar që me vdekjen e fëmijës së Bath-Shebës. Më vonë, ajo ra prapë shtatzënë dhe lindi një djalë.

Davidi ia vuri emrin Jedidiah dhe ai më vonë mori emrin e fronit **Salomon**.

■ Problemet e familjes së Davidit (13:1–18:33)

Megjithëse Davidi u pendua për mëkatet e tij, historitë e mëvonshme në II Samuelit tregojnë se fjala profetike e gjykimit të Nathanit kundër familjes së tij u përmbush. Në mënyrë ironike, dy aktet e para të së keqes që ranë mbi familjen e Davidit ishin sjellja e keqe seksuale (përdhunimi i Tamarës nga Amnoni) dhe vrasja (vrasja e Amnonit nga Absalomi). Pallati mbretëror u bë skena e një ndeshje të madhe për pushtet, duke përfshirë tradhëti bashkëshortore, vrasje dhe rebelim.

Amnoni, djali i madh i Davidit dhe pasardhësi i fronit, zhvilloi një dashuri jo të shëndetshme për motrën e tij nga babai, **Tamarën**. Ai thuri një plan për ta shtënë në dorë dhe më pas shfaqi një përbuzje dhe urrejtje të plotë ndaj viktimës së tij. Dy vjet më vonë, vëllai i Tamarës, **Absalomi**, e vrau Amnonin për të marrë hak për përdhunimin e së motrës. Nga frika e ndonjë veprimi të Davidit, Absalomi u arratis nga Jeruzalemi (kapitulli 13). Më vonë, nëpërmjet një plani

H **Rrëfenja për trashëgimin e fronit**

Studiuesit e Dhiatës së Vjetër i përshkruajnë II Samuelit 9–20 dhe I Mbretërve 1–2 si **rrëfenja për trashëgimin e fronit**, ose si histori të oborrit. Tregimi i hollësishëm përshkruan betejën për pushtet brenda familjes së Davidit, si dhe pretendimet e anëtarëve të ndryshëm të familjes mbretërore për fronin e Davidit. Historitë portretizojnë grafikisht familjen keqfunksionuese të Davidit dhe nuk bëjnë asnjë përpjekje për të mbuluar ndokënd. Prania e këtij materiali në shkrim tregon mënyrën në të cilën Bibla trajton jetën në tërësi. Në këto histori nuk ka heronj idealë. Megjithatë, ne mësojmë se, të qenurit mëkatar i popullit të Perëndisë, e prish edhe më shumë këtë botë tashmë të prishur.

të menduar mirë të Joabit, ku u përfshi edhe një grua e mençur nga Tekoa, Davidi e lejoi Absalomin të kthehej në Jeruzalem, por nuk pranoi ta takonte (kapitulli 14).

Dy vjet më vonë, Davidi e priti Absalomin në pallat dhe të dy u pajtuan. Megjithatë, Absalomi filloi shumë shpejt të bënte disa lëvizje agresive për ta rrëzuar të atin nga froni. Brenda katër vjetësh, Absalomi ia doli të mblidhte aq mbështetje sa të vetëdeklarohej mbret në Hebron. Davidi, duke pasur frikë për jetën e vet, ia mbathi nga Jeruzalemi së bashku me mbështetësit e tij besnikë. Megjithëse si Abiathari dhe Tsadoku u larguan nga Jeruzalemi bashkë me të, Davidi i bindi që të ktheheshin në Jeruzalem me arkën e besëlidhjes. Davidi ktheu mbrapsht edhe një nga këshilltarët e tij, **Hushain**, për t'u bashkuar me forcat e Absalomit me pretekstin se ishte dezertor.

Absalomi e pushtoi Jeruzalemin me mbështetësit e tij. Hushai u kthye në Jeruzalem dhe e bindi Absalomin se ishte dezertor dhe iu zotua për besnikëri (kapitulli 16). Më vonë, Hushai qe në gjendje t'ia mbushte mendjen që të hiqte dorë nga një sulm i menjëhershëm kundër Davidit, megjithëse **Ahithofel**, këshilltari i besuar i Absalomit, e nxiste që t'i vihej pas Davidit (kapitulli 17). Gjithashtu, Hushai i dërgoi fjalë Davidit që të largohej shpejt nga zona ku ishte për t'i shpëtuar ushtrisë së Absalomit. Në betejën që pasoi mes forcave të Davidit dhe Absalomit, Joabi e vrau Absalomin, pavarësisht nga urdhëri i Davidit për t'ia kursyer jetën të birit (18:5). Me

---

H Nathani dhe Gadi

Profetët Nathan dhe Gad luajnë role të rëndësishme në II Samuelit, një në fillim e një në fund të mbretërimit të Davidit. Nathani dha një premtim në lidhje me dinastinë e familjes së Davidit. Më vonë, ai solli gjykimin e Perëndisë mbi Davidin për shkak të mëkatit të tij me Bath-Shebën dhe vrasjen e Uriahut. Me afrimin e fundit të mbretërimit të Davidit, Gadi solli lajmin e gjykimit, në rastin kur Davidi bëri regjistrimin e popullsisë. Historia përfundon me lajmin që Gadi i dha Davidit, i cili e bëri Davidin të ndërtonte një altar mbi lëmin e Araunahut. Më vonë, ky vend u bë vendi ku Salomoni ndërtoi Tempullin. Kështu, Nathani dhe Gadi shpallën si premtime, ashtu edhe gjykime. Në kontekstin e historisë sipas traditës së Ligjit të Përtërirë, është e qartë se, megjithëse gjykimi i Perëndisë bie shpesh mbi popullin e Tij, marrëdhënia e Tij me ta fillon dhe mbaron gjithmonë me një premtim.

---

marrjen e lajmit të vdekjes së Absolomit, Davidi ngriti një vaj të hidhur për të birin: "O biri im Absalom; biri im, biri im Absalom! Të kisha vdekur unë në vendin tënd, o Absalom, biri im, biri im!" (v. 33).

■ Restaurimi i mbretërisë së Davidit (19:1–24:25)

Me vdekjen e Absalomit, rebelimi kundër Davidit u shua. Davidi u kthye në Jeruzalem dhe të gjithë ata që ishin ngritur kundër tij erdhën tek ai për ta ndrequr atë padrejtësi (kapitulli 19). Një kundërshtim i fundit erdhi nga Sheba, një Beniaminit, i cili u rebelua hapur kundër pretendimit të Davidit për të rimarrë mbretërinë. Joabi dhe forcat e tij erdhën me shpejtësi për t'i dhënë fund revoltës së Shebës (kapitulli 20).

Në kapitujt përmbyllës të II Samuelit (21–24), gjejmë materiale të ndryshme që reflektojnë vitet e fundit të mbretërimit të Davidit. Këto materiale nuk janë të sistemuara sipas rendit kronologjik. Rrëfimtari përshkruan një ngjarje në fillimet e mbretërimit të Davidit, ku ai mori hak për përgjakjen e Saulit duke i lejuar Gabaonitët të varnin shtatë djemtë e Saulit (21:1-9). Një tjetër shkrim tregon historinë e Davidit që varros eshtrat e Saulit dhe Jonathanit dhe duke u bërë djemve të Saulit varrimin e duhur në varrin e tyre familjar (21:10-14).

Episodi përfundimtar i II Samuelit është rreth regjistrimit të popullsisë së Izraelit kërkuar nga Davidi dhe gjykimit që ra më vonë mbi të (kapitulli 24). Kur e kuptoi se sjellja e tij nuk i pëlqente Perëndisë, ai e rrëfeu fajin e tij. Zoti i dërgoi Davidit profetin **Gad** me mesazhin se ai mund të zgjidhte një nga tre fatkeqësitë si gjykim: tre vjet zi buke, tre muaj arratisje përpara armiqve që e ndjekin apo tre ditë murtajë. Davidi i kërkoi Perëndisë që ta kursente nga armiqtë. Kështu, Perëndia dërgoi një murtajë në gjithë mbretërinë e Davidit, e cila shkaktoi vdekjen e 70,000 njerëzve në vend. Davidi pa lajmëtarin (engjëllin) e Perëndisë, i cili kryente shkatërrimin, duke qëndruar afër lëmit të **Araunahut**. Ai u rrëfye edhe një herë dhe u lut që murtaja të binte mbi të dhe jo mbi ata që ishin të pafajshëm (v. 15-17).

Duke ndjekur udhëzimet e Gadit, Davidi shkoi tek Araunahu dhe i ofroi që t'ia blinte lëmin. Kur Araunahu ia ofroi falas, mbreti refuzoi duke thënë se ai nuk kishte ndër mend t'i ofronte diçka Perëndisë që nuk do t'i kushtonte asgjë. Ai e bleu lëmin dhe ndërtoi një altar atje për brezat e ardhshëm si vend adhurimi në Izrael (v. 18-25).

Libri i II Samuelit përfundon me shprehje optimizmi rreth përgjigjes së Perëndisë ndaj lutjeve të Davidit për tokën e tij. Në fund, një mëkatar rrëfen mëkatet e tij, pendohet, dhe lutet për mëshirën e Perëndisë. Një Perëndi i hirshëm dhe i dhembshur iu përgjigj lutjeve me falje dhe shërim për popullin e Tij. Në mes të mëkatit dhe gjykimit, Ai ia bëri praninë e Tij të ditur një mëkatari nën gjykim. Pranimi i ofertave të Davidit nga ana e Perëndisë i dhanë mbretit dhe popullit të tij sigurinë se Perëndia jetonte vërtet mes tyre.

Po brezi i ardhshëm dhe të tjerë pas tij, a do të jetonin ata në përputhje me këtë të vërtetë rreth Perëndisë? Historia sipas traditës së Ligjit të Përtërirë, që gjejmë tek I dhe II Mbretërve, i jep përgjigje kësaj pyetjeje. Tani do t'i kthehemi vazhdimit të historisë së Izraelit dhe Perëndisë të tij në këto dy libra.

Fjali përmbledhëse

- Megjithëse Sauli ishte armiku i tij, Davidi mbajti zi për vdekjen e Saulit dhe Jonathanit.
- Davidi u bë mbret pas vdekjes së Saulit dhe u tregua i kujdesshëm duke treguar respekt për familjen e Saulit.
- Davidi sundoi si mbret në Judë për shtatë vjet para se ta konsolidonte mbretërinë e tij në të gjithë Izraelin.
- Davidi e krijoi Jeruzalemin si kryeqytetin e tij dhe e solli arkën në qytet, duke e bërë kështu qendrën fetare të kombit.
- Davidi mëkatoi kundër Perëndisë, por ai edhe kërkoi mëshirën dhe faljen e Perëndisë.
- Davidi pati probleme familjare si pasojë e mëkatit të tij.
- Nathani dhe Gadi i shpallën Davidit si fjalë premtimi ashtu edhe fjalë gjykimi.

Pyetje për reflektim

1. Cilat janë disa nga mënyrat nëpërmjet të cilave mund të demonstrojmë besnikëri edhe kundrejt armiqve tanë?

2. Si e tregon Perëndia besnikërinë e Tij të vazhdueshme në jetët tona edhe në mes të mosbindjes tonë?

3. Në çfarë mënyrash vazhdon të veprojë ligësia pas veprës fillestare të keqe?

4. Cilat janë hapat që duhet të marrim për t'i sjellë stabilitet dhe rregull jetëve të familjeve tona?

Burime për studime të mëtejshme

Baldwin, Joyce G. *1 and 2 Samuel: An Introduction and Commentary.* Tyndale Old Testament Commentary. Downers Grove, Ill.: InterVarsity Press, 1988.

Birch, Bruce C. *The First and Second Books of Samuel: Introduction, Commentary, and Reflections.* Vëll. 2 i The New Interpreter's Bible. Nashville: Abingdon Press, 1998. faqe 1199-1383.

Brueggemann, Walter. *First and Second Samuel.* Louisville, Ky.: John Knox Press, 1990.

16 Mbretëria e ndarë (Pjesa e parë): Libri i I i Mbretërve

Objektivat

Studimi i këtij kapitulli do t'ju ndihmojë:

- Të përshkruani ngjarjet që çuan në kurorëzimin e Salomonit si pasardhës i Davidit.
- Të përshkruani veçoritë pozitive dhe negative të mbretërimit të Salomonit.
- Të përshkruani natyrën dhe qëllimin e tempullit në Jeruzalem.
- Të përshkruani faktorët që çuan në ndarjen e mbretërisë.
- Të vlerësoni ndikimin politik, ekonomik dhe fetar të dinastisë së Omrit mbi Izraelin.
- Të diskutoni rolin dhe mesazhin e profetit Elia.

Fjalët kyçe për të kuptuar

Adonijahu
Abishagu
Tsadoku
Benajahu
Hirami
Sinkretizëm
`*Ulam*
Hekal
Debir
Jeroboami
Ahijahu
Shishaku
Roboami
Dani
Betheli
"Mëkati i Jeroboamit"
Omri
Samaria
Ashabi
Jezebela
Elia
Mali Karmel
Mikajahu

Disa pyetje që duhen marrë parasysh ndërsa lexoni:

1. Si ruhet besnikëria ndaj Perëndisë?
2. Cilët janë disa nga faktorët që kontribuojnë në destabilizimin politik dhe fetar?

Afër fundit të mbretërimit të Davidit, rivaliteti dhe intriga politike u zhvilluan në shtëpinë e tij për të zgjidhur çështjen se kush do të ishte trashëgimtari legjitim i fronit. Libri i I Mbretërve tregon zhvillimet që çuan në ngritjen e Salomonit si pasardhës i Davidit. Pjesa tjetër e tregimeve në këtë libër tregon betejën e vazhdueshme për pushtet në vend. Kjo betejë çoi në ndarjen e Izraelit në dy mbretëri. Me ndryshimin e peisazhit politik, ndryshoi edhe kultura fetare e kombit të besëlidhjes. Në këtë pjesë të parë të historisë së mbretërisë së ndarë të Izraelit, përqendrohemi tek njëqind vjetët e parë të historisë së Izraelit që nga koha e Davidit.

Titulli dhe autorësia

Librat e I dhe II Mbretërve kanë qenë në fillim një i vetëm dhe tregonin historinë e mbretërisë së Izraelit pas vdekjes së Davidit. Titulli tregon se këta libra lidhen me historinë e mbretërimit në Izrael. Së bashku, këta dy libra formojnë pjesën e fundit të historisë sipas traditës së Ligjit të Përtërirë. Historianët e saj përdorin burime të ndryshme si "Librin e bëmave të Salomonit" (Libri i I Mbretërve 11:41), "Librin e kronikave të mbretërve të Izraelit" (14:19), si dhe "Kronikat e mbretërve të Judës" (v. 29) për të krijuar veprën e tyre. Ka gjithashtu të ngjarë që ata të jenë mbështetur edhe në burime të tjera të shkruara ose gojore që patën qarkulluar shumë kohë para se këta libra të merrnin formën e tyre përfundimtare.

Mjedisi

Libri i I Mbretërve mbulon historinë e Izraelit që nga viti 960 para Krishtit deri në vitin 850 para Krishtit. Libri fillon me vitet e rënies së Davidit. Kështu, skena përgatitet për kalimin e pushtetit brezit tjetër. Historia përmbyllëse e II Samuelit (blerja nga Davidi e lëmit të Araunahut) parashikon ndërtimin e Tempullit në vendin ku Davidi i ofroi Zotit olokauste. Megjithëse vargjet hapëse të librit përpiqen të japin imazhin e një mbretërie relativisht të qetë dhe të qëndrueshme, pjesa tjetër e kapitullit të 1-rë shndërrohet befas në manovrime politike dredharake dhe komplote pallatesh për t'i zënë vendin mbretit që po vdiste.

Përmbajtja

Dy kapitujt e parë të I Mbretërve shërbejnë si hyrje e duhur në historinë e mbretërimit të Salomonit. Studiuesit i konsiderojnë këta kapituj si përfundimin e rrëfenjës për trashëgimin e fronit që filloi në II Samuelit 9.

Libri i I Mbretërve mund të ndahet në këto dy pjesë kryesore:

1. Mbretërimi i Salomonit (1:1–11:43).
2. Mbretëritë e ndara dhe mbretërit e tyre (12:1–22:53)

Pjesa e dytë tregon në mënyrë të zgjeruar rreth shërbesës së profetit Elia, duke filluar me kapitullin 17.

■ Përzgjedhja e një pasardhësi të Davidit (1:1–2:46)

Çështja e pasardhësit legjitim të Davidit pothuajse e ndau familjen mbretërore dhe këshilltarët politikë dhe fetarë të Davidit në dy kampe. Me mbështetjen e gjeneralit të Davidit, Joabit, dhe kryepriftit të Davidit, Abiatharit, djali i tij më i madh, **Adonijahu**, e shpalli veten mbret të Jeruzalemit. Megjithatë, një tjetër prift rival, Tsadoku, profeti Nathan dhe shumë nga luftëtarët e Davidit nuk e mbështetën Adonijahun. Duke komplotuar me Bath-Shebën, Nathani ia doli ta bindte Davidin që të shpallte

Salomonin si trashëgimtar legjitim të fronit. Në Gihon, Tsadoku e vajosi Salomonin si mbretin e ardhshëm të Izraelit (viti 960 para Krishtit).

Para vdekjes së tij, Davidi e nxiti Salomonin të ecte në të gjitha rrugët e Perëndisë duke zbatuar në praktikë Ligjin e Moisiut (2:2-3). Ai e kujtoi më tej Salomonin se premtimi i Perëndisë për një dinasti të përjetshme davidiane ishte i kushtëzuar. Përmbushja e këtij premtimi varej nga bindja e brezave të ardhshëm ndaj Perëndisë dhe ecjes së tyre para Perëndisë me gjithë zemër e e shpirt.

Megjithëse Salomoni u vu mbret, Adonijahu, i cili u detyrua të hiqte dorë nga mbretërimi, bëri një përpjekje të fundit për të kërkuar legjitimitetin e kërkesës së tij për fronin. Ai kërkoi që Salomoni t'i jepte leje që të martohej me konkubinën e Davidit, **Abishagun**. Salomoni, i cili e mori këtë kërkesë si një plan të Adonijahut për të kërkuar fronin, dha urdhër që ta vrisnin vëllanë e tij (nga babai). Pas vrasjes së Adonijahut, Salomoni ndërmori hapa të mëtejshëm për t'i zhveshur nga pushteti të gjithë ata që kishin mbështetur kërkesën e Adonijahut. Ai e dëboi Abiatharin nga Jeruzalemi në qytetin e Anathothit dhe e

beri **Tsadokun** kryeprift të Jeruzalemit. Më tej, Salomoni urdhëroi vdekjen e Joabit si ndëshkim për vrasjen e gjeneralit të Saulit, Abnerit. Në vend të Abnerit, Salomoni caktoi **Benajahun** si komandant të ushtrisë së tij. Salomoni siguroi kështu mbretërimin e tij duke bërë një spastrim të gjerë politik brenda për brenda shtëpisë.

■ Mbretërimi i Salomonit (3:1–11:43)

Rrëfimtari fillon dhe mbaron historinë e Salomonit duke iu referuar marrëdhënieve të tij martesore. Historia fillon me aleancën martesore të Salomonit me Egjiptin.[1] Kapitulli i fundit i kësaj pjese tregon për aleancat martesore të Salomonit dhe dashurinë e tij për gratë e huaja, që ai i kishte marrë nga shumë vende fqinjë (11:1-8). Ai shkeli kështu Ligjin e Moisiut, i cili paralajmëronte rreptësisht kundër martesave të Izraelit me njerëz paganë (Ligji i Përtërirë 7:3-4). Salomoni jo vetëm që u martua me gra pagane, por edhe adhuroi perënditë e tyre dhe u bë një mbrojtës me ndikim të madh i feve pagane në vend.

Në fillimet e mbretërimit të tij, Salomoni udhëtoi për në Gabaon me qëllim që të bënte një sakrificë për Zotin. Atje, ai i kërkoi Perëndisë një "zemër të zgjuar", në mënyrë që të kishte aftësinë të sundonte me mençuri dhe "të dallonte të mirën nga e keqja" (3:9). I kënaqur me kërkesën e Salomonit, Zoti jo vetëm që i dha mençuri Salomonit, por i dha edhe pasuri dhe nder.

Urtësia dhe fama e Salomonit u përhapën në gjithë Lindjen e Afërt. Urtësia e tij e kaloi si atë të popujve të lindjes, ashtu edhe urtësinë e egjiptasve. Si mjeshtër i urtësisë, Salomoni krijoi mijëra proverba (fjalë të urta) dhe këngë dhe

---

H **Traktatet dhe martesat ndërkombëtare**

Rrëfimtari i I Mbretërve na tregon se Salomoni kishte 700 bashkëshorte dhe 300 konkubina. Në botën e lashtë, një harem i madh i mbretit nuk ishte aq tregues i sensualitetit të tij sesa një diplomaci ndërkombëtare. "Lidhjet familjare" përfaqësonin "aleatë politikë." Marrëdhënia martesore e Salomonit me kombe të tjera ishte pra një strategji politike me anë të së cilës ai siguronte qendrueshmëri të mbretërimit të tij. Çmimi që pagoi Izraeli, për këtë aleancë jo të shenjtë me kombe pagane, ishte prezantimi i perëndive të huaja në Jeruzalem.

H **Sinkretizmi në Tempull**

Ndërtimi i Tempullit tregoi shenja të **sinkretizmit**, apo përzierjes së ideve fetare, gjatë mbretërimit të Salomonit. Veçoritë arkitekturore të Tempullit zbuluan ndikimin e fortë të ideve fetare nga zonat fqinje, sidomos Fenikia. Dy shtyllat prej bronzi në hyrje të Tempullit përfaqësonin ndoshta simbolin e pikëpamjes së lashtë të Lindjes së Afërme, se toka mbështetej mbi shtyllat e saj të themelit. Deti prej metali të shkrirë, i mbështetur nga 12 qe, ndoshta reflektonte ujërat primitivë të zënë nga deti që në kohën e krijimit. Gdhendjet në dyer përmbanin kerubinë, lule dhe palma, që të gjitha simbole të Lindjes së Afërt për pjellorinë.

---

klasifikoi si kafshët ashtu edhe bimët. Brezat e mëvonshëm e kujtonin këtë "mbret mendjendritur" si përfaqësimin e vërtetë të shkëlqimit dhe begatisë (p.sh. shih fjalët e Jezusit tek Mateu 6:29).

Urtësia e Salomonit ishte e dukshme tek zotësia e tij si administrator i efektshëm. Ai i organizoi të 12 fiset e Izraelit në 12 rrethe administrative për qëllime taksimi dhe rekrutimi. Ky ristrukturim i kombit do të thoshte një lloj nënshtrimi i përparësive fisnore dhe klanore para interesave më të mëdha të kombit dhe identitetit kombëtar. Politika administrative e Salomonit përfshinte futjen e punës së detyruar në mbretërinë e tij. Veprimet e Salomonit e kthyen kombin prapa në ditët e skllavërisë dhe robërisë politike.

Qeveria e Salomonit u rrit shpejt, gjë që kërkonte burime tepër të mëdha për shpurën mbretërore dhe numrin gjithmonë e më të madh të stallave dhe karrocave. Megjithëse oborri mbretëror dhe ushtria kombëtare që sa vinin e rriteshin tregonin aftësitë organizative të Salomonit, ato do të thoshin edhe vështirësi fizike dhe taksa më të larta për shumicën e popullsisë. Megjithëse i mençur në shumë mënyra, Salomoni ndërmori disa veprime politike të paskrupullta që mbollën farën e pakënaqësisë dhe rebelimit mes kombit.

Arritja më e madhe e Salomonit ishte ndërtimi i Tempullit në Jeruzalem mbi truallin që Davidi ia kishte blerë Araunahut. Ky projekt zgjati shtatë vjet deri në përfundim. Projekti i Salomonit varej shumë nga arkitektura dhe artizanati i fenikasve. Ai jo vetëm që u dha produkte ushqimore në këmbim të materialeve fenikase të ndërtimit dhe mjeshtrave fenikas, por shleu edhe borxhin ndaj mbretit të Tiros, **Hiramit,** duke i dhënë një copë tokë në territorin verior. Qytetarët e tij paguan edhe çmimin e lartë të

T **Urtësia dhe mprehtësia**

Në gjithë Dhiatën e Vjetër, gjejmë një trajtim si pozitiv ashtu edhe negativ të urtësisë njerëzore. Nga njëra anë, qeniet njerëzore inkurajohen që "të bëhen të urta" apo të "nxjerrin mësime nga urtësia". Nga ana tjetër, urtësia jashtë kontekstit të duhur ka pasoja shkatërruese. Ftesa biblike për urtësi bazohet tek bindja se frika (nderimi) nga Perëndia është një parakusht i nevojshëm për të arritur urtësinë.

Kuptimi i dyanshëm i urtësisë është veçanërisht i dukshëm tek historia e Salomonit. Zoti i dha Salomonit urtësi, kur ai i kërkoi urtësi duke njohur sovranitetin e Tij. Megjithatë, kur ai e përdori urtësinë jashtë kontekstit të duhur dhe u fut në marrëdhënie martesore me kombe pagane, ajo u kthye në një kurth për të.

punës së detyruar, taksave, vështirësitë fizike dhe ekonomike për të përfunduar ndërtimin e Tempullit.

Tempulli i Salomonit përfshinte jo vetëm ndërtimin e tij, por edhe dhoma që rrethonin murin e Tempullit. Një enë e madhe bronzi (që quhet "Deti prej metali të shkrirë"), e mbështetur nga 12 qe bronzi, në juglindje të hyrjes së Tempullit, shërbente si vend për larjet rituale të priftërinjve. Në verilindje të hyrjes së Tempullit ishte altari i flijimeve. Dhjetë shkallë të çonin tek hyrja kryesore, e cila mbahej në të dyja anët nga dy shtylla bronzi që quheshin Jakini dhe Boazi.

Vetë Tempulli ishte afërsisht 30 metra i gjatë, punuar prej guri dhe i veshur me dru kedri. Ai përbëhej nga tri dhoma. ʿUlam (portiku) shërbente si paradhomë apo hyrje për tek navata apo *hekal* (salla kryesore). Si dhoma qendrore dhe më e madhe, *hekali* ishte vendi i pjesës më të madhe të aktiviteteve të përditshme që bëheshin brenda Tempullit. Në *hekal* ndodheshin 10 shandanë, një tavolinë që mbante bukën e përditshme të Paraqitjes, si dhe një altar për djegien e temjanit. Në fund të *hekalit* ishin dy shkallë që të çonin në dhomën e tretë dhe të fundit, *debir*-**in** (shenjtëroren e brendshme). *Debiri* kuptohej si dhoma e fronit të Zotit. *Debiri* ishte një kub i përsosur për nga lartësia, gjerësia dhe gjatësia. Nuk kishte dritare dhe brenda ishte errësirë e plotë. Ky vend më i shenjtë nga të gjithë, i cili shpesh quhej "shenjtërorja e shenjtërorëve" ose "vendi shumë i shenjtë", mbante arkën e besëlidhjes, ashtu si edhe dy kerubinë prej dru ulliri dhe të veshur me flori. Krahët e engjëjve shtriheshin aq sa preknin njëri-tjetrin. Besimi i Izraelit ishte i

> **T | Perëndia dhe Tempulli**
>
> Tempulli dhe dhomat e ngjitura me të shërbenin si përfaqësimi simbolik i sovranitetit të Perëndisë mbi gjithësinë dhe krijimin. Ai ishte pallati i mbretit hyjnor të Izraelit. Zoti (*Jehovah*) i Ushtrive, i cili i kishte kapërcyer ujërat kaotikë si në krijimin e gjithësisë, ashtu edhe në krijimin e Izraelit në Detin e Kuq/Lumin Jordan. Gjithçka në Tempull, që nga oborret deri tek dhoma e brendshme e fronit, dëshmoninn faktin se Zoti Perëndi mbretëronte mbi gjithësinë dhe fuqitë e kaosit (shih Psalmin 93:1).

pikëpamjes se Perëndia qëndronte ulur në krahët e kerubinëve, të cilat ishin froni i Tij (shih Psalmin 99:1). Arka e besëlidhjes poshtë krahëve shërbente si vendi ku Perëndia mbështeste këmbët.

Lutja e Salomonit për kushtimin e Tempullit të përfunduar (kapitulli 8) reflekton bindjen e Izraelit se Perëndia nuk jetonte në një ndërtesë tokësore. Gjatë gjithë lutjes së tij të përkushtimit, Salomoni deklaroi se qiejt e qiejve nuk mund ta nxënë Zotin, aq më pak Tempulli (v. 27).

Salomoni i kushtoi 13 vjet ndërtimit të një kompleksi mbretëror, që përfshinte pallatin e vet, një shtëpi për gruan e tij egjiptiane dhe disa ndërtesa të tjera shtetërore. Përveç ndërtesave të shumta në Jeruzalem, ai ndërtoi edhe ndërtesa të tjera mbretërore në Gezer, Hatsorin dhe Megido.

Pavarësisht nga arritjet e ndryshme të Salomonit, historianët e historisë sipas traditës së Ligjit të Përtërirë i japin mbretërimit të tij një vlerësim përfundimtar negativ. Ai e shkeli ligjin që ndalonte martesat me kombe të tjera dhe nuk arriti të ecte në rrugën e Zotit. Përveç kësaj, u bë adhurues e mbrojtës i perëndive të huaj. Zemra e tij u nda dhe ai nuk e ndoqi Perëndinë plotësisht.

Në fund të mbretërimit të Salomonit, pati disa rebelime kundër shtëpisë së Davidit.

Historianët e historisë sipas traditës së Ligjit të Përtërirë i lidhin këto incidente me fillimin e gjykimit të Perëndisë mbi Salomonin. Një rëndësi të veçantë pati edhe rebelimi i **Jeroboamit**, oficerit të Salomonit për punën e skllevërve. Profeti **Ahijah** i kishte shpallur Jeroboamit se Perëndia do t'i jepte 10 nga 12 fiset e Izraelit. Megjithëse Salomoni u përpoq ta vriste Jeroboamin, ai u arratis për në Egjipt dhe qëndroi nën mbrojtjen e Faraonit **Shishak** deri në vdekjen e Salomonit.

■ Revolta e Veriut (12:1-33)

Pas vdekjes së Salomonit (viti 922 para Krishtit), populli u mblodh në Sikem për ta bërë djalin e Salomonit, **Roboamin**, pasardhës të tij dhe mbret të Izraelit. Në kurorëzimin e Roboamit, përfaqësuesit e fiseve veriore, së bashku me Jeroboamin, i cili ishte kthyer së fundi nga Egjipti, i kërkuan mbretit të ri t'i lehtësonte njerëzit nga puna dhe taksat e rënda. Por Roboami ua vuri veshin këshilltarëve të tyre, të cilët ishin bashkëmoshatarë të tij, dhe kërcënoi se do t'ia bënte jetën popullit të tij edhe më të vështirë dhe të rëndë sesa gjatë kohës së të atit. Në përgjigje të këtij kërcënimi, fiset veriore u shkëputën për të formuar mbretërinë e tyre nën drejtimin e Jeroboamit. Mbretërimi i Roboamit u kufizua me fiset e Judës dhe Beniaminit në jug. Dhjetë fiset veriore (Mbretëria e Veriut) u bë më vonë e njohur si Izraeli ose Efraimi. Mbretëria jugore nën familjen e Davidit u njoh si Juda.

Në fillimet e mbretërimit të tij, Jeroboami e bëri përsëri Sikemin qendrën politike të mbretërisë së tij. Megjithatë, ai kishte frikë se mos populli i Mbretërisë Veriore vazhdonte të shkonte në jug për të adhuruar

Perëndinë në Jeruzalem. Për të mos e lënë kombin e tij ta shkelte besnikërinë ndaj mbretërisë së tij, Jeroboami ndërtoi dy vende adhurimi–një në **Dan** në kufirin verior dhe tjetrin në **Bethel** në kufirin jugor të mbretërisë së tij. Në të dyja këto vende, Jeroboami ndërtoi një dem të artë për të shërbyer si simbol alternativ i arkës së besëlidhjes. Demi, i cili ishte simboli i Baalit, perëndisë së pjellorisë për kanaanejtë u bë kështu objekti i adhurimit për Izraelin. Autorët e historisë sipas traditës së Ligjit të Përtërirë hedhin një gjykim negativ për veprimin e Jeroboamit, duke iu referuar si "mëkati i Jeroboamit". Në përgjigje të aktit të Jeroboamit, në Bethel erdhi një profet nga Juda, i cili deklaroi se një pasardhës i Davidit me emrin Josia do të shkatërronte më në fund tempullin e Bethelit. Tre shekuj më vonë, nën reformat e Josias, tempulli i

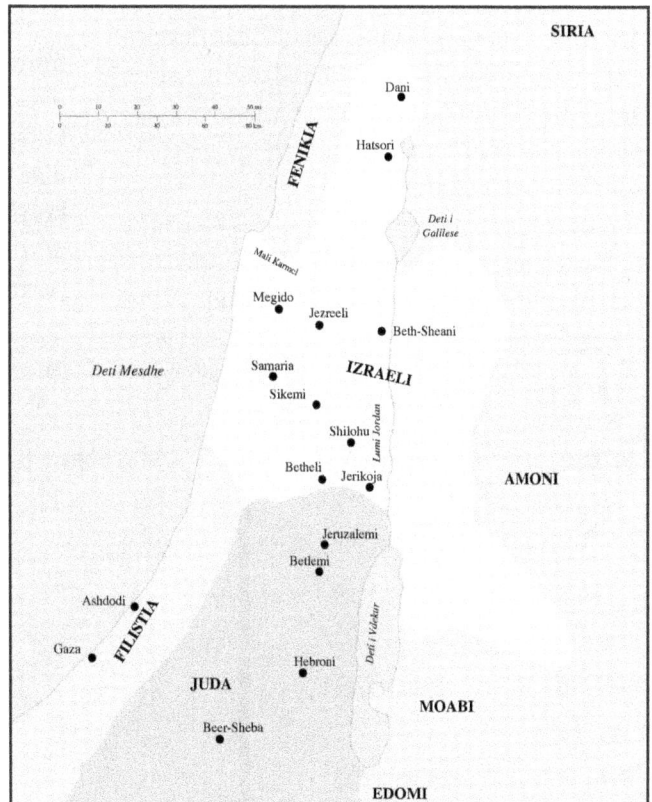

Kufijtë e mbretërive të Izraelit dhe Judës

Bethelit u shkatërrua (II
Mbretërve 23:15-20).

■ Mbretëritë e ndara (13:1–16:34)

Gjatë gjithë pjesës tjetër të I
dhe II Mbretërve, autorët
vlerësojnë mbretërit e
ndryshëm në dritën e
besnikërisë së tyre apo
mungesës së saj ndaj
Perëndisë. Për mbretërit
veriorë, shkrimtarët i
përshkruajnë sundimtarët e
mëvonshëm si vazhdues të
mëkatit të Jeroboamit. Kjo do të thotë se ata
nuk hoqën dorë nga adhurimi në tempujt e
Danit dhe Bethelit. Të gjithë mbretërit
veriorë marrin vlerësim negativ nga autorët.
Nga ana tjetër, disa prej mbretërve jugorë
marrin vlerësime pozitive, kurse disa të tjerë
negative. Ata që jetuan sipas udhëzimeve të
Ligjit (*Torah*) ishin ata që bënë atë që ishte "e
drejtë në sytë e Zotit". Ata që vazhduan
idhujtarinë ishin ata që bënë atë që ishte "e
keqe në sytë e Zotit".

Autorët e historisë sipas traditës së Ligjit
të Përtërirë, ndjekin një model tipik për të
përshkruar mbretërimin e secilit prej

| **A** | **Mbishkrimi i Mbretit Mesha[2]** |

Rëndësia e Omrit, në kontekstin më të gjerë të
Lindjes së Afërt Antike, tregohet në një mbishkrim të
shek. IX para Krishtit nga Mbreti Mesha i Moabit. Ky
mbishkrim përmban regjistrimin e fitores së moabitëve
mbi Mbretërinë e Veriut. Në këtë mbishkrim
përmendet edhe mënyra se si Omri e kishte nënshtruar
popullin e Moabit për një kohë të gjatë. Megjithatë,
izraelitët i kishin këputur prangat e tyre nën
udhëheqjen e Meshës. Rëndësi të veçantë ka fakti se
ky gur u ngrit shumë kohë pas vdekjes së Omrit; e
megjithatë toka e Izraelit vazhdoi të quhej "toka e
Omrit".

mbretërve veriorë dhe jugorë. Për Mbretërinë
Veriore, autorët e datojnë vitin e parë të
mbretit në fron sipas vitit korrespondues të
mbretit në Judë, pasuar nga periudha e
mbretërimit dhe vendndodhja e kryeqytetit
të tij. Tregimi, zakonisht, mbaron me një
vlerësim negativ të mbretit. Kur prezanton
mbretërit e Judës, autorët e datojnë vitin e tij
të parë të mbretërimit sipas viti
korrespondues të mbretit të Izraelit, pasuar
nga komentet mbi moshën e mbretit,
kohëzgjatjen e mbretërimit të tij, si dhe
emrin e nënës mbretëreshë. Vlerësimi
përfundimtar përfshin ndonjëherë një
krahasim me Davidin
ose me pararendësin e
drejtpërdrejtë të tij.

Mungesa e një
dinastie të përhershme
rezultoi në kushte
politike të
paqëndrueshme dhe të
dhunshme në
Mbretërinë Veriore.
Vrasjet dhe
mbretërimet relativisht
të shkurtra të
mbretërve ishin
karakteristikë e gjysmës

H	**Mbretërit veriorë dhe jugorë në Librin e I Mbretërve[3]**	
Mbretërit veriorë	**900**	**Mbretërit jugorë**
Jeroboami I	922-901	Roboami I	922-915
		Abijami	915-913
Nadabi	901-900	Asa	913-873
Baasha	900-877		
Elahu	877-876		
Zimri	876		
Omri	876-869	Jozafati	873-849
Ashabi	869-850 **850**		

> ## T Besnikëri e ndarë
>
> Urdhërimi i parë, "Nuk do të kesh perëndi të tjerë para meje" (Eksodi 20:3), ishte bërë të pavend për Izraelin në shekullin e 9-të para Krishtit. Ata jetonin duke menduar se "perëndi të tjerë", si p.sh. Baali, Asherothi, si dhe perëndi nga kultura të tjera fqinje, ishin të domosdoshme për jetën, begatinë, pasurinë dhe sigurinë e tyre. Në kulturën tonë të shekullit 21-të, tundimi për të ndjekur perëndi të tjerë është po aq i fortë sa ishte në kohën e lashtë të Izraelit. Ashtu si në Izrael, ne gjithashtu kemi prirje për të jetuar një jetë të ndarë nga kufijtë midis të shenjtit dhe shekullarit, duke pasur besnikëri të ndara dhe zgjedhje alternative. Historia e Elias na tregon se cilët janë ndikimet dhe sfidat e një jete të përkushtuar plotësisht Perëndisë.

së parë të shekullit. Në kontrast me të, Mbretëria Jugore e Judës reflekton një qëndrueshmëri relative, meqënëse pasardhësit e fronit ishin përcaktuar nëpërmjet dinastisë së Davidit.

Në mënyrë të shpejtë me rradhë, autorët komentojnë mbi mbretërimin e mbretërve jugorë Abijam dhe Asa, si dhe mbretërimin e mbretërve veriorë Nadab, Baasha, Elah, dhe Zimri. Komandanti i ushtrisë izraelite, **Omri**, e vrau Zimrin pasi kishte sunduar vetëm për shtatë ditë. Deri në kohën e Omrit, Mbretëria Veriore nuk kishte pasur mundësi të vendoste një trashëgim të qëndrueshëm të mbretërve. Megjitatë, me Omrin, u arrit një farë stabiliteti politik dhe mirëqënieje ekonomike relative për më shumë se tre dhjetëvjeçarë. Megjithëse autorët e historisë sipas traditës së Ligjit të Përtërirë, nuk japin shumë informacion rreth mbretërimit të Omrit (16:24-28) dhe e përshkruajnë Omrin si njeriun që kishte mëkatuar "më shumë se të gjithë paraardhësit e tij". Omri kishte korrur suksese të mëdha si brenda vendit ashtu edhe në nivel ndërkombëtar.

Omri jo vetëm që formoi një dinasti që do të zgjaste për katër mbretërime, por ndërtoi edhe **Samarinë**, si kryeqytetin e tij të ri politik. Në afërsi të rrugës kryesore veri-jug, qyteti ndodhej në majë të një kodre të pjerrët, që e mbronte nga pushtimet e armikut. Gërmimet arkeologjike zbulojnë një qytet të fortifikuar mirë me ndërtesa të ndërtuara nga muratorë të stërvitur dhe të mobiluara me zbukurime fildishi.

Megjithëse autorët e historisë sipas traditës së Ligjit të Përtërirë i japin mbretërimit të Omrit vetëm një vëmendje minimale, ata e përshkruajnë mbreterimin e Ashabit deri në hollësitë më të imëta. Për ta vulosur marrëdhënien e tij politike me Fenikinë, Omri e martoi të birin, **Ashabin**, me të bijën e mbretit fenik, **Jezebelën**. Si mbështetëse e devotshme e perëndisë së fenikasve, Baalit, Jezebela importoi qindra profetë të Baalit në Izrael dhe ngriti më pas tempuj të shumtë për këta profetë. Shpejt, një pjesë e madhe e izraelitëve po adhuronin Baalin bashkë me Zotin (*Jehovah*).

■ Zërat e profetëve (17:1–22:53)

Kur baalizmi po përhapej shumë në Izrael, Perëndia dërgoi profetin **Elian** në Mbretërinë Veriore për të përkrahur kauzën e besimit në Zotin (*Jehovah*) në atë komb. Emri i Elias, që do të thotë "Perëndia im është *Jehovah*" tregonte misionin e tij. Në kohën kur populli i Izraelit i shërbente çfarëdolloj perëndi që promovohej nga familja mbretërore, Elia nuk bëri kompromise. Misioni i tij ishte të sfidonte sistemin dominues të baalizmit dhe të deklaronte vetëm *Jehovah*–un si Perëndia të

T Profetë të vërtetë dhe të rremë

Në historinë e Mikajahut dhe të profetëve të rremë, ne shohim se sa lehtësisht vetë profetët mund të bien pre të nacionalizmit dhe të shërbimit të mërzitshëm të mbretit. Ata thanë në emër të Perëndisë një fjalë optimiste në përputhje me teologjinë, e cila thotë: "Perëndia është në anën tonë." Ata folën atë që politikanët donin të dëgjonin në kohën e tyre. Mikajahu na kujton se Perëndia nuk qëndron në anën e politikanëve dhe udhëheqësve, të cilët e kërkojnë Atë vetëm kur duan miratim fetar dhe aprovim të planeve të tyre. Profetët e vërtetë rrallë bënin kompromis me pushtetet politik.

Izraelit. Më pas, ai duhet të nxiste rrëzimin përfundimtar të dinastisë së Omrit.

Misioni i Elias filloi në mënyrën e duhur kur ai kërkoi një thatësirë në emër të Perëndisë së Izraelit. Gjatë asaj thatësire, Perëndia i siguroi profetit bukë, mish dhe ujë ashtu siç u kishte siguruar paraardhësve të Izraelit në shkretëtirë. Kur uji u tha plotësisht, Elia u nis për në Sarepta, një qytet në Sidon. Në mënyrë ironike, ndërkohë që ishte në qendër të atdheut të Jezebelës, Elia bëri një mrekulli duke i dhënë jetë një vejusheje dhe djalit të saj duke u siguruar një furnizim të pafund ushqimi dhe duke e risjellë në jetë djalin e vejushës. Edhe një herë, Elia demonstroi se i vetmi Perëndia e Izraelit ka fuqinë t'u japë jetë njerëzve e t'i mbajë ata në jetë.

Pas tre vjet thatësire, Elia deklaroi një provë force midis Baalit dhe Zotit (*Jehovah*) në **Malin Karmel**. Duke sfiduar 450 profetë të Baalit dhe 400 profetë të Asherahut, Elia u bëri thirrje njerëzve që të bënin një zgjedhje të vendosur se kujt do t'i shërbenin. Për Elian, problemi nuk ishte domosdoshmërisht refuzimi i njerëzve për t'i shërbyer Perëndisë. Problem për të ishte që zemrat e tyre ishin ndarë midis Zotit dhe Baalit. Elia u bëri thirrje njerëzve "Në qoftë se Zoti është Perëndia, shkoni pas Tij; por në

qoftë se përkundrazi është Baali, atëherë ndiqeni" (18:21).

Në Malin Karmel, profetët e Baalit u përpoqën ta paraqisnin Baalin si perëndinë suprem mbi natyrën. Ata u përpoqën ta manipulonin Baalin përmes ritualeve të ndryshme, kërcimit dhe çjerrjes së trupave të tyre. Megjithatë, Baali nuk reagoi. Elia vazhdoi duke derdhur ujë rreth flisë së tij për Perëndinë. Ky humbje e kotë uji ndodhi gjatë një thatësire të jashtëzakonshme! Ky akt adhurimi tregon besimin e plotë të Elias në fuqinë e Perëndisë si Krijuesi dhe Mbajtësi i gjithësisë. Në përgjigje të lutjes së Elias, Perëndia e konsumoi me zjarr këtë fli. Më pas, Elia i shkatërroi profetët e Baalit, bashkë me vendet e tyre të adhurimit.

Duke e parë Elian si kërcënim për programin e saj fetar, politik dhe ekonomik, Jezebela u zotua t'ia merrte jetën për atë që Elia u bëri profetëve të saj. Profeti u arratis në shkretëtirë në pjesën jugore të vendit dhe arriti në Malin Horeb. Perëndia, i cili iu shfaq Moisiut dhe Izraelit në të njëjtin vend mes rrufeve, tërmetit dhe tymit (Eksodi 19:16-18) i foli Elias me një "zë si një shushuritje e ëmbël" dhe e porositi që të kthehej e të vazhdonte detyrën e tij profetike.

Aty nga fundi i mbretërimit të tij, Ashabi bëri aleancë me mbretin e Judës, Jozafatin për të rimarrë qytetin e Ramoth të Galaadit, të cilin e kishte marrë më parë Siria. Ai u konsultua me 400 profetë të rremë në lidhje me perspektivën e një fushate të përbashkët ushtarake kundër Sirisë dhe mori prej tyre një raport unanimisht të favorshëm. Megjithatë, kur u konsultua me një profet të vërtetë me emrin **Mikajahu**, birin e Imlahut, profeti deklaroi se kjo ndërmarrje aventurë do të ishte e pasuksesshme dhe se Ashabi do të vdiste në betejë. Pavarësisht nga këshilla e Mikajahut, Ashabi dhe Jozafati ndërmorën një betejë kundër Sirisë. Në betejë, jo vetëm që u mundën, por Ashabi edhe u plagos rëndë dhe vdiq.

Libri i I Mbretërve fillon dhe mbaron me rrëfenja që trajtojnë si madhështinë ashtu edhe rënien e Izraelit. Po mbretëria e Salomonit, si edhe mbretëria e Omrit përfaqësojnë begati, pasuri, siguri dhe madhështi kombëtare. Nga anë tjetër, në këto dy periudha, gjithashtu ndodhën shumë padrejtësi, korruptim, dhe mosbesnikëri të plotë ndaj Perëndisë. Në II Mbretërve, në librin e fundit të historisë sipas traditës së Ligjit të Përtërirë, do të shohim përfundimin tragjik të thyerjes së besëlidhjes që Izraeli lidhi në Malin Sinai, dhe refuzimin këmbëngules të tij për të ecur në rrugën e Zotit (*Jehovah*), Perëndisë së tij.

Fjali përmbledhëse

- Megjithëse zhvillimet politike dhe ekonomike të mbretërimit të Salomonit patën një ndikim të madh, ata gjithashtu mbollën farën e shkatërrimit.
- Refuzimi këmbëngulës i Roboamit për të lehtësuar barrën e punës së detyruar çoi në ndarjen e mbretërisë.
- Ndërtimi i tempujve nga Jeroboami në Dan dhe Bethel u bë mjeti, i përdorur nga autorët e historisë sipas traditës së Ligjit të Përtërirë, për vlerësim të mbretërve të veriut.
- Mbretëria jugore pati stabilitet relativ për shkak të dinastisë së qëndrueshme të shtëpisë së Davidit.
- Mbretëria veriore pati një seri luftëra, për të rrëzuar fronin, deri në shekullin 9-të para Krishtit, kur Omri themeloi dinastinë e tij.
- Periudha e Salomonit dhe të Omrit u karakterizuan nga aleanca ndërkombëtare, begati në vend, sinkretizëm, dhe martesa mbretërore me të huaj.
- Mesazhi dhe shërbesa e Elias, profetit të shekullit 9-të para Krishtit, pasqyrojnë bindjen e traditës së Ligjit të Përtërirë, që thotë se populli i Zotit duhet t'i shërbejë Perëndisë së tij me besnikëri të pandarë.

Pyetje për reflektim

1. Si na çojnë në zemra të ndara aleancat tona me botën, në të cilën ne jetojmë?
2. Si mund të bëhen objekte të adhurimit në jetën tonë sot simbole të pranisë së Perëndisë, si p.sh. Tempulli në Jeruzalem ose viçat prej ari të Jeroboamit? Çfarë mund të jenë këto simbole?
3. Si mund të importojmë elemente të huaj në adhurimin tonë? Në cilat situata është kjo praktikë e përshtatshme, ose nuk është e përshtatshme kurrë?
4. Ku mund të lëvizim midis dy mendimeve, në lidhje me shërbimin ndaj Zotit?
5. Kur është rasti i përshatshëm për të qëndruar për Perëndinë, ashtu si bëri profeti Elia?

Burime për studime të mëtejshme

Bright, John. *A History of Israel,* botimi i 4-të, Louisville, Ky.: John Knox Press, 2000.

DeVries, Simon J. I *Kings.* Vëll. 12 i Word Biblical Commentary. Waco: Word, 1985.

Wiseman, Donald J. *1 and 2 Kings: An Introduction and Commentary.* Tyndale Old Testament Commentary. Downers Grove, Ill.: InterVarsity Press, 1993.

17 Mbretëria e ndarë (Pjesa e dytë): Libri i II Mbretërve

Objektivat

Studimi i këtij kapitulli do t'ju ndihmojë:

- Të diskutoni rolin e Eliseut si pasardhësi profetik i Elias.
- Të vlerësoni ndikimin e revolucionit të Jehut në politikën, ekonominë dhe praktikat fetare të Izraelit.
- Të përshkruani zhvillimet politike, ekonomike dhe fetare të mbretërimit të Jeroboamit II dhe Uziahut.
- Të përshkruani reformat e Joasit, Ezekias dhe Josias.
- Të diskutoni mënyrat në të cilat historitë e popullit të Perëndisë në Librin e II Mbretërve reflektojnë bindjet thelbësore të historisë sipas traditës së Ligjit të Përtërirë.

Fjalët kyçe për të kuptuar

Ashaziahu
Eliseu
Jehu
Jezreeli
Athaliahu
Joasi
Jeroboami II
Uziahu (Azariahu)
Jothami
Tiglath-pileseri III
Ashazi
Lufta Siriano-Efraimite
Shalmaneseri V
Ezekia
Tuneli i Siloamit
Senakeribi
Manasi
Josia
Huldahu
Jehojakimi
Jehojakini
Sedekia

Disa pyetje që duhen marrë parasysh ndërsa lexoni:

1. Cilat janë shkaqet e revolucioneve ushtarake dhe politike në shumë anë të botës sot?

2. Çfarë roli luan feja në shkaktimin e ndryshimeve radikale brenda një kulture?

3. Cilët janë disa nga shembujt e ditëve të sotme të tragjedive kombëtare për shkak të korrupsionit dhe udhëheqjes shtypëse?

Siç e kemi parë edhe tek Libri i I Mbretërve, njerëzit e Zotit dhe mbretërit e tyre lidhnin vazhdimisht aleanca me kombet e tjera dhe u drejtoheshin perëndive të tjera. Libri i II Mbretërve vazhdon historinë e thyerjes së besëlidhjes, e cila u bë një mënyrë karakteristike jetese, si për qytetarët e mbretërisë jugore, ashtu edhe asaj veriore. Në këtë kapitull, do të shohim më vonë, se si të dyja këto mbretëri e humbën ekzistencën e tyre kombëtare dhe politike për shkak të gjykimit të Perëndisë, që ra mbi ta si një ndëshkim për mëkatin e tyre.

Titulli dhe autorësia

Libri i II Mbretërve është pjesa e dytë e historisë së mbretërive të Izraelit. Ky libër vazhdon historinë e Librit të I Mbretërve dhe tregon ngjarjet që çuan në shkatërrimin e dy kombeve. Megjithëse që të dy Librat e Mbretërve kanë qenë fillimisht një i vetëm, ndarja aktuale e tyre ka kuptim, pasi Libri i II Mbretërve fillon me një kthesë madhore të çështjeve, që çuan në rrëzimin e dinastisë së Omrit në Mbretërinë Veriore. Nga ana tjetër, kjo është pjesa përfudimtare e historisë sipas traditës së Ligjit të Përtërirë, që mbulon historinë e Izraelit nga perspektivat teologjike të Librit të Ligjit të Përtërirë. Historianët që përpiluan këtë libër e portretizojnë në mënyrë të gjallë gjykimin e Perëndisë, që ra mbi Izraelin dhe Judën si lëshimin e mallkimeve të besëlidhjes të cituara tek Ligji i Përtërirë.

Mjedisi

Libri i II Mbretërve vazhdon historinë e mbretërive të ndara të Izraelit. Rrëfenjat reflektojnë vazhdimin e apostazisë fetare dhe paqëndrueshmërisë politike, si të Izraelit, ashtu edhe të Judës. Shërbesa e vazhduar e Elias, në kapitullin hyrës të librit, tregon se një pakicë e vogël njerëzish i qëndruan kampionë besnikë traditave dhe besëlidhjes

me Perëndinë. Tregimet mbulojnë periudhën rreth viteve 850 para Krishtit deri 587 para Krishtit.

Përmbajtja

Përmbajtja e Librit të II Mbretërve mund të ndahet në dy pjesë kryesore si më poshtë:
1. Rënia e Izraelit (1:1–17:41)
2. Rënia e Judës (18:1–25:30)

■ Rrëzimi i një dinastie (1:1–12:21)[1]

Pas vdekjes së Ashabit në betejën kundër Sirisë (I Mbretërve 22), në fron u ngjit **Ashaziahu**, i biri. Ashaziahu vazhdoi rrugën e të atit, i cili i kishte kthyer shpinën Perëndisë për t'i shërbyer Baalit. Shpresat e Izraelit për t'iu rikthyer Perëndisë nën drejtimin e Ashaziahut nuk dukej se ishin më të mira se ç'kishin qenë nën atë të të atit të tij, Ashabit.

Një nga detyrat e fundit të Elias ishte që t'ia kalonte shërbesën profetike dishepullit të tij, **Eliseut**, dhe ta caktonte atë si pasardhësin e vet. Kur erdhi momenti që Elia t'i jepte fund shërbesës së tij, ai e mori Eliseun me vete e shkoi me të në Jeriko dhe që andej në bregun lindor të lumit Jordan, duke e ndarë lumin me mantelin e tij. Teksa ecnin që të dy, Elia u zhduk në qiell në një qerre të zjarrtë. Eliseu e mori mantelin e "atit të tij profetik", që simbolizonte kalimin e veprimtarisë profetike dhe fuqisë për të bërë mrekullira. Edhe ai, kur u kthye, e ndau lumin me mantelin e Elias. Kur mbërriti në Jeriko, profetët e tjerë, që ishin dishepuj të Elias e kuptuan se shpirti i Elias kishte hyrë tashmë tek Eliseu.

Ndryshe nga Elia, i cili u dallua për përplasjet e tij fetare dhe politike, historitë e

Eliseut përqendrohen tek mrekulli të ndryshme të bëra nga ky profet. Në pjesën më të madhe të tyre, këto mrekulli orientoheshin kryesisht tek njerëzit, që kishin nevojë për ujë dhe ushqim, shërimi i të sëmurëve, si dhe tek ngjallja e të vdekurve. Pikërisht, shërbesa e tij kryesore kishte për qëllim të nxiste një revolucion për të rrëzuar dinastinë e Omrit. Ai luajti një rol të rëndësishëm në ngritjen e **Jehut** si mbret i Izraelit. Jehu, i cili u vajos mbret nga një nga ndjekësit e Eliseut, shkoi deri në **Jezreel** për t'u vënë në krye të një grushti shteti të gjerë dhe të dhunshëm kundër shtëpisë së Omrit. Jehu jo vetëm që vrau të birin e Ashabit, Joramin, por ai shkoi deri atje sa vrau edhe mbretin e Judës, Ashaziahun, i cili ndodhej në Izrael për të vizituar aleatin e tij, Joramin. Jezebelën e hodhën nga dritarja e një kati të lartë të ndërtesës. Kuajt e shkelën me këmbë trupin e saj dhe ajo vuajti fatin që Elia ia kishte profetizuar më parë. Jehu e përfundoi spastrimin e përgjakshëm të familjes mbretërore duke vrarë të 70 djemtë e Ashabit së bashku me të afërmit më të largët të tij. Më pas, ai shkatërroi edhe vendet e adhurimit të Baalit dhe vuri në vend adhurimin e duhur të **Jehovas** në Izrael.

Rizgjimi shpirtëror në Mbretërinë Veriore përkoi me një rizgjim në Judë pak vite më vonë. Pas një kthese të çuditshme të ngjarjeve, **Athaliah** (nëna mbretëreshë e mbretit të Judës, Ashaziahu, dhe e bija e Jezebelës) kishte uzurpuar fronin e Davidit në Judë pas vrasjes së Ashaziahut. Megjithëse ishte përpjekur të shfaroste gjithë rivalët e fronit, duke zhdukur meshkujt e familjes së Davidit, një pjesëtar i familjes mbretërore i shpëtoi jetën **Joasit**, djalit një vjeçar të Ashaziahut. Nën kujdesin dhe tutelën e priftit Jehojada, Joasi u mbajt i fshehur për gjashtë vjet. Ky prift ia doli mbanë më në fund të rrëzonte mbretëreshën dashakeqe dhe ta bënte Joasin mbret të Judës. Me mbështetjen e pronarëve konservatorë të tokave jashtë Jeruzalemit dhe nën drejtimin e priftërinjve të Jeruzalemit, të udhëhequr nga Jehojada, mbreti i ri e udhëhoqi kombin përmes ringjalljes së adhurimit për *Jehovan*. Ai i zhduku vendet e adhurimit të Baalit dhe restauroi Tempullin e Jeruzalemit. Joasi është një ndër të paktët mbretër në historinë sipas traditës së Ligjit të Përtërirë, që është vlerësuar pozitivisht nga autorët e tekstit. E prapëseprapë, edhe ky reformator nuk i zhduku vendet e larta të adhurimit (12:3). Ai u vra në mënyrë tragjike

H **Profeti Elia dhe pritjet mesianike**

Roli i Moisiut dhe Elias, se si ata përgatitën rrugën për Perëndinë, kishte një mbresë të përjetshme mbi popullin e Perëndisë. Historitë e Moisiut dhe Elias përfundojnë në mënyrë misterioze në lindje të Jordanit. Në dritën e mënyrës së pazakonshme, në të cilën përfundoi jeta e tij, brezat e mëvonshëm menduan se Elia do të rikthehej për të përgatitur rrugën për vendosjen e mbretërisë së Perëndisë. Në shekullin 5 para Krishtit, profeti Malakia shpalli se Perëndia "do të dërgonte Elian, profetin, para se të vinte dita e madhe dhe e llahtarshme e Zotit" (4:4-5, shih edhe 3:1). Ky mendim vijoi edhe në ditët e hershme të judaizmit dhe, natyrshëm, gjeti vend në mendimet e të krishterëve të hershëm. Disa menduan se Gjon Pagëzori përmbushi misionin e Elias (Mateu 11:7-15; 17:10-13; Marku 6:14-16; Lluka 1:17). Në shpërfytyrimin e Jezusit, Elia shfaqet krah Moisiut (Marku 9:2-8). Kur Jezusi i pyet dishepujt se si e shohin njerëzit Atë, ata iu përgjigjën se disa mendojnë se Ai ishte Gjon Pagëzori apo Elia (Marku 8:28).

nga shërbëtorët e vet dhe në fron u ngjit i biri, Amatsiahu.

■ Rënia e Mbretërisë Veriore (13:1–17:41)

Dinastia që themeloi Jehu e sundoi Izraelin për katër brezat që pasuan. Megjithëse autorët e "histories sipas traditës së Ligjit të Përtërirë" e lavdëruan përpjekjen e Jehut për të zhdukur vendet e adhurimit të Baalit, në vlerësimin përfundimtar të sundimit të tij, ata vunë re se ai "nuk u largua nga mëkatet e Jeroboamit" (10:29, 31).

Revolucioni i Jehut rezultoi në ndryshime domethënëse diplomatike dhe politike në marrëdhëniet e Izraelit me kombet fqinje. Marrëdhëniet, që Omri dhe Ashabi kishin zhvilluar me Fenikinë, u rënduan keqaz me vrasjen e Jezebelës. Po kështu, vrasja nga Jehu e mbretit të Judës i keqësoi marrëdhëniet e Izraelit me Judën. Pa mbështetjen e Fenikisë dhe Judës, Izraeli u bë shumë më i dobët ndaj sulmeve të Sirisë.

Pas përshkrimit të sundimit të Jehut, autorët vazhdojnë të tregojnë me shpejtësi historinë e popullit të Perëndisë përmes sundimit të mbretërve veriorë, Jehoahazit dhe Joasit (djalit dhe nipit të Jehut) dhe mbretit jugor, Amatsiahut (biri i Joasit). Gjatë ditëve të Jehoahazit, Izraeli vuajti pa masë nga pushtimet e njëpasnjëshme siriane. Megjithatë, gjatë sundimit të të birit të Jehoahazit, Joasit, situata ndryshoi përsëri. Gjatë sundimit të tij, Izraeli mundi të rimerrte tokat e zaptuara nga Siria.

Gjatë sundimit të mbretit jugor Amatsiah, një tjetër rivalitet i hidhur u rindez midis Izraelit dhe Judës. Mbretëria Veriore e mundi Judën gjatë pushtimit ushtarak, rrëzoi muret e Jeruzalemit, mori pengje dhe plaçkiti thesarin e Tempullit. Megjithatë, Amatsiahu mundi të qëndrojë në fronin e Judës. Megjithëse mori një vlerësim pozitiv nga autorët e historisë sipas traditës së Ligjit të

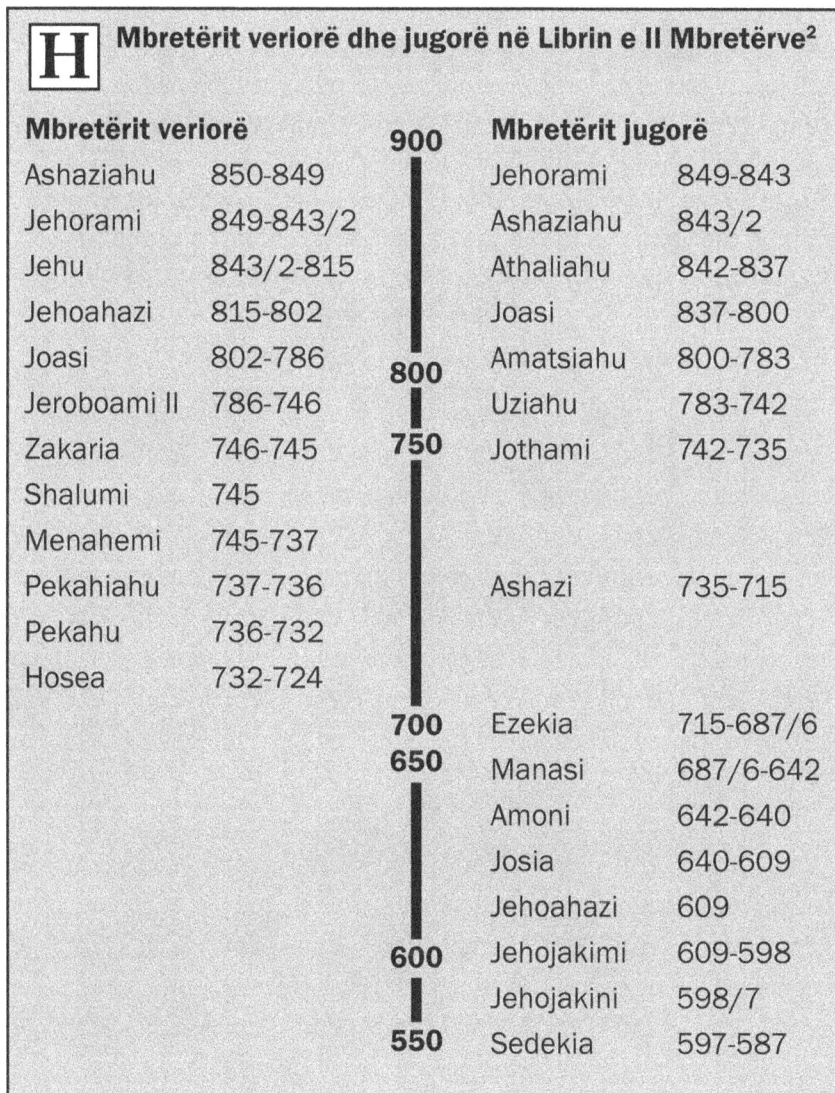

H	Mbretërit veriorë dhe jugorë në Librin e II Mbretërve[2]			
Mbretërit veriorë		**900**	**Mbretërit jugorë**	
Ashaziahu	850-849		Jehorami	849-843
Jehorami	849-843/2		Ashaziahu	843/2
Jehu	843/2-815		Athaliahu	842-837
Jehoahazi	815-802		Joasi	837-800
Joasi	802-786	**800**	Amatsiahu	800-783
Jeroboami II	786-746		Uziahu	783-742
Zakaria	746-745	**750**	Jothami	742-735
Shalumi	745			
Menahemi	745-737			
Pekahiahu	737-736		Ashazi	735-715
Pekahu	736-732			
Hosea	732-724			
		700	Ezekia	715-687/6
		650	Manasi	687/6-642
			Amoni	642-640
			Josia	640-609
			Jehoahazi	609
		600	Jehojakimi	609-598
			Jehojakini	598/7
		550	Sedekia	597-587

Përtërirë, ata edhe e fajësuan që nuk i zhduku vendet e larta të adhurimit.

Gjatë 50 vjetëve në vijim, u përgatitën kushtet për një periudhë rritjeje dhe lulëzimi në Mbretërinë Veriore. Izraeli arriti kulmin e tij politik dhe ekonomik nën mbretërimin e **Jeroboamit II**. Megjithëse autorët japin një vlerësim veçanërisht negativ për Jeroboamin e Dytë, Izraeli përjetoi një lulëzim dhe zhvillim ekonomik të paparë gjatë sundimit të tij. Nën Jeroboamin II, Izraeli rimori sipërfaqe të konsiderueshme toke, të cilat i kishte humbur në dekadat e mëparshme dhe u bë më në fund vendi që kontrollonte rrugët tregtare në Transjordan. Nën udhëheqjen e tij, Izraeli rifilloi një tregëti të fuqishme ndërkombëtare. Kryeqyteti i tij, Samaria, u bë qendra e një mënyre jetese luksoze dhe gjithë bollëk. Megjithatë, këto ishin ditët e një pabarazie të jashtëzakonshme ekonomike, padrejtësie shoqërore, korrupsioni moral dhe hipokrizie fetare në Mbretërinë Veriore. Pikërisht në këto rrethana, Perëndia dërgoi një profet jude me emrin Amos për t'i predikuar kombit verior mesazhin e drejtësisë dhe të së drejtës. Gjithashtu, Perëndia thirri Osean, një qytetar të Mbretërisë Veriore, për të shprehur ndëshkimin për pabesinë e kombit ndaj besëlidhjes dhe kurvërinë fetare.

Mbretërimi i Jeroboamit që solli lulëzimin ekonomik dhe përparimin politik përkoi me një zhvillim e begati të ngjashme të Judës. Nën Mbretin **Uziah** (i njohur në tekstet biblike edhe si **Azariah**), Mbretëria Jugore i zgjeroi kufijtë e saj në lindje përgjatë lumit Jordanit dhe në perëndim në territorin filistin, duke e vënë Judën në kontroll të rrugëve kryesore tregëtare. Duke qenë se Edomi ishte tashmë nën kontrollin e Judës, në Etsion-Geber u ndërtua një port detar, në mënyrë që Juda të mund të përfshihej aktivisht në tregëtinë detare. Gjatë sundimit të gjatë të Uziahut, edhe Juda arriti kulmin e fuqisë së saj ushtarake, ekonomike dhe politike. Megjithëse Uziahu u godit më vonë nga lebroza (shih shkakun e këtij ndëshkimi në Librin e II Kronikave 26:16-21), ky mbret aq i dashur nga njerëzit qëndroi në fron derisa vdiq, së bashku me të birin, **Jothamin** si bashkësundues. Megjithëse Uziahu u lavdërua shumë nga historianët, edhe ai u fajësua që nuk i zhduku vendet e larta të adhurimit.

Pas mëse gjysmë shekulli paqeje dhe lulëzimi nën sundimin e Jeroboamit II në veri dhe Uziahut në jug, situata ndryshoi në mënyrë dramatike. Pak kohë pas vdekjes së Jeroboamit II, Mbretëria Veriore iu rikthye praktikës së vrasjeve mbretërore dhe grushteve të shtetit. Vetëm pas gjashtë

H Vendet e Larta

Vendet e larta, të përmendura shpesh në I dhe II Mbretërve, ishin tempuj që ndodheshin në kodra të larta të rrethuara me pemë të gjelbra. Izraeli i themeloi këto vende adhurimi sipas modelit të vendeve të larta të Kanaanejve, ku kanaanejtë adhuronin Baalin dhe Asherahun/Asherothin. Ligji i Moisiut i ndalonte vende të tilla adhurimi në Izrael. Megjithatë, si praktikë, këto vende u jepnin njerëzve tempuj lokalë, përpos vendit të themeluar dhe legjitim të adhurimit në Jeruzalem. Këto vende u pajisën me altare për flijime, shtylla dhe kolona, si dhe me objekte të tjera të adhurimit të idhujve. Sipas Librit të I Mbretërve, Salomoni ishte mbreti i parë i Izraelit që ndërtoi vende të tilla adhurimi në Izrael. Kjo praktikë u pasua nga i biri Roboam dhe shumë mbretër të tjerë veriorë (shih I Mbretërve 11:7-8; 14:23; II Mbretërve 17:9).

H **Konflikti midis Samaritanëve dhe Judenjve**

Ndarja e ndjeshme midis samaritanëve dhe judenjve, e pranishme në Dhiatën e Re, e ka prejardhjen që nga fundi i shekullit të tetë para Krishtit. Me ripopullimin e Asirisë të territorit të Mbretërisë Veriore nga grupe të ndryshme etnike dhe origjinën e një popullsie racash të përziera, qytetarët e Mbretërisë së Jugut filluan ta shihnin popullsinë veriore si të papastër nga pikëpamja fetare dhe ajo e racës. Megjithëse si populli i jugut, ashtu edhe ai i veriut kishin paraardhës të përbashkët, jugorët e konsideronin veten si populli i vetëm i pastër për nga raca dhe që adhuronte *Jehovan*. Ky superioritet fetar dhe racor, i ruajtur nga jugu, çoi gradualisht në një rivalitet të hidhur fetar dhe etnik si edhe në një konflikt të vazhdueshëm midis dy segmenteve të kombit të Izraelit. Rivaliteti arriti kulmin gjatë periudhës pas mërgimit kur veriorët (samaritanët) u përpoqën ta ndërprisnin programin e rindërtimit të Tempullit të ndërmarrë nga judenjtë në jug.

muajve në fron, i biri i Jeroboamit, Zakaria, u vra dhe vendin e tij e mori Shalumi, i cili sundoi vetëm për një muaj, derisa u vra nga Menahemi. Menahemi mundi ta mbajë pushtetin për një dekadë. Gjatë sundimit të tij, mbreti asirian **Tiglath-Pileser III** e detyroi Izraelin të paguante një haraç të madh për të ruajtur pavarësinë e tij relative. Megjithëse i biri i Menahemit, Pekahiahu, e pasoi të atin në fron, mbretërimit të tij dyvjeçar i erdhi fundi, kur u vra nga Pekahu.

Gjatë sundimit të Pekahut, sipërfaqe të mëdha territori u morën nga Tiglath-Pileseri III. Për ta mbrojtur mbretërinë nga pushtimi asirian, Pekahu lidhi një aleancë me mbretin sirian Retsin. Së bashku, Pekahu dhe Retsini u përpoqën ta detyronin mbretin **Ashaz** të Judës të bashkohej me ta kundër asirianëve. **Lufta Siriano-Efraimite** (Siria dhe Izraeli në aleancë) kundër Jeruzalemit e bëri mbretin jude Ashaz të kërkonte ndihmë nga Asiria. Ai veproi kështu në kundërshtim me

këshillën e mençur të profetit Isaia, i cili i bëri thirrje Ashazit të kishte besim te Zoti. Megjithëse asirianët e shpëtuan Judën, ata hynë në Damask dhe i dhanë fund pushtetit sirian. Kështu, Juda u bë vasale e Asirisë dhe u detyrua të paguajë një haraç e të adoptonte praktikat asiriane të adhurimit (16:5-16).

Ndryshe nga shumë mbretër të Judës, autorët e historisë sipas traditës së Ligjit të Përtërirë, veçojnë Ashazin për ta dënuar. Ai jo vetëm që nuk bëri atë çka ishte e drejtë në sytë e Perëndisë, por adhuroi në vendet e adhurimit të Baalit (kodra të larta dhe pemë të gjelbra) e shkoi deri atje sa ofroi edhe djalin e vet si fli njerëzore (v. 3).

Gjatë sundimit të Ashazit në Judë, Mbretëria Veriore përjetoi grushtin e fundit e të dhunshëm të shtetit, i cili përfundoi me vrasjen e Pekahut nga Hosea. Megjithëse Hosea mbeti vasal i Asirisë gjatë fillimit të sundimit të tij nëntë vjeçar në Izrael, ai u bashkua më vonë me Egjiptin në një komplot kundër Asirisë dhe nuk i sillte më haraçin Asirisë. Për t'u hakmarrë ndaj kësaj shkeljeje besnikërie, mbreti asirian **Shalmaneser V** e rrethoi Izraelin për tre vjet. Pas vdekjes së Shalmaneserit, pasardhësi i tij, Sargoni i II-të, e përfundoi detyrën e dhënies fund kombit të Izraelit në vitin 721 para Krishtit.

Kur asirianët pushtuan Samarinë, ata jo vetëm që dëbuan shumë izraelitë nga tokat e tyre dhe i shpërndanë ata në gjithë perandorinë, por sollën grupe të tjera etnike dhe kombëtare në vendin e tyre në Izrael. Praktika asiriane e risistemimit parandalonte kryengritjet e njerëzve në të ardhmen. Në fillim, ata që u vendosën në Izrael vazhduan të adhuronin perënditë e tyre. Kur mbreti asirian u informua se njerëzit që po jetonin në atë tokë nuk i njihnin kërkesat e perëndisë së asaj toke, ai solli një prift nga mërgimi në Bethel që t'u mësonte njerëzve mënyrat e Zotit (shih 17:25-28). Megjithatë, atje vazhdoi sinkretizmi fetar së bashku me marrëdhëniet shoqërore të Izraelit me të ardhurit nga pjesët e ndryshme të Perandorisë Asiriane. Si rezultat i martesave të izraelitëve me grupe të tjera etnike, në veri u krijua një popullsi racash të përziera e njohur si popullsia samaritane.

> ### T Përkushtimi me gjithë zemër ndaj Perëndisë
>
> Përkushtimi me gjithë zemër ndaj Perëndisë është një temë e rëndësishme teologjike në Librin e 1-rë dhe të 2-të të Mbretërve. Ky theks në historinë sipas traditës së Ligjit të Përtërirë përbën shqetësimin kryesor të Librit të Ligjit të Përtërirë. Mbretërit e mirë të Judës, që u përpoqën të reformonin kombin, morën vlerësime pozitive nga historianët për besnikërinë e tyre dhe angazhimin ndaj ligjit të Zotit. Mbretërit e të dyja mbretërive, që ishin të këqinj, morën vlerësime negative. Autorët i referohen vazhdimisht shprehjeve të Ligjit të Përtërirë, si për shembull "ai bëri atë që ishte e keqe në sytë e Zotit" apo "ai bëri atë që ishte e drejtë në sytë e Zotit". Autorët qenë gjithashtu të kujdesshëm duke vënë re se bindja ndaj Ligjit sillte bekim dhe begati, kurse mosbindja mallkimin e besëlidhjes.

■ Reformatorët e fundit jugorë dhe shkatërrimi i Jeruzalemit (18:1–25:30)

Megjithëse i ati, Ashazi, i ishte dorëzuar Asirisë jo vetëm duke i paguar haraç rregullisht, por edhe duke ndërtuar një altar asirian në Tempullin e Jeruzalemit, **Ezekia** e udhëhoqi popullin e Judës në epokën e një ripërtëritjeje fetare dhe fuqie politike. Ai i hoqi vendet e adhurimit të Baalit, përfshirë edhe kolonat e Asherahut dhe altarët e Baalit. Përveç kësaj, Ezekia shkoi drejt centralizimit të të gjithë adhurimit në Tempull në Jeruzalem. Këto reforma fetare treguan qartë qëllimin e Ezekias për ta çliruar Judën nga lidhja e saj politike me Asirinë.

Ndërtimi i **tunelit të Siloamit** ishte një arritje e madhe inxhinierike gjatë sundimit të Ezekias. Më shumë se 500 metër i gjatë, ky tunel sillte ujë nga Gihoni, që ndodhej jashtë murit të qytetit të Jeruzalemit, në Pishinën e Siloas (që quhet Pellgu i Siloamit në Dhiatën e Re) brenda mureve të qytetit. Ai e ndërmori këtë projekt, në mënyrë që qyteti të mund t'i mbijetonte një rethimi të gjatë gjatë pushtimit ushtarak të ushtrive të huaja. Gjithashtu, Ezekia forcoi fortifikimet e qytetit të Jeruzalemit dhe riparoi murin e qytetit.

Në vitin 712 para Krishtit, Egjipti dhe Filistia u përpoqën të ngriheshin kundër Asirisë. Për fat të mirë, Ezekia, duke ndjekur këshillën e profetit Isaia (Isaia 20) nuk u përfshi në revoltë dhe i shpëtoi hakmarrjes së

> ### A Shënimet e Senakeribit
>
> Në një prizëm balte, Senakeribi përshkoi fitoren e tij mbi kombet rebele. Duke festuar rrethimin e Jeruzalemit, Senakeribi vëren se e kishte mbyllur Ezekian brenda qytetit të Jeruzalemit "si një zog në kafaz".[3]

Asirisë. Megjithatë, një dekadë më vonë, në vitin 701 para Krishtit, Ezekia u bashkua me revolucionin kundër Asirisë, mbështetur si nga Babilonia, ashtu edhe nga Egjipti. Ashtu sikurse kishte këshilluar të atin e Ezekias, Ashazin, që t'i rrinte larg revoltave, ashtu këshilloi edhe Ezekian që të qëndronte i paanshëm. Profeti e këshilloi Ezekian të mos e mbështeste besimin e tij tek qeniet njerëzore, por tek Perëndia (30:15; 31:1-3). Pavarësisht këshillës së Isaias, Ezekia u bashkua me revoltën. Mbreti asirian **Senakerib** reagoi me shpejtësi (I Mbretërve 18–20; gjithashtu Isaia 36–39) dhe e rrethoi Jeruzalemin me ushtrinë e tij. Megjithëse ushtria e Senakeribit e rrethoi qytetin, me ndërhyrjen e Perëndisë, ushtria e tij u tërhoq dhe qyteti shpëtoi për mrekulli nga shkatërrimi.

Autorët e historisë sipas traditës së Ligjit të Përtërirë i kanë dhënë Ezekias një vlerësim të plotë pozitiv. Ata vunë re se askush tjetër para apo pas tij nuk i kishte qëndruar aq besnik Perëndisë. Megjithatë, ndryshe ndodhi me **Manasin**, të birin e Ezekias, i cili erdhi në fron pas të atit. Manasi sundoi për afro 45 vjet, një nga mbretërimet më të gjata të mbretërve të Izraelit apo Judës. Gjatë gjithë sundimit të Manasit, Asiria mbizotëroi në gjithë Lindjen e Afërt, përfshirë edhe Egjiptin. Manasi u përpoq ta kënaqte Asirinë duke qenë një vasal servil. Ai rindërtoi vendet e larta që kishte shkatërruar Ezekia dhe përmbysi

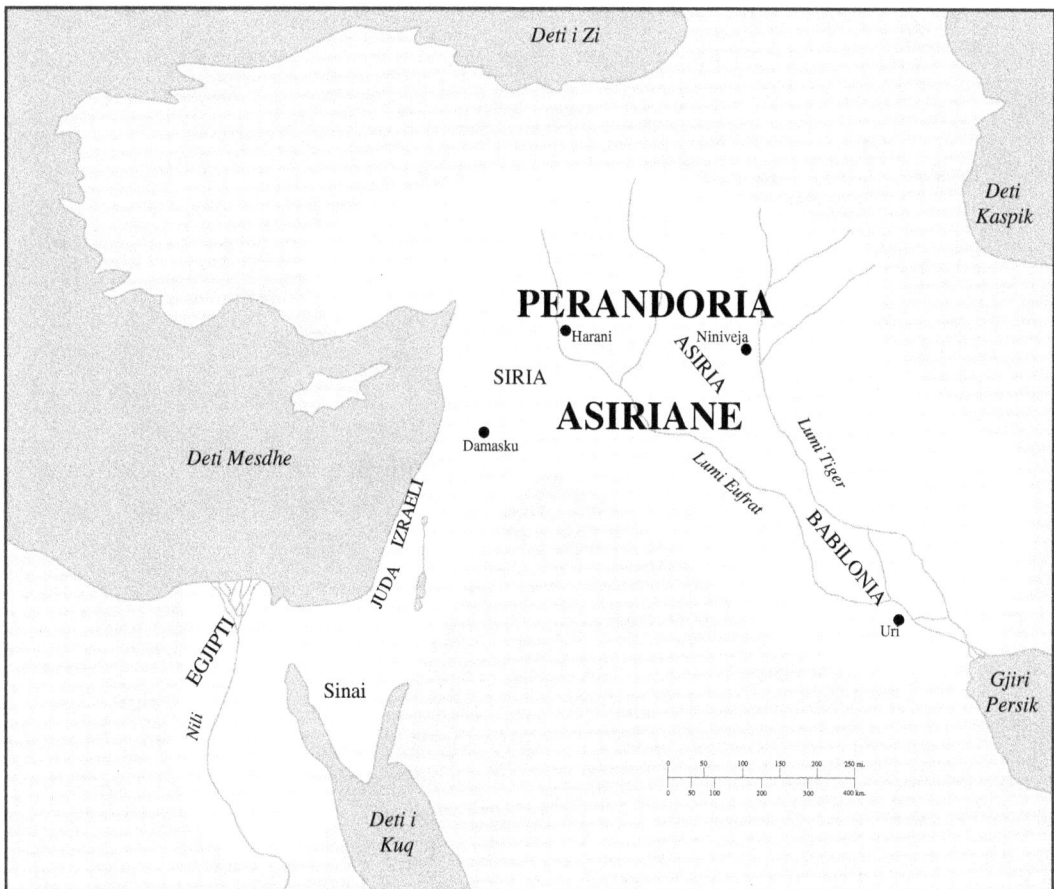

Perandoria asiriane në mes të shekullit 7 para Krishtit.

T Mbretër dhe Profetë

Historianët e historisë sipas traditës së Ligjit të Përtërirë i japin një vend të rëndësishëm shërbesës së profetëve në shkrimet e tyre. Në vlerësimin e tyre përfundimtar të shkatërrimit të Izraelit dhe Judës, historianët përfshijnë raportin se që të dy kombet përfunduan sipas fjalëve të thëna nga profetët (shih II Mbretërit 17:13, 23; 24:2). Si shërbëtorë dhe zëdhënës të Perëndisë, profetët u përballën me mbretër të këqinj, bënë paralajmërime, kërcënime rreth gjyqit e madje u bënë thirrje mbretërve që të merrnin vendime politike duke besuar në fuqinë e Perëndisë. Historianët e bënë shumë të qartë se tragjeditë kombëtare që ndodhën në vitin 721 para Krishtit dhe 587 para Krishtit ishin pasojë e drejtpërdrejtë e mospranimit të mesazhit të profetëve.

Një histori që vazhdon: Hiri në mes të gjykimit

Shkatërrimi tragjik i Jeruzalemit nuk është historia e fundit e Librit të II Mbretërve. Megjithëse kombi i Izraelit, që kishte lidhur besëlidhjen me Perëndinë, e humbi ekzistencën e tij politike dhe lirinë fetare, e ardhmja nuk ishte e mbushur me zymtësi dhe dëshpërim. Tregimi i fundit në këtë libër hedh një rreze shprese për kombin e internuar. Historianët e historisë sipas traditës së Ligjit të Përtërirë, që e përpiluan këtë libër dhe pjesë të tjera të historisë së shkuar të Izraelit, e dinin mirë se mërgimi nuk ishte fjala e fundit e Perëndisë për popullin e Tij. Herë pas here ata sillnin në kujtesë hirin e Perëndisë ndaj popullit të Tij dhe veprimet e Tij të fuqishme të shpëtimit për ta, që ai kishte bërë qëkur i solli në tokën e premtuar. Ata ishin të bindur se Perëndia do të kthehej përsëri tek populli i Tij me hirin dhe mëshirën e tij gjatë ditëve më të errëta të mërgimit të Judës në Babiloni. Ata përjetuan lirimin e Jehojakinit nga burgu dhe nga mbreti babilonas Evilmerodaku si shenja e ditëve të mira që do të vinin për komunitetin e dëbuar. Autorët theksojnë se mbreti babilonas "i foli me dashamirësi" mbretit të dëbuar të Judës dhe i dha atij "një fron më të lartë se ata që kishin mbretërit që ishin me të në Babiloni" (25:28). Kjo notë optimizmi, në analizën përfundimtare, është mesazhi i Librit të 1-rë dhe të 2-të të Mbretërve. E ardhmja e Judës është me Perëndinë e saj, i cili është Perëndia e besëlidhjes së saj. Dhe kjo e ardhme varet vetëm nga dhembshuria hirplotë e Perëndisë, i cili kishte thënë para shumë kohësh se do të kthente në vend popullin e Tij të shpërndarë nga tokat e mërgimit (Ligji i Përtërirë 30:1-5).

kështu politikat reformuese të të atit. Manasi praktikoi dhe promovoi adhurimin e yjeve, flijimet njerëzore dhe magjinë. Ka mundësi që edhe mungesa e sulmeve ushtarake asiriane ndaj Judës gjatë kësaj periudhe të shpjegohet me besnikërinë e Manasit ndaj Asirisë.

Pas vdekjes së Manasit, në fronin e Judës u ngjit i biri, Amoni, që vazhdoi politikat pro-asiriane të të atit. Dy vjet më vonë, ai u vra nga disa anëtarë të oborrit mbretëror, të cilët vunë në fron të birin e tij, **Josian**, i cili ishte vetëm tetë vjeç. Tetëmbëdhjetë vjet më vonë, Josia udhëzoi që të ripërtërihej Tempulli, i cili ishte bërë tashmë simboli i identitetit fetar dhe kombëtar të Judës. Ky ishte fillimi i një reforme masive fetare, që kishte për qëllim të vinte në vend adhurimin e vërtetë në Judë dhe ta çlironte kombin nga robëria e Asirisë. Gjatë punës restauruese, punëtorët gjetën në Tempull "librin e ligjit", i cili iu çua menjëherë mbretit. Kur dëgjoi fjalët e Ligjit (*Torah*), mbreti i kërkoi priftit Hilkiah dhe disa zyrtarëve të tjerë mbretërorë të kërkonin Perëndinë në emër të kombit. Ata u konsultuan me profeteshën **Huldah**, e cila deklaroi se popullit të Perëndisët kishin për t'i rënë me siguri fatkeqësi mbi kokë për shkak të braktisjes së tyre të vazhdueshme të Zotit. Ky gjykim e detyroi edhe më shumë Josian të ndërmerrte ripërtëritjen e besëlidhjes dhe veprimtari të tjera reformuese. Shumë studiues mendojnë se "libri i ligjit", që i dha shtytje reformës josianike, përmbante thelbin e librit aktual të Ligjit të Përtërirë (kapitujt 12–26).

Pas ceremonisë së rilidhjes së besëlidhjes, Josia e spastroi Tempullin nga çdo objekt që i përkushtohej perëndive dhe feve të tjera. Përveç kësaj, ai dëboi gjithë drejtuesit fetarë që kishin punuar në shumë vende të larta në gjithë vendin dhe hoqi gjithë objektet e ndërtesat e kultit, që ishin të papranueshme për adhurimin e pastër të Perëndisë (II Mbretërve 23:4-14). Këtu hyn edhe shkatërrimi i faltores dhe altarit të themeluar nga Jeroboami I në Bethel. Reforma e Josias arriti përfundimisht kulmin me kremtimin kombëtar të Pashkës, e para herë që bëhej kjo gjë që nga koha e gjyqtarëve. Historianët vërejnë se askush para apo pas Josias, nuk i shërbeu Perëndisë me gjithë zemër e me një besnikëri të pandashme.

Ndërkohë, ndryshimet në politikën ndërkombëtare e bënë Josian të përfshihej në çështjet e asaj kohe në Lindjen e Afërt. Në çerekun e fundit të shekullit të VII-të para Krishtit, nisi një goditje e fuqishme kundër Asirisë nga Medasit, të cilëve iu bashkuan më vonë edhe Babilonasit. Forcat aleate mundën të çonin në rënien e Perandorisë Asiriane dhe shkatërrimin përfundimtar të

Ninivesë, kryeqytetit të saj, në vitin 612 para Krishtit. Aleatët u zhvendosën në perëndim dhe pushtuan Haranin, qëndresën e fundit madhore të Asirisë. Egjipti, nën drejtimin e Faraonit Neko i II-të, vendosi ta ndihmojë Asirinë për t'ia rimarrë Haranin forcave aleate babilonase-mede. Mbreti Josia, i cili e shihte shkatërrimin e Asirisë si mundësinë e shumëpritur për lirinë e Judës, u përpoq ta ndalonte ushtrinë egjiptiane gjatë rrugës së saj për në Haran. Josia u plagos për vdekje në betejë në Megido në vitin 609 para Krishtit nga ushtria egjiptiane. Egjiptianët e hoqën Jehoahazin, të birin e Josias, tre muaj pasi ishte ngjitur në fron dhe e zëvendësuan atë me të vëllanë, **Jehojakimin**. Ai mbeti një vasal besnik i Egjiptit gjatë gjashtë vjetëve të para të sundimit të tij. Megjithëse Egjipti nuk mundi ta ndihmonte Asirinë, ai fitoi kontrollin e rajonit Siri-Palestinë.

Egjiptianët u përpoqën të mos i linin babilonasit që të marshonin në jug drejt rajonit Siri-Palestinë. Por në vitin 605 para Krishtit, në betejën e Karkemishit, ushtria babilonase i mundi egjiptianët dhe iu drejtua fushës së Filistisë. Fitorja e Babilonasve mbi qytetet e Filistisë dhe gjendja e pashpresë e Egjiptit e bënë Jehojakimin të ndërronte pllakë e të lidhej me mbretin e Babilonisë, Nebukadnetsar, në vitin 603 para Krishtit. Dy vjet më vonë, kur ushtria babilonase përkohësisht ishte e pasuksesshme në luftën me Egjiptin, Jehojakimi vendosi të rebelohej ndaj Babilonisë. Nebukadnetsari dërgoi ushtrinë e tij kundër Judës për ta ndëshkuar vasalin rebel. Megjithatë, vdekja e Jehojakimit në vitin 598 para Krishtit e shpëtoi atë pa parë pasojat e pushtimit të Judës nga babilonasit. **Jehojakin**, i biri që mori fronin, mundi ta mbajë mbretërinë vetëm për tre muaj. Babilonasit e çuan Jehojakinin dhe shumë prej udhëheqësve prestigjiozë politikë dhe fetarë të Jeruzalemit në robëri në Babiloni në vitin 597 para Krishtit.

Babilonasit vunë mbret **Sedekian** me marrëveshjen se ai do të nxiste besnikërinë ndaj Babilonisë. Megjithatë, kur Sedekia u rebelua, Nebukadnetsari u rikthye në Jeruzalem në vitin 587 para Krishtit dhe e shkatërroi atë përfundimisht. Babilonasit plaçkitën thesarin e Tempullit dhe i vunë zjarrin Tempullit, pallatit mbretëror dhe ndërtesave të tjera ngjitur me to. Sedekian e detyruan ta shihte me sytë e vet vrasjen e bijve të tij, e qorruan dhe e morën rob në Babiloni. Shumica e popullsisë u dëbua jashtë vendit dhe babilonasit lanë aty vetëm më të varfrit e më të dobëtit e kombit. Edhe në radhët e këtij grupi pati dhunë dhe pabesi. Një grup rebel vrau Gedaliahun, i cili ishte emëruar nga Babilonia si guvernator i Judës.

Ky grup rebel u arratis më në fund në Egjipt nga frika e raprezaljeve të Babilonisë.

Historia e Mbretërve është në kuptimin e saj të vërtetë historia e udhëheqjeve të dështuara. Në përgjithësi, udhëheqësit e Izraelit nuk arritën dot të beheshin shembuj të perëndishmërisë dhe përkushtimit fetar për kombin. Për më tepër, ata futën në tokën e tyre paganizmin dhe idhujtarinë dhe lidhën aleanca politike për hir të mbijetesës. Ata shpesh e shpërfillën besëlidhjen e Sinait dhe nuk e pranuan ligjin e Zotit. Si pasojë, gjykimi i Perëndisë ra mbi të dyja mbretëritë. Në një kohë shumë më të vonë, Ezekieli e kujtoi kombin në mërgim se gjykimi kishte rënë mbi ta për shkak të "barinjve të Izraelit", të cilët nuk ishin kujdesur për grigjën e tyre (Ezekiel 34:1-6).

Fjali përmbledhëse

- Eliseu realizoi rrëzimin e suksesshëm të dinastisë së Omrit dhe themelimin e dinastisë së Jehut.
- Lindja e dinastisë së Jehut përfaqëson një ndryshim dramatik në politikat/strategjitë politike, ekonomike dhe fetare të mbretërisë së Izraelit.
- Megjithë reformat e prera të Jehut, Joasit, Ezekias dhe Josias, populli i Perëndisë nuk ishte i aftë të ndryshonte përfundimisht sjelljen e tij.
- Pasoja përfundimtare e shkeljes së besëlidhjes së Izraelit me Perëndinë ishte humbja e lirisë së tyre politike dhe fetare.
- Shkatërrimi i Samarisë dhe shkatërrimi i Jeruzalemit ishin dëshmi e mallkimeve të besëlidhjes.
- Historia sipas traditës së Ligjit të Përtërirë përfundon me një notë optimizmi se Perëndia e mban të ardhmen hapur.

Pyetje për reflektim

1. Ç'përgjegjësi ka brezi "Elia" ndaj brezit "Eliseu" mes popullit të Perëndisë? Ç'përgjegjësi ka brezi "Eliseu" ndaj atij "Elia"?
2. Çfarë mund të arrihet nëpërmjet ringjalljeve apo reformave fetare? Ç'kufizime kanë ato?
3. Çfarë sjell mërgimi në jetën e popullit të Perëndisë? Pse duhet të përballet populli i Perëndisë me përvoja të tipit të mërgimit?

Burime për studime të mëtejshme

Bright, John. *A History of Israel, botimi i katërt.* Louisville, Ky.: John Knox Press, 2000.

Hobbs, T. R. *2 Kings.* Vëllimi 13 i Word Biblical Commentary. Waco, Tex.: Word, 1985.

Wiseman, Donald J. *1 and 2 Kings: An Introduction and Commentary. Tyndale Old Testament Commentary.* Downers Grove, Ill.: InterVarsity Press, 1993.

18 Mërgimi dhe Restaurimi

Studimi i këtij kapitulli do t'ju ndihmojë:

- Të përshkruani ngjarjet kryesore dhe njerëzit kyç të përfshirë në mërgimin dhe restaurimin e Izraelit.

- Të imagjjinoni situatën në të cilën u shkruan librat e Biblës së periudhave gjatë mërgimit dhe pas mërgimit.

- Të njiheni me çështjet teologjike që u përballën pasardhësit e Abrahamit gjatë mërgimit dhe restaurimit.

Disa pyetje që duhen marrë parasysh ndërsa lexoni:

1. Si do të reagonit nëse kombi juaj do të shkatërrohej dhe nëse do t'ju duhej të jetonit në një kamp refugjatësh në një vend tjetër?

2. Si ndiheni kur gjërat nuk përmirësohen aq shpejt sa shpresoni?

Fjalët kyçe për të kuptuar

Mërgimi babilonas
Periudha e
    restaurimit
Nebukadnetsari
Babilonasit
Nabonidi
Belshatsari
Persianë
Kiri i Madh
Sheshbatsari
Zorobabeli
Kambisi II
Dari i Madh
Hagai
Zakaria
Kserksi I (Asueroja I)
Esteri
Artasersi I
    (Artakserksi I)
Ezdra
Nehemia
Malakia
Pentatuku Samaritan
Elefantina

Mërgimi babilonas ishte si një vijë ndarëse në historinë e Izraelit si nga ana politike, ashtu edhe ajo shpirtërore. Pas tij, gjërat nuk mbetën kurrë njësoj. Pas mërgimit filloi të shfaqej një proces i ngadalshëm restaurimi i njohur me emrin **periudha e restaurimit**. Ishin kohërat kur izraelitët po e vinin në provë dhe po e rimendonin besimin e tyre të lashtë. Për fat të mirë, profetët dhe udhëheqësit shpirtërorë u ngritën edhe një herë për ta nxitur e drejtuar një komunitet të ri. Shumë prej librave të Dhiatës së Vjetër e morën formën e tyre përfundimtare pikërisht në këto vite. Edhe zhvillimi i disa prej perspektivave të rëndësishme teologjike të judaizmit dhe institucionve judease që hasim në Dhiatën e Re mund ta ketë prejardhjen që nga periudha e restaurimit.

Mërgimi i Judës[1]

Në pranverën e vitit 587 para Krishtit, ushtria babilonase përfundoi rrethimin e Jeruzalemit dhe kaloi muret e qytetit.[2] Orët që pasuan këtë çarje ishin të mbushura me vdekje të dhunshme dhe shkatërrim. **Nebukadnetsari**, mbreti i Babilonisë, vendosi që Jeruzalemi të mos ishte më djep rebelimi në perandorinë e tij. Kështu që e shtypi plotësisht.

Ushtarët babilonas e dogjën dhe plaçkitën sistematikisht qytetin dhe Tempullin e Jeruzalemit. Udhëheqësit e rebelimit ndaj Babilonisë u ekzekutuan dhe pjesa më e madhe e kombit u dëbua në Babiloni. Pak syresh, si Jeremia, u trajtuan mirë për shkak të mbështetjes së tyre të dukshme për Babiloninë.

Të dëbuarit u bashkuan me izraelitët që ishin dëbuar më parë qysh në vitet 604 dhe 597 para Krishtit. Ata u vendosën në fshatra si Tel-abib, Tel-melah dhe Kasifia, në lindje të Babilonisë përgjatë lumit Kebar në drejtim të Nipurit. **Babilonasit** i lejuan të dëbuarit të ndërtonin shtëpi, të merreshin me bujqësi e tregti dhe të formonin komunitetet e veta (shih Jeremia 29:5-7). Ka mundësi që disa prej të dëbuarve edhe të jenë punësuar në qeveri, garnizone ushtarake dhe projekte ndërtimi në Babiloni.

Të mbijetuarit në Judë

Jo të gjithë izraelitët u dëbuan në Babiloni. Disa nga më të varfërit dhe më pak të zotët mbetën në tokën e tyre, ndërsa të tjerë ia mbathën për në vendet fqinje për të jetuar si refugjatë.

Gjendja e atyre që mbetën në tokën e Judës ishte e mjerueshme. Shumica e qyteteve dhe fshatrave ishin rrënuar nga pushtimi babilonas. Ata që mbetën në tokën e tyre u përpoqën të ngrinin në këmbë ekonominë e shkatërruar. Adhurimi vazhdoi në rrënojat e Tempullit në Jeruzalem, por ai përmbante elemente të përziera (shih Jeremian 41:5). Babilonasit ngritën një qendër administrative rreth 11 kilometra në veri të Jeruzalemit, në Mitspah. Gedaliahu, një njeri, familja e të cilit kishte shërbyer në oborrin mbretëror të Judës, u caktua guvernator rajonal. Udhëheqja e Gedaliahut nuk zgjati shumë. Një udhëheqës rebel me emrin Ishmael e vrau Gedeliahun, mori rob ata që gjendeshin në Mitspah dhe u përpoq të arratisej në krahinën e Amonit. Megjithatë, Johanani, një tjetër udhëheqës vendas, e ndoqi bashkë me mbështetësit e vet dhe i liroi robërit. Ishmaeli shpëtoi dhe shkoi në Amon (shih Jeremian 41).

Refugjatë në Egjipt

Disa izraelitë i shpëtuan shpatës babilonase duke u arratisur në vendet fqinje.

Këta refugjatë shkuan në lindje përmes lumit Jordan në tokën e amonëve dhe në jug në Egjipt. Një grup nën drejtimin e Johananit donte që Jeremia të shkonte me ta në Egjipt. Jeremia iu lut atyre që të qëndronin në Judë. Ai u tha se Perëndia do t'i begatonte nëse do të qëndronin në tokën e tyre. Megjithatë, ata e detyruan profetin të shkonte me ta në Egjipt (shih Jeremian 42). Ata u vendosën në krahinën e Deltës në Tahpanhes. Disa grupe të tjerë u vendosën në Migdol dhe Memfis (Nof) në veri, ndërkohë që të tjerë u vendosën në fshatrat e Egjiptit jugor.

A **Babilonia e Madhe**

Qyteti antik i Babilonisë gjendej përgjatë lumit Eufrat, rreth 80 kilometër në jug të Bagdatit të sotëm. Ishte një qytet mbresëlënës me mure të dyfishta masive dhe porta të zbukuruara. Mes shumë vendeve të tij të adhurimit, më i rëndësishmi ishte Etemenanki, kulla e lashtë e Babelit. Ajo ishte një kodër artificiale e stilit zigurat me një tempull në majë.

Pallati kishte dhoma dhe oborre të zbukuruara pa kursim, si dhe dhomën e fronit, e cila ishte mëse 30 m e gjatë dhe 15 m e gjerë. Megjithatë, gjëja më e mahnitshme ishin pjergullat e varura, një nga shtatë mrekullitë e botës. Nebukadnetsari i ndërtoi ato për princeshën Median, vendlindja malore e së cilës ishte e mbushur me bimë. Qindra lloje bimësh dhe pemësh u sollën për të kënaqur princeshën. Skllevërit punonin me turne çdo ditë për të sjellë ujin për t'i ujitur ato nga Eufrati.

Kriza teologjike dhe pasojat e saj

Ngjarjet e mërgimit sollën një krizë të thellë teologjike për ata që mbijetuan. Pasardhësit e Abrahamit mbetën pa simbolet e bekimit të veçantë të Perëndisë Tempullin e tyre, mbretërinë dhe kombin. Kjo krizë i bëri që të reflektonin e të ngrinin pyetje rreth natyrës së Perëndisë dhe marrëdhënies së Tij me pasardhësit e Abrahamit.

Më të rëndësishmet, ndër shqetësimet e tyre, ishin pyetjet se sa i drejtë ishte Perëndia dhe nëse ia vlente që t'i besoje Atij. Të mbijetuarit e shkatërrimit të Jeruzalemit donin të dinin se pse kishte ndodhur kjo e keqe. Sipas gjithë shenjave, Perëndia kishte dështuar ose i kishte braktisur. Ndoshta perënditë e babilonasve ishin më të fuqishëm sesa Perëndia e Izraelit.

Të rëndësishme ishin edhe pyetjet rreth identitetit. Si mund të ishin të dëbuarit apo refugjatët izraelitë, nëse nuk ekzistonte një komb me emrin Izrael? A mund të ishin ende izraelitët populli i Perëndisë edhe pa Tempullin dhe mbretërinë e tyre? Këto pyetje ngritën shqetësime për të ardhmen. Këta njerëz kishin nevojë të dinin se çfarë mund të prisnin nga Perëndia. A kishin ndonjë fije shprese që gjërat të ndryshonin në të ardhmen?

Këto pyetje e bënë komunitetin e të dëbuarve të reflektonte mbi të kaluarën e vet, të tashmen e të ardhmen. Reflektimi i tyre mbi të kaluarën i çoi tek traditat madhështore historike dhe teologjike të paraardhësve të tyre. Në ato tradita të hershme ata gjetën prova të fuqisë dhe besnikërisë së Perëndisë. Librat e Moisiut ka shumë të ngjarë ta kenë marrë formën e tyre përfundimtare kanunore pikërisht gjatë periudhës së mërgimit. Në të njëjtën kohë u hartuan edhe librat e Jozueut, Gjyqtarëve, Libri i I dhe II i Samuelit, si dhe Libri i I dhe II i Mbretërve për të siguruar një shpjegim më të gjerë të Mërgimit (këto librat përbëjnë "historinë sipas traditës së Ligjit të Përtërirë"). Duke menduar për kushtet e kohës, njerëzit krijuan poema tejet emocionale si Vajtimet dhe Psalmin 137 për të shprehur ndjenjat e thella të të përjetuarit të makthit të mërgimit. Gjithashtu, ata mblodhën shkrimet e profetëve dhe e njohën besueshmërinë dhe vërtetësinë e tyre si profetët e vërtetë të Perëndisë në Izrael. Në fjalët e këtyre profetëve, ata gjetën planet dhe qëllimet e Perëndisë për të ardhmen. Fjalët e këtyre profetëve të mëparshëm u ritheksuan dhe u ripunuan në fjalë të reja shprese dhe ngushëllimi nga profetët e tyre që ishin dëbuar (shih Isaia 40–55). Edhe një sërë librash të tjerë, si Psalmet dhe Jobi, e morën formën e tyre përfundimtare gjatë mërgimit.

Kështu, Mërgimi qe një pikë kthese në historinë e Izraelit. Ai u dha njerëzve një këndvështrim të ri për të ardhmen e tyre. Ne e dimë nga historia e tyre e mëvonshme se ata morën identitetin e Jehuditë (Judenj) gjatë kësaj periudhe. Gjithashtu, ata mësuan aramaisht, gjuhën e pushtuesve të tyre babilonas dhe e kthyen atë në gjuhën e tyre të folur dhe atë tregëtare. Ne gjithashtu mendojmë se mërgimi i prezantoi ata me ndërmarrjet tregëtare dhe ato të biznesit, që u bënë zanati kryesor i pasardhësve të mëvonshëm.

Mungesa e Tempullit dhe ritualeve e bënë komunitetin mërgimtar të takohej nëpër shtëpi private për t'u lutur dhe për të lëvduar e lexuar Shkrimet e Shenjta. Këto mbledhje çuan më në fund në themelimin e sinagogës, qendrën e edukimit dhe mësimdhënies së Judaizmit të mëvonshëm.

Rënia e Babilonisë

Perandorisë babilonase po i merreshin këmbët në prag të fatkeqësisë pas vdekjes së Nebukadnetsar në vitin 562 para Krishtit. Disa nga pasardhësit e tij u vranë deri në ardhjen në fuqi të **Nabonidit** në vitin 556 para Krishtit. Ai nuk ishte as anëtar i familjes mbretërore dhe as adhurues i Mardukut, perëndisë së Babilonisë. Ai preferonte të adhuronte perëndinë e hënës Sin, gjë që i zemëroi udhëheqësit e Babilonisë. Ai më në fund u largua nga Babilonia dhe jetoi në Shkretëtirën Arabe në Teman, ndërsa i biri, **Belshatsari**, drejtoi punët e perandorisë.

Pushtimi persian i Babilonisë

Ndërkohë që Babilonia po dobësohej, një princ shumë i zgjuar mes **persianëve**, i cili u bë i njohur si **Kiri i Madh**, filloi të bëhej i rëndësishëm në tokat e lindjes. Ai u rebelua kundër pushtetit të Medasve dhe mori kontrollin e perandorisë së tyre të madhe në vitin 550 para Krishtit. Kjo përfshinte pjesën më të madhe

---

H **Pjesë nga Psalmi 137**

Atje, pranë lumenjve të Babilonisë,
rrinim ulur dhe qanim, duke kujtuar Sionin;
Mbi shelgjet e kësaj toke
kishim varur qestet tona.
Atje, ata që na kishin çuar në robëri, na kërkonin fjalët
e një kënge, po, ata që na shtypnin kërkonin këngë
gëzimi, duke thënë: "Na këndoni një këngë të
Sionit".
Si mund të këndonim këngët e Zotit
në një vend të huaj?
Në rast se të harroj ty, o Jeruzalem,
e harroftë dora ime e djathtë çdo shkathtësi;
M'u lidhtë gjuha me qiellzën,
në rast se nuk të kujtoj ty,
Në rast se nuk e vë Jeruzalemin
përmbi gëzimin tim më të madh. (v. 1-6)

A **Cilindri i Kirit**

Cilindri i Kirit shënon pushtimin e Babilonisë në vitin 539 para Krishtit dhe i referohet politikave të reja të ndërmarra nga mbreti i Persisë, Kiri i Madh. Një pjesë e tekstit të cilindrit thotë: "Deri në Ashur dhe Suzë, Agade, Eshnuna, qytetet e Zamban Me-Turnu, Der, ashtu si edhe krahina e Gutianëve, u ktheva në këto qytete të shenjta në anën tjetër të Tigrit, tempujt e të cilëve kanë qenë rrënoja për një kohë të gjatë, imazhet që jetonin brenda tyre dhe krijova për ta faltore të përhershme. Mblodha [gjithashtu] banorët e tyre të mëparshëm dhe i ktheva [ata] në vendbanimet e tyre."[3]

---

të Iranit të sotëm. Pastaj, ai pushtoi zona në Turqinë e sotme në perëndim dhe Afganistanin në lindje para se ta kthente vëmendjen tek Babilonia. Në tetor të vitit 539 para Krishtit, ushtritë e Persisë pushtuan qytetin e Babilonisë. Sipas historianëve të lashtë, portat e qytetit iu hapën katana persëve dhe Kiri u pa nga populli i Babilonisë si njeriu që i çliroi nga sundimi shtypës dhe i paaftë i Nabonidit.

Të dëbuarit hebrenj e panë ngritjen e Kirit si planin e Perëndisë për çlirimin e tyre nga Babilonia (shih Isaia 44:28–45:6). Persët ndoqën një politikë të ndryshme nga ajo e babilonasve ndaj robërve të tyre. Në vend që ta zhvendoste popullin e pushtuar në zona të tjera të perandorisë, Kiri i ktheu ata në tokën e vet. Ai doli në përfundimin se njerëzit që jetojnë dhe adhurojnë në tokën e tyre janë vasalë më të mirë. Persët e kuptonin rëndësinë e gjithë perëndivë dhe kështu nxitën çdo grup njerëzish brenda mbretërisë së tyre që ta nderonin perëndinë e vet, duke ndërtuar tempuj për ta (shih dekretin e Kirit në Librin e II Kronikave 36:23; Ezdra 1:2-4).

Liria e të dëbuarve judenj

Nën këtë politike të re persiane, disa nga të dëbuarit judenj filluan udhëtimin e tyre të kthimit për në Jeruzalem dhe në krahinat rreth tij në vitin 538 para Krishtit. Megjithëse shumë anëtarë të dëbuar të komunitetit qëndruan në ambientin e sigurtë e familiar të Babilonisë, një numër i konsiderueshëm prej tyre ndërmorën udhëtimin e rrezikshëm për të rimarrë tokën e tyre. Sipas Ezdrës 1:8, **Sheshbatsari** i priu njërit prej grupeve më të hershme rreth vitit 538 para Krishtit. Ata sollën sende që babilonasit i kishin marrë nga Tempulli. Persët i kthyen ato me qëllim rivendosjen e adhurimit në Jeruzalem. Më vonë, pasuan edhe grupe të tjera. Ezdra përmend veçanërisht grupin e udhëhequr nga **Zorobabeli**, një pasardhës i Davidit, i cili u bë guvernator i provincës (2:2).

Të kthyerit e parë rindërtuan altarin në Jeruzalem dhe hodhën themelet për Tempullin. Megjithatë, shumë shpejt, puna për rindërtimin e Tempullit u ndërpre për shkak të kundërshtimit të popujve fqinjë dhe realiteteve të reja ekonomike.

Ditët e lavdishme të Perandorisë Persiane

Kur vdiq Kiri në vitin 530 para Krishtit, i biri i tij, **Kambisi II** mori në dorë sundimin e perandorisë dhe vazhdoi të zgjerojë kufijtë e saj. Nga viti 525 para Krishtit, Kambisi plaçkiti Tebën (Nonë) dhe mori kontrollin e Egjiptit. Kambisi vdiq teksa po merrej me pretendues të rremë të fronit dhe kushëriri i tij Dari I mori në dorë udhëheqjen e perandorisë në vitin 522 para Krishtit.

Dari I i solli Perandorisë perse ditët e fuqisë dhe lavdisë më të madhe të saj dhe u bë i njohur kështu si **Dari i Madh**. Ai i shtyu kufijtë në perëndim deri në Turqinë e sotme dhe në lindje drejt lumit Indi. Dari riorganizoi edhe sistemin e satrapive (provincave) që kishte krijuar Kiri. Juda u vendos në satrapinë e quajtur "Përtej Eufratit", që përfshinte zonat e Sirisë dhe Palestinës.

Rindërtimi i Tempullit

Gjatë sundimit të Darit, dy profetë hebrenj, **Hagai** dhe **Zakaria**, filluan ta nxisin popullin e Judës të rindërtonte Tempullin e tij. Në vjeshtën e vitit 520 para Krishtit, Hagai filloi të predikojë dhe disa muaj më vonë me të u bashkua edhe Zakaria. Pyetjes nëse ky projekt e kishtë marrë apo jo miratimin e Persisë iu dha përgjigje duke kërkuar nëpër arkivat mbretërore. Dari e kishte miratuar dekretin e Kirit, i cili jo vetëm e miratonte projektin, por i bënte thirrje edhe burimeve perse për ndihmë. Pavarësisht nga kundërshtimi i vazhdueshëm, në vitin 515 para Krishtit, Tempulli u rindërtua dhe iu kushtua Zotit. Megjithëse nuk i afrohej Tempullit të Salomonit për nga përmasat dhe madhështia, ai shërbeu si qendër adhurimi për Perëndinë e Izraelit për gati 600 vjet.

Hebrenjtë i shpëtojnë shfarosjes

Me vdekjen e Darit I në vitin 486 para Krishtit, sundimin e mori **Kserksi I (Asueroja I)**. Libri i Esterit e quan Asuero. Rreth vitit 479 para Krishtit, Kserksi zgjodhi për mbretëreshë një vajzë të bukur hebre me emrin **Ester**. Sipas Librit të Esterit, gjithë popullsia hebre e perandorisë pothuajse u shfaros për shkak të një komploti të ngritur nga një administrator i lartë mbretëror me emrin Haman. Nëpërmjet ndërhyrjes së Esterit, komploti u zbulua dhe hebrenjtë mundën të mbroheshin nga armiqtë.

Reforma e Ezdrës

Kserksi ra më në fund viktimë e një tjetër komploti dhe u vra nga kapiteni i rojeve në vitin 464 para Krishtit. Pas intrigave të mëtejshme në pallatin mbretëror, **Artasersi I (Artakserksi I)** u shfaq si sundimtari i ri i Persisë. Rreth vitit 485 para Krishtit, Artasersi dërgoi në Jeruzalem këshilltarin e tij të posaçëm për çështjet hebraike, një shkrues të Ligjit të Moisiut me emrin Ezdra. Misioni i tij ishte që t'i shpjegonte popullit të tij Ligjin e Moisiut. Si rezultat i mësimeve të tij ndodhën reforma madhore në

A **Hebrenjtë në Egjipt**

Gërmimet në ishullin e **Elefantinit**, afër ujëvarës së parë të Nilit, kanë nxjerrë në dritë një koloni ushtarake hebreje nga shekulli i pestë para Krishtit, të quajtur Jeb (*Yeb*). Ky komunitet përbëhej nga ushtarë mercenarë që shërbenin në ushtrinë egjiptiane dhe që ishin vendosur në anën jugore të Egjiptit. Disa mendojnë se ky komunitet u themelua në periudhën asiriane, në mes të shekullit 7-të para Krishtit.

Dokumentet në papiruse të gjetura gjatë gërmimeve zbulojnë ekzistencën e një tempulli, ku hebrenjtë adhuronin jo vetëm *Jehovan*, por edhe perëndi të tjerë. Këtu përfshihej edhe një bashkëshorte femër e *Jehovas* me emrin *Anatyahu*. Me sa duket, ky komunitet hebre nuk i kishte mbetur besnik anës së theksuar monoteiste të besimit biblik. Mes dokumenteve, studiuesit kanë gjetur edhe një letër ku kërkohej ndihmë nga komuniteti në Jeruzalem për rindërtimin e një tempulli në Elefantin, i cili u shkatërrua nga priftërinjtë vendas egjiptianë rreth vitit 407 para Krishtit.

praktikën e martesave dhe në jetën e përditshme.

Rindërtimi i mureve

Rreth 12 vjet pas mbërritjes së Ezdrës në Judë, Artasersi dërgoi kupmbajtësin e tij hebre, **Nehemian**, që të shërbente si guvernator i vendit dhe të përfundonte rindërtimin e mureve të Jeruzalemit. Megjithëse i kundërshtuar nga shumë komunitete fqinje, të cilët kishin frikë se mos Juda bëhej tepër e fuqishme, Nehemia e përfundoi restaurimin dhe rindërtimin e mureve brenda dy muajve.

Gjithashtu, Nehemia nxiti reformat fetare. Sipas Librit të Nehemias, ai dhe Ezdra e udhëhoqën bashkësinë hebreje në një ceremoni dramatike të ripërtëritjes së besëlidhjes. Nehemia e qeverisi Judën për gati 12 vjet dhe u kthye pastaj në Suzë. Pas një mungese të shkurtër, ai u kthye për ta qeverisur Judën edhe për disa vjet.

Në përpjekjet e tyre reformuese, me Ezdrën dhe Nehemian u bashkua edhe profeti **Malakia**. Diku mes vitit 450 dhe 430 para Krishtit, Malakia u shërbeu njerëzve që nuk ishin shumë të kujdesshëm në adhurimin e Perëndisë. Ai i nxiti që ta merrnin seriozisht besimin dhe ta nderonin Perëndinë siç duhej.

Fundi i sundimit persian

Me vdekjen e Artasersit I në vitin 424 para Krishtit, Dari II (423-404 para Krishtit) mori kontrollin e perandorisë duke vrarë Kserksin II, pasardhësin e ligjshëm të fronit. Vitet e perandorit të ardhshëm të Persisë, Artasersi II (404-358 para Krishtit) u mbushën me pyetje rreth qëndrueshmërisë së perandorisë. Beteja e brendshme për pushtet vazhdoi ta dobësojë perandorinë perse, aq të fuqishme një herë e një kohë. Në vitin 331 para Krishtit, Aleksandri i Madh e mundi Dari III të Persisë (336-331 para Krishtit)

dhe i aneksoi provincat e Persisë, përfshirë Judën, si pjesë të Perandorisë Greke.

Sfidat e restaurimit

Jeta në Judë gjatë gjithë periudhës perse nuk doli të ishte aq e mirë dhe shpresëdhënëse sa e kishin parashikuar Jeremia, Ezekieli dhe shkrimtari tjetër mërgimtar të Isaias 40–55. Stabiliteti dhe dashamirësia e qeverisë perse lejoi një lloj restaurimi të Judës. Njerëzit u kthyen, Tempulli u rindërtua dhe muret e Jeruzalemit u riparuan. Megjithatë, kishte tensione mes bashkësisë, vështirësi ekonomike dhe mungesa shpirtërore që pengonin një restaurim të plotë.

Marrëdhëniet me samaritanët në veri, amonitët në lindje dhe arabët në jug ishin kryesisht armiqësore gjatë gjithë kësaj periudhe. Më në fund, samaritanët ngritën një tempull rival në Sikem dhe krijuan shkrimet e tyre, të njohura si **Pentatuku Samaritan**. Ky botim i Pentatukut është në thelb një version i ndryshuar i Pentatukut të hebrenjve, që kishte për qëllim legjitimimin e besimeve të posaçme teologjike të judenjve samaritanë. Përveç kësaj, edhe vetë komuniteti i hebrenjve përjetoi çarje të brendshme. Përveç ndarjeve të zakonshme ekonomike, tensione ekzistonin midis atyre që kishin qëndruar në vend dhe atyre që ishin kthyer nga mërgimi apo nga situatat e refugjatëve.

Problemet më serioze të Judës, gjatë periudhës perse, ishin gabimet e tyre shpirtërore. Ëndrrat e parealizuara të ripërtëritjes së lavdishme të projektuara nga profetët e mëparshëm me sa duket i bënë njerëzit të mos i besonin Perëndisë të etërve të tyre. Ata bënë qëndresë ndaj ndërtimit të Tempullit dhe mureve të Jeruzalemit, martoheshin me jobesimtare dhe nuk i jepnin të dhjetën dhe ofertat tempullit. Disa studiues madje mendojnë se kjo periudhë dëshmoi krijimin e lëvizjeve të disa palëve brenda judaizmit dhe disa konflikteve brenda komunitetit lidhur me çështjet e adhurimit, ritualet dhe disa çështje të tjera fetare (shih Isaia 56–66, Hagai, Zakaria, Ezdra, Nehemia dhe Malakia).

Megjithë këto probleme, komuniteti i Izraelit zbuloi, gjatë kësaj prove, thellësi të reja të besimit të tij. Me rindërtimin e Tempullit, çlirimin nën Esterin, ringjalljen me Ezdrën dhe Nehemian, si dhe me rindërtimin e mureve të Jeruzalemit pati periudha ripërtëritjeje. Përveç kësaj, gjatë kësaj kohe, filloi të zhvillohej institucioni i sinagogës, i cili u bë një element jetësor i të ushqyerit të bashkësisë për shekuj të tërë. Në këtë kontekst, rëndësia e Shkrimeve të shenjta. si një drejtues në jetën e përditshme,

Fjali përmbledhëse

- Pushtimi babilonas e zhveshi Judën nga çdo lloj simboli i bekimit të posaçëm të Perëndisë nga Tempulli i saj, qyteti i saj i shenjtë, mbreti i saj dhe kombësia.
- Mërgimi babilonas e futi Izraelin në një krizë teologjike me përmasa madhore.
- Politika perse i lejoi izraelitët e dëbuar të rikthehёshin dhe të vinin në vend kombin e tyre.
- Bashkësia e Izraelit luftoi për të fituar pushtet ekonomik dhe për të ruajtur stabilitetin shpirtëror gjatë periudhës perse.

Pyetje për reflektim

1. Ç'ngjasim kishin pyetjet e izraelitëve gjatë mërgimit me reagimin e njerëzve sot që përballen me kriza madhore në jetë?
2. Pse përjetoi komuniteti i Judës një zhgënjim shpirtëror gjatë restaurimit?
3. Në ç'mënyrë u restaurua Izraeli gjatë periudhës perse?
4. Si mund të ndihmojë njohja e periudhës perse të kuptuarin e Dhiatës së Re?

Burime për studime të mëtejshme

Bright, John. *A History of Israel,* botimi i tretë, Philadelphia: Westminister, 1981. Faqe 391-401.
Kaiser, Walter C., Jr. *A History of Israel.* Nashville: Broadman and Holman, 1998. Faqe 438-39.
Yaumauchi, Edwin M. *Persia and the Bible.* Grand Rapids: Baker, 1990.

Objektivat

Studimi i këtij kapitulli do t'ju ndihmojë:

- Të përshkruani përmbajtjen e librave të Kronikave.
- Të shprehni qartë mesazhin e këtyre librave për audiencën fillestare.
- Të kuptoni mënyrën se si historia biblike mund të lexohet në mënyrë që të nxirrni kuptimin teologjik.

Disa pyetje që duhen marrë parasysh ndërsa lexoni:

1. Çfarë mësimesh mund të nxirrni rreth marrëdhënies tuaj me Perëndinë duke parë historinë e kombit tuaj?
2. Sa rëndësi kanë simbolet për besimin tuaj?
3. Pse është adhurimi pjesë e rëndësishme e marrëdhënies me Perëndinë?

Fjalët kyçe për të kuptuar

Historia sipas traditës
    së Ligjit të Përtërirë
Historia pas
    mërgimit
Davidi
Historia priftërore
Priftërinjtë
Levitët
Lutja e Jabetsit
Salomoni
Asa
Jozafati
Ezekia
Josia
Manasi

Kronikat fillojnë pjesën e dytë të librave historikë të Dhiatës së Vjetër. Kemi parë tashmë pjesën e parë, e cila përmban **historinë sipas traditës së Ligjit të Përtërirë** (Jozueu deri tek Mbretërve) nga kapitulli 12 deri në 17. Pjesa e dytë përbëhet nga Kronikat, Ezdra, Nehemia dhe Esteri. Këto libra shpesh quhen **historia pas mërgimit**, sepse u shkruan pas mërgimit dhe ka ngjarje të regjistruara të kësaj periudhe. Megjithatë pjesa rrëfimtare e Kronikave fillon me ardhjen e mbretërisë së Davidit rreth vitit 1000 para Krishtit dhe përfundon me kohën e Nehemias rreth vitit 430 para Krishtit.

Të dy librat e Kronikave ofrojnë një pikëpamje më shumë të historisë së Izraelit para Mërgimit. Ndërsa përsërisin informacione nga librat e mëparshëm të Dhiatës së Vjetër, nuk mund të thuhet se është thjesht përsëritje e të njëjtave ngjarje. Ka material të ri dhe është një shikimi i freskët mbi përvojën e Izraelit me Perëndinë. Përveç faktit që këto libra regjistrojnë ngjarje, ato përmbajnë dhe këndvështrimin e ri teologjik, që ka për qëllim t'i japë brezit të tashëm dhe të ardhshëm udhëzime për jetën si njerëz të Perëndisë.

Autorësia dhe datimi

Autori i Kronikave është i panjohur dhe shpesh quhet kronist. Disa studiues kanë sugjeruar se kronistët mund të jenë Ezdra ose Nehemia. Ndonëse kjo mund të jetë e mundur, nuk ka prova të mjaftueshme për ta vërtetuar. Këto libra nuk duket të kenë shumë të përbashkëta me librat e Ezdrës dhe Nehemias, prandaj gjasat janë të pakta që Kronikat të jenë vepër e Ezdrës ose Nehemias. Disa studiues sugjerojnë se kronisti është një Levit sepse i kushton shumë vëmendje shërbesës së Levitëve.[1]

Librat e Kronikave ishin disa nga librat më të fundit të shkruar të Dhiatës së Vjetër. Provat në tekst sugjerojnë se librat u shkruan diku rreth vitit 400 Para Krishtit.

Mjedisi

Librat e Kronikave u hartuan gjatë kohës së trazirave në pjesën perëndimore të Perandorisë Perse (rreth vitit 400 Para Krishtit). Një numër provincash ishin në revoltë kundër perandorisë, dhe njerëzit e Judës u kapën në këtë situatë. E ardhmja e perandorisë perse, dhe e judenjve ishte e pasigurtë. Për më

H **Pse janë Kronikat në fund të Biblës hebraike?**
Librat e Kronikave janë vendosur në fund të Biblës hebraike. Kjo për faktin se ndoshta këta ishin librat e fundit që u shkruan. Ata shërbejnë gjithashtu dhe si një përmbledhje dhe përfundim i përshatshëm i kanunit hebraik. Pikat që vijojnë ilustrojnë këtë rol të Kronikave: (1) Kronikat përmbledhin historinë e Dhiatës së Vjetër nga Adami deri te restaurimi i Izraelit duke iu referuar patriarkëve, Eksodit, pushtimit, monarkisë, mërgimit dhe restaurimit. (2) Kronikat nxjerrin materiale nga Pentatuku, historia sipas traditës së Ligjit të Përtërirë, Profetët, dhe Psalmet. (3) Së fundi, shumë prej ideve kryesore të Dhiatës së Vjetër riafirmohen te Kronikat. Disa prej tyre janë: Perëndia i Izraelit është Zoti (*Jehovah*); gjykimi i të ligjve; bekimi për ata që kërkojnë Perëndinë; dhe shpresa për të gjithë ata që adhurojnë Perëndinë me përulësi.

tepër, judenjtë mbetën të zhgënjyer me fatin që u kishte rënë në jetë. Restaurimi i komunitetit të tyre nuk kishte ndodhur siç shpresohej. Ekonomia ende përpëlitej dhe fuqitë e huaja sundonin. Dëgjuesit fillestarë të Kronikave përpiqeshin të sqaronin çështjen e të dyshuarit ndaj interesimit të Perëndisë për popullin e Tij dhe të ardhmen e tyre.

Përmbajtja

Të dy librat e Kronikave janë një vepër e unifikuar. Në fillim, u shkruan si një e tërë, por më vonë u ndanë për çështje lehtësie.

Kronisti u mbështet në shumë burime për të hartuar historinë. Më i dukshëm është materiali nga II Samuelit, I Mbretërve, dhe II Mbretërve. Pothuajse gjysma e Kronikave është nxjerrë nga librat e sipërpërmendur. Megjithatë, kronisti ka qenë shumë përzgjedhës në përdorimin e materialit. Ai ka përdorur vetëm ato pjesë që i përshtaten qëllimit dhe i rivendos sipas nevojës.

Kishte dhe materiale të tjera që ishin në dispozicion të kronistit. Teksti përmend burime të tjera, që nuk janë më ekzistuese, sic janë "Libri i Profetit Nathan", "Profecia e Ahijahut", "Vegimet e Idos", "Librin e Mbretërve të Judës dhe Izr aelit". Informacionet shtesë duket të kenë ardhur nga listat ushtarake dhe regjistrimet e tjera shtetërore. Duket sikur autori mund të ketë përdorur gjenealogjitë në librin e Zanafillës. Qëllimi i autorit është të tregojë modele dhe

---

H Kronikat si histori priftërore

Kronikat, së bashku me Ezdrën-Nehemian, mund të quhen **histori priftërore** sepse prezantojnë historinë e Izraelit nga këndvështrimi i **priftërinjve**. Në kontrast me këtë, historia sipas traditës së Ligjit të Përtërirë analizon të shkuarën e Izraelit nga këndvështrimi profetik.

Është, në fakt, ky ndryshim i këndvështrimit që shpjegon pse disa lloje materialesh përfshihen apo jo në Kronikat. Një pjesë e madhe e materialit te Kronikat përqëndrohet te Tempulli, ritualet dhe personeli i tij. Historia sipas traditës së Ligjit të Përtërirë ndan disa nga këto materiale, por Kronikat ende më shumë. Lista e **Levitëve** në I Kronikave 24–26 dhe shërbesa e adhurimit të Jozafatit te 2 Kronikave 20 janë shembuj të mirë.

Pjesa e rrëfimeve te Kronikat fillon me Davidin, i cili u përgatit për ndërtimin e Tempullit. Historia nga Jozueu deri te Sauli është hequr sepse ndodh para epokës së Tempullit. Më tej, kronikat fokusohen te kombi i Judës, në të cilin ishte vendosur dhe Tempulli. Kjo është një nga ndryshimet kryesore midis librave të Kronikave dhe Mbretërve. Kronikat i kushtojnë pak vëmendje Mbretërisë së Veriut dhe shmangin shumicën e historive për mbretërit dhe njerëzit e saj. Historitë e profetit Elia dhe Eliseu mungojnë te Kronikat dhe ky libër priret të mos ketë histori negative për Davidin, siç është mëkati me Bathshebën dhe rebelimi i Absalomit.

---

tema të qarta dhe të caktuara në historinë e Izraelit. Kjo është e dukshme në përzgjedhjen dhe renditjen e kujdesshme të burimeve të sipërpërmendura.

Kronikat fokusohen tek jetët e Davidit dhe Salomonit. Ata janë shembujt e parë të adhuruesve besnikë të Perëndisë. Kapitujt hyrës dhe përfundimtarë përbëjnë kornizat e historive të mbretërimit të këtyre dy mbretërve. Libri ndahet në 4 pjesë kryesore:

1. Gjenealogji (I Kronikat 1:1–9:44)

2. Rrëfime për Davidin (I Kronikat 10:1–29:30)

3. Rrëfime për Salomonin (II Kronikat 1:1–9:31)

4. Rrëfime për Mbretërit e Judës (II Kronikat 10:1–36:23)

■ Gjenealogji (I Kronikat 1:1–9:44)

Nëntë kapitujt e parë të I Kronikave paraqesin një listë të paraardhësve të Izraelit nga Adami te Sauli. Kjo duket në fakt e pazakontë për lexuesin modern. Megjithatë, për hebrenjtë e hershëm gjenealogjitë ishin domethënëse. Ato sqaronin marrëdhëniet dhe theksonin lidhjet me të kaluarën. Gjenealogjitë gjithashtu afirmonin se bekimi i Perëndisë qëndronte mbi popullin e Tij. Një listë gjeneratash do të thoshte se Perëndia i kishte bërë te frutshëm dhe i kishte shumuar (shih Zanafillën 1:28).

Gjenealogjitë janë një mënyrë e shkrimit të historisë.[2] Ato mbulojnë një hark kohor të gjatë shumë shpejt. Kapitulli 1 përshkruan nga Adami te Izraeli dhe i lidh kështu gjithë izraelitët me gjithë racën njerëzore. Shpëtimi i Perëndisë nuk është rezervuar vetëm për disa; është universal. Të gjithë qeniet e racës njerëzore, si dhe gjithë "izraelitët" mund të marrin pjesë në shpengimin e Perëndisë.

Kapitujt 2–8 ravijëzojnë pasardhësit e fiseve të ndryshme të Izraelit. Dy grupet, Levitët dhe bijtë e Judës, theksohen në faktin e sasisë së hapësirës që u është dhënë dhe mënyra se si është rregulluar teksti. Të dyja grupet janë domethënëse në libër–Levitët për shkak të marrëdhënies së tyre me Tempullin, dhe bijtë e Judës sepse ishin fis i Davidit.

Kapitulli 9 sjell historinë në kohën e lexuesve të parë. Përmend ata që u kthyen ne Judë pas mërgimit dhe rendit pasardhësit deri në shekullin e V-të Para Krishtit. Kjo pjesë mbyllet me gjenealogjinë e Saulit që i përgatit lexuesit për tregimin në kapitullin 10.

Gjenealogjitë e kësaj pjese saktësohen me komente historike, gjeografike dhe shpirtërore. Një nga shpirtëroret më të rëndësishme është **lutja e Jabetsit** në 4:10. Lutja e tij për bekim, fuqi dhe mbrojtje është një shembull për besnikët. Një koment tjetër i rëndësishëm është që Izraeli vuajti dëbimin "për shkak të mosbesnikërisë" (9:1). Bekimi dhe mallkimi, temat më kryesore të historisë sipas traditës së Ligjit të Përtërirë, marrin vëmendjen kryesore në kapitujt e parë te Kronikat.

■ Mbretërimi i Davidit (10:1–29:30)

Pjesa e dytë e Kronikave fokusohet në jetën e Davidit. Në fillim tregon vendosjen e mbretërisë së Davidit dhe pastaj mënyrën e përgatitjes së Davidit për të ndërtuar Tempullin. Davidi

---

H **Priftërinjtë dhe levitët**

Fisi i Levit ishte përgjegjës për përkujdesjen e vendeve të shenjta dhe udhëheqjen e adhurimit në Izraelin antik. Që të dy Levitët dhe priftërinjtë vinin nga ky fis. Priftërinjtë ishin pasardhësit e vëllait të Moisiut, Aaronit. Levitët ishin të gjithë pasardhësit e tjerë të Levit që nuk ishin priftërinj.

Priftërinjtë fokusoheshin në rradhë të parë te flijimi dhe te mbikqyrja e përgjithshme e ritualit. Levitët kryenin një numër funksionesh të tjera që ishin pjesë e veprimeve të përditshme në Tempull. Ata ishin rojtarë, muzikantë, kuzhinierë, zejtarë, llogaritarë, mësues dhe kujdestarë. Kështu, levitët dhe priftërinjtë punonin bashkë për të ndihmuar Izraelin në adhurimin e Perëndisë së tyre.

H **Tempulli i Jeruzalemit**

Tempulli simbolizonte ide domethënëse për Perëndinë dhe marrëdhënien e Izraelit me Të. Struktura e Tempullit, që ishte e ngjashme me një pallat, shpallte se Zoti ishte mbret mbi popullin e Tij. Vetëm njerëzit e përzgjedhur e të shenjtëruar lejoheshin të hynin në vendet e shenjtë. Çdo gjë në Tempull dhe për Tempullin afirmonte veçantinë ose shenjtërinë e Perëndisë.

Tempulli ishte një përkujtimore e besëlidhjes së Perëndisë me Izraelin. Ai personifikon thelbin e shprehjes së hershme të besëlidhjes, "Ju do të jeni populli im, dhe unë do të jem Perëndia juaj" (Jeremia 30:22). Përmes ritualit të adhurimit, njerëzit njihnin faljen dhe praninë shëruese të Perëndisë në mes të tyre.

Së fundi, Tempulli ishte edhe dëshmia konstante e besnikërisë së Perëndisë ndaj beslidhjes në të shkuarën. Festat vjetore ritregonin momentet kryesore në historinë e Izraelit me Perëndinë: Eksodi nga Egjipti, Ligji në Sinai, dhe udhëheqjen në shkretëtirë. Për aq kohë sa Tempulli qëndronte, njerëzit nuk mund ta harronin trashëgiminë e tyre shpirtërore.

shërbeu si shembulli më i mirë i kronistit si një mbret i perëndishëm.

Kapitujt 10–12 tregojnë se si mbretëria kaloi nga Sauli te Davidi dhe u themelua. Tragjedia e Saulit ishte në kontrast të thellë me lulëzimin e Davidit. Sauli dështoi, sepse nuk respektoi fjalën e Perëndisë dhe nuk ishte besnik. (10:13-14). Si rrjedhojë, Perëndia ia dha mbretërinë Davidit. Kronisti e bën të qartë se Davidi nuk e mori udhëheqjen me manovra të zgjuara ose planifikim njerëzor. Ajo ishte dhuratë prej Perëndisë. Një shenjë domethënëse e bekimit të Perëndisë ishte numri i njerëzve që erdhën dhe përkrahën Davidin. Perëndia i siguroi mbështetje nga shumë njerëz të aftë dhe të kujdesshëm nga i gjithë Izraeli.

Sipas Kronistit, arsyeja pse Perëndia e lulëzoi Davidin ishte për shkak të natyrës së tij të perëndishme. Kapitujt 13–16 përshkruajnë pikat e dukshme që e bëri Davidin udhëheqësin ideal të popullit të Perëndisë. Ai e kërkoi rregullisht Zotin dhe e bëri adhurimin përparësi në jetën e vet. Përpjekja e Davidit për të sjellë arkën e besëlidhjes në Jeruzalem simbolizon dëshirën e tij të thellë për të vendosur Perëndinë në qendër të mbretërisë së tij. Psalmi lëvdate i Davidit në kapitullin 16 është një model për adhurimin e vërtetë. Ai ngre lart Perëndinë dhe pranon mbështetje të plotë te Ai.

Kapitulli 17 përbën kulmin e kësaj pjese të Kronikave. Davidi dëshiroi të ndërtonte një shtëpi për Perëndinë (Tempullin). Megjithatë, Perëndia vendosi të ndërtonte një shtëpi për Davidin (një dinasti mbretërish). Besnikëria e Davidit solli bekim hyjnor, një premtim për mbretërinë e përjetshme. Për lexuesit e parë të Kronikave kjo ishte një fjalë e rëndësishme shprese. Mbretëria tokësore e Davidit nuk zgjati më pas vitit 587 Para Krishtit, por një nga pasardhësit e tij, Mesia, ishte paracaktuar të mbretëronte përsëri. Ky premtim gjeti përmbushjen e vet te Jezus Krishti. Ai ishte pasardhës i Davidit dhe do të mbretërojë përjetë.

Kapituj e fundit të kësaj pjese përqendrohen mbi përgatitjet e Davidit për ndërtimin e Tempullit. Hap i parë në këtë proces ishte sigurimi i burimeve dhe kërkimi i tokës. Kapitujt 18–21 përshkruajnë

T **Temat teologjike të Kronikave**

Si shumë historianë, kronisti përzgjedh materiale në mënyrë që të theksojë temat dhe idetë teologjike të rëndësishme. Disa prej tyre janë: (1) Perëndia shpërblen besnikërinë, llojin e modeluar në mbretër të veçantë si Davidi dhe Salomoni. (2) Besnikëri do të thotë përkushtim i plotë ndaj Perëndisë dhe ligjeve të Tij. (3) Shprehja më e mirë e këtij përkushtimi demonstrohet në qëndrimin e adhurimit të vërtetë. Në adhurimin e duhur, njerëzit e Perëndisë duhet të përulen, të kërkojnë Perëndinë, të luten dhe t'i kthejnë shpinën ligësisë. (II Kronikave 7:14). (4) Edhe pse profetët e Izraelit u bënë thirrje njerëzve për të patur një marrëdhënie të tillë, askush nuk u kushtoi vëmendje zërave të tyre. (5) Shpresa e kronistit ishte që "gjithë Izraeli" (e përsëritur 43 herë), jo vetëm Juda, do të dëgjonte dhe përulej para Perëndisë.

mënyrën se si Davidi e arriti këtë, duke nënshtruar armiqtë e vet dhe duke blerë lëmin e Ornanit.

Pjesa më e madhe e materialit në kapitujt 22–29 është gjetur vetëm te Kronikat. Aty tregohet se si Davidi organizoi levitët për shërbesën e adhurimit dhe ngarkoi Salomonin të realizonte planet për Tempullin. Adhurimi i Perëndisë nuk ishte shtojcë. U hartuan plane të gjera, sepse adhurimi në Tempull ishte mjeti parësor i demostrimit të besnikërisë ndaj Perëndisë. Ashtu si Moisiu siguroi që traditat e shenjta të kalonin nga Moisiu vetë te Jozueu (shih Ligjin e Përtërirë 31), kështu edhe Davidi e pasoi thesarin e tij në duart e **Salomonit**. Salomoni ishte më shumë se një vazhdues politik i Davidit. Ai ishte edhe pasuesi i tij shpirtëror.

■ Mbretërimi i Salomonit (II Kronikave 1:1–9:31)

Kronisti në këto kapituj paraqet një pamje ideale të Salomonit duke bërë një përzgjedhje shumë të kujdesshme të

materialit. Ashtu si me Davidin, qëllimi i tij nuk ishte të mbulonte me shkëlqim realitetin apo papërsosmërinë. Përkundrazi, ai kërkonte të theksonte mënyrat e drejta me të cilat vepronte Salomoni. Ai pa modele në jetën e Davidit dhe Salomonit që shërbyen si modele për besimtarët.

Salomoni ishte një kërkues i vërtetë i Perëndisë (kapitulli 1). Ai, sikurse i ati i vet, Davidi, doli para Perëndisë për të kërkuar drejtim për jetën. Si rrjedhojë, ai ishte bekuar me pasuri të madhe në qerre, metale të çmuara dhe tregti me kombe të tjera.

Kapitujt 2–4 përshkruajnë përpjekjet e Salomonit për ndërtimin e Tempullit. Ai nuk ishte plotësisht i aftë të ndërtonte shtëpinë e Perëndisë. Salomonit iu desh të thërriste fenikasit, arkitektët dhe ndërtuesit më të mirë të botës, për të përfunduar detyrën e tij. Kjo thekson edhe njëherë madhështinë e Perëndisë së Izraelit, i cili meritonte gjërat më të mira që mund të ofronte njerëzimi.

Salomoni udhëhoqi adhurimin në shërbesën e përkushtimit të Tempullit (kapitujt 5–7). Ai solli arkën e beslidhjes në Tempull, afirmoi besnikërinë e Perëndisë ndaj Izraelit, ofroi flijime, falenderoi dhe u lut. Lutja e tij ishte përgjërim për komunikim të rregullt me Perëndinë. Tempulli do të ishte një vend shërimi, faljeje dhe takimi të vërtetë midis Perëndisë dhe njerëzve të Tij. Përgjigja e Perëndisë ndaj lutjes parashtroi parakushtet për të vazhduar këtë marrëdhënie.

Vargu kyç për këtë pjesë, dhe për gjithë librin, është vargu i njohur 7:14 që thotë "Në qoftë se populli im, i cili thirret me emrin tim, përulet, lutet, kërkon fytyrën time dhe kthehet prapa nga rrugët e këqija, unë do ta dëgjoj nga qielli, do t'i fal mëkatin e tij dhe do ta shëroj vendin e tij". Ai shpreh shumë saktë temën qendrore të librit–një marrëdhënie me Perëndinë, plot falje dhe shërim varet nga qëndrimi përulës, pendues dhe kërkues para Perëndisë. Ky tekst na fton të shqyrtojmë zemrën tonë kur vijmë para Perëndisë me anë të lutjes dhe adhurimit.

Perëndia iu përgjigj Salomonit me bekime dhe favore. Kapitujt 8 dhe 9 japin detaje për favoret që Perëndia i ofroi Salomonit në jetë, duke përfshirë dhe projektet ndërtuese, pozicionimin e tij ndërkombëtar, kombin e tij të fortë, urtësinë legjendare dhe pasurinë e tij të pafund.

■ Mbrëtërimi i mbretërve të tjerë të Judës (10:1–36:23)

Pjesa e fundit e Kronikave ilustron pikat kryesore të librit nëpërmjet analizës së mbretërve të tjerë të Judës. Fati i secilit mbret tregohet në lidhje me faktin se sa mirë e ndoqën modelin e Davidit. Ata që e imituan Davidin morën bekime, por ata që ndoqën modele të tjera morën mallkime.

Shembujve pozitivë u lihet hapësirë më e madhe. Këtu përfshihen **Asa** (kapitujt 14–16), **Jozafati** (kapitujt 17–20), **Ezekia** (kapitujt 29–32) dhe **Josia** (kapitujt 34–35). Ata bënin atë që ishte e drejtë në sytë e Perëndisë, ashtu si Davidi. Kronisti ka vërejtur rastet kur këta mbretër kanë kërkuar Zotin, janë lutur apo janë përulur para Perëndisë. Theksohet në veçanti vëmendja e tyre për Tempullin dhe adhurimin. Rezultatet për të gjitha këto ishin bekime nga Perëndia. Tipike për këta mbretër është ajo që thuhet për Ezekian tek 31:12 "Çdo punë që ndërmori për shërbimin e shtëpisë të Perëndisë, për ligjin dhe për urdhërimet, për të kërkuar Perëndinë e tij, ai e bëri me gjithë zemër; prandaj ai pati mbarësi".

Shembujt negativë të mbretërimit gjenden te Jehorami (kap. 21), Ashaziahu (kap. 22–23), Ashazi (kap. 28), Amoni (kap. 33), Jehojakimi (kap. 36), Jehojakini (kap. 36), dhe Sedekia (kap. 36). Modeli i tyre ishte të

H Problemi i Numrave te Kronikat

Numrat në gjeneaologji, në listat ushtarake, dhe në pjesë të tjera te Kronikat përfaqësojnë një problem që s'është dhe aq i lehtë për t'u vlerësuar. Ndonjëherë, Kronikat ndryshojnë dukshëm nga tregimet paralele te Samueli ose Mbretërit. Numrat e tyre janë shumë më të mëdhenj. Ne nuk mund ta shpjegojmë plotësisht këtë problem. Megjithatë, ofrojmë disa vëzhgime të përgjithshme si më poshtë:

1. Numrat në Bibël shpesh kanë kuptim simbolik. *Dyzetë* përcjell kuptimin e një brezi. *Shtatë* do të thotë përsosmëri. *Katër* tregon plotësinë.

2. Fjala "mijë" (*eleph*) dhe "qind" (*me'ah*) mund t'i referohet gjithashtu një familjeje ose një njësie ushtarake.

3. Skribët (shkruesit e Shkrimëve), ndonjëherë, kanë bërë gabime kur kanë kopjuar numrat. Kjo është shumë e qartë në rastin e moshës së Jehojakinit në kohën e trashëgimit të fronit të tij (8 në II Kronikave 36:9 dhe 18 në II Mbretërve 24:8). Numri 10 është hequr ose shtuar aksidentalisht diku.

Megjithatë, në asnjë rast interpretimi i numrave nuk e ndryshon mesazhin që teksti përcjell. Nuk dyshojmë në asnjë rast se kronisti do të na fusë në qorrsokak. Ne vetëm pranojmë se njohja jonë për numrat është e kufizuar.

bënin keq në sytë e Perëndisë dhe të ecnin në rrugët e mbretërve të Mbretërisë së Veriut. Ata, në mënyrë të veçantë, nuk pranonin të përuleshin apo të kërkonin Perëndinë. Vendosën idhuj të huaj dhe adhuruan perëndi të tjerë. Përfundimi në çdo rast ishte shkatërrues për mbretin dhe kombin.

Mbretër të tjerë të Judës sollën shembuj të përzierë. Ata ose e filluan mirë dhe përfunduan keq, ose të kundërtën. Në çdo rast, Perëndia e shpërbleu çdo mbret, sipas besnikërisë së tij ndaj modelit të Davidit dhe Salomonit. Një nga mbretërit më interesantë të kësaj kategorie është **Manasi**. Sipas II Mbretërve 21, ai ishte një nga mbretërit më të këqinj në Judë meqënëse e çoi kombin në periudhën më të keqe të braktisjes së besimit. Megjithatë, kronisti regjistron përuljen e tij para Perëndisë kur Asirianët e morën atë si të burgosur, dhe Perëndia iu përgjigj lutjes së

tij. Manasit iu kthye mbretëria e tij dhe ai u bë një shërbëtor i vërtetë i Perëndisë (II Kronikave 33:1-20). Kjo konfirmon edhe njëherë se Perëndia mban shpresën dhe për mëkatarin më të pabesë.

Vargjet e fundit të librit (36:15-23) konfirmojnë mesazhin e gjykimit dhe të shpresës që përshkon Kronikat. Perëndia solli babilonasit të shkatërronin Jeruzalemin, sepse njerëzit refuzuan të dëgjonin paralajmërimet e profetëve. Megjithatë, Perëndia solli edhe persët për të ofruar shpresën e re. Dekreti i Kirit, lejoi rindërtimin e Tempullit. Njerëzit e Izraelit mund të kërkonin përsëri Perëndinë nëse do të dëshironin. Kronisti fton "kush nga ju i përket popullit të tij? Zoti, Perëndia i tij, qoftë me të dhe le të niset!" ta ndërtojë Tempullin dhe ta adhurojë Perëndinë (36:23).

Fjali përmbledhëse

- Gjenealogjitë janë gjini historike që shkruhen për të theksuar lidhjet me të shkuarën.
- Davidi ishte një mbret ideal, sepse kërkoi udhëheqjen e Perëndisë dhe vendosi si prioritet adhurimin e Tij.
- Bekimet e Salomonit erdhën si rezultat i ndjekjes së modelit të atit të vet.
- Tempulli ishte shumë i rëndësishëm për Izraelin, sepse ishte vendi ku njerëzit mund të përuleshin dhe të kërkonin faljen dhe shërimin e Perëndisë.
- Mbretërit, të cilët nuk ndoqën modelin e Davidit, sollën shkatërrim mbi veten dhe kombin e tyre.

Pyetje për reflekim

1. Cilat janë mënyrat për t'u lidhur me traditën dhe trashëgiminë tonë të krishterë kur nuk kemi mundësi të ndjekim gjurmët e paraardhësve tanë që kanë jetuar para 2.000 vjetësh?
2. Pse kronisti nuk përfshin disa histori të jetës së Davidit dhe Salomonit, histori të cilat gjenden te Samueli dhe te Mbretërit?
3. Cilat janë disa nga simbolet e rëndësishme të besimit dhe pranisë së Perëndisë në jetët tona?
4. Kush është themeli i shpresës për një komb që vuan nga vështirësitë?

Burime për studime të mëtejshme

Selman, Martin J. *1 Chronicles: An Introduction and Commentary. Tyndale Old Testament Commentary.* Downers Grove, Ill.: InterVarsity Press, 1994
_____. *2 Chronicles: An Introduction and Commentary. Tyndale Old Testament Commentary.* Downers Grove, Ill.: InterVarsity Press, 1994
Williamson, H. G. M. *1 and 2 Chronicles. New Century Bible Commentary.* Grand Rapids: Eerdmans, 1982.

20 Ndërtimi i jetës në komunitet: Ezdra, Nehemia dhe Esteri

Objektivat

Studimi i këtij kapitulli do t'ju ndihmojë:

- Të përshkruani mjedisin historik të Librave të Ezdrës, Nehemias dhe Esterit.
- Të diskutoni përmbajtjen e Librave të Ezdrës, Nehemias dhe Esterit.
- Të vlerësoni domethënien e mesazhit të Ezdrës, Nehemias dhe Esterit për audiencën fillestare.
- Të vlerësoni zgjidhjen biblike për reformimin dhe mbrojtjen e një komuniteti vital të besimit.

Disa pyetje që duhen marrë parasysh ndërsa lexoni:

1. Në çfarë mënyre kanë ndikuar ngjarjet e së shkuarës në botën që sot jetojmë?
2. Cfarë rreziqesh mbart ta ndjekësh Perëndinë plotësisht?
3. Çfarë vendi zënë njerëzit e Perëndisë në skemën e kombëve dhe në politikat botërore?

Fjalët kyçe për të kuptuar

Ezdra

Nehemia

Sinkretizmi

Esteri

Kserksi I (Asueroja I)

Mardokeu

Hamani

Shtesa te Esteri

Purimi

Librat e Ezdrës, Nehemias dhe Esterit flasin për ngjarje që kanë ndodhur gjatë shekullit IV dhe të V Para Krishtit., kur Persia dominonte çështjet e Izraelit. Kjo ishte një kohë gjatë së cilës të mbijetuarit e mërgimit të Izraelit po përpiqeshin të rivendoseshin si bashkësi besimi në Jeruzalem dhe përreth.

Këto tre libra na japin copëza të përzgjedhura të përpjekjeve të bashkësisë judaike për të mbijetuar në kushte të vështira. Me anë të tyre, ata u jepnin shpresën të gjithë njerëzve të Perëndisë në çdo epokë ku fuqitë tokësore kërcënojnë ekzistencën. Hebrenjtë hasën shumë pengesa të çdo lloji gjatë periudhës persiane. Megjithatë, siç tregojnë këto tre libra, Perëndia kishte një plan jo vetëm për të mbrojtur pjesën e mbetur të njerëzve të Tij, por edhe t'i latonte për t'i bërë një bashkësi besimi të gjallë.

Ezdra–Nehemia

Personazhet kryesore në këto libra janë një skrib i quajtur **Ezdra** dhe një besimtar joklerikal i quajtur **Nehemia**. Ezdra vinte nga një familje kryepriftërinjësh dhe, me sa dukej, mbante një pozicion në oborrin mbretëror pers, si këshilltar për çështjet hebraike. Tradita hebraike e konsideronte Ezdrën në një pozicion pothuajse të njëjtë me Moisiun. Nehemia ishte kupëmbajtës i mbretit në oborrin Persian në Suza.

Autorësia dhe datimi

Ezdra dhe Nehemia trajtohen si një vepër e vetme sipas traditës hebraike. Ndarja e këtyre dy librave e bën jo të qartë ndërlidhjen e ideve në këto dy libra. Ato janë gjithashtu të ngjashme në strukturë, tema dhe teknikë letrare. Këtu ne do t'i shqyrtojmë këta libra si një vepër.

Nuk e dimë me saktësi se kush e shkroi Ezdrën–Nehemian. Tradita e cakton Ezdrën si autor. Megjithatë, ka të ngjarë që Nehemia ose një person i panjohur t'i ketë hartuar këto libra. Ngjarja e fundit, në këto libra, është fillimi i mandatit të dytë të Nehemias si qeveritar i Judës (Nehemia 13:6-7). Kjo ka ngjarë rreth vitit 430 Para Krishtit. Ka shumë mundësi që materialet u përmblodhen te libri Ezdra–Nehemia rreth viteve 420-400 para Krishtit.

Mjedisi

Teksti biblik paraqet shërbesën e Ezdrës dhe Nehemias gjatë mbretërimit të mbretit pers Artasersi I (Artakserksi I)(464-424 para Krishtit) Disa studiues mendojnë se Ezdra shërbeu nën Artasersin e II (404-359 Para Krishtit). Ka të ngjarë që Ezdra të ketë ardhur në Jeruzalem në vitin 458 para Krishtit dhe Nehemia në vitin 444 para Krishtit. Nuk dimë shumë për datimin e Ezdrës përveç se ishte i pranishëm te dedikimi i murit në vitin 444 para Krishtit.[1] Nehemia ishte qeveritar për 12 vjet, dhe pastaj u kthye në Suza në vitin 432 para Krishtit. Mandati tjetër i tij si qeveritar, ndoshta filloi disa vjet më vonë, nuk zgjati aq sa i pari.

Shërbesa e Ezdrës dhe Nehemias ndodhi në një periudhë kyçe në historinë e pasmërgimit. Jeta fetare dhe kombëtare e hebrenjve ishte në krizë. Edhe pse u rindërtua Tempulli dhe u rivendos adhurimi, komuniteti hebre ra viktimë e apatisë shpirtërore dhe tensioneve komunitare. Komuniteti i restauruar kishte nevojë për udhëzime fetare në Ligjin e Moisiut. Martesat e përziera me jo-hebrenjtë dhe mungesa e përkushtimit ndaj besëlidhjes ndikoi seriozisht në gjendjen shpirtërore të

T **Dekretet e mbretërve paganë**

Mesazhi i Ezdrës 1–6 thotë se njerëzit e Perëndisë mund të besojnë te sovraniteti i Perëndisë. Gjatë këtyre kapitujve, qëllimet e Perëndisë përmbushen me anë të dekreteve të mbretërve. "Zoti nxiti frymën e Kirit" (1:1) dhe urdhëroi mbretin Dar (6:1-12) të nxirrte dekrete në përfitim të njerëzve të Perëndisë. Perëndia i përdori sundimtarët e huaj për të rindërtuar komunitetin e besimit.

Këto kapituj afirmojnë, gjithashtu, rëndësinë e trashëgimisë shpirtërore. Të rikthyerit sollën me vete relike nga Tempulli i Salomonit për të ruajtur lidhjet me kohët e shkuara. Pasi të mërguarit u rikthyen në vend, ata kremtuan festat fetare të paraardhësve të tyre. Përqëndrimi tek gjenealogjitë, në këta kapituj, e thekson këtë mesazh. Askush nuk mund të qëndrojë i vetëm në rrjedhën e historisë. Premtimet e Perëndisë dhe modelet e së shkuarës ishin ende të vlefshme për bashkësinë ndërsa ajo rindërtohej. E shkuara është pjesë e së tashmes.

---

kombit. Këto rënie shpirtërore ndikuan edhe në jetën shoqërore të komunitetit hebraik.

Përmbajtja

Ezdra-Nehemia përbëhet nga materiale të ndryshme. Shkrimet në formë ditari nga Ezdra dhe Nehemia janë disa nga burimet e librave. Kujtimet e Ezdrës mund të gjenden te Ezdra 7–10 dhe ndoshta te Nehemia 8–9. Kujtimet e Nehemias përbëhen nga Nehemia 1–7 dhe 11–13.

Materialet e Ezdrë-Nehemias mund të ndahen në katër seksione kryesore si më poshtë:

1. Restaurimi i Tempullit (Ezdra 1–6)
2. Restaurimi i Pastërtisë (Ezdra 7:1–10:44)
3. Restaurimi i Mureve (Nehemia 1:1–7:73)
4. Restaurimi i Ligjit (Nehemia 8:1–13:31)

Secila prej këtyre pjesëve përmban një model të katër elementeve që ndodhin rregullisht. Ka një përqëndrim te: (1) dekretet e mbretit, (2) rikthimi i njerëzve, (3) kundërshtim ndaj rindërtimit, dhe pastaj (4) suksesi ndaj rezistencës. Gjithashtu, pjesët paralelizojnë njëra-tjetrën. Nehemia 1-7, të kujton Ezdrën 1–6, duke u përqëndruar te

projekti i ndërtimit fizik. Të dyja pjesët përfshijnë kremtimin e festave dhe ceremonive të përkushtimit. Nehemia 8–13 përsërit Ezdrën 7–10, duke theksuar rolin e ligjit në rindërtimin e komunitetit të Perëndisë.

■ Restaurimi i Tempullit (Ezdra 1:1 -6:22)

Pjesa e parë e Ezdrës–Nehemias na tregon për sprovat dhe sukseset e atyre që u kthyen të parët për të ndërtuar Tempullin në Jeruzalem. Një dekret nga mbreti pers Kir lejoi rikthimin.

Sheshbatsari, pjesëtar i familjes mbretërore, udhëhoqi grupin e parë të të rikthyerve në vitin 538 para Krishtit. Ashtu si me Eksodin nga Egjipti para qindra vjetësh, Izraeli edhe njëherë po përshkronte rrugën për në Tokën e Premtuar, por këtë herë nga atdheu i paraardhësit të tyre Abrahamit. Kur Zorobabeli erdhi me një grup tjetër, ai udhëhoqi bashkësinë bashkë me Jeshuan kryepriftin. Ata ndërtuan një altar dhe filluan të hidhnin themelet e Tempullit. Rezistenca nga fqinjët solli një ndalesë të papritur të projektit, dhe puna për Tempullin u ndal.

H | Muret e rrënuara të Jeruzalemit

Në botën e hershme, muret ishin simbol i fuqisë dhe stabilitetit. Jeruzalemi ishte jo shumë i populluar për shkak të mureve të rrënuar. Një qytet pa mure të sigurtë ishte shumë i hapur ndaj sulmeve. Nga ana tjetër, muret e shkatërruara nënkuptonin më shumë sesa mungesë të sigurisë në Izrael. Nehemia i quajti muret e rrënuara të Jeruzalemit një turp (Nehemia 1:3 dhe 2:17). Muret e shkatërruara dhe qyteti i pambrojtur portretizonin Perëndinë e Izraelit si të pafuqishëm ndër kombe. Ato, gjithashtu, nënkuptonin se restaurimi nuk kishte ndodhur plotësisht. Rindërtimi nga ana tjetër simbolizonte bekimin e vazhdueshëm të Perëndisë mbi Izraelin dhe mbrojtjen mbi qytetin e Tij të zgjedhur.

Rreth 18 vjet pas mbërritjes së të rikthyerve të parë në tokën e premtuar, profetët Hagai dhe Zakaria filluan të frymëzojnë hebrenjtë për të rimarrë detyrën e rindërtimit të Tempullit edhe njëherë. Kjo solli pyetjen nga Tatenai, qeveritar i satrapisë "Përtej Eufratit". Dari i Madh rinxori dekretin që lejonte judenjtë të rindërtonin Tempullin. Judenjtë e përfunduan Tempullin rreth vitit 515 para Krishtit. Kjo ishte një ngjarje e rëndësishme në historinë e njerëzve të Perëndisë, që afirmoi edhe njëherë praninë e Perëndisë mes popullit të vet. Rindërtimi përfundoi me festim për kushtimin e Tempullit dhe festimin e Pashkës.

■ Restaurimi i pastërtisë (Ezdra 7:1–10:44)

Ekziston një hapësirë kohore prej 50 vjetësh midis Ezdrës 6 dhe 7. Fokusi zhvendoset te rikthimi i Ezdrës, skribit, në vitin 458 para Krishtit, si dhe te reformat që ai ndërmorri, sapo mbërriti.

Mbreti pers Artasersi I urdhëroi Ezdrën të rikthehej së bashku me të tjerët që dëshironin dhe t'u mësonte ligjin e Perëndisë së tyre. Një detyrim i tillë përshatet me atë që dinë historianët për politikat dhe praktikat perse. Efekti i mësimeve të Ezdrës për Ligjin ishte një ndërgjegjësim i ri për problemin e martesave të përziera. Ezdrës i ishte thyer zemra nga ky mëkat dhe ishte penduar. Të tjerët ndjekin shembullin e tij, dhe gjithë komuniteti rrëfeu mëkatet e veta. Pastaj, u ndërmorën hapa specifikë për të trajtuar në mënyrën më të drejtë secilën martesë të papërshtatshme.

T | Martesat e përziera

Thirrja e Ezdrës për të shkëputur martesat e përziera nuk përçon racizëm apo ndarje. Kërcënimi që vinte nga martesat e përziera në kohën e Ezdrës quhej **sinkretizëm**–përfshirja e besimeve dhe traditave pagane në besimin monoteist të Izraelit. Martesat e përziera do të thoshin përzierje me fe pagane. Përpjekja e Ezdrës ishte të ndreqte mëkatin e kryer nga Izraeli. Neve na bëhet sfidë për të qenë të kujdesshëm, ndërsa zgjedhim partnerin tonë në martesë. Vendimi ynë për të hyrë në një martesë duke bërë besëlidhje me një jobesimtar mund të na çojë përfundimisht në humbjen e marrëdhënies sonë jetësore me Perëndinë. Sjellja jonë në marrëdhënien martesore reflekton natyrën e besëlidhjes sonë me Perëndinë. Perëndia na bën thirrje të jetojmë një jetë të dallueshme duke qenë të shenjtë sepse Ai është një Perëndi i shenjtë.

■ Restaurimi i mureve (Nehemia 1:1–7:73)

Historia e rindërtimit të mureve të Jeruzalemit është subjekti i Nehemias 1–7. Rreth 10 vjet pas ngjarjeve te Ezdra 10, Nehemia mori lajmet e kushteve të mureve të Jeruzalemit dhe filloi t'i rindërtonte ato.

Nëpërmjet providencës hyjnore, mbreti pers i dha lejen Nehemias të përfundonte qëllimin e tij. Kur mbërriti në Jeruzalem, ai parashtroi planin për projektin, por menjëherë hasi në rezistencë. Me sa duket fqinjët ndjenë frikën se judenjtë mund të fuqizoheshin dhe të ndikonin tepër shumë në rajon.

Duke treguar shumë këmbëngulje dhe aftësi udhëheqjeje, Nehemia më në fund mbikaloi pengesat dhe përfundoi restaurimin e mureve në 444 para Krishtit. Ashtu si dhe me Tempullin, suksesi i tij nuk erdhi si rezultat i aftësive të tij, por për shkak të Perëndisë (6:16). Mesazhi i Nehemias 1–7 përsërit mesazhin e Ezdrës 1–7. Ne mund të besojmë në kontrollin e Perëndisë mbi botën e Tij.

Harta e Jeruzalemit në shekullin IV para Krishtit [zonat e hijëzuara]. Vijat kufizuese tregojnë kufijtë e sotëm të Qytetit të Vjetër të Jeruzalemit.

■ Restaurimi i Ligjit (Nehemia 8:1–13:31)

Pjesa e fundit e Nehemias përqëndrohet në leximin e Ligjit të Moisiut (*Torah*) dhe në ripërtëritjen e besëlidhjes me Perëndinë. Kjo ishte arsyeja e rindërtimit të bashkësisë. Qëllimi përfundimtar ishte ripërkushtimi ndaj Perëndisë, i cili vazhdoi të vepronte në historinë e popullit të Tij.

Ezdra ia lexoi Ligjin komunitetit, i cili reagoi me pikëllim, kremtim, rrëfim dhe, më në fund, me përkushtim. Kjo pjesë thekson rëndësinë e Ligjit të Moisiut për rindërtimin e bashkësisë. Ky Ligj është themeli për rregullsinë e bashkësisë dhe marrdhëniet në të. Misioni parësor i Ezdrës ishte t'u mësonte Ligjin (*Torah*) njerëzve (Ezdra 7:13-26). Rezultati i mësimeve të tij ishte ringjallja e marrëdhënieve shpirtërore (Nehemia 8–10) dhe shoqërore (9–10). Kurdoherë që bashkësia jude e mori Ligjin seriozisht, në jetët e tyre filluan të ndodhin ndryshime dhe ata përcaktuan përparësitë e tyre shpirtërore dhe shoqërore.

Nehemia 9 rishikon historinë e besimit të Izraelit duke vënë theksin tek natyra e pashoqe, fuqia dhe dhembshuria e Perëndisë. Kjo lutje është një reflektim kundrejt hirit të Perëndisë ndaj popullit të Tij, që nga koha e krijimit dhe deri në kohën e Mërgimit.

Mësimi i kësaj historie është se përveç hirit të Perëndisë, nuk ka shprese tjetër për bashkësinë. E ardhmja e bashkësisë së restauruar qëndron te karakteri i Perëndisë, jo vetëm te besnikëria ndaj udhëzimeve të Tij. Prandaj një Perëndi i tillë është shpresa e bashkësisë.

Në një moment dramatik, komuniteti u riperkushtua dhe vendosi të ndjekë Ligjin. Ata vendosën të shmangin martesat e përziera, të kujdeseshin për Tempullin, dhe të ripopullonin qytetin e Jeruzalemit. Pasi u morën këto zotime, bashkësia kremtoi kushtimin e murit.

Kapitulli i fundit i Nehemias përmbledh temat kryesore të pjesëve të mëparshme të Ezdrës-Nehemias. Kjo jep dhe efektin përmbyllës të librave. Temat e ndryshme në këtë kapitull përfshijnë domethënien e rindërtimit të Tempullit, mureve të restauruara dhe martesave të përziera.

Qëllimi kryesor i restaurimit të Izraelit nuk ishte krijimi i një strukture shoqërore ideale por krijimi i një marrëdhënieje të përkushtuar dhe besimi me Perëndinë e gjallë. Materialet e Ezdrës-Nehemias na çojnë në këtë drejtim.

Izraeli e kuptoi karakterin e Perëndisë si "një Perëndi i gatshëm që të falë, shpirtmadh, plot mëshirë, i ngadalshëm në zemërim dhe plot mirësi"; baza për të ripërtërirë besëlidhjen (Nehemia 9:17). Referencat për dhembshurinë dhe mirësinë e Perëndisë janë të pafundme në Dhiatën e Vjetër. Mundësitë e besëlidhjes së restauruar vareshin nga besnikëria dhe dhembshuria e Perëndisë ndaj popullit të Tij. Për shkak se Perëndia është Ai që është, ne shpresojmë të bëhemi ata që duhet të jemi—një bashkësi e falur dhe shpenguese në botën që jetojmë.

Libri i Esterit

Libri i Esterit është një histori e treguar për çlirimin dramatik të judenjve, që ndodhi në periudhën perse. Kjo dramë shpaloset me intesitet të konsiderueshëm, dhe afirmon që Perëndia është në kontroll të kësaj bote dhe se Ai kujdeset për popullin e Tij.

Në kontrast me Ezdrën dhe Nehemian, ngjarjet e këtij libri ndodhin vetëm në Suzë, një nga tre qendrat kryesore administrative të Perandorisë Perse. Duke qenë fillimisht kryeqyteti i hershëm i Elamitëve, Suza u bë kryeqyteti dimëror kur Mbreti Dar I ndërtoi një kompleks të madh pallatesh atje. **Esteri** dhe Nehemia jetuan në Suzë, me judenj të tjerë të shumtë, të cilët kishin ofiqe të larta në oborrin mbretëror.

Autorësia dhe datimi

Ngjarjet e librit zhvillohen gjatë mbretërimit të **Kserksit I (Asueros I)** (në hebraisht, *Ahaseurus*), i cili mbretëroi mbi Perandorinë Persiane nga viti 486 deri në vitin 464 para Krishtit. Mund edhe të mendohet se autori i këtij libri i shkroi ngjarjet menjëherë pasi ndodhën, kështu që mund të jetë dikush nga personazhet kryesore Esteri ose **Mardokeu**.

Ky deduksion mund të jetë i drejtë por ka pak prova për ta konfirmuar

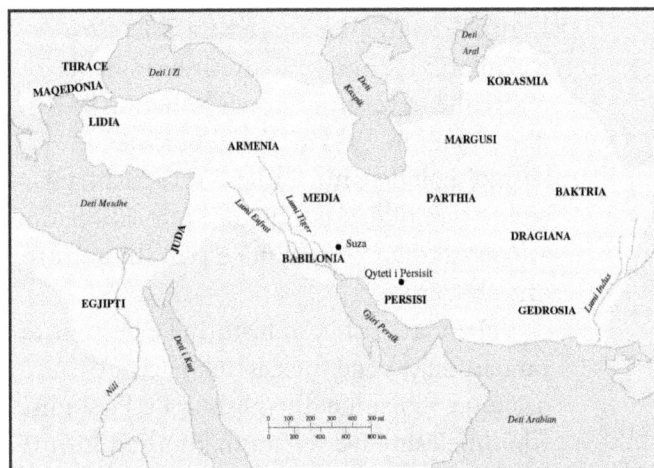

Perandoria Persiane

ose mohuar. Rrjedhimisht, studiuesit kanë sugjeruar mundësi të tjera për autorin dhe kohën e shkrimit. Shumica e datave të sugjeruara përkojnë me kohën fill pas ngjarjeve deri në fund të periudhës perse në vitin 330 para Krishtit.[2]

Mjedisi

Historia e Esterit i përket fillimit të shekullit V para Krishtit dhe ngjarjet ndodhin në Suzë. Gjatë kohës së historisë së Esterit, marrim të mirëqenë se hebrenjtë ishin vendosur në pjesë të ndryshme të Perandorisë perse. Babilonia, e cila u bë pjesë e Perandorisë perse, ka të ngjarë të ketë qenë qendra e jetës hebraike. Historia e Nehemias tregon se hebrenjtë mund të kenë fituar ofiqe të larta në qeverinë perse. Nuk dimë gjë për gjendjen fetare të hebrenjve gjatë kësaj periudhe. Për ironi të fatit, libri nuk përmend Perëndinë ose ndonjë traditë të Izraelit.

Përmbajtja

Esteri përmban shumë elementë që tradicionalisht ia vlejnë për një histori të mirë. Ka karakterizim, pasiguri jete dhe

---

H Agagiti Haman

Identiteti i Hamanit, si një agagit, lidh historinë e Esterit me armiqësinë e gjatë midis izraelitëve dhe amalekitëve. Amalekitët ishin populli i parë që u ndeshën në fushëbetejë me izraelitët gjatë udhëtimit të Izraelit për në Tokën e Premtuar (shih Eksodin 17:8-16). Shih konflikte të mëtejshme midis këtyre dy popujve te I Samueli 15 gjatë ditëve të Saulit. Hamani mund të ketë qenë një pasardhës i Agagut, i cili ishte mbreti i Amalekitëve gjatë mbretërimit të Saulit. Mardokeu ishte një pasardhës i Kishit, ashtu si Sauli. Kështu që konflikti midis Hamanit dhe judenjve e kishte origjinën në historinë biblike. Fitorja e judenjve mbi Hamanin dhe familjen e tij tregon triumfin përfundimtar të Izraelit mbi armiqtë e tyre të hershëm.

---

vdekje, lehtësim komik, përdorim të dobishëm të ironisë dhe një fund të lumtur.

Përveç teknikave të arrira të historisë, autori i Esterit përdor elemente të tjerë për ta bërë librin më të kujtueshëm. Një tipar dominant është shpeshtësia e banketeve. Përmenden 10 bankete në këtë libër, të cila rritin efektin festiv. Ka edhe raste kur ndodhin ngjarje domethënëse që ndryshojnë rrjedhën e historisë. Për më tej, ka dhe një numër çiftesh dhe referencash të dyfishta. Shembuj të çifteve: Esteri shtron dy bankete për mbretin; mbreti nxjerr dy dekrete;

T Perëndia në Librin e Esterit

Mungesa e referencave të Perëndisë te Esteri nxiti një autor të panjohur në shekullin e dytë para Krishtit të shtonte gjashtë **shtesa** kryesore **te libri i Esterit** me referenca të qarta për Perëndinë. Përkthyesit e *Septuagintit* shtuan këtë version të historisë në veprën e tyre. Këto shtesa janë pjesë e librave apokrifale.

Karakteri laik i Esterit na kujton se sa e rëndësishme është të lexojmë të gjitha Shkrimet, duke patur parasysh gjithë kanunin biblik. Libri ka kuptim vetëm me këtë lloj përqasjeje. Edhe pse Perëndia nuk përmendet me emër, dhe terma të tilla si *besëlidhje, zgjedhje* dhe *premtim* nuk mund të gjenden, këto ide nënkuptohen në rrëfenjën. Fjalimet dhe veprimet e personazheve kyç të librit nuk do të kishin kuptim nëse ato nuk vendoseshin në kontekstin e botëkuptimit biblik.

Mardokeu dërgon dy letra për përkujtimin e këtyre dy ngjarjeve. Referencat e dyfishta ilustrohen si p.sh. Esteri fsheh prejardhjen e saj jude, njerëzit agjërojnë për Esterin, dhe renditja e emrave të djemve të **Hamanit**. Ky tipar çiftesh na jep një ndjesi ekuilibri si dhe vë theksin në aspekte të veçanta të historisë.

Historia e Esterit mund të përvijohet si më poshtë:

1. Mjedisi (1:1–2:23)
2. Konflikti (3:1–5:14)
3. Kulmi (6:1–7:10)
4. Zgjidhja përfundimtare (8:1–10:3)

■ Mjedisi (1:1–2:23)

Dy kapitujt e parë të librit përcaktojnë sfondin për ngjarjet në histori. Mbreti pers Asuero I (Kserks I) shtroi një banket mbretëror dhe ekspozoi fuqinë dhë pasurinë e pafund. Mbretëresha e tij, Vashti, refuzoi të vinte në banketin e tij prandaj mbreti e privoi nga privilegjet e pozicionit të saj. Kjo çoi në kërkimin e një mbretëreshe të re dhe mundësinë e hyrjes së Esterit në oborrin e mbretit.

Këta kapituj paraqesin tre personazhe kryesore të historisë. Mbreti pers Asuero I (Kserks I) portretizohet si një person pompoz dhe impulsiv. Mbretëresha Ester erdhi nga një familje e varfër judaike.

Megjithëse u ngjit në një rang të lartë të shoqërisë, ajo mbeti një grua me parime, me një shpirt që pranon mësim, si dhe me besnikëri ndaj trashëgimisë së vet. Mardokeu e rriti kushërirën e vet jetime Ester dhe vazhdoi t'i jepte udhëzime. Ai zbuloi një komplot për vrasjen e mbretit dhe kështu e shpëtoi atë nga vdekja.

■ Konflikti (3:1–5:14)

Me prezantimin e Hamanit, një personazh negativ dhe arrogant, rritet dhe tensioni dramatik në histori. Ai mbante një pozicion të fuqishëm në politikën perse, njeriu i dytë mbas mbretit. Urrejtja e tij për judeun Mardoke çoi në një komplot kërcënues jo vetëm për zhdukjen e Mardokeut por dhe të njerëzve të tij. Nëpërmjet mashtrimit, Asueroja u tërhoq në një plan djallëzor ku u caktua një datë për shfarosjen e judenjve dhe u dërgua një dekret në mbretëri.

Në përgjigje të kësaj, Mardokeu e nxiti Esterin që të përdorë pozicionimin e saj me qëllim mbrojtjen e judenjve. Esteri shfrytëzoi rastin dhe planifikoi kundërveprime. Ajo ftoi njerëzit e vet të agjëronin dhe të merrnin përsipër rrezikun e paraqitjes së kërkesës së saj te mbreti.

Në këtë pikë, ravijëzohen fushat e betejës. E mira dhe e keqja vendosen përballë. Edhe pse emri i Perëndisë nuk përmendet, pa dyshim Ai është aktori kryesor. Populli i Tij, judenjtë, rrezikohen nga fuqitë e kësaj bote. Thirrja e Esterit (4:16) për agjërim është një pranim i qartë se kjo është beteja e Perëndisë. Mardokeu afirmon të njëjtën gjë kur thotë "sepse, po të jetë se ti hesht në këtë moment, ndihma dhe çlirimi do të vijnë për judenjtë nga një anë tjetër" (v. 14). Në kontekstin e

---

H **Purimi**

Libri i Esterit shpjegon origjinën e Festës së Purimit dhe kremtimin e saj të rregullt. Kjo ditë e shenjtë u bë e njohur si **Purim** sepse u hodhën shorte (*purim*) për të përcaktuar çfarë dite do të shkatërroheshin judenjtë. Purimi festohet në datat 14 dhe 15 të Adarit (Shkurt ose Mars). Festa e Purimit feston dorën sovrane të Perëndisë në historinë e popullit të Tij. Ai afirmon përzgjedhjen e veçantë të Izraelit si populli i Tij, dhe mbrojtjen e vazhdueshme të Tij mbi Izraelin nëpër breza. Libri i Esterit lexohet gjatë festës.

T **Nacionalizmi në Librin e Esterit**

Disa mund të pyesin: Si mund të pajtohet nacionalizmi që gjendet në këtë libër me deklaratën e Palit, se pasardhësit e vërtetë të Abrahamit nuk janë prej gjaku po prej besimit (Romakëve 9:6-30)?

Përkufizimi i Palit për Izraelin e vërtetë (pasardhësit shpirtërorë të Abrahamit) nuk e eliminon plotësisht domethënien e kombit etnik të Izraelit. Bibla, si një e tërë, tregon mundshmërinë se judenjtë do të vazhdojnë të luajnë një rol vital në historinë e njerëzimit. Duke thënë këtë, duhet gjithashtu të afirmojmë se njësitë politike ose etnike nuk janë qëllimi final i Perëndisë. Ata që kanë një besim si Abrahami janë fokusi parësor në planet e Perëndisë. Ata janë Izraelitët (ose judenjtë) e vërtetë.

historisë biblike, nga Kopshti i Edenit deri te restaurimi, Perëndia është burimi i vetëm i çlirimit për ata që besojnë te Ai.

Edhe pse Perëndia është sovran dhe do të arrijë qëllimet e Tij, këta kapituj theksojnë rëndësinë e përgjegjësisë njerëzore. Roli i Esterit ishte jetësor. Ajo ose mund të bëhej pjesë e çlirimit të Perëndisë, ose mund ta humbiste këtë rast. Vendimmarrja e saj pati rëndësi.

■ **Kulmi (6:1–7:10)**

Ngjarjet e rrëfenjës u kthyen papritmas në mënyrë ironike dhe komike. Hamani, urrejtja e të cilit çoi në ndërtimin e trekëmbëshit për të varur Mardokeun, përfundoi duke nderuar Mardokeun. Komploti djallëzor i Hamanit për të zhdukur judenjtë u zbulua te banketi i Esterit. Hamani pësoi fatin që kishte taksur për Mardokeun. Ai u zu në kurth nga komplotet e veta. Historia konfirmon fjalën e urtë se "i pabesi bie për shkak të paudhësisë së tij" (Fjalët e Urta 11:5).

■ **Zgjidhja përfundimtare (8:1–10:3)**

Edhe pse njeriu i keq u eliminua, pasojat e veprimeve të tij vazhduan. Plani për të

shfarosur judenjtë mbeti në fuqi, meqë ligji pers ishte i pathyeshëm. Esteri dhe Mardokeu morën leje nga mbreti për të nxjerrë një dekret tjetër që do t'i lejonte judenjtë të mbronin vetveten. Rezultati ishte eleminimi i mijëra armiqve të judenjve në gjithë mbretërinë.

Vargjet përmbyllëse të librit inkurajojnë ata që kishin përjetuar çlirimin e Perëndisë, ashtu si dhe brezave të ardhshëm për ta kujtuar këtë ngjarje rregullisht, duke kremtuar festën e Purimit. Gjërat që ka bërë Perëndia nuk duhen harruar.

Libri i Esterit na jep një konkluzion përshtatës për rrëfenjën historike të Biblës së Krishterë (Zanafilla deri te Esteri). Ai thekson dhe njëherë tjetër se Perëndia nuk do t'i braktisë njerëzit e Tij. Libri afirmon premtimin e Perëndisë ndaj Abrahamit "Dhe unë do të bekoj të gjithë ata që do të bekojnë dhe do të mallkoj ata që do të mallkojnë, te ti do të jenë të bekuara tërë familjet e tokës" (Zanafilla 12:3). Besnikëria e Perëndisë ndaj popullit të Tij është një nga temat primare të historisë biblike.

Fjali përmbledhëse

- Librat e Ezdrës dhe Nehemias duhet të lexohen bashkë si një i tërë.
- Lexuesit e parë të Ezdrës-Nehemias ishin judenjtë të cilët u munduan t'u mbijetonin vështirësive gjatë kohës së restaurimit.
- Ezdra -Nehemia përcjellin pesë mesazhe të rëndësishme për audiencën e parë: (1) beso në sovranitetin e Perëndisë; (2) lidhu me trashëgiminë shpirtërore; (3) lejoje Ligjin e Perëndisë t'i japë formë jetës tënde; (4) ji i shenjtë; dhe (5) mbështetu te hiri i Perëndisë.
- Libri i Esterit është një histori e treguar bukur që afirmon sovranitetin e Perëndisët në këtë botë dhe mbrojtjen e Tij besnike për njerëzit e Tij

Pyetje për reflekim

1. Krahaso dhe bëj dallimin midis çështjeve që judenjtë përballeshin në shekullin e pestë para Krishtit me çështjet që njerëzit e Perëndisë përballohen sot.
2. Cilat janë disa nga parimet në këtë libër që mund të çojë në ringjallje shoqëritë e sotme?
3. Në cilat mënyra praktike udhëzon Shkrimi se duhet të organizohet dhe të mirëmbahet një shoqëri?
4. Pse bindja ndaj Fjalës së Perëndisë nuk mjafton për të vendosur një shoqëri të drejte dhe funksionale?
5. Pse të krishterët mund të kenë ndjesinë e paqes edhe kur fuqitë e botës janë armiqësorë me ta?

Burime për studime të mëtejshme

Baldwin, Joyce G. *Esther: An Introduction and Commentary. Tyndale Old Testament Commentary.* Downers Grove, Ill.: InterVarsity Press, 1984.

Clines, David J. A. *Ezra, Nehemiah, Esther. New Century Bible Commentary.* Grand Rapids: Eerdmans, 1984.

Kidner, Derek. *Ezra and Nehemiah: An Introduction and Commentary.* Tyndale Old Testament Commentary. Downers Grove, Ill.: InterVarsity Press, 1979.

SEKSIONI IV

ZBULIMI I LIBRAVE POETIKE DHE URTËSIE

Ky seksion e njeh lexuesin me:

- Karakteristikat e poezisë hebraike
- Dijetarët e Izraelit dhe kontributët e tyre
- Çështjet e ndryshme në Librin e Jobit
- Psalmet si libri i himneve të Izraelit
- Mësimet e Fjalëve të Urta, Predikuesit, dhe Kantikut të Kantikëve

■ Poezia dhe urtësia e Izraelit

■ Vuajtjet e të drejtëve: Jobi

■ Këngët e lavdërimit të Izraelit: Psalmet

■ Udhëzime për jetën: Fjalët e Urta, Predikuesi, Kantiku i Kantikëve

Objektivat

Studimi i këtij kapitulli do t'ju ndihmojë:

- Të identifikoni karakteristikat kryesore të poezisë hebraike.
- Të përshkruani interesat në letërsinë e urtësisë.
- Të shpjegoni bazën teologjike të të menduarit me urtësi.
- Të gjeni burimet e letërsisë së urtësisë.
- Të shpjegoni lidhjen e letërsisë së urtësisë izraelite me letërsinë e urtësisë të krijuar në zona të tjera të Lindjes së Afërt të lashtë.

Disa pyetje që duhen marrë parasysh ndërsa lexoni:

1. Pse është e rëndësishme t'i kushtohet vëmendje gjuhës së poezisë?
2. Kush konsiderohet si i urtë në kulturën tonë?
3. Cfarë është urtësia në të menduarin tonë kulturor?

Fjalët kyçe për të kuptuar

Paralelizmi
Paralelizmi
    Sinonimik
Paralelizmi Antitezë
Paralelizmi Formal
Aliteracioni
Asonanca
Akrostika
Metrika
Paranomasia

Poezia hebraike

Ekzistojnë vetëm pak fragmente të shkruara si poezi në Librat e Ligjit dhe në historinë sipas traditës së Ligjit të Përtërirë, te Jozueu, Gjyqtarët, Samueli dhe Mbretërit. Megjithatë, pjesa më e madhe e veprave të Profetëve, e librave të urtësisë, dhe të gjitha Psalmet janë të përbëra nga poezia. Për të kuptuar këto vepra, nevojitet një njohuri bazë mbi mënyrën se si i kompozonin izraelitët këngët dhe thëniet e tyre.

Elementet e poezisë hebraike u arrit të kuptohen vetëm kohët e fundit. Peshkopi Robert Louth (Robert Lowth) (1753) ishte i pari që i dha të kuptuarit tonë një kontribut të rëndësishëm mbi poezinë hebraike.[1] Përkthimet e tjera para kësaj date, si versioni i Mbretit Xhejms (King James Version), e trajtonte tekstin, madje dhe Psalmet, si prozë. Ndërsa përkthimet moderne i kanë vendosur shkrimet në vargje poetike.

Blloku themelor i krijimit të poezisë hebraike qëndron në paralelizmin e mendimit. **Paralelizmi** i referohet marrëdhënies së dy ose më shumë rreshtave të poezisë. Tre format kryesore të paralelizmit janë: sinonimik, antitezë dhe formal. Përdoren edhe lloje të tjera të paralelizmit, por vetëm këto tre lloje mbizotërojnë dhe janë lehtësisht të dallueshme në përkthimet në gjuhën angleze.

Paralelizmi sinonimik

Në **paralelizmin sinonimik** rreshti i parë bën një deklaratë dhe rreshti i dytë e përsërit mendimin. Paralelizmi gjendet në konceptet dhe jo domosdoshmërisht tek fjalët. Për shkak të këtij ndërrimi të fjalëve, shpesh, kjo formë quhet paralelizëm plotësues. Krahasoni shembujt e mëposhtëm:

O Zot, më trego rrugët e tua,
më mëso shtigjet e tua (Psalmi 25:4).
Afrohuni, o kombe, për të dëgjuar;
popuj, kini kujdes.
Le të dëgjojë toka dhe gjithçka që është në të,
bota dhe gjithçka që ajo prodhon (Isaia 34:1).

Sa herë shuhet llamba e të këqijve ose
shkatërrimi bie mbi ta,
vuajtjet që Perëndia cakton në
zemërimin e tij? (Jobi 21:17).

Paralelizmi antitezë

Në **paralelizmin antitezë** rreshti i parë bën një deklaratë dhe i dyti është në kontrast me të. Shumë prej proverbave përdorin këtë formë dhe shpeshherë, por jo gjithmonë, përkthyesit e nisin rreshtin e dytë me lidhëzën mohuese por.

Krahasoni shembujt e mëposhtëm:

Shpirti i përtacit dëshiron dhe nuk ka asgjë,
por shpirti i atyre që janë të kujdesshëm do të
kënaqet plotësisht (Fjalët e Urta 13:4).

Sepse Zoti njeh rrugët e të drejtëve,
por rruga e të pabesëve të çon në shkatërrim.
(Psalmi 1:6).

Eshtë më mirë të banosh mbi qoshen e një çatie
se sa në një shtëpi bashkë me një grua
grindavece (Fjalët e Urta 21:9).

Paralelizmi formal

Në **paralelizmin formal**, i cili disa herë quhet dhe paralelizëm sintetik, rreshti i parë bën një deklaratë dhe rreshti i dytë e mbart mendimin më tej ose e zgjeron pa e përsëritur apo kontrastuar. Krahasoni shembujt e mëposhtëm:

Mos u nxito në frymën tënde të zemërohesh, sepse zemërimi gjen strehë në gji të budallenjve (Predikuesi 7:9).

Rrethuesit vijnë nga një komb i largët dhe ngrenë zërin e tyre kundër qyteteve të Judës (Jeremia 4:16).

Merr parasysh pikëllimin tim dhe më çliro, sepse nuk e kam harruar ligjin tënd (Psalmi 119:153).

Përveç paralelelizmit, ekzistojnë dhe shumë figura të tjera letrare në poezinë hebraike që nuk mund të përkthehen siç duhet. Përdorimi i këtyre figurave jo vetëm që e pasuroi poezinë, por shpesh e mundësoi folësin që të jepte mesazhin në mënyrën më mbresëlënëse dhe frymëzuese. **Aliteracioni**, përsëritja e tingujve të njëjtë bashkëtingëllore, dhe **asonanca**, përsëritja e tinguive zanore të njëjtë, janë dy nga këto figura. Disa poema u shkruan si **akrostikë**. Fjala e parë e një vargu ose strofe fillonte me shkronjën e parë të alfabetit hebraik, fjala e parë e vargut të dytë me shkronjën e dytë të alfabetit, dhe kështu në vazhdim me të 22 shkronjat e alfabetit. Psalmi 119 përbëhet nga 22 pjesë me nga tetë vargje secili. Çdo varg i pjesës fillon me të njëjtën shkronjë. Pejsa e parë me tetë vargje fillon me shkronjën e parë të alfabetit (*aleph*), dhe ky model vazhdon deri në pjesën e fundit, ku çdo varg fillon me shkronjën e fundit të alfabetit (*tav*). Katër kapitujt e parë të Librit të Vajtimeve janë secili një poemë akrostike. Shënimet në bibla për studime i identifikojnë këto poema për lexuesin.

Poezia hebraike ka një lloj **metrikë**, megjithëse ka akoma diskutime për këtë çështje. Në njërën prej metodave çdo fjale apo grup fjalësh u jepet një theks ose një takt. Numri i thekseve në një rresht krahasohet me ato të rreshtave të tjerë. Disa studiues mendojnë se rrokjet individuale të një rreshti duhen numëruar dhe pastaj krahasuar. Çfarëdo metode që të ndiqet, metrika e poezisë hebraike nuk është e njëjtë me atë të poezisë moderne perëndimore.

Një tjetër figurë e rëndësishme e poezisë hebraike është dhe **paranomasia**, ose një lojë fjale. Poetët hebrenj shpeshherë kanë përdorur fjalë të ngjashme në tinguj për të krijuar një ndikim tek audienca nëpërmjet një mesazhi mbresëlënës. Tek Jeremia 1:11-12 fjalët për pemën e bajames (*shaqed*) dhe për shikimin (*shoqed*) tingëllojnë gati njëlloj. Poezia tek Mikea 1:10-16 u krijua nga një numër lojrash me fjalët rreth emrave të qyteteve. Disa herë, përkthimet dallojnë se kur në një tekst ka lojra fjalësh. Përkthimet moderne dhe Bibla për studim shpesh përfshijnë shënime që tregojnë përdorimin e paralelizmit dhe teknikave të tjera letrare të cilat ndihmojnë lexuesin që të kuptojë më mirë mesazhin e poetit.

Çfarë është urtësia?

Librat e Jobit, Fjalët e Urta dhe Predikuesi janë produkt i mësuesve të urtësisë së Izraelit. Kush ishin të urtët dhe nga e morën urtësinë? Moisiu zbriti Dhjetë Urdhërimet nga Mali Sinai, të shkruara nga vetë Perëndia. Profetët qëndruan në prani të Perëndisë për të marrë mesazhet e tyre. Megjithatë, letërsia e urtësisë nuk i referohet shumë zbulimit hyjnor si burimi i saj. Përkundrazi, urtësia merr burimin e saj nga rregulli i krijuar. Argumentet e të urtëve (shih Jobin dhe Predikuesin) vijnë nga vëzhgimi i strukturimit të botës prej Perëndisë. Dikush e studion botën për të përftuar zgjuarsi dhe mprehtësi se si të jetojë mirë.

Libri i Fjalëve të Urta hapet me një shpallje të qëllimit të së urtës:

Për të njohur diturinë
dhe për të mësuar gjykimet e mënçura;
për të ditur si të veprosh me urti,
me drejtësi, me gjykim dhe ndershmëri,
për t'u dhënë shkathtësi njerëzve të thjeshtë,
njohje dhe reflektim të riut.
I urti do të dëgjojë dhe do të rritë diturinë e tij;
njeriu i zgjuar do të përfitojë këshilla të urta,
për të kuptuar një sentencë dhe një enigmë,

fjalët e të urtëve dhe thëniet e tyre të errëta (Fjalët e Urta 1:2-6).

Urtësia përfshin disiplinë, njohuri, gjykim të matur, mësim, aftësi dallimi dhe kuptim. Edhe personat më të thjeshtë dhe të rinj mund ta arrijnë këtë gjë. Urtësia mund të rritet dhe t'u bashkangjitet dijeve të tyre. Qëllimi i saj është që të sigurojë disiplinë dhe maturi për të bërë një jetë të drejtë dhe të paanshme. Nga ana tjetër, ekziston edhe një mister rreth jetës që një njeri mund të shqyrtojë, me anë të thënieve dhe gjëzave të të urtëve. Ky është një përcaktim gjithpërfshirës i qëllimit.

Kategoritë e urtësisë

Megjithëse fjala *urtësi* (*hokmah*) shfaqet shpesh në Bibël, kuptimet e saj mund të grupohen në katër kategori të gjera.

Mjeshtëria e një artizani

Dikush që ka aftësi artizani apo zejtari thuhet se zotëron urtësi në ndërtimin ose krijimin e gjërave. Hirami ndërtoi orenditë prej bronzi të Tempullit të Salomonit sepse "ishte tërë dituri, zgjuarsi dhe shkathtësi për të kryer çdo punim bronzi" (I Mbretërve 7:14). Ky përdorim i fjalës *urtësi* (*dituri* në Biblën shqipe) zë vend edhe sot e kësaj dite tek marangozët, informaticienët, mekanikët, artistët, etj.

Njohuritë enciklopedike

Dhjata e Vjetër përmend të gjithë ata që i kanë zotëruar njohuritë enciklopedike ndër të urtët në Izraelin e lashtë. Salomoni u bë mbështetësi kryesor i urtësisë, duke kërkuar njohuri dhe krijuar fjalë të urta. Ai kishte njohuri të gjera për kafshët dhe bimët dhe ishte autor i një numri të madh proverbash dhe këngësh (I

Salomoni ia kërkoi urtësinë, dhe Perëndia e plotësoi kërkesën e tij.

K   Thënie të urta egjiptiane dhe izraelite

Udhëzime të Amen-em-Opet

Vër veshin dhe dëgjo ç'thuhet,

Vër zemrën t'i kuptojë thënieve të të urtëve.
T'i vësh në zemër fort ia vlen,

Shikoji këta 30 kapituj:
të zbavisin dhe të mësojnë.
Mos u shoqëro me njeriun e papërmbajtur.
Mos i shkul sinorët nga arat,
   të vendosur nga etërit e tu.

Fjalët e të urtëve

Vëru veshin dhe dëgjo fjalët e të
   urtëve;

jepja zemrën dijes sime
sepse për ty do të jetë e këndshme
   t'i ruash në intimitetin tënd.

A nuk kam shkruar 30 thënie për ty,
   që kanë të bëjnë me këshillimin dhe
   diturinë.
Mos lidh miqësi me njeriun zemërak.
Mos e luaj kufirin e vjetër.

(Këta pasazhe paralele tregojnë disa nga ngjashmëritë midis Udhëzimeve të Amen-em-Opet dhe Fjalëve të të urtëve tek Fjalë të Urta.)[2]

Mbretërve 4:32-33). Sot ka njerëz të cilët i janë përkushtuar prej shumë vitesh studimit të zotërimit të informacionit rreth fushës në të cilën duan të specializohen.

Mprehtësia në lidhje me njerëzit dhe marrëdhëniet

Një kuptim i tretë i fjalës *urtësi* lidhet me ata, të cilët i kuptojnë njerëzit në bashkëveprimet e tyre sociale brenda komunitetit. Ata janë kompetentë në marrëdhëniet sociale. Libri i Fjalëve të Urta tregon shumë mprehtësi në atë që duhet bërë dhe atë që nuk duhet bërë.

*Budallai e shfryn gjithë zemërimin e tij,
   por i urti e frenon dhe e ul* (29:11).

*Shko rrallë në shtëpinë e të afërmit tënd,
   që ai të mos mërzitet me ty sa të të urrejë*
(25:17).

Në Izraelin e lashtë, tek të urtët përfshiheshin të gjitha ata që flisnin mirë dhe ishin në gjendje të arrinin marrëveshje (shiko shembullin e gruas nga Tekoa tek II Samuelit 14:1-20, dhe të gruas nga Abel i

Beth-Maakahut po tek II Samuelit 20:16-22). Këshilltarët e urtë i këshillonin udhëheqësit për çështjet e shtetit (krahasoni këshillën e Ahithofelit dhe Hushait dhënë Absalomit tek II Samuelit 17:1-14). Në shoqëritë tona moderne, ky lloj informacioni apo urtësi grumbullohet, strukturohet dhe mësohet në shumë fusha studimi duke përfshirë psikologjinë, sociologjinë, manaxhimin, marketingun, etj.

Nderim ndaj Perëndisë

Urtësia biblike, në përgjithësi, fokusohet në të kuptuarin e detyrimeve dhe shërbimeve që ka një njeri ndaj Perëndisë me frikë dhe respekt. Parimi fetar i urtësisë gjendet tek Libri i Fjalëve të Urta: "Frika e Zotit është fillimi i njohjes; por njerëzit e pamend përçmojnë diturinë dhe arsimin" (1:7). Ndërsa urtësia zhvillohej në Izrael, ajo u lidh me zbulimin e Perëndisë të Ligjit (*Torah*). Të njihje Ligjin, do të thoshte të njihje urtësinë e Perëndisë. Kjo urtësi përfshinte jo vetëm njohjen e Ligjit të shkruar, por edhe zbatimin e tij në jetën e përditshme (Psalmet 119). Një njeri me një urtësi të tillë do të kishte përkrahjen e Perëndisë dhe do të kishte një jetë të pasur (Psalmet 1).

Ndarja e urtësisë

Në Izrael, familja ishte rendi i parë social që ruajti thëniet e të urtëve. Prindërit krijonin thënie dhe i përdornin që t'i mësonin fëmijët, për botën që i rrethon dhe vendin që ata zënë në të. Ata i mësuan fëmijët se si të sillen në shoqëri dhe u dhanë njohuritë e grumbulluara dhe urtësinë e familjes dhe komunitetit. Urtësia ndahej me të tjerë ndërsa pjesëtarë të familjeve, fshatrave, klaneve apo fiseve të ndryshme takoheshin duke bërë tregti ose duke marrë pjesë në ngjarje fetare dhe shoqërore.

Me ardhjen e monarkisë në Izrael, urtësia u kthye në një profesion të ngjashëm me atë të priftit apo profetit (Jeremia 18:18). Këshilltarët mbretërorë u jepnin urtësi politike mbretërve (krahasoni këshilltarët e rinj dhe të vjetër të Roboamit, I Mbretërve 12:6-11). Gjithashtu, ishin dhe skribët që mbanin raportet e oborrit. Ky grup punonjësish të kualifikuar qeveritarë dhe fetarë, u mësuan nxënësve të tyre artin e të shkruarit dhe të regjistrimit të të dhënave si një profesion. Gjithashtu ata u mësuan të

T **Teologjia e urtësisë**

Nga diskutimet e mësipërme për urtësinë, duket se Perëndia nuk ka fare lidhje me prejardhjen e saj apo qoftë dhe me përmbajtjen e saj. Urtësia biblike, megjithëse duket se është jofetare, ka baza teologjike. Izraeli e lidhi urtësinë me krijimin e universit nga Perëndia. Jeremia 10:12 dhe 51:15 thotë: "Ai e bëri tokën me fuqinë e tij, ka vendosur botën me diturinë e tij dhe ka shpalosur qiejt me zgjuarësinë e tij."

Kjo temë shtjellohet më pas tek Fjalët e Urta 8 ku urtësia personifikohet. Ajo ishte krijesa e parë e Perëndisë dhe ishte arkitekti prej të cilës gjithçka e krijuar filloi të ekzistonte (8:22-31). Gjithçka që u krijua në qiell, në det dhe mbi tokë erdhi nëpërmjet saj. Detyra aktuale e saj është ta ftojë njerëzimin të mësojë prej saj në mënyrë që të dijë se si ta jetojë mirë jetën (8:32-36). Çështjet kryesore teologjike mund të thuhen shumë thjeshtë. Kur Perëndia krijoi gjithçka, e para ishte urtësia. Perëndia nuk e krijoi botën nga disa standarte të jashtme të quajtura Urtësi. Të mbash këtë qëndrim do të thotë se ekziston një parim më i lartë se Perëndia, me të cilat Ai duhet të përshtatet. Më saktë, Ai përcakton se çfarë është urtësia, ashtu siç Ai përcakton se çfarë është e mira, e bukura dhe e vërteta.

Me anë të urtësisë Perëndia krijoi gjithçka. Gjatë kohës së krijimit, ai futi parimet e urtësisë, një rend moral të vendosur nga Perëndia, brenda universit në mënyrë që universi të veprojë në përputhje me parimet e saj. "Frika prej Perëndisë" përfshin pranimin e kësaj të vërtete. Cilat janë ato parime që zakonisht e bëjnë jetën më të gjatë, më të sigurtë, më të shëndetshme, më të suksesshme dhe më të begatë? Këto mësohen duke studiuar rendin e krijuar dhe duke parë se çfarë funksionon. Të urtët, të cilët ndërtojnë jetët e tyre sipas këtyre parimeve, shijojnë një jetë të gjatë dhe të mirë. Të marrët nuk i mësojnë asnjëherë këto parime. Edhe kur u mësohet urtësia, ata e refuzojnë atë duke jetuar një jetë kryeneçe dhe në kërkim të kënaqësisë. Përfundimi i një jete të tillë është varfëria, sëmundja, turpi dhe vdekja. Si rrjedhim, urtësia vjen nga Perëndia. Të studiosh rendin e krijuar të Perëndisë do të thotë të mësosh për vetë Perëndinë dhe vullnetin e Tij për njerëzimin dhe rendin e krijuar.

rinjve fisnikë si të silleshin në oborrin mbretëror dhe si ta këshillonin mbretin në çështjet e shtetit. Libri i Fjalëve të Urta mund ta ketë origjinën pikërisht nga kjo kategori shërbyesish, të cilët grumbullonin fjalë të urta për të mësuar fëmijët e të pasurve dhe të të fuqishmëve të shoqërisë (25:1).

Urtësia si një formë ndërkombëtare e artit

Urtësia si një formë e artit nuk u zhvillua prej popullit të Izraelit. Kultura dhe popuj të tjerë të lashtë të Lindjes së Afërt kishin fjalët e tyre të urta, thëniet, gjëzat, historitë dhe poemat e tyre krijuar prej njohurive të tyre mbi gjithësinë. Meqënëse këta njerëz kishin kontakte të vazhdueshme me njëri-tjetrin, me anë të tregtisë, misioneve diplomatike, madje dhe luftrave, ata ndanin me njeri-tjetrin njohurinë. Duke qenë se Izraeli gjendej në rrugët kryesore tregtare që lidhte Egjiptin me Mesopotaminë, dy qëndrat kryesore kulturore të lashtësisë, ai u përfshi në këtë shkëmbim kulturor. Një shembull i këtij migrimi të njohurive mund të gjendet tek *Fjalët e të urtëve* tek Fjalët e Urta 22:17– 22:34, dhe në veprën egjiptiane të titulluar *Udhëzime të Amen-em-Opet*. Të dyja veprat letrare kanë thënie të ngjashme sa mund të mendohet se ka ndodhur një huazim midis tyre. Të tilla vepra të ngjashme në temë me atë të Jobit dhe Predikuesit, por më të shkurtra në përmbajtje, gjenden edhe në kulturat mesopotamike.[3] Të urtët e shumë kombeve vëzhguan dhe e regjistruan urtësinë e tyre dhe më pas u treguan të gatshëm që ta ndanin këtë urtësi edhe me të tjerët.

Kuadri i letërsisë së urtësisë

Ekzistojnë shumë lloje të letërsisë së urtësisë në Dhiatën e Vjetër. Libri i Fjalëve të Urta e përçon urtësinë nëpërmjet formulimeve të shkurtra dhe të lehta për t'u

kujtuar, të cilat shqyrtojnë çështje praktike të jetës. Këtë libër mund ta emërtojmë si një model të urtësisë praktike ose proverbiale. Megjithatë, ekziston edhe një anë filozofike e urtësisë. Libri i Jobit shqyrton faktin nëse një person mund të jetojë ose jo një jetë të paqortueshme para Perëndisë, dhe nëse mundet, pse vuan njeriu i pafajshëm? Predikuesi shqyrton çështjen e qëllimit të jetës dhe arrin në përfundimin se është kotësi, pra, pa kuptim. Këto libra janë shembuj të urtësisë filozofike në Dhiatën e Vjetër.

Megjithatë, urtësia nuk kufizohet brenda një grupi të zgjedhur librash. Ajo gjendet kudo në Bibël. Për shembull, historia e Jozefit (Zanafilla 37, 39–45) pasqyron theksin e vënë nga urtësia në parimin që thotë se e mira triumfon mbi të keqen. Një numër psalmesh klasifikohen si psalme të urtësisë për shkak të kontrastit midis të perëndishmeve dhe të ligjve (Psalmet 36, 37, 49, 73, 78, 112, 127, 128, 133). Libri i Urtisë së Salomonit dhe Libri i Siracidit janë dy libra të urtësisë të përfshira në Apokrifa. Kjo traditë vazhdon dhe tek Dhjata e Re. Mësimet e Jezusit shpesh dalin në formën e thënieve të urta (shih Lumturitë tek Mateu 5:3-12). Së fundi, Letra e Jakobit është gjithashtu pjesë e traditës së urtësisë. Madje të inkurajon që të kërkosh për urtësinë: "Por në qoftë se ndonjërit nga ju i mungon urtia, le të kërkojë nga Perëndia, që u jep të gjithëve pa kursim, pa qortuar, dhe atij do t'i jepet" (1:5).

Interpretimi i librave të urtësisë—disa udhëzime

- Librat e urtësisë janë ndryshe nga Ligji dhe Librat Profetikë. Qëllimi i këtyre librave është të dhurojnë urtësi me anë të së cilës dikush mund të bëjë një jetë të frytshme dhe plot kuptim në shoqëri.

- Parimi drejtues i urtësisë është "frika ndaj Zotit" burimi i urtësisë është rendi i krijuar nga Perëndia.
- Jobi dhe Predikuesi përqëndrohen në çështje të vështira të ekzistencës njerëzore pa u dhënë përgjigje pyetjeve të ngritura në këto libra. Fjalët e Urta shqyrtojnë çështje praktike të jetës.
- Kur studioni Librin e Jobit, vëreni strukturën e librit dhe modelin e organizimit të materialeve në të. Në pjesën më të madhe, libri është një dialog. Përfundimet që nxjerrim rreth një fjalimi të veçantë duhet të marrin në konsideratë edhe çështjet teologjike të tjera të cilat janë themelore për librin.
- Kur hasni me një fjalim të veçantë në Librin e Jobit, përpiquni të kuptoni se çfarë ka dashur të thotë në të vërtetë folësi. Në disa raste, kuptimi i dukshëm mund të mos jetë ai që folësi ka dashur të shprehë në të vërtetë. Duhet të lexojmë atë që fshehet në tekst, që të zbulojmë kuptimin dhe nënkuptimet e një fjalimi të veçantë.
- Lexoni shpjegimet (komentarë) dhe Bibla studimi që të jeni në gjendje të lexoni siç duhet Librin e Jobit. Ky libër është i njohur për vështirësitë e tij të tekstit.
- Predikuesi mban një qëndrim pesimist, dyshues dhe dëshpërues për shkak të pamundësisë së njeriut që të ndryshojë rendin e krijuar nga Perëndia. Mesazhi që përcillet është se vetëm Perëndia mund të sjellë ndryshim tek njerëzimi.
- Fjalët e Urta janë udhëzime dhe jo premtime të Perëndisë. Mundohuni të gjeni parimet etike dhe morale të fjalëve të urta. Duhet që të evitoni interpretimet e drejtpërdrejta.
- Disa fjalë të urta mund të duhet të përkthehen në formën e mendimeve dhe ideve tona me qëllim që të gjejnë zbatim në kontekstin tonë.

Fjali përmbledhëse

- Poezia zë një vend të konsiderueshëm në Dhiatën e Vjetër.
- Paralelizmi është një karakteristikë e zakonshme në poezinë hebraike.
- Përdorimi i figurave letrare e pasurojnë dhe e zbukurojnë poezinë hebraike.
- Njerëzit e urtë e fituan urtësinë duke vëzhguar se si Perëndia e ndërtoi botën dhe vendosi një rend për ekzistencën e saj.
- Urtësia tek Dhjata e Vjetër përfshin katër kategori kryesore, njëra prej të cilave është "frika prej Zotit."
- Urtësia u mësua në Izrael nga grupe të ndryshme sociale dhe nga njerëz të përgatitur.
- Urtësia ishte një dukuri e përhapur në antikitetin e Lindjes së Afërt.
- Jobi, Fjalët e urta dhe Predikuesi janë shembujtë e parë të letërsisë së urtësisë në Dhiatën e Vjetër.

Pyetje për reflektim

1. Lexoni Psalmin 37 dhe përpiquni të dalloni llojet e ndryshme të paralelizmit (sinonimik, antitezë dhe formal) në këtë psalm.
2. Krahasoni katër llojet e urtësisë dhe bëni dallimet midis tyre, dhe tregoni se cili nga ata duhet kërkuar e parë.
3. Pse urtësia duket se është më shumë jofetare sesa fetare? Si mund të mësosh për Perëndinë duke studiuar urtësinë?

4. Çfarë mund të mësojmë sot nga vëzhgimi i rendit të krijuar të botës?

5. Çfarë urtësie keni mësuar nga njerëzit që ju rrethojnë (prindërit, mësuesit, apo të tjerët me përvojë jetësore)?

Burime për studime të mëtejshme

Crenshaw, James L. *Old Testament Wisdom: An Introduction.* Atlanta: John Knox Press, 1981.

Gottwald, N. K. "Poetry, Wisdom." Vëll. 3 i *Interpreter's Dictionary of the Bible.* Nashville: Abingdon Press, 1962. Faqet 829-38.

Von Rad, Gerhard. *Wisdom in Israel.* I përkthyer nga James D. Martin. Nashville: Abingdon Press, 1972.

Objektivat

Studimi i këtij kapitulli do t'ju ndihmojë:

- Të identifikoni persona të rëndësishëm në libër.
- Të përvijoni përmbajtjen e librit.
- Të krahasoni argumentet e personazheve kryesore.
- Të gjeni mënyrën se si zhvillohet një argument i bazuar në urtësi.
- Të shqyrtoni mënyrat për të ngushëlluar ata që vuajnë.

Disa pyetje që duhen marrë parasysh ndërsa lexoni:

1. Çfarë mendimesh ju vijnë ndërmend kur dëgjoni për një tragjedi apo humbje jete?
2. Pse njerëzve të mirë u ndodhin gjëra të këqija?

Fjalët kyçe për të kuptuar

Jobi
Gjinia
Satanai
Elifazi
Bildadi
Zofari/Tsofari
Elihu

Shumë njerëz kanë dëgjuar se **Jobi** duroi qetësisht shumë vuajtje (Jakobi 5:11). Megjithatë, sa prej jush e dinë që ai ka qënë një njeri kundërshtues? A e dinit se durimi i tij nuk ishte i gëzueshëm dhe vuajtjet e tij nuk kaluan në qetësi? Përkundrazi, ai u zemërua për gjendjen e tij dhe e drejtoi këtë zemërim ndaj Perëndisë. Shumë njerëz kanë ndër mend një imazh të Jobit duke u bazuar vetëm tek dy kapitujt e parë të librit. Megjithatë, kur kalojmë te kapitulli 3, shohim një Job plotësisht ndryshe. E gjithë pjesa tjetër e librit është e ndërtuar me poema të gjata dhe fjalëshume. Çfarë ndodhi? Mirëserdhët në botën e poezizë së urtësisë.

Ato që studiuam në kapitullin e fundit rreth poezisë dhe urtësisë, tani shihen në tekst. Karakteret e përdorura në libër e marrin bazën, për argumenteve të tyre, nga natyra, duke krahasuar dhe kundërvënë mënyrat se si Perëndia trajton botën, veçanërisht të drejtët dhe të ligjtë.

Pasazhi i mëposhtëm tregon se si të urtët kanë formuluar shpeshherë argumente nga vëzhgimi i botës:

A mund të rritet papirusi jashtë moçalit
dhe a mund të zhvillohet xunkthi pa ujë?

Ndërsa është ende i gjelbër,
pa qenë prerë, ai thahet para çdo bari tjetër.

Këto janë rrugët e të gjithë atyre që harrojnë
Perëndinë;
kështu shpresa e të paudhit tretet.
(Jobi 8:11-14).

Autorësia, datimi, dhe hartimi i librit

Studiuesit kanë dhënë opinione të ndryshme për datën dhe autorësinë e Librit të Jobit, që nisin që nga shekulli i 13të, me Moisiu si autor, dhe deri në shekullin e 2të para Krishtit me një autor të panjohur. Sfondi patriarkal në dy kapitujt e parë ka bërë që disa të mendojnë se libri është shumë i vjetër, ndoshta libri i parë që është shkruar nga Dhjata e Vjetër. Argumentime të sofistikuara teologjike në pjesën tjetër të librit, na shtyjnë të mendojmë se libri i përket një periudhe shumë më të vonë në

T **Emrat e Perëndisë tek Jobi**

Në dy kapitujt e parë hyji është quajtur *Jehovah*, Zoti. Ky është emri i Perëndisë së besëlidhjes që iu dha Moisiut në Malin Sinai (Eksodi 3:14). Në pjesën e dialogut, termat hebraikë për Perëndinë janë *El* ose *Eloah*. Përjashtimi i vetëm për këtë gjendet tek 12:9. Kapitulli 42 i rikthehet emrit *Jehovah*, ose Zoti.

Satanai

Termi *satana* do të thotë kundërshtar, dikush që bën akuza. Identifikimi i Satanait (në Dhiatën e Re, *Satanai* quhet *Satani*) me djallin në Dhiatën e Re, mungon tek Dhjata e Vjetër. Tek Libri i Jobit, ky term paraqitet gjithmonë në trajtën e shquar (*Satanai*) në mënyrë që të tregojë detyrën që ka. Nga biseda midis Perëndisë dhe Satanait del se detyra e tij ishte që të shqyrtonte njerëzit dhe të nxirrte shkelësit para Perëndisë. Roli i tij ngjante me atë të prokurorit qiellor, prandaj mbante titullin "Satanai" që do të thotë kundërshtar.

historinë e Izraelit. Shumë studiues kanë prirje ta datojnë krijimin e librit në periudhën e shekullit të 7të apo të 6të para Krishtit.[5]

Edhe hartimi i librit ngre pyetje. Dy kapitujt e parë dhe 11 vargjet e fundit janë të shkruara në prozë, ndërsa pjesa tjetër e librit është poezi. Mos vallë ka patur një histori në prozë më parë, së cilës iu bashkangjit poezia. Nëse është kështu, atëherë mund të themi se autori i ndërthuri të dyja bashkë kaq ngushtë saqë e bëri këtë libër një vepër pa ndarje. Megjithatë, nga kapitulli 22 deri tek kapitulli 27 duket se mungon vazhdimësia. Poema mbi urtësinë (kap. 28) nuk ka vazhdimësi me kapitujt paraardhës apo pasardhës. Fjalimi i Elihut nga kapitulli 32 tek kapitulli 37 duket se është një ndërhyrje në libër. Duket se libri ka kaluar përmes procesit të shkrimit, bashkimit, redaktimit dhe zgjerimit. Ka të ngjarë që libri ta ketë marrë formën përfundimtare gjatë mërgimit babilonas.

Përmbajtja

Më poshtë është një përmbledhje e shkurtër e Librit të Jobit:

K   Mjedisi i antikitetit të Lindjes së Afërt dhe paralelet letrare

Libri i Jobit nuk ishte e para vepër në antikitetin e Lindjes së Mesme që ngriti pyetje rreth vuajtjeve të të drejtëve. Egjipti nxori një numër të madh veprash, që e trajtoi këtë problem gjatë dinastisë së 12-të (1990-1785 Para Krishtit). Një shembull i përshtatshëm është *Qortime të Ipuverit (Ipuwer)*. Kjo vepër përmban vajtimin e Ipuverit për konfliktin dhe trazirat sociale në vend. Ai u ankua se edhe perënditë nuk i kushtonin vëmendje kësaj situate. "Nuk ka asnjë drejtues në këtë kohë të vështirë. Ku ndodhet ai [Perëndia] sot? Mos është vallë duke fjetur? Ja lavdia nuk mund të shihet".[1]

Mesopotamia, gjithashtu nxorri disa vepra të tilla të ngjashme. Poema *Një Njeri dhe Perëndia i Tij,* një vepër sumeriane e mijëvjeçarit të dytë, përshkruan ankesat e dikujt tek perënditë për vuajtjet e tij. Poema babilonase *Do t'lavdëroj Zotin e Urtësisë* trajton mundimet e një njeriu të vuajtur kundrejt vullnetit enigmatik të hyjit. Ai i kishte kryer të gjitha ritet e kërkuara nga perënditë por ishte i pasigurtë nëse ato do të kishin ndonjë efekt.[2] *Teodicia Babilonase* (1100 para Krishtit) është e ngjashme me librin e Jobit për vetë faktin se përmban një dialog midis vuajtësit dhe mikut të tij. Miku mbante një qëndrim tradicional ndërsa vuajtësi shpaloste ankesat e tij ndaj perëndive. Në fund, ai i ofron një lutje që perënditë mund ta merrnin parasysh dhe ta ndihmonin.[3]

Libri i Jobit nuk tregon varësi të drejtpërdrejtë nga asnjë nga këto vepra. Megjithatë, libri i Jobit është i ngjashëm me këto vepra për faktin, se tregon përpjekjet e Izraelit për të trajtuar problemin e vuajtjes së të drejtëve. Ajo që e veçon Jobin nga veprat e tjera të urta antike, është trajtimi i temës në mënyrë të plotë. Libri i Jobit, gjithashtu, paraqet një larmishmëri të formave apo **gjinive** letrare, si vajtime, debate, padi, himne, udhëzime të urta, përgjërime, pohime të pafajsisë dhe konfirmime të besimit në Perëndi. Për ta përmbledhur, ne besojmë se libri i Jobit i ka burimet intelektuale të tij në traditën e urtësisë, që ka përfshirë shumë kultura. Megjithatë, konceptet e tij teologjike i përkasin traditave fetare të Izraelit, të cilat gjenden në Dhiatën e Vjetër.[4]

1. Prolog (1:1–2:13)

2. Monologu i Jobit (3:1-26)

3. Cikli i parë i fjalimeve (4:1–14:22)

4. Cikli i dytë i fjalimeve (15:1–21:34)

5. Cikli i tretë i fjalimeve (22:1–27:23)

6. Poema mbi urtësinë (28:1-28)

7. Përgjigja përfundimtare e Jobit (29:1–31:40)

8. Fjalimi i Elihut (32:1–37:24)

9. Përgjigja e Perëndisë (38:1–42:6)

10. Epilog (42:7-17)

■ Prologu në formën e prozës (1:1–2:13)

Dy kapitujt e parë përmbajnë pesë skena që kalojnë me radhë midis tokës dhe qiellit. Skena e hapjes përshkruan pasurinë e Jobit dhe përkushtimin fetar e tij, duke e portretizuar si një njeri të paqortueshëm dhe të drejtë që kishte frikë nga Perëndia dhe shmangte të keqen. Skena kalon menjëherë (v. 6) në një ditë kur ëngjëjt (fjalë për fjalë "bijtë e Perëndisë") u mblodhën për t'u paraqitur para Zotit (*Jehovah*). Edhe **Satanai** ishte midis ëngjëjve.

Te Libri i Jobit, Satanai paraqitet si një pjesëtar i gjyqit qiellor. Kur Perëndia i tërheq vëmendjen Satanait për përkushtimin e Jobit, ai, si kundërpërgjigje i tha se Perëndia e mbronte Jobin dhe e kishte bekuar atë me pasuri dhe begati. Gjithashtu, Satanai i propozoi Zotit t'ia hiqte pasurinë Jobit dhe ta shikonte nëse do të ishte akoma i përkushtuar ndaj Perëndisë apo jo. Perëndia pranoi dhe e lejoi Satanain t'i merrte Jobit gjithçka kishte.

Skena tjetër (vargjet. 13-22) rikthehet në tokë. Mbas një sërë fatkeqsish, fëmijët e Jobit vriten dhe pasuria e tij zhduket. Si përgjigje ndaj kësaj, Jobi bëri një nga rrëfimet më të mrekullueshme të besimit në Bibël:

Lakuriq dola nga barku i nënës sime
dhe lakuriq do të kthehem.

Zoti ka dhënë dhe Zoti ka marrë.
Qoftë i bekuar emri i Zotit
(1:21).

T Në shërbim të Perëndisë

Çështja teologjike, që provohet në kapitujt e prologut, është nëse një person mund t'i shërbejë Perëndisë duke qenë i shenjtë pavarësisht nga interesat e veta. A mund ta dojë apo t'i shërbejë dikush Perëndisë nëse nuk përfiton gjë nga ky shërbim? Vetëm hiri i Perëndisë mund ta kthejë dikë nga një mëkatar që kërkon të vetën në një person që i shërben Perëndisë me dëshirë dhe vetëm për shkak të dashurisë. Disa mendojnë se kjo çështje është vetëm një "hapje" për diskutimin e vërtetë rreth vuajtjes. Kjo qasje ndaj problemit gërryen thellë themelet e bazave teologjike të kësaj prove. Pa këtë faqe teologjike, historia thjesht bëhet një provë e fuqisë dhe kurajos personale të Jobit përpara një humbjeje kaq të madhe. Atëherë, do të kthehej në një histori rreth njerëzimit dhe jo Perëndisë.

Gjithëdija e Perëndisë

"Bastet qiellore" tek Jobi 1–2 dukej se bazoheshin tek hipoteza se as Perëndia dhe as Satanai nuk e dinin se si do reagonte Jobi ndaj krizës që e zuri. Ndërsa Perëndia ishte i sigurtë për përfundimin e provës, Ai nuk e dinte se cili do të ishte reagimi i parë i Jobit. Kjo ngre pyetjen rreth gjithëdijes së Perëndisë, njohurisë së Tij për gjithçka. A e ka kufizuar Perëndia njohurinë e Tij mbi vendimet njerëzore dhe a ia ka lejuar me të vërtetë njerëzimit mundësinë e zgjedhjes së lirë?

Skena katër përshkruan një tjetër takim të ëngjëjve në qiell. Përsëri Perëndia e pyeti Satanain për Jobin. Satanai pretendonte se Jobi do ta mallkonte Perëndinë nëqoftëse ai do t'i shkaktonte vuajtje dhe dhimbje. Kështu, Perëndia e lejoi Satanain t'i shkaktonte Jobit vuajtje.

Skena finale në tokë përshkruan vuajtjen e pamasë të Jobit. Megjithëse gruaja e shtyu ta mallkonte Perëndinë, ai nuk mëkatoi. Tre miqtë e tij, **Elifazi** nga Temani, **Bildadi** nga Shuahu dhe **Tsofari** (**Zofari**) nga Naamathi erdhën për ta ngushëlluar. Ata u ulën në heshtje pranë Jobit për shtatë ditë, sa periudha normale e vajtimit në kohët e lashta.

■ Cikli i parë i fjalimeve (3:1–14:22)

Në fund të shtatë ditëve, Jobi e theu heshtjen me një vajtim. Ai mallkoi ditën që kishte lindur dhe kërkoi të kishte vdekur që në lindje që të mos kalonte këtë vuajtje. Ai dëshironte më shumë vdekjen dhe pushimin sesa këtë jetë plot vuajtje.

Elifazi, mistiku iu drejtua i pari (kapit. 4–5). Megjithëse nuk i jepte dot një përgjigje vuajtjeve të Jobit, ai shtroi pyetjen nëse njerëzimi mund të jetë i drejtë para Perëndisë. Ky mendim i erdhi nëpërmjet disa vegimeve të tmerrshme gjatë natës. Njerëzit janë të vdekshëm dhe fati u rezervon shqetësime dhe vuajtje. Ata nuk mund t'i kuptojnë mënyrat se si vepron Perëndia, kështu që duhet t'i nënshtrohen gjykimit të Tij. Perëndia do të rimëkëmbë ata që do t'i përulen dhe do ta kërkojnë Atë.

Jobi iu përgjigj Elifazit (kapit. 6–7) duke thënë se Perëndia ishte përgjegjës për vuajtjen e tij. Ai u kërkoi miqve të tij që të ishin besnikë me të dhe mos t'i ktheheshin kundër. Më pas, ia drejtoi ankesën e tij

Job dhe shokët e tij, ashtu si pikturohen nga një artist

Perëndisë. Netët i kishte të mbushura me mjerim dhe ditët të pashpresa. Lluksi i të fjeturit iu vodh nga ëndrrat shqetësuese të dërguara nga Perëndia. Vdekja tashmë ishte e dëshiruar. Jobi e përfundoi ankesën e tij duke iu lutur Perëndisë që ta falte nëse kishte mëkatuar dhe të mos ta shqetësonte më.

Fjalimi i Bildadit (kapitulli 8) u përqëndrua tek drejtësia e Perëndisë. Ai theksoi se vdekja e fëmijëve të Jobit erdhi si ndëshkim për mëkatet e tyre. Ai konfirmoi pikëpamjen tradicionale, urtësinë e brezave të kaluar, që Perëndia ndëshkon të ligjtë. Ata vdesin si një lule e çrrënjosur. Ajo që nënkuptonte Bildadi ishte se Jobi po vuante si pasojë e mëkatimit të tij dhe duhej të pendohej.

Përgjigja e Jobit (kapitujt 9–10) konfirmoi pikëpamjen e Elifazit që njerëzit nuk mund të jenë të drejtë para Perëndisë (9:1). Jobi mendonte se Perëndia nuk do të lejonte asnjë, të drejtë apo të lig, që të qëndronte para Tij. E megjithatë, duke qenë një njeri i pafajshëm, ai nuk mund ta kuptonte se përse Perëndia po e ndëshkonte. Meqënëse një njeri nuk mund ta mbrojë çështjen e tij para Perëndisë, Jobi kërkoi një arbitër që ta mbronte në gjyq çështjen e tij para Perëndisë (vargjet 32-35). Ai vazhdoi të mbrohej duke i kërkuar Perëndisë se cilat ishin akuzat ndaj tij. Jobi i kujtoi Perëndisë se ai ishte një vepër e duarve të Tij, duke e modeluar si argjila dhe veshur me lëkurë dhe mish. Megjithatë, Perëndia ia fshehu planin për t'i sjellë fatkeqësi në jetë. Do të kishte qenë më mirë sikur ai të kishte vdekur që në lindje se sa të vazhdonte të jetonte pa një moment gëzimi.

Atë që nënkuptoi Bildadi, Zofari e shprehu qartë (kapitulli 11). Ai i bëri thirrje Jobit që të hiqte dorë nga pretendimi për pafajsi dhe vetdrejtësi. Zofari mendonte se ndëshkimi i Jobit ishte shumë më i vogël nga sa meritonte faji i tij. Por në qoftë se Jobi do ta hidhte tej mëkatin, Perëndia do t'ia rikthente gjithçka dhe atëherë "jeta jote do të jetë më e ndritur se mesdita" (v. 17).

Tek përgjigja e Jobit (kapitujt 12–14) dallohet mungesa e durimit me miqtë e tij. Ai u tall me zgjuarsinë e tyre. Jobi

këmbënguli që Perëndia nuk ishte i drejtë. Perëndia është i plotfuqishëm dhe mund të bëjë çfarë të dojë. Askush nuk mund t'i bëjë ballë. Jobi mendonte se miqtë e tij ishin "mjekë pa asnjë vlerë" (13:4). Urtësia e tyre ishte boshe. Jobi kërkonte që ta mbronte çështjen e tij përpara vetë Perëndisë. Megjithëse po përballej me kërcënimin e vdekjes, ai donte të mbronte ndershmërinë dhe pafajësinë e tij. Jobi brengoset për brishtësinë e jetës njerëzore, po aq sa edhe për humbjen e shpresës pas vdekjes (kapitulli 14). Ai donte që Perëndia ta fshihte në Sheol, derisa zemërimi i Tij të kalonte, dhe pastaj ta kujtonte në kohën e caktuar.

■ Cikli i dytë i fjalimeve (15:1–21:34)

Fjalimi i dytë i Elifazit (15:1-35) përsërit temën që njerëzit nuk mund të jenë të pastër para Perëndisë. Ai citoi urtësinë e të kaluarës. Perëndia është i drejtë dhe të ligjtë do të kenë një gjykim të tmerrshëm në duart e Tij. Përgjigja e Jobit (16:1–17:16) i konsideroi fjalët e miqve të tij si fjalime të gjata dhe boshe të "ngushëlluesve të tij të mërzitshëm". Menjëherë ai iu drejtua Perëndisë duke e fajësuar për situatën në të cilën ndodhej. Jobi deklaroi se kishte gjetur një "dëshmitar", një "ndërmjetës", i cili do të mbronte çështjen e tij para Perëndisë. Megjithatë, Jobi ankohej se vdekjen e kishte afër. Ai do të shkonte drejt varrit pa asnjë shpresë.

Bildadi u ofendua nga refuzimi që Jobi i bëri këshillës së miqve të tij. Ai tha (18:1-21) se të këqinjtë vuajnë tmerre pa fund nga Perëndia, shumë prej të cilave i përshkroi. Ai nënkuptonte se, meqenëse, Jobi po vuante kaq shumë, kishte bërë gjëra të

H Sheoli

Sheol në Dhiatën e Vjetër është varri ose vendbanimi i të vdekurve. Dhjata e Vjetër përdor gjithashtu terma si "gropa", "abadoni" (që do të thotë shkatërrim) dhe "toka" për të përshkruar Sheolin. Në Sheol shkonin si të mirët ashtu dhe të këqinjtë. Është vendi i territ dhe errësirës (Job 10:21-22). Në Sheol të gjithë janë të lirë nga shqetësimet dhe brengat (3:17-19). Nuk ka kthim nga Sheoli (7:9; 16:22). *Septuaginti* e përkthen Sheolin, *Hades*. Në Dhiatën e Vjetër, Sheoli nuk përcjell idenë e vuajtjes apo ndëshkimit. Koncepti i vuajtjes në Sheol dhe lidhja e Sheolit me ferrin janë me origjinë pas mërgimit.

këqija dhe duhej të pendohej. Jobi nuk e pranoi argumentimin e Bildadit (19:1-29). Perëndia e kishte trajtuar në mënyrë të padrejtë dhe nuk kishte drejtësi për të. Jo vetëm që Perëndia e kishte hedhur poshtë, po të njëjtën gjë kishin bërë dhe familja, miqtë, shërbëtorët dhe gruaja e tij. Jobi u kërkoi miqve ngushëllim dhe kërkoi që fjalët e tij të gdhendeshin përjetë mbi shkëmb (vargjet 23-24). Pak më parë, Jobi kishte kërkuar një arbitër (9:33) dhe një dëshmitar (16:19). Tani, në një deklaratë

T **Ringjallja e të vdekurve**

Në traditat e hershme të Izraelit, nuk mendohej për ringjalljen e të vdekurve. Kur njerëzit vdisnin, ata bashkoheshin me paraardhësit e tyre të cilët "flinin". Dëshira e Jobit që Perëndia ta fshihte në varrin e tij dhe ta nxirrte mbasi zemërimi i Tij të ishte qetësuar paraqet fillimin e besimit në ringjallje, që në kohët e lashta, tek Izraeli. Jobi, gjithashtu, besonte se edhe pas vdekjes ai do ta shikonte Perëndinë (shih 19:26-27). Gjatë Mërgimit, Ezekieli foli për Perëndinë që do të ringjallte kockat e vdekura–ngritja e komunitetit të mërgimit nga vdekja në jetë. Megjithatë, Judaizmi vazhdoi të debatonte rreth ringjalljes së të vdekurve (shih Veprat e Apostujve 23:8), gjatë periudhës së Jezusit kjo ishte një bindje e përhapur për pjesën më të madhe të judenjve.

---

të fuqishme besimi ai i thërret Perëndisë, me emrin Shpëtimtar (*go'el*, një i afërm që mbron dhe çliron) dhe rrëfeu me siguri se edhe pas vdekjes ai do ta shikonte Perëndinë (19:25-27). Megjithëse hebraishtja në këto vargje është e vështirë, mbetet e qartë se Jobi gjatë vuajtjes së tij kishte arritur një nivel të ri besimi dhe ndriçimi shpirtëror.

Zofarit nuk i bënë përshtypje fjalët e Jobit. Ai vazhdoi (20:1-29) me urtësinë standarde që Perëndia do t'i ndëshkojë të ligjtë. Pjesa më e madhe e poezisë përshkruan ndëshkimet e shumta që Perëndia do të sillte mbi ta. Jobi i kundërshtoi drejtpërdrejt argumentet e Zofarit (21:1-34). Ai i hodhi një vështrim të thellë asaj që po ndodhte aktualisht në jetë dhe përshkroi se si të këqinjtë nuk vuanin por kishin begati në jetë dhe vdisnin në paqe. Ata kishin të njëjtin fund me njerëzit e drejtë, të cilët vuanin gjatë jetës së tyre. Ai përfundoi duke thënë se Perëndia tregohej i njëanshëm me të këqinjtë. Madje, edhe në vdekje, ata kishin siguri dhe famë.

■ Cikli i tretë i fjalimeve (22:1–27:23)

Elifazi e hapi ciklin e tretë të fjalimeve (22:1-30) me një sulm të drejtpërdrejtë mbi karakterin moral të Jobit. Perëndia nuk përfiton nga njerëzimi. Edhe nëse njerëzit do të ishin të drejtë para Perëndisë, kjo gjë nuk do T'i jepte kënaqësi. Elifazi përmendi një sërë mëkatesh që Jobi mund t'i kishte bërë, megjithatë nëse Jobi pendohej, Perëndia do ta falte. Në përgjigjen që dha Jobi (23:1–24:25), ai kërkoi që Perëndia të përballej me të para drejtësisë. Atje, ai do të paraqiste mbrojtjen e çështjes së tij. Prapëseprapë, megjithëse e kërkoi kudo, nuk mundi ta gjente Perëndinë. Ai u ankua se Perëndia nuk i përmbahej afatit të caktuar për të vendosur drejtësi mbi të këqinjtë. Ai paraqiti edhe një listë të krimeve të të këqinjve. Vargjet në fund të pasazhit (24:22-25) janë të vështira për t'u kuptuar, po me sa duket, Jobi i kërkoi Perëndisë që të gjykonte të këqinjtë dhe t'i jepte fund ligësisë së tyre.

Fjalimi i fundit i Bildadit (25:1-6) pohoi përsëri që njerëzit nuk mund të jenë të drejtë para Perëndisë. Jobi përshkroi bukur fuqinë tmerruese të Perëndisë para së cilës ai vetë ishte shumë i dobët (26:1-14). Megjithatë Jobi këmbënguli se ai ishte i drejtë dhe u ankua se Zoti ia kishte mohuar atij drejtësinë (27:1-10). Pjesa e fundit e kapitullit (v. 11-23) paraqesin një problem. Ose Jobi i mori diskutimet e miqve të tij me të tallur, ose ndoshta këto vargje janë fjalimi përfundimtar i Zofarit. Vargjet përshkruajnë fatin e të këqinjve kur Perëndia vendos drejtësi mbi ta.

■ Poezia e urtësisë (28:1-28)

Kapitulli 28, një poemë e përkryer për natyrën e urtësisë, shfaq një pushim në diskutim. Ai fillon me një përshkrim se si nxirren metalet dhe gurët e çmuar prej minierave. Urtësia, më e çmuara nga të gjitha, nuk gjendet në këto vende. Urtësia mund të gjendet vetëm tek Perëndia që ka krijuar gjithçka. Njerëzit duhet të kenë frikë nga Perëndia, ta respektojnë dhe r'i binden. Ky është burimi i vërtetë i urtësisë.

■ Përgjigja përfundimtare e Jobit (29:1–31:40)

Debati mbetet pezull dhe i pazgjidhur. Argumentet duket se paraqesin përgjigje të pamjaftueshme për problemin e qeverisjen morale mbi krijimin nga ana e Perëndisë.

Jobi mbrohet për herë të fundit duke kujtuar se sa të bukura ishin kohët e kaluara, kur Perëndia ishte në krah të tij (kapitulli 29). Zëri i tij ishte i respektuar në portën e qytetit, aty ku zbatohej drejtësia. Ai ndihmonte të varfrit dhe mbronte vejushat. Në ato kohëra, gëzonte respekt të madh në shoqëri. Gjithsesi, gjërat kishin ndryshuar (kapitulli 30) dhe në vend që të nderohej, Jobin e përqeshte edhe llumi i shoqërisë. Ai vuante fizikisht dhe mendërisht. I thirri Perëndisë dhe nuk mori përgjigje. Edhe kur u kthye në këshillin, ku më parë ishte anëtar i nderuar, nuk e ndihmoi njeri. Megjithatë, përsëri ishte i bindur në pafajësinë e tij (kapitulli 31). Në një rrëfim, që bëri për të provuar pafajësinë e vet, ai përmendi të gjitha të këqijat që nuk kishte bërë. Deri në fund, Jobi tha se nuk kishte mëkatuar dhe ndëshkimi i tij ishte i padrejtë.

■ Fjalimi i Elihut (32:1–37:24)

Autori prezanton **Elihun**, një folës i ri, i cili u ndje i detyruar të fliste sepse miqtë e Jobit nuk arritën të gjenin një përgjigje të përshtatshme për ankesat e tij (kapitulli 32). Elihu nuk e besoi Jobin që pretendonte se ishte i pafajshëm dhe theksoi se Perëndia e ndëshkon njerëzimin që të largohet nga

---

T | **Drejtësia hyjnore**

Libri mbyllet pa iu përgjigjur pyetjes së drejtësisë hyjnore. Pyetja, "Pse të drejtët vuajnë?" mbetet një mister. Megjithatë, ai reflekton përgjigjen e duhur ndaj së keqes. Jobi e vuri seriozisht në dyshim drejtësinë e Perëndisë, po Perëndia nuk e quajti mëkat këtë gjë. Jobi mësoi nga fjalimet e Perëndisë të vërtetën më të madhe rreth Tij. Perëndia është i lidhur shumë ngushtë me krijesat e tij. Marrëdhënia e Perëndisë me botën përfshinte edhe Jobin dhe vuajtjen e tij. Mjedisi vajtues i Jobit ishte nën kujdesin hyjnor të Perëndisë. Përgjigja e Jobit ishte pendimi, largimi i zemërimit dhe rikthimi i besimit ndaj Perëndisë. Eshtë e vështirë të besosh në Perëndi, kur jemi të zemëruar dhe të lënduar. Kohë më pas, Jezusi do të përjetonte hidhërimin e padrejtësisë njerëzore dhe agoninë e heshtjes hyjnore gjatë çasteve të vuajtjes. Kur beson tek Ai, që njeh edhe thellësitë e dhimbjes njerëzore, arrihet një qetësi shpirtërore.

mëkati (kapitulli 33). Por, nëqoftëse ata i luten Perëndisë, Ai do t'i falë. Elihu e mbroi me zell nderin e Perëndisë (kapitulli 34). Ai përmendi se është e pamundur që Perëndia të bëjë një gabim në gjykim, sepse Ai di gjithçka. Elihu shtoi se çfarëdo që të bëjë njerëzimi, qoftë të mirë apo të keqe, nuk ndikon tek Perëndia (kapitulli 35). Elihu përsëriti temën se Perëndia ndëshkon për të mësuar dhe disiplinuar të ligjtë (kapitulli 36). Ndëshkimi është shërues, për ta tërhequr mëkatarin përsëri pranë Perëndisë, i cili ka fuqi madhështore, ashtu si tregohet dhe në rregullin e vendosur natyror prej Tij. Ky përshkrim i madhështisë së Perëndisë, i cili tregohet në natyrë, vazhdon edhe në kapitullin 37. Ky argument, në një farë mënyre, paraprin edhe fjalimet e Perëndisë.

■ Përgjigja e Perëndisë (38:1–41:34)

Segmenti përfundimtar i fjalimit të Elihut e përgatit ambientin për fjalimin e Perëndisë në mes të stuhisë. Përgjigja e Perëndisë është në formën tradicionale të urtësisë. Argumenti gjendet duke vështruar natyrën dhe duke kërkuar shpjegim për mënyrën se si është rregulluar gjithçka. Nëse Jobi nuk mund të shpjegonte se si funksiononte universi fizik, si mund të shpresonte t'u përgjigjej pyetjeve më të vështira për moralin?

Perëndia e filloi fjalimin jo duke iu përgjigjur Jobit, por duke kërkuar që Jobi t'i përgjigjej Atij (38:2-3). Ai e pyeti se ku ndodhej Jobi kur universi u krijua, kur u vendosën kufijtë e detrave? A mundej të sillte agimin apo të shkonte te portat e vdekjes, të urdhëronte stuhitë me breshërin, borën, ujin dhe vetëtimën? A i dinte ai ligjet e qiejve që

qeverisin yjet bashkë me retë? Kapitulli 39 përmban ilustrime të kujdesit hyjnor të Perëndisë deri edhe për kafshët. Jobi filloi t'i përgjigjej Perëndisë (40:3-5) por u ndërpre sepse Perëndia ia preu shkurt dhe vazhdoi ta pyeste. Nëse Jobi do të shpjegonte se si të rregullonte botën morale ashtu si duhej, atëherë Perëndia do ta pranonte që Jobi ishte në gjendje të shpëtonte vetveten (v. 14). Dy poezitë pasardhëse (40:15-24 dhe 41:1-34) përshkruajnë në vargje hiperbolike dy nga krijesat më të fuqishme të Perëndisë, Behemothin dhe Leviathanin. Këto kafshë, që janë kaq tmerruese për njerëzimin, janë krijesa të Perëndisë. Kontrasti midis Perëndisë dhe njerëzimit del përsëri në pah me anë të përshkrimeve konkrete. Perëndia krijon dhe kontrollon atë që tmerron njerëzimin. Një gji i madh i ndan këta të dy.

■ Përfundimi (42:1-17)

Jobi iu përgjigj Perëndisë me përulje dhe u pendua (v. 1-6). Ai u pendua jo sepse ai bëri të këqija dhe mëkate, por sepse kishte folur për gjëra që nuk i kuptonte (v. 3). Ai e pranoi të vërtetën se ishte njerëzor dhe nuk mund ta kuptonte se si Perëndia e kishte krijuar universin. Gjithçka që Perëndia bën dhe mënyrat se si lidhet me universin mbeten mister. Që nga ai cast, Jobi do të hiqte dorë nga hamendjet për Perëndinë. Do të ndiqte rrugën e besimit në vend të asaj të kundërshtimit. Besimi do të zëvendësonte zemërimin.

Tregimi mbaron me Perëndinë që i riktheu Jobit dyfishin e pasurisë që kishte humbur. Atij iu rikthyen të gjithë fëmijët. A mos ka këtu ndonjë shenjë që na tregon se edhe mbas vdekjes, në fund të fundit Jobi dhe gruaja e tij nuk i humbën fëmijët e tyre?

Fjali përmbledhëse

• Libri i Jobit është libër i urtësisë.

- Libri i Jobit, në pjesën më të madhe, është poezi dhe kryesisht në formën e dialogut.
- Eshtë e vështirë të përcaktohet data dhe autorësia e Librit të Jobit.
- Miqtë e Jobit mbrojtën doktrinën tradicionale se vuajtja është provë e mëkatit në jetën e një njeriu.
- Jobi ngulte këmbë për pafajësi dhe shpresonte të shfajësohej nga Perëndia.
- Fjalimet e Elihut e lidhin vuajtjen me disiplinën dhe udhëzimet hyjnore.
- Fjalimet e Perëndisë theksojnë marrëdhëniet e Tij me botën dhe qeverisjen e Tij mbi gjithçka që ka krijuar.
- Jobi u pendua për hamendjet e tij për Perëndinë dhe Perëndia i riktheu përsëri begati dhe jetë të plotë.

Pyetje për reflektim

1. Përmendni disa nga arsyet që mund të shpjegojnë pse vuajnë njerëzit e mirë.
2. A mund të zemërohesh me Perëndinë e megjithatë të mos mëkatosh, kur të ndodh një tragjedi? Në përgjigjen tuaj si konceptohet Perëndia?
3. A është vuajtja njerëzore pasojë e mëkatit? Shpjegoni përgjigjen tuaj duke u bazuar në mësimet e Librit të Jobit.
4. Çfarë mësimi nxjerrim nga shembulli i miqve të Jobit lidhur me mënyrën se si nuk duhet ngushëlluar dikush që vuan? Cilat janë mënyra më të mira për të ngushëlluar dikë?
5. Sipas mendimit tuaj, cili ishte objektivi themelor i autorit të Librit të Jobit?

Burime për studime të mëtejshme

Hartley, John. *The Book of Job. New International Commentary on the Old Testament.* Grand Rapids: Eerdmans, 1998.

Janzen, Gerald J. *Interpretation: A Bible Commentary for Teaching and Preaching: Job.* Atlanta, John Knox Press, 1985.

Newsome, Carol A. *Job: Introduction, Commentary, and Reflections. Vol. 4 of The New Interpreter's Bible.* Nashville: Abingdon Press, 1996. Faqet 319-637.

23 Këngët e lavdërimit të Izraelit: Psalmet

Objektivat

Studimi i këtij kapitulli do t'ju ndihmojë:

- Të kuptoni historinë e formimit të librit.
- Të dalloni llojet e ndryshme të psalmeve.
- Të analizoni mesazhet e psalmeve të veçanta.

Disa pyetje që duhen marrë parasysh ndërsa lexoni:

1. Cilat janë temat e ndryshme të këngëve dhe himneve që këndojmë, gjatë shërbesave të përbashkëta të adhurimi, të dielave?

2. A duhet të jenë ankesat ndaj Perëndisë një pjesë e përhershme e shërbesave adhurimi të përbashkëta? Shpjegoni pse?

3. Cilat janë arsyet e ndryshme që ju e lavdëroni Perëndinë?

Fjalët kyçe për të kuptuar

Tehillim
Psalmoi
Liber psalmorum
Ledavid
Psalme Jetimë
Selah
Hermann Gunkel
Kritikë e Formës
Himn
Vajtim
Kënga e falënderimit
Psalme Mbretërore
Mashiach
Psalmet e Sionit
Psalmet e Fronëzimit
Psalme të Urtësisë
Psalme besimi

Libri i Psalmeve është një nga librat më të lexuar dhe më të vlerësuar të Biblës. Sinagoga dhe Kisha vazhdojnë t'i këndojnë, të luten dhe t'i lexojnë Psalmet. Ndërkohë që libra të tjerë të Dhiatës së Vjetër sjellin tek njerëzimi fjalën e Perëndisë, Psalmet sjellin zërin e njerëzimit tek Perëndia. Ato i japin zë thirrjes sonë për ndihmë tek Perëndia ose shprehin mirënjohjen për shpëtimin dhe kujdesin e Tij. Psalmet zbulojnë thellësinë e nevojave dhe lartësinë e lëvdimeve tona. Adhuruesit janë në gjendje të dallojnë fazat e ndryshme të jetës së tyre në fjalët e autorëve të psalmeve dhe gjejnë ngushëllim duke i shprehur përsëri. Këto fjalë antike na sigurojnë gjuhën për të shprehur shpresat tona dhe besimin se hiri i Perëndisë do të na përkrahë gjatë përjetimeve të vështira të jetës.

Ky kapitull do të analizojë Psalmet si një e tërë, duke u kushtuar vëmendje psalmeve të veçanta vetëm për qëllim ilustrimi. Diskutimi do të fillojë me një analizë të autorësisë së Psalmeve dhe ndërtimin e librit. Më pas, psalmet do të ndahen në kategori letrare duke u bazuar tek forma dhe/ose përmbajtja. Psalmet individuale do të analizohen si shembuj të formës osa përmbajtjes teologjike. Madhësia e librit, 150 psalme, e kushtëzon analizën e detajuar të çdo psalmi.

Autorësia dhe data

Titulli hebraik për Psalmet është *tehillim*, që do të thotë "këngët e lavdërimit". *Psalmoi*, që gjithashtu do të thotë "këngët e lavdërimit", është titulli i përdorur në *Septuagint*. Në gjuhën latine u quajt *Liber Psalmorum*. Versionet në gjuhën latine dhe greke janë burimi i titullit "Libri i Psalmeve". Titujt antikë na tregojnë se libri përmban këngët izraelite të lavdërimit ndaj Perëndisë.

Ndërtimi i librit zuri një hapësirë të madhe kohore, ndoshta mbi njëmijë vjet. Psalmet e para datojnë që nga fillimi i kombit. Psalmi 90 i përket Moisiut, dhe Psalmi 29 mund të jetë përshtatur nga një psalm më i hershëm kanaaneas. Ndërkohë që psalmi 137 është i një kohe shumë më të vonë, periudhës së Mërgimit.

Ndërkohë që pjesa më e madhe e psalmeve është e periudhës së monarkisë, libri mori formën përfundimtare vetëm pas periudhës së Mërgimit. Në formën e sotme, ndodhen pesë ndarje ose libra të Psalmeve, dhe secili përfundon me një himn lavdërimi ndaj Perëndisë. Këto ndarje janë Psalmet 1–41, 42–72, 73–89, 90–106, dhe 107–150.

Në librin e parë dhe të dytë (Psalmet 1–72), psalmet i përkasin Davidit, 7 Koreut dhe 1 Asafit. Bijtë e Koreut dhe Asafit krijuan grupe muzikantësh, të cilët ua trashëguan këngët brezave pasardhës. Psalmi i parë, psalm nga *Torah*, dhe i dyti, psalm mesianik, mund të jenë vendosur më vonë si një prezantim i librit. Duket se dy librat e parë të kenë qarkulluar të bashkëngjitur, ndoshta që në periudhën e monarkisë, si një përmbledhje e psalmeve kryesisht të Davidit.

Libri i tretë përbëhet nga 11 psalme të Asafit, 4 të Koreut, 1 të Davidit, dhe 1 të Ethanit. Këto, gjithashtu, mund të jenë shkruar dhe përpiluar gjatë monarkisë dhe pastaj i janë bashkëngjitur dy librave të parë. Ndërkohë që një numër i madh psalmesh në librin e katërt dhe të pestë janë shkruar gjatë periudhës së monarkisë, ka të ngjarë që të mos t'i jenë bashkëngjitur të tjerëve deri pas përfundimit të Tempullit të dytë (515 para

Krishtit). Libri i fundit përmban Këngë të Ngjitjeve apo Psalme të Shtegtimeve (120–134), dhe psalmet aleluja (*halelu-yah*) (146–150). Psalmet në grupin e dytë fillojnë dhe mbarojnë secili me fjalën hebraike *halelu-yah* (aleluja), e cila përkthehet "lavdi Zotit". Libri i Psalmeve ka mundësi ta ketë marrë formën përfundimtare gjatë shekullit të katërt, por jo më vonë se shekulli i tretë para Krishtit.

Shumica e psalmeve kanë shpjegime ose emërtime. Këto emërtime, shpeshherë, bëjnë dallimin e personave ose grupeve që janë të lidhur me psalmin. Ato përmbajnë gjithashtu disa udhëzime për t'u shoqëruar me muzikë. Pjesa më e madhe e kuptimit të udhëzimeve nuk ka mundur të arrijë deri tek ne. Për shembull, shpjegimi i Psalmit 88 përfshin frazën "Sipas *mahalath leannoth*". Dy fjalët e fundit mund t'i referohen një melodie, tashmë të humbur, sipas të cilës psalmi duhej të këndohej.

Referencat e autorësisë tek shpjegimet paraqesin një tjetër problem. Nga 73 psalmet Davidiane, vetëm 18 kanë shënime që lidhen me ngjarjet në jetën e Davidit ashtu siç paraqiten dhe tek I dhe II Samuelit. Kjo na bën të kuptojmë se shpjegimet nuk iu bashkëngjitën psalmeve deri pas përfundimit të shkrimit të këtyre librave dhe pasi vetë psalmet u krijuan për herë të parë. Gjithashtu, nuk e dimë se çfarë nënkuptohej me termin *ledavid*. Mund të përkthehet "nga Davidi" (që do të thotë një psalm i shkruar nga ai), "për Davidin", "i Davidit" ose "që i përket Davidit". Këto përkthime të fundit na tregojnë se një psalm mund të jetë shkruar për një nga sundimtarët Davidianë. Disa psalme që i kushtohen Davidit përmendin Shenjtëroren ose Tempullin (p.sh. 18:6; 20:2; 63:2; 68:29), por Salomoni e ndërtoi Tempullin e Sionit pas vdekjes së Davidit. Prandaj, këto psalme flisnin për Davidin ose u shkruan për hir të një sundimtari Davidian,

por nuk u shkruan nga Davidi. Veç psalmeve Davidiane, 1 i përket Moisiut (90), 1 i përket Ethanit (89), 2 Salomonit (72 dhe 127), 11 bijve ose grupit të Koreut, dhe 12 grupit të Asafit. Pesëdhjetë psalme nuk kanë autorësi dhe shpeshherë quhen **psalme jetimë**.

Përveç shpjegimeve që ndodhen tek emërtimet, shpesh hasim termin *selah* (*sela* në Biblën shqipe) në një numër psalmesh. Nuk arrijmë ta përcaktojmë kuptimin e saktë të këtij termi. Një hipotezë është që *selah* do të thotë pushim i shkurtër për një interval muzikor.

Ka të ngjarë që shkrimi i psalmeve dhe këndimi i këngëve të ishin aktivitete, që lidheshin me adhurimin në Izrael, që nga periudha para monarkisë. Më vonë, shumë psalme ka mundësi të jenë shkruar veçanërisht për faltoren e ngritur nga Davidi dhe Tempullin e ngritur nga Salomoni. Kori i organizuar, muzikantë dhe këndimi i psalmeve ishin pjesë e adhurimit në Tempull në periudhën pas mërgimit. Shumica e studiuesve i referohen Librit të Psalmeve si libri i himneve i Tempullit të Dytë, kështu që ai zuri një vend të spikatur në adhurimin e izraelitëve gjatë periudhës pas mërgimit.

Llojet e psalmeve

Studimi modern i Psalmeve hodhi një hap të madh përpara me rezultatin e punës së bërë prej studiuesit gjerman **Hermann Gunkel**. Ai vuri re se shumë psalme e kishin strukturën sipas modeleve ose formave të dallueshme. Kjo analizë e veprave letrare në lidhje me strukurën njihet si **kritikë e formës**. Duke dalluar formën e një psalmi, lexuesi është në gjendje të kuptojë se si përcillen ideja dhe mesazhi i psalmit. Gjithashtu, forma na tregon se si është përdorur psalmi në adhurim. Gunkel kuptoi se, megjithëse jo të gjithë psalmet mund të klasifikoheshin sipas formës së tyre, një pjesë e konsiderueshme e tyre mund të klasifikoheshin në kategorinë e himneve, vajtimeve dhe këngëve të falënderimeve. Studiuesit e pranuan klasifikimin e tij me korrigjime të vogëla. Puna e Gunkelit na ndihmon të kuptojmë se psalmet e Izraelit nuk ishin thjesht shprehje të besimit të thellë individual, por gjendeshin në vetë adhurimin e komunitetit. Ato i përkisnin bashkësisë së besimtarëve, të cilët i përdornin për t'i shprehur lavdërimet dhe nevojat e tyre Perëndisë.

Himnet

Kategoria më e thjeshtë është ajo e **himneve**, e cila ishte e para që i bëri thirrje bashkësisë së popullit të lavdëronte Perëndinë. Thirrja fillestare për të lavdëruar Perëndinë, shpesh, ndiqet nga fjala hebraike *ki*, që përgjithësisht përkthehet *për*. Pastaj jepen arsyet dhe motivet për lavdërimin e Perëndisë. Psalmi 117, psalmi më i shkurtër nga përmbledhja, është një himn.

Lëvdoni Zotin, ju gjithë kombet!
  Kremtojini, ju gjithë popujt!

Sepse e madhe është dhembshuria e tij ndaj nesh,
  dhe besnikëria e Zotit vazhdon përjetë.

Aleluja.

Dy rreshtat e parë, duke përdorur paralelizmin sinonimik, krijojnë një thirrje për lëvdim. Fjala *sepse*, na paraqet dy rrjeshtat që tregojnë motivin, që gjenden edhe në paralelizmin formal. Psalmi mbyllet me fjalën hebraike *halelu-yah* (aleluja) , që do të thotë "Lavdëroni Zotin (*Jehovah*)". Fjala *sepse* zakonisht mungon tek himnet e krijimit, siç janë psalmet 8; 19:1-6; dhe 104. Megjithatë, himni i krijimit, Psalmi 148 e përsërit formën e rregullt dy herë.

Himne të tjera lavdërojnë qeverisjen e Zotit (*Jehovah*) mbi krijimin dhe historinë (33;145;146;147). Himne që shpallin mbretërimin e Zotit (*Jehovah*) (93 dhe 95–99) mund të kenë qenë pjesë e një rituali, ku ishte përsëritur pranimi i mbretërimit të Zotit (*Jehovah*) mbi rregullin e krijuar.

Vajtimet

Mbi një e treta e psalmeve mund të klasifikohet si **vajtime**, ose thirrje Perëndisë për ndihmë. Kjo kategori përfshin si vajtimet personale ashtu edhe ato të bashkësisë. Kur komuniteti përballej me disfatën ushtarake, urinë, murtajën, thatësirën apo ndonjë vështirësi tjetër, e shprehte nevojën e tij për Perëndinë në formën e një lutjeje për shpëtim. Krizat e detyruan popullin e Perëndisë të ngrinin pyetje të vështira në agoninë e tyre. A ishte Perëndia me ta? A ishte Ai i inatosur prej mëkatit? A ishte i drejtë në trajtimin që i bënte popullit të Tij? Psalmi 44 e shpreh këtë agoni. Ai fillon duke kujtuar veprat e mëdha që Perëndia kishte bërë për popullin e Tij (v. 1-8).

O Perëndi, e kemi dëgjuar me veshët tona,
  etërit tanë na kanë treguar

veprën që ti ke bërë në ditët e tyre
  në kohërat e lashta. (v. 1)

Në mënyrë të papritur dhe dramatike poema kalon në rrëfimin e gjendjes së vështirë të popullit (v. 9-16).

Por ti na dëbove dhe na mbulove me turp,
  dhe nuk del më me ushtritë tona. (v. 9)

Perëndia i shiti tek kundërshtarët e tyre, dhe ata u detyruan të duronin talljet e tyre. Por ata nuk e meritonin këtë gjë (v. 17-22). Duke protestuar për pafajsinë e tyre, ata i kujtuan Zotit (*Jehovah*) besnikërinë e tyre dhe e mohuan që u ishin kthyer perëndive të tjera.

Të tëra këto na kanë rënë mbi kurriz,
  por ne nuk kemi harruar
  dhe nuk kemi tradhëtuar besëlidhjen tënde.
  (v. 17).

Poema mbyllet me një thirrje drejt Perëndisë që t'i kushtojë vëmendje gjendjes së tyre (v. 23-26). Ata iu drejtuan Atij "për hir të mirësisë" së Tij duke besuar se Ai do t'i shpëtonte. Vajtime të tjera të bashkësisë gjenden tek Psalmet 58, 60, 80, 90, 94 dhe 137.

Autorësia e shumicës së vajtimeve mund t'i përkasë individëve që iu drejtuan Perëndisë gjatë fatkeqësive dhe provave personale. Këto vajtime paraqesin kontekstin e mëkatit, sëmundjes, fatkeqësisë ekonomike, tradhëtisë nga një mik, akuzave të rreme, shterpësisë, vdekjes, braktisjes nga vetë Perëndia dhe shtypjes nga armiku. Shpesh situata e duhur nuk mund të përcaktohet. Një numër psalmesh i drejtohen armiqve të besimtarëve. Përdorimi i gjuhës së stilizuar dhe metaforave, e fshehin identitetin e kundërshtarit, pikërisht si në Psalmin 22:12-14:

Dema të mëdhenj më kanë rrethuar,
  dema të fuqishëm të Bashanit më rrinë
  përqark;

Ata hapin gojën e tyre kundër meje,
  si një luan grabitqar që vrumbullit.

Më derdhin si ujë
  dhe tërë kockat e mia janë të ndrydhura;

zemra ime është si dylli
  që shkrihet në mes të zorrëve të mia.

Ose Psalmi 35:26:

U turpërofshin dhe u pështjellofshin
  gjithë ata që gëzohen nga e keqja ime;

u mbulofshin me turp dhe me fyerje
  të gjithë ata që ekzaltohen kundër meje.

Ky përdorim i gjuhës së stilizuar dhe metaforike i lejon adhuruesit e tjerë, të cilët ndihen të kërcënuar nga problemet e jetës, që ta shprehin në lutje vajtimin e tyre, duke e përdorur këto vargje dhe duke iu përshtatur situatës së tyre. Kështu, psalmet kanë vazhduar të përdoren nga breza të rinj besimtarësh për të shprehur dhimbjen e tyre.

Mënyra e vajtimit përfshin një variacion të gjerë. Zakonisht nis me (1) një thirrje ndaj Perëndisë:

Deri kur do të më harrosh, o Zot? Vallë kështu
  do të jetë përjetë?
  Deri kur do të më fshehësh fytyrën tënde?
  (13:1).

O Perëndia im, më shpëto me emrin tënd
  dhe siguromë drejtësi me fuqinë tënde
  (54:1).

Vëri veshin, o Zot, dhe përgjigjmu,
  sepse jam i dëshpëruar dhe nevojtar (86:1).

Thirrja për ndihmë mund të ndiqet nga (2) një përshkrim i situatës, dhe ndonjëherë quhet dhe ankesë:

Sepse disa të huaj janë ngritur kundër meje dhe
  njerëz të furishëm kërkojnë jetën time,
  njerëz që nuk e kanë Perëndinë para syve të
  tyre (54:3).

O Perëndi, njerëz kryelartë kanë dalë kundër
  meje
  dhe një turmë njerëzish të dhunës kërkojnë
  jetën time
  dhe nuk të vë ty para syve të tyre (86:14).

Pas ankesës mund të ndodhet (3) një protestim për pafajësi:

Nuk ulem me njerëz gënjeshtarë
   dhe nuk shoqërohem me njerëz hipokritë.

Unë urrej tubimin e njerëzve të këqij
   dhe nuk bashkohem me të pabesët (26:4-5).

Ose si një rrëfim mëkati::

Para teje pranova mëkatin tim,
   nuk e fsheha paudhësinë time,

Thashë, "Do t'ia rrëfej shkeljet e mia Zotit,"
   dhe ti e ke falur paudhësinë e mëkatit tim
   (32:5).

Shpesh, kur (4) besimtarët rrëfejnë besimin e tyre në Perëndi, tek vajtimet ndodh një kthesë dramatike. Pavarësisht nga rrethanat ata qëndronë të kapur pas besimit se dashuria e Perëndisë është e patundur, duke besuar se Ai do ta respektojë besëlidhjen dhe do t'u vijë në ndihmë.

Ja, Perëndia është ndihma ime,
   Zoti e përkrah jetën time (54:4).

Por unë kam besim te ti, o Zot;
   kam thënë, "Ti je Perëndia im" (31:14).

Vajtimi mund të mbyllet me (5) një tjetër lutje për ndihmë:

Dëgjo me vëmendje klithmën time,
   sepse jam katandisur si mos më keq;

më çliro nga përndjekësit e mi,
   sepse janë më të fortë se unë.

Më nxirr nga burgu
   që të mund të kremtoj emrin tënd. (142:6-7).

Ose me një zotim për të lëvduar Perëndinë:

Do të të kremtoj midis popujve, o Zot,
   do të këndoj lavdet e tua midis kombeve,

sepse e madhe deri në qiell është mirësia jote,
   dhe e vërteta jote arrin deri në retë
   (57:9-10).

Vajtimi ka shumë variacione, të cilat nuk janë të vështira për t'u dalluar. Thirrja për

---

T Gjuha e urrejtjes tek Psalmet

Një numër psalmesh përmbajnë një gjuhë të fortë urrejtjeje për armikun. Këto psalme kërkonin gjykimin e pamëshirshëm të Perëndisë mbi ata që përndiqnin dhe shtypnin besimtarët. Psalmi 137 është një shembull i psalmeve që përmbajnë gjuhë hakmarrjeje dhe urrejtjeje. Mund të mos ndihemi mirë kur e lexojmë sot,

  O bijë e Babilonisë, që duhet të shkatërrohesh,

    lum ai që do ta lajë të keqen

    që na ke bërë!

  Lum ai që merr foshnjët e tua

    dhe i përplas kundër shkëmbit! (137:8-9).

Kur hasim në një gjuhë me kaq urrejtje, duhet të kujtojmë që thirrja e Perëndisë për gjykim ishte një pjesë e rëndësishme e besimit fetar në Izrael. Njerëzit e pashpresë e shikonin Perëndinë si të vetmin burim të drejtësisë dhe ndihmës. Ata nuk merrnin përgjegjësi mbi vete, por i besonin Perëndisë dhe gjykimit të Tij të drejtë. Si të krishterë që lexojmë psalmet, duhet të zbatojmë urdhërimin e dashurisë si themeli i marrëdhënies sonë me ata që na urrejnë dhe na përndjekin (Mateu 5:43-45).

ndihmë drejt Perëndisë dhe përshkrimi i disa llojeve të situatave të vështira, janë shenja dalluese. Variacioni, i treguar në psalmet individuale, spikat mbi krijimin e kompozitorëve po aq sa dhe ndryshimi i rrethanave. Megjithatë, nën variacionet, qëndron besimi i patundur se Perëndia i Izraelit do t'i dëgjonte lutjet e adhuruesve të Tij dhe do të vepronte në të mirë të tyre. Ata i besuan besnikërisë së Tij ndaj besëlidhjes. Kur mëkatonin, ata ishin të sigurtë se Ai do t'i falte. Sado e vështirë të ishte situata në të cilën ndodheshin, ata e thërrisnin Perëndinë me shpresën se do t'i dëgjonte. Në këtë mënyrë, lindën edhe lavdërimi në mirëbesim dhe falënderimi. Kështu, vajtimet nuk përfundonin në dëshpërim, por në shpresë dhe adhurim.

Kantikët e falënderimeve

Ndërkohë që vajtimet kërkojnë ndihmën e Perëndisë, **kënga e falënderimit** është një përgjigje mirënjohëse ndaj Perëndisë për përgjigje të lutjeve. Disa psalme pasqyrojnë kontekstin e mëkatit dhe faljes.

Thashë, "Do t'ia rrëfej shkeljet e mia Zotit," dhe ti e ke falur paudhësinë e mëkatit tim (32:5).

Disa të tjerë i referohen shërimit që ka ndodhur.

O Zot, Perëndia im, unë të kam klithur ty, dhe ti më ke shëruar.

O Zot, ti e ke nxjerrë shpirtin tim jashtë Sheolit, më ke mbajtur gjallë që të mos zbrisja në gropë (30:2-3).

Disa të tjerë na tregojnë se çlirimi ka ardhur.

Ky i pikëlluar klithi dhe Zoti e plotësoi, e shpëtoi nga të gjitha fatkeqësitë e tij. (34:6).

Jo vetëm individi por i gjithë komuniteti e shprehu gëzimin e tij për bekimin e Perëndisë, veçanërisht për prodhimet e shumta (65 dhe 67), fitoren mbi armiqtë (75 dhe 124), dhe që i solli pelegrinët shëndoshë

H **Interpretimi i Psalmeve nga judenjtë dhe nga të krishterët e hershëm**

Çfarë ndodhi kur monarkia u zhduk me rënien e Jeruzalemit në 587 para Krishtit? Si mundën të ri-interpretoheshin këto psalme në mënyrë që të ishin kuptimplote për shoqërinë e re që nuk udhëhiqej nga një mbret judeas? Mbas Mërgimit, njerëzit u kthyen në Judë, e cila u bë pjesë e Perandorisë së madhe Perse. Më pas, erdhi Perandoria greke me Aleksandrin e Madh, i ndjekur nga udhëheqësit Seleucid, dhe në fund erdhën romakët. Nuk pati asnjë monarki judease që Perëndia mund ta bekonte. Nuk pati asnjë mbret që ta udhëhiqte popullin në luftë. Psalmet u ri-interpretuan në mënyrë që të kishin një kuptim të së ardhmes. Ato u bënë zëri i pritjes. Populli priti gjatë që Perëndia të sillte një udhëheqës mbretëror, që do të mundej edhe një herë të fundit, ashtu si Davidi, t'i rikthente mbretërinë Izraelit. Mbreti ishte "i vajosuri", në hebraisht *mashiach* ose mesia. Në bashkësinë e pasmërgimit, këto psalme u lexuan si përshkrime profetike të mesias, të cilin Perëndia do ta dërgonte për të shpenguar popullin e Tij. Psalmet interpretoheshin jo si një vështrim mbrapa tek një mbretëri historike, por si një pritje e të ardhmes, në të cilën Perëndia do të kryente një vepër të re shpengimi, duke dërguar një mbret mesianik. Të krishterët e hershëm zbatuan shumë prej psalmeve mbretërore në jetën dhe shërbesën e Jezus Mesisë.

e mirë në Jeruzalem për festën vjetore të rradhës (107).

Këto psalme u kënduan në praninë e bashkësisë së popullit të Zotit siç e tregon dhe hapja. Fillojnë me një përcaktim të synimit për ta lavdëruar Perëndinë. Një individ mund të fillojë me një formulim personal:

Unë e dua Zotin, sepse ai dëgjoi zërin tim dhe lutjet e mia (116:1).

Ose mund të thirret e gjithë bashkësia për të falenderuar.

Kremtoni Zotin, sepse ai është i mirë, sepse mirësia e tij vazhdon përjetë.

Kështu thonë të shpenguarit prej Zotit që ai i ka çliruar nga dora e kundërshtarit (107:1-2).

Boshti kryesor i këngës së falënderimit është i përbërë nga tre pjesë:

(1) Përshkrimi i fatkeqësisë që adhuruesi ka kaluar:

Dhembje vdekjeje më kishin pushtuar dhe përrenj njerëzish të kobshëm më kishin tmerruar.

Ankthet e Sheolit më kishin rrethuar dhe leqet e vdekjes më rrinin përpara (18:4-5).

(2) Lutja ndaj Perëndisë:

T **Teologjia e Psalmeve**

Psalmet mund të jenë lutjet e njerëzve tek Perëndia, por në qendër të tyre është Perëndia, jo njerëzimi. Ka vetëm një Perëndi, Jehova, që e çliroi Jeruzalemin nga Egjipti, lidhi besëlidhje me popullin e Tij të veçantë, u dha atyre tokën, zgjodhi Davidin si mbret dhe Jeruzalemin si vendin e Tij të banimit. Jehova e ruan me përkushtim popullin e Tij nga armiqtë e tyre, po nuk i lë pa ndëshkuar mëkatet e tyre. Një nga qëllimet kryesore të Jehovas është qeverisja morale e kësaj bote. Të drejtët do të flenë të qetë nga drejtësia e Tij, sepse të këqinjtë do të ndëshkohen dhe të drejtët do të shpërblehen. Marrëveshja e Izraelit do të mbështetet nga dashuria e patundur e Jehovës (në hebraisht, *hesed*, që do të thotë gjithashtu "besnikëri në besëlidhje, dashuri e pafund, besnikëri").

Psalmet e paraqesin njerëzimin si krijesa të varura që kanë nevojë për ndihmën e Perëndisë. Bota është kthyer në një vend armiqësor që i kundërvihet fuqishëm Izraelit. Edhe në bashkësinë që ka lidhur një besëlidhje, të ligjtë mundohen të shkatërrojnë të drejtët. Vetëm Jehova mund të sigurojë mbrojtjen e duhur. Ai përkrah luftëtarët, sjell drejtësi tek të shtypurit, dhe mbron qytetin e shenjtë. Përtej kësaj jete ka shumë pak shpresë, kështu që, besimtarët bëjnë thirrje për lehtësim të menjëhershëm nga shtypja, forcat e vdekjes dhe shterpësia e tokës. Psalmet na japin shumë pak shpresa që drejtësia e Zotit mund të arrijë përtej varrit. Mëkati do të shkaktojë zemërimin e Perëndisë. Megjithatë, restaurimi është i mundur nëpërmjet pendimit. Ndërkohë që vajtimet i japin ngjyra të errëta tonit emocional të Psalmeve, gëzimi për praninë e Perëndisë shpreh të kundërtën. Madje, edhe vetë vajtimet përcjellin njëfarë besimi se Perëndia do t'i dëgjojë dhe do t'u përgjigjet lutjeve. Jeta do të shndrisë sërish.

Në ankthin tim kërkova Zotin
  dhe i klitha Perëndisë tim (v. 6).

(3) Përgjigja e Perëndisë për lutjen:

Ai nga lart shtriu dorën, më mori
  dhe më nxorri jashtë ujrave të shumta.

Më çliroi nga armiku im i fuqishëm
  dhe nga ata që më urrenin, sepse ishin më të
  fortë se unë (v. 16-17).

Nuk ka një formë standarte për përfundimin; por ka një sërë mundësish. Shembujt mund të përfshjnë kremtime të lavdërimit ndaj Perëndisë:

Rroftë Zoti, qoftë e bekuar Kështjella ime
  dhe lëvduar qoftë Perëndia i shpëtimit tim!
  (v. 46-50).

Ose një lutje për ndihmë të vazhdueshme:

Na ndihmo ti kundër kundërshtarëve,
  sepse ndihma e njeriut është e kotë.

Me Perndinë do të kryejmë trimëri,
  dhe do të jetë ai që do t'i shtypë armiqtë tanë
  (108:12-13).

Apo një betim për të përmbushur premtimet:

Unë do të të ofroj një flijim falënderimi
  dhe do të përmend emrin e Zotit.

Do t'i plotësoj zotimet e mia Zotit
  në prani të të gjithë popullit të tij
  (116:17-18).

Ose një thënie të urtë:

Ai që është i urtë le t'i këqyrë këto gjëra
  dhe le të çmojë mirësinë e Zotit (107:43).

Kënga e falënderimit mund të ngatërrohet me himnin, sepse të dyja hapen me synimin për të lëvduar Perëndinë. Gjithsesi, është pjesa tjetër ajo që i dallon nga njera tjetra. Tek himni, ftesa për lëvdim ndiqet nga një mori arsyesh për të lëvduar, ndërsa këngët e falënderimeve i përsërisin çështjet që kanë nevojë për ndërhyrje hyjnore dhe pastaj tregojnë se si u është përgjigjur Perëndia. Si himnet edhe këngët e falënderimit bëjnë formulime pozitive të mirësisë së Perëndisë, i cili bën gjëra të mrekullueshme për njerëzit e Tij.

Llojet e tjera të psalmeve

Shumë prej psalmeve nuk mund të klasifikohen sipas formës por sipas retorikës ose përmbajtjes së tyre. Disa kanë një temë të përbashkët që i lidh me njëri-tjetrin. **Psalmet mbretërore** përfaqësojnë një grup të tillë. Këto psalme u shkruan nga ose për mbretin dhe shpesh kanë mbishkrimin "Nga Davidi". Psalmet 2, 72 dhe 110 u kënduan në kurorëzimin e mbretit, ndërsa Psalmi 45 në dasmën mbretërore. Në Psalmin 118, mbreti e drejtoi bashkësinë drejt adhurimit. Në Psalmin 20, mbreti përgatitet të shkojë në luftë; në Psalmin 21 ai kthehet me fitore. Psalmi 18 është një psalm mbretëror i falënderimit. Tempulli i Jeruzalemit ishte një faltore mbretërore, financuar, ndërtuar dhe mirëmbajtur nga mbreti. Nuk është çudi që shumë prej psalmeve kanë të bëjnë me mbretin. Mbreti ishte përfaqësuesi i zgjedhur i Perëndisë. Davidi në veçanti u vu në fron në vend të Saulit dhe iu premtua një fron i përjetshëm nëpërmjet zinxhirit të pashkëputur të trashgimtarëve (shikoni II Samuelit 7; Psalmet 89, 132).

Ndërkohë që psalmet mbretërore flisnin për çështje, që i përkisnin monarkisë tokësore, **psalmet e fronëzimit** (47, 93, 95–99) kremtonin mbretërinë e Zotit (*Jehovah*). Mbi të gjithë udhëheqësit tokësorë ulet në fronin qiellor Mbreti i Mbretërve. Para Tij përulet i gjithë njerëzimi dhe natyra. Ai është sovrani absolut. Ky është shkaku i gëzimit, sepse Ai u sjell fitore njerëzve të Tij. Nga përmbajtja, këto psalme formojnë një grup të veçantë. Nga ana tjetër, secili prej tyre, për nga forma, është një himn. Këtu kemi një mbivendosje të formës dhe përmbajtjes.

Psalmet e Sionit kremtojnë zgjedhjen e Jeruzalemit si vendi i Tempullit të Zotit (*Jehovah*) (Psalmet 46, 48, 76, 84, 87, 122). Në këto psalme të shkurtra, Jeruzalemi përshkruhet si vendi që Perëndia zgjodhi për banesën e Tij. Asnjë qytet tjetër nuk mund të krahasohet me të për nga bukuria. Është vendi ideal për të jetuar, dhe ata që lindin aty janë të bekuar. Në kohëra të rrezikshme vetë Perëndia do ta mbrojë.

Psalmet e urtësisë u shkruan më vonë, në përfundim të monarkisë ose gjatë periudhës së mërgimit dhe pas mërgimit. Ato tregojnë problemet me të cilat merret urtësia: të kërkosh suksesin në jetë (Psalmi 128), në ndarjen e njerëzve në të zgjuar dhe të drejtë sikurse në të paditur dhe të këqinj (Psalmi 37, 112), duke parë përvojën njerëzore si burim i dijes. Psalmi 1, i cili shërben si një prezantim i tërë librit, përqëndrohet në dy mënyrat e të jetuarit–në shenjtëri dhe mëkat. Në Psalmet 49 dhe 73, autorët e psalmeve

luftojnë me ndërlikimet në botë. Mendimi, që qarkullonte në atë kohë, ishte se Perëndia do të vendoste drejtësi, të drejtët do të shpërbleheshin dhe të këqinjtë do të ndëshkoheshin. Megjithatë, të këqinjtë jetuan mirë dhe nuk u ndëshkuan. Kjo padrejtësi bëri që autorët e psalmeve të shikonin përtej së tashmes tek një rrëfim shprese për jetë përtej varrit (Psalmet 49:15; 73:26). Ndërkohë që ky mendim është shumë i qartë nga pikëvështrimi i Dhiatës së Re, ndërsa në Dhiatën e Vjetër ishte diçka e re.

Psalmet e besimit janë ndërmjet psalmeve më të dashura të Biblës. Psalmi 23 është më i njohuri. Këngë të tjera të besimit përfshijnë Psalmet 11, 16, 62, 63, 91, 121, 125 dhe 131. Vajtimet shpesh përfshijnë një pjesë që tregon besimin e adhuruesve se Zoti (*Jehovah*) i ka dëgjuar dhe do t'i përgjigjet lutjes së tyre. Kënga e besimit është një shpallje më e qartë që kremton mirësinë dhe besueshmërinë e Perëndisë në mes të problemeve të jetës. Në disa raste bollëku shndërrohet në pretendime të tepërta për mbrojtje hyjnore, veçanërisht për mbretin, nga të gjitha fatkeqësitë e jetës (Psalmi 91).

Fjali përmbledhëse

- Lavdërimi për Perëndinë është qëllimi kryesor i Psalmeve.
- Psalmet e kanë origjinën në kontekstin e adhurimit të Izraelit.
- Psalmet na ofrojnë gjuhën e duhur për t'iu lutur Zotit dhe ta lavdëruar Atë.
- Libri i Psalmeve në formën aktuale përfaqëson mbi njëmijë vjet shkrime, përpilime dhe hartime.
- Psalmet në fillim kanë ekzistuar si pesë libra ose pjesë të ndara.
- Libri i Psalmeve e arriti formën e tij përfundimtare gjatë periudhës pas mërgimit.
- Emri i Davidit lidhet me pothuajse gjysmën e psalmeve.
- Gunkel ishte studiuesi i parë që i klasifikoi psalmet sipas formës së tyre.
- Himnet, vajtimet, psalmet e falënderimit, psalmet mbretërore, psalmet e fronëzimit, psalmet e urtësisë dhe psalmet e besimit janë disa nga llojet kryesore të psalmeve.

Pyetje për reflektim

1. Lexoni Psalmet dhe përshkruani portretin e njerëzimit sipas psalmeve.

2. Lexoni Librin e Psalmeve dhe përshkruani portretin e Perëndisë sipas Psalmeve. Vëreni përshkrimet e ndryshme të Perëndisë dhe vlerësoni besimin e autorëve të Psalmeve.

3. Çfarë domethënie ka mënyra se si mbyllen pjesa më e madhe e vajtimeve? Çfarë na mëson kjo gjë për lutjen?

4. Pse është kaq e dobishme të analizojmë një psalm nga forma e tij?

5. Shkruani një lutje personale besimi dhe sigurie duke shfrytëzuar gjuhën e përdorur në psalme.

Burime për studime të mëtejshme

Brueggemann, Walter. *The Message of the Psalms: A Theological Commentary.* Minneapolis: Augsburg Publishing House, 1984.

McCann, Clinton J., Jr. *The Book of Psalms: Introduction, Commentary and Relfections.* Vëll. 4 i The New Interpreter's Bible. Nashville: Abingdon Press, 1966, Faqet 641–1280

Mays, James L. *Interpretation: A Bible Commentary for Teaching and Preaching: Psalms.* Louisville, Ky.: John Knox Press, 1994.

Objektivat

Studimi i këtij kapitulli do t'ju ndihmojë:

- Të kuptoni çështjet e autorëve dhe periudhave për Fjalët e Urta, Predikuesin, dhe Katikun e Kantikëve.
- Të zbatoni në jetë diturinë e Fjalëve të urta.
- Të analizoni mënyrat e ndryshme se si të gjeni kuptim për jetën.
- Të zhvilloni një pikëpamje biblike mbi marrëdhënien seksuale dhe funksionin e duhur të saj.

Disa pyetje që duhen marrë parasysh ndërsa lexoni:

1. Cilat janë disa nga thëniet domethënëse të urta, në ditët e sotme?

2. Cili është qëndrimi i zakonshëm ndaj jetës, në shoqërinë e sotme laike ?

3. Çfarë mendimi kanë njerëzit për marrëdhënie sekuale në shoqërinë tonë bashkëkohore?

Fjalët kyçe për të kuptuar

I drejtë
I keq/I lig
Thënie numerike
Fjalët e urta
Qoheleth
Canticles

Te Fjalët e urta, Predikuesi dhe Kantiku i kantikëve njerëz të ditur dhe poetë të Izraelit shqyrtojnë me elokuencë dhe stil aspekte dhe probleme të ndryshme të ekzistencës njerëzore. Te Fjalët e Urta ngrihet pyetja: çfarë duhet të bëjë njeriu që të ketë sukses në jetë? Predikuesit sfidojnë idetë konvencionale ose tradicionale të jetës. Ky libër shtron pyetjen: Cili është qëllimi i jetës? Te Kantiku i kantikëve kremtohen dëshirat e jetës. Ne ende vazhdojmë të jetojmë në një botë që mundohet të zgjidhë problemet ekzistenciale, të cilat janë trajtuar në librat e sipërmendur. Një lexim reflektues i këtyre librave na ndihmon të kuptojmë dhe na udhëzon sesi të jetojmë një jetë me kuptim në botën postmoderne.

Fjalët e urta[1]

Si mund të zbulojmë rrugën për të patur një jetë të mirë? Izraeli besonte që Perëndia i kishte ndërthurur parimet e diturisë me të gjithë krijimtarinë e Tij (Fjalët e Urta 8). Nëse njerëzit studiojnë rezultatet e zgjedhjeve, që ata kanë bërë, mund të dallojnë se si dikush mund të kishte jetën më të gjatë ose më të shkurtër, sesi mund të jetonte me bollëk ose në varfëri, në paqe ose në vështirësi. Ai që është i zgjuar mund të mësonte nga mësimet e mëparshme dhe mund të jetonte një jetë të mirë. I pamendi do të hidhte poshtë zgjuarsinë dhe do të jetonte një jetë të padisiplinuar, e cila do ta çonte në shkatërrim. Në traditën e Izraelit, në lidhje me diturinë, ata që ndiqnin modelin e Perëndisë ishin të drejtë dhe të ditur, ndërsa ata që nuk e ndiqnin ishin budallenj dhe të këqinj.

Autorët dhe periudha

Ndryshe nga shumë libra të Dhiatës së Vjetër autorët e të cilëve janë anonim, libri Fjalët e urta fillon me fjalinë "Fjalët e urta të Salomonit, birit të Davidit, mbret i Izraelit". Për më tepër titulli te Fjalët e urta 10:1 është "Fjalët e urta të Salomonit". Këto pohime na bëjnë që të mendojmë se Salomoni i shkroi librin ashtu si edhe e kemi sot. Megjithatë te 25:1 thuhet "Edhe këto janë fjalë të urta të Salomonit, të transkriptuara nga njerëzit e Ezekias, mbretit të Judës". Ky shënim na tregon se libri nuk kishte përfunduar të paktën deri në kohën e Ezekias (715-687 para Krishtit). Në libër gjejmë edhe fjalë të tjera të urta si "Fjalët e të urtëve" (22:17–24:22), "Edhe këto gjëra për të urtit" (24:23-34), "Fjalët e Agurit" (kapitulli 30), "Fjalët e mbretit Lemuel" (31:1-9) dhe një poem për "gruan e fortë dhe të virtytshme" (31:10-31). Nuk ka arsye të dyshohet se disa nga materialet i përkasin kohës së Salomonit dhe ndoshta disa edhe më herët. Megjithatë, libri që ne kemi sot ka kaluar në një proces

---

T **"I drejtë" dhe "i keq"**

Shpesh në Dhiatën e Vjetër termat *i drejtë* dhe *i keq* përdoren për të përcaktuar më shumë marrëdhëniet sesa gjendjet morale. Një person jetonte si një anëtar i një familjeje, i një klani, i një fisi, komuniteti e kështu me radhë dhe secili nga këta kishte detyrimet e veta që duhet t'i zbatonte. Kur një person përmbushte detyrimet e kërkuara në çfarëdolloj situate atëherë ishte i drejtë. Një person është i drejtë vetëm kur përmbushte detyrimet në të gjitha nivelet e marrëdhënieve. Te Fjalët e urta termi *i keq* përdoret për ata që janë imoralë (12:12), por gjithashtu edhe për ata që dhunojnë detyrimet shoqërore (v. 26).[2]

redaktimi dhe përpilimi dhe ndoshta ka marrë formën përfundimtare gjatë ose mbas mërgimit babilonas.

Përmbajtja

Shihni një përvijim të thjeshtë të materialeve në librin "Fjalët e urta" si më poshtë:

1. Poema për rrugën e urtësisë(1:1–9:18)

2. Fjalët e Urta të Salomonit dhe thënie të tjera nga të diturit (10:1–29:27)

3. Materiali përmbyllës (30:1–31:31)

■ Poema për rrugën e urtësisë (1:1-9:18)

Prologu (1:1-7) na tregon qëllimin e librit: t'i japë dituri e disiplinë të thjeshtit dhe të riut, si dhe të ndihmojë atë që është i mençur të mësojë më shumë. Themeli i urtësisë është respekti dhe nderimi që duhet të kemi për Zotin.

Seksioni i parë kryesor (1:8–9:18) përbëhet nga poema më të gjata, një stil i ngjashëm me disa materiale egjiptiane mbi diturinë. Ky seksion përbëhet nga 10 mësime që zakonisht fillojnë me fjalinë "Dëgjo, biri im".

Mësimi i parë (1:8-19) paralajmëron të rinjtë t'i shmangen joshjes së mëkatit dhe mëkatarëve. Pjesa tjetër e këtij kapitulli paraqet diturinë si një grua që ecën rrugëve duke u bërë thirrje të gjithëve që ta dëgjojnë dhe që të mësojnë prej saj.

Mësimi i dytë përshkruan nevojën për të kërkuar dituri, e cila është më e çmuar se pasuria (2:1-22). Mbron të riun nga kurthet e jetës. Mësimi i tretë (3:1-12) nxit të rinjtë të kenë besim te Perëndia dhe të ecin

---

K "Dëgjo, biri im"

Përse "Fjalët e urta" gjithmonë i drejtohen birit dhe jo bijës? Kjo tregon se shoqëria izraelite kishte një orientim patriarkal. Në ambientet familjare merrnin mësime edhe vajzat edhe djemtë, ndërsa në vendet publike vetëm burrat merrnin mesime. Ne nuk mendojmë se shoqëria patriarkale është norma që Perëndia donte për të gjitha kulturat njerëzore. Zbulesa e tij përbëhet nga një mesazh që kapërcen kufijtë kulturore. Në një shoqëri perëndimore të barabartë do të ishte më e përshtatshme që në vend të "biri im" të përkthehej "fëmija ime".

---

përulësisht sipas mësimeve të Tij. Mësimi i katërt thekson gjykimin e matur dhe mprehtësinë që të çojnë në siguri dhe në mbrojtje (v. 21-35).

Në mësimin e pestë (4:1-9) i riu drejtohet se si të fitojë gjykim, dituri. Mësimi i gjashtë (v. 10-19) përshkruan rrugën e dyfishtë dhe nxit të rinjtë të zgjedhin rrugën e diturisë dhe jo rrugën e keqe. Mësimi i shtatë (v. 20-27) u bën thirrje të rinjve të zgjedhin rrugën moralisht të drejtë të jetës dhe jo rrugën e keqe.

Mësimi i tetë është një paralajmërim për të rinjtë për të mos bërë imoralitet seksual (5:1-23). "Pi ujin e sternës sate" (v. 15) që do të thotë, qëndroji besnik bashkëshortes/bashkëshortit tënd. Kapitulli 6 përfshin këshilla për një biznes të mirë, zell në punë dhe një list me gjëra që Zoti urren (v. 1-19).

I Thënie numerike

Thëniet numerike gjenden në disa vende te "Fjalët e urta" dhe në libra të tjerë të Dhiatës së Vjetër (shih Amos 1:3-2:6). Në këtë mekanizëm letrar ne gjejmë çështje të ndryshme të listuara sipas numrave, ku në përgjithësi, gjëja e listuar në fund ka më shumë kuptim ose është më e rëndësishme se të tjerat.

Mësimi i 9 (6:20-35) flet përsëri për besnikërinë seksuale. Ajo që duket si një mundësi, për gëzim sekret, në lidhje me kënaqësinë seksuale, do të kthehet në turpërim publik dhe shkatërrim. Mësimi i 10 (7:1-27) zhvillon të njëjtën temë, por në formën e një drame.

Në kapitullin 8, dituria personifikohet përsëri si një grua (Zonja Dituri). Ajo i thërret njërëzit që të hyjnë në shtëpinë e saj në mënyrë që të marrin jetë, nder dhe pasuri. Ajo ishte me Perëndinë që nga krijimi, dhe nëpërmjet diturisë, Perëndia solli në jetë gjithçka. Personifikimi i diturisë vazhdon edhe në kapitullin 9. Ata që hyjnë në shtëpinë e saj do të festojnë me ushqimet më të mira (v. 1-6). Me atë jeta do të jetë e mirë. Ndryshe nga kjo, gruaja budallaqe fton njerëzit e thjeshtë në shtëpinë e saj, ku ushqimi i vjedhur është i shijshëm (v. 13-18). Kjo është shtëpia e të vdekurve.

■ Fjalët e urta të Salomonit dhe thënie të tjera nga të diturit (10:1-29:27)

Kjo pjesë e librit përbëhet nga thënie të shkurtra me dy deri në katër rreshta. Këto janë lloje thëniesh që zakonisht lidhen me termin *fjalë të urta*. Një **fjalë e urtë** (në hebraisht *mashal*) është një thënie domethënëse e shkurtër, që ka një ide ose një të vërtetë.

Duket sikur nuk ka tema lidhëse dhe unifikuese në këtë seksion.

Ky seksion mbulon shumë tema. Në këtë seksion gjejmë paralajmërime kundër biznesit ilegal, përtacisë, dërdëllisjeve të kota, peshores të pasaktë, krenarisë, pamaturisë seksuale, thashethemeve, shpifjeve, fjalëve të kota, dëshmitarëve të rremë në gjyqe, mashtrimit, grykësisë, zilisë, gënjeshtrës dhe qeveritarëve që shtypin të varfërit. Ka edhe fjalë të urta që i bëjnë thirrje njerëzve të kenë besim te Perëndia, ku mësojnë se si të disiplinojnë veten, se si të disiplinojnë fëmijët, shërbyesit, sesi të jenë bujarë, sesi të kujdesen për të varfërit, se si të kenë marrëdhënie të drejta në familje, se si të jenë të kujdesshëm në punë, kursimtarë, të duruar dhe mbi të gjitha se si të fitojnë dituri. Baza e diturisë është frika (respekti dhe bindja) ndaj Perëndisë.

T Domethënia e fjalëve të urta të Izraelit për ditët e sotme

Sa të besueshme janë këto fjalë të urta të vjetra për të udhëhequr jetën e një personi të ditëve të sotme? A janë ato krejtësisht të vërteta? Si duhet të kuptohen meqë disa fjalë të urta duken sikur kundërshtojnë njëra-tjetrën, për shembull 26:4-5.

Mos iu përgjigj budallait simbas budallallëkut të tij,
   që të mos bëhesh edhe ti si ai.

Përgjigjju budallait simbas budallallëkut të tij,
   që ai të mos mendojë se është i urtë.

A duhet t'i përgjigjemi budallait apo jo? Dituria mund t'i japë përgjigje kësaj pyetjeje. Këto fjalë të urta ilustrojnë atë, se të gjitha fjalët e urta janë të vërteta kur merren me një aspekt të caktuar të jetës, por jo të gjitha janë universale dhe jo të gjitha mund të zbatohen në çdo rast. Ai që është i zgjuar di jo vetëm se çfarë të thotë ose çfarë të bëjë, por di edhe kur është koha e duhur. Ndërsa budallai nuk e di. Dituria nuk është thjesht një përpjekje intelektuale, që fitohet duke mësuar përmendësh shumë fjalë të urta, por një zbatim pragmatik i mprehtësisë në lidhje me mënyrën se si të jetojmë mirë.

■ Materiali përmbyllës (30:1–31:31)

Materiali i fundit i këtij libri është marrë nga burime të ndryshme. Kapitulli 30 përbëhet nga fjalët e Agurit. Fjalët e Agurit përfshijnë një poemë që flet për madhështinë e Perëndisë (v. 2-6) dhe dy thënie numerike (v. 7-9 dhe 15-31). Kapitulli i fundit (31:1-9) fillon me fjalët e mbretit Lemuel. Fjalët e tij janë një rrëfim i mësimeve që ai ka marrë nga e ëma. Këto janë mësime që fokusohen mbi përgjegjësitë që ai ka si mbret. Pjesa e fundit e këtij libri është një poemë akrostike, e cila flet për cilësitë që duhet të ketë një grua e mirë (v. 10-31). Cilësitë e kësaj gruaje të mirë janë përshkruar sipas një forme tipike urtësie. Në këtë poem, ndërsa përmendet devotshmëria e saj fetare, kryesisht theksohet dhe lavdërohet puna e duarve të saj. Zgjidh një grua (kjo këshillë është e vlefshme edhe për të zgjedhur një burrë) jo sipas bukurisë fizike, por zgjidh një grua që punon me zell, që di të drejtojë punët me mendjemprehtësi dhe që di të kujdeset për shtëpinë. Kjo është një zgjedhje e mirë.

Libri i Predikuesit

Të diturit e Izraelit ishin ithtarë të traditës sipas së cilës njerëzit e drejtë do të shpërbleheshin me një jetë të mirë, ndërsa të këqinjtë do të shkatërroheshin. Megjithatë, ata gjithashtu e dinin se ekzistenca njerëzore është më e ndërlikuar se kjo doktrinë e pastër fetare. Ata bënin pyetje, diskutonin, dhe propozonin perspektiva të reja për të hedhur dritë mbi kompleksitetin e ekzistencës njerëzore. Pikëpamja e disa prej tyre për botën dhe për ekzistencën njerëzore u bë pesimiste duke u ndikuar nga pabarazia dhe nga zhgënjimet e ndryshme të jetës. Kështu që u ngritën disa pyetje, si: A mund ta di njeriu me të vërtetë, se kush është qëllimi i jetës? A ka kuptim jeta? Këto ishin disa nga pyetjet që kishin ata që shkruan librin e Predikuesit.

Autorët dhe periudha

Shkrimtari u vetëquajt **Qoheleth** që ndonjëherë përkthehet "Mësuesi". Ky term do të thotë dikush që mbledh ose që grumbullon. Mos ndoshta *Qohelethi* mblidhte një grup njerëzish, të cilët dëgjonin ato çfarë ai thoshte apo mos ndoshta u jepte mësim studentëve apo mos ndoshta mblidhte thënie për t'i botuar? Kjo gjë nuk është e qartë, por ndoshta ai i ka bërë të treja këto. Te vargu 1:1 thuhet se ai ishte biri i Davidit dhe te vargu 1:12 thuhet se ai kishte qenë mbret i Izraelit në Jeruzalem. Tradita, për shkak të këtyre deklaratave, mendon se ky është libri i Salomonit dhe mendon se *Qoheleth* ishte një pseudonim. Megjithatë, në vende të tjera në këtë libër, autori flet sikur të ishte subjekti dhe jo sunduesi (4:1-2; 5:8-9; 8:2-4). Gjithashtu hebraishtja reflekton stilin e zhvillimit të kohës pas mërgimit të izraelitëve në Babiloni, duke përfshirë disa fjalë që ndoshta janë me origjinë persiane.[3] Për këto arsye, pjesa më e madhe e studiuesve mendojnë se ky libër i përket periudhës pas mërgimit të izraelitëve në Babiloni dhe mendojnë se ndoshta autori mori rolin e një mbreti për të vendosur në

T **A nuk ka jetë pas vdekjes?**

Një nga mangësitë teologjike të këtij libri është mungesa e besimit në jetën pas vdekjes. Predikuesi mendon se fundi i kësaj jete është varri. Çdo njeri do të shpërblehet dhe ndëshkohet në këtë jetë. Si pasojë, predikuesi mendon se gjëja më e mirë e kësaj jete është të gjesh kënaqësi te puna që bën dhe te bashkëshortja/bashkëshorti yt.

provë në mënyrë intelektuale, mundësitë e ndryshme që të ofron jeta.[4]

Përmbajtja

Ka pasur shumë diskutime mbi subjektin e librit të Predikuesit, por studiuesit nuk kanë arritur në një përfundim të përbashkët. Libri kalon nga një teme në tjetrën, pa pasur zhvillim strukturual të brendshëm. Libri përmban gjini të ndryshme letrare si poezi, prozë, pyetje retorike, fjalë të urta, mallkime e bekime si dhe tregime autobiografike. Kjo shumëllojshmëri gjinish letrare pasuron mendimet, por e largon paksa librin nga zhvillimi i qëllimshëm i tij. Si rrjedhim, lexuesi përballet me një antologji materialesh të ndryshme të mbledhura për të treguar zbrasëtinë e kësaj jete.

Libri i Predikuesit mund të ndahet në tre pjesë kryesorë:

1. Prologu (1:1-11)
2. Kotësia e jetës (1:12–11:6)
3. Epilogu (11:7–12:14)

Seksioni i dytë dhe pjesa më e madhe e librit (1:12–11:6) përmban elemente letrare të lidhura lirëshëm që nuk mund të përvijohet pa bërë përjashtime të shumta. Pjesa e fundit fillon me një epilog që flet për rininë dhe për ikjen e moshës (11:7–12:7). Libri mbyllet me një shtojcë që pasqyron diturinë tradicionale dhe perspektivën ortodokse (12:9-14).

■ Fjalët e para dhe prologu (1:1-11)

*"Kotësi e kotësive",
thotë Predikuesi;*

*"Kotësi e kotësive;
gjithçka është kotësi".* (1:2)

Autori fillon me këto vargje. Jeta është e pakuptimshme, e kotë dhe nuk ka asnjë qëllim. Prologu (v. 3-11) zhvillon këtë mendim duke përshkruar ciklin e pafund të jetës. Njerëzit lindin, vdesin dhe harrohen. Ndërsa natyra vazhdon ciklin e saj të pafund të stinëve dhe nuk ndodh asgjë e re. Atëherë cilat janë arritjet e jetës?

■ Kotësia e jetës (1:12–11:6)

Predikuesi hetoi aspekte të ndryshme të jetës në mënyrë që të zbulonte qëllimin e saj. Dituria e tij e madhe i dha vetëm shqetësime dhe dhimbje (1:12-18). Më pas ai u dha pas gjërave që i falnin kënaqësi. Çdo gjë i dukej pa kuptim. Ai kuptoi se në fund të jetës, si i dituri dhe budallai, do të vdisnin (2:1-16).

Predikuesi mendon se edhe mundi i punës është i kotë (v.

K | Ngjashmëri midis Epi i Gilgameshit dhe Predikuesit

Fjalët e Predikuesit janë të ngjashme me këshillat që iu dhanë Gilgameshit, i cili ishte një hero nga Mesopotamia, tregimi epik i të cilit u shkrua në fillim të i mijëvjeçarit të dytë para Krishtit.

*Ti, Gilgamesh, qofsh i ngopur,
Gëzofsh ditë dhe natë.
Çdo ditë e jetës tënde u bëftë një festim gëzimi,
Kërcefsh dhe luajsh ditë dhe natë!
Rrobat e tua qofshin të pastra dhe të shkëlqyeshme,
Koka jote u laftë; U lafsh në ujë.
Vini re tek i vogli që mban dorën tënde,.
U kënaqtë bashkëshorti yt me trupin tënd!
Sepse e tillë është detyra e njeriut[5]*

Nuk ka të ngjarë që Predikuesi t'i ketë marrë fjalët nga Epi i Gilgameshit, por megjithatë kjo ngjashmëri tregon se shkrimtarët e ditur të kulturës së lashtë janë ndeshur me të njëjtat pyetje ekzistenciale.

17-26). Ai del në përfundimin se nuk ka gjë më të mirë se sa të hash, të pish dhe të gjesh kënaqësi te puna. Dhurata që Perëndia i ka dhënë njerëzimit është të gjeturit kënaqësi në këtë jetë.

Diskutimi mbi mundin e punës ndërpritet nga poema më e famshme e librit (3:1-8):

Çdo gjë ka stinën e vet,
çdo situatë ka një kohë
nën qiell. (v. 1)

Poema është e ndërtuar me vargje dyshe që janë në antitezë njëra me tjetrën: një kohë për të lindur dhe një kohë për të vdekur; një kohë për të mbjellë dhe një kohë për të shkulur atë që është mbjellë, një kohë për të vrarë dhe një kohë për të shëruar. Pra, ka një kohë për gjithçka. Sigurisht që problemi është të dish kur është koha e duhur për të bërë gjithësecilën nga këto. Tani është koha për luftë apo për paqe? Si ta kuptojmë kur është koha e duhur? Ndoshta qëllimi i autorit është të tregojë se njerëzit nuk mund

---

T Fjalët e Urta përkundrejt Predikuesit

Si Fjalët e urta ashtu edhe Predikuesit merren me shqyrtimin e çështjeve që kanë të bëjnë me Perëndinë, me njerëzimin dhe me problemet e rëndësishme të jetës së njeriut. Në lidhje me këto çështje, te Fjalët e urta gjejmë më shumë mendime pozitive. Njeriu mund ta njohë vullnetin e Perëndisë. Njeriu mund të ketë sukses në jetë nëse punon me zell sipas vullnetit hyjnor. Gjatë jetës së tij njeriu do të hasë vështirësi, por në fund të jetës Perëndia do të vendosë drejtësi duke shpërblyer të drejtin dhe duke dënuar të ligun. Predikuesi nuk është aq i sigurt sa autori i Fjalëve të urta. Sipas tij, Perëndia është larg, i pakuptueshëm dhe i mbuluar me mister. Njeriu nuk mund ta dijë asnjëherë nëse Perëndia do t'i plotësojë kërkesat e tij apo jo. Njeriu duhet të jetë i matur në jetë dhe duhet të bëjë një jetë të përkorë, madje edhe kur i shërben Perëndisë. Sipas fjalëve të predikuesit duket sikur Perëndia nuk është i interesuar të vendosë drejtësinë sepse në fund, si i drejti ashtu edhe i ligu do të kenë të njëjtin fat të keq; ata do të vdesin dhe do të harrohen. Megjithatë, edhe në mes të këtyre mendimeve pesimiste, Predikuesi pranon se njeriu duhet të adhurojë Perëndinë, duhet të ketë vlera morale dhe njeriu duhet të gjejë kënaqësi në gjërat e vogla si te: të ngrënit, të pirit dhe te mundi i punës.

Fjalët e urta e paraqesin jetën me optimizëm, ndërsa Predikuesi është pesimist. Jeta është e rrethuar nga vdekja. Predikuesi i përafrohet idesë *carpe diem* "kape momentin". Ajo çfarë e ndan atë nga filozofia e të jetuarit vetëm për momentin, është njohja e ekzistencës së Perëndisë dhe mendimi se do të ishte budallallëk të jetosh jetën në atë mënyrë që të zemërosh Perëndinë.

Të dy këta libra janë pjesë e Shkrimeve të Shenjta dhe kërkojnë që besimtarët të rrokin mësimet që janë në këta libra. Asnjë nga këta libra nuk na paraqet zbulesën përfundimtare të Perëndisë, kështu që duhet të konsiderohen si jo të plotë dhe të pjesshëm. Këta libra na tregojnë se jeta, dhe mënyra se si Perëndia merret me krijimin e Tij, nuk mund të kuptohen plotësisht. Ka një mister që shkon përtej njohurisë njerëzore. Këta libra pranojnë kufizimet tona njerëzore dhe na ftojnë të adhurojmë Perëndinë tonë, duke besuar se Ai është i mirë edhe pse Ai e ka shfaqur veten e vet vetëm pjesërisht.

të ndryshojnë kohën e vendosur nga Perëndia për gjërat që ndodhin. Atëherë, nëse është kështu, cili është qëllimi i jetës njerëzore? Shkruesi i këtij libri na paraqet një imazh të mbushur me dëshpërim dhe pesimizëm.

Te kapitulli 3:9-15 autori trajton edhe njëherë temën e punës dhe të gëzimit, të culat njeriu duhet të gjejë në këtë jetë. Njerëzit punojnë dhe mendojnë për vazhdimësinë e jetës pas vdekjes, por nuk e kuptojnë atë që bën Perëndia. Kështu që, gëzoje jetën, e cila është një dhuratë nga Perëndia.

Çfarë mendon autori për drejtësinë mbi tokë (v. 16-22)? Sigurisht që Perëndia garanton se do të ketë drejtësi. Por, të ligjtë mund të kenë mbarësi në këtë jetë dhe, në fund, të gjithë do të vdesin, ashtu si ngordhin edhe kafshët. Kush e di se ç'do të ndodh më pas? Gjetja e kënaqësisë në mundin e punës së vet, është gjëja më e mirë që mund t'i ndodhë dikujt.

Predikuesi pa se kudo rreth e rrotull tij kishte shtypje, zili dhe pakënaqësi (kapitulli 4). Ai pa se çdo gjë i përkiste kotësisë, çdo gjë ishte një përpjekje për të kapur erën. Predikuesi madje mendon se njerëzit nuk duhet të jenë shumë të zellshëm ndaj shërbesës për Perëndinë (5:1-7). Nëse dikush është aq i pamatur sa i bën një zotim Perëndisë, duhet ta mbajë këtë zotim.

Më pas, predikuesi shqyrton marrëzitë që njerëzit bëjnë për shkak të parasë sepse është një gjë që nuk e ke përgjithnjë (5:8–6:12). Të pasurit nuk kënaqen, përkundrazi kanë një babëzitje të madhe. Predikuesi përfundon me mendimin se njeriu nuk mund të dijë se çfarë është e mirë në këtë jetë.

Sidoqoftë kapitulli 7 fillon me shtatë gjëra që quhen të mira ose më të mira (v. 1-14). Një nam i mirë, vdekja, trishtimi, vajtimi, qortimi nga një i urtë, dituria dhe trashëgimia janë disa nga gjërat e mira që

mund të ndodhin në jetë. Në vargjet 13-14 thuhet, se duhet të gjesh kënaqësi në çdo situatë, sepse kohërat e mira dhe të këqija vijnë nga Perëndia. Predikuesi është dakort me diturinë tradicionale kur thotë se ka vetëm një Perëndi dhe, se ky Perëndi është i mirë. Këtu qëndron edhe paradoksi: të gjitha gjërat, të mira apo të këqija, vijnë nga Ai. Si mund të jetë e vërtetë kjo? Ky ishte problemi me të cilin u përball Jobi. Kjo vazhdon të jetë një enigmë edhe për mendimtarët e kohërave të sotme.

Seksioni tjetër (7:15–8:1) është i përbërë nga disa fjalë të urta, të cilat trajtojnë tema të ndryshme nga njëra-tjetra. Predikuesi këshillon të jesh i përkorë në të gjitha gjërat, edhe në drejtësi, edhe në ligësi. Në këtë kapitull gjejmë edhe disa thënie që nuk i nderojnë as gratë e as burrat.

Në kapitullin tjetër të riut i jepen mësime se si duhet të sillet para mbretit (8:2-8). Gjithashtu gjejmë edhe një dialog që ka si temë drejtësinë (v. 9-17). Predikuesi ka vënë re se i ligu nuk e ka marrë menjëherë dënimin gjatë jetës së tij, por megjithatë ai del në përfundimin se, nëse bën një jetë me frikë ndaj Perëndisë, kjo jetë është më e mirë sesa një jetë e mbushur me ligësi. Megjithatë, predikuesi vazhdon të mendojë se jeta duket e pakuptimshme.

Në vargjet (9:1-10) predikuesi thotë se, si njeriu i keq ashtu edhe njeriu i drejtë në fund të kësaj jete do të përfundojnë në varr. Nëse është kështu, kush është epërsia e njërit kundrej tjetrit? Njerëzit e gjallë mund të kenë shpresë, por kjo shpresë venitet nga mendimi se në fund të jetës të gjithë do të vdesin dhe do të harrohen. Gjëja më e mirë që njerëzit kanë është kjo jetë, prandaj duhet shijuar sa më shumë të jetë e mundur.

Nga vargjet 9:13–11:6 gjenden një përmbledhje thëniesh proverbiale. Vargjet e para janë të shkruara në formë proze, ndërsa pjesa tjetër është poezi. Pjesa e parë (9:13–

10:7) ballafaqon diturinë me budallallëkun. Në pjesën e mbetur gjejmë këshilla tradicionale se çfarë duhet të bëjë një i ri për të pasur sukses në jetë. Por prapëseprapë, edhe kur ke dëgjuar me vemendje këshillat dhe ke punuar me zell dhe në mënyrë të zgjuar, në fund gjithçka është në duart e Perëndisë dhe asnjë nuk mund të dijë se çfarë do të bëjë Ai.

■ Epilogu (11:7–12:14)

Fjalët e fundit të Predikuesit na paraqiten në formën e mësimdhënies për të rinjtë, ndoshta për nxënësit e tij (11:7–12:8). Në këto vargje vazhdon të përsëritet i njëjtji refren si edhe më parë, se jeta duhet shijuar. Megjithëkëtë, njeriu duhet të vetëkontrollohet. Njeriu duhet të jetë i vetëdijshëm se Perëndia do ta gjykojë atë. Do të vijë edhe koha e pleqërisë, prandaj njeriu duhet të mendojë jo vetëm për rininë e tij, por edhe për pleqërinë. Një poemë shumë e bukur përshkruan, në mënyrë piktoreske, procesin e plakjes (12:2-7). Dhe në fund përsëriten të njëjtat fjalë me të cilat hapet libri:

"Kotësi e kotësive!" thotë predikuesi,

"gjithçka është kotësi".
    (v. 8).

Libri përfundon me dy seksione shtesë, të cilat, ndoshta, mund të jenë shtuar më vonë nga një redaktues. Vargjet (12:9-12) flasin për predikuesin, dhe për zellin dhe punën e tij të kujdesshme. Përfundimi i gjithë ligjëratës gjendet në dy vargjet e fundit të librit. Qëllimi i jetës që

dihet tashmë është: zbato urdhërimet e Perëndisë. Përse duhet ta bëjmë këtë? Sepse Perëndia do të gjykojë çdo gjë. Këto fjalë pasqyrojnë një pikëpamje më tradicionale për fenë e Izraelit, që përputhet më tepër me diturinë pragmatike të "Fjalëve të urta" dhe me teologjinë e "Ligjit të Përtërirë".

Kantiku i kantikëve

Te "Kantiku i kantikëve" marrëdhëniet seksuale shihen si pjesë normale e dashurisë së një çifti të martuar. Ky libër na paraqet në formën e një poezie shumë të bukur pasionin seksual dhe bashkëbisedimin intim ndërmjet dy të dashuruarve. Këndvështrimi i tij për dashurinë është në përputhje me pjesët e tjera të Biblës, ku dashuria dhe marrëdhëniet seksuale shihen si një shprehje normale e jetës njerëzore pra, si një dhuratë nga Perëndia. Kantiku i kantikëve është një nga

> **Ⓣ Teologjia e librit të Kantikut të Kantikëve**
> Në këtë libër ndryshe nga librat e tjerë të Biblës, mungon zëri hyjnor, zëri profetik, referencat nga ligjet e Izraelit, besëlidhja ose historia e shenjtë. Në këtë libër dëgjojmë vetëm zërat njerëzorë, që i thurin lavde kënaqësisë dhe pasionit seksual. Çfarë mesazhi teologjik përmban ky libër? Izraeli mendonte se Jehovah ishte Krijuesi i universit fizik. Çdo gjë që ai krijoi ishte një dhuratë dhe një bekim për krijimin e Tij. Këtu përfshihen edhe trupat tanë fizikë dhe kënaqësitë fizike që marrim nga dashuria seksuale. Kur marrëdhëniet seksuale përdoren si shprehje e dashurisë dhe e afrimitetit, brenda kufijve të martesës, atëherë bëhen një veprim krijuese, që kurorëzohet me lindjen e fëmijëve dhe një shprehje e miqësisë ndërmjet një burri dhe një gruaje. Kryerja e marrëdhënieve seksuale jashtë martesës, ose në një mënyrë kundër natyrës, ose perverse, është një perversitet i dhuratës së Perëndisë. Kënga i thur lavde dashurisë, e cila është një dhuratë e mirë nga Perëndia.

dy librat që nuk përmendin asnjëherë Perëndinë, libri tjetër është Esteri. Për shkak të subjektit që trajtohet, është debatuar shumë për vendin që i përket në kanun. Prania e këtij libri në Bibël na ndihmon të mbajmë qendrimin e duhur në lidhje me marrëdhëniet seksuale dhe na ndihmon t'i shohim si një bekim nga Perëndia, madje edhe kur ka njerëz që e përçmojnë, shpifin dhe shtrembërojnë qëllimin e marrëdhënieve seksuale.

Autorët dhe datimi

Fjala Kantiku i kantikëve është një shprehje hebraike që do të thotë "kënga më e mrekullueshme". Libri u quajt *Canticles* në përkthimin e Vulgatës ose përkthimin latinisht. Vargu i parë i librit e lidh veprën me Salomonin, i cili ishte ati i letërsisë së urtësisë dhe për këtë shkak shpesh quhet Kënga e Salomonit.

Nuk ka një përgjigje të saktë se kush është autori i këtij libri. Por sipas këndëvështrimit tradicional autori i këtij libri është Salomoni (1:1). Ndonjëherë studiuesit datojnë një libër duke u nisur nga stili poetik i tij, ose nga të dhënat historike që janë në libër. Megjithatë, asnjë nga këto dy metoda nuk është e sigurt për kohën se kur është shkruar ky libër. Mendohet se ky libër mund të jetë shkruar ndërmjet shekullit 10 (nga vetë Salomoni) dhe shekullit 4 para Krishtit. Zëri dominues në këtë libër është zëri i një gruaje dhe jo zëri i një burri.

Interpretimi i këtij libri ka një histori të gjatë.[6] Studiuesit e hershëm judeas ndoqën metodën alegorike dhe e interpretuan atë si shprehje të dashurisë që Perëndia ka për Izraelin. Studiuesit e hershëm të krishterë ndoqën të njëjtin model, vetëm se e rimodeluan si dashuria që Krishti ka për kishën. Në kohët e sotme disa e shohin si një tip drame greke e shoqëruar nga një kor, ose mendojnë se origjinën e ka në një ritual

pagan, i cili i këndon bashkimit të një perëndie dhe perëndeshe. Marvin Pope e lidh kantikun me një ceremoni varrimi gjatë të cilës kremtohej për jetën dhe dashurinë si forcat më të fuqishme, të cilat mund ta mposhtin frikën ndaj vdekjes.[7] Një mënyrë më e mirë për ta parë librin është ta shohësh atë si një përmbledhje këngësh për dashurinë. Disa poema mund të jenë krijuar si këngë për dasma, ndërsa disa të tjera mund të jenë thjesht poema dashurie të krijuara nga individë të ndryshëm. Nuk dihet se kush dhe kur u mblodhën materialet e ndryshme nga të cilat u krijua kjo përmbledhje poemash dashurie.

Përmbajtja

Libri përbëhet nga një numër poemash që me sa duket s'kanë lidhje me njëra-tjetrën dhe për këtë arsye është e vështirë ta përvijojmë atë sipas temave të tij. Vargu i parë u shtua për t'i dhënë librit autoritetin e Salomonit, atit të letërsisë së urtësisë. Vetë libri i përket traditës së diturisë, meqenëse përmbajtja e tij ka të bëjë me jetën e njerëzimit. Imazhet në këtë libër vijnë kryesisht nga natyra si: kopshte, kafshë, aroma, erëza dhe pemë. Poezia na jep piktura të gjalla të dashurisë pasionante me anë të fjalëve dhe shprehjeve të shumta dhe të gjera.

Në dy kapitujt e parë folësit alternohen, njëherë flet gruaja dhe njëherë burri. Në fillim gruaja këndon (1:2-7) për dashurinë që ajo ka për burrin e saj, të cilin ajo e nderon si mbret dhe që e kërkon si bariun e vet. Burri i përgjigjet duke lavdëruar bukurinë e saj (v. 8-11). Ajo kënaqet nga prania e tij (v. 12-14) dhe ai i përgjigjet përsëri duke e lavdëruar (v. 15,17; 2:2). E magjepsur nga shprehjet e dashurisë së tij gruaja e sheh që i afrohet si një gazelë e egër. Më pas ai e josh që të largohet me të (2:3-17).

Skena ndryshon në kapitullin e tretë; gruaja kërkon të dashurin e saj në rrugët e

Jeruzalemit. Kur e gjen, ajo e merr dhe e çon në dhomën e nënes (3:1-5). Gjysma e fundit e kapitullit përshkruan procesionin e martesës ku dhëndri portretizohet si Salomoni (v. 6-11).

Kapitulli 4 fillon me përshkrimin që dhëndri i bën pamjes fizike të gruas së tij. Ai e krahason me gjëra natyrore si pëllumbat, delet, shegët dhe këlyshët e drerit. Në gjysmën e fundit të këtij kapitulli dhe në kapitullin tjetër (4:9–5:1) dhëndri lavdëron dashurinë e nusjes së tij, duke e krahasuar përsëri me frutat dhe erëza nga natyra.

Te vargu 5:2 skena ndryshon dhe ndodhet përsëri në Jeruzalem ku ajo hap dyert për të dashurin e saj por ai kishte ikur. Ajo i bën thirrje "bijave të Jeruzalemit" që ta ndihmojnë (v. 8). Më pas kori pyet gruan se përse e do atë burrë (v. 9). Gruaja përshkruan sharmin e tij fizik (v. 10-16). Kur kori e pyet se ku mund ta kërkojnë, ajo i përgjigjet se ai kishte shkuar në kopshtin e tij, domethënë ai ka qenë me atë (6:1-3). Përsëri dëgjohet zëri i dhëndrit, i cili lavdëron bukurinë fizike të nusjes së tij, që është më e bukura nga të gjitha gratë e haremit të një mbreti (v. 4-10).

Kapitulli 7 fillon me një poemë që i thur lavde bukurisë së një vajze (v. 1-5). Dhëndri flet për kënaqësinë e dashurisë fizike (v. 6-9). Gruaja i përgjigjet duke e ftuar në vreshtat, ku ajo do t'i falë atij dashurinë e saj (v. 10-13). Kënga e saj vazhdon në kapitullin 8:1-4, ku ajo shpreh dëshirën për të qenë me të dashurin e saj, në mënyrë të hapur, si me një vëlla. Pjesa tjetër e kapitullit 8 përbëhet nga një numër këngësh të shkurtra të dhëndrit, gruas dhe vëllezërve ose miqve të gruas.

Fjali përmbledhëse

- Sipas traditës të diturisë së Izraelit, ishte Perëndia që vendosi parimet e diturisë në botën e krijuar.
- Fjalët e urta, Predikuesi dhe Kantiku i kantikëve merren me çështjet njerëzore dhe me shqyrtimin e problemeve që shqetësonin njerëzimin.
- Te Fjalët e urta gjejmë një përmbledhje thëniesh proverbiale të Izraelit.
- Fjalët e urta fokusohen në temën e të jetuarit të një jete të mirë, si dhe të plotësuarit e potencialeve të veta, për t'u bërë një qytetar i përgjegjshëm në shoqëri.
- Te Fjalët e urta parashtrohet mendimi se dituria është dhuratë nga Perëndia.
- Predikuesi ka një pikëpamje pesimiste për jetën.
- Predikuesi bën thirrje që njerëzit të jenë të vetëpërmbajtur në çdo gjë që ata bëjnë dhe të kenë frikë nga Perëndia.
- Kantiku i kantikëve i thur lavde marrëdhënieve seksuale dhe dashurisë ndërmjet një burri dhe një gruaje.

Pyetje për reflektim

1. Zbulesa e Perëndisë na erdhi nëpërmjet shoqërisë patriarkale izraelite. Ç'do të thotë kjo për formimin e marrëdhënieve gjinore në shoqëritë moderne?

2. Si mund të argumentojmë, duke përdorur metodat e diturisë kundrejt një shoqërie laike, që hedh poshtë argumentet politike, te cilat mbështeten në citimet e Shkrimeve të Shenjta? Pse është dëgjuar mesazhi i disa organizatave si MADD (Nëna kundër shoferëve të dehur)?

3. Ku qëndron ndryshimi i këndvështrimit mbi marrëdhëniet seksuale, ndërmjet asaj që thuhet në Bibël dhe asaj që shohim në kulturat laike në ditët e sotme?

4. A je dakort me mendimin e predikuesit se jeta është e pakuptimshme? Si mund ta zbulojë dikush qëllimin e jetës?

5. Cilat janë rreziqet që vijnë nga të qenit imoral? A është një veprim i zgjuar të ndërmarrësh një rrezik të tillë?

Burime për studime të mëtejshme

Garrett, Duane A. *Proverbs, Ecclesiastes, Song of Songs. New American Bible Commentary*. Nashville: Broadman, 1993.

Kidner, Derek. *The Proverbs: An Introduction and Commentary. Tyndale Old Testament Commentary*. Downers Grove, Ill.: InterVarsity Press, 1964.

Kinlaw, Dennis F. *Song of Songs. Vol. 5 of The Expositor's Bible Commentary*. Grand Rapids: Zondervan, 1991.

Scott, R. B. Y. *Ecclesiastes. Anchor Bible*. New York: Doubleday, 1965.

Whybray, Roger N. *The Book of Proverbs, Cambridge Bible Commentary*. Cambridge, Mass.:University Press, 1972.

SEKSIONI V

ZBULIMI I LIBRAVE PROFETIKË

Ky seksion e njeh lexuesin me:

- Profetët dhe profecitë që u thanë në Izrael.
- Shërbesën dhe mesazhin e profetëve kanunorë të Izraelit.
- Rëndësinë e mesazhit profetik për Kishën e krishterë në ditën e sotme.

- Zërat profetikë të Izraelit

- Isaia

- Jeremia dhe Vajtimet

- Ezekieli

- Danieli

- Osea, Joeli, Amosi dhe Abdia

- Jona, Mikea, Nahumi dhe Habakuku

- Sofonia, Hagai, Zakaria dhe Malakia

25 Zërat profetikë të Izraelit

Objektivat

Studimi i këtij kapitulli do t'ju ndihmojë:

- Të krahasoni dhe të ballafaqoni profecitë e Izraelit me profecitë e feve të tjera të lashta të Lindjes së Afërme.
- Të përmblidhni historinë e zhvillimit të profecive në Izraelin e lashtë.
- Të përshkruani identitetin, misionin dhe funksionin e profetëve të Izraelit.
- Të identifikoni llojet letrare më të rëndësishme (gjinitë) që gjenden në librat e profetëve.
- Të përshkruani formimin e librave të profetëve.
- Të përshkruani udhëzimet për të interpretuar librat profetikë.

Disa pyetje që duhen marrë parasysh ndërsa lexoni:

1. Pse mendoni se ka shumë interes për kohën e fundit para mbarimit të botës, që shfaqet në libra, filme, etj., në ditët e sotme?
2. Çfarë ju vjen ndërmend kur dëgjoni fjalët "profet" dhe "profeci"?

Profetët zenë një vend të veçantë në traditën e besimit të Izraelit. Ata zenë një të tretën e përmbajtjes së Dhiatës së Vjetër. Fenomeni i profecive biblike, i cili filloi me profetët e Izraelit, vazhdon të jetë edhe në ditët e sotme një subjekt me shumë interes.

A kishte profetë në besimet e tjera që ekzistonin në lashtësi në Lindjen e Afërme? Pse u shfaqën profetët si drejtues fetarë në Izrael? Cilat ishin karakteristikat që i bënin ata të ndryshëm nga udhëheqësit e tjerë fetarë? Cila ishte natyra dhe qëllimi i shërbesës së tyre? Do të fillojmë t'u përgjigjemi disa prej këtyre pyetjeve.

Profetët e Izraelit ishin zëdhënësit e Perëndisë, për kombet e tyre, në kohë krizash kombëtare. Perëndia thirri Moisiun si zëdhënësin e Tij, kur izraelitët ishin nën skllavëri në Egjipt. Studiuesit mendojnë se shërbesa e Moisiut i hapi rrugë themelimit të shërbesës profetike në Izrael (shih Ligjin e përtërirë 18:15-22; Osea 12:13).

Cilët janë profetët që nga koha e Moisiut?

Nuk kemi ndonjë të dhënë për veprimtarinë profetike në ditët të hershme të ngulimit të izraelitëve në Kanaan (1 Samueli 3:1). Pas Moisiut, duket se Samueli ishte personi i parë që

K **Profecitë në Lindjen e Afërme[1] të lashtë**

Edhe vende të tjera të lashta kanë patur profetë dhe veprimtari profetike. Më poshtë do gjeni një përmbledhje të shkurtër të profecive në Lindjen e Afërme të lashtë.

Profecia e Nefertit dhe *Qortimet e Ipuverit* janë dy materialet profetike më të njohura të Egjiptit. Profecia e parë është një parashikim për një mbret që do të mbretëronte, ndërsa profecia e dytë është një vlerësim negativ për sunduesit e Egjiptit. Në këto dy materiale nuk gjejmë asnjë zbulesë të dhënë nga Perëndia, gjë kjo që është e veçantë te profecitë e Izraelit.

Në Dhiatën e Vjetër përmenden profetë që i përkisnin fesë kanaani (1 Mbr. 18), por dimë shumë pak për aktivitetin e tyre. Sipas traditës së Izraelit, këta profetë përshkruhen si adhurues dhe përkrahës të perëndisë kanaani, Baalit.

Në literaturën e Mesopotamisë gjejmë "profeci" dhe përmbledhje letërsie të tjera të shumta me shenja. Profecitë e Mesopotamisë janë kryesisht parashikime, të cilat studiuesit i shohin më shumë si deklarta të bëra "mbasi janë parë faktet". Disa prej tyre janë orakuj që u jepeshin mbretërve si përgjigje hyjnore ndaj kërkesave të ndryshme të mbretërve. Banorët e Mesopotamisë përdorën shenjat e ndryshme për të parashikuar të ardhmen duke vëzhguar dukuritë e pazakonta. Ata mendonin se shenjat dhe objektet e ndryshme shërbenin si mjete komunikimi nga perënditë, të cilët kontrollonin aspekte të ndryshme të botës natyrore.

Në ndryshim nga besimet e tjera të lashta, që ekzistonin në Lindjen e Afërme, profecitë në Izrael ishin një fenomen i zhvilluar mirë. Tipari kryesor që dallon këtë profeci është mesazhi që thotë se Perëndia i Izraelit kërkon integritet moral dhe etik. Ky theksim mungon totalisht në profecitë e bëra jashtë Izraelit.

kishte një shërbesë profecie (3:20-21). Ai njihej kudo në Izrael si profet. Profeti i fundit që përmendet në Dhiatën e Vjetër është Malakia, i cili i përket mesit të shekullit të pestë para Krishtit.

Në Dhiatën e Vjetër, ndërmjet profetëve të Izraelit, gjatë 200 vjetëve pas Samuelit, përmenden **Gadi**, **Nathani**, Ahijahu, Jehuhi i biri i Hananit, **Mikajahu**, **Elia** dhe **Eliseu**. Pjesa më e madhe e tyre (përveç Gadit dhe Nathanit) patën vegime dhe bënë mrekulli. Ndonjëherë profetët e kësaj periudhe udhëtonin si një grup i vetëm, si "bijtë" e një profeti që ishte edhe drejtuesi (shih 1 Samueli 10:1-13; 2 Mbretërve 2:3, 5, 15). Në Dhiatën e Vjetër nuk gjejmë asnjë shkrim nga profetët e kësaj periudhe. Libri i Amosit, që i përket mesit të shekullit të tetë para Krishtit, konsiderohet si fryti i parë letrar i traditës së profecive të Izraelit. Si pasojë, studiuesit quajtën **profetë jokanunorë** (profetët që nuk shkruan profecitë e tyre ose profetë joletrarë) të gjithë ata që shërbyen para Amosit.

Kur u shfaq profecia në Izrael si një aktivitet i vazhdueshëm?

Gjatë shekullit të tetë para Krishtit profecia u bë një fenomen fetar vazhdueshëm në Izrael. Aktivitet letrare, profetë si drejtues dhe profecitë si një fenomen i vazhdueshëm vazhduan deri në mesin e shekullit të pestë para Krishtit. Studiuesit e quajnë këtë periudhë: **periudha klasike e profecive** në Izrael (800–450 para Krishtit). **Profetët kanunorë** (që shkruajnë) të Izraelit i përkasin kësaj periudhe.

Profetët e oborrit dhe profetët e tempullit

Në Izrael, përveç personave të mirëfilltë dhe të thirrur nga Perëndia, të cilët vepronin si zëdhënës të Perëndisë, kishte edhe **profetë të oborrit** dhe **profetë të tempullit**. Meqenëse ishin profetë që i përksinin një institucioni, ata i shërbyen interesave të pallatit mbretëror ose të tempullit. Studiuesit mendojnë se profetët e tempullit thoshnin orakuj[b] gjatë adhurimit në Izrael. Profetët e oborrit mbretëror u jepnin këshilla politike mbretërve. Gadi dhe Nathani ishin parashikuesit dhe këshilltarët e Davidit. Nathani kishte ndikim si mbi çështjet fetare ashtu edhe në ato politike. Ai e akuzoi mbretin për gabimet e tij morale (2 Samueli 12:1-15). Gjithashtu edhe Gadi nuk hezitonte t'i tregonte gjykimin hyjnor mbretit David (24:10-14).

Më vonë, profetët e oborrit mbretëror u bënë përkrahës të fortë të politikave kombëtare dhe mbretërore. Këta profetë shpesh iu kundërviheshin profetëve të vërtetë dhe përpiqeshin të zhvlerësonin mesazhin e e tyre. Për më tepër, ata pretendonin se flisnin në emër të Perëndisë. Jeremia u referohet atyre si profetë të rremë, sepse ata tregonin vizionet dhe dëshirat e zemrës së tyre.

Terma hebraike dhe kuptimi i tyre

Fjalori hebraik përmban disa terma, të cilat përshkruajnë rolin e profetëve. Termat **ro'eh** dhe *hozeh* (që do të thonë shikues ose vegimtar) ishin emërtime të njohura për profetët, të cilët nuk i kishin të shkruara profecitë e tyre. Shpesh profetët shpallnin mesazhet, që merrnin nga vegimet dhe ëndrrat. Profetëve klasikë të Izraelit u ishte vendosur titulli *nabi* (zëdhënës të Perëndisë). E njëjta fjalë në greqisht për fjalën *nabi* është *prophētēs* (që do të thotë "dikush që flet në emër të dikujt tjetër"). Nga kjo rrjedh edhe fjala shqipe *profet*. Profetët ishin individë të thirrur dhe të ngarkuar me mision nga Perëndia. Puna e tyre kryesore ishte t'u

---

[b] Këtu "orakull" do të thotë fjalë të orakullit, ose diçka që orakulli thotë në emër të Perëndisë.

shpallnin me besnikëri bashkëkohësve, fjalën e Perëndisë.

Profetët ishin njerëz të thirrur nga Perëndia

Profetët e Izraelit ishin ata që kishin marrë një thirrje të veçantë nga Perëndia për të kryer një mision të veçantë për Të. Amosi, Isaia, Jeremia dhe Ezekieli na japin dëshmi për thirrjen dhe ngarkimin e tyre (Amosi 7:10-15; Isaia 6:1-13; Jeremia 1:4-10; Ezekieli 1:1–3:15). Thirrja e tyre i detyronte ata që t'u transmetonin njerëzve edhe mesazhe, që ishin në kundërshtim me ato çfarë njerëzit donin të dëgjonin. Si njerëz të thirrur nga Perëndia ata nuk i përkisnin asnjë institucioni fetar ose politik. Të kishe marrë një thirrje nga Perëndia nuk do të thoshte se kombet do të të pranonin menjëherë si profet. Pjesa më e madhe e profetëve të Izraelit ka të ngjarë të pranoheshin si profetë të vërtetë vetëm më vonë, kur profecitë e tyre plotësoheshin.

Profetët nxiteshin nga misioni

Profetët ishin shumë të shqetësuar për izraelitët, si "të zgjedhurit" për fatin e Izraelit dhe për misionin që izraelitët kishin ndaj botës. Qëllimi i predikimit të profetëve ishte t'i kujtonte kombit identitetin e tij dhe lidhjen që ai kishte me Perëndinë. Ky qëllim duket qartë në tre aspektet e rëndësishme të mesazhit profetik, të cilat do t'i gjeni si më poshtë.

Aspekti i parë. Mesazhi i profetëve kishte themelin e tij në historinë dhe në traditat teologjike të Izraelit. Librat profetikë u referohen veprave të fuqishme, që bëri Perëndia, si p.sh. thirrja e Perëndisë dhe besëlidhja me Abrahamin, eksodi nga Egjipti, besëlidhja që u bë në malin Sinai, udhëtimi nëpër shkretëtirë, pushtimi i Kanaanit, besëlidhja e Perëndisë me Davidin. Profetët u përpoqën të ndihmojnë popullin e Izraelit për të restauruar trashëgiminë e tyre të madhe teologjike.

Aspekti i dytë. Shqetësimi më i madh që profetët kishin, ishte marrëdhënia e izraelitëve me Perëndinë. Ata i bënin thirrje kombit të Izraelit që të tregonte përkushtim ndaj Perëndisë nëpërmjet bindjes, pendimit, dhe adhurimit jetë-ndryshues.

Aspekti i tretë. Profetët sfiduan njerëzit që t'u përgjigjeshin detyrimeve morale, etike dhe shoqërore kundrejt të tjerëve. Ata i bënë thirrje kombit të tyre të jetonte një jetë besike ndaj besëlidhjes që kishin bërë, duke u kujdesur dhe duke u interesuar për vejushat, jetimët dhe të huajt në vend.

Profetët ishin predikues dhe parathënës të fjalës së Perëndisë

Shpesh herë profetët e paraqisnin mesazhin e tyre si "fjalë" (*dabar*) të dhënë nga Perëndia. Këtë "fjalë" mund ta quajmë **orakull** nga Perëndia. Shpesh, "fjala" kishte të bënte me gjendjen morale, sociale, apo fetare të kohës dhe përçonte mesazhin që ë shqetësonte Perëndinë, për mënyrën se si populli i Tij jetonte në jetën e përditshme. Theksim i vënë nga predikimi, ose **shpallja** mbi realitetin e jetës së atëhershme ishte një pjesë shumë e rëndësishme e shërbesës së profecisë. Profetët predikuan mbi mëkatet e Izraelit dhe i bënë thirrje kombit të pendohej dhe të rivendoste marrëdhënien e tij me Perëndinë.

Ndonëse predikimi i mesazhit, të mëparshëm ose të tanishëm, ishte një tipar kryesor, **parathënia** ishte gjithashtu një komponent i rëndësishëm i mesazhit profetik. Parathënia, në Dhiatën e Vjetër, do të thoshte paralajmërim për të ardhmen. Sipas mendimit profetik, mënyra e jetesës së Izraelit të atëhershëm i dha formë të ardhmes së kombit. Profetët përsëritën teologjinë e Ligjit të Përtërirë, se Perëndia do të dërgonte bekimet e Tij si shpërblim për besnikërinë, dhe do të dërgonte mallkimet si dënim për thyerjen e besëlidhjes (shih Ligji i përtërirë 28). Pra, shpëtimi dhe gjykimi janë pjesë të rëndësishme të parathënieve profetike.

Profetët dhe profecitë për kohërat e fundit

Orakujt e profetëve, mbi kohërat e fundit, (në greqisht *eschaton*) merren me veprimet që do të bënte Perëndia në të ardhmen e Izraelit dhe në të ardhmen e kombeve të tjera. (**Eskatologjia** është studimi i ngjarjeve të kohëve të fundit). Ato përshkruajnë të ardhmen si "ditët që po vijnë" ose si "ajo ditë".

Në përgjithësi, profetët e Izraelit e kuptonin termin *kohët e fundit* si koha kur Perëndia do të vendoste mbretërinë e Tij të drejtë mbi tokë. Ata predikonin se Perëndia do të gjykonte mëkatet e popullit të Izraelit. Dhe si rezultat i kësaj, do të humbisnin lirinë politike dhe fetare, do kishte shkatërrim dhe izraelitët do të mërgonin ne vende të huaja. Megjithatë, mërgimi nuk do të zgjaste përgjithmonë. Perëndia do ta kthente popullin e Tij në vendin e vet. Ai do të vendoste në fronin e Davidit një sundimtar ideal, që vinte nga familja e Davidit (*mashiach*). Kështu që do të kishte drejtësi, rregull dhe paqe kudo në vend. Toka do të bëhej e frytshme dhe e begatë. Perëndia do të rivendoste besëlidhjen e Tij me Izraelin. Kjo perspektivë fokusohet në transformimin e plotë të tokës, gjë e cila ishte edhe qëllimi i gjykimit të Perëndisë. Mësimin mbi kohërat e fundit mund ta quajmë **eskatologji profetike**. Kjo ishte pikëpamja dominuese për kohërat e fundit në librat e profetëve.

Megjithatë në disa libra profetikë gjejmë edhe gjurmë të **eskatologjisë apokaliptike**,[2]

Mikea shpall gjykimin e Perëndisë për shoqërinë e korruptuar dhe udhëheqësit shtypëse.

që është një pikëpamje tjetër mbi kohërat e fundit. Sipas saj, në kohët e fundit do të kishte gjykim universal, asgjësim i të këqinjve

Profetët e Dhiatës së Vjetër folën më shumë për kohën e tashme sesa për ngjarjet e së ardhmes

dhe shkatërrim përfundimtar i së keqes. Si rezultat i kësaj do të vendosej një mbretëri hyjnore (një qiell i ri dhe një dhe i ri) për njerëzit që i kishin qëndruar besnik Perëndisë. Te Isaia 24-27, Ezekieli 38-39 dhe Zakaria 9-14 gjejmë disa elemente të kësaj mënyre të menduari, në lidhje me kohërat e fundit. Ka shumë mundësi që eskatologjia apokaliptike ta ketë origjinën nga populli besnik, i cili e pa ardhjen e beftë të Perëndisë për të shkatërruar të keqen, si shpresë për të shpëtuar nga shtypësit politikë dhe fetarë. Libri i Danielit është libri i Dhiatës së Vjetër që ka shtjelluar më shumë veprat apokaliptike.

Profetët përdorën forma të ndryshme letrare për të komunikuar Fjalën e Perëndisë

Profetët e Izraelit shpesh përdorën forma të ndryshme letrare (**gjini**) për të përçuar zbulesën që kishin marrë nga Perëndia.[3] Gjinia që u përdor më shumë për të transmetuar fjalët profetike ishte **stili i ligjëratës së lajmëtarit**. Me anë të këtij stili profeti transmeton fjalët e Perëndisë duke filluar me formulën "Kështu thotë Zoti". Ky lloj stili ligjërate përmban mesazhe mbi gjykimin dhe paralajmërimet, ose mesazhe për shptëimin. Një nga qëllimet kryesore të ligjëratave mbi gjykimin ishte, që njerëzit të pendoheshin dhe të pajtoheshin me Perëndinë. Mesazhet mbi shpëtimin u sollën shpresë dhe ngushëllim të gjithë atyre që ishin nën gjykim.

Përveç këtij stili, profetët përdorën edhe forma të tjera të ndryshme letrare. Ka tregime ose të dhënat mbi ngjarje të ndryshme, të cilat përmbajnë informacion historik, biografik ose autobiografik (Isaia 36-39; Jeremia 32-44; Osea 1:2-9; 3:1-5). Disa tekste e paraqesin dialogun ndërmjet Perëndisë dhe profetit si një formë letrare (Jeremia 15:15-21). **Rrëfimet vegimtare** merren me mesazhin e marrë nga vegimet (Jeremia 1:11-19; Amosi 7:1-9; 8:1-3; 9:1). **Veprimet simbolike** janë veprime që bëhen në mënyrë simbolike nga një profet për të treguar rëndësinë e mesazhit të përçuar (Isaia 20:1-5; Jeremia 13:1-7; 19:1-13). **Orakuj të fatkeqësive** përmbajnë fjalë të shkatërrimit dhe të rrënimit të plotë (Isaia 5:8-23). Me anë të **mosmarrëveshjeve ligjore** profetët kishin si qëllim të tregonin se populli i Perëndisë ishte hedhur në gjyq, sepse kishte thyer besëlidhjen me

I **Profecia–Parimet e interpretimit**

• Fjalët profetike kanë zanafillin e tyre në një mjedis historik të caktuar. Duhet t'i kushtojmë vëmendje të veçantë mjedisit politik, social, kulturor dhe fetar, ku u zhvilluan fjalët profetike.
• Mesazhi i profetëve ka qenë shpesh fokusi i autorëve të ndryshëm të Dhiatës së Re. Prandaj duhet të përpiqemi të kuptojmë se si shkrimtarët e Dhiatës së Re përvetësuan, kuptuan dhe i interpretuan fjalët profetike Kishës së Hershme.
• Tekste profetike, që merren me mesinë, birin e Davidit, duhen lidhur me Jezusin duke kuptuar drejtë se si kuptohen këto tekste nga dëgjuesit e asaj kohe.
• Duhet të vlerësojmë parashikimet e plotësuara dhe të paplotësuara nën dritën e historisë dhe të besimit të Dhiatës së Re
• Duhet të pranojmë vështirësitë që ekzistojnë për të deshifruar të folurën figurative, emrat e mistershëm dhe numrat që kanë të bëjnë me ngjarjet e kohërave të fundit. Kur të merremi me këta elementë duhet të përpiqemi të marrim parasysh mesazhin e gjithë tekstit.

Perëndinë (Mikea 6:1-16). Thëniet mbi diturinë përmbajnë thënie proverbiale dhe mësime urtësie për sjelljen e duhur në shoqëri (Amosi 3:3-8; Jeremia 17:5-8). **Këngët e vajtimit** janë lavdërime të thëna më parë dhe që parashikojnë shkatërrimin e afërt dhe vdekjen e një shoqërie (Amos 5:2). **Shëmbëlltyrat** shërbejnë për të komunikuar mesazhin në një formë tregimi, të tillë që edhe dëgjuesit të mund të luajnë një rol si personazhet e historisë (Isaia 5:1-7; Ezekieli 15-16). **Gjëegjëzat** e mbajnë mesazhin e fshehur, por sfidojnë njerëzit të reflektojnë mbi kuptimin e tyre (Ezekieli 17:1-10).

Krijimi i librave profetikë

Si u mblodhën thëniet e profeteve për të krijuar një libër? Kush u dha librave profetikë formën që ata kanë sot? Tani do të shqyrtojmë këto dhe probleme të tjera që kanë lidhje me krijimin e një libri.

Do të fillojmë me atë që shumica kanë pranuar se librat profetikë janë përmbledhje e orakujve që profetët kanë thënë gjatë kohërave të ndryshme të shërbesës së tyre. Kjo do të thotë se më vonë, profetët ose dikush tjetër i mblodhën këta orakuj dhe i shkruan. Te librat profetikë gjejmë shumë pak rrëfime për mënyrën se si ishin shkruar këto libra. Këtu bën përjashtim rrëfimi për

Barukun, një skribi i cili shkroi mbi një rrotull shkrimi orakullin që Jeremia i diktoi atij (Jeremia 36:1-32). Ka të ngjarë që ata që vazhduan shërbesën dhe që ndoqën mësimet e profetëve (ata që ne i quajmë "dishepuj"; shih Isaia 8:16) të kenë qenë ata që filluan të shkruajnë, fjalët e thëna nga profetët, për brezat që do të vinin më pas.

Studiuesit modernë mendojnë, se shumica e librave profetikë, janë riparë dhe ndryshuar dhe kanë shtesa të bëra nga **redaktuesit** e mëvonshëm. Ata dalin në përfundimin se brezat në vazhdim kanë ndryshuar dhe kanë zgjeruar mesazhin e hershëm të profetëve, në mënyrë që të ishte në përputhje me çështjet teologjike dhe sfidat e kohërave të mëvonshme. Ata i konsideruan librat profetikë si dokumente teologjike, të cilët u rregulluan dhe u rirregulluan gjatë gjithë historisë së Izraelit. Kritikët e redaktimit kërkojnë t'i heqin shtesat dhe zgjerimet që u bënë më vonë nga redaktuesit e një libri të veçantë. Edhe pse ne e pranojmë mundësinë e shtesave, që mund të jenë bërë më vonë, ne mendojmë se është e rëndësishme të konsiderojmë formën e librave të profetëve në kanun. Ne do të përpiqemi, që në kapitujt në vazhdim, të fokusohemi në format e librave profetikë në kanun.

Fjali përmbledhëse

- Profecitë në Izrael ishin shumë të ndryshme nga profecitë e vendeve pagane, të cilat ishin fqinjë të Izraelit.
- Profetët klasikë i përkasin periudhës midis viteve 800 dhe 450 para Krishtit.
- Profetët ishin të përkushtuar të mësonin kombin e tyre, se si të bëhej populli i Perëndisë, i cili kishte një mision për botën.
- Profetët ishin edhe parashikues edhe parathënës.
- Profetët folën për transformimin në tokë të popullit të Perëndisë nën sundimin e një mbreti të familjes së Davidit, si edhe për shkatërrimin e papritur të botës dhe të gjithë së keqes.
- Profetët përdorën forma të ndryshme letrare për të komunikuar fjalët e Perëndisë.
- Te librat profetikë gjejmë orakuj individualë, që shpesh nuk ndjekin asnjë renditje, logjike apo kronologji.

Pyetje për reflektim

1. Lexoni historinë e Elias te 1 Mbretërve 17:1–18:46 dhe mesazhin e Amosit në kapitullin 5:1-27. Krahasojini dhe gjeni ndryshimet e shërbesave të këtyre dy profetëve të Izraelit.

2. Përse është e rëndësishme të kuptosh në mënyrën e duhur eskatologjinë që gjejmë në librat e profetëve?

3. Çfarë mësojmë për shërbesën "profetike" në ditët e sotme duke u bazuar në distukim mbi misionin që kishin profetët e Izraelit?

4. Vlerësoni aftësitë letrare të profetëve si folës dhe si shkrimtarë të fjalës së Perëndisë.

5. Për çfarë supozime kemi nevojë, në mënyrë që të kuptojmë fjalët e thëna nga profetët, në lidhje me kohërat e fundit?

Burime për studime të mëtejshme

Beegle, Dewey M. *Prophecy and Prediction*. Ann Arbor, Mich.: Pryor Pettengill, 1978.

Lindblom, J. *Prophecy in Ancient Israel*. Philadelphia: Fortress Press, 1973.

Scott, R.B.Y. *The Relevance of the Prophets*. New York: McMillan Publishing Company, 1973.

26 Isaia

Objektivat

Studimi i këtij kapitulli do t'ju ndihmojë:

- Të përshkruani pjesë të ndryshme dhe përmbajtjen e librit të Isaisë.
- Të përshkruani mjedisin e pjesëve të ndryshme të librit të Isaisë.
- Të diskutoni mbi temat kryesore të librit të Isaisë.
- Të identifikoni temat specifike që gjenden te libri i Isaisë, të cilat kanë një rëndësi të veçantë për mësimin e Dhiatës së Re.

Disa pyetje që duhen marrë parasysh ndërsa lexoni:

1. Cili është perceptimi juaj për Perëndinë?
2. Përse shërben adhurimi? Cili është përbërësi më i rëndësishëm i adhurimit?
3. Cila është lidhja midis përshpirtshmërisë dhe çështjeve sociale?

Biografia e Isaias

Libri i Isaias është padyshim libri më i shquar i librave profetikë, që gjendet në Dhiatën e Vjetër. Si judaizmi dhe krishterimi e shohin këtë libër si një vepër teologjike me mjaft rëndësi. Dhiata e Re citon referenca të ndryshme nga ky libër më shumë se nga çdo libër tjetër i Dhiatës së Vjetër.

Fjalia hapëse e këtij libri e emërton përmbajtjen e tij si "vegimi i Isaias, birit të Amotsit", për të cilin gjejmë pak të dhëna në këtë libër. Emri Isaia do të thotë "ZOTI është Shpëtimi". Disa studiues mendojnë se familja e tij i përkiste aristokracisë së Jeruzalemit. Nga libri mësojmë se ai ishte i martuar dhe kishte dy djem (7:3; 8:3). Ai u kishte vendosur djemve të tij emra simbolikë, të cilët mbartnin mesazhin e Perëndisë për mbretërinë e Judës.

Sipas kapitullit 6, Isaia mori thirrjen për të qenë profet në vitin kur vdiq mbreti **Uziah** (742 para Krishtit). Fjalia që hap librin (1:1) na tregon se ai ishte profet gjatë mbretërimit të Uziahut, Jothamit, Ashazit dhe Ezekias, të cilët ishin mbretër të Judës. Studiuesit mendojnë se shërbesa e tij zgjati deri në vitin 690 para Krishtit.

Mjedisi

Perëndia e thirri Isaian të ishte profet gjatë një kohe kritike të historisë së Mbretërisë së Jugut (Judës). Izraeli dhe Juda ishin nën kërcënimin e perandorisë asiriane, e cila kishte filluar zgjerimin e mbretërisë së saj që me **Tiglath-Pileserin III** (745-727 para Krishtit). Mbreti i Izraelit **Pekahu** u bashkua me Sirinë dhe formoi një ushtri të koalicionit për të luftuar kundër Asirisë. Juda ndoqi një politikë neutrale dhe si rezultat forcat sirian-izraelite u nxitën të sulmonin Jeruzalemin. Mbas vdekjes së mbretit të Judës **Jothamit**, ishte djali i tij **Ashazit** (735-715 para Krishtit) përgjegjës për të zgjidhur krizën. Ashazi ishte gjithashtu nën presionin

ushtarak të Edomitëve, të cilët kishin ripushtuar qytetin e Elathit (shih 2 Mbretërve 16:5-9). Kapitujt 7-8 përshkruajnë përfshirjen e Isaias gjatë kësaj krize kombëtare.

Isaia e inkurajoi Ashazin të kishte besim te Perëndia dhe të mos kishte frikë nga armiqtë e tij (7:3-17). Megjithatë, mungesa e besimit nga ana e Ashazit e detyroi të kërkonte ndihmë nga Asiria. Ushtria asiriane pushtoi Sirinë dhe Izraelin dhe si rrjedhim çoi në shkatërrimin e Izraelit në vitin 721 para Krishtit (2 Mbretërve 16:5–17:6).

Isaia gjithashtu ndihmoi me këshilla politike mbretin tjetër të Judës, **Ezekian** (715-687 para Krishtit). Isaia ishte kundër përpjekjeve të Ezekias për të bërë aleanca politike me vendet fqinje (kapitujt 20, 30). Pushtimi asirian i Judës në vitin 701 para Krishtit është edhe sfondi i kapitujve 36-37. Profeti e ndëshkoi Ezekian sepse kishte mirëpritur të dërguarit e Berodak-Baladanit nga Babilonia (ndoshta rreth vitit 703 para Krishtit). Isaia tha se Babilonia do të merrte pasuritë e Judës dhe do të dërgonte popullin e tij në mërgim (kapitulli 39). Në vitin 587 para Krishtit Babilonia shkatërroi Jeruzalemin dhe robëroi Judën.

Në kapitujt 40-66 orakujt fokusohen në shpengimin e Perëndisë dhe në rikthimin e të mërguarve të Judës nga Babilonia. Gjykimi, një temë dominuese në kapitujt 1-39, mungon në kapitujt 40-66. Ky seksion përshkruan tokën e Judës dhe të Jeruzalemit, të cilat ishin shkatërruar dhe ishin të pabanuara. Orakujt parashikojnë në kapitujt 40-66 rindërtimin dhe ripopullimin e Jeruzalemit/Sionit. Si pasoj, këta orakuj pasqyrojnë situatat historike të mëvonshme.

Mendimet e studiuesve për sfondin e kapitujve 40-66 nuk janë unanime. Studiuesit, që i shohin kapitujt 40-66 si veprën e një profeti gjatë mërgimit në Babiloni, e quajnë këtë seksion **Isaia e dytë**. Ndërsa disa studiues të tjerë e kufizojnë seksionin e dytë të Isaias në kapitujt 40-55 dhe i shohin kapitujt 56-66 si veprën e një profeti pas mërgimit (**Isaia e tretë**). Ata mendojnë se kapitujt 56-66, duhen vendosur në kontekstin fetar dhe social e çerekut të katërtë të shekullit të gjashtë para Krishtit. Nuk ka një mendim unanim në lidhje me këtë çështje ndër studiuesit ungjillorë konservativ. Disa preferojnë autorësinë e shumëfishtë. Ndërsa disa të tjerë mendojnë se ky libër është plotësisht vepra e Isaias në shekullin e tetë para Krishtit.

Përmbajtja

Edhe pse materialet në librin e Isaias mund t'i përkasin dy ose ndoshta më shumë mjediseve të ndryshme historike, fokusi i studimit tonë do të jetë libri në formën e tashme të tij në kanun. Për këtë arsye, në këtë kapitull, ne do ta trajtojmë këtë libër në tërësinë e tij. Siç e përmendëm edhe më parë, tema e gjykimit dominon në kapitujt 1-39.[1] Siguria e shpëtimit dhe restaurimi i Sionit bashkojnë orakujt e ndryshëm të kapitujve 40-66.[2]

Ne i grupojmë orakujt e ndryshëm të Isaias sipas temave të mëposhtme:

H | **Teologjia e Sionit te libri i Isaias**

Sioni (Jeruzalemi) ishte realiteti konkret i prezencës së Perëndisë në mes të popullit të Tij. Isaia e quan Sionin "mali i ZOTIT" (2:3) dhe "qyteti i ZOTIT" (60:14). Studiuesit mendojnë se Isaia zhvilloi **teologjinë e Sionit**, që fokusohet në restaurimin e Jeruzalemit. Autorët e Dhiatës së Re e përshkruajnë Sionin/Jeruzalemin si "Jeruzalemi qiellor" dhe "Jeruzalemi i ri", qyteti ku Perëndia do të banojë me popullin e Tij përgjithnjë (Hebrenjtë 12:22; Zbulesa 21:2).

---

1. Rebelimi dhe gjykimi (1:1–39:8)
2. Shpengimi nga Babilonia (40:1–55:13)
3. Shpëtimi universal (56:1–66:24)

■ Rebelimi dhe gjykimi (1:1–39:8)

Rebelimi i Judës (1:1–5:30)

Libri i Isaias fillon me një përshkrim të rebelimit të popullit të besëlidhjes ndaj Perëndisë. Gjykimi i Perëndisë solli shkatërrimin e pothuajse të gjithë qyteteve të Judës, përveç Jeruzalemit (**e bija e Sionit**). Profeti shpalli se Perëndia dëshironte të pajtohej me popullin e Tij dhe të fshinte gjurmët e thella të mëkateve të tyre, nëse ata do të pendoheshin dhe nëse do të jetonin një jetë të transformuar (v. 10-20) Ata që vazhduan të jetonin si armiq të Perëndisë ishin caktuar të shkatërroheshin plotësisht (v. 21-31).

Isaia shpalli se Perëndia do të shpengonte Sionin dhe se me anë të Sionit Ligji i Perëndisë (*Torah*) do të përhapej në të gjitha

---

T | **Hiri i Perëndisë gjatë gjykimit**

Hiri i Perëndisë gjatë gjykimit është shpresa për shpëtim. Dëshira e Perëndisë është që ne të jetojmë një jetë të çliruar nga fuqia e mëkatit. Ritualët fetar nuk mund të na shpëtojnë dhe as nuk mund të na pastrojnë nga mëkati. Kur pendohemi ne jo vetëm pajtohemi me Perëndinë, por edhe pastrohemi nga faji i mëkateve tona.

kombet (1:27; 2:1-5). Pas kësaj himn eskatologjik pasojnë shtatë orakujt mbi **ditën e Zotit**–një ditë ku do të ketë terror, shkatërrim. Kjo ditë do të jetë fundi për ata që kanë qenë krenarë dhe arrogantë (2:6–4:1). Nëpërmjet një shëmbëlltyre, profeti portretizon Judën dhe Izraelin si të padenjë për t'u mbajtur si vreshti i Perëndisë. Njerëzit e Perëndisë, të cilët duhet të nxisnin drejtësinë u fajësuan për gjakëderdhjen, dhunë, zilinë, përmbushjen e dëshirave të veta, materializëm, mendime perverse, krenari dhe rryshfete (5:1-31). Në mes të këtyre deklaratave mbi gjykimet gjejmë një orakull tjetër ku thuhet se në Sion (4:2-6) do të gjejnë strehim ata që kanë mbijetuar nga gjykimi pastrues i Perëndisë (**mbetja**).

Thirrja e Isaias (6:1-13)

Isaia e shihte Perëndinë si Mbret mbi mbretërit dhe si mbret mbi mbretëritë e kësaj bote, në vitin e vdekjes së Uzias (742 para Krishtit). Perëndia qëndronte në fronin e Tij qiellor, i rrethuar nga serafinët, të cilët ishin mbrojtësit dhe lajmëtarët e Tij qiellorë. Kënga e serafinëve për shenjtërinë e Perëndisë përçonte të vërtetën për pastërtinë absolute dhe lavdinë e Perëndisë. Ky vegim e shtyu Isaian të rrëfente mëkatet dhe të rrëfente, se sa i padenjë ishte ai, për të qëndruar përpara Perëndisë së shenjtë dhe të madhërishëm. Nëpërmjet një veprimi simbolik, Perëndia e fali dhe e pastroi Isaian. Isaia e dëgjoi thirrjen e Perëndisë për të qenë lajmëtari i Tij dhe iu përgjigj pa hezituar. Perëndia e paralajmëroi Isaian se edhe pse Juda nuk do t'i përgjigjej mesazhit të tij ai duhet të vazhdonte të predikonte deri në ditën e gjykimit. Pas gjykimit, Perëndia do të ngrinte një farë të shenjtë–një komunitet njerëzish besnikë.

Juda, Izraeli dhe Asiria (7:1–12:6)

Kapitujt 7-12 ka të ngjarë të vijnë nga periudha e hershme e mbretërimit të mbretit Ashaz. Ashazi ishte i pushtuar nga paniku për shkak të ushtrisë sirian-izraelite në Jeruzalem (7:1-2). Isaia, i shoqëruar nga djali i tij Shear-Jashubi, u takua me Ashazin dhe e siguroi atë se plani i armiqve do të dështonte. Vendosja e mbretërisë së tij varej nga besimi, që ai do të kishte, në fjalën e Perëndisë (v. 3-9).

Perëndia do t'i jepte një shenjë Ashazit për të konfirmuar fjalët e Tij, por mbreti Ashaz e refuzoi këtë. Isaia i dha shenjën se "një grua e re[d]" do të lindë një djalë që do të quhej **Emanuel** (që do të thotë Perëndia me ne). Për Ashazin dhe për Judën, fëmija do të ishte një simbol i prezencës së Perëndisë pranë popullit të Tij, madje edhe pse ata nuk do të kishin besimit te Ai. Para se fëmija të arrinte moshën e pjekurisë së marrjes së vendimeve, Asiria do të shkretonte tokat e Sirisë dhe të Izraelit. Juda do të kalonte ditë të dhimbshme dhe tragjike (7:10–8:8).

Profeti kishte besim të plotë dhe shpresë te Perëndia, të cilin populli e kishte hedhur poshtë. Edhe pse kombi jetonte në errësirë shpirtërore dhe ishte i varur politikisht, ai e parashikoi ardhjen e dritës, gëzimit dhe fundin e betejës, nëpërmjet "një fëmije", i cili do të ishte dhurata e Perëndisë për popullin e Tij (8:9–9:7). Ky fëmijë do të quhej "Këshilltar i admirueshëm", "Perëndia i fuqishëm", "Ati i përjetshëm" dhe "Princi i paqes". Perëndia do të vendoste mbretërinë e Tij të paqes, e cila do të ishte një mbretëri e përjetshme ku do të zotëronte drejtësia.

Shkatërrimi i Izraelit nga dora asiriane është edhe tema e vargjeve 9:8–10:4. Në këtë seksion gjejmë katër orakuj, të cilët përfundojnë me të njëjtat fjalë për zemërimin

---

H ▎**Orakulli për Emanuelin**

Orakulli për Emanuelin ka rëndësi si për Dhiatën e Vjetër ashtu edh e për Dhiatën e Re. Identiteti i "gruas së re" (në hebraisht *almah*; te përkthimi "Septuagint"[c], *parthenos*, që do të thotë "e virgjër") te Isaia 7:14 nuk dihet. Disa studiues mendojnë se ishte gruaja e Ashazit. Disa të tjerë mendojnë se Isaia ishte duke folur për gruan e tij. Shkruesi i Ungjillit, Mateu, e lidh këtë orakull me mënyrën në të cilën Jezusi lindi nga një virgjëreshë (Mateu 1:23).

Sundimi mesianik

Ardhja e Mesisë dhe sundimi mesianik janë temat e kapitujve 9:2-7 dhe 11:1-9. Profeti parashikoi se sunduesi ideal, që do të vinte nga Davidi, do të përfaqësonte Perëndinë te populli i tij. Siç tregon edhe historia e Izraelit, sunduesit njerëzorë nga familja e Davidit dështuan në plotësimin e kësaj shprese. Nga perspektiva jonë e krishterë, domethënia e plotë e këtij teksti duhet gjetur te mbretërimi i Jezusit, Biri i Davidit dhe Biri i Perëndisë.

---

e Perëndisë (shih pjesën e fundit të vargjeve 9:12, 17, 21; 10:4). Profeti e përshkroi Asirinë si vegël e gjykimit të Perëndisë kundër Izraelit dhe Judës (10:5-11). Perëndia do të gjykonte gjithashtu Asirinë dhe do të largonte barrën nga populli i Tij (v. 12-27). Kapitulli 10 përfundon me marshin e armiqve kundër Izraelit dhe Judës.

Te kapitulli 11 gjejmë dy seksione të rëndësishme. Pjesa e parë (v. 1-9) përshkruan **mbretin, që do të vinte nga familja e Davidit** "një degëz do të dalë nga trungu i Isaias" [v. 1]) si një sundues i mbushur me Frymën, i cili do të sundojë me drejtësi. Mbretëria mesianike do të jetë një mbretëri e mbushur me paqe dhe e transformuar. Pjesa e dytë (v. 10-16) përsërit temën e kthimit të mbetjes (pjesës së mbetur të Izraelit) për të jetuar nën sundimin mesianik. Kjo ndiqet nga një këngë falënderimi për shpëtimin që

---

[c] Përkthimi i Dhiatës së Vjetër në greqisht, që u përfundua rreth vitit 50 para Krishtit, dhe që ishte përkthimi i përdorur nga kisha e hershme. Septuagint do të thotë "shtatëdhjetë" sepse, sipas traditës, u përkthye nga 70 pleq hebraikë.

[d] "E virgjëra" në Biblën Shqipe.

┌───┐
T **Fryma e Zotit**

Isaia e kuptoi **Frymën e Zotit** si personi veprues në mbretërinë mesianike. Shërbesa kryesore e Frymës është që të sjellë plotësi dhe mirëqenie (në hebraisht, *shalom*) në jetët tona të shkatërruara. Përshkrimi simbolik i ujkut që jeton me qengjin (11:6-9) përçon idenë e rregullit paqësor të jetës, në mbretërinë mesianike. Jeta e mbushur me hir dhe mirësi do të jenë karakteristika e kësaj mbretërie. Vetëm Shpirti i Zotit mund të shndërrojë plotësisht jetët tona egoiste dhe të mëkatshme.
└───┘

po vjen (12:1-6). Burimi i gëzimit për ne është Perëndia, i cili është shpëtimi ynë dhe për këtë gjë ne duhet t'i jemi mirënjohës.

Gjykimi universal dhe shpëtimi universal (13:1 – 27:13)

Orakujt e Isaias kundër kombeve fokusohen në gjykimin e Babilonisë, Asirisë, Filistisë, Moabit, Sirisë, Egjiptit dhe Edomit (13:1–23:18). Tema e gjykimit të Perëndisë ndaj botës vazhdon edhe në atë që njihet me emrin **apokalipsi i Isaias** (24:1–27:13). Profeti parashikoi një katastrofë për gjithë botën, e cila do të kishte ndikim në të gjithë njerëzimin. Perëndia do t'i jepte fund të keqes dhe do të zhdukte armikun e Tij. Populli i Perëndisë do të ishte i lirë nga vdekja dhe nga vuajtjet. Perëndia do të mbillte mbetjen e mbledhur nga të katër anët e botës, si vreshtin e Tij i ri.

Gjashtë orakujt e fatkeqësisë (28:1 – 33:24)

Në këta kapituj profeti paraqet gjashtë orakuj–shpallje për fatkeqësinë dhe shkatërrimin–të drejtuara Efraimit/Izraelit (28:1), Arielit/Jeruzalemit (29:1), atyre që ia fshehin planet e tyre Zotit (v. 15), atyre që lidhin aleanca politike (30:1; 31:1) dhe atyre që shkretojnë. Bashkë me këta orakuj fatkeqësie, gjejmë edhe fjalë që flasin për qëllimin e Perëndisë për t'u vendosur në Sion

si themel, një gur qoshjeje, guri i të drejtës dhe drejtësisë (28:16-17) dhe një mbret që do të mbretërojë me drejtësi (32:1). Gjithashtu Perëndia do të derdhë Shpirtin e Tij mbi popullin e Tij dhe në tokë do të ketë drejtësi, paqe, qetësi dhe siguri (besim tek Perëndia) përjetë (32:15-20). Populli i Perëndisë do të shohë "bukurinë e mbretit të tyre" dhe Sioni do të jetë një vend ku populli i Perëndisë do të banojë në paqe dhe qetësi (33:17-22).

Çlirimi i Sionit (34:1 – 39:8)

Përmbajtja e kapitujve 34 dhe 35 dominohet nga gjykimi mbi kombet dhe nga kthimi i Judës në Sion. Në kapitullin 35 gjejmë shumë ngjashmëri me shumë pasazhe të kapitujve 40-55. Të dyja seksionet (35 dhe 40-55) theksojnë kthimin e të mërguarve nga Babilonia për në Sion. Materialet e gjetura ndërmjet këtyre dy seksioneve (kapitujt 36-39) tregojnë për vazhdimësinë e ngjarjeve që arrijnë kulmin me fjalët profetike për mërgimin e Judës në Babiloni.

Asiria rrethoi Jeruzalemin gjatë mbretërimit të Ezekias (rreth vitit 701 para Krishtit) dhe Senakeribi, perandori asirian, kërkoi që Ezekia t'i dorëzohej ushtrisë së tij (36:1-22). Si përgjigje e lutjes së Ezekias, Perëndia dërgoi Isaian me fjalët mbi çlirimin e Jeruzalemit dhe shkatërrimin e ushtrisë asiriane (37:1-38). Ndërhyrja e Perëndisë në jetën e Ezekias, gjatë një sëmundjeje vdekjeprurëse, është historia e kapitullit 38. Te kapitulli 39 na tregohet për pritjen madhështore që Ezekia u bën të dërguarve nga Babilonia dhe për refuzimin e Isaias ndaj aleancës së pamatur, që mbreti kishte bërë me Babiloninë. Profeti paralajmëron se

Babilonia do të merrte Judën dhe gjithë pasurinë e saj.

Tani do të kthehemi te pjesa e dytë e librit, e cila shqyrton çlirimin e afërt të Judës nga Babilonia dhe rikthimin në Sion (kapitujt 40-66).

■ Shpengimi nga Babilonia (40:1–55:13)

Perëndia, Ngushëlluesi po vjen (40:1-31)

Profeti, me një ndjenjë urgjence të thellë dhe me bindje të fortë në fuqinë shpenguese të Perëndisë, u tha hebrenjve të mërguar, se Perëndia do t'i kthente në mëmëdhe. Perëndia që po vinte si bari i mirë për të mbledhur tufën e Tij nuk është gjë tjetër veçse Krijuesi, i cili nuk ka të krahasuar për fuqinë dhe madhështinë e tij. Ai është burimi i fuqisë për të munduarit dhe të dobëtit. Edhe pse të dobësuar nga mundimet që kishin kaluar në mërgim, populli i Perëndisë që do ta priste Atë, do të merrte fuqi për udhëtimin për t'u kthyer në vendlindje.

Perëndia formon dhe kontrollon historinë (41:1-29)

Me anë të mosmarrveshjeve ligjore profeti deklaron se idhujt e kombeve nuk kanë fuqi për të formuar dhe për të kontrolluar historinë. Ngjarjet historike të ditës (ngritja e Perandorisë persiane dhe fatkeqësitë e afërme të Babilonisë në gjysmën e dytë të shekullit të gjashtë para Krishtit) ishin vepra të Zotit, i cili është "i pari" dhe "i fundi" (41:4). Qëllimi i Zotit është të shpengojë popullin e Tij.

Individi dhe kombi si shërbëtorë (42:1-25)

Në kapitullin 42 të librit të Isaias portretizohen dy shërbëtorë. I pari është një person, që Perëndia e ka thirrur dhe e ka mbushur me Shpirtin e Tij, për të sjellë drejtësi në gjithë tokën (v. 1-4). Kjo është poema e parë e katër poemava të librit të Isaias, që merret me misionin dhe shërbesën e **Shërbëtorit të ZOTIT**. Misioni i shërbëtorit është të bëhet "drita e kombeve" (v. 6), t'u hapë sytë të verbërve dhe t'i çlirojë të burgosurit (v. 7). Në pjesën e dytë të këtij kapitulli, shërbëtori është Izraeli, një komb i verbër dhe i shurdhët që refuzon të kuptojë fjalën e Perëndisë dhe punën e Tij në mes tyre (v. 18-25). Mateu, në Ungjillin e tij, e lidh figurën e parë të shërbëtorit me personin e Jezusit (shih Mateu 12:18-21). Figura e dytë lidhet me Izraelin gjatë mërgimit për shkak se refuzoi Perëndinë.

Zoti, Shpenguesi i hirshëm (43:1-45:25)

Perëndia premtoi se do të shpëtonte kombin e Tij që i shërbente, Izraelin, të cilin ai c kishte krijuar për të qenë dëshmitari i Tij për botën. Prezenca e Tij do të bënte që kombi i Tij t'ia dilte mbanë edhe sprovave më të vështira të jetës. Isaia shpalli se

---

T **Perëndia, Krijuesi dhe Shpenguesi**

Shpallja e ardhjes së Perëndisë, Shpenguesit është lajmi i mirë për njerëzimin. Qëllimi i shpengimit është të sjellë ngushëllim për ata që janë nën skllavërinë e mëkatit. Ngushëllimi vjen nga të qenurit i lirë nga gjykimi. Perëndia dëshiron që mëkatarët të shpëtohen. Ai ka fuqinë të shpëtojë sepse Ai është Krijuesi i gjithësisë. Në kapitujt 40-45 profeti lidh shpengimin me krijimin. Asnjë perëndi tjetër nuk ka fuqi të na krijojë apo të na shpengojë. Fuqia krijuese e Perëndisë është vepruese kur ne marrim shpëtimin e Tij. "Prandaj, nëse dikush është në Krishtin, ai është një krijesë e re" (2 Korintasit 5:17). Ky është thelbi i mesazhit të Biblës.

Identiteti i shërbëtorit

Ka mendime të ndryshëm për **identitetin e shërbëtorit**, i cili gjendet në poemat e Shërbëtorit te libri i Isaias. Pyetja e eunukut drejtuar Filip ungjilltarit reflekton pasigurinë e hebrenjve, për këtë çështje, në shekullin e parë pas Krishtit (shih Veprat 8:26-40). Disa studiues mendojnë se kombi i Izraelit është shërbëtori. Sipas mendimit të tyre, Isaia po fliste për vuajtjet e hebrenjve gjatë gjithë historisë. Dhe kjo ishte pjesë e planit shpengues, që Perëndia kishte për gjithë njerëzimin. Madje disa mendojnë se olokausti kishte një qëllim shpengues. Të tjerët mendojnë se profeti po fliste për veten e vet. Një pikëpamje tjetër mjaft e njohur në mes të krishterëve ungjillorë është se profeti po fliste për vuajtjet e Mesias që do të vinte- ngjarje që në fakt u plotësua në jetën e Jezusit nga Nazareti. Filipi gjeti në historinë e shërbëtorit "lajmin e mirë rreth Jezusit" (Veprat 8:35). Kisha shpalli Jezuin e kryqëzuar si Shërbëtorin e Perëndisë që vuante, me anë të cilit Perëndia tregon dashurinë e Tij për njerëzimin.

Perëndia do ta falte popullin e Tij, i cili kishte mëkatuar kundër Tij. Dëshira e Perëndisë për Izraelin ishte që Izraeli ta pranonte Perëndinë si Shpëtimtarin e tij të vetëm. Një nga bekimet shpirtërore të shpengimit të Perëndisë është dhurata e Shpirtit të Tij (43:3), i cili i sjell jetë dhe gjallëri popullit të shpenguar të Perëndisë.

Profeti shpalli se mbreti persian Kiri do të ishte "bariu" i Perëndisë dhe "i vajosuri" dhe se ai do të çlironte Judën nga Babilonia (44:28; 45:1, 13). Popujt që i kishin shërbyer idhujve do të njihnin Perëndinë, si Krijuesi dhe i vetmi Perëndi, që mund të shpëtonte njerëzimin. Isaia foli edhe për Perëndinë si Perëndia i jetës dhe jo i kaosit. Vullneti i Tij për popullin e Tij ishte çlirimi nga kaosi, që ekzistonte për shkak të idhujve, të cilëve ata u shërbenin.

Rënia e Babilonisë (46:1 – 47:15)

Tema e këtyre dy kapitujve është gjykimi i Babilonisë. Gjykimi fillonte me hedhjen poshtë të perëndive kryesore të Babilonisë, **Bel-Marduku** dhe **Nebo**. Kombi që besonte në idhujt, magjitë, dhe parashikimet astrologjike do të përballej me shkatërrimin e papritur.

Largimi nga Babilonia (48:1-22)

Isaia e përshkroi shpëtimin e Izraelit nga Babilonia si një nga "gjërat e reja", (v. 6) që Perëndia do të bënte për popullin e Tij. Gjykimi i mërgimit ishte zjarri rafinues që do të pastronte popullin e Tij. Si rezultat i bindjes ndaj mësimeve të Perëndisë, paqja do të rridhte si lumi. Profeti sfidoi Izraelin të largohej nga Babilonia.–bota e mëkatit dhe e idhujtarisë–dhe t'i shpalli shpengimin gjithë botës.

Shërbëtori: dritë e kombeve (49:1-26)

Poema e dytë për shërbëtorin (v. 1-6) përshkruan thirrjen e shërbëtorit, madje edhe që para lindjes së tij. Misioni i shërbëtorit ishte i dyfishtë: Të kthente Izraelin te Perëndia dhe të ishte dritë për kombet. Perëndia do të drejtonte dhe do të udhëhiqte të gjithë ata që jetonin në errësirë, si dhe do t'i jepte ngushëllim të vuajturve. Perëndia premtoi se Ai nuk do ta braktiste kurrë dhe nuk do ta harronte Sionin.

Shërbëtori: dishepulli që i bindej Perëndisë (50:1-11)

Gjykimi i Perëndisë erdhi mbi Izraelin për shkak të mëkateve të tij dhe mungesës së

> ### T Feja e vërtetë
>
> Ekziston një lidhje e rëndësishme ndërmjet jetës mbushur me besim dhe ndërgjegjes sociale. Dhurata e Perëndisë për ne është *shalom* i Tij–plotësia dhe mirëqënia që vijnë nga shpengimi i Tij. Marrësit e dhuratës së këtij *shalom*-it duhet të tregojnë dhemshuri për të shtypurit, të uriturit dhe të pastrehët e shoqërisë. Jakobi e quan këtë "Fe të pastër dhe të panjollë përpara Perëndisë" (1:27). Pali këshillon lexuesit e tij "Mos mendojë secili për interesin e vet, por edhe atë të të tjerëve" (Filipianëve 2:4).

besimit (v. 1-3). Bindja ndaj Perëndisë është e nevojshme për të mbajtur një marrëdhënie të duhur me Perëndinë. Në poemën e tretë të shërbëtorit (v. 4-9), shërbëtori paraqitet si model i besimit dhe bindjes për ata që qëndrojnë në errësirë (shih V. 10). Shërbesa e tij është që të flasë fjalë që do të ngushëllojnë ata që ishin të lodhur dhe që vuanin. Ai i bindet mësimeve të Perëndisë edhe pse është objekt i kundërshtimeve dhe sulmeve të armiqve të tij.

Çlirimi që po vjen (51:1 – 52:12)

Perëndia premtoi se Ai do t'i qëndronte besnik thirrjes së Abrahamit, stërgjyshit të Izraelit. Autori i vërtetë i ngushëllimit dhe i çlirimit është Perëndia, i cili u premton shpëtimin të gjithë atyre që zbatojnë mësimet e Tij. Rezultati i këtij shpëtimi, që vjen nga Perëndia, është "gëzimi i përjetshëm" (51:11).

Shërbëtori që vuan (52:13 –53:12)

Në poemën e katërt, fokusi është shpengimi, që mund të vijë nga vuajtjet e Shërbëtorit. Profeti portretizon Shërbëtorin si të poshtëruar, të hedhur poshtë dhe të plagosur për mëkatet e njerëzimit, edhe pse ishte i pafajshëm. Ai vetë pranoi t'i nënshtrohej vuajtjeve. Megjithatë, vuajtjet e Tij e plotësuan planin e Perëndisë për të sjellë shërim dhe plotësi për mëkatarët.

Shërbëtori, me anë të bindjes së Tij ndaj Perëndisë, bëri të mundur që mëkatarët të llogariteshin si të drejtë nga Perëndia. Shërbesa e Shërbëtorit përfshinte ndërmjetësimin për mëkatet e njerëzimit.

Perëndia i jep hirin e Tij kombit në mërgim (54:1 – 55:13)

Profeti krahason Izraelin në mërgim me një grua shterpë, një grua të braktisur nga burri i saj. Edhe pse Perëndia ishte i zemëruar me popullin e Tij, Ai premtoi se do ta donte atë me dashurinë e Tij të përjetshme dhe se do t'i qëndronte besnik "beslidhjes së paqes" që kishte me ta (54:10). Për më tepër, shpëtimi i Tij jepet falas për të gjithë ata që do ta kërkojnë atë (55:1). Lajmi i mirë te Isaia 55:1 është se Perëndia nuk vendos një çmim për shpëtimin tonë. Ata që janë penduar dhe që kërkojnë Perëndinë do ta gjejnë. Perëndia do t'i përmushë fjalët e Tij dhe do ta udhëheqë popullin e Tij të mërguar, me gëzim dhe paqe, për në mëmëdhe.

■ Shpëtimi universal (56:1–66:24)

Nuk ka një temë që i bashkon orakujt te Isaia 56-66. Këta kapituj fokusohen në adhurimin dhe ritualet, çështjet e drejtësisë dhe të drejtës, restaurimin dhe rindërtimin e Sionit, mbretërinë e Perëndisë dhe shpëtimin e gjithë njerëzve. Disa studiues shohin këtu punën e disa zërave[3] profetikë. Megjithatë, shpëtimi për të gjithë ata që janë të drejtë–hebrenjtë dhe johebrenjtë–duket se është hallka lidhëse e këtyre kapitujve.

Adhurimi i duhur (56:1–58:14)

Komuniteti, pas mërgimit, ka të ngjarë të përfshinte njerëz, të cilët mendonin në mënyrën të mëkatshme, shtypëse dhe sektare

(56:9-12; 57:1-21). Megjithatë, ata ishin shumë fetarë dhe ndiqnin ritualet duke u përpjekur që t'i pëlqenin Perëndisë (58:1-5). Profeti shpalli se ritualet nuk i pëlqejnë Perëndisë. Ai bekon ata që nxisnin drejtësinë, ata që janë penduar dhe të përulur në zemrat e tyre (56:1-3; 57:15; 58:6-7). Shtëpia e Perëndisë është "shtëpi lutjeje për të gjithë popujt" madje edhe për ata që dikur ishin të penguar nga ligji (56:4-8). Shenja e fesë së vërtetë nuk është devotshmëria e rreme, apo pastërtia raciale e dikujt, por përkushtimi për të sjellë plotësi në shoqëri. Megjithatë, komunieti që beson duhet të nderojë Perëndinë duke respektuar të Shtunën (Sabatin) (58:13-14) përveç se duhet të shqetësohet për problemet shoqërore.

A është Perëndia indiferent ndaj thirrjes së popullit të Tij? (59:1-21)

Profeti iu përgjigj atyre që mendonin se Perëndia nuk kujdesej për gjendjen e vështirë të popullit të Tij. Ajo që ndante Perëndinë nga populli i Tij dhe thirrjes së tyre për ndihmë ishte mëkati (v. 1-8). Profeti, në vend të predikonte, rrëfente mëkatet e kombit (v. 10-15). Ai u jepte siguri atyre që donin të largoheshin nga mëkatet e tyre se Perëndia do të vinte si Shpenguesi i tyre dhe se Shpirti i Tij dhe fjala e Tij do të qëndronte me ata përgjithmonë (v. 16-21).

Perëndia, Drita e përjetshme (60:1-22)

Profeti shpall zhdukjen e errësirës dhe ardhjen e Perëndisë si "drita e përjetshme" (v. 20). Izraeli do të ishte drita për kombet. Sioni, "qyteti i ZOTIT" (v. 14) do të qeverisej me paqe dhe drejtësi. Muret e qytetit do të quheshin "Shpëtim" dhe portat e tij "Lavdërim" (v. 18). Perëndia do të përmbush planin e Tij në kohën e caktuar për t'u bërë realitet.

Lajmi i Mirë për të varfërit dhe për të pikëlluarit (61:1-11)

Kjo poemë shpall misionin që Shpirti i Zotit i kishte ngarkuar Shërbëtorit. Shërbëtori deklaroi lirinë e plotë për të gjithë ata që ishin të burgosur, të thyer dhe të shtypur. Shërbesa e tij ishte të rivendoste drejtësinë dhe kështu të përcillte sundimin sovran të Perëndisë mbi tokë. Toka e shkatërruar do të rindërtohej. Ata që pikëlloheshin dhe qanin do të gëzoheshin me "një gëzim të përjetshëm". Perëndia do t'i vishte ata me veshjet e shpëtimit dhe të drejtësisë. Të gjitha kombet e botës do të shihnin punën e Zotit nëpërmjet Shërbëtorit të Tij.

Sioni i shpenguar (62:1-12)

Ka mundësi që të mërguarit, që u kthyen në vendin e tyre, ishin të zhgënjyer për shkak të vështirësive të vazhdueshme që ata hasnin dhe për shkak të konflikteve të vazhdueshme që kishte brenda komunitetit të tyre. Profeti foli për fundin e gjërave të kaluara dhe të tashme. Marrëdhënia e Perëndisë me Izraelin do të ishte si një marrëdhënie martesore, në të cilën Perëndia do të gëzohet për nusen e

Tij. Nusja e Tij do të kishte një identitet të ri–një emër të ri që karakterizon pasionin dhe dashurinë e Perëndisë për popullin e Tij.

Vajtimi i komunitetit (63:1 – 64:12)

Komuniteti pas mërgimit u bë cinik dhe skeptik në lidhje me fuqinë, që Perëndia kishte për të restauruar Sionin dhe jetën e komunitetit të tij. Profeti shpalli se Perëndia, Luftëtari Hyjnor do të vinte me fitore dhe do të shpëtonte popullin e Tij. Te Isaia 63:7–64:12 shprehet vajtimi i komunitetit. Profeti ndërmjetëson për popullin dhe i lutet Perëndisë për mëshirë, duke i kujtuar veprat e Tij të dhemshurisë, që kishte bërë në të kaluarën. Ai rrëfen mëkatet e popullit të tij, të cilët nuk ishin aspak të drejtë. Vajtimi mbaron me një lutje të zjarrtë që i bëhet Perëndisë Atë dhe Poçar, që Ai të restauronte qytetin dhe popullin e Tij, në mënyrë që t'i bënte të plotë.

Një qiell i ri dhe një dhe i re (65:1-25)

Plani i Perëndisë për krijimin e Tij është rivendosja e plotësisë dhe mirëqënies, që karakterizohen nga gëzimi, jeta e gjatë, begatia dhe bashkëjetesa në paqe. Profeti u dha siguri shërbëtorëve të vërtetë të Perëndisë, se do të ishin ata që do të trashëgonin tokën. Perëndia do të krijonte **një qiell të ri dhe një dhe të ri**. Kjo botë nuk do të ishte vetëm një botë e restauruar, por do të ishte edhe një botë e shndërruar. Shpresa profetike e shprehur këtu nuk është vetëm idealizëm, por është vizioni i një realiteti, që vetëm Perëndia mund ta kryente.

Nuk ka zëvendësim për integritetin moral dhe shpirtëror (66:1-24)

Isaia i tha komunitetit të kohës pas mërgimit, i cili ishte i përçarë për shkak të programit të ndërtimit të Tempullit, se Perëndia kërkonte që populli i Tij të përulej dhe të pendohej, në vend që të bënte sakrifica të pakuptimta. Perëndia do të bekonte ata që fërgëllonin nga fjalët e Tij dhe do të dënonte armiqtë e Tij. Ai do të rikthente gëzimin, ngushëllimin dhe begatinë Sionit dhe do të kthente hebrenjtë e shpërndarë në vendin e tyre. Restaurimi i Perëndisë përfshinte gjithë kombet (johebrenjtë). Hebrenjtë dhe johebrenjtë do të adhuronin Perëndinë në Jeruzalem. Orakullt e Isaias përfundojnë me parashikimin se fati i përjetshëm i të këqinjëve do të ishte zjarri që nuk do të shuhet kurrë.

Fjalët e fundit të Isaias përsëriten te fjalët e Jezusit për fatin e përjetshëm të mëkatarëve (shih Marku 9:42-50). Kur rebelohemi kundër Perëndisë, ne jemi duke vendosur për fatin tonë të përjetshëm. Libri i Isaias përfundon me sfidën e padyshimtë dhe me ftesën për të zgjedhur jetën dhe jo vdekjen dhe ferrin, ku "krimbat" nuk ngordhin dhe "zjarri" nuk shuhet.

Fjali përmbledhëse

- Pjesë të ndryshme të librit të Isaias i drejtohen komuniteteve të besimtarëve, që i përksisnin mjediseve të ndryshme historike.
- Tema kryesore e kapitujve 1-39 është gjykimi.
- Kapitujt 40-66 fokusohen në temën e shpëtimit.
- Perëndia është një Perëndi i Shenjtë dhe Ai është Krijuesi dhe Shpenguesi i popullit të Tij.
- Disa nga temat më të rëndësishme të librit të Isaias janë mbetja, Sioni, Mesia që vjen nga familja e Davidit dhe Shërbëtori i Zotit.

- Jezusi nëpërmjet jetës dhe shërbesës së Tij përmbushi misionin e Shërbëtorit të gjetur në librin e Isaias.
- Isaia sfidoi popullin që të praktikonte përshpirtshmërinë e vërtetë, të bashkuar në harmoni me çështjet sociale.
- Perëndia në fund do shfajësojë të drejtët dhe do t'i bekojë ata me plotësi dhe mirëqënie.
- Fati i të këqinjëve është gjykimi i përjetshëm.

Pyetje për reflektim

1. Gjej disa rrugë praktike se si të shprehim besimin te Perëndia, kur jemi të mbytur nga vështirësitë dhe nga kompleksitet e jetës.
2. Çfarë mësojmë nga takimi i Isaias me shenjtërinë e Perëndisë (kapitulli 6)?
3. Përshkruaj portretin që i bën Isaia Perëndisë. Ilustroje këtë me vargje.
4. Gjej rrugë praktike për të përçuar plotësi dhe mirëqënie (shalom) në shoqërinë tonë.
5. Përshkruaj Shërbëtorin e librit të Isaias dhe nxirr një filozofi të jetës së krishterë duke u bazuar te modeli i Shërbëtorit.
6. Diskuto domethënien e vegimit të Isaias për shpëtimin për të gjithë, në lidhjen me Kishën dhe misionin e saj në botë.

Burime për studime të mëtejshme

Hanson, Paul, D. *Isaiah 40-66: Interpretation.* Louisville, Ky.: John Knox, 1995.

Motyer, J. Alec. *The prophecy of Isaiah: An Introduction and Commentary.* Downers Grove, Ill.: InterVarsity Press, 1993.

Oswalt, John N. *The Book of Isaiah: Chapters 1-39. New International Commentary on the Old Testament.* Grand Rapids: Eerdmans, 1986.

Seitz, Christopher R. *Isaiah 1-39: Interpretation.* Louisville, Ky.: John Knox Press, 1993.

27 Jeremia dhe Libri i Vajtimeve

Objektivat

Studimi i këtij kapitulli do t'ju ndihmojë:

- Të bëni një përmbledhje të mjedisit historik të shërbesës së Jeremias.

- Të listoni ngjarjet kryesore të jetës së Jeremias.

- Të diskutoni të vërtetat e mëdha teologjike të librit të Jeremias dhe Librit të Vajtimeve.

- Të vlerësoni shërbesën e Jeremias si një profet me shumë guxim dhe shumë shpresë.

- Të identifikoni pasazhin për besëlidhjen e re dhe të diskutoni domethënien e tij në lidhje me mesazhin e Dhiatës së Re.

Disa pyetje që duhen marrë parasysh ndërsa lexoni:

1. Shpesh i referohemi Jeremias si "profeti që qan". Cili është kuptimi i këtij epiteti?

2. Çfarë mendojnë njerëzit për ata që shpallin ardhjen e gjykimit të Perëndisë?

3. Pse një predikues besnik i ditëve të sotme duhet të mundohet duke u marrë me mesazhin e gjykimit?

Jeremia

Biografia e Jeremias

Jeremia (në hebraisht do të thotë, "i lartësuar nga ZOTI") ishte i biri i Hilkiahut, një anëtar i priftërisë që jetonte në **Anathoth**, një fshat afër Jeruzalemit. Familja e tij mund ta ketë prejardhjen nga **Abiathari**, kryeprift i Davidit, i cili u hoq më vonë nga mbreti Salomon (shih 1 Mbretërve 2.26). Jeremia e filloi shërbesën e tij në vitin 13 të mbretit Josia (627 para Krishtit) dhe profetizoi gjatë ditëve të **Josias, Jehoahazit (Shalumit), Jehojakimit, Jehojakinit** dhe **Sedekias**. Sipas vargut 16:2 Perëndia e urdhëroi atë të mos martohej dhe të mos kishte bijë dhe bija. Ai ishte dëshmitar i shkatërrimit të Jeruzalemit nga Babilonasit në vitin 587 para Krishtit. Mbas kësaj, ai u mor me forcë nga një grup rebelësh hebrenj për në Egjipt, ku kaloi edhe pjesën tjetër të jetës së tij.

Mjedisi

Jeremia e mori thirrjen e tij gjatë një kohe shumë të rëndësishme për historinë e Judës dhe për politikën botërore. Dobësimi i Perandorisë asiriane dhe shfaqja e Perandorisë neo-babilonase nën sundimin e Nabopolasarit (mbretëroi nga viti 625 deri në vitin 605 para Krishtit) do të thoshte ndryshime në gjendjen politike të Gjysmëhënës Pjellore. Juda ishte nën mbretërimin e Josias, i cili ishte një mbret i ri, që bënte plane për të çliruar kombin nga skllavëria asiriane. Pesë vjetë pasi Jeremia kishte marrë thirrjen, Josia (640-609 para Krishtit) filloi të bënte reforma fetare të nxitura nga zbulimi i librit të ligjit (2 Mbretërve 22–23; 2 Kronikat 34–35). Megjithatë, nga kjo reformë nuk ndodhën ndryshime që zgjatën për shumë kohë, përveçse pati një rigjallërim i nacionalizmit dhe i krenarisë fetare. Jostabiliteti politik që u pasua me vdekjen e Josias (609 para Krishtit) sherbeu si sfond për pjesën më të madhe të shërbesës së Jeremias. Siç e shohim edhe në kapitullin 17, kushtet fetare dhe politike të Judës u përkeqësuan gjatë viteve të mbretërimit të Jehojakimit dhe përfundimisht kombi u shkatërrua nga Babilonia. Profeti vetë ishte dëshmitar i tragjedisë së shkatërrimit të Jeruzalemit në vitin 587 para Krishtit, nga ushtria babilonase.

Përmbajtja

Libri i Jeremias nuk është i vendosur sipas rendit kronologjik. Jeremia përdori poezinë dhe prozën duke përdorur një herë njërën dhe një herë tjetrën. Në libër gjejmë edhe rrëfime historike dhe biografike si dhe predikime në prozë. Rrëfimet historike përputhen me rrëfimet që gjejmë te libri i 2 i Mbretërve. Predikimet në prozë që gjejmë te ky libër reflektojnë mësimet e librit të Ligjit të Përtërirë. Disa studiues mendojnë se këto predikime janë shkruar nga **redaktuesit e Ligjit të Përtërirë**, të cilët bënin redaktime duke përshtatur tekstin me gjuhën dhe teologjinë e Ligjit të Përtërirë.

Më poshtë do të japim një përvijim të librit të Jeremias:

1. Orakujt e gjykimit (1:1–29:32).
2. Orakujt e shpresës (30:1–33:26).
3. Rrëfime historike dhe biografike (34:1–45:5).
4. Orakujt kundër kombeve (46:1–51:64).
5. Shtojca historike (52:1-34).

■ Orakujt e gjykimit (1:1-29:32)

Thirrja e Jeremias (1:4-19)

Të dhënat biografike dhe historike që gjëjmë në fillim të librit (v. 1-3) ndiqen nga rrëfimi për thirrjen e Jeremias, të cilën ne e gjëjmë në formën e tre dialogjeve ndërmjet Perëndisë dhe Jeremias. Në dialogun e parë, Perëndia e caktoi atë të ishte profet për kombet (v. 4-10). Perëndia i tha Jeremias se Ai e kishte shenjtëruar atë për t'u bërë një profet që para se të lindtte. Jeremia e kundërshtoi thirrjen duke thënë se ishte i ri. Perëndia megjithatë, preku gojën e Jeremias dhe e paisi me fjalën e Tij. Ai ngarkoi Jeremian me mision për të "çrrënjosur dhe rrënuar, për të shembur dhe shkatërruar" kushtet e prishura që ekzistonin, si dhe "për të ndërtuar dhe mbjellë" (v. 10) një rend moral të ri në botë (shih cdhe 12:14-16; 18:7-9; 24:6; 31:28, 40; 42:10 dhe 45:4).

Në dialogun e dytë (v. 11-12) dhe të tretë (v. 13-19), Perëndia konfirmoi thirrjen e Jeremias dhe vërtetoi fjalën e Tij. Këto dialogje u zhvilluan në kontekstin e dy vegimeve të ndara. Vegimi i degës së bajames përçoi sigurinë se Perëndia është "duke vigjëluar mbi fjalën e Tij që të ketë efekt" (v. 12). Vegimi i vorbës që zjente përçoi planin e Perëndisë për të sjellë katastrofa politike mbi Judën për shkak të ligësisë së kombit (v. 16).

▨ Thirrja e Jeremias

Thirrja e Jeremias ilustron lirinë e hirit të Perëndisë për të thirrur këdo që Ai dëshiron për ta bërë zëdhënësin e Tij (1:5). Perëndia, në lirinë e Tij sovrane, na thërret që të jemi shërbëtorët e Tij. Ai rrallë merr parasysh meritat tona personale ose njohuritë tona fetare. Fjalët e Perëndisë "Mos thuaj, 'Jam një djalosh'" (v. 7) na sfidojnë të shqyrtojmë mënyrën tonë të të perceptuarit të thirrjes për të shërbyer. A e pengon mosha, gjinia e një personi Perëndinë për ta thirrur për t'i shërbyer Atij?

Predikime për mëkatin, gjykimin, dashurinë dhe faljen (2:1 – 6:30)

Ky seksion përmban një koleksion të orakujve të Jeremias, të gjitha të lidhura me temën e braktisjes së Izraelit dhe përgjigjes së Perëndisë. Pjesa më e madhe e komentuesve mendojnë se këta orakuj janë dhënë në fillim të shërbesës së profetit.

Jeremia shpalli padinë e Perëndisë kundër Izraelit për shkak se ai kishte braktisur përkushtimin e tij ndaj Perëndisë (2:1-37). Kombi, në përgjithësi, kishtc ndjekur Baalin dhe kishte braktisur Perëndinë, që ishte burimi i jetës. Ai e krahasoi këtë me dikë që braktis "burimin e ujit që rrjedh" për të "hapur sterna të prishura, që nuk e mbajnë ujin" (v. 13).

▨ Perëndia, Burimi i Ujit të Gjallë[c]

Jeremia sjell padinë se populli i Perëndisë e kishte braktisur atë, Burimin e Ujit të Gjallë dhe kishte ndjekur idhujt që nuk kishin vlera (2:13). Vetëm Perëndia është burimi i jetës dhe i shpëtimit tonë (shih Jeremia 17:13; Psalmi 36:9; Isaia 55:1; Gjoni 4:13-14; 7:37). Ne duhet ta kujtojmë gjithmonë këtë të vërtetë për Perëndinë. Asgjë në botë nuk mund të konkurojë dhe nuk mund të krahasohet me Perëndinë, i cili ka burimet më të pasura për të plotësuar nevojat tona më të thella shpirtërore. Besimi dhe varësia nga perënditë e tjera të shpie në amulli dhe zhgënjim.

---

[c] "Ujë që rrjedh" në Biblën shqipe.

T Adhurimi i vërtetë

Jeremia, ashtu si edhe profetë të tjerë, theksoi rëndësinë e integrimit të përshpirtshmërisë me çështjet sociale. Adhurimi i vërtetë nuk është një ngjarje e rastësishme, por një mënyrë jetese. Një person që është transformuar nga hiri i Perëndisë duhet të jetë i kujdesshëm ndaj nevojave të të shtypurve dhe nevojtarëve të botës sonë (7:6). "Të uritur dhe të etur për drejtësi" ky është tipari i atyre që integrojnë përshpirtshmërinë me çështjet sociale (Mateu 5:6; Jakobi 1:27).

Vargjet 3:1–4:4 te libri i Jeremias merren me tradhëtinë bashkëshortore të Judës, por idea kryesore është dëshira e Perëndisë për ta rikthyer gruan që ka bërë tradhëti. Jeremia i bën thirrje Izraelit të pranojë mëshirën dhe dashurinë e Perëndisë dhe të kthehet te bashkëshorti i vërtetë dhe në këtë mënyrë të bëhet burim bekimesh për kombet.

Tema e vargjeve 4:5–6:30 është gjykimi. Jeremia paralajmëroi kombin e tij se Perëndia do ta gjykonte nëpërmjet një armiku, që ishte një komb që do të vinte nga "veriu". Profeti vuante në zemrën dhe shpirtin e tij, sepse ai e dinte, se gjykimi do të sillte shkatërrim të tmerrshëm. I gjithë universi do të ishte në kaos dhe në errësirë; do të kishte vdekje dhe vendi do të rrënohej për shkak të mëkateve të popullit të Perëndisë. Kapitulli 6 përfundon me caktimin e Jeremias si "provues" i Judës. Jeremia nxori përfundimin se kombi ishte shumë larg pikës për të qenë i shpenguar. Populli i Perëndisë nuk iu përgjigj metodave të Tij të pastrimit dhe kështu që ata qëndruan të korruptuar dhe të papastër.

Predikime për pasojat e shthurjes së Judës (7:1–10:25)

Predikimi i tempullit (ka të ngjarë të jetë bërë nga Jeremia në vitin 609 para Krishtit; shih 26:1) është një padi kundër adhurimit të Judës (7:1–8:3). Juda besonte në prezencën e përjetshme të Perëndisë, dhe e shihte Tempullin si një garanci të sigurt të kësaj shprese. Megjithatë, ata jetonin jetët e tyre duke shkelur Dhjetë Urdhërimet. Jeremia tha se Perëndia do të banonte me popullin e Tij vetëm nëse ata ndalonin së shtypuri të huajt në vend, vejushat dhe jetimët. Adhuruesit e Perëndisë e kishin bërë Tempullin "çerdhe hajdutësh" (7:11). Prandaj do të shkatërrohej ashtu si Perëndia shkatërroi Tabernakullin në Shiloh.

Gjykimi ishte mbi Judën për shkak të refuzimit kokëfortë për t'iu përgjigjur fjalës së Perëndisë, që Ai e kishte transmetuar nëpërmjet Moisiut dhe profetëve. Në vend të kësaj, kombi ndoqi perëndi të tjera nëpërmjet idhujtarisë. Kur erdhi gjykimi, **Lugina e birit të Hinomit** (Tofeti), ku Juda praktikoi flijimet e fëmijëve, për t'i pëlqyer perëndive asiriane, do të bëhej vendi i masakrës së kombit.

Jeremia përshkroi audiencën e tij si njerëz të papenduar që braktisnin besimin e tyre, të cilët mendonin se ishin të zgjuar (8:4-17). Profeti qau shumë për shkak të mëkatit të Judës dhe i bëri thirrje kombit, që ishte duke vdekur, të kërkonte Perëndinë, "mjekun" e tyre dhe "balsamin në Galaad" (v. 22; shih 8:18–9:3). Ai i krahasonte të gjithë njerëzit në tokë me "Jakobin" stërgjyshi, i cili njihej për mashtrimet dhe për gënjeshtrat e tij. Gjykimi pastrues i Perëndisë po vinte mbi popullin e Tij mashtrues. Ky gjykim do të përfundonte me shkatërrimin e plotë të tokës. Për më tepër ky është fati i të gjithë atyre që janë "me zemër të parrethëprerë" (9:26; shih 8:4–9:26).

Perëndia i Izraelit është Mbreti i vërtetë, i gjallë dhe i përjetshëm. Ai është Perëndia,

Krijuesi (10:1-16). Udhëheqësit e Judës, të cilët nuk kërkuan udhëheqjen e Perëndisë), ishin përgjegjës për ardhjen e mërgimit dhe për shpërndarjen e kombit (v. 17-22). Profeti vuajti për shkatërrimin e Judës që po vinte dhe iu lut Perëndisë të ishte i mëshirshëm në gjykimin e Tij (v. 23-25).

Prishja e besëlidhjes me *Jehovan* (11:1 – 15:21)

Izraeli e prishi besëlidhjen me Perëndinë; prandaj si rezultat i kësaj, dënimi ishte i sigurt. Ky seksion fillon duke treguar mallkimet që do të binin mbi Judën e rebeluar (11:1-17).

Mallkimin e parë e gjejmë te disa ankesa **"pohime"** të Jeremias te vargjet 11:18–12:6. Njerëzit e vendlindjes së tij planifikonin ta vrisnin, por profeti ia dedikoi jetën e tij Perëndisë. Perëndia e siguroi Jeremian se Ai do të dënonte armiqtë e tij. Profeti u ankua për begatinë që kishin të ligjtë. Perëndia e sfidoi Jeremian që të merrte fuqi gjatë betejave të tij personale, në mënyrë që të mund të përballonte krizat e mëvonshme, të cilat do të ishin edhe më të mëdha.

Jeremia shpalli se sundimtarët e Judës ishin përgjegjës për shkretimin e vreshtit të Perëndisë (12:7-17). Tema e kapitullit 13 është poshtërimi i Judës. Nëpërmjet një veprimi simbolik, Jeremia shpalli se Juda nuk do të ishte më objekt i krenarisë dhe i gëzimit të Perëndisë. Gjykimi i mërgimit do të sillte poshtërim dhe dhimbje për familjet mbretërore të Judës dhe për qytetin e Jeruzalemit. Mëkati i Judës u bë një gjendje e trashëguar si ngjyra e zezë e lëkurës së një etiopiani ose si njollat e një leopardi. Ilaçi i vërtet për këtë shthurje

është shërimi dhe pastrimi që Perëndia i ofroi kombit (v. 23-27).

Kapitulli 14 fillon me një lajmërim për një thatësirë të madhe. Jeremia rrëfeu mëkatet e kombit dhe kërkoi nga Perëndia mëshirë dhe falje. Perëndia i tha Jeremias se as ndërmjetësimi as ritualet nuk do ta ndryshonin mendjen e Tij. Profeti edhe një herë përfaqësoi kombin dhe rrëfeu mëkatet e tij duke e vënë shpresën te Perëndia, i cili ishte i vetmi që mund të bënte që të binte shi dhe që mund të shpëtonte kombin nga thatësira. Kapitulli 15 vazhdon me temën e ndërmjetësimit (v. 1-4). Perëndia tashmë e kishte caktuar popullin e Tij të shkatërrohej. Asnjë, madje as Moisiu as Samueli nuk mund ta bindnin Perëndinë të ndërronte mendje.

Te Jeremia 15:10-21 gjejmë një "pohim" tjetër të profetit. Ai e konsideron veten si një person që dështoi, që ishte i dëshpëruar dhe i vetëkënaqur për drejtësi. Ai pyeste veten nëse me të vërtetë mund t'i besonte Perëndisë, i cili dukej mashtrues në marrëveshjet e Tij me të. Përgjigjja e Perëndisë për Jeremian ishte një sfidë e ashpër. Ai duhej të vazhdonte rrugën që kishte nisur dhe duhej të qëndronte besnik ndaj thirrjes që kishte marrë.

Mëkati, Gjykimi dhe hiri (16:1–17:27)

Perëndia urdhëroi Jeremian të mos martohej në mënyrë që të mos kishte

---

T Pendimi

Pendimi është i vetmi kusht i domosdoshëm për të marrë shpëtimin. Pendimi është veprimi që ndërmerret për të restauruar marrëdhënien me anë të keqardhjes së vërtetë, dhe njohjes së fajit (3:12, 14, 19, 22; 4:1). Pendimi zgjidh fuqinë shëruese të Perëndisë dhe sjell plotësi për mëkatarët që nuk kanë shërim. Pendimi largon dënimin me vdekje dhe na përgatit të marrim hirin e Perëndisë, i cili vjen nëpërmjet Jezus Krishtit.

Perëndia, Poçari hyjnor

Jeremia e portretizon Perëndinë si poçarin hyjnor, i cili vjen te ne me lirinë e Tij sovrane të hirit. Mesazhi i shtëpisë së poçarit është se fati ynë përfundimtar varet nga mënyra se si ne i përgjigjemi Perëndisë. Nëse i themi "po" Perëndisë, ne do të shkojmë drejt plotësimit të planit të Tij për jetët tona. Nëse i themi "jo" ashtu si bëri edhe Juda (shih v. 12), ne do të shkojmë drejt vdekjes dhe shkatërrimit. Ndonëse Perëndia është poçari ynë, ne gjithashtu luajmë një rol të rëndësishëm në vendosjen e fatit tonë me anë të përgjigjes sonë pozitive ose negative, ndaj vullnetit të Tij për jetët tona. Lajmi i mirë është se mëkatarët, që janë nën gjykimin e Perëndisë, mund të shpresojnë në hirin dhe mëshirën e Tij dhe mund të marrin një jetë të re nëse pendohen.

Sovraniteti i Perëndisë (18:1 – 20:18)

Perëndia e dërgoi Jeremian te shtëpia e poçarit. Atje atij iu dha fjala për sovranitetin absolut të Perëndisë dhe lirinë e Tij, për t'i dhënë formë dhe për të caktuar fatin e kombeve (18:1-12). Duke përdorur ilustrimin e poçarit, i cili ripunoi argjilën e dëmtuar për të bërë një enë të re, Jeremia do të tregonte se Perëndia mund të ndryshonte planet e Tij përsa i përket Judës dhe kombeve të tjera. Populli i zgjedhur i Perëndisë ishte nën kërcënimin e shkatërrimit.

gëzimin që ka një familje normale. Kjo eksperiencë personale e tij simbolizonte fundin e të gjitha mundësive për të pasur gëzim në tokë, sepse Perëndia kishte tërhequr *shalom*-in e Tij nga populli i Tij (16:1-9). Megjithëkëtë, në fund, pas gjykimit do të kishte hir. Perëndia do ta kthente popullin e Tij nga mërgimi për në mëmëdhe (v. 10-15).

Jeremia e cilësoi idhujtarinë si shenjë e influencës së fuqishme të mëkatit në jetët e popullit të Perëndisë (17:1-4). Profeti shpalli mallkimin e Perëndisë mbi ata që e kishin braktisur Atë. Ai i portretizoi të drejtët si njerëz të begatë, pra si një pemë e mbjellë pranë ujit (v. 5-8 shih Psalmin 1). Jeremia paralajmëroi të ligjtë se Perëndia, i cili sheh zemrat e korruptuara dhe të liga, do t'i çonte në gjykim (Jeremia 17:9-13). Në vargjet 14-18 gjejmë një "pohim" tjetër të profeti, i cili bën thirrje për ta mbrojtur nga ata që e persekutojnë. Jeremia sfidoi Judën që të tregonte besnikëri ndaj Perëndisë me anë të përkushtimit të saj ndaj ligjit të Sabatit (të shtunës) (v. 19-27).

Dhe arsyeja për këtë ishte korrupsioni dhe mospranimi nga ana e tyre e planeve që Perëndia kishte për ta.

Jeremia e përshkroi ardhjen e kohës së mërgimit si pasojë e idhujtarisë së Judës dhe për shkak se ajo harroi Perëndinë (v. 13-17). Kapitulli 18 përfundon me një "pohim" tjetër, në të cilin profeti kërkon gjykimin hyjnor kundër atyre që thurnin intriga, në mënyrë që ai të heshtte (v. 19-23 shih v. 18).

Jeremia bëri një veprim simbolik. Ai e bëri copa-copa një poç për të treguar vendosmërinë e Perëndisë për të shkatërruar Jeruzalemin (19:1-13). Vendi i adhurimit që ata e kishin braktisur (Jeruzalemi) do të shkatërrohej; vendi i adhurimit që ata e kishin zgjedhur për veten e tyre (lugina e birit të Hinomit) do të kthehej në vend masakre. Udhëheqësit fetarë, të cilët menduan se Tempulli ishte një vend që nuk mund të shkatërrohej kurrë, arrestuan Jeremian dhe e futën në burg (v. 14–20:6).

Jeremia u ankua se Perëndia e kishte mashtruar me fjalët e Tij dhe se ai ishte bërë objekt talljesh dhe përqeshjesh (shih "pohimi" te 20:7-12). Ai gjithashtu e dinte se zjarri i fjalës së Perëndisë do ta digjte, nëse ai do të refuzonte të ishte profet i Perëndisë. "Pohimi" tjetër (v. 14-18) është si vajtimi i Jobit (Jobi 3). Jeta ishte bërë e papërballueshme, kështu që Jeremia mallkonte ditën që lindi.

Mbretërit e pabesë dhe udhëheqësit e tjerë (21:1–23:40)

Ky seksion përmban dy pjesë: orakujt në pjesën e parë janë kundër mbretërve që kanë mbretëruar në Judë në ditët e fundit të historisë së saj (21:1–23:8). Pjesa e dytë konsiston në padinë e Jeremias kundër atyre, që në mënyrë të paligjshme, kishin marrë rolin profetik për të përfituar (23:9-40).

Kur mbreti Sedekia, kërkoi fjalën e Perëndisë gjatë rrethimit të Jeruzalemit, Jeremia e sfidoi atë dhe kombin t'i dorëzoheshin Babilonisë. Gjykimi i Perëndisë ishte mbi familjen mbretërore sepse ajo nuk mundi të vendoste drejtësi për të huajt, jetimët dhe të vejat në vend. Jeremia tha gjithashtu se Perëndia do të vendoste mbi vend një "filiz të drejtë" nga shtëpia e Davidit, i cili do të fillonte një marrëdhënie të re ndërmjet Perëndisë dhe popullit të Tij (v. 1-8). Jeremia shpalli gjykim mbi ata qe kishin thënë profecitë e rreme, dhe mbi priftërinjtë që keqpërdornin pozitën e tyre. (v. 9-40) Ai i paditi profetët e rremë për mungesë besnikërie ndaj Perëndisë dhe se ata kishin parashtruar vegimet dhe ëndrrat e zemrave të tyre.

Të ndërtosh dhe të mbjellësh (24:1-10)

Vegimi i dy koshave me fiq përvijon planin e Perëndisë, për ata që kishin ngelur në vend dhe për ata që kishin mërguar nga vendi. Ata që kishin ngelur në vend nuk do të kishin një të ardhme. Mërgimi i vitit 597 para Krishtit ishte rruga që Perëndia kishte përgatitur për të ardhmen e Judës. Perëndia do të restauronte, ndërtonte dhe themelonte komunitetin e mërguar në vendin e tyre. Ata do të merrnin gjithashtu nga Perëndia dhuratën e të paturit një zemër të bindur dhe do të hynin në një marrëdhënie besëlidhjeje të re me Perëndinë.

Zemërimi i Perëndisë ndaj të ligjve (25:1-38)

Për 23 vjet Jeremia i predikoi pa reshtur Judës, duke i bërë thirrje kombit që të pendohej. Kombi refuzonte të pranonte lajmëtarin e mesazheve nga Perëndia. Durimit të Perëndisë i kishte ardhur fundi. Ai do të dërgonte Babiloninë, një komb pagan, për të kryer zemërimin e Tij kundër Judës. Zemërimi i Perëndisë ishte gjithashtu mbi kombet e pabesa dhe mbi të këqinjtë në botë.

Jeremia është hedhur në gjyq (26:1-24)

Kapitulli 26 përshkruan pasojat e Predikimit të Tempullit të Jeremias (shih 7:1-15). Populli u ndie i fyer nga fjalët e profetit për shkatërrimin e Tempullit. Ata kërkuan që ta vrisnin. Gjatë procesit gjyqësor që pasonte, disa nga nënpunësit mbretërorë dhe disa pleq folën në favor të Jeremias duke cituar ligjëratën e Mikeas për shkatërrimin e Sionit, fjalë të cilat ishin thënë që para një shekulli. Në fund, jeta e Jeremias u shpëtua.

Debate për zgjedhën babilonase (27:1–28:17)

Ky tregim ka dy seksione: vepra simbolike e Jeremias, i cili veshi një zgjedhë të drunjtë për të simbolizuar robërinë nga Babilonia që po vinte, si dhe mesazhin pasues për mbretin Sedekia (27:1-22) dhe ballafaqimin e tij me **Hananiahun**, profet i rremë, i cili u përpoq të zhvlerësonte mesazhin e Jeremias (28:1-17). Jeremia vendosi zgjedhën në qafën e tij për t'i përçuar mesazhin Judës, se nënshtrimi ndaj Babilonisë, do të thoshte nënshtrim ndaj vullnetit të Perëndisë. Hananiahu, një profet i rremë, mori zgjedhën, ia theu dhe shpalli se Perëndia kishte thyer zgjedhën e Babilonisë. Më vonë, Perëndia i zbuloi Jeremias se Hananiahu tha fjalë jo të vërteta prandaj edhe do të vuante dënimin.

Letra për të mërguarit (29:1-32)

Jeremia u dërgoi një letër judeasve që kishin mërguar në Babiloni në vitin 597 para Krishtit. Jeremia, në letrën e tij sfidonte komunitetin e mërguar që të mos hiqte dorë nga shpresa. Ai e përshkroi kohën e dënimit si një kohë për të ndërtuar shtëpitë e tyre dhe për të mbjellë kopshte, në mes të pabesëve. Ai u thoshte se ata duhet të luteshin për mirëqënien e robëruesve të tyre. Perëndia kishte caktuar një kohë ("**shtatëdhjetë vjet**") si dënim për të mërguarit. Dhe kur të plotësohej kjo kohë, Perëndia do të kthehej te ata. Perëndia u tha se ata do të kishin një të ardhme, nëse do të thërrisnin emrin e Tij dhe nëse do ta kërkonin Atë me gjithë zemrat e tyre.

■ Orakujt e Shpresës (30:1–33:26)

Studiuesit i cilësojnë kapitujt 30-33 si **Libri i Ngushëllimit** ose Libri i Shpresës. Orakujt e ndryshëm të këtij seksioni janë të lidhur me temën e rastaurimit të Izraelit.

Ngushëllimi i Perëndisë do të vijë në të ardhmen. Jeremia flet për restaurimin e Izraelit si një ngjarje eskatologjike (e ditëve të fundit). Perëndia do të restaurojë Izraelin dhe mbretërimin e Davidit. Dhe kështu do të rivendosej besëlidhja me Perëndinë. Dashuria e Perëndisë për Izraelin është e përjetshme dhe Ai do ta ndërtoj kombin.

Pjesa më e rëndësishme e Librit të Ngushëllimit është njoftimi se Jeremia jep për **besëlidhjen e re** që do të vendoset mes

---

> **T** **Besëlidhja e Re**
>
> Perëndia e përmbushi premtimin e Tij për të patur një besëlidhje të re nëpërmjet Jezusit, Birit të Tij. Darka e Zotit i kujton kishës "gjakun e besëlidhjes së re, që derdhet për shumë veta" (Marku 14.24; shih 1 Korintasit 11:25). Besëlidhja e re është një besëlidhje e dashurisë, hirit dhe e faljes së Perëndisë. Kjo besëlidhje i jep shpresë botës sonë mëkatare.

Perëndisë dhe Izraelit (31:31-34). Besëlidhja e vjetër ishte prishur. Megjithatë, qëllimi i Perëndisë mbeti i njëjtë. Ai, përsëri, do të bëhej Perëndia i Izraelit dhe Izraeli do të bëhej populli i Tij. Besëlidhja ishte e re meqë zemra do të ishte thesari i ligjeve të Perëndisë (*Torah*). Jeremia parashikoi se mësimet që Perëndia do t'i vendoste në zemrat e njerëzve, do ta drejtonin popullin e Zotit, në mënyrë që Ai ta njihte më nga afër. Një dimension, që iu shtua kësaj besëlidhje të re, ishte premtimi se Perëndia do të falte dhe do të harronte mëkatet e popullit të Tij.

Jeremia bleu një arë nga kushëriri i tij Hanania pak kohë para rënies së Jeruzalemit që të përmbushte detyrimin e tij për të shpenguar tokën (kapitulli 32). Nëpërmjet këtij veprimi ligjor, profeti përçoi mesazhin se në vend do të kthehej jeta normale. Ndonëse Perëndia ishte duke ia dorëzuar qytetin **babilonasve**, Ai do ta kthente popullin e Tij nga mërgimi. Edhe në kapitullin 33 vazhdon të trajtohet tema e restaurimit. Perëndia do të restauronte mbretërimin e Davidit me një sundues të mirë dhe të drejtë ("një **filiz** të drejtë" [v. 15]) dhe do të restauronte adhurimin e Izraelit nën priftërinë levitike.

■ Rrëfime historike dhe biografike (34:1–45:5)

Mësim për besnikërinë ndaj besëlidhjes (34:1 – 35:19)

Jeremia e përshkroi mbretin Sedekia dhe Judën si shembuj të jobesnikërisë ndaj besëlidhjes (kapitulli 34). Gjatë kohës kur babilonasit e rrethonin Jeruzalemin, populli e ribëri besëlidhjen me Perëndinë dhe Perëndia i çliroi skllevërit e tij, hebrenjë, duke zbatuar Ligjin e Moisiut. Megjithatë, ata ndryshuan mendje dhe i kthyen përsëri në skllevër, sapo rreziku u largua. Jeremia shpalli se kombi ishte nën mallkimin e besëlidhjes për shkak të veprimeve të tilla jo të sinqerta dhe jobesnikë. Kapitulli tjetër ballafaqon hipokrizinë e Judës me besnikërinë e **Rekabitëve** (kapitulli 35). Jeremia u ofroi verë Rekabitëve, por ata nuk pranuan të pinin për shkak të stërgjyshit të tyre Jehonadab, bir i Rekabit, i cili i kishte udhëruar fëmijët e tij të mos pinin verë. Jeremia e nxiti Judën të mësonte nga besnikëria e Rekabitëve. Gjykimi i Perëndisë ishte afër për shkak të nënvlerësimit të vazhdueshëm të kombit, ndaj besëlidhjes së Sinait.

Jehojakimi djeg rrotullat (36:1-32)

Rreth vitit 605 para Krishtit skribi i Jeremias, **Baruku**, shkruajti në një rrotull fjalët që i diktonte Jeremia–përmbajtjen e 22 vjetëve të para të predikimit të tij për mëkatin e Judës dhe për ardhjen e gjykimit. Baruku i lexonte rrotullat popullit, i cili vinte për të adhuruar në Tempull. Baruku i lexonte rrotullat edhe para nënpunësve mbretërorë dhe princërve, të cilët e nxitën Barukun dhe profetin të shkonin të fshiheshin, në mënyrë që të ishin të sigurtë. Një nënpunës mbretëror i lexoi rrotullën mbretit Jehojakim, i cili e mori rrotullën, e preu, e hodhi në prushin, që ishte në mangall, dhe urdhëroi që të arrestonin Barukun dhe Jereminë, por Perëndia e mbrojti profetin dhe skribin e tij. Jeremia i diktoi Barukut edhe një herë fjalët e tij. Baruku përgatiti një rrotull tjetër, të cilës më vonë iu shtuan edhe orakuj të tjerë.

Jeremia në burg (37:1 – 38:28)

Në vitin 597 para Krishtit, Babilonasit vendosën Sedekian si mbret kukull të Judës. Sedekia nuk tregoi respekt për fjalën e Perëndisë. Kur Jeremia ishte në burg, si i dënuar për dezertim ndaj armikut, Sedekia e pyeti fshehurazi për planet e Perëndisë. Jeremia iu përgjigj se vetë mbreti do të ishte një i burgosur i Babilonisë. Më

Baruku shkruajti fjalët e Jeremias, profetit.

vonë Jeremian e hodhën në një sternë, por **Ebed-Meleku**, një shërbëtor etiopas i mbretit, e shpëtoi profetin nga vdekja. Jeremia qëndroi në oborrin e burgut deri ditën e pushtimit babilonas.

Rënia e Jeruzalemit dhe ngjarje të tjera që kanë lidhje me këtë (39:1 – 44:30)

Rrëfimi mbi pushtimin e Jeruzalemit nga ushtria e **Nebukadnetsarit** (kapitulli 39) përfshijnë edhe fatin tragjik të Sedekias. Babilonasit vranë djemtë e tij, ndërsa vetë atë dhe njerëzit e kombit të tij, i morën dhe i çuan në Babiloni. Babilonasit e liruan Jeremian dhe i dhanë lejekalim për në Babiloni; megjithatë, ai zgjodhi të qëndronte në Judë së bashku me të varfërit që kishin ngelur në vend.

Babilonasit caktuan **Gedaliahun** si qeveritar të Judës. Disa muaj më vonë, **Ishmaeli** dhe mbështetësit e tij vranë Gedaliahun dhe morën disa njerëz si pengje. Mbështetësit besnikë të Gedaliahut planifikuan të arratiseshin në Egjipt, nga frika se mos dënoheshin nga Babilonasit. Profeti i këshillonte me këmbëngulje që të rrinin në vend. Jeremia premtoi që Perëndia do ta ndërtonte këtë komunitet të mbetur, si dhe do ta mbillte atë në vend. Megjithatë, ata e detyruan Jeremian të shkonte me ata në Egjipt. Ky komunitet njerëzish u vendos në **Tahpanhes**. Në Egjipt Jeremia profetizoi për vdekjen dhe shkatërrimin e hebrenjëve që ishin arratisur në Egjipt. (43:8–44:30).

Mesazh për Barukun (45:1-5)

Ndoshta Baruku priste gjëra të mëdha nga Perëndia, meqë ishte skribi besnik dhe shok i mirë i Jeremias. Perëndia i tha Barukut të mos priste gjëra të mëdha për veten e tij sepse Perëndia do të sillte fatkeqësi mbi çdo njeri. Megjithatë, Perëndia i premtoi se do ta ruante jetën e tij gjatë luftës.

■ Orakujt kundër kombeve (46:1—51:64)

Këta kapituj përmbajnë fjalët profetike të gjykimit kundër Egjiptit (46:1-26), Filistejve (47:1-7), Moabitëve (48:1-47), Amonit (49:1-6), Edomit (v. 7-22), Damaskut (v. 23-27), Kedarit dhe Hatsorit (v. 28-33), Elamit (v. 34-39) dhe Babilonisë (50:1–51:64). Te Jeremia 46:27-28 gjejmë një orakull të shkurtër mbi shpëtimin, ky orakull i drejtohet Izraelit.

Jeremia, në orakullin e tij kundër kombeve, fokusohet mbi sovranitetin që Perëndia ka mbi kombet. Perëndia nuk mund të krahasohet me asnjë tjetër dhe asnjë komb nuk mund të sfidojë autoritetin e Tij. Mëkati kryesor i këtyre kombeve ishte idhujtaria e tyre dhe mospranimi i njohjes së Perëndisë së Izraelit (50:17-18). Edhe pse Perëndia i përdori këto kombe si instrumente të dënimit kundër Izraelit, edhe ata vetë do të gjykoheshin. Megjithatë, plani i Perëndisë për restaurimin përfshinte jo vetëm Izraelin por edhe këto kombe, të cilat ai i kishte gjykuar.

■ Shtojca historike (52:1-34)

Ky kapitull përmbledh historinë e shkatërrimit të Jeruzalemit dhe atë të mërgimit të Judës (shih rrëfimin paralel te 2 Mbretërve 24:18–25:30). Ky kapitull që mbyll edhe librin, na paraqet tragjedinë e shkatërrimit të Jeruzalemit si rezultat i zemërimit të Perëndisë (Jeremia 52:3). Ky kapitull përfundon me një shënim për lirimin nga burgu të Jehojakimit, nga mbreti babilonas Evil-Merodaku.

Libri i Jeremias fillon me fjalë gjykimi (1:14-16), por në fund të librit ne e gjejmë parshikimin që kombi që ishte në mërgim do të çlirohej. Synimi kryesor i predikimeve profetike është që të shpallin hirin e Perëndisë dhe shpresën për shpëtimin e mëkatarëve. Për sa i përket këtij synimi, libri i Jeremias mbyllet në mënyrën e duhur nga kapitulli i fundit.

Libri i Vajtimeve

Ne jetojmë në një kulturë që ka humbur zotësinë, që të qajë dhe që të shprehë emocione të thella dhimbjeje në raste vdekjesh të papritura, apo në raste shkatërrimi. Kështu që, është e vështirë për ne të kuptojmë agoninë e thellë, vuajtjet dhe botën e copëtuar që na portretizohet te Libri i Vajtimeve. Poema të tilla vajtimi ishin pjesë e traditës fetare dhe letrare të botës së lashtë.[1] Libri i Vajtimeve na paraqet një botë që dinte si të shprehte pikëllimin dhe se si të përballonte realitetin e mbushur me dhimbje dhe vuajtje kur ndodhnin fatkeqësi të tmerrshme.

Autorësia dhe mjedisi

Libri i Vajtimeve është pjesë e Shkrimeve (*Kethubim*), ndarja e tretë e kanunit hebraik. Ky libër, së bashku me Kantikun e Kantikëve, Ruthin, Predikuesin dhe Esterin përbëjnë të pesë rrotullat festival (*Megilloth*). Leximet nga Libri i Vajtimeve janë pjesë e liturgjisë së **Ditës së Nëntë të** *Ab-it*, kujtesa e hebrenjve e shkatërrimit romak të Tempullit të Jeruzalemit në vitin 70 pas vdekjes.

Versionet e lashta si Vulgata dhe Septuaginti mendojnë se Libri i Vajtimeve është shkruar nga Jeremia dhe këtë libër e vendosin mbas librit të Jeremias. Sipas deklaratave hyrëse të librit në Septuagintin dhe Vulgatën, rasti për të cilën është shkruar Vajtimet është rënia e Jeruzalemit dhe robëria e Judës. Kjo traditë ndiqet në Biblën në anglisht. Shumica e studiuesve të ditëve të sotme e shohin këtë libër si veprën e një

shkrimtari anonim, i cili ka qenë dëshmitar i tragjedisë së vitit 587 para Krishtit.

Përmbajtja

Ky libër përbëhet nga pesë poema që janë krijuar me kujdes dhe të strukturuara, në të cilat përdoren një sërë metaforash të pasura dhe të mrekullueshme. Të gjitha këto poema, përveç poemës së fundit, janë të ndërtuara si një **akrostik**, duke përdorur 22 shkronjat e alfabetit hebraik. Si poema tipike këngësh vaji, mendimet e autorit janë shpesh të përziera, duke lëvizur nga një temë në një tjetër, duke treguar kështu jovazhdimësi dhe ndarje. Megjithatë, struktura akrostike e këtyre poemave tregon, gjithashtu, se qëllimi i autorit ishte të merrej me detajet e tragjedisë në mënyrë të kujdesshme dhe sistematike pa nënvlerësuar dhimbjen dhe vuajtjen.

■ S'ka ngushëllim për Jeruzalemin (1:1-22)

Autori vajtoi për shkretimin e Jeruzalemit dhe pranoi të vërtetën se përdhosja e Qytetit të Shenjtë dhe të Tempullit nga paganët, ishte pasoja e drejtëpërderjtë e mëkateve dhe të papastërtisë së popullit të Perëndisë. Perëndia kishte tërhequr prezencën e Tij dhe si rrjedhojë në Izrael nuk kishte prehje dhe ngushëllim. Poeti ftoi kombin të pranonte, se Perëndia ishte i drejtë, në të gjitha gjërat që bënte, dhe e ftoi të rrëfenin rebelimin e tij kundër Tij.

■ Zemërimi i Perëndisë (2:1-22)

Autori pa shkatërrimin e Tempullit dhe të simboleve të tjera të shenjtërisë së Perëndisë, si shenjë e zemërimit të Perëndisë kundër popullit të Tij, i cili nuk ishte më i shenjtë për Perëndinë. Perëndia nuk po kumunikonte më, me anë të Ligjit dhe vegimeve profetike. Perëndia do të tregonte keqardhje për popullin, nëse ai do të kthehej

T **Teologjia e vuajtjeve**

Ky libër i vogël i kujton komunitetit të krishterë pasojat tragjike që erdhën për shkak të prishjes së besëlidhjes me Perëndinë. Edhe pse vuajtjet e popullit të Perëndisë janë një çështje e rëndësishme, që trajtohet në këtë libër, ne duhet ta vendosim atë në kontekstin e duhur. Zemërimi i Perëndisë derdhet mbi ata që nuk kanë qenë besnikë ndaj Tij. Edhe pse libri nuk na jep zgjidhje të qarta për problemin e vuajtjes në botë, ne gjejmë disa udhëzime praktike kur kalojmë vështirësi personale apo të përbashkëta.

Pikëllimi nuk është një problem vetëm personal. Autori na sfidon të flasim hapur për agoninë, dhimbjen dhe kaosin që gjendet kudo në botë. Kjo është një mënyrë e guximshme për t'u ndeshur me vuajtjet. Ne gjithashtu duhet të marrim kohë të shqyrtojmë, reflektojmë dhe të merremi me vuajtjet tona. Duhet të kalojmë kohë në lutje, duhet të rrëfejmë mëkatet dhe duhet t'i kërkojmë falje Perëndisë. Dhe në fund, ajo që na forcon gjatë vuajtjeve është besnikëria dhe dashuria e Perëndisë, që na rrethojnë, kur kalojmë kohë provash dhe fatkeqësish (3:23, 32; Romakët 8:28, 3-39).

në prezencën e Tij me një zemër të thyer dhe me lotë pikëllimi.

■ Vajtimi i autorit (3:1-66)

Ashtu si edhe Jobi, autori i ankohej Perëndisë për vuajtjet e tij, por ndryshe nga Jobi, shkrimtari ishte i bindur se ai dhe kombi i tij po vuanin për shkak të mëkateve të tyre. Megjithatë, ai shpresonte në dashurinë e madhe të Perëndisë, në dhemshurinë dhe në besnikërinë e Tij. Në mes të vuajtjeve, ai shpalli se Perëndia është i mirë dhe i bëri thirrje popullit të tij që të priste qetësisht për shpëtimin e tij. Karakteri i vërtetë i popullit të Perëndisë zbulohet më së miri te pritja me durim për Perëndinë (shih Romakët 5:3-5). Poeti sfidoi popullin të rrëfente mëkatet e tij dhe të njihte fajin e tij para Perëndisë kështu që edhe një herë tjetër ata të mund të provonin dashurinë e Tij të pandryshueshme.

■ Paga e mëkatit (4:1-22)

Poeti i kujton popullit se ata po paguanin një çmim të tmerrshëm për mëkatet e tyre. Gjatë urisë së shkaktuar nga rrethimi babilonas madje edhe nënat humbën dhemshurinë për fëmijët e tyre. Përgjegjësia për këtë tragjedi binte mbi profetët dhe priftërinjtë, të cilët dështuan për t'i jepnin kombit drejtimin dhe udhëheqjen e duhur.

■ Lutja për mëshirë (5:1-22)

Poeti edhe një herë tjetër pranoi se mëkati është shkaku i fatit të keq që kishte populli i Perëndisë. Njerëzit ishin nën gjykim për shkak të mëkateve të brezit të tanishëm dhe të brezave të mëparshëm. Vajtimi përfundon me një thirrje të sinqertë për restaurimin e popullit të Perëndisë. Poeti ishte i sigurt se Mbreti i Përjetshëm dhe Zoti Sovran nuk do ta hidhte poshtë dhe nuk do të ishte i zemëruar përgjithnjë me mëkatarin e penduar.

Fjali përmbledhëse

- Perëndia thirri Jeremian të bëhet profet gjatë viteve të fundit të ekzistencës politike të Judës.
- Jeremia predikoi me pasion dhe me lotë mbi gjykimin.

- Jeremia i bëri thirrje popullit të Perëndisë të pendohej për mëkatet e tij.
- Jeremia foli për domosdoshmërinë e integrimit të përshpirtshmërisë me çështjet shoqërore.
- Jeremia e përshkroi zemrën njerëzore si të korruptuar dhe të lig.
- Jeremia e përshkroi Perëndinë si Perëndi të mëshirshëm që do të kthente popullin e Tij nga mërgimi.
- Jeremia parashikoi besëlidhjen e re të Perëndisë me Izraelin.
- Autori i Librit të Vajtimeve pranoi se mëkati ishte shkak i shkatërrimit të Jeruzalemit dhe u lut për mëshirën e Perëndisë.

Pyetje për reflektim

1. Në çfarë mënyrash e braktisim ne Perëndinë, në ditët e sotme? Në cilat fusha të jetës sonë kjo është një çështje e rëndësishme?
2. Diskuto mbi idenë se Perëndia është në anën tonë. Çfarë kushtesh duhet të përmbushim që kjo gjë të jetë e vërtetë?
3. Diskuto për mënyrat se si dikush mund të integrojë përshpirtshmërinë me çështjet shoqërore në ditët e sotme?
4. Çfarë mësimesh nxjerrim nga Jeremia, si një predikues që e donte Perëndinë?
5. Si të vazhdojmë të shpresojmë dhe të inkurajohemi edhe kur kalojmë vështirësi, edhe kur duket sikur nuk ka shpresë?

Burime për studime të mëtejshme

Feinberg, Charles L. *Jeremiah: A Commentary.* Grand Rapids: Zondervan, 1982.

Harrison, R. K. *Jeremiah and Lamentations, Tyndale Old Testament Commentaries.* Downers Grove, Ill.: InterVarsity Press, 1973.

Thompson, J. A. *The Book of Jeremiah. The New International Commentary on the Old Testament.* Grand Rapids: Eerdmans, 1980.

28 Libri i Ezekielit

Objektivat

Studimi i këtij kapitulli do t'ju ndihmojë:

- Të bëni një përmbledhje të mjedisit historik ku Ezekieli kreu shërbesën e tij.
- Të përshkruani përmbajtjen e Librit të Ezekielit.
- Të përshkruani mësimet kryesore teologjike të librit të Ezekielit.
- Të tregoni domethënien që ka mesazhi i Ezekielit për Dhiatën e Re.

Disa pyetje që duhen marrë parasysh ndërsa lexoni:

1. Përshkruani ndjenjat që keni nëse largoheni nga shtëpia, kisha dhe tradita fetare, të cilat janë të rëndësishme për ju?
2. Çfarë do t'i thoni një personi, i cili nuk ka shpresë për të ardhmen?
3. Cilat janë disa nga bindjet tuaja për kohët e fundit?

Fjalët kyçe për të kuptuar

Ezekiel
Buzi
Kebar
Biri i njeriut
"Idhulli i xhelozisë"
Tamuz
Mali Seir
Gogu
Magogu

Biografia e Ezekielit

Libri i Ezekielit fillon me një përmendje të shkurtër të biografisë së profetit. Emri **Ezekiel** do të thotë Perëndia forcon. Babai i tij ishte **Buzi**, që ndoshta ka qenë një anëtar me influencë në priftërinë e Jeruzalemit. Ezekieli ishte midis 10.000 judeasve që u çuan në mërgim në Babiloni në vitin 597 para Krishtit nga ushtria e Nebukadnetsarit (2 Mbretërve 24:14). Ai e banonte në Babiloni afër lumit **Kebar**, në një vend që quhet Tel-Abib (3:15). Ai ishte i martuar dhe gruaja e tij vdiq në vitin 587 para Krishtit. Kjo vdekje ishte si një shenjë për popullin për rënien e Jeruzalemit (24:15-17).

Perëndia e thirri Ezekielin gjatë vitit të pestë të robërisë së tij (593 para Krishtit). Ka mundësi që "viti i tridhjetë" (1:1) i referohet moshës kur ai hyri në priftëri. Për shkak të thirrjes që ai mori nga Perëndia, Ezekieli nuk ishte më një prift, por një zëdhënës i Perëndisë. Nga viti 593 deri në 587 para Krishtit, ai profetizoi për gjykimin e Perëndisë, i cili ishte afër. Pas shkatërrimit të Jeruzalemit në vitin 587 para Krishtit, ai foli për planin e Perëndisë për të restauruar qytetin dhe popullin e Tij. Profecia e tij e fundit daton rreth vitit 571 para Krishtit (29:17).

Ndërkohë që Ezekieli ndodhej në mërgim në Babiloni, përshkruante me shumë gjallëri ngjarjet që ndodhnin në Jeruzalem (8:1-18; 11:1-13). Libri tregon se ai i pa këto ngjarje, kur Shpirti e transferoi nga Babiloni për në Jeruzalem. Disa studiues spekulojnë me idenë se Ezekieli nuk ka qenë kurrë në Babiloni dhe se ai e kreu shërbesën e tij në Judë. Nuk ka arsye që na detyron që ne të jemi dakort me këtë ide.

Mjedisi

Shërbesa e Ezekielit ndodhi gjatë ditëve më të errëta të historisë së Judës. Juda vazhdoi me rezistencën e saj kokëfortë ndaj fjalës së Perëndisë, madje edhe pas mërgimit të udhëheqësve në vitin 597 para Krishtit. Gjithashtu pasuesit që morën pushtetin e udhëheqësisë ishin të korruptuar dhe të këqinj. Mbreti Sedekia u dorëzua ndaj trysnisë politike për t'u bashkuar, ne aleancë me Egjiptin, kundër Babilonisë. Udhëheqësit i dhanë shpresa të rreme popullit të Jeruzalemit për rindërtimin e qytetit (11:1-15). Adhurimi i idhujve dhe ritualet pagane vazhduan madje edhe në territorin e Tempullit (8:1-18). Detyra e parë e Ezekielit ishte t'i fliste kombit kokëfortë dhe rebel dhe ta paralajmëronte për shkatërrimin e afërt të qytetit, si dhe për dëbimin e kombit në Babiloni (kapitjut 1-24).

Orakujt e restaurimit, që Ezekieli jep në kapitujt 33-48, janë dhënë gjatë rënies së Jeruzalemit në vitin 587 para Krishtit. Babilonasit shkretuan tokën dhe e dëbuan kombin në Babiloni. Gjatë pjesës së fundit të shërbesës së tij, Ezekieli e përgatiti shpirtërisht kombin për shpengimin që do të vinte nga Perëndia.

Përmbajtja

Disa studiues kanë vënë në pikëpyetje unitetin e librit të Ezekielit. Ata mendojnë se njerëzit që e kanë redaktuar librin më pas, kanë bërë shumë shtesa. Libri, siç e kemi ne sot, ka një strukturë të balancuar, njëtrajtshmëri të stilit dhe të gjuhës, dhe një rend të qartë kronologjik.[1] Libri është shkruar në një stil autobiografik, përveç vargjeve që hapin këtë

Biri i njeriut

Perëndia i drejtohet Ezekielit mbi 90 herë me emrin "**bir i njeriut**". Ky term përdoret për t'iu referuar Ezekielit, si një qënie, që një ditë do të vdesë, si një qënie njerëzore. Te Daniel 7:13 dhe 8:17, ky term tregon një figurë qiellore. Në periudhën ndërmjet dy dhjatave, ky përkufizim u bë një titull mesianik. Jezusi e përdori shpesh këtë titull, ndoshta për të treguar po natyrën e Tij njerëzore, si dhe rolin e Tij Mesianik.

libër. Ne mendojmë se i gjithë libri është një prodhim i profetit Ezekiel.

Më poshtë do të gjeni një përvijim të përgjithshme të pjesëve kryesore të librit të Ezekielit:

1. Thirrja dhe ngarkimi i Ezekielit (1:1–3:27)
2. Orakujt e gjykimit kundër Judës (4:1–24:27)
3. Orakujt kundër kombeve (25:1–32:32)
4. Premtimi për restaurim (33:1–39:29)
5. Jeruzalemi i ri (40:1–48:35)

■ Thirrja dhe ngarkimi i Ezekielit (1:1–3:27)

Ezekieli e mori thirrjen nga Perëndia me anë të një vegimi të mbinatyrshëm. Ezekieli pa Perëndinë të ulur në fronin e Tij në një platformë, e cila mbahej nga katër qenie që ishin gjysmë njerëz dhe gjysmë kafshë. Ezekieli pa gjithashtu katër rrota që

shkëlqenin dhe xixëllonin, secila nga këto ishte pranë çdo qenieje. Lëvizja e qenieve dhe e rrotave në çfarëdolloj drejtimi varej tërësisht nga Shpirti. Ezekieli pa koçin e Perëndisë që lëvizte në të gjitha drejtimet pa shkuar drejt një rruge.

Ezekieli nuk mundi ta përshkruajë në mënyrë të saktë dhe me detaje lavdinë madhështore të Perëndisë, i cili ishte ulur në fronin e Tij. Ai mundi të shihte vetëm pak nga rrezatimi dhe shkëlqimi i Perëndisë. I shokuar, i friksuar dhe i mahnitur, ai ra me fytyrë përpara prezencës së shenjtë të Perëndisë.

Perëndia iu drejtua Ezekielit me emrin "bir i njeriut" (2:1) dhe e ngarkoi me mision për t'i folur Judës, i cili ishte një komb i rebeluar dhe kokëfortë. Ai e paralajmëroi Ezekielin, jo vetëm për vështirësitë e misionit të tij, por edhe që duhet t'i bindej thirrjes së tij. Perëndia e urdhëroi Ezekielin të hante një dorëshkrim të mbledhur rrotull që të shprehte kështu, në mënyrë simbolike, bindjen e tij ndaj Perëndisë. Kjo do të thoshte të ndotej me një objekt të papastër. Por fjala e Perëndisë ishte shkruar në këtë dorëshkrim të mbledhur rrotull. Ezekieli duhet ta hante, ta bluante me dhëmbët e tij

Froni koçi i Perëndisë

Vizioni që pati Ezekieli për fronin e Perëndisë tregon perspektivën teologjike se prezenca e Perëndisë nuk është e kufizuar në një vend të caktuar. Izraelitët, që jetonin gjatë kohës së Ezekielit, mendonin se Perëndia qëndronte brenda kufijve të Qytetit të Tij të Shenjtë. Kështu që duhet të ketë qenë një gjë e pabesueshme për Ezekielin të përjetonte Perëndinë në një vend të huaj, në një vend të papastër dhe në mes të mëkatit dhe të gjykimit. Perëndia është dinamik dhe prezenca e Tij mund të përjetohet pavarësisht se kush jemi ne ose se ku jetojmë në botën e ditëve të sotme. Edhe pse mëkati ndan njerëzimin nga prezenca e shenjtë e Perëndisë, Perëndia i shenjtë dhe hirshëm i viziton mëkatarët dhe iu ofron shpëtimin. Ky është misteri i hirit të Perëndisë.

T **Veprimet simbolike**

Ezekieli, si profetët e tjerë, ndonjëherë komunikonte fjalën e Perëndisë me anë të veprimeve të pazakonta dhe të mrekullueshme. Njerëzit, që shihnin këto veprime simbolike, mësonin se ditët e ardhshme do të ishin ditë ku do të pushtoheshin nga armiqë, do të kishte mërgim, mungesë lirie, shkatërrim dhe vdekje. Pse Ezekieli bëri veprime të tilla të pazakonta dhe të mrekullueshme? Ne mendojmë se ai e ofroi madje edhe trupin e tij në shërbim të Perëndisë, dhe se ai ia nënshtroi veten e vet realiteti të gjykimit, me shpresën se mëkatarët do të shpëtonin nga shkatërrimi që po vinte.

dhe ta treste. Bindja ndaj një kërkese të tillë të çuditshme të Perëndisë ishte e nevojshme për atë, në mënyrë që të ishte zëdhënësi besnik i Perëndisë. Kur Ezekieli u bind Fjala kishte shijen e mjaltit. Nuk është gjithmonë e lehtë t'i bindesh vullnetit të Perëndisë, por rezultati ndaj bindjes është kënaqësi e plotë dhe përmbushja e jetës.

Perëndia e caktoi Ezekielin të ishte rojë i Izraelit. Detyra e tij ishte të paralajmëronte të këqinjtë dhe t'u bënte thirrje të ndryshonin jetën e tyre. Ai gjithashtu duhej të paralajmëronte të drejtët që të mos mëkatonin. Ezekieli, me besnikëri, duhej të shpërndante mesazhin që kishte marrë nga Perëndia, pavarësisht nëse njerëzit e dëgjonin apo jo fjalën e Perëndisë. Përndryshe ai do të ishte përgjegjës për vdekjen e mëkatarëve. Perëndia gjithashtu i tha Ezekielit, se njerëzit do ta lidhnin me litar për të treguar kundërshtimin e tyre ndaj predikimit të tij. Për më tepër, Perëndia do t'a bënte që të mos fliste. Ai nuk do të fliste për shtatë vjet e gjysmë, deri në rënien e Jeruzalemit (shih

33:21-22). Gjatë kësaj kohe heshtjeje, ai do të fliste vetëm kur Perëndia të hapte gojën e tij për të folur fjalën e Tij.

■ Orakujt e gjykimit kundër Judës (4:1–24:27)

Veprimet simbolike (4:1–5:17)

Ezekieli kryeu 4 vepra simbolike për të treguar se si do të ishte fati i njerëzve që jetonin në Jeruzalem. Këto veprime simbolike ishin: (1) vizatimi i rrethimit të qytetit me një diagram të shkruar në një pllakë argjile; (2) u shtri si një person i paralizuar për 430 ditë; (3) hëngri ushqim të papastër; dhe (4) rruajti kokën dhe mjekrën.[2] Detajet e dhëna për këto veprime tregojnë rreptësinë e gjykimin që Perëndia do të jepte për mëkatarët. Jeruzalemi, qendra e botës, ishte bërë më i korruptuar se sa kombet pagane rreth e rrotull tij. Dënimi i mëkatarëve do të përmbushte kërkesën e Perëndisë për drejtësi. Si Izraeli ashtu edhe kombet do të merrnin vesh se Perëndia e kishte kryer gjykimin e Tij.

Fundi i të gjitha veprimeve të neveritshme (6:1–7:27)

Perëndia shpalli gjykimin e Tij për malet sepse ata përfaqësonin idhujtarinë e Judës dhe aleancën jo të shenjtë me fenë kanaanitase. Ezekieli tha se ata pak njerëz, që do t'i shpëtonin dënimit, do ta dinin se Perëndia me të vërtetë do ta përmbushte fjalën e Tij. Idhujtaria kishte hyrë në të gjitha nivelet e shoqërisë duke përfshirë këtu edhe Tempullin. Gjykimi do t'i jepte fund të gjitha veprimevet e këqija dhe të neveritshme të adhurimit në Izrael.

Lavdia e Perëndisë largohet nga Jeruzalemi (8:1–11:25)[3]

Vizionet që gjejmë në këto kapituj ndodhën në vitin 591 para Krishtit. Mesazhi kryesor i vizioneve është largimi i lavdisë së

Perëndisë nga Jeruzalemi për shkak të veprimeve të neveritshme dhe idhujtarisë që kishte në qytet. Shpirti e çoi Ezekielin në Jeruzalem me anë të një vegimi të mbinatyrshëm. Aty ai pa se në Tempull kishte idhujtari. Ai pa në oborrin e jashtëm një **"idhull të xhelozisë"**. Disa studiues mendojnë se ky ishte idhulli i Asherasë, një nga perënditë kryesore femër e fesë kanaanitase. Pleqtë e popullit adhuronin kafshët ndërsa gratë adhuronin **Tamuzin**, perëndinë e Mesopotamisë të bimëve. Në oborrin e brendshëm, 25 burra adhuronin diellin.

Në këto vegime Ezekieli dëgjoi Perëndinë që urdhëroi xhelatët të vrisnin idhujtarët. Kasaphana ndaj fajtorëve filloi në shenjtërorje. Pastaj, qyteti u pastrua me zjarr. Edhe një herë tjetër ai pa fronin koçi e Perëndisë, qeniet e gjalla, dhe rrotat si në vegimin e parë (kapitulli 1), por tani ishin gati për t'u larguar nga qyteti. Pjesa e fundit e vegimit përfshin ballafaqimin e Ezekielit me udhëheqësit e vetëkënaqur, të cilët kishin udhëhequr keq popullin. Ai i qortoi ata dhe shpalli se gjykimi i Perëndisë do të ishte mbi ta. Ndërsa ai profetizonte mesazhet që kishte marrë nga vegimet, një drejtues që quhej Petalia vdiq në Jeruzalem. Kjo do të kishte konfirmuar vërtetësinë e vegimeve të Ezekielit.

Një zemër e re dhe një shpirt i ri

Premtimi për të patur një zemër dhe një shpirt të ri (shih edhe Ezekieli 18:31; 36:26) është ilaçi që Perëndia përdor ndaj sëmundjes së mëkatit, që pllakos njerëzimin në ditët e sotme. Rebelimi ynë kundër Perëndisë i ka rrënjët te gjendja mëkatare e zemrës sonë. Të kesh një zemër të re do të thotë t'i japësh fund rebelimit dhe të fillosh të bësh një jetë sipas fjalës së Perëndisë. Të kesh një shpirt të ri do të thotë t'i bindesh me dashuri Perëndisë (Mateu 22:37; Ligji i Përtërirë 6:5). Perëndia e plotëson këtë premtim me anë të Shpirtit të Tij të Shenjtë, i cili i bën të gjitha gjërat të reja në Krishtin (2 Korintasit 5:17).

Ezekieli u alarmua se fjalët e gjykimit të Perëndisë ishin aq përfundimtare. Ai iu lut Perëndisë të mos e shkatërronte plotësisht popullin e Tij. Perëndia iu përgjigj duke i treguar planin e Tij për të ardhmen e atyre që ishin nën gjykim. Ai premtoi të kthente në vendin e vet popullin, që kishte mërguar dhe t'u jepte si dhuratë një zemër të re dhe një shpirt të ri. Perëndia do t'u hiqte zemrën e rebelur (prej guri) dhe do t'u jepte një zemër prej mishi. Ai gjithashtu do të rivendoste besëlidhjen e Tij me Izraelin.

Vegimet përfundonin me largimin e lavdisë së Perëndisë nga qyteti. Lavdia e Perëndisë qëndroi në malin që ishte në lindje të qytetit (Mali i Ullinjve). Largimi i prezencës së Perëndisë bëri që qyteti të ishte i dobët dhe i pambrojtur nga ushtritë pushtuese të Babilonisë.

"Ata do të pranojnë që unë jam ZOTI"

Shpesh Ezekieli përdori frazën: "Ata do të pranojnë që unë jam ZOTI" për të përshkruar qëllimin e gjykimit të Perëndisë dhe shpëtimin që po vinte. Ta njohësh Perëndinë do të thotë të përjetosh personalisht realitetin e Perëndisë. Ftesa që Perëndia na bën me anë të Fjalës së Tij është, që ta pranojmë Atë si Shpëtimtarin tonë dhe ky përjetim është i mundur më anë të Krishtit, i cili vuajti dhe vdiq për ne (shih dëshirën e madhe që kishte apostulli Pal te Filipianët 3:10-11).

Veprime të tjera simbolike (12:1-28)

Ezekieli, ashtu siç e udhëzoi Perëndia, bëri gati rrobat për mërgimin e tij dhe bëri një vrimë në murin e shtëpisë dhe u arratis natën. Ky veprim përçon mesazhin, se në të njëjtën mënyrë do të shkonte në mërgim edhe Juda. Ezekieli shpalli se vetë mbreti Sedekia do të përpiqej të shpëtonte nëpërmjet murit të Jeruzalemit, por do ta çonin në Babiloni dhe do të përballej atje me vdekjen (shih edhe Jeremia 39:4-7). Në veprimin e dytë simbolik, Ezekieli hëngri bukë dhe piu ujë, i pushtuar nga frika dhe, duke u dredhur, duke përçuar kështu mesazhin, se toka do të vuante nga një dhunë dhe shkatërrim i tmerrshëm.

Populli i Judës kishte dëgjuar për gjykimin, që prej një kohe të gjatë. Me anë të dy proverbave që janë mjaft të njohura, kombi u tregua skeptik ndaj qëllimit, që Perëndia kishte për të zbatuar kërcënimin e Tij.

Ezekieli iu përgjigj këtij skepticizmi me anë të proverbave të bëra nga vetë ai dhe paralajmëroi popullin, se Perëndia do të përmbushte fjalën e Tij gjatë ditëve në të cilat ata po jetonin.

Profecitë e rrema dhe idhujtaria (13:1–14:23)

Si Jeremia, ashtu edhe Ezekieli u përballën me profetë të rremë, të cilët predikonin fjalë të buta paqeje dhe begatie. Njerëzit i besonin këto fjalë dhe nuk pranonin fjalët e profetëve të vërtetë. Ezekieli shpalli se Perëndia do t'i gjykonte profetët e rremë, magjistarët dhe parashikuesit e rremë, sepse kishin inkurajuar të këqinjtë dhe se kishin shkurajuar të drejtët.

Ezekieli i bëri thirrje kombit, që adhuronte idhuj, të hiqte dorë nga poshtërsitë dhe të ktheheshin te Perëndia. Ai i kujtoi kombit se nuk duhet të mendonte se do të shpëtohej vetëm sepse në vend kishte edhe njerëz të

Udhëheqësi besnike

Të paturit e një udhëheqësie besnike është përgjegjësia e të gjithë atyre që janë thirrur nga Perëndia për të pasur një pozitë drejtuese në kishë. Kur udhëheqësit shqetësohen dhe ngulmojnë në planet e tyre për të plotësuar qëllimet e veta, njerëzit e kishës, ku ata shërbejnë, paguajnë çmimin e këtij qëndrimi. Në modelin e udhëheqësisë që gjejmë në Bibël, një udhëheqës është së pari një shërbëtor i mirë. Figura e "bariut" që gjejmë në Bibël përçon idenë e një personi që jep gjithçka nga vetja e vet dhe që vetësakrifikohet. Këto dy cilësi janë të nevojshme për ata që synojnë të bëhen drejtues të tufës së Perëndisë. Fjalët e Jezusit "ai nga ju që do të dojë të bëhet i madh, do të jetë shërbëtori juaj" (Marku 10:43), janë një kujtesë për udhëheqësit e krishterë të ditëve të sotme (shih Marku 10:35-45).

Perëndia është Bariu i Mirë

Një nga premtimet më të mëdha që gjejmë në Dhiatën e Vjetër është ardhja e Perëndisë si një bari i mirë. Ky premtim e ka burimin te tradita e besëlidhjes së malit Sinai. Me anë të besëlidhjes, Perëndia u bë Bariu i Izraelit dhe Izraeli u bë delja e kullotës së Tij (shih Psalmi 23:1: 100:3). Ezekieli shpalli se kjo eksperiencë do të bëhej realitet për popullin e Perëndisë. Jezusi tha "Unë jam bariu i mirë" (Gjoni 10.14). Me anë të Krishtit, ne kemi privilegjin të jetojmë nën kujdesin vigjilent dhe nën providencën e Perëndisë, bariut tonë.

drejtë. Edhe pse Noeu, Danieli dhe Jobi–tre shembujt më të mirë, që bënin një jetë të drejtë në vend–jetonin në vend, vetëm këta të tre do të shpëtonin për shkak të drejtësisë së tyre. Fundi i njerëzve të këqinj është shkatërrimi.

Tre shëmbëlltyra (15:1–17:24)

Ezekieli ilustroi gjykimin e Perëndisë dhe të ardhmen e Judës me anë të tre shëmbëlltyrave. Ai e krahasoi Jeruzalemin me drurin e hardhisë që është në pyll (kap. 15). Cilësia e hardhisë varet nga cilësia e frytit që ajo prodhon. Izraeli, hardhia që Perëndia kishte zgjedhur, u bë i pavlerë; prandaj Perëndia do ta shkatërronte popullin e Tij, si pemët pa fryta të pyllit (shih Mateu 3:8-10).

Shëmbëlltyra e dytë (kap 16) përmbledh historinë shpirtërore të Jeruzalemit. Edhe pse Jeruzalemi kishte qenë një herë një qytet i kanaanit, pa të ardhme, Perëndia kishte treguar pëlqimin e Tij për këtë qytet dhe e zgjodhi si nusen e Tij. Megjithatë, qyteti që Perëndia kishte zgjedhur u tregua jobesnik duke praktikuar idhujtarinë. Ezekieli shpalli gjykimin e Perëndisë mbi gruan e Tij jobesnike. Shëmbëlltyra përfundon me premtimin, se Perëndia do ta restauronte përsëri qytetin dhe do të bënte një besëlidhje me të, që do të zgjaste përgjithmonë.

Shëmbëlltyra e tretë (kap. 17) merret me rebelimin e mbretit Sedekia kundër Babilonisë dhe rrjedhojat e këtij rebelimi. Sedekia ishte mishërimi i një personi të pavendosur dhe jobesnik. Ezekieli paralajmëroi se Sedekia, i cili kërkoi ndihmë nga Egjipti, do të vdiste në Babiloni. Tregimi mbaron me premtimin se Perëndia do të vendoste në fronin e Davidit një sundues ideal mesianik.

Kush bën mëkat do të vdesë (18:1-32)

Një proverb mjaft e njohur ("Etërit kanë ngrënë rrushin e papjekur dhe dhëmbët e bijëve të tyre janë mpirë" [v. 2]) nënkuptohet se Perëndia po dënonte fëmijët për mëkatet e stërgjyshërve të tyre. Ezekieli pohoi të vërtetën se çdo njeri do t'i japë llogari Perëndisë. Ai i dënoi njerëzit për mëkatet e tyre dhe jo për mëkatet e stërgjyshërve të tyre. Të drejtët do të jetonin dhe të këqinjtë do të vdisnin. Profeti u bëri kujtesë njerëzve që kishin mërguar se duhej të ndiqnin detyrimet që kishin, si rezulata i besëlidhjes që kishin bërë me Perëndinë, në Babiloni. Ai i sfidoi ata të pendoheshin, të mos ishin më njerëz mëkatarë dhe të merrnin si dhuratë "një zemër dhe një shpirt të ri". Perëndia nuk dëshironte që mëkatarët të vdisnin. Dhe kjo është e vërteta më e madhe që e gjejmë te libri i Ezekielit kapitulli 18. Njerëzit duhet të largohen qëllimisht nga bota e mëkatit dhe ky është çelësi për të patur dhuratën e jetës, që Perëndia na e ofron. Vullneti i Perëndisë për Krijimin e Tij është jeta dhe jo vdekja (18:32; shih Gjoni 3:16).

Vajtimet për mbretërit e Judës (19:1-14)

Ezekieli vajtoi për fatin e keq të mbretërve judeas Jehoazin, Jehohakinin dhe Sedekian. Jehoazi dhe Jehohakini patën këtë fat për shkak të ligësisë së tyre. Ndërsa Sedekia do të hiqej nga pushteti dhe do të çohej në mërgim. Asnjë nga këta mbretër nuk kishte qenë një udhëheqës i mirë për Judën.

Përgjigjja e Perëndisë ndaj mëkatit të Izraelit (20:1–24:27)

Perëndia nuk i dha këshillim popullit të Tij dhe kjo ishte përgjigjja e Tij ndaj mëkatit të popullit të Tij. Ezekieli e përshkroi pushtimin babilonas që ishte afër si shpata e mprehur, që Perëndia do e përdorte kundër popullit të Tij, i cili ishte ndotur duke

Teologjia e Pastrimit

Ideja e pastrimit të shenjtë është pjesë e rëndësishme e mënyrës se si Ezekieli e kuptoi restaurimin. Sipas Ligjit të Moisiut, ritualet e pastrimit nga fëlliqësia ishin të domosdoshme për të restauruar anëtarësinë e çdo individi në komunitetin e shenjtë të Izraelit (shih Levitiku 14:52; Numrat 19:11-22). Ezekieli para shikoi se vetë Perëndia do të pastronte popullin e Tij duke e spërkatur me ujë të pastër. Shenjtëria e popullit të Perëndisë nuk do të ishte më një vepër kulti dhe cermonie e bërë nga priftërinjtë, por do të ishte një vepër pastrimi e bërë nga vetë Perëndia. Për më tepër, ai e lidhi këtë pastrim me dhuratën e një zemre të re dhe të një shpirti të ri. Ajo që do të pastrohet është zemra e njeriut, e cila është e ndotur me mëkate dhe papastërti. Një person me zemër të pastër ka motive të pastra, qëndrimin e duhur dhe dashuri për Perëndinë dhe fqinjët. Pjetri e përshkroi përjetimin e Pentakostit si të kishte "pastruar zemrat e tyre me anë të besimit" (Veprat 15:6-9; shih 2:1-4). Puna e hirshme, që Perëndia bën në jetët tona, nuk është vetëm që ne të shpengohemi nga mëkatet, por ai gjithashtu me anë të gjakut të Jezus Krishtit pastron zemrën tonë (Hebrenjtë 9:13-14; 1 Gjoni 1:7-9). Bibla na fton të jetojmë një jetë të shenjtë duke e marrë këtë dhuratë nëpërmjet besimit tonë në Jezus Krishtin.

Perëndisë. Imazhi i tenxheres tregonte fuqinë e gjykimit që po vinte shpejt. Jeruzalemi kishte refuzuar ofertën e Perëndisë për t'u pastuar. Perëndisë nuk i kishin lënë mundësi tjetër përveçse të digjte qytetin për shkak të zemërimit të Tij dhe të shkatërronte zgjyrën e keqe dhe fëlliqësinë që kishte mbushur qytetin.

Perëndia paralajmëroi Ezekielin për vdekjen e gruas së tij dhe e urdhëroi të mos vajtonte për të. Vdekja e saj do të shërbente si kujtesë se Perëndia ishte duke ia dorëzuar krenarinë e Tij dhe lavdinë– Tempullin–shkatërrimit që do të ndodhte nga babilonasit. Perëndia i tha Ezekielit edhe se një ikanak do t'i sillte lajmin e shkatërrimit të Jeruzalemit dhe se ai do të fillonte të fliste.

Orakuj kundër kombeve (25:1–32:32)

Orakujt, për gjykimin që dha Ezekieli kundër kombeve fqinje, kishin të njëjtin model si ato që kemi parë te Libri i Isaias dhe te libri i Jeremias. Kombet për të cilat flet Ezekieli janë: Amoni, Moabi, Edomi, Filistia, Tiro, Sidoni dhe Egjipti. Tiro (26:1–28:19) dhe Egjipti (29:1–32:32) ishin dy vendet që iu kushtua një vëmendje e madhe në ligjëratën e Ezekielit përsa i përket gjykimit. Të dyja këto kombe ishin simbole të pasurisë dhe të lavdisë në vendet e lashta. Ata mburreshin për pasurinë dhe për fuqinë që kishin. Ezekieli parashikoi se Perëndia do të dërgonte Nebukadnetsarin, mbretin e Babilonisë, të shkatërronte Tiron dhe

praktikuar idhujtarinë gjatë gjithë historisë së tij. Ezekieli, duke përdorur emrat Ohola për Samarinë dhe Oholiba për Jeruzalemin, e përshkroi Izraelin në veri dhe Judën në jug si dy motra që ndiqnin nje jetë të mbushur me idhujtari. Perëndia e dënoi Samarinë për mëkatet e saj. Ai e paralajmëroi motrën më të vogël, Juda, e cila bëri më keq se motra e madhe, se ajo do të vuante gjykimin nga dora e babilonasve.

Kur babilonasit rrethuan Jeruzalemin në 15 janar 588 para Krishtit, Ezekieli tha një alegori me një tenxhere që ishte duke zierë dhe dy orakuj fatkeqësie, për të përçuar mesazhin se mbi qytetin po vinte zemërimi i

Egjiptin për shkak të krenarisë dhe
arrogancës së tyre.

■ Premtimi për restaurim (33:1–39:29)

Roja e Perëndisë (33:1-33)

Perëndia caktoi edhe një herë
Ezekielin që të ishte roja e Tij. Ai do të
paralajmëronte Izraelin përsa i përket
zgjedhjeve që ata do të bënin për jetën
apo për vdekjen (shih gjithashtu 3:17-
21). Këtë herë misioni ishte që të jepte
një lajmërim të fundit para rënies së
Jeruzalemit. Edhe orët e fundit, Perëndia
i dha popullit mundësinë që të pendohej
dhe të shpëtohej. Ezekieli tha se të ligjtë
që do të pendoheshin do të
shpëtoheshin, pavarësisht sesa të mëdha
kishin qenë mëkatet e tyre. Ai gjithashtu
i kujtoi të drejtët se duhej të qëndronin
deri në fund të drejtë. Perëndia do t'i
quante përgjegjës nëse ata largoheshin
nga të jetuarit e një jete të drejtë.

Ezekieli u lajmërua për rënien e
Jeruzalemit (587 para Krishtit). Ky lajm
shënoi dhe fundin e heshtjes së tij. Njerëzit
që ngelën në tokën e Judës pas pushtimit
babilonas pretendonin se toka u ishte dhënë
atyre në zotërim. Ata vazhdonin të mos
pendoheshin dhe vazhduan të bënin të
njëjtat mëkate si ata që ishin dëbuar. Ezekieli
i paralajmëroi për shkatërrimin e tyre me anë
të shpatës. Plani i Perëndisë ishte që toka të
ishte plotësisht e shkretë.

Bariu i mirë (34:1-31)

Ezekieli i fajësoi barinjtë (drejtuesit
politikë dhe fetarë) të Izraelit, se nuk kishin
qenë drejtues besnikë të popullit të
Perëndisë. Profeti lajmëroi se vetë Perëndia
do të vinte të mblidhte delet e Tij, që ishin
shpërndarë për shkak të barinjve jobesnikë.
Ai do t'i shpëtonte ata dhe do t'i shpinte në

"Kockat iu afruan njëra tjetrës ... ku u rritën
mbi ta dejet dhe mishi, që lëkura i mbuloi"
[Ezekieli 37:7-8].

kullotat e Tij të mira. Perënida do të ishte
Bariu i tyre. Për më tepër, vetë njerëzit do të
gjykoheshin për sjelljen e tyre antishoqërore
dhe që nuk kujdeseshin për njëri-tjetrin.
Perëndia do të vendoste gjithashtu
sundimtarin e Tij, Mësinë, mbi tufën e Tij.
Populli i Perëndisë do të jetonte në paqe dhe
i sigurt në mbretërinë ideale të Perëndisë dhe
do të ishte i mbushur me bekime dhe begati.

Orakulli kundër Edomit (35:1-15)

Ezekieli zgjodhi përsëri Edomin për të
shpallur gjykimin e Perëndisë. Ai i referohej
këtij vendi me emrin **Mali Seir**, krahina
malore dhe shkëmbore në jug të Detit të
Vdekur. Edomi vazhdoi të kishte një histori
të gjatë urrejtjeje ndaj Izraelit. Gjatë
pushtimit babilonas të Jeruzalemit, ata nuk

treguan mëshirë. Ezekieli shpalli se Perëndia do ta bënte Edomin një vend të shkretë.

Restaurimi dhe kthimi i Izraelit (36:1-38)

Perëndia ishte i zemëruar me Izraelin prandaj edhe e dënoi atë. Populli u dënua të vuante për shkak të idhujtarisë së tij. Me këtë gjë ata përdhosën emrin e shenjtë të Perëndisë. Por Perëndia do t'i mblidhte nga tokat ku kishin mërguar. Ai do të restauronte shenjtërinë dhe besueshmërinë e emrit të Tij të shenjtë. Ezekieli lajmëroi se Perëndia do ta pastronte Izraelin nga papastërtitë e tij dhe do t'i jepte një zemër të re dhe një shpirt të ri. Do të rivendoste besëlidhjen dhe populli do të jetonte një jetë plotë me bekime dhe begati.

Jetë për të vdekurin (37:1-28)

Ata që dëgjonin Ezekielin dhe ndoshta edhe Ezekieli vetë, mendonin se restaurimi i Izraelit ishte i vështirë ose i pamundur. Perëndia e siguroi Ezekielin, me anë të një vegimi të një lugine të mbushur me kocka të thata, se Ai kishte fuqi ta përmbushte premtimin e dhënë. Kockat e thata dhe të shpërndara do të thoshin se nuk do të kishte mundësi më për të jetuar. Megjithatë, Perëndia i tregoi Ezekielit se ai kishte fuqi të sillte jetë në mes të vdekjes dhe shkatërrimit. Ky vegim i dha Izraelit shpresë dhe siguri se ai do të restaurohej nga mërgimi dhe se do të rishfaqej ekzistenca kombëtare. Ezekieli parashikoi se Juda dhe Izraeli do të bashkoheshin nën mbretërinë e Davidit.

Gogu dhe Magogu (38:1 – 39:29)

Është e vështirë të interpretosh këta dy kapituj kryesisht për shkak se nuk e dimë saktësisht identitetin e **Gogut** dhe **Magogut** dhe të shumë kombeve të tjera të përmendura këtu si armiq të Izraelit. Ne nuk e dimë nëse këta ishin kombe që ekzistonin në shekujt e shtatë dhe të tetë para Krishtit. Gjithashtu, te Zbulesa 20:8 shohim se përmenden këto dy emra, kështu që ndoshta ata simbolizojnë të gjitha fuqitë e këqija të botës, të cilat nuk i duan planet dhe qëllimet e Perëndisë.

Mjedisi i këtyre dy kapitujve është koha e fundit, kështu që orakujt e dhënë janë të natyrës eskatologjike. Mesazhi është se në kohën e fundit do të ketë një betejë midis Perëndisë dhe forcave të së keqes që gjendet në botë. Perëndia do t'i mundë dhe do t'i shkatërrojë forcat që janë kundër popullit të Tij të shpenguar. Ai do të triumfojë mbi fuqitë e këqija që janë në botë. Varrimi i këtyre forcave do të shënojë fundin përfundimtar dhe zhdukjen e së keqes. Fitorja e Perëndisë do të arrijë kulmin me një festë. Ai do ta lartësojë emrin e Tij kudo në krijimin e Tij. E gjithë bota do të pranojë se Ai është Zoti.

T　Lugina e kockave të thata

Vegimi për Luginën e kockave të thata na ndihmon të kuptojmë dy aspekte të rëndësishme të besimit biblik. Së pari, Perëndia ka fuqi t'u japë jetë atyre që janë të vdekur për shkak të mëkateve. Mëkati na armiqëson me Perëndinë dhe na shpie në vdekje të shpirtit. Me anë të këtij vegimi premtohet fuqia që Perëndia ka për të "na dhënë jetë me Krishtin" (Efesianët 2:5; shih 1-5). Së dyti, me anë të këtij vegimi, te Dhiata e Vjetër gjejmë edhe themelin e besimit tonë, që është: ringjallja e të vdekurve. Deri në kohën e mërgimit, Izraeli në përgjithësi, mendonte se fundi i ekzistencës së njeriut ishte vdekja. Ky vegim, së bashku me plotësimin e tij historik, i dha komunietit pas mërgimit bazën për të zhvilluar konceptin e ringjalljes. Pali foli për Jezusin e ringjallur si "fryti i parë i atyre që kanë fjetur" (1 Korintasit 15:20).

I Interpretimi i kapitujve 40-48 të Ezekielit

Të krishterët nuk kanë një mendim të përbashkët përsa i përket kuptimit dhe interpretimit të kapitujve 40-48 të Ezekielit. A mos ndoshta këto vegime u plotësuan me kthimin e hebrenjve nga mërgimi në mëmëdheun e tyre dhe me rindërtimin e Tempullit? Disa të krishterë mendojnë se është kështu. Ndërsa disa mendojnë se do të ketë një përmbushje të këtyre vegimeve me ardhjen e dytë të Jezus Krishtit dhe me vendosjen e mbretërisë së Tij. Disa të tjerë mendojnë se këto vegime po përmbushen, në një kuptim shpirtëror, në jetën e kishës në ditët e sotme. Për këto kapituj ka edhe mjaft pikëpamje të tjera.

Në kapitujt 40-48 na paraqitet mënyra se si profeti kupton mbretërinë e Perëndisë nga perspektiva e eksperiencës së tij fetare dhe nga tradita e mëparshme priftërore. Tempulli, priftëria, flijimet dhe banimi i 12 fiseve rreth qytetit të Jeruzalemit ishin të gjitha pjesë e konceptit tradicional izraelit për sundimin sovran të Perëndisë.

Kur i krahasojmë këta kapituj me kapitujt 20-22 të Zbulesës gjejmë disa gjëra të përbashkëta, por gjithashtu edhe disa elementë kyç që mungojnë.[4] Te Zbulesa nuk gjejmë asnjë nga shqetësimet njerëzore të Ezekielit–Tempulli, priftëria, flijimet e kështu me radhë. Vegimtari i Zbulesës pa realitetin e mbretërisë së Perëndisë dhe sundimin përfundimtar të Perëndisë nga prespektiva e eksperiencës së tij dhe traditës fetare të Kishës së Hershme. Me ardhjen e Jezusit filloi një epokë e re për sa i përket veprimtarisë së Perëndisë në historinë e njerëzimit. Mbretëria e Perëndisë u vendos me anë të predikimit të Ungjillit. Kisha tani po pret me padurim ardhjen e dytë, që Perëndia të banojë me popullin e Tij përgjithmonë.

Jeruzalemi i Ri që kisha po pret nuk është një qytet tokësor, por një qytet qiellor. Ky Jeruzalem i Ri do të jetë pjesë e një qielli të ri dhe e një dheu të ri, në të cilin nuk do të ketë të keqe, nuk do të ketë lotë, vdekje, dhimbje apo pikëllim (shih Zbulesa 21:1-4). Ajo çfarë Ezekieli pa turbullt në pasqyrë, vegimtari i librit të Zbulesës e portretizon gjallërisht për Kishën, si diçka të vërtetë që është duke pritur gjithë popullin e Perëndisë.

■ Jeruzalemi i Ri (40:1–48:35)

Në kapitujt e fundit përshkruhen vegimet, që Ezekieli pati për Izraelin, përtej ditëve të restaurimit të tij dhe të mundjes së armiqve të tij. Në pjesën e parë të vegimeve gjejmë detaje të hollësishme për Tempullin, oborret e tij, portat, dhomat dhe rregullat e mënyrat se si bëheshin flijimet dhe ofertat e ndryshme. Në pjesën e dytë, Ezekieli flet për kufijtë e vendit dhe për ndarjen e tokës fiseve të ndryshme të Izraelit. Një gjë e rëndësishme e këtij seksioni është vegimi për një lum që rrjedh nga Tempulli. Ky lumë do të sillte prodhimtari dhe jetë në këtë vend. Vegimet përfundojnë me një përshkim të qytetit të Jeruzalemit dhe 12 portave të tij. Secila nga këto porta mban emrin e një fisi të Izraelit. Qytetit do t'i vendoset një emër i ri "ZOTI ËSHTË ATY" (*Jehovah Shamah*).

Fjali përmbledhëse

- Ezekieli më parë kishte qenë prift dhe bënte pjesë në popullin hebre, që mërgoi në Babiloni në vitin 597 para Krishtit.
- Ezekieli u thirr nga Perëndia me anë të një vegimi të mbinatyrshëm të lavdisë së Perëndisë.
- Ezekieli foli për gjykimin dhe shkatërrimin e Jeruzalemit nga Perëndia deri në vitin 586 para Krishtit.
- Ezekieli foli për restaurimin që do të bentë Perëndia pas rënies së Jeruzalemit.
- Ezekieli theksoi përgjegjësinë që çdo njeri ka për të jetuar një jetë të drejtë.
- Perëndia premtoi të vinte si Bari i Mirë për të restauruar Izraelin.
- Perëndia i premtoi kombit që mërgoi t'i jepte një jetë të re, i premtoi ta pastronte dhe t'i jepte një zemër të re dhe një shpirt të ri.
- Mësimet e Ezekielit për kohët e fundit flisnin për shpartallimin final të armiqve të Perëndisë dhe për vendosjen e Jeruzalemit si qyteti i Perëndisë.

Pyetje për reflektim

1. Ezekieli e përshkroi Judën si një komb kokëfortë dhe rebel. Po kombi ynë, si është gjendja shpirtërore e tij në ditët e sotme? Në cilat fusha të jetës sonë jemi kokëfortë ndaj fjalës së Perëndisë?
2. Ezekieli tha se Perëndia nuk donte që të këqinjtë të vdisnin. Çfarë do të thotë kjo në lidhje me Perëndinë? Çfarë shprese dhe sfide gjejmë në këtë fjali në lidhje me të këqinjtë?
3. Përshkruaj Perëndinë si Bariun e Mirë të jetës tënde.
4. Përshkruaj mënyrat e ndryshme me të cilat ne përjetojmë në ditët e sotme fuqinë që Perëndia ka për të dhënë jetë.
5. Cili është ndryshimi ndërmjet "një zemër prej guri" dhe "një zemër prej mishi"? Si një njeri me zemër të pastër, mund të ndryshojë mënyrën e të jetuarit në ditët e sotme?

Burime për studime të mëtejshme

Greenberg, Moshe. "The Vizion of Jeruzalem in Ezekiel 8–11; A Holistic Interpretation", tek *The Divine Helmsman: Studies in God's Control of Human Events, Presented to Lou H. Silberman.* New York: KTAV, 1980.

Howie, C. G. "The Date and Composition of Ezekiel". *Journal of Biblical Literature,* Monograph Series IV, 1950.

Taylor, John B. *Ezekiel: An Introduction and Commentary.* Downers Grove, Ill.: InterVarsity Press, 1969.

Weavers, John W. *Ezekiel. The New Century Bible.* Grand Rapids: Eerdmans, 1969.

29 Danieli

Disa pyetje që duhen marrë parasysh ndërsa lexoni:

1. Cilat janë frikërat dhe shqetësimet që besimtarët kanë për një kulturë armiqësore?
2. Ku po shkon historia e njerëzimit?
3. Kush i kontrollon në të vërtetë çështjet e kombeve?

Fjalët kyçe për të kuptuar

Shkrimet apokaliptike
Danieli
Antioku Epifan IV
Dari
Kiri
Nebukadnetsari
Belshatsari
Makabenj
Aleksandri i Madh

Libri i **Danielit** është i veçantë ndër librat e Dhiatës së Vjetër. Edhe pse ky libër është vendsour ndërmjet librave të profetëve të Dhiatës së Vjetër në Biblën shqipe, studiuesit zakonisht e klasifikojnë si një libër apokaliptik. Në Biblën në hebraisht ky libër është vendosur në seksionin e Shkrimeve, pra e ndarë nga letërsia profetike.

Çfarë janë shkrimet apokaliptike? Termi *apokaliptik* vjen nga fjala greqisht *apocalypse*, që do të thotë "zbulesë" ose "heq mbulesën". **Shkrimi apokaliptik** fokusohet në zbulimin e të ardhmes, dhe në mënyrë të veçantë të kohërave të fundit të historisë së njerëzimit. Tiparet kryesore të kësaj letërsie janë: (1) gjuha simbolike dhe imazhet surealiste, (2) vegimet për të ardhmen të cilat drejtohen nga engjëjt, (3) kontrast i madh ndërmjet kohës së tashme të keqe dhe kohës së ardhme të mirë, (4) parashikimi i ndërhyrjes, që Perëndia do të bëjë, për të bërë një kthesë në historinë e njerëzimit, (5) autorësia e gabuar, që i është dhënë një përsoni të njohur dhe (6) historia e shkruar si të ishte një profeci.

Në Dhiatën e Vjetër, gjuha apokaliptike gjendet te Isaia 24–27, Ezekieli 38–40 dhe Zakaria 9–14. Studiuesit e quajnë librin e Danielit dhe Zbulesën librat apokaliptik të Biblës. Hebrenjtë dhe të krishterët prodhuan një sërë shkrimesh të tjera apokaliptike ndërmjet shekullit të tretë para Krishtit dhe shekullit të dytë pas Krishtit, por këta libra nuk u bënë pjesë e Shkrimeve të Shenjta të Kanunit.

Studiuesit mendojnë se shkrimet apokaliptike u shfaqën në kohën e persekutimeve të shumta fetare, ndërsa besimtarët kishin humbur shpresat dhe ishin të dëshpëruar. E keqja që ishte në botë dukej sikur i kishte mbërthyer ata që ishin besnikë. Këto shkrime kishin si qëllim t'u jepnin shpresë dhe kurajo të shtypurve dhe t'u përçonin atyre fitoren përfundimtare të Perëndisë mbi ligësinë. Theksimi i një literature të tillë tashmë është i qartë. Shpëtimi ishte afër. Perëndia do të vazhdonte të zotëronte dhe do t'i jepte fund të keqas në botë. Ai do të shpëtonte shenjtorët e Tij dhe do të krijonte një mbretëri të re në tokë. Shkrimet apokaliptike jo vetëm japin shpresë, por gjithashtu sfidojnë besimtarët t'i qëndronin besnik Perëndisë në kohë krizash.

Megjithëse libri i Danielit duket sikur ka karakteristika të ngjashme me librat apokaliptike që nuk gjenden në kanun, disa studiues mendojnë se vetë Danieli ishte autori i vërtetë i librit. Ata mendojnë se ky libër nuk do të ishte përfshirë në kanun nëse do të ishte shkruar nën një emër të rremë. Për të njëjtën arsye, shumë studiues besojnë, gjithashtu, se ky libër përmban profeci të vërteta parashikuese. Mënyra se si dikush i sheh këto çështje varet paksa nga mënyra e tij e të kuptuarit të kohës se kur ky libër është shkruar.

Periudha

Studiuesit akoma vazhdojnë të debatojnë për përiudhën se kur është shkruar libri i Danielit. Disa mendojnë se ky libër është shkruar në shekullin e gjashtë para Krishtit; ndërsa disa të tjerë mendojnë se i përket shekulli të dytë para Krishtit.

Ata që e konsiderojnë si një document, që i përket shekullit të dytë, mendojnë se është shkruar në vitin 165 para Krishtit, për të inkurajuar hebrenjtë gjatë revoltës makabease. Ata venë re rritjen e fokusit të librit mbi këtë periudhë dhe se si temat e tij kyç iu përshtaten njerëzve që jetonin gjatë asaj periudhe. Kapitulli 11 na jep detaje të shumta për mbretërimin e **Antiokut Epifan IV.** Në të kundërta, detajet që gjejmë për periudhën babilonase apo persiane, janë jo të qarta dhe ndoshta edhe të pasakta.

Ky mendim bazohet mbi supozimin që libri i Danielit i është dhënë ky emër për shkak të heroit të madh të besimit hebraik. Ata që janë dakort me këtë pikëpamje e përshkruajnë përmbajtjen e tij më shumë si historike sesa si parashikuese. Studiuesit gjithashtu mendojnë se ai që ka shkruar këtë lloj literature qëndroi në traditën e vjetër profetike, të cilët panë se si Perëndia do të vendoste sundimin e Tij sovran në botë. Në analizën e fundit, shkrimtari ruan dhe mbështet bindjet teologjike të paraardhësve të tij, pra të profetëve të mëdhenj të Izraelit.

Ata që mbështesin idenë, se ky libër është shkruar në shekullin e gjashtë para Krishtit, sugjerojnë se ky libër është shkruar nga Danieli ose nga një shkrimtar tjetër. Në rast se u shkrua nga një shkrimtar tjetër, libri do të ishte përfunduar menjëherë pas vdekjes së Danielit. Ata pohojnë se profecitë janë parashikime të vërteta për perandoritë persiane, greke dhe të tjera që pasojnë. Çdo pasaktësi historike e ashtuquajtur për periudhën babilonase dhe persiane, mund të shpjegohet. Temat dhe mesazhet e librit flasin jo vetëm për periudhën e shekullit të gjashtë, por edhe për komunitetin hebre të përiudhës persiane dhe greke.

Ata që mbështesin idenë se ky libër është shkruar në shekullin e gjashtë, nuk mendojnë se një libër që ishte shkruar nën një emër të rremë do të pranohej si Shkrim i besueshëm. Sipas mendimit modern kjo karakteristikë minon besueshmërinë e një dokumenti. Edhe mendimi se ky libër mund të jetë shkruar në shekullin e dytë para Krishtit

---

H **Mungesa të dhënash historike te libri i Danielit**

Disa studiues vënë në dyshim saktësinë historike të librit të Danielit, veçanërisht përsa i përket perandorisë babilonase dhe persiane. Megjithatë, secila nga këto pasaktësi të ashtuquajtura e ka një përgjigje.

Te Danieli 5:31 përmendet **Dari** Medasi, si dikush që pushtoi Babiloninë. Ndërsa burime të tjera thonë se ishte **Kiri**, persiani, ai që pushtoi Babiloninë. Disa studiues mendojnë se emri Dari Medasi është emri mbretëror i veçantë për Kirin. Në fakt vargu 6:38 mund të përthehet me saktësi kështu: "Danieli pati sukses gjatë mbretërimit të Darit, domethënë mbretërimit të Kir Persianit".

Një vështirësi tjetër e hasim te vargjet 4:32-33 që ka të bëjë me çmendurinë e **Nebukadnetsarit**. Duket sikur kjo shkon më shumë me atë çfarë ne dimë në lidhje me një nga pasardhësit e tij, Nabonidin. Megjithatë, mungon një periudhë prej 30 vjetësh nga të dhenat për mbretërimin e Nebukadnetsarit, kështu që nuk i dimë të gjitha detajet e jetës së tij. Mendohet se ai ka vuajtur nga një sëmundje e rëndë para se të vdiste.

Në të kaluarën, shumë studiues supozonin se përmendja e **Belshatsarit**, si sundues i Babilonisë, në kapitullin e 5, nuk ishte e saktë. Të dhënat në lidhje me Babiloninë tregojnë se Nabonidini ishte sunduesi i fundit i perandorisë. Por tani, studiuesit e dinë se Belshatsari ishte me të vërtetë bashkëmbret me babanë e tij, Nabonidin. Për më tepër, Nabonidi nuk ishte në Babiloni për më shumë se 10 vjet dhe e la mbretërinë në duart e djalit të tij. Belshatsari ishte sunduesi i Babilonisë gjatë kohës kur Babilonia ra.

> ## I   Literatura apokaliptike–parimet e interpretimit
>
> Meqënëse literatura apokaliptike biblike është një gjini e veçantë, ne do të listojmë më poshtë disa udhëzime të përgjithshme që do t'ju ndihmojnë për të lexuar dhe interpretuar librin e Danielit.
>
> - Merrni parasysh kontekstin historik. Pyesni se cili ishte kuptimi e imazheve, fjalëve dhe temave për dëgjuesit e atyre kohërave.
>
> - Merrni parasysh llojin letrar. Mbani mend karakteristikat kryesore dhe temat e literaturës apokaliptike. Kërkoni kuptimet simbolike dhe jo të drejtpërdrejta të numrave dhe të imazheve.
>
> - Merrni parasysh kontekstin letrar. Vini re pasazhet e ngjashme dhe interpretoni idetë e një pasazhi duke marrë parasysh pasazhin tjetër, që i korrespondon. Mundohuni të kuptoni atë që është e panjohur duke u nisur nga ajo që tashmë njihet.
>
> - Merrni parasysh kontekstin në lidhje me libra të tjera në kanun. Krahasoni idetë dhe stilet me idetë dhe stilet e vegimeve të tjera apokaliptike, që janë te libri i Isaisë, Ezekielit, Zakarisë dhe te libri i Zbulesës.
>
> - Mbani mend që ne jemi të kufizuar në njohuri. Fokusohuni në pasazhet që janë të qarta dhe lërini ato që janë të paqarta deri në momnetin kur të keni më shumë informacion. Disa nga këto ka të ngjarë që ne nuk do t'i kuptojmë.

ngre shumë pyetje në lidhje me vendosjen e këtij libri në kanunin hebraik. Disa studiues mendojnë se judaizmi nuk do të kishte pranuar një libër, që nuk i përkiste periudhës së profecive në Izrael.

Për fat të mirë të gjitha këto pyetje dhe çështje nuk ndikojnë te mesazhi kryesor i librit. Të vërtetat teologjike kryesore nuk ndryshojnë. Çështjet kanë të bëjnë më shumë me kuptimin e dikujt për profecitë parashikuese në Bibël.

Daniel heroi

Danieli (që do të thotë "Perëndia është gjykatësi im") ishte bashkëkohësi më i ri i Jeremias dhe i Ezekielit. Ai ishte djalë i ri kur Babilonia mori kontrollin e krahinës së Judës në vitin 605 para Krishtit. Babilonasit e morën atë bashkë me disa të rinj të tjerë, që t'i shërbenin mbretërisë së Babilonisë. Ata i vendosën emrin babilonas, Beltshatsar (që do të thotë "Beli e mbroftë jetën e tij").

Danieli kishte dhuntinë e të interpretuarit të ëndrrave dhe ishte i famshëm për zgjuarsinë e tij të veçantë. Ai ishte në pozicione të nivelit të lartë në Babiloni, duke qenë edhe kreu më i lartë i gjithë të diturve të Babilonisë (2:48) dhe ishte i treti në qeverinë e perandorisë babilonase (5:29). Më vonë ai u bë një nga tre prefektët më të lartë të perandorisë persiane (6:2). Kjo do të thotë se ai vetë pa disa nga ndryshimet politike kryesore të Lindjes së Afërme të kohës së lashta–ngritjes dhe rënies së Babilonisë, si dhe ngritjes së Persisë. Data e fundit, e përmendur në këtë libër, është "viti i tretë i Kirit, mbretit të Persisë" ose rreth vitit 535 para Krishtit (10:1). Ai do të ketë qenë më shumë se 70-vjeç kur u shërbeu persianëve.

Përmbajtja

Libri i Danielit përbëhet nga dy pjesë si më poshtë:

1. Historitë e Danielit (1:1–6:28)

2. Vegimet e Danielit (7:1–12:13)

Të dyja seksionet shkojnë përpara, për sa i përket historisë, duke filluar që nga periudha më të hershme deri në ato të mëvonshme. Një gjë e veçantë e librit është seksioni aramaisht 2:4–7:28. Nuk e njohim arsyen përse autori në këtë seksion nuk përdori gjuhën hebraike por zgjodhi aramaishten si gjuhën për të vazhduar tregimin. Historitë e këtij seksioni reflektojnë një kontekst historik babilonas. Kështu që, ka mundësi, që autori përdori aramaishten, gjuhën që flisnin babilonasit, për t'u dhënë autencitetin këtyre historive.

■ Historitë e Danielit (1:1–6:28)

Gjashtë kapitujt e parë janë histori të zgjedhura nga jeta e Danielit dhe e miqve të tij. Këto janë histori heronjsh, por qëllimi i këtyre historive nuk është që të ngrenë figurën e Danielit. Qëllimi i tyre është të theksojnë kontrollin që Perëndia ka mbi çështjet e njerëzimit. Mesazhi kryesor është i qartë: Perëndia është sovran mbi botën, prandaj populli i Tij mund të rrezikojë gjithçka për t'i qëndruar besnik Atij.

Këto histori ndjekin të njëjtin rrugë. Ato lëvizin nga një lloj prove drejt një çlirimi hyjnor. Tri historitë (shih kapitujt 1, 3 dhe 6) fokusohen në një sprovë në lidhje me besimin. Vlerat biblike dhe besimet përballen me një kulturë armiqësore. Tri historitë e tjera (shih kapitujt 2, 4 dhe 5) tregojnë për një provë interpretimi. Danieli përpiqet të

K Ëndrrat në botën e lashtë

Njerëzit e botës së lashtë i merrnin shumë seriozisht ëndrrat. Ata i konsideronin ëndrrat si një mënyrë që perënditë përdornin për të komunikuar me popullin. Egjiptasit, asirianët, babilonasit dhe grekët kishin ekspertë të trajnuar posaçërisht për interpretimin e ëndrrave. Këta ekspertë shërbyen ashtu si Danieli, si këshillues profesionistë për mbretërit. Disa nga shkrimet e tyre përfshinin mësime sesi të interpretonin ëndrrat, rregullat dietike për të patur ëndrra dhe të dhëna të ëndrrave të "plotësuara".[1]

Në gjithë Biblën përmenden shpesh herë ëndrrat. Disa persona që dëgjuan mesazhin, e Perëndisë gjatë kohës kur shihnin ëndrrat, janë Jakobi (Zanafilla 28:12-15), Salomoni (1 Mbretërve 3:5-15), profetët (Jeremia 23:25-28), Jozefi (Mateu 1:20; 2:13, 19, 22), dijetarët e Lindjes, që erdhën për rastin e lindjes së Jezusit (Mateu 2:12), gruaja e Pilatit (Mateu 27:19) dhe Pali (Veprat 16:9; 18:9; 23:11; 27:23-24).

Dy interpretuesit e mëdhenj të ëndrrave, që gjejmë në Bibël, janë Jozefi dhe Danieli. Jozefi interpretoi ëndrrat për miqtë e tij në burg dhe për Faraonin (Zanafilla 40:5-22; 41:1-38). Danieli u thirr të interpretonte dy ëndrra të Nebukadnetsarit (Danieli 2:1-47; 4:1-19). Në të dyja rastet interpretimet shërbyen për të nderuar Perëndinë.

---

shpjegojë atë çka Perëndia i kishte zbuluar atij me anë të ëndrrave dhe shenjave.

Në kapitujt 1, 3 dhe 6 gjejmë tre shembuj të atyre, që patën kurajon të mbanin bindjet e tyre edhe kur patën sprova të mëdha në lidhje me besimin e tyre. Në këto histori, Danieli dhe shokët e tij u përballën me një kërcënim, që do të kishte pasoja të rënda nëse do të vazhdonin në ato çfarë ata besonin. Nëse ata nuk do të bënin kompromis, do të nxirreshin nga oborri mbretëror (kapitulli 1), do të vdisnin në një furrë të ndezur (kapitulli 3) ose do të vdisnin në gropën e luanëve (kapitulli 6). Megjithë

Danieli interpreton dorëshkrimin e Perëndisë mbi mur.

mishit që ishte në tavolinën e mbretit, adhurimit të idhujve ose ndalimit së luturi Perëndisë së tyre.

Dhe në fakt bindja e tyre u shpërblye. Perëndia shpëtoi shërbëtorët e Tij besnik dhe shfaqi fuqinë e Tij të veçantë. Rezultati në fund ishte se mbretërit më të fuqishëm që mbretëronin mbi tokë njohën sovranitetin e Perëndisë së Izraelit. Mbreti Persian rrëfeu "ai është Perëndia i gjallë që ekziston përjetë. Mbretëria e Tij nuk do të shkatërrohet kurrë dhe sundimi i Tij nuk do të ketë fund kurrë" (6:26).

E vërteta e kësaj deklarate është edhe tema e kapitullit 2. Nebukadnetsari pa në ëndërr një statujë ë madhe, të bërë me katër metale. Danieli e interpretoi këtë ëndërr me ndihmën e Perëndisë (2:27:28). Në tokë do të ngriheshin katër mbretëri, por asnjëra nga ato nuk do të mbijetonte. Në ndryshim nga kjo, mbretëria e Perëndisë "nuk do të shkatërohej kurrë, nuk do t'i lihej një populli tjetër" (2:44). Identifikimi i saktë i këtyre katër mbretërive nuk është një nga çështjet kryesore. Gjëja kryesore është se mbretëria njerëzore nuk do të zgjasë për

këto sprova ata zgodhën t'i qëndrojnë besnik Perëndisë dhe të kenë besim te Ai. Ata refuzuan të ndoteshin me anë të ngrënies së

H | **Nebukadnetsari**

Nebukadnetsari ishte monarku më i spikatur dhe më i fuqishëm i Babilonisë. Ai mbretëroi nga viti 605 deri në vitin 562 para Krishtit. Ai ishte i biri i themeluesit të Perandorisë babilonase, Nabopolasarit (Nekot). Ai u martua me Amitis, vajzën e mbretit të medasve. Arritjet e tij si gjeneral i ushtrisë babilonase e përgatitën për të qenë pasues i fronit pas vdekjes së të atit. Ai vazhdoi ta zgjeronte perandorinë babilonase gjatë mbretërimit të tij të gjatë, duke shtyrë kufijtë e vendit deri në Turqinë e ditëve të sotme dhe deri në Egjipt. Pushtimet e tilla i sollën pasuri të mëdha qytetit të Babilonisë dhe mundën të bënin të mundur ndërtimin e ndërtesave të mëdha si p.sh. Pjergullat e Varura të njohura. Ai ishte një adhurues i Mardukut, perëndisë mbrojtës të Babilonisë, dhe i perëndive dhe perëndeshave të tjera.

Bibla përmend emrin Nebukadnetsarin më shumë se 90 herë. Karakterizmi, që Danieli i bën atij, si një njeri krenar dhe arrogant janë në përputhje me atë çfarë ne dimë për të.

shumë kohë, ndërsa mbretëria e Perëndisë po. Për këtë temë dhe këtë shëmbëllturë do të flitet përsëri te kapitulli 7.

Kapituj 4 dhe 5 trajtojnë të njëjtën temë si kapitulli 2. Ato përmbajnë dy histori që flasin për dy mbretër krenarë, të cilët përulen para Perëndisë së Izraelit. Të dy këta mbretër morën mesazhe hyjnore, të cilat kishin nevojë për t'u interpretuar. Nebukadnetsari pa një ëndërr (kap. 4), ndërsa Belshatsari pa një shkrim mbi mur (kap. 5). Danieli interpretoi të dyja mesazhet, të cilat parathonin se këta dy mbretër do të

përuleshin. Përfundimi, në fund të fundit, ishte plotësimi i parashikimit dhe një afirmim i sovranitetit të Perëndisë. Mbretërit në tokë nuk kishin më fuqi kur urdhëronte Perëndia.

■ Vegimet e Danielit (7:1–12:13)

Gjashtë kapitujt e fundit të librit të Danielit paraqesin katër vegime të profetit. Ato janë të vendosura sipas rendit kronologjik dhe fokusohen gjithnjë e më tepër te detajet për perandorinë greke. Ato e kanë prirjen të theksojnë të njëjtat tema si edhe në historitë e mëparshme.

Kapitulli 7 jep një vegim, që Danieli pa nëpërmjet një ëndërre gjatë vitit të parë të Belshatsarit (550 para Krishtit), vitit gjatë të cilit Kiri persiani filloi revoltën e tij kundër Perandorisë Mediane. Danieli pa 4 kafshë që dolën nga deti dhe fronin e Perëndisë që ishte gati për të gjykuar.

Kuptimi i këtij vegimi u interpretua nga një qenie hyjnore. Katër kafshët përfaqësojnë katër mbretëri tokësore (v. 17), ndërsa froni i Perëndisë përfaqëson sundimin e Perëndisë mbi tokë (v. 27). Në këtë kontekst, Danieli pa Mesinë që do të vinte duke vendosur sundimin e tij. Ai e përshkroi atë si "dikush që po vinte mbi retë e qiellit dhe që i ngjante një Biri njeriu" (v. 13). Të gjithë njerëzit më në fund do ta njihnin sundimin e Tij.

Pasazhi nuk i dentifikon me emra mbretëritë e tokës.

Identiteti i katër mbretërive

H Një nga sfidat për të interpretuar librin e Danielit është identifikimi i katër mbretërive që përmenden në kapitullin 2 dhe 7. Mbretëria e parë identifikohet lehtë te vargu 2:38 si Babilonia. Ndërsa identifikimi i tre mbretërive të tjera është i lirë për t'u interpretuar. Ka dy mendime kryesore përsa i përket kësaj çështjeje. Një grup i identifikon katër mbretëritë si Babilonia, Media, Persia dhe Greqia. Ndërsa grupi tjetër mendon se janë Babilonia, Persia, Greqia dhe Roma.

Shumë studiues mendojnë se mbretëria e Perëndisë do të shfaqet mbas këtyre mbretërive. Nëse Perandoria romake përfaqëson mbretërinë e katërt, kjo përputhet me ardhjen e Jezusit gjatë sundimit romak. Nëse mbretëria e katërt përfaqësohet nga Perandoria greke atëherë mbretëria e Perëndisë do të ishte mbretëria hasmoneane, dhe do të vendosej nga pasardhësit e **Makabenjve**.

Teksti nuk sugjeron me patjetër që mbretëria e Perëndisë do të vinte pasi të ishin shkatërruar mbretëritë njerëzore. Në fakt mund të shfaqet brenda tyre. Fjalia e çuditshme "në kohën e këtyre mbretërve" te 2:44 tregon se mbretëria e Perëndisë mund të ngrihet në mes të këtyre mbretërive. Atëherë përfundimi i tekstit do të ishte se mbretëritë njerëzore ngrihen dhe bien, ndërsa mbretëria e Perëndisë do të vazhdojë përgjithmonë. Dhe kjo është një e vërtetë për gjithë kohërat.

Studiuesit modern kanë sugjeruar disa mundësi, por nuk kanë arritur në një konsensus. Pavarësisht nga identifikimi i saktë i këtyre mbretërive, çështja kryesore është e padiskutueshme. Mbretëritë njerëzore ngrihen dhe bien, por Perëndisë i takon fitorja e fundit.

Vegimi, që është në kapitullin 8, fokusohet në dy nga katër mbretëritë e përmendura në kapitullin 7. Ky vegim ishte rreth vitit 547 para Krishtit, gjatë pushtimit të Kirit dhe zgjerimit të perandorisë së tij. Në këtë vegim Danieli pa dy kafshë, një dash dhe një cjap. Sipas interpretimit që iu dha Danielit dashi përfaqësonte perandorinë persiane, ndërsa cjapi përfaqësonte perandorinë greke (v. 20-21). Nga ky vegim parashikohej se grekët do të pushtonin persianët. Dhe më pas Perandoria greke do të ndahej në katër pjesë dhe një nga këta sundues do të shtypte popullin e Izraelit dhe do të përdhoste shenjtëroren e tyre.

Dhe e gjithë kjo ndodhi. Gjenerali grek **Aleksandri i Madh** pushtoi Persinë në vitin 331 para Krishtit dhe mbretëria e tij u nda në katër pjesë mbas vdekjes së tij. Një nga këto katër pjesë, Perandoria seleukide më vonë mori kontroll mbi Judën dhe shtypi popullin e saj. Një nga mbretërit e saj, Antioku Epifan IV përvetësoi Tempullin e Jeruzalemit për të kryer adhurime pagane në të në vitin 168 para Krishtit. Shtojca e këtij libri jep më shumë detaje për sundimin e tij.

Vegimi i tretë i Danielit ndodhi rreth vitit 539 para Krishtit (shih kapitullin 9). Gjatë atij viti Kiri pushtoi Babiloninë dhe koha e mërgimit mori fund. Hebrenjtë ishin të lirë të ktheheshin në atdheun e tyre në Jeruzalem. Danieli kuptoi se parashikimi i Jeremias, për 70 vjetët e sundimit babilonas (609-539 para Krishtit), u përmbush. Kështu që ai bëri një lutje lavdërimi dhe rrëfimi.

Si përgjigje e lutjes së tij Danieli mori një vegim për ardhjen e Mesisë, "princit të vajosur" (9:25). Koha e ardhjes së tij është shënuar me "shtatëdhjetë javë" (v. 24) (*shtatëdhjetë "shtatë"* në origjinal). Kuptimi i saktë i kësaj fjalie është i vështirë për t'u përcaktuar. Studiuesit e interpretojnë në mënyra të ndryshme, meqenëse asnjë llogaritje matematikore nuk jep një zgjidhje krejtësisht të kënaqshme. Çfarë është e qartë është se do të kalojë një kohë e gjatë ndërmjet dekretit për restaurimin e Jeruzalemit dhe ardhjes së Mesisë. Kur të vijë Mesia, Ai do të "vritet" dhe më pas do të ketë vuajtje (v. 26). Këto parashikime u përmbushën me vdekjen e Jezusit, por ndoshta do të ketë përmbushje të tjera me ardhjen e dytë të Krishtit.

Vegimin e fundit të Danielit e gjejmë te kapitujt 10-12. Ai e pati këtë vegim gjatë vitit të tretë të Kirit (536 para Krishtit). Në këtë kohë grupi i parë i hebrenjve u kthye në Jeruzalem për të filluar restaurimin e tokës së tyre (Ezdra 1).

Vegimi që pati Danieli tregon për disa nga mundimet e mëdha që komuniteti i ri do të haste. Ajo fokusohet, gjithnjë e më hollësisht, te shtypja e hebrenjve nga seleukidët gjatë shekullit të dytë para Krishtit. Te 11:21-45 parashikohet shumë qartë sundimi tiranik i Antiokut Epifan IV (175-164 para Krishtit). Sundimi i tij do të ishte mizor dhe i dhimbshëm. Danieli pa gjithashtu fundin e kësaj shtypjeje dhe çlirimin që do të vinte nga qielli. Edhe një herë tjetër është Perëndia që del fitues.

Disa studiues besojnë se edhe vizionet, që janë te kapitujt 7-12, merren me ngjarjet e ditëve të fundit të historisë së njerëzimit. Ata mendojnë se edhe pse këto vegime u përmbushën njëherë në shekullin e dytë para Krishtit, ato do të kenë edhe një përmbushje përfundimtare, e cila do të vijë në të ardhmen. Teksti i referohet "kohës së fundit" (8:17, 19; 11:35, 40). Libri i Zbulesës që është në Dhiatën e Re ka marrë disa imazhe nga Danieli dhe i lidh me ngjarjet e fundit të historisë së njerëzimit, atëherë kur Jezus Krishti do të rikthehet (p.sh. Zbulesa 12:3-4; 13:1; 14:14; 16:18). Kjo është cilësia teleskopike e profecive biblike, që fokusohen në të njëjtën kohë në të ardhmen e afërme dhe në të ardhmen e largët.

Nga kjo pikëpamje, sunduesi mizor i kapitullit 11 pasqyron jo vetëm Antiok Epifan IV, por edhe Antikrishtin në fund të kohës. Vuajtjet dhe luftrat ketu përshkruhen si në kohët e fundit, ashtu edhe në ditët e Makabenjve. kështu libri parashikon gjykimin përfundimtar dhe fitoren e Perëndisë mbi të keqen dhe vendosjen e sundimit përfundimtar të Perëndisë në botë.

Fjali përmbledhëse

- Danieli ishte një qeveritar dhe një njeri që interpretonte ëndrrat.
- Libri i Danielit i përket llojit letrar të shkrimit që quhet shkrimet apokaliptike.
- Ka dy mendime se kur është shkruar libri i "Danielit", njëri mendim është shekulli i gjashtë para Krishtit dhe mendimi tjetër është shekulli i dytë para Krishtit.
- Libri i Danielit është një libër i strukturuar me kujdes dhe në të gjejmë histori dhe vegime.
- Vegimet e Danielit fokusohen gjithnjë e më hollësisht në periudhën e Makabenjve.
- Mesazhi kryesor i librit të Danielit është se Perëndia do të fitojë në fund, kështu që populli i Tij pa rrezik mund t'i qëndrojë besnik.

Pyetje për reflektim

1. Përmendni disa shembuj të kohës moderne, në të cilët Kisha e krishterë ka hasur sprova të vështira besnikërie në historinë e saj.?
2. Ndërsa jemi duke pritur sundimin sovran të Perëndisë që të bëhet realitet me ardhjen e dytë të Krishtit, si duhet të jetojnë besimtarët (përdor ilustime nga libri i Danielit)?
3. Çfarë thotë libri i Danielit për fuqitë shtypëse që ekziston në botë ditët e sotme?

Burime për studime të mëtejshme

Baldwin, Joyce G. *Daniel: An introduction and Commentary. Tyndale Old Testament Commentary.* Downers Grove, Ill.: InterVarsity Press, 1978.

Murphy, Frederick J. *Introduction to Apocalyptic Literature.* Vëll.7 i The New Interpreter's Bible. Nashville: Abingdon Press, 1995.

Smith-Christopher, Daniel L. *Daniel: Introduction, Commentary, and Reflections.* Vëll. 7 i The New Interpreter's Bible. Nashville: Abingdon Press, 1995.

Towner, Shelby W. *Interpretation: A Bible Commentary for Teaching and Preaching: Daniel.* Louisville, Ky.: John Knox Press, 1984.

30 | Osea, Joeli, Amosi dhe Abdia

Objektivat

Studimi i këtij kapitulli do t'ju ndihmojë:

- Të bëni një përmbledhje dhe të njihni mjedisin historik të shërbesës së Oseas, Joelit, Amosit dhe Abdias.
- Të përshkruani përmbajtjen e librave të Oseas, Joelit, Amosit dhe Abdias.
- Të përshkruani mësimet teologjike më të rëndësishme të librave të Oseas, Joelit, Amosit dhe Abdias.

Disa pyetje që duhen marrë parasysh ndërsa lexoni:

1. Ç'është dashuria pa kushte?
2. Përshkruaj bindjen e plotë?
3. Cila është lidhja midis adhurimit dhe jetës së zakonshme?
4. Cilat janë pasojat e urrejtjes?

Fjalët kyçe për të kuptuar

Osea
Efraimi
Jeroboami II
Baali
Gomere
Jezreeli
Lo-Ruhamah
Lo-Ami
Beth-Aveni
Joeli
Lugina e Jozafatit
Amosi
Tekoa
Betheli
Gilgali
Drejtësia
E drejta
Abdia
Edomitët
Sela

Osea

Libri i Oseas është i njohur për shprehjet e tij të forta dhe të zjarrtë të dashurisë, zemërimit, agonisë dhe dëshpërimit të Perëndisë. Teologjia e librit është e thellë dhe paraqitja e tij të mënyrës se si Izrael kuptonte Perëndinë e besëlidhjes është e jashtëzakonshme.

Biografia e Oseas

Libri na e paraqet **Osean** si të birin e Beerit. Emri i tij në hebraisht (*hoshea*) do të thotë "shpëtim". Studiuesit mendojnë se ai ishte anëtar i mbretërisë së Izraelit (Mbretërisë së Veriut). Orakujt e tij i drejtoheshin Izraelit, të cilit shpesh ai i drejtohet me emrin **Efraim**, sipas emrit të fisit më të përhapur në veri. Historia e Oseas tregon se ai ishte i martuar dhe kishte tre fëmijë, të cilëve u kishte vendosur emra simbolikë, në mënyrë që të përçonte gjykimin e Perëndisë mbi Izraelin.

Mjedisi

Vargu që hap librin (1:1) na tregon se shërbesa e Oseas zhvillohet gjatë sundimit të Uziahut, Jothamit, Ahazit, Ezekias, të cilët ishin mbretër të Judës dhe **Jeroboamit II**, i cili ishte mbret i Izraelit. Osea filloi shërbesën e tij gjatë ditëve kur sundonte Jeroboami II, (ndoshta rreth vitit 750 para Krishtit) dhe vazhdoi deri në vitin 722 para Krishtit. Kjo ishte një kohë kur në Izrael nuk kishte shumë stabilitet politik, kishte vrasje të sund[u]esve dhe zotëronte një politikë e paparashikueshme në lidhje me vendet e huaja.

Gjatë shërbesës së Oseas, kushtet sociale të Izraelit ishin të mjerueshme. Libri i Oseas tregon se kishte korrupsion, dhunë, vrasje, vjedhje, gënjeshtra dhe shenja të tjera të dobësimit të strukturave ekonomike dhe sociale të Izraelit (shih 4:1-3; 6:7-9; 7:1-7; 10-13; 12:7-8). Profeti i përshkruan këto kushte si rezultat i mosbindjes së plotë ndaj kërkesave morale dhe etike të Perëndisë.

Feja e Izraelit ishte e prishur për shkak të idhujtarisë dhe të adhurimit të Baalit. Izraeli e konsideronte **Baalin** si siguruesin e prodhimtarisë bujqësore, tufave të bagëtive dhe të fëmijëve. Populli i ofronte flijime dhe merrte pjesë në orgjitë e dehjes dhe orgjitë seksuale në mënyrë që të mund të përfitonin nga fuqia krijuese e Baalit. Madje edhe priftërinjtë e Izraelit ishin fajtorë sepse përkrahnin idhujtarinë në vend.

T **Martesa e Oseas me Gomeren**

Martesa e Oseas me Gomeren është një mister për ne. Shpesh njerëzit bëjnë pyetjen "Pse Perëndia i Shenjtë i kërkoi Oseas të martohet me një grua mëkatare?". Ndoshta ne duhet të bëjmë pyetjen "çfarë do të bëjmë ne, nëse Perëndia na kërkon të bëjmë diçka të pazakontë dhe madje jo të drejtë?" Perëndia i Oseas veproi në një mënyrë jotradicionale dhe kundër çdo norme të pranuar. Vet Osea u bë i pamend dhe i çmendur për Perëndinë (9:7). Mund të themi "Një Perëndi i çuditshëm dhe profeti i Tij i çuditshëm". Megjithatë, këtu gjejmë ilustrimin e Dhiatës së Vjetër për bindjen radikale të një personi ndaj thirrjes radikale të Perëndisë. Jezusi tha: "Kushdo që do të vijë pas meje, të mohojë vetveten, të marrë kryqin e vet dhe të më ndjekë" (Marku 8:34).

> ## T Perëndia i Oseas
>
> Osea e përshkroi Perëndinë si Dhëndrin që dashuron dhe që fal, si Babain e mëshirshëm, të hirshëm dhe si Shëruesin e popullit të Tij. Këto metafora na ndihmojnë të zbulojmë hirin e madh të Perëndisë dhe dashurinë e Tij për njerëzimin mëkatar. Gjoni, shkruesi i ungjillit, tregon misterin e dashurisë së Perëndisë në fjalinë "Sepse Perëndia e deshi aq botën, sa dha Birin e tij të vetëmlindurin, që kushdo që beson në të, të mos humbasë, por të ketë jetën e përjetshme" (Gjoni 3:16). Këtu gjendet shpresa e një bote që është larguar nga Perëndia.

Përmbajtja

Libri i Oseas mund të ndahet si më poshtë:

1. Osea, Gomerja dhe bijtë e tij (1:1–3:5)
2. Mëkati, gjykimi dhe pendimi (4:1–8:14)
3. Pasojat e gjykimit (9:1–10:15)
4. Izraeli–Djali plangprishës i Perëndisë (11:1–11)
5. Thirrje për t'u penduar (12:1–13:16)
6. Premtimi për shërim dhe dashuri (14:1-9)

■ Osea, Gomerja dhe bijtë e tij (1:1–3:5)

Libri i Oseas fillon me urdhërin, që Perëndia i jep Oseas, për t'u martuar me një grua prostitutë. Martesa e Oseas me **Gomeren** mund të ketë qenë një mënyrë që Perëndia përdori për t'i folur Izraelit me anë të profetit[1]. Me anë të bindjes së tij të plotë ndaj urdhërit të çuditshëm të Perëndisë, profeti përçon mesazhin e jobesnikërisë së Izraelit ndaj Perëndisë, i cili ishte palë e tij në besëlidhjen. Emrat e fëmijëve të tij tregonin gjykimin e ashpër kundër Izraelit. **Jezreel**, "Perëndia shpërndan" përfaqësonte fundin e mbretërimit të shtëpisë së Izraelit. **Lo-Ruhamah** ("s'ka mëshirë") do të thoshte se Perëndia nuk do të kishte më mëshirë për Izraelin. **Lo-Ami** ("nuk je populli im") simbolizonte fundin e besëlidhjes së Perëndisë me Izraelin. Edhe pse Perëndia shpalli gjykimin e Tij ndaj Izraelit, Ai

> ## T Pendimi
>
> Osea mësoi se pendimi duhet të jetë një mënyrë jetese për popullin e Perëndisë. Pendimi është evidencë e një besimi aktiv–besim këmbëngules që dëshiron gjithmonë t'i pëlqejë Perëndisë. Atje ku nuk ka pendesë të vërtetë, dashuria për Perëndinë është "si një re e mëngjesit" (6:4) dhe besimi është i rremë. Nga ana tjetër, pendesa e vërtetë na drejton të "ofrojmë flijimet e buzëve tona" drejt një "flijimi lavdie" të vazhdueshëm për Perëndinë me anë të emrit të Jezus Krishtit (Osea 14:2; Hebrenjtë 13:15).

premtoi gjithashtu se do të restauronte dhe do të rivendoste besëlidhjen e Tij me Izraelin.

Populli i Perëndisë pretendoi se ishte Baali ai që u jepte atyre begati. Perëndia nuk do të bekonte më Izraelin dhe do të dënonte kombin, që ndiqte perëndi të tjera. Megjithatë, pas gjykimit, Perëndia do të restauronte popullin e Tij dhe do të fejohej me ta përgjithmonë (2:1-23).

Mesazhi që fshihet nën blerjen e gruas së Oseas, e cila kishte shkelur kurorën (kapitulli 3) është plani i Perëndisë për të restauruar Izraelin. Edhe pse ajo e kishte lënë atë dhe kishte shkuar pas të dashurve të tjerë, ai e bleu dhe e çoi në shtëpinë e tij. Ai nuk e lejoi të vazhdonte të ishte prostitutë. Në të njëjtën mënyrë, Perëndia do t'i hiqte Izraelit lirinë politike dhe fetare.

■ Mëkati, gjykimi dhe pendimi (4:1–8:14)

Osea shpalli pakënaqësinë e ligjshme, që Perëndia kishte kundrejt Izraelit, për shkak të mosbesnikërisë, për shkak të moszbatimit të besëlidhjes dhe sepse ata nuk e njihnin Perëndinë. Idhujtaria dhe adhurimi i Baalit ishin shumë të përhapura. Profeti shpalli gjykimin e Perëndisë mbi gjithë kombin.

Osea gjithashtu tha, se Perëndia do të kthehej te populli i Tij me dhemshuri dhe hir, nëse populli do ta kërkonte Perëndinë dhe do të rrëfente fajin e tij. Por kombi, i cili ishte plotësisht i keq, nuk i vuri rëndësi thirrjes së Tij. Edhe pse populli ishte mëkatar, ata pretenduan se e njihnin Perëndinë.

■Pasojat e gjykimit (9:1–10:15)

Gjykimi i Perëndisë do të bënte që Izraeli të mërgonte në Asiri. Populli e shpërfilli zërin profetik dhe vazhdoi rrugën e tij të idhujtarisë. Osea, duke u tallur, e quajti Bethelin ("shtëpinë e Perëndisë") **Beth Aven** ("shtëpia e padrejtësisë"). Ai shpalli turp dhe çnderim për priftërinjtë dhe mbretin e Samarisë.

■ Izraeli–Biri plangprishës i Perëndisë (11:1–11)

Edhe pse Perëndia e nxori birin e Tij, Izraelin nga skllavëria dhe e rriti me dashuri dhe dhemshuri, djali u rebelua ndaj dashurisë së Atit. Djali rebel meritonte vdekjen; por përsëri dhemshuria e Perëndisë nuk e lejoi Atë të shpinte Izraelin në shkatërrim (shih Ligji i Përtërirë 21:18-21). Ai është "Perëndia–i Shenjti" në mes të popullit të Tij. Këtu ne shohim qartë shprehjen e pastër të hirit të mrekullueshëm të Perëndisë për

mëkatarët edhe pse ata nuk meritojnë gjë tjetër përveç vdekjes.

■ Thirrja për t'u penduar (12:1–13:16)

Osea sfidoi popullin të kthehej te Perëndia dhe të kërkonte përkrahjen e Tij, ashtu si Jakobi, stërgjyshi i tyre kishte kërkuar Perëndinë në Bethel. Populli i Perëndisë duhet të tregojë dashuri, duhet të zbatojë drejtësinë dhe duhet që gjithmonë të presë kohën e Perëndisë.

Izraeli nuk i kushtoi rëndësi Perëndisë, i cili e kishte nxjerrë nga Egjipti. Populli i Izraelit e harroi Perëndinë e tij, i cili kishte siguruar për ta. Osea e paralajmëroi Izraelin se vdekja dhe shkatërrimi e priste të gjithë ata që nuk i ishin mirënjohës Perëndisë. Askush nuk mund të shpëtojë një njeri që është caktuar të vdesë dhe të shkatërrohet.

■ Premtimi për shërim dhe dashuri (14:1-9)

Orakujt e Oseas përfundojnë me thirrjen e profetit Izraelit, që ai të largohet nga jeta e mëkatshme dhe të kthehet te Perëndia. Osea bëri një lloj lutje që do të shërbente si një model lutjeje, në të cilën ai pranonte fajin e kombit dhe mëshirën e Perëndisë si burimin e vetëm për shpëtimin e kombit. Ai parashikoi se Perëndia do t'i përgjigjej pendësës së kombit duke i dhënë shërim dhe dashuri. Izraeli do të bëhej i frytshëm dhe i begatë nën kujdesin vigjilent të Perëndisë.

Vargu i fundit i librit të Oseas është një deklaratë urtësie. Është një nxitje për të dalluar rrugën e Perëndisë dhe për të ecur sipas mënyrës së Perëndisë. I drejti do të zbulojë se rruga e Perëndisë është burimi i jetës, ndërsa për mëkatarët do të jetë një pengesë.

Joeli

Ky libër i vogël u jep dishepujve të krishterë bazën e Dhiatës së Vjetër për ngjarjet që ndodhën në ditën e Pentakostit (Joeli 2:28-32; Veprat 2:17-21). Apostulli Pal gjeti në profecinë e Joelit premtimin e shpëtimit për të gjithë ata që do të thërrisnin emrin e Zotit (Joeli 2:32; Romakët 10:13).

Biografia e Joelit

Libri e paraqet **Joelin** si birin e Pethuelit (1:1). Emri *Joel* gjendet disa herë në Dhiatën e Vjetër, por është e vështirë të identifikosh profetin. Emri i tij do të thotë "*Jehovah* është Perëndia". Mendojmë se ai ishte banor i Judës. Orakujt e tij i drejtohen popullsisë së Judës.

Mjedisi

Në libër nuk ka referenca specifike për kohën gjatë së cilës shërbeu Joeli. Studiuesit kanë propozuar data të ndryshme për shërbesën e tij, duke filluar që nga shekulli i nëntë deri në mes të shekullit të katërt para Krishtit. Edhe pse ka mbrojtës të mendimit, që libri i Joelit i përket periudhës para mërgimit, shumica e studiuesve mendojnë se ky libër i përket periudhës pas mërgimit, diku ndërmjet viteve 500 dhe 350 para Krishtit.

Përmbajtja

Më poshtë do të gjeni një përvijim të librit të "Joelit":
1. Vajtimi për fatkeqësitë natyrore (1:2-20)

2. Ushtria e Perëndisë po vjen (2:1-11)
3. Thirrja për t'u penduar dhe përgjigjja e Perëndisë (2:12-27)
4. Restaurimi shpirtëror (2:28-32)
5. Lugina e vendimeve (3:1-21)

Orakujt e Joelit zënë tre kapituj në përkthimin shqip të Biblës. Joeli 2:28-32 (shqipe) gjendet te 3:1-5 në Biblën hebraisht dhe Joeli 3:1-21 (shqipe) është 4:1-21 tek hebraishtja. Disa studiues mendojnë se 2:28–3:21 (shqipe) është një shtesë që i është bërë më vonë librit nga një shkrimtar tjetër. Ne e shohim këtë si një pjesë e rëndësishme e mesazhit të profetit. Kjo pjesë e dytë përshkruan ndryshimin e fatit të keq të Judës dhe punën e vazhdueshme të Perëndisë në emër të popullit të Tij, duke përfshirë këtu edhe derdhjen e Shpirtit të Tij mbi ta.

■ Vajtimi për fatkeqësitë natyrore (1:2-20)

Libri i Joelit hapet me një këshillë për pleqtë dhe për të gjithë kombin. Ata duhet t'u kujtonin brezave të ardhshëm sulmin e karkalecave që shkatërruan tokën (1:2-3). Vargjet 19-20 nënkuptojnë se kishte qenë edhe një thatësirë e madhe. Joeli i bëri thirrje popullit të qante dhe të vajtonte për prishjen dhe shkatërrimin e të korrave, frutave dhe

---

T **Premtimi për Frymën e Shenjtë**

Për të marrë bekimet shpirtërore të Perëndisë është e nevojshme të pendohemi dhe të kemi një zemër të thyer dhe të mbushur me keqardhje. Premtimi i derdhjes së Frymës është një realitet në ditët e sotme. Fryma erdhi mbi të krishterët e hershëm në ditën e Pentakostit. Fryma vazhdon të vijë në jetë tona, jo vetëm për të na ndryshuar, por edhe për të na pajsur për të qenë zëdhënësit e Tij, në ditët kur ne jetojmë. Joeli na kujton të jetojmë sipas jetës së re që Krishti na dha dhe në fuqinë e Frymës së Shenjtë, ndërsa presim Ardhjen e dytë të Krishtit.

kullotave, për të cilat njerëzit dhe bagëtitë kishin nevojë për të jetuar.

■ Ushtria e Perëndisë po vjen (2:1-11)

Plaga e karkalecave bëri që profeti të përdorte fjalët dhe imazhet e luftës për të përshkruar fuqinë e "ditës së ZOTIT", ditë kur Perëndia do t'i gjykojë ata që janë kundër Tij. Asnjë nuk mund t'i bëjë ballë asaj dite të tmerrshme sepse Perëndia do të jetë udhëheqësi i ushtrisë së Tij.

■ Thirrje për t'u penduar dhe përgjigjja e Perëndisë (2:12-27)

Ky seksion fillon me thirrjen, që Perëndia i bën Judës, për t'u kthyer te Ai me gjithë zemrën e tyre, duke agjëruar, duke qarë dhe duke vajtuar. Në mënyrë që të kishin hirin dhe dhemshurinë e Perëndisë, pendesa duhet të ishte një veprim që bëhej me vullnet nga njerëzit dhe nuk duhet të ishte thjesht një ritual i jashtëm. Profeti u bëri thirrje atyre që e dëgjonin, që ta përkushtonin veten e tyre Perëndisë. Perëndia premtoi se do t'i kthente bekimet Judës.

■ Restaurimi shpirtëror (2:28-32)

Perëndia gjithashtu premtoi se do të derdhte Shpirtin e Tij mbi të gjithë njerëzit. Joeli parashikoi se Shpirti i Shenjtë do të aftësojë popullin e Perëndisë për të folur (profetizuar) për Perëndinë. Ai e lidhte idenë e derdhjes së Shpirtit me afrimin e "ditës së ZOTIT". Edhe pse dita e Perëndisë do të ishte dita e gjykimit, Joeli tha se Perëndia do të mbronte të gjithë ata që do të thërrisnin emrin e Tij dhe do t'i shpëtonte nga zemërimi dhe nga gjykimi i Tij.

■ Lugina e vendimit (3:1-21)

Kapitulli i fundit i librit të Joelit përmban disa orakuj, ku flitet për gjykimin kundër kombeve në "**luginën e Jozafatit**" (v. 2, 12), e quajtur ndryshe edhe "lugina e vendimit" (dy herë te vargu 14). Këta janë emra simbolik që i referohen realitetit të gjykimit të fundit të Perëndisë për të ligjtë. Perëndia do të gjykonte kombet. Ai do ta ribënte Jeruzalemin vendbanimin e Tij të Shenjtë. Populli i Perëndisë do të merrte bekimet dhe faljen. e Tij.

Amosi

Studiuesit mendojnë se **Amosi** ishte profeti i parë kanonik i Izraelit. Traditat hebraike dhe të krishtera nuk i kushtua shumë vëmendje Amosit para shekullit të 19.[2] Në shekullin e fundit, ky libër u bë një nga burimet biblike kryesore për mbrojtjen e të drejtës dhe të drejtësisë në botën tonë. Në ditët e sotme, dëgjojmë madje edhe drejtues laikë, të cilët citojnë thirrjen e zjarrtë të Amosit për drejtësi sociale: "Por le të rrjedhë e drejta si uji dhe drejtësia si një burim i përjetshëm uji" (Amosi 5:24).

Biografia e Amosit

Libri përmban vetëm dy referenca të shkurtra ku flitet

| T | **Perëndia, gjykatësi i gjithë botës** |

Perëndia është gjykatësi sovran i gjithë njerëzimit. Dhuna kundër qenieve njerëzore është një mëkat kundër Perëndisë. Ne mësojmë nga Amosi se Perëndia është i përfshirë në çështjet bashkëkohore të njerëzimit. Për Atë ka shumë rëndësi mënyra se si ne i trajtojmë të tjerët. Siç ishte edhe në ditët kur jetoi Amosi, bota jonë është e mbushur me shtypje, skllavëri, pastrim etnik, krime lufte dhe akte terroriste. Perëndia do të gjykojë të gjithë ata që mëkatojnë kundër Tij, s'ka rëndësi nëse e pranojnë ose jo sovranitetin e Tij.

për biografinë e Amosit (1:1; 7:14-15). Sipas vargut 1:1, Amosi ishte një bari (rritës) (noqed) delesh nga **Tekoa**, një fshat rreth 20 kilometra në juglindje të Jeruzalemit. Sipas vargjeve 7:14-15, Amosi ishte bari (boqer), një rritës gjedhësh, dhe rritës fiqsh. Kështu, ka të ngjarë që ai ishte pronar bagëtish dhe ndoshta zotëronte gjedhë dhe dhën. Zanati i tij i mëvonshëm ndoshta e detyroi të merrej me kujdesjen për fiqtë, në mënyrë që fiqtë e gjelbër të bëheshin të ëmbël dhe të ngrënshëm. Edhe pse ishte qytetar i Mbretërisë së Jugut, Perëndia e thirri të ishte profet për Izraelin, Mbretërinë e Veriut.

Mjedisi

Te vargu 1:1 i librit të Amosit tregohet se shërbesa e tij u zhvillua gjatë mbretërimit të Uziahut, mbret i Judës (783-742 para Krishtit) dhe Jeroboamit II, mbretit të Izraelit (786-742 para Krishtit). Teksti gjithashtu i referohet një date më të saktë për Amosin, "dy vjet para tërmetit" (1:1, shih edhe Zakaria 14:5). Studiuesit e lidhin këtë me një tërmet të madh që shkatërroi Hatsorin rreth vitit 760 para Krishtit. Pra, shërbesa e Amosit i përket vitit 763/762 para Krishtit. Nuk e dimë se për sa kohë zgjati shërbesa e tij. Ka mundësi që shërbesa e tij zgjati vetëm një vit.[3]

Amosi erdhi në Mbretërinë e Veriut, gjatë kohës kur kombi kishte një ushtri me nivel të lartë dhe kishte një begati ekonomike nën mbretërimin e Jeroboamit II (2 Mbretërve 14:23-29). Orakujt e Amosit tregojnë se të varfërit nuk përfituan nga begatia ekonomike. Të pasurit, të cilët kishin shtëpi dimri e shtëpi vere dhe shtëpi të ndërtuara me fildish, jetonin një jetë hedonistike dhe nuk shqetësoheshin aspak për gjendjen e vështirë të të varfërve. Të varfërit tregëtoheshin si plaçka—ata ishin viktima të shfrytëzimeve ekonomike, të abuzimeve

seksuale, të korrupsionit legal dhe gjyqësor si dhe dështime të drejtësisë.

Edhe pse në vend kishte shumë shtypje dhe dhunë, pati një rizgjim të interesit për festivalet fetare dhe për ritualet. **Betheli** dhe **Gilgali** ishin qendra të idhujtarisë që nxisnin adhurime të rrema dhe siguri të rremë për praninë e Perëndisë. Fjalët e Amosit u drejtoheshin njerëzve, të cilët nuk ia kishin dalë mbanë të shihnin ndonjë lidhje ndërmjet adhurimit dhe jetë së përditshme.

Përmbajtja

Libri i Amosit mund të ndahet si më poshtë:

1. Hyrja (1:1-2)
2. Gjykimi për fqinjët e Izraelit (1:3–2:3)
3. Gjykimi për Judën dhe Izraelin (2:4-16)
4. Orakujt e gjykimit kundër Izraelit (3:1–6:14)
5. Vegimet e Amosit (7:1–9:10)
6. Rindërtimi dhe ristaurimi (9:11-15)

■ Hyrja (1:1-2)

Nëpërmjet orakullit që hap libri, na jepet edhe tema e librit të Amosit. Amosi e shihte Perëndinë si Perëndi që gjykon dhe që shpall fjalët e Tij të gjykimit nga Tempulli i Tij në Jeruzalem.

■ Gjykimi për fqinjët e Izraelit (1:3–2:3)

Amosi shpalli gjykimin e Perëndisë për kombet fqinje të Izraelit–Sirinë, Filistinë, Fenikinë, Edomin, Amonin dhe Moabin. Këto kombe do të vuanin forma të ndryshme gjykimi për krimet e luftës dhe për sjelljen e tyre të pamëshirshme. Në të gjitha rastet, përveç orakullit të drejtuar Moabit, Izraeli ishte viktima e krimit që kishin bërë këto kombe.

> ## T Drejtësia dhe e drejta
>
> Një temë kyçe e librit të Amosit është shqetësimi për **drejtësinë** (*mishpat*) të **drejtën** (*sebeqa*). Ne bëjmë "drejtësi" kur përmbushim detyrimet tona të besëlidhjes ndaj të tjerëve. "Drejtësia" është fryti i marrëdhënies sonë të drejtë me të tjerët. Amosi na kujton se me anë të jetës sonë ne duhet të tregojnë shënja të "urisë dhe etjes" për drejtësi dhe të drejtë. Jezusi, në kohën e Tij, ishte një mik i vërtetë i atyre që konsideroheshin të padobishëm dhe i njerëzve të dëbuar. Kur e drejta të rrjedhë si uji dhe drejtësia të rrjedhë si një burim i përhershëm uji në komunitetin tonë, atëherë ne do të kemi plotësuar parakushtet që adhurimi ynë të pranohet (5:24; shih Mateu 5:6).

■ Gjykimi për Judën dhe Izraelin (2:4-16)

Amosi e identifikoi mëkatin e Judës si mospranim të mësimeve (*Torah*) të Perëndisë. Mëkati i Izraelit, Mbretërisë së Veriut, përfshinte skllavërinë, shtypjen, imoralitetin e madh seksual, padrejtësinë, shpërfilljen totale për të varfërit dhe nënvleftësimin e veprave të shpëtimit që *Jehovah* kishte bërë në të kaluarën. Ata shkatërruan të gjithë kufijtë e sjelljes morale të pastër dhe të sjelljes etike të shoqërisë.

■ Orakujt e gjykimit kundër Izraelit (3:1-6:14)

Në këtë seksion gjejmë një numër të madh orakujsh, pjesa më e madhe janë thënie të shkurtra për gjykimin kundër Izraelit. Izraeli nuk ia doli mbanë të jetonte sipas parimeve që i përkasin popullit të zgjedhur nga Perëndia dhe besëlidhjes së tyre me Perëndinë. Duke përdorur thënie të ndryshme proverbiale, Amosi shpalli se Perëndia rrallë kishte bërë diçka pa ua bërë të njohur më parë planet e Tij profetëve të vet. Populli i vetëkënaqur, idhujtar dhe shtypës i Izraelit, duke përfshirë edhe gratë aristrokratike të Samarisë, do të shkatërroheshin nga gjykimi hyjnor.

Amosi shfaqi pikëpamjen se gjykimi i Perëndisë ishte i pashmangshëm për shkak se pendimi nuk kishte fare vend në jetën fetare të Izraelit. Ai e paralajmëroi Izraelin se shenjtëroret e Izraelit ishin caktuar tashmë të prisheshin dhe të shkatërroheshin. Amosi ishte i bindur se madje edhe në këtë orë të fundit, Perëndia do të tregonte hir ndaj popullit të Tij, nëse ai "kërkonte ZOTIN" dhe nëse ai "kërkonte të mirën dhe jo të keqen" (5:6, 14). Amosi deklaroi se "dita e ZOTIT" do të ishte një ditë errësire dhe trishtimi. Perëndia kërkonte më shumë drejtësi dhe të drejtë, sesa festivale, muzikë dhe flijime.

■ Vegimet e Amosit (7:1–9:10)

Vegimet e karkalecave, zjarrit, plumbçes, shportës me fruta vere dhe shenjtërores (altarit) vazhdojnë për temën e gjykimit që po vjen. Dy vegimet e para (karkalecat dhe zjarri) portretizojnë totalitetin e gjykimit. Amosi ndërmjetëson te Perëndia, në mënyrë që Ai të kishte mëshirë për popullin e Tij. Vegimi i murit të ndërtuar me plumbçe përçon mesazhin se Izraeli kishte dështuar në përshtatjen me standartet hyjnore, që Perëndia kishte kërkuar nga kombi i Tij i besëlidhjes, Perëndia nuk do ta kursente nga gjykimi i Tij këtë komb.

Prifti Amaziah e ndaloi Amosin të fliste në shenjtëroren mbretërore në Bethel dhe i tha të kthehej në shtëpi. Amosi iu përgjigj se edhe pse ai nuk i përkiste një familjeje profetësh, Perëndia e kishte hequr nga puna që bënte dhe e kishte dërguar t'i fliste Izraelit. Asnjë person nuk mund ta bëjë të

> ## A ka një të ardhme për Izraelin?
>
> A ka një të ardhme për Izraelin? Amosi sigurisht që mendon se për Izraelin ka një të ardhme. Kombi që ishte përballur me "fundin" e tij do të ketë një fund të lavdishëm. Gjykimi nuk do të shfuqizonte planet e Perëndisë. Perëndia do të vazhdonte të zbatonte planet e Tij për shpëtimin e njerëzimit. Fjalët e Amosit në lidhje me "fundin" tregojnë për një fillim të ri të historisë së shpëtimit. Ky fillim është ajo çfarë kisha shpalli me ardhjen e Jezus Krishtit në botë (shih Veprat 15:15-18).

heshtë një profet të vërtetë, madje as autoritetet më të larta klerike.

Vegimi i shportës me fruta përçoi mesazhin se "kishte ardhur fundi për popullin" e Izraelit. Si frutat e pjekura që janë gati për t'u vjelë, edhe Izraeli ishte gati që të gjykohej. Perëndia do ta tërhiqte plotësisht fjalën e Tij nga populli i Tij, për shkak të gjykimit të Tij. Për më tepër, për mëkatarët nuk do të kishte një vend të sigurt në univers.

■ Rindërtimi dhe restaurimi (9:11-15)

Libri mbyllet duke dhënë shpresë për të ardhmen. Në këtë libër premtohet se pas kohës së gjykimit Izraeli do të rindërtohej, do të restaurohej dhe do të kthehej në ditët e begatisë dhe të bekimeve që do të vinin nga Perëndia.

Abdia

Biografia e Abdias

Libri Abdias është libri më i shkurtër në Dhiatën e Vjetër. Emri *Abdia* (që do të thotë "shërbëtor i Zotit") dhe format e tjera të atij emri gjenden disa herë në Dhiatën e Vjetër. Libri nuk na jep referenca për familjen e tij ose për karrierën profesionale të tij.

Mjedisi

Mungesa e referencave të qarta të ndonjë ngjarjeje historike e bën të vështirë klasifikimin e librit të Abdias në një mjedis të caktuar. Duke u bazuar në të dhënat e rebelimit të Edomit kundër Judës (shih 2 Mbretërve 8:20-22), disa studiues mendojnë se ky libër i përket fillimit të shekullit të nëntë para Krishtit. Ndërsa disa të tjerë, mendojnë se ky libër i përket mesit të shekullit të pestë para Krishtit gjatë pushtimit të Negevit nga edomitët.[4] Pjesa më e madhe e studiuesve mendojnë se vargjet 11-14 i referohen pushtimit babilonas të Judës dhe të Jeruzalemit. Ata mendojnë se ky libër është shkruar rreth vitit 587 para Krishtit ose menjëherë mbas kësaj kohe.

Profeti foli për krenarinë dhe arrogancën e **edomitëvë**, të cilët mbajtën një qëndrim

---

> ## Atëherë, si duhet të jetojmë?
>
> Keqtrajtimi që Edomi i bënte Izraelit buronte nga zemërimi i shfrenuar dhe refuzimi kokëfortë për të falur mëkatin e Jakobit, stërgjyshit të Izraelit. Edomitët donin të shpaguanin dhe të hakmerreshin ndaj Izraelit. Abdia na kujton të vërtetën e madhe se ne do të jemi përgjegjës para Perëndisë për qëndrimet tona ndaj të tjerëve, ndërsa nuk tregojmë dashuri në marrëdhëniet shoqërore dhe familjare.Mbretëria e Perëndisë është një mbretëri e të jetuarit një jete me dhemshuri dhe të qenit shpirtmirë. Ai do të vendosë këtë mbretëri duke gjykuar me drejtësi mëkatarët. Zbulesa i bën jehonë kësaj bindjeje, "Mbretëritë e botës u bënë mbretëri të Zotit tonë dhe të Krishtit të tij, dhe ai do të mbretërojë në shekuj të shekujve"

urrejtjeje për një kohë të gjatë për popullin e Izraelit. Edomitët ishin pasardhësit e Esaut, vëllait të Jakobit. Ata jetuan në zonën jugore të Detit të Vdekur, një krahinë e rrethuar nga shkretëtira dhe malet. Armiqësia ndërmjet Edomit dhe Izraelit vazhdoi gjatë gjithë historisë të të dyja kombeve.

Edhe pse Abdia i drejtohet popullit të dhunshëm dhe shtypës me fjalë gjykimi, këtu gjithashtu ne gjejmë edhe fjalë ngushëllimi për të shtypurit dhe për ata që janë në mërgim. Perëndia do të vepronte për hir të tyre për t'i çliruar dhe për t'i kthyer në tokën e tyre.

Përmbajtja

Orakulli i Abdias kundër Edomit është i ruajtur në një kapitull. Autori na e prezanton përmbajtjen e librit si "vegimi i Abdias".

Abdia shpall se Perëndia kishte planifikuar që Edomi të mos kishte vlera për botën për shkak të krenarisë, arrogancës dhe sigurisë së rremë të tij. Kryeqyteti **Sela** (në hebraisht do të thotë "shkëmb") rrethohej nga male, të cilët bënin të mundur që qyteti të ishte i sigurt dhe shërbenin si kala ku mund të mbroheshin. Edomitët mendonin se armiqtë nuk mund t'i pushtonin dhe nuk mund t'i thyenin me ushtritë, por Perëndia planifikoi t'i rrëzonte dhe t'i poshtëronte me shkatërrim të plotë.

Mëkati kryesor i Edomit ishte urrejtja që vazhdonte të kishte për Izraelin. Kur Jeruzalemi pushtohej nga ndonjë armik, Edomi rrinte dhe bënte sehir pa pasur aspak mëshirë. Për më tepër, edomitët ishin bashkuar me armiqtë për të plaçkitur dhe për të shkatërruar qytetin.

Abdia shpalli se Edomi dhe kombet do të merrnin nga Perëndia të njëjtin shkatërrim që ata i kishin bërë Judës. Por "dita e ZOTIT" do të ishte një ditë shpëtimi për Judën dhe Izraelin. Kur vdekja dhe shkatërrimi do të vinin në Edom, do të kishte çlirim në malin Sion. Abdia e përfundoi mesazhin e tij me shpresën e

Fjali përmbledhëse

- Osea e krahason Perëndinë me një bashkëshort dhe një baba që fal dhe që jep dashuri.
- Gjykimi i Perëndisë ishte mbi Izraelin për shkak të prishjes së besëlidhjes me Perëndinë.
- Osea i bëri thirrje kombit të pendohej dhe të kërkonte restaurim dhe shërim nga Perëndia.
- Joeli përdori imazhet e sulmit të karkalecave dhe të thatësirës për të përçuar mesazhin e gjykimit të madh që po vinte.
- Joeli parashikoi restaurimin shpirtëror të Izraelit dhe derdhjen e Shpirtit të Perëndisë te të gjithë njerëzit.
- Amosi e përshkroi Perëndinë si Gjykatës sovran të të gjitha kombeve.
- Amosi bëri thirrje për drejtësi shoqërore dhe ky ishte kusht i domosdoshëm që Perëndia të pranonte adhurimin e Izraelit.
- Amosi e sfidoi Izraelin që të kërkonte Perëndinë si burimin e jetës.
- Abdia besonte se në fund Perëndia do të vendoste mbretërinë e Tij dhe do t'i jepte fund urrejtjes dhe krenarisë që kishte në botë.

Pyetje për reflektim

1. Diskuto për mënyra praktike se si mund t'i tregojmë Perëndisë dhe të tjerëve përkushtimin dhe besnikërinë në marrëdhëniet tona.
2. Përshkruaj dashurinë e Perëndisë duke u bazuar te libri i Oseas.

3. Cili ishte kuptimi i fjalisë "t'i drejtohesh emrit të Zotit", dhe cilat janë bekimet që Perëndia u jep atyre që i drejtohen emrit të Tij?

4. Bëj një listë me gjërat më të këqija që njerëz kanë bërë në botë këto 50 vitet e fundit dhe diskuto atë çfarë Amosi po na thoshte për gjykimin, drejtësinë dhe të drejtën?

5. Çfarë na thotë Abdia nëse mbajmë një qëndrim jo falës ndaj të tjerëve?

Burime për studime të mëtejshme

Gowan, Donald E. *The book of Amos: Introduction, Commentary, and Reflection.* Vëll. 7 i The New Interpreter's Bible. Nashville: Abingdon Press, 1996.

Limburg, James. *Interpretation: A Bible Commentary for Teaching and Preaching: Hosea—Micah.* Louisville, Ky.: John Knox Press, 1988.

Mays, James L. *Amos. The Old Testament Library.* Philadelphia: Westminster Press, 1969.

Mays, James L. *Hosea. The Old Testament Library.* Philadelphia: Westminster Press, 1969.

31 Jona, Mikea, Nahumi dhe Habakuku

Objektivat

Studimi i këtij kapitulli do t'ju ndihmojë:

- Të bëni një përmbledhje të mjedisit historik ku Jona, Mikea, Nahumi dhe Habakuku kryen shërbesat e tyre.
- Të përshkruani përmbajtjen e librave Jona, Mikea, Nahumi, Habakuku.
- Të diskutoni mësimet teologjike kryesore në Jonën, Mikean, Nahumin, dhe Habakukun.

Disa pyetje që duhen marrë parasysh ndërsa lexoni:

1. Cili është qëndrimi juaj ndaj njerëzve të racës, fesë, ose të denominacionve të tjera?
2. Si e adhuroni Perëndinë?
3. Si i përballoni krizat në jetën tuaj?

Fjalët kyçe për të kuptuar

Jona
Gath-Heferi
Ninive
Mikea
Morashti
Teofani *(theophany)*
Betlem-Efratah
Nahumi
Elkoshi
Ashurbanipali
Nabopolasari
Habakuku
Babilonasit
   (Kaldeasit)

Jona

A kaloi **Jona** tre ditë e tre netë në barkun e peshkut? Lexuesit e këtij libri të veçantë shpesh ngatërrohen me debate mbi pyetjen nëse historia e Jonës është shkruar në kuptimin drejtëpërdrejtë apo jo. Ne ju ftojmë juve më mirë të dëgjoni mesazhin e librit, sesa të jeni të shqetësuar me saktësinë historike të disa detajeve në libër, që ne nuk mund t'i provojmë ose t'i hedhim poshtë me siguri.

Biografi e Jonës

Fjalia hyrëse (1:1) identifikon Jonën si biri i Amitait. Sipas 2 Mbretërve 14:25, Jona, biri i Amitait, një profet nga **Gath-Heferi**, profetizoi rreth restaurimit të kufirit të Izraelit gjatë sundimit të Jeroboamit të dytë. Fshati i Gath-Heferit ndodhej në jug-perëndim të Detit të Galilesë. Disa studiues mendojnë që autori i dha emrin e Jonës, personalitetit kryesor njerëzor të këtij libri. Ungjilli i Mateut konfirmon vërtetësinë e Jonës si një profet në **Ninive** (shih 12:41).

Mjedisi

Librit i mungon referimi i ndonjë ngjarjeje që do të na ndihmonte ta vendosim Jonën në një kohë të caktuar në histori. Bazuar në 2 Mbretërve 14:25, ne mund ta vendosim atë në shekullin e tetë, afërsisht ndërmjet viteve 786 dhe 746 para Krishtit. Studiuesit japin disa data se kur mund të jetë shkruar libri, duke i rradhitur nga shekulli i tetë deri në shekullin e tretë para Krishtit.[1] Libri e paraqet ekzistencën e Ninives, si një qytet të madh dhe të lig. Babilonasit e shkatërruan Ninivën, kryeqytetin e Asirisë, në 612 para Krishtit. Shërbesa e Jonës mendohet të ketë ndodhur përpara ngritjes së Asirisë, si një perandori e fuqishme nën Tilgath-Pilneserin III, në kohën e fundit të shekullit të tetë para Krishtit.

Përmbajtja

Historia e Jonas është si një dramë me skenat e mëposhtme:

■ Jona nuk i bindet Perëndisë (1:1-16)

Libri fillon me një raport të mosbindjes së Jonës, ndaj urdhërit të Perëndisë, për të shkuar dhe për të predikuar në qytetin e Ninives. Ai udhëtoi në Tarshish me anije, në një drejtim të kundërt nga Ninive. Stuhia në det nxiti detarët e pushtuar nga paniku të hidhnin short, me të cilin identifikuan Jonën si të vetmin përgjegjës për sjelljen e kësaj fatkeqësie mbi ta.

Jona e pranoi fajin e tij dhe u tha atyre që deti do të qetësohej nëse ata e hidhnin atë jashtë bordit të anijes. Me frikë dhe me dyshim ata bënë atë që Jona kërkoi. Stuhia ndaloi dhe deti u qetësua. Detarët adhuruan Perëndinë.

■ Jona në Barkun e Peshkut (1:17-2:10)

E papritura ndodhi. Një peshk i madh gëlltiti Jonën. Ne nuk mund të arsyetojmë mbi identifikimin zoologjik të peshkut, dhe as nuk mund të hedhim poshtë rrëfimin si trillim. Jezusi e përshkroi këtë ngjarje si një "shenjë" ndaj dëgjuesve të Tij mosbesues (Mateu 12: 38-40). Në barkun e peshkut, Jona ofroi një lutje falenderuese Perëndisë për çlirimin e jetës së tij. Ai premtoi të përmbushte betimin që kishte bërë në përgjigje të shpëtimit nga Perëndia. Peshku e volli atë pas tre ditësh e tre netësh.

■ Jona shkon në Ninive (3:1-10)

Fjala e Perëndisë erdhi tek Jona përsëri me të njëjtin urdhërim. Ai shkoi dhe predikoi një mesazh shumë të shkurtër të gjykimit. Megjithëse kjo do t'i merrte atij tre ditë udhëtimi për të përshkruar qytetin, ai kaloi vetëm një ditë të udhëtimit për të dhënë mesazhin e tij. Çuditërisht ky qytet pagan dhe qytetarët e tij iu përgjigjën mesazhit të tij. Lajmet arritën edhe në pallat, dhe mbreti shpalli një dekret, duke bërë thirrje në gjithë qytetin, për të mbajtur agjërim dhe lutje. Perëndia iu përgjigj pendimit të banorëve të Ninives me keqardhje. Ai e anulloi gjykimin e Tij dhe e shpëtoi qytetin nga shkatërrimi.

■ Zemërimi i Jonës dhe përgjigja e Perëndisë (4:1-11)

Shpëtimi i Ninives e zemëroi Jonën. Ai pohoi që keqardhja dhe mëshira e Perëndisë për ata që e meritojnë ndëshkimin ishte arsyeja për largimin e tij në Tarshish. Ai dëshironte të vdiste, sepse Perëndia ndryshoi mëndjen e Tij. Jona mund të ketë qenë i shqetësuar rreth famës së tij si një profet. Ndëshkimi për të qenë një profet i rremë ishte vdekja (shiko Ligji i Përtërirë 18:18-22). Ai shkoi jashtë qytetit dhe priti të shikonte nëse shkatërrimi do të binte mbi të. Perëndia siguroi një hardhi që t'i bënte hije

---

H | **Heshtja e Jonës**

Historia e Jonës mbaron me pyetjen e Perëndisë ndaj Jonës për të cilën ai nuk dha një përgjigje. Jona pranoi hirin mëshirues të Perëndisë, por ai nuk mundi të pranonte të tjerët në botë si meritues të të njëjtit hir. Ai nuk ishte i prekur nga puna e mrekullueshme e hirit të Perëndisë. Ai ishte i mërzitur dhe më pas e përqëndroi vetveten në gjërat që sollën qetësim tek ai. Kur Perëndia i drejtoi pyetjen kryesore, pati heshtje–jo fjalë me zemërim, jo përpjekje për të ikur, vetëm një heshtje e ftohtë.

Libri i Jonës na fton të çlirojmë vetveten nga të menduarit në një këndvështrim të ngushtë dhe paragjykues, dhe të përqafojmë Ungjillin e Jezus Krishtit si një ungjill për të gjithë njerëzimin. "Duke parë turmat, Ai [Jezusi] kishte dhembshuri për to" (Mateu 9:36). Shërbimi i hirit mëshirues të Perëndisë ndaj botës tonë mëkatare është e vetmja mënyrë për të prishur heshtjen e Jonës.

Jonës nga nxehtësia e madhe. Ditën tjetër një krimb e shkatërroi bimën. Jona u zemërua përsëri për shkak të shkatërrimit të bimës.

Perëndia iu përgjigj Jonës, se ai shqetësohej për bimën, që nuk e kishte kultivuar apo rritur. Perëndia pyeti Jonën, "A nuk duhet të më vijë keq për njerëzit që nuk dinë të dallojnë rrugën e drejtë morale?" Libri mbaron pa përgjigje nga Jona.

Mikea

Profeti **Mikea** është i njohur për fjalët e tij rreth kërkesave kryesore të Perëndisë së drejtësisë e mirësisë, si dhe për një ecjeje të përulur me Perëndinë. Tradita e krishterë gjithashtu e njeh deklarimin e Mikeas rreth ardhjes së Mesiës nga Betlem Efratah. Në këtë libër të shkurtër, ne gjithashtu gjejmë kritikën e ashpër të

> **T Lajmëtari i brengosur i Perëndisë**
>
> Mikea ishte lajmëtari i brengosur i Perëndisë. Por ai refuzoi të hiqte shpresën në faljen, mëshirën, dhe dhembshurinë e Perëndisë. Mikea na fton të kemi një zemër që brengoset mbi mëkatin e botës. Efekti dërrmues i mëkatit mund të na nxisë të tërhiqemi dhe të veçojmë vetveten nga bota mëkatare. Mikea na mëson të mbartim barrën e mëkatit, ndërkohë që lirojmë vetveten nga fuqia e tij. Jezusi "qau mbi" qytetin ndërsa Ai iu afrua Jeruzalemit (Lluka 19:41). Gjykimi është pasoja e mëkatit. Por edhe në gjykim, hiri i Perëndisë vepron. Mikea na fton ta kemi këtë shpresë dhe siguri.

padrejtësisë dhe shtypjes, si dhe shqetësimin e profetit për drejtësi dhe të drejtën në komunitetin e besimit.

Biografi e Mikeas

Me përjashtim të emrit *Mikea* i **Morashtit** (1:1), ne dimë shumë pak rreth personit të profetit. Emri i tij do të thotë "kush është si *Jehovah*?" Ai erdhi nga një qytet i quajtur Morashti, rreth 40 kilometra në jugperëndim të Jeruzalemit. Mikea e identifikon veten si një profet "plot me forca të Frymës së Zotit" (3:8) të cilin Perëndia e thirri të deklaronte në Izrael mëkatin dhe shkeljen e tij.

Studiuesit nuk bien dakort për autorësinë e profecive që gjënden në libër. Libri në formën e tij përfundimtare i ngarkohet Mikeas të Morashtit. Mirëpo, disa studiues mendojnë se vetëm disa pjesë i përkasin Mikeas. Ata mendojnë që shumica e kapitujve 4–7 i përkasin kohërave të mëvonshshme, duke përfshirë kohën e fundit të mërgimit dhe kohën pas mërgimit.

Mjedisi

Thënia e titullit (1:1) tregon që Mikea profetizoi gjatë ditëve të Jothamit, të Açazit, dhe të Ezekias, mbretër të Judës. Ne mund ta vendosim shërbesën e tij diku ndërmjet 742 dhe 687 para Krishtit. Gjatë kohës kur Jeremia ishte në gjyq, disa pleq të vendit treguan që Mbreti Ezekia dhe Juda kërkuan favorin e Perëndisë kur Mikea i Morashtit foli rreth shkatërrimit të Sionit (Jeremia 26:17-19). Ky tekst në këtë mënyrë konfirmon mjedisin historik të shërbesës së tij, i cili përfshin mbretërimin e Mbretit Ezekia (shih 1:1).

Disa profeci tregojnë që Mikea profetizoi kur shoqëria ishte e korruptuar dhe udhëheqja ishte fajtore e shtypjes dhe abuzimit të pushtetit. Njerëzit me pushtet në vend jo vetëm e planifikonin të keqen por edhe e zbatonin atë. Populli kishte besim të rremë, se prezenca e Perëndisë iu ofronte atyre mbrojtje dhe siguri. Profetët e rremë dhe priftërinjtë e korruptuar mashtruan dhe shkaktuan turbullira në mes të njerëzve në lidhje me kërkesat e Perëndisë. Mikea kishte të njëjtën shqetësim si edhe profetët e tjerë të shekullit të tetë (Amosi, Osea, dhe Isaia).

Përmbajtja

Libri i Mikeas ka pjesët e mëposhtme:

1. Gjykimi i Perëndisë kundër Samarisë dhe Jeruzalemit (1:2-16)

2. Gjykimi kundër drejtuesve të korruptuar (2:1-13)

3. Mbi drejtimin e vërtetë (3:1-12)

4. Restaurimi i Sionit (4:1–5:4)

5. Shkatërrimi i Asirisë dhe armiqve të Izraelit (5:5-15)

6. Padia e Perëndisë kundër Izraelit (6:1-16)

7. Vajtimi dhe lutja e Mikeas (7:1-20)

■ Gjykimi i Perëndisë kundër Samarisë dhe Jeruzalemit (1:2-16)

Profecitë e Mikeas fillojnë me një lajmërim që Perëndia është gjykatësi i të gjithë njerëzimit. Profeti shpalli shfaqjen e Perëndisë, **teofani** (*theophany*), të shoqëruar nga efekti i tmerrshëm dhe shkretues mbi tokë. Kjo është pasoja e drejtpërdrejtë e idhujtarisë së Samarias dhe Jeruzalemit. Ai vajtoi për shkatërrimin që po vinte dhe iu kërkoi dëgjuesve të tij të tregonin shënjat e pikëllimit dhe të keqardhjes për humbjen e tyre.

■ Gjykimi kundër drejtuesve të korruptuar (2:1-13)

Kur vjen shkatërrimi, njerëzit e pushtetshëm në tokë, që mbajnë në shtypje dhe mashtrim viktimat e tyre të pafuqishme, do të anashkalohen nga pasuria e tyre. Toka ishte dhurata e Perëndisë për popullin i Tij për ta gëzuar si bekimin e tyre. Dëbimi do të ishte pasoja për dhunimin e trashëgimisë së tyre nga Perëndia.

Profetët e rremë e urdhëruan Mikean të mos profetizonte gjëra kaq të këqija. Ata ishin të sigurtë që Perëndia nuk do të zemërohej. Populli dhe profetët e tyre të rremë, që profetizuan për verën dhe birrën, u përballën me ndëshkimin e dëbimit nga toka e tyre.

Gjatë një thënie të ashpër të dënimit, Mikea gjithashtu shpalli planin e Perëndisë për të shpëtuar dhe mbledhur mbetjen e Tij nga mërgimi i tyre. Si një bari që mbledh tufën e tij, Perëndia do të mbledhë popullin e Tij dhe ata do të dalin nën drejtimin e Tij.

■ Mbi drejtimin e vërtetë (3:1-12)

Drejtuesit e Izraelit e kishin keqpërdoruar drejtësinë dhe kishin kryer veprimeve të egra dhe mizore kundër popullit të Perëndisë. Kur dënimi erdhi, megjithëse këta mëkatarë thirrën, Perëndia e fshehu fytyrën nga ata. Në të njëjtën mënyrë, turpi do të bjerë mbi profetët e rremë që predikuan paqe *(shalom)* si një mjet për të siguruar jetese.

Shenja e një profeti të vërtetë është kurajua e tij për të predikuar fjalën e Perëndisë edhe kur dëgjuesit e tij nuk dëshirojnë të dëgjojnë atë. Mikea ishte i bindur që ai ishte profeti i Perëndisë, i mbushur me Frymën e Perëndisë. Ai nuk kishte frikë t'u deklaronte drejtuesve të Izraelit mëkatin e tyre. Për shkak të mëkatit të tyre, Mikea shpalli që Perëndia do të shkatërronte Sionin dhe do ta bënte atë një vend të rrënuar dhe të pabanuar.

■ Restaurimi i Sionit (4:1–5:4)

Fjalët e Mikeas 4:1-3 gjithashtu gjenden tek Isaia 2:2-4. Sioni do të restaurohet nga Perëndia, dhe kombet do të vijnë në Sion për të kërkuar urdhërimet e Perëndisë (*Torah*). Mikea tha që mërgimi i Judës ishte plani i Perëndisë për shpëtimin e tij. Jeruzalemi do

---

T **Një sundimtar nga Betlehemi**

Mateu, shkruesi i ungjillit e kuptoi që lindja e Jezusit ishte një përmbushje e Mikeas 5:2. Mikea e inkurajoi popullin e ditëve të tij të përballeshin me realitetin e dënimit të ashpër dhe të fortë të Perëndisë pa hequr dorë nga shpresa për shpëtimin e ardhshëm të tyre. Mëkatet tona na armiqësojnë me Perëndinë, rezultat i të cilës është dëbimi jonë dhe mungesa e bekimeve të Perëndisë në jetët tona. Lajmi i mirë për ne është që Krishti, "sundimtari" nga Betlehemi, ka ardhur si "paqja jonë"–burimi i jetës dhe i shpresës për ata që jetojnë në armiqësi dhe në luftë, "pa pasur shpresë dhe duke qenë pa Perëndinë në botë" (Efesianët 2:1-22).

të jetë nën rrethim dhe armiku do të heqë mbretin e tij, megjithatë Perëndia do ta restaurojë madhështinë e tij të mëparshme. Perëndia premtoi se një sundimtar do të vijë nga një qytet i vogël i parëndësishëm të quajtur **Betlem Efratah**. Ky sundimtar do t'i udhëheqë ata dhe do të jetë burimi i paqes për popullin e Tij.

■ Shkatërrimi i Asirisë dhe armiqve të Izraelit (5:5-15)

Çlirimi i Perëndisë nga ushtria pushtuese e Asirisë është fokusi i kap 5:5-6. Mikea pa lindjen e disa fuqive politike që do të sillnin mbarimin e Asirisë. Por Perëndia do ta bënte Izraelin një bekim dhe një burim frike në tokën e mërgimit të tyre. Vargjet 10-15 flasin për shkatërrimin e popujve që besuan në forcat e tyre dhe praktikuan idhujtarinë dhe parashikimin e së ardhmes.

■ Padia e Perëndisë kundër Izraelit (6:1-16)

Mikea përdori një lloj padie (mosmarrëveshje ligjore) për të njoftuar gjykimin e Perëndisë kundër Izraelit. Malet qëndruan si dëshmimtarë të këtij konflikti ndërmjet Perëndisë dhe Izraelit. Perëndia dëshironte të dinte në ç'mënyrë dhe pse Ai ishte bërë një barrë tek populli i Tij. Ai i bëri thirrje atyre për të kujtuar çlirimin e tyre nga Egjipti dhe drejtimin e Tij në udhëtimin e tyre në shkretëtirë. Izraeli iu përgjigj sfidave të Perëndisë me pyetje hutuese dhe madje ironike, se çfarë kërkohej nga ata, që të kënaqnin Perëndinë. Mikea iu përgjigj me një përgjigje të thjeshtë. Ajo çfarë Perëndia kërkoi nga populli i Tij ishte tashmë e njohur prej tyre—jetoni një jetë duke treguar drejtësi, mirësi, fisnikëri në besëlidhje, dhe përulësi përpara Perëndisë. Profeti shpalli shkatërrimin e plotë të Izraelit, sepse popullit i mungonin këto cilësi themelore të jetës në besëlidhje.

■ Vajtimi dhe lutja e Mikeas (7:1-20)

Kapitulli i fundit i librit përmban shprehjen e hidhërimit dhe keqardhjes së profetit mbi gjendjen mëkatare, që ai e dëshmoi në mes të popullit të tij. Ky kapitull gjithashtu përmban shpresën e profetit.

Vendi ishte i korruptuar plotësisht me fqinjë mashtrues, me dhunë dhe urrejtje, madje edhe brenda familjeve. Jeruzalemi, megjithëse i rënë, do të ngrihet përsëri. Perëndia do ta çoj atë nga ditët e tij të errëta në dritë, në mënyrë që të tregojë drejtësinë e Tij përpara kombeve. Mikea i përfundoi profecitë e tij me një lutje për Perëndinë, për ta restauruar Izraelin si Bariun hyjnor i tij. Ai pohoi besimin e tij në Perëndinë, si një Perëndi të pakrahasueshëm, falës dhe të

T **Kërkesa kryesore e Perëndisë**

Ecja jonë e përditshme me Perëndinë është më tepër e rëndësishme për Perëndinë sesa përpjekja jonë për t'u pajtuar me Atë nëpërmjet disa ritualeve fetare. Mikea na fton ne të jetojmë një jetë të përshtatshme si populli i Perëndisë. Drejtësia, paanësia, barazia, fisnikëria në besëlidhje, dhe besnikëria janë cilësitë e jetës së Krishterë. Jeta e jetuar në këtë botë duhet gjithashtu të bëhet një ecje e përditshme me Perëndinë me përulësi dhe mirënjohje. Kur ne zbatojmë në jetë këto cilësi do të gjejmë liri nga pyetjet ngacmuese të vetvlerësimit tonë, meritat e veprave tona, dhe mundësia jonë për të shpëtuar vetveten nëpërmjet veprave tona. Përfundimi do të jetë besimi dhe siguria në hirin shpëtues dhe falës të Perëndisë.

dhembshur, e që hedh mëkatin e popullit të Tij "në fund të detit" (7:19). Mikea ishte i sigurt që Perëndia do të qëndronte besnik në besëlidhjen e Tij me stërgjyshërit e Izraelit.

Nahumi

Libri i Jonës e shfaqte Perëndinë si një Perëndi të dhembshur tek populli i Ninives, që u pendua kur ata dëgjuan mesazhin rreth dënimit të tyre. Në librin e Nahumit, ne shikojmë një përshkrim tjetër të Ninives dhe reagimin e Perëndisë ndaj egërsisë dhe dhunës në botë.

Biografi e Nahumit

Ne kemi vetëm pak njohuri rreth personit **Nahum**. Emri shfaqet në hyrjen e librit. Ky emër është gjithashtu i gjetur në Ungjillin sipas Llukës si emri i një stërgjyshi të Jezusit (3:25). Emri do të thotë "ngushëllim" ose "ngushëllues." Profeti është quajtur Elkoshiti. Vendndodhja e saktë e **Elkoshit** nuk njihet.[2] Disa studiues e identifikojnë Elkoshin me vendodhjen origjinale të Kapernaumit (që do të thotë "fshati i Nahumit"), e ndodhur në cepin veriperëndimor të Detit të Galilesë.

T **Perëndia dhe Ninive**
Ne gjejmë në Nahumin një ndryshim të fortë në sjelljen e Perëndisë me Niniven. Perëndia i mëshirshëm i librit të Jonës është përshkruar këtu si një Perëndi me zemërim dhe hakmarrje. Plani i Tij është të zhdukë Niniven nga faqja e dheut. Ninive përfaqëson vendin më të dhunshëm në botë. Perëndia do të sillet me ata sipas mënyrës së Tij të gjykimit. Por Ai do të jetë një ngushëllues i atyre që vuajnë dhunën dhe fatkeqësinë në duart e armiqve të Perëndisë. Ky është ngushëllimi që Nahumi na tregon neve sot.

Mesazhi i librit i ofron ngushëllim Judës. Kjo gjë ka drejtuar shumë studiues të mendojnë që Nahumi ishte nga Juda.

Mjedisi

Mesazhi i librit, i cili është një parashikim rreth gjykimit të lemerishëm që po vinte tek Ninive, na drejton ne të mendojmë që Nahumi dha profecinë e tij gjatë sundimit të Asirisë në Judë (3:18). Studiuesit lidhin përshkrimin e pushtimit të Tebës [*No-Amoni* në Hebraisht] (vargje 8-10) me pushtimin Asirian të Tebës, kryeqyteti i Egjiptit, gjatë mbretërimit të **Ashurbanipalit** në 663 para Krishtit. Fuqia e Asirisë binte pas vdekjes së Ashurbanipalit (627 para Krishtit). Perandoria Neo-Babilonase u shfaq si një lojtar kryesor në politikën ndërkombëtare gjatë mbretërimit të **Nabopolasarit** (625-605 para Krishtit). Ninive, objekti i ligjëratave gjykuese të Nahumit, u shkatërrua nga forcat e bashkuara të Babilonasve, Medasve, dhe Skithasve në 612 para Krishtit. Profecia e Nahumit kundër Ninives i përket kësaj periudhe të kthesës së fortë të ngjarjeve në histori. Ne mund ta datojmë shërbesën e tij diku ndërmjet 663 para Krishtit dhe 612 para Krishtit.

Përmbajtja

Libri i Nahumit mund të ndahet në pjesët e mëposhtme:
1. Zemërimi dhe mirësia e Perëndisë (1:2-15)
2. Përgatitja për luftë (2:1-13)
3. Fatkeqësia në Qytetin e Gjakut (3:1-19)

■ Zemërimi dhe Mirësia e Perëndisë (1:2-15)

Libri fillon me një shpallje rreth hakmarrjes së Perëndisë dhe fuqisë së Tij, si Krijuesi, për të kryer zemërimin e Tij. Ata që komplotojnë keqas kundër Perëndisë nuk mund të shpresojnë që të kenë sukses në planet e tyre. Ai do ta shkatërrojë Niniven pa lën ë askënd që të trashëgojë emrin etij (v. 14). Megjithatë, besnikët nuk kanë arsye që të kenë frikë. Ata mund të mbështeten në besnikërinë e Perëndisë. Ai do ta çliroj Judën nga shtypësi. Nahumi i bëri thirrje Judës të vrojtonte dhe shikonte "këmbët e atij që njofton lajme të mira, që shpall paqen" tek qytetarët e saj (v. 15).

■ Përgatitja për Luftë (2:1-13)

Nahumi e paralajmëroi Niniven të përgatitej për luftë, sepse Perëndia ishte duke dërguar një qytet të armatosur për ta shkatërruar atë. Duke përdorur metaforat dhe fjalë ushtarake, ai përshkroi paraqitjen e ushtrisë pushtuese (vargje 3-4). Ninivët mund të përdorin përpjekjet më të mira të tyre për të ndaluar pushtuesit, por pushtuesit do ta plaçkisin qytetin dhe dëbojnë popullin. Fuqia e Asirisë do të shkatërrohet dhe do të thyet sepse Perëndia është kundër këtij populli (vargje 11-13).

■ Fatkeqësia në Qytetin e Gjakut (3:1-19)

Nahumi tha që fatkeqësia dhe mjerimi i priste Ninivët. Qytet i njohur për gjakderdhjen dhe plaçkitjen e tij do të mbushej me trupa të vdekur. Perëndia do ta nxirrte në dukje turpin dhe ndyrësinë e tij. Qyteti do të rrënohej, dhe askush nuk do të vajtonte për të. Ninive do të vuante fatin e Tebës, një qytet që dikur mendoi se ishte i mbrojtur nga Nili. Trupat e Ninives do të jenë të pashpresë dhe pa forcë për të mbrojtur qytetin nga rrethimi i pashmangshëm. Libri mbaron me një mesazh ndaj mbretit Asirian që ai do të vuante një plagë vdekjeprurëse. Ata që ai shtypi pa mëshirë do të kënaqen me rënien e tij.

Habakuku

Ky libër i shkurtër ka qenë një burim i frymëzimit për miliona besimtarë. Shumë kanë gjetur në besimin e

---

T "Deri kur, O Zot?"

Pyetja e Habakukut. "Deri kur, O Zot?" është një shprehje e duhur e besimit, sepse Perëndia është një Perëndi i mirë dhe i drejtë. Pyetje dhe shprehje të tilla të vuajtjes tonë të brëndshme pohojnë besimin tonë në Perëndinë, i cili është i vetmi burim i forcës dhe i ndihmës për njerëzit e varfër dhe të lënduar në botë. Ai është sovran, dhe Ai nuk do të lejojë të ligun të triumfojë mbi mbretërinë e Tij. Habakuku na sfidon t'i flasim Perëndisë plot pasion rreth vuajtjes, shtypjes, dhunës, si dhe padrejtësisë në botë sot.

Ardhja e Perëndisë

Perëndia nuk e zgjidhi krizën e Habakukut; as nuk i dha fjalë ngushëlluese. Nëse gjërat vetëm po bëhen edhe më keq, sa vlerë ka Perëndia në jetën tonë? Sa vlerë ka besimin tonë fetar? Ngushëllimi që ne gjejmë në këtë libër është që Perëndia erdhi. Perëndia erdhi tek Habakuku në mes të ankimit dhe krizës së besimit. Kjo ardhje e Perëndisë, e cila ndodh disa herë në këtë libër, ishte përgjigja hyjnore e vërtetë. Ardhja e Perëndisë është gjithashtu ngushëllimi ynë në mes të jetës së mbushur me shqetësime.

guxueshëm të **Habakukut** një sfidë për të vazhduar besimin në Perëndinë në mes të fatkeqësive dhe provave në jetë (shih 3:17-19). Fjalët e profetit, "i drejti do të rrojë për shkak të besimit të tij" (2:4), u bë guri i qoshes për mësimdhënien e apostullit Pal në shfajësimin me anë të besimit (Romakët 1:17; Galatasve 3:11).

> **T** **Besimi triumfant i Habakukut**
>
> Habakuku ishte këmbëngulës për të jetuar një jetë me fitore megjithëse e keqja vazhdonte të rritej në botën e tij. Vendosmëria e tij nuk ishte vetëm të "duronte sa të jetë e mundur" por më tepër të jetonte një jetë aktive, kuptimplotë, dhe të frutshme. Ai e dinte që Perëndia do ta zbatonte me besnikëri planin e Tij. Të jetosh një jetë besnike përmes kohërave të vështira dhe të pasigurta është një shenjë e drejtësisë në marrëdhënie me Perëndinë. Shekuj më vonë Pali citoi Habakukun: "I drejti do të jetojë me anë të besimit" (Romakët 1:17).

Biografi e Habakukut

Libri nuk përmban informacion mbi biografinë e Habakukut. Emri i tij shfaqet në 1:1 dhe 3:1. Në të dyja tekstet ai identifikohet nga titulli "profet." Emri i tij gjithashtu gjendet në gjuhën Akadiane si një fjalë për një bimë në kopësht. Kjo ka nxitur disa studiues të mendojnë që ai ishte një jo-Izraelitë që kishte pranuar besimin hebraik.[3] Gauen (*Gowan*) sugjeroi që Habakuku mund të ketë qenë një profet Tempulli që jepte profeci dhe krijonte këngë për adhurim në Tempullin e Jeruzalemit.[4]

Mjedisi

Librit i mungojnë referencat e veçanta të ngjarjeve ose njerëzve. Vargjet hyrëse tregojnë një përhapje të gjerë të ligësisë dhe dhunës, thyerjes së plotë të ligjit dhe drejtësisë në vend (1:1-4). Thënia "Unë do t'i nxis Kaldeasit" (v. 6) na ndihmon ne të vendosim librin në shekullin e shtatë para Krishtit. Shumë studiues mendojnë se me "**Babilonasit**" (**Kaldeasit**) iu referohet Perandorisë neo-babilonase, e cila fitoi kontrollin e vendit Siri-Palestine rreth 605 para Krishtit. I njëjtë me bashkëkohësin e tij Jeremia, profeti Habakuk pa pushtimin e Babilonisë si ndëshkimin e Perëndisë kundër Judës.

Përmbajtja

Libri Habakuk mund të ndahet në pjesët e mëposhtme:

1. Ankimi i Habakukut (1:1–2:1)
2. Përgjigja (2:2-4)
3. Fatkeqësia tek shtypësi (2:5-20)
4. Lutja e Habakukut (3:1-19)

■ Ankimi i Habakukut (1:1-2:1)

Habakuku jetoi gjatë një kohe të rritjes së përhapjes së ligësisë në mes të popullit të Perëndisë. Ai pa dhunën dhe shkatërrimin kudo rreth tij. Habakuku u ankua tek Perëndia kundër ligësive të tilla dhe shprehu mërzitjen e tij. Duke mos parë gjurma të gjykimit të Perëndisë mbi të ligun, ai mendoi se Perëndia i lejoi të ndodhnin gjëra të tilla,

Përgjigja e Perëndisë drejt Habakukut ishte se Ai "do t'i nxitë Kaldeasit" (v. 6), një popull më shumë i pamëshirshëm dhe i dhunshëm sesa populli i Judës. Habakuku vuri re që Kaldeasit (Babilonasit) do të sillnin dënimin e dhënë nga Perëndia kundër Judës. Megjithatë, ai nuk e kuptoi pse Perëndia i shenjtë dhe moralisht i pastër do të përdorte një popull të lig për të ndëshkuar Judën, megjithëse Juda e meritonte dënimin.

Ai pyeti pse Perëndia qëndron në heshtje kur të ligjtë shkatërrojnë të drejtët. Habakuku vendosi të rrinte në vendrojen e tij si një rojtar, dhe të priste që përgjigja e Perëndisë të vinte.

■ Përgjigja (2:2-4)

Përgjigja e Perëndisë për Habakukun përmbante urdhërat që të "shkruante vegimin" në mënyrë që ai të mund të publikohej tek njerëzit me anë të lajmëtarëve profetikë (2:2). "Vegimi" është përgjigja e Perëndisë. Ai ka një kohë të caktuar për plotësimin e tij. Ndërkohë, Habakuku duhet të shfaqte drejtësinë duke pritur për plotësimin e fjalës së Perëndisë dhe duke qenë besnik ndaj Perëndisë.

■ Fatkeqësia tek shtypësi (2:5-20)

Habakuku shpalli një seri profeciash të "fatkeqësisë" kundër Perandorisë Babilonase. Profeti foli fjalë gjykimi kundër Babilonasve të ligj, që e ndërtuan perandorinë e tyre me anë të vjedhjes, zhvatjes, plaçkitjes, gjakderdhjes dhe dhunës.

■ Lutja e Habakukut (3:1-19)

Kapitulli i fundit i ngjan një psalmi, në lidhje me titullin dhe drejtimin për dirigjentin e muzikës (vargje 1, 19). Ky kapitull është kryesisht, një përshkrim i hollësishëm i shfaqjes së Perëndisë (**teofani**).

Disa studiues e shikojnë këtë kapitull si një himn apokaliptik të shtuar më vonë nga redaktorët e librit.[5] Ne e konsiderojmë këtë kapitull si krijimin e vet Habakukut që i jep librit një përfundim të përshtatshëm.[6]

Profeti fillon me një lutje, të ndjekur nga përshkrimi i madhështisë dhe i shkëlqimit të Perëndisë, si një Perëndi i fuqishëm dhe luftëtar çlirues. Profeti pa vizitën personale të vet Perëndisë për të shkatërruar forcat e liga, si përgjigje ndaj pyetjeve rreth problemit të ligësisë dhe padrejtësisë në botë. Vegimi i ardhjes së Perëndisë i dha Habakukut nxitje për të vazhduar të jetonte jetën e tij me durim dhe shpresë në sigurinë e fjalës së Perëndisë. Më tepër se sa kjo, ai e nxiti atë të gjente gëzim dhe ngushëllim në Perëndinë e tij Shpëtues, megjithëse ai e dinte që forcat e liga ishin gati t'i turreshin dhunshëm vendit të tij dhe të shkatërronin çdo gjë në tokë.

Me sa dimë ne, jeta vazhdoi të ishte e vështirë dhe e pasigurtë për Habakukun. Por Perëndia erdhi përsëri, dhe ai përjetoi praninë besnike të Perëndisë. Prania besnike e Perëndisë me ne dhe në ne gjithashtu na jep mundësi që të përballojmë vështirësitë e jetës me fitore dhe gëzim. Gëzim i tillë është frut i një marrëdhënie të themeluar mbi bindjen që "as vdekja as jeta, … as ndonjë tjetër krijesë, nuk do të mund të na ndajë nga dashuria e Perëndisë që është në Jezus Krishtin, Zotin tonë" (Romakët 8:38-39).

Fjali përmbledhëse

- Jona shkoi në Ninive pas përpjekjes së tij të dështuar për të mos iu bindur thirrjes së Perëndisë, dhe me keqardhje plotësoi misionin e tij.
- Perëndia tregoi dhembshuri kur populli i Ninives u pendua për veprat e këqija.
- Mikea shpalli gjykimin dhe restaurimin e Sionit, si dhe ardhjen e një sundimtar nga Betlehemi si bariun e popullit të Perëndisë.
- Mikea e përmblodhi kuptimin e adhurimit si kryerje e drejtësisë, dashurisë, mirësisë, dhe ecjes me përulësi me Perëndinë.
- Nahumi shpalli gjykimin e Perëndisë mbi Ninive, dhe shpëtimin për Judën.

- Habakuku, edhe pse iu ankua Perëndisë rreth rritjes të së keqes, ai besoi që Perëndia do të sillte fundin e çdo të keqeje.
- Habakuku gëzoi në Perëndinë në mes të gjitha fatkeqësive që erdhën mbi Judën.

Pyetje për reflektim

1. Diskutoni mënyrat domethënëse për të treguar shqetësimin e Perëndisë për botën, që është nën gjykim për shkak të mëkatit dhe të keqes.
2. Krahasoni dhe bëni dallimin e adhurimit në kohën e Mikeas dhe adhurimin në ditët e sotme. Çfarë do të thoshte Mikea për mënyrat e ditëve të sotme të adhurimit të krishterë?
3. A kemi ne të drejtë të sjellim gjykim mbi ata që janë armiq të Perëndisë? Shpjegoni përgjigjen tuaj.
4. Çfarë duhet të bëjë një i krishterë në një botë ku duket që është e sunduar nga pushteti i dhunës dhe i së keqes? Ilustroni përgjigjen tuaj duke përdorur jetën e Habakukut.

Burime për studime të mëtejshme

Allen, Leslie C. *The Books of Joel, Obadiah, Jonah, and Micah. The New International Commentary on the Old Testament.* Grand Rapids: Eerdmans, 1976.

Gowan, Donald L. *The Triumphant Faith in Habakkuk.* Atlanta: John Knox Press, 1976.

Mays, James L. *Micah: A Commentary. The Old Testament Library.* Philadelphia: Westminster Press, 1976.

Smith, Ralph L. *Micah–Malachi. Word Biblical Commentary.* Waco: Word Books, 1984.

32 Sofonia, Hagai, Zakaria dhe Malakia

Objektivat

Studimi i këtij kapitulli do t'ju ndihmojë:

- Të përmblidhni mjediset historike të shërbesave të Sofonisë, Hagait, Zakarisë dhe Malakisë.
- Të përshkruani përmbajtjen e Librave të Sofonisë, Hagait, Zakarisë dhe Malakisë.
- Të diskutoni mësimet teologjike të Sofonisë, Hagait, Zakarisë, dhe Malakisë.

Disa pyetje që duhen marrë parasysh ndërsa lexoni:

1. Pse gjejmë në Dhiatën e Vjetër një theksim të madh për gjykimin universal të Perëndisë?

2. Pse njerëzit tregojnë shumë interes për ndërtimin e kishave?

3. A pret Perëndia prej njerëzve të mbështesin punën e mbretërisë së Tij, megjithëse ata kanë probleme financiare?

4. Si e rifiton dikush ndjenjën e pasionit për Perëndinë kur aktivitet fetare bëhen të mërzitshme?

Fjalët kyçe për të kuptuar

Sofonia
Kushi
Hagai
Dari i Madh
Zorobabel
Jozueu
Zakaria
Zoti i Ushtrive
Apokaliptik
Barrë
Mesia
Shenjtëri
Malakia
Debat i përfytyruar

Sofonia

Biografi e Sofonisë

Nga titulli **Sofonia** paraqitet si bir i **Kushit**. Gjenealogjia që e pason zbulon origjinën e tij nga Ezekia. Disa studiues identifikojnë Ekekian, që përmendet këtu, si Mbreti Ezekia. Kjo do ta vendosë atë si një anëtar i familjes mbretërore të Davidit dhe një anëtar me ndikim të madh i aristokracisë së Jeruzalemit. Kushi, do të thotë "Etiopas,"gjë që gjithashtu sugjeron një trashëgimi Afrikane për profetin. Libri i Jeremias përmend disa herë një prift me emrin Sofonia. (Jeremia 21:1; 29:25, 29; 37:3; 52:24), si një njeri të rëndësishëm dhe si një lajmëtar i Mbretit Sedekia tek Jeremia. Disa studiues e identifikojnë këtë prift si *Sofonia* profeti.[1] Emri Sofonia do të thotë *"Jehovah fsheh/mbron."*

Mjedisi

Vargu hyrës (1:1) tregon se Sofonia profetizoi gjatë mbretërimit të Josias, mbreti i Judës (640-609 para Krishtit). Data e saktë e shërbesës profetike të Sofonias nuk dihet. Disa studiues mendojnë se ai profetizoi përpara 622/621 para Krishtit, ndërsa të tjerë e vendosin atë pas kësaj date. Profecia e Sofonias kundër kryeqytetit të Asirisë, Ninives tregon që ai profetizoi përpara rrëzimit të Ninives në 612 para Krishtit. Përsëri, një datë përpara 622 para Krishtit duket më e arsyeshme përderisa ne gjejmë fjalë të forta të gjykimit kundër atyre që ishin adhurues të Baalit dhe të perëndive të tjera pagane (1:4-13).[2] Kjo do të paracaktonte që shërbesa e Sofonias përputhej me ditët e

hershme të shërbesës së Jeremias, të cilët filluan në 627 para Krishtit.

Përmbajtja

Më poshtë është një përvijim i Librit të Sofoniës:
1. Dita e Zotit (1:1–2:3)
2. Profecitë kundër kombeve (2:4-15)
3. Kundër Jeruzalemit (3:1-8)
4. Shpëtimi për të gjithë (3:9-20)

■ Dita e Zotit (1:1–2:3)

Profecia hyrëse fokusohen në temën e gjykimit të Perëndisë të gjithçkaje në të gjithë tokën. Gjithçka mbi tokë do të fshihej nga faqja e dheut nga gjykimi i Perëndisë. Gjuha e përdorur këtu nënkupton anullimin e veprave krijuese të Zanafillës 1. Kjo pasohet nga akuza të veçanta të idhujtarisë dhe braktisjes së besimit kundër banorëve të Judës.

Sofonia foli për "ditën e Zotit" si "dita e flijimit të Zotit," duke përdorur të folurën e ritualeve të adhurimit. Komuniteti adhurues që bënte nderimet tek perënditë e huaja dhe kultet e tyre në Tempull, do të ishte viktima e flijimit. Në ditën e gjykimit, Perëndia do të vijë si një luftëtar. Profeti e ftoi popullin mëkatar, dhe veçanërisht "të përulurit e dheut," të kërkonin Perëndinë. Ai shprehu shpresën që duke kërkuar Perëndinë përmes drejtësisë dhe përuljes ndoshta do ta shtynin Perëndinë t'i ruante ata nga rrënimi dhe shkatërrimi.

■ Profecitë kundër kombeve (2:4-15)

Sofonia shpalli gjykimet kundër Filistejve, Moabit, Amonit, Etiopasve, dhe Asirisë. Këta kombe do të gjykohen për shkak të armiqësisë së tyre ndaj Perëndisë dhe popullit të Tij Judës.

■ Kundër Jeruzalemit (3:1-8)

Sofonia e quajti Jeruzalemin një qytet të shtypjes, rebelimit, dhe ndotjes, një qytet ku nuk kishte prova të marrëdhënies së besëlidhjes me Perëndinë. Banorët e qytetit dhe grupi drejtues dështuan duke mos e kuptuar se drejtësia e Perëndisë punonte midis tyre. Si pasojë, Perëndia nuk do të shkatërronte jo vetëm Judën por gjithashtu edhe kombet e tjerë, sepse njerëzit e Perëndisë ishin bërë si njerëzit e botës.

■ Shpëtimi për të gjithë (3:9-20)

Sofonia e përfundoi profecinë e tij me premtimin që Perëndia "do t'u jap popujve një të folur të pastër" (v. 9) dhe do t'u jepte mundësi t'i thërrisnin emrit të Tij. Këtu ne gjejmë shpresën që populli që ishte një herë objekti i zemërimit të Perëndisë do të gjente favor dhe do të merrte shpëtim. Perëndia do ta restauronte Jeruzalemin, dhe pjesa e mbetur do të përjetonte prezencën dhe dashurinë e Perëndisë.

Hagai

Çfarë mund të bëni ju për t'i nxitur njerëzit të punojnë për mbretërinë e Perëndisë? Ne e dëgjojmë këtë pyetje të bëhet shpesh nga drejtuesit e kishave tona. **Hagai** e përballoi këtë sfidë gjatë pjesës së hershme të periudhës pas mërgimit. Shërbesa e tij zgjati vetëm për disa muaj, por ai e dinte se si t'i bënte njerëzit të ngazëlluar rreth punës së Perëndisë.

> **T** **Shpëtimi gjithpërfshirës**
>
> Plani i Perëndisë i shpëtimit është për të gjithë njerëzimin. Shumë kohë më parë, Ai i premtoi Abrahamit që nëpërmjet familjes së tij tërë familjet e tokës do të bekohen (Zanafilla 12:3). Ky shpëtim gjithpërfshirës është një temë e rëndësishme në të gjithë profetët. Premtimi i shpëtimit përfshin premtimin e pastrimit të Tij në ne nga të gjitha fëlliqësitë që na pengojnë të adhurojmë Perëndinë me gjithë zemrën, shpirtin, dhe forcën tonë.

Biografi e Hagait

Libri nuk jep detaje për Hagain përveç se identitetit të tij si një profet. Tradita hebraike beson që ai kishte jetuar në mërgim në Babilon dhe ishte një burrë i vjetër kur ai foli fjalët e këtij libri. Emri Hagai do të thotë "festa ime." Ai mund të ketë lindur gjatë njërës prej festave vjetore të Izraelit. Interesimi i tij për rindërtimin e Tempullit sugjeron, se ai i përkiste një familjeje priftërore.

Hagai e datoj mesazhin e tij veçanërisht në vitin e dytë të mbretërimit të **Darit të Madh**, mbretit të Persisë. Sipas kalendarit të kohës, ai i dha profecitë ndërmjet 29 Gushtit dhe 18 Dhjetorit të 520 para Krishtit. Megjithëse, shërbesa e Hagait, që raportohet në shkrim, zgjati më pak sesa katër muaj, ne supozojmë se ai mund të ketë thënë profeci të tjera, përveç atyre të shënuara në libër.

Mjedisi

Pushtimi i Babilonisë nga mbreti Persian Kiri hapi rrugën për Judenjtë e mërguar që të ktheheshin nga Babilonia në vendlindje (shih Ezdra 1-6).

Ata që u kthyen në vendlindje rreth 538 para Krishtit hodhën themelin e Tempullit në mes të festimit dhe optimizmit të madh. Mirëpo, pas pak, pengesat u dukën dhe dekurajimi filloi. Kundërshtimi politik dhe kushtet ekonomike të varfëra i nxiti Judenjtë të ndalonin rindërtimin e Tempullit. Banorët gjithashtu u angazhuan me ndërtimin e shtëpive të tyre. Themeli i Tempullit qëndroi i paprekur për afërsisht 18 vjet.

Viti i dytë i Darit të Madh (520 para Krishtit) ishte fillimi i një epoke të lulëzimit dhe qëndrueshmërisë në Perandorinë Persiane.

Rindërtimi i tempullit ishte shqetësim kryesor i Hagait dhe Zakarias

Hagai ndoshta pa perspektivën e kësaj periudhe, si një mundësi e shkëlqyer për Judenjtë e tjerë si ai, për të përfunduar rindërtimin e Tempullit.

Përmbajtja

Mesazhet e Hagait janë profeci mbretërore të drejtuara tek **Zorobabeli** guvernatori dhe **Jozueu** kryeprifti. Këto mesazhe janë kryesisht ligjërata motivuese dhe inkurajuese.

Mesazhi i tij mund të jetë përvijuar si më poshtë:

1. Mesazhi i parë dhe përgjigja (1:1-15)
2. Mesazhi i dytë (2:1-9)
3. Mesazhi i tretë dhe i katërt (2:10-23)

■ Mesazhi i parë dhe përgjigja (1:1-15)

Mesazhi hyrës i Hagait e ftoi popullin të mendonte për situatën aktuale të tij dhe të rivlerësonte prioritetet. Hagai pohoi se

---

T Fatkeqësia natyrore

Hagai tregoi një lidhje ndërmjet fatkeqësisë natyrore dhe gjykimit të Perëndisë. Në Dhiatën e Vjetër, ndodhet një lidhje e drejtpërdrejtë ndërmjet mbarësisë materialiste dhe gjallërisë shpirtërore. Perëndia e ndalon shiun ose dërgon plagë kur populli i Tij është i pabindur. Kjo është një mënyrë se si Perëndia e gjykon mëkatin.

Bibla, megjithatë, nuk tregon që çdo ndryshim mirëqënie është pasojë e mëkatit. Libri i Jobit e bën atë të qartë se fatkeqësia mund të shkaktohet për arsye të tjera. Ashtu si begatia nuk tregon gjithmonë gjendje të mirë shpirtërore (shih Mateu 5:45), po ashtu fatkeqësia nuk tregon gjithmonë gjykimin e Perëndisë. Fatkeqësia i jep popullit të Perëndisë një kontekst, me të cilën të shqyrtojë marrëdhënien e tij me Perëndinë.

ndryshimi ekonomik, që po kalonin, ishte pasojë e mos vendosjes së Perëndisë në vend të parë. Tempulli i shkatërruar ishte një kujtim i faktit se populli nuk e kishte patur prioritet Perëndinë. Prandaj, Hagai i bëri thirrje popullit të fillonin nderimin e Perëndisë duke rindërtuar Tempullin.

Përgjigja e drejtuesve dhe e popullit ishte e menjëhershme. Ata filluan të punonin në tempull. Perëndia iu përgjigj përpjekjeve të popullit me fjalët e Tij të këndshme të ngushëllimit, "Unë jam me ju" (v. 13).

■ Mesazhi i dytë (2:1-9)

Pas pak pasi rindërtimi i Tempullit filloi, dekurajimi filloi përsëri. Detyra ishte gjithashtu e papërballueshme. Rezervat për ndërtimin mbi shkallën e Tempullit të Salomonit nuk ishin të mjaftueshme. Hagai e inkurajoi popullin me fjalën e Perëndisë se lavdia e Tempullit që ata ishin duke ndërtuar, një ditë do të tejkalonte lavdinë e Tempullit të Salomonit. Ky parashikim u përmbush afërsisht 500 vite më vonë kur Jezusi, i shumëprituri Mesia, i dha hijeshi këtij Tempulli me prezencën e Tij.

■ Mesazhi i tretë dhe i katërt (2:10-23)

Në mesazhin e tretë, Hagai u tregoi njerëzve, se ata kishin arsye për të qenë shpresues rreth të korrurave të ardhshme. Bindja e tyre në rindërtimin e Tempullit do të sillte bekim nga Perëndia. Tempulli në gërmadhë kishte ndotur tokën, kështu që toka mbeti joprodhues. Iniciativa e dytë për Tempullit shënoi fillimin e një epoke të re të bekimit të Perëndisë për popullin.

> **T** *Jehovah Tsabaoth*
> Hagai, Zakaria, dhe Malakia tregojnë një preferencë të dukshme për emrin hyjnor *Jehovah Tsabaoth* ("**Zoti i Ushtrive**"). Nga 237 herë që paraqitet ky emër në librat e profetëve, këta profetë përsërisin këtë term 91 herë në profecitë e tyre.
>
> Emri thekson fuqinë e Perëndisë dhe sovranitetin e Tij në botë, si edhe pasuritë e Tij qiellore dhe tokësore për të përmbushur qëllimin e Tij. Profetët përdorën këtë emër për t'iu kujtuar dëgjuesve të tyre, se Perëndia mund të përballë cilindo dhe çdo rrethanë. Megjithëse sovraniteti i Perëndisë mund të ishte dyshues, sepse Izraeli kishte qenë i përulur nga fuqitë e huaja, profetët deklaruan, se Perëndia ishte akoma në kontroll të botës së Tij.

Në mesazhin e katërt, drejtuar tek Zorobabeli (vargje 20-23), Hagai konfirmoi shpresën mesianike të Izraelit. Si një pasardhës i Davidit, Zorobabeli qëndroi si një simbol i planeve të Perëndisë për një Mesia. Një ditë, Perëndia do të përcjellë mbretërinë e Tij mbi tokë në një mënyrë të re. Froni i Davidit do të kthehet tek trashëgimtarin e tij e ligjshme.

Zakaria

Të krishterët e hershëm gjetën në **Zakarinë** një burim të rëndësishëm për të kuptuar Jezusin dhe fundin e historisë njerëzore. Autorët e ungjijve citojnë nga libri i Zakarias më shpesh sesa nga ndonjë profet tjetër, për të shpjeguar ngjarjet e javës së fundit të jetës së Jezusit. Kur Apostulli Gjon shkroi librin e Zbulesës, në përshkrimet e skenës së vizioneve të tij, ai u mbështet fuqishëm në fjalët piktureske të Zakarias.

Biografi e Zakarisë

Zakaria ishte një bashkohës i Hagait. Ndonëse Hagai u kujdes për motivimin fillestar për ndërtimin e Tempullit, Zakaria ishte përgjegjës për ta vazhduar punën motivuese të Hagait. Mesazhet e tij sigurojnë inkurajimin e duhur për të vazhduar detyrën.

Emri i Zakarisë ("Perëndia mban mënd") është një emër i shpeshpërdorur në Bibël. Mbi 20 njerëz të ndryshëm mbartën këtë emër, duke përfshirë mbretërit e Izraelit. Libri e identifikon atë si "biri i Berekiahut, biri i Idos" (1:1, 7). Sipas Nehemias 12:4, një prift i quajtur Ido u kthye në Jeruzalem me Zorobabelin. Ky njeri mund të ketë qenë gjyshi i Zakarias. Zakaria listohet si prijësi i familjes së Idos tek Nehemia 12:16.

Perspektivat priftërore të Zakarias janë të dukshme kudo në libër. Gjithashtu, mesazhi i tij tregon se tradita profetike, veçanërisht interesat dhe përfytyrimet e Librit të Ezekelit, kanë ndikuar tek Zakaria.

Bazuar mbi datat e përmendura në libër (1:1, 7; 7:1) ne besojmë që Zakaria ishte aktiv gjatë 520-518 para Krishtit, kur rindërtimi i tempullit ishte rifilluar nga Judenjtë. Ne nuk e dimë deri kur ai e kreu shërbesën e tij. Kapitujt më vonë në libër

tregojnë që shërbesa e tij profetike zgjati për disa vjet pas përfundimit të Tempullit në 515 para Krishtit

Mjedisi

Mesazhet e Zakarias 1–8 erdhi ndërkohë që Tempulli ishte duke u ndërtuar. Zakaria ofroi pohimin e vazhdueshëm dhe përtëritjen e vizionit tek bashkësia. Ai i kujtoi atyre dy gjëra: e para, ndërtimi i Tempullit me të vërtetë ia vlente, dhe e dyta, dhe ai mund të përfundonte.

Mjedisi historik për Zakarian kapituj 9–14 nuk mund të përcaktohet lehtësisht. Nuk ka data të dhëna, dhe të dhënat historike në këtë pjesë janë të hapura për interpretime të ndryshme. Ne supozojmë që këto mesazhe erdhën diku pas përfundimit të Tempullit. Me sa duket, populli vazhdon me pyetje rreth mjaftueshmërisë së Perëndisë dhe qëllimit të Tij për popullin e Tij.

Përmbajtja

Mesazhi i Zakarias mund të përvijohet si më poshtë:

1. Thirrje për pendim (1:1-6)
2. Tetë vegimet (1:7–6:8)
3. Një akt simbolik (6:9-15)
4. Gëzimi i Epokës Mesianike (7:1–8:23)
5. Triumfi i Epokës Mesianike (9:1–14:21)

■ Thirrje për pendim (1:1-6)

Libri fillon duke kujtuar të shkuarën përpara se të shikojë në të ardhmen. Zakaria i kujtoi popullit mëkatet e etërve të tyre dhe ndëshkimin e tyre. Ai e bëri këtë për të nxitur dëgjuesit e tij të ktheheshin tek Perëndia.

H Autorësia e Zakarisë

Shumë studiues e kanë vënë në pikëpyetje unitetin në Librin e Zakarias. Kapitujt nga 9 deri në 14 nuk përmbajnë data të veçanta për mesazhet. Përmbajtja dhe fjalori i tyre bëjnë dallim të dukshëm nga kapitujt 1 deri në 8. Gjithashtu kapitujt 9–14 (të njohur si Zakaria e Dytë) përkojnë me shkrime **apokaliptike**. Studiuesit sugjerojnë autorë dhe data të ndryshme dhe të shumta, për pjesën e dytë të librit.

Në të vërtetë ka shumë vazhdueshmëri midis kapitujve 1–8 dhe 9–14. Pikat e bashkimit nuk janë vetëm tematike por dhe strukturore. Libri në vetvete qëndron si njësi koherente letrare. Për mungesë të fakteve kundërshtuese, është e arsyeshme ti trajtosh kapitujt 9–14 si pjesë e punës së Zakarias. Mbase ato vijnë vonë në fund të jetës së tij, gjatë çerekut të parë në shekullin e pestë para Krishtit.

■ Tetë vegimet (1:7–6:8)

Zakaria përshkroi veçoritë kryesore të epokës mesianike në një seri të tetë vegimeve. Këto veçori janë: Kontrolli i Perëndisë në botë, kujdesi i Perëndisë për popullin e Tij, shkatërrimi i armiqve të popullit të Tij, heqja e ligësisë, dhe fuqizimi i drejtuesve të Perëndisë. Këto vegime pohojnë ligjshmërinë e rindërtimit të Tempullit dhe garantonin përfundimin e tij.

Në vegimin e parë (1:7-17), Zakaria pa kuaj që përshkonin tokën për të pohuar sovranitetin e Perëndisë mbi botën e Tij. Perëndia deklaroi qëllimet e Tij për të rindërtuar Jeruzalemin dhe Tempullin e tij. Vegimi i dytë dhe i tretë (1:18-21 dhe 2:1-13) fokusohen mbi gjykimin për armiqtë e popullit të Perëndisë dhe planit e Perëndisë për të banuar në Sion.

Vegimi i katërt dhe i pestë (3:1-10 dhe 4:1-14) thekson se Perëndia do të siguronte dhe fuqizonte drejtuesit për Izraelin. Drejtuesit aktualë (Jozueu dhe Zorobabeli) besonin në të dërguarin ideal të shpëtimit, Mesian. Perëndia do ta lartësonte shërbëtorin e Tij, "Filizin." Perëndia do ta përfundonte qëllimin e Tij, jo nëpërmjet fuqisë dhe forcës të krijesave njerëzore, por nga Fryma e Tij.

Vegimi i gjashtë dhe i shtatë (5:1-4 dhe 5-11) lajmëronte luftën e Perëndisë mbi mëkatin. Këtu do të merrte fund falsiteti, hajdutllëku, dhe ligësia. Vegimi i tetë (6:1-8) pohon sundimin sovran të Perëndisë mbi botën e Tij, me anë të përshkrimit të kuajve që përshkojnë tokën. Fryma e Perëndisë ishte në qetësi në tërë tokën e armiqëve të Tij.

■ Një akt simbolik (6:9-15)

Zakarisë iu udhëzua të bënte një kurorë dhe ta vendoste atë mbi krye të kryepriftit Jozue. Duke bërë kështu ai pohoi lidhjen e afërt ndërmjet fushave politike dhe shpirtërore në Jeruzalem. Jozue përfaqësoi bashkimin e këtyre funksioneve tek Mesia në epokën tjetër.

I Vështirësia e interpretimit të shëmbëlltyrave të Zakarias

Shumë prej shëmbëlltyrave të Zakarias e lënë interpretuesin të pasigurtë rreth kuptimeve dhe mjediseve historike të veçanta. Disa prej vështirësive përfshijnë identifikimin e kalorësve, brirëve, dhe kovaçëve (kap. 1), dhe shtatë syve mbi një gur (3:9). Gjithashtu, veçantërisht e pakuptueshme është interpretimi i tre barinjve dhe bariut të pavlerë në kapitullin 11.

Në kapitullin 4, në njërën prej vegimeve më të rëndësishme të librit, lexuesi nuk mund të përcaktojë lehtësisht lidhjen e shëmbëlltyrave të ndryshme. Mënyra se si dy pemët e ullirit lidhen me shandanin me shtatë-vende është e paqartë duke patur parasysh mesazhin e pasazhit. Perëndia është burimi i fuqisë për planet e Tij (v. 6), megjithatë pemët e ullinjve që furnizojnë vaj për llampën janë Jozueu dhe Zorobabeli (v. 14).

Ky është tipari i letërsisë eskatologjike (letërsi që merret me kohët e fundit). Shpesh autorët nuk janë të interesuar në përcaktimin e vendodhjes së çdo shëmbëlltyre në kohë dhe hapësirë. Ata pikturojnë pamje të realitetit që do të vijë pa referenca në rradhitjen historike. Ata lëvizin lirisht ndërmjet të tashmes dhe të ardhmes, pa shënuar qartësisht ndryshimet. Përvojat e sotme zbehen në domethënien e shpresave të ardhshme në një literaturë të tillë. Kjo është e qartë në rastin e Zakarisë.

■ Gëzimi i Epokës Mesianike (7:1–8:23)

Kapitujt 7–8 janë një mbledhje e mesazheve që sinjalizojnë gëzimin që shoqëron epokën e re. Drejtuesit fetarë pyetën nëse vajtimi dhe agjërimi për shkatërrimin e Tempullit duhet të vazhdonte apo jo. Zakaria fillimisht iu përgjigj duke i pyetur për motivin e tyre për agjërimet. A kishin agjëruar ata për Perëndinë apo për vetveten? Ai iu kujtoi atyre se vuajtjet e mërgimit kishin qenë pasojat e refuzimit të tyre për të zbatuar ligjet e Perëndisë në jetën reale.

Zakaria pohoi kujdesin e Perëndisë për popullin e Tij dhe prezencën e Tij me ata në Jeruzalem. Për shkak të kësaj, agjërimet do të bëheshin një burim i gëzimit për popullin e Perëndisë. Nëpërmjet një përfytyrimi të thënë, Zakaria paraqiti shpresën e epokës së re. Kombet do të shprehin dëshirën e tyre për t'u bashkuar me Judenjtë për të adhuruar Perëndinë në Jeruzalem.

■ Triumfi i Epokës Mesianike (9:1–14:21)

Zakaria 9–14 na çon përtej planit të rindërtimit të Tempullit. Këto kapituj vazhdojnë me përshkrimin e synimeve të mbretërisë së Perëndisë të paraqitura në tetë kapitujt e parë. Përmes të folurës dhe shëmbëlltyrave apokaliptike, profeti përshkruan këtu luftën e dhimbshme dhe fitoren përfundimtare të mbretërisë mesianike.

Këto kapituj përmbajnë dy pjesë të barabarta, të balancuara të materialit: kapitujt 9-11 dhe kapitujt 12-14. Çdo pjesë paraqitet si një "**barrë**" ose "orakull" (në Hebraisht, *massa'*). Ky term tregon ndjenjën e detyrimit që profeti ndjeu kur një mesazh nga Perëndia duhej të përcillej.

"Barra" e parë (kap. 12) fillon me shpalljen e fitores përfundimtare të pushtetit të Perëndisë mbi armiqtë e Izraelit dhe për ruajtjen e Tempullit. Atëherë Mesia e Perëndisë do të vijë të vendos mbretërinë e

---

Mesia

Portreti i **Mesisë** tek Zakaria është një përzierje e koncepteve të gjetura në profetët e tjerë. Mesia do të jetë një Filiz pushtues nga prejardhja e Davidit që gjithashtu do të kryejë rolet priftërore si një Shërbëtor. Ai do të vijë i përulur dhe në paqe dhe do të drejtoj popullin e tij si një Bari i Mirë. Ai gjithashtu do të vuaj refuzimin përpara fitores përfundimtare të Tij. Një përshkrim i tillë përputhet mirë me jetën e Jezusit. Nuk është e vështirë të shohim pse të krishterët e hershëm u kthyen tek Libri i Zakarias për të kuptuar Shpëtimtarin e tyre.

Shenjtëria tek Zakaria

Zakaria tregon një interes të dukshëm për **shenjtërinë**. Zakaria është i vetmi libër në Bibël që përdor termin "toka e shenjtë" si një referencë për tokën e Izraelit (2:12).

Më i rëndësishmi, megjithatë, është vegimi i Zakarias për karakterin e shenjtë të mbretërisë mesianike. Në atë ditë, qëndra e mbretërisë, Mali i Tempullit në Jeruzalem, do të quhet "Mali i Shenjtërisë" (8:3). Atëherë shenjtëria do të karakterizojë gjithë ekzistencën në Mbretëri. Madje dhe enët e gatimit edhe zilkat e kuajve do të jenë aq të shenjtë sa enët në Tempull (14:20-21). Mbretëria Mesianike do të jetë një mbretëri e shenjtë, e përshtatshme për karakterin e një Perëndie të Shenjtë.

Tij dhe të përforcojë fitoren. Perëndia, Bariu i Mirë që do të sjell harmoni dhe bekim tjetër tek populli i Tij, do të kujdeset për mbretërinë e re. Populli do ta refuzojë dhembshurinë e bariut. Si pasojë, gjykimi do të vijë në ta.

Fokusi i "barrës" së dytë (kapituj 13–14) është në mbretërinë mesianike të Perëndisë që do të vinte në kohërat e fundit. Në ditët e fundit, Perëndia do t'i mposhtë kombet dhe do të mbrojë Jeruzalemin. Perëndia premtoi derdhjen e Frymës së Tij të hirit për popullin e Tij, kur ata do të vajtojnë dhe do të pranojnë faljen për shkak se e refuzuan Atë. Kjo pjesë mbaron me një vegim të sundimit të fundit të Perëndisë mbi të gjithë tokën. Në epokën mesianike, kushdo dhe çdo gjë do të shenjtërohet për Perëndinë, dhe të gjithë kombet do të adhurojnë Zotin si Mbret.

Malakia

Malakia është libri i fundit i profetëve që shkruan. Ai shërben si një përfundim i përshtatshëm në literaturën profetike. Ai i rikthehet edhe një herë, në mënyrën e tij unike, shumë prej temave kryesore që gjënden në librat e tjerë profetik.

Biografi e Malakisë

Ne dimë shumë pak rreth Malakisë. Nuk është dhënë prejardhje familjare, dhe nuk identifikohen në libër as ngjarje historike ose drejtues politik. Ai nuk është përmendur në tjetër vend në Dhiatën e Vjetër.

Emri *Malakia* do të thotë "lajmëtari im." Nuk është një emër tipik hebraik. Disa kanë sugjeruar se ai është vetëm një emër referues dhe jo një emër i një personi. Ata mendojnë se emri i tij duhet kuptuar në të njëjtën mënyrë si termi tek 3:1. Në këtë vend,

"lajmëtari im" identifikon personin që do të përgatiste rrugën për ardhjen e Zotit. Megjithatë, formulimi i 1:1 është tipik i prezantimeve të librave profetik. Prandaj ne e konsiderojmë Malakinë emrin e vërtetë të profetit.

Mjedisi

Mjedisi për shërbesën e Malakias duket i ngjajshëm me atë të Ezdras dhe Nehemias, afërsisht në mes të shekullit të pestë para Krishtit. Është e vështirë të përcaktohet nëse Malakia paraprinte Ezdran dhe Nehemian, vinte pas tyre, ose vepronte pranë tyre. Ne mendojmë që shërbesa e tij ndodhi rreth 460 para Krishtit, pikërisht përpara ardhjes së Ezdras.

Anëtarët e komunitetit restaurues të Judenjve kishin jetuar të shkujdesur në zakonin dhe adhurimin e tyre. Libri sugjeron që komuniteti u përball me probleme ndërmjet gjërave të tjera, të tilla, si drejtimi shpirtëror i dobët, zakone martesore dhe të divorcit, padrejtësi, dhënia e të dhjetës dhe respektimin e të Shtunës. Dëgjuesit e Malakias kishin një ndjenjë të pashprese. Përpjekjet e tyre në zakonin fetar dukeshin pa qëllim për ata.

Përmbajtja

Malakia përdor një mjet retorik, që mund ta quajmë **debat të përfytyruar**. Ky tipar, i cili ishte përdorur nganjëherë nga profetët e tjerë, shfaq një dialog argumentues ndërmjet Perëndisë dhe popullit. Modeli tipik është si më poshtë: (1) Perëndia shpall çështjen e Tij me popullin, (2) Populli i përgjigjet me një pyetje, dhe (3) Perëndia përgjigjet me një mesazh sfidues.

Libri përbëhet prej një serie të gjashtë debateve të përfytyruara, në lidhje me çështje të ndryshme të jetës, por të lidhura me njëra tjetrën. Ato janë:

1. Debati mbi dashurinë e Zotit (1:1-5)
2. Debati mbi drejtimin e dobët shpirtëror (1:6–2:9)
3. Debati mbi prishjen e besës (2:10-16)
4. Debati mbi drejtësinë në vend (2:17–3:5)
5. Debati mbi të dhjetën dhe ofertat (3:6-12)
6. Debati mbi adhurimin e kotë (3:13–4:6)

■ Debati mbi dashurinë e Zotit (1:1-5)

Dëgjuesit e Malakias nuk e besonin që Perëndia i donte ata. Perëndia iu përgjigj me një ilustrim nga historia e kaluar e Izraelit. Zgjedhja e Perëndisë të Jakobit ishte një akt i dashurisë. Izraeli ishte ende objekti i kujdesit dhe dashurisë së Perëndisë. Edomi, pasardhësit e Esaut, vëllait të Jakobit, nuk kishin të ardhme. E ardhmja që Perëndia iu premtoi pasardhësve të Jakobit është një paraqitje e dashurisë së Perëndisë.

■ Diskutimi mbi drejtimin e dobët shpirtëror (1:6–2:9)

Drejtuesit shpirtërorë të Judës ishin përgjegjës për zakonin e adhurimit të rëndomtë dhe të korruptuar. Ata e turpëruan Perëndinë dhe prishën besëlidhjen që ai kishte bërë me ata. Sipas Malakias, ilaçi për të shëruar mungesën e kushtimit ndaj fesë, ishte përkushtimi për të nderuar Perëndinë. Ai tha që Perëndia duhet të merrte të paktën nderimin që i takon një ati, një zoti, ose një qeveritari. Malakia i sfidoi priftërinjtë dhe Levitët të nderonin Perëndinë kështu që Ai do të nderohej prej kombeve në botë.

■ Debati mbi prishjen e besës (2:10-16)

Marrëdhënia jo e shëndetshme e popullit me Perëndinë krijoi probleme në marrëdhëniet e tyre me njeri tjetrin. Burrat po martoheshin me gratë që adhuronin perënditë pagane dhe divorconin gratë e tyre Judease, me të cilat ata kishin bërë një besëlidhje martesore. Malakia tha që Perëndia i urrente pabesi të tilla. Veprime të tilla treguan një prishje të përkushtimit ndaj besëlidhjes. Populli i Perëndisë duhet të jetë populli i ndershmërisë dhe besnikërisë në marrëdhëniet më e rëndësishme në jetën e tyre.

■ Debati mbi drejtësinë në vend (2:17–3:5)

Populli nuk besonte që Perëndia ishte i mirë dhe i drejtë, sepse të këqinjtë dukeshin sikur lulëzonin dhe të drejtët vuanin. Përgjigja e Perëndisë ishte shpallja se do të

T Malakia si libri i fundit në Dhiatën e Vjetër
Malakia shërben si një përfundim i përshatshëm për librat e profetëve, me theksimin e tij mbi funksionin e profetit si një lajmëtar i Perëndisë. Ai përmbledh pikat kryesore të profetëve të tjerë.

Malakia dhe profetët e tjerë të Dhiatës së Vjetër akoma na flasin dhe na kujtojnë përgjegjësinë tonë ndaj Perëndisë, i cili ka bërë një besëlidhje me ne nëpërmjet Jezus Krishtit. Dashuria e Perëndisë për ne është një fakt i padiskutueshëm. Ai është i interesuar shumë në mënyrën se si ne i qëndrojmë besnik ndaj Atij, mënyrën se si e adhurojmë Atë, mënyrën se si e nderojmë Atë nëpërmjet përkushtimit tonë tek Ai. Ai dëshiron prej nesh ndershmëri në marrëdhënien tonë me të tjerët. Restaurimi i marrëdhënies me Perëndinë, e cila është një temë kryesore tek Malakia dhe profetët e tjerë, është tani e mundshme për ne nëpërmjet besimit tonë në Jezus Krisht. Ky është "lajmi i mirë" që na pret në Dhiatën e Re.

vinte dita që Ai do të rregullonte gjithçka. Mesia do të vinte dhe do të sillte drejtësi. Ai do të gjykojë çdonjerin si një "zjarr rafinues" që ndan mbeturinat nga argjendi i pastër.

Shkrimtarët e Dhiatës së Re menduan që "lajmëtari" në 3:1 i referohej Gjon Pagëzorit (Mateu 11:10; Marku 1:2; Lluka 7:27). Pra, Jezusi ishte "Zoti që ju kërkoni" dhe "rafinuesi" i popullit të Tij (Malakia 3:1).

■ Debati mbi të dhjetën dhe ofertat (3:6-12)

Malakia e kërkoi popullin të pendohej. Perëndia i siguroi se, nëse ata ktheheshin tek Ai dhe Ai do të kthehej tek ata. Dhënia e të dhjetës dhe ofertave ishte një mënyrë e qartë për të tregua se ata ishin kthyer tek Perëndia. E dhjeta ishte çfarë ata i detyroheshin Perëndisë, kështu që mosdhënia e saj ishte e njëjtë sikur ta vjedhësh Atë. Malakia pa një marrëdhënie të ngushtë ndërmjet dhënies tek Perëndia dhe bekimit në jetë. Bekimi do të shoqërojë kushtimin tonë ndaj Perëndisë

■ Debati mbi adhurimin e pavlerë (3:13–4:6)

Debati i fundit është rreth ndjenjës së pashpresë të popullit në shërbimin ndaj Perëndisë. Ata nuk shikonin ndonjë avantazh i të qënurit populli i Perëndisë. Përgjigja e Perëndisë ishte, të ngrinin sytë e tyre përtej rrethanëve të asaj dite drejt një dite të ardhme, ku drejtësia do të kryejë. Mëkatarët do të konsumohen në zjarrin e gjykimit të Perëndisë, ndërkohë, që ata të cilët kanë frikë dhe nderojnë Perëndinë, do të njohin fuqinë mbrojtëse të "diellit të drejtësisë" të ngrihet "me shërimin në krahët e tij" (4:2).

Kjo ditë nuk do të vijë pa lajmëruar. Perëndia premtoi të dërgonte Elian të përgatiste ardhjen e tij. Shkrimtarët e Dhiatës së Re e identifikojnë këtë lajmëtar si Gjon Pagëzori (Mateu 11:14; 17:12; Marku 9:11-13; Lluka 1:17).

Fjali përmbledhëse

- Sofonia shpalli gjykimin e Perëndisë mbi të gjithë ata që janë të këqinj, por shpalli shpëtimin dhe pastrimin për të gjithë ata që e kërkojnë Atë (Perëndinë).
- Hagai dhe Zakaria ishin bashkohës që e sfiduan popullin për të rindërtuar Tempullin.
- Hagai theksoi se rindërtimi i Tempullit do të ishte shenja se populli e vendosi Perëndinë të parin.
- Zakaria i tregoi popullit se ata po hynin në epokën mesianike duke rindërtuar tempullin, dhe se Perëndia do të plotësonte çdo nevojë që ata do të kishin për ta përfunduar atë.
- Epoka mesianike dallon për shenjtëri, gëzim dhe triumfin përfundimtar të Perëndisë mbi të keqen.
- Malakia i sfidoi njerëzit që dyshuan tek dashuria e Perëndisë dhe që u bënë të shkujdesur në jetët e tyre shpirtërore.
- Rrugëdalja nga një mungesë e përkushtimit ndaj fesë, sipas Malakisë, ishte përkushtimi për të nderuar Perëndinë.

Pyetje për reflektim

1. Pse ndërtimi i Tempullit për Perëndinë tregon se ne e vendosim Atë të parin në jetën tonë?
2. Si na ndihmon neve vizioni i epokës mesianike në përballjen me detyrat e përditshme të jetës sonë?
3. Pse nderimi i Perëndisë është kaq shumë i rëndësishëm për mirëqënien tonë shpirtërore?

Burime për studime të mëtejshme

Baldwin, Joyce G. *Haggai, Zechariah, Malachi: An Introduction and Commentary.* Tyndale Old Testament Commentaries. Downers Grove, Ill.: InterVarsity Press, 1972.

Bennett, Robert A. *The Book of Zephaniah: Introduction, Commentary, and Reflections.* Vëll. 7 i *The New Interpreter's Bible.* Nashville: Abingdon Press, 1996.

March, Eugene W. *The Book of Haggai: Introduction, Commentary, and Reflections.* Vëll. 7 i The *New Interpreter's Bible.* Nashville: Abingdon Press, 1996.

Ollenburger, Ben C. *The Book of Zechariah: Introduction, Commentary, and Reflections.* Vëll. 7 i *The New Interpreter's Bible.* Nashville: Abingdon Press, 1996.

Smith, Ralph L. *Micah–Malachi. Word Biblical Commentary.* Waco: Word Books, 1984.

Historia hebraike nga 331 deri në 63 para Krishtit

Studiuesit zakonisht konsiderojnë si mbarimin e historisë së Dhiatës së Vjetër afërsisht 400 para Krishtit. Periudha nga 400 para Krishtit deri në lindjen e Jezusit zakonisht quhet periudha ndërmjet dy Dhiatave. Ne do të japim këtu një përvijim të shkurtër të kësaj epoke ndërmjet Dhiatës së Vjetër dhe të Re, që ta përgatisim lexuesin për historitë e Dhiatës së Re.

Me shkatërimin përfundimtar të ushtrive Persiane në 331 para Krishtit, një territor i madh nga Deti Egje në lumin Indus, u vendos nën kontrollin e Aleksandrit të Madh. Si rrjedhim karakteri i Lindjes së Mesme ndryshoi përgjithmonë. Qëllimi i pushtimit të Aleksandrit ishte të sillte unitetin po politik si edhe kulturor në botën e tij. Një student i Aristotelit, ai ishte i bindur në epërsinë e kulturës Greke. Çdo vend që ai pushtoi ai vendosi të helenizonte, d.m.th. t'i përfshinte zakonet dhe idetë Greke në kulturën e vendit. Një fryt kryesor i entuziazmit të Aleksandrit ishte që greqishtja të bëhej gjuha ndërkombëtare në Lindjen e Mesme.

Pas vdekjes së Aleksandrit në 323 para Krishtit, gjeneralët e tij luftuan për kontrollin e perandorisë së madhe. Pasi tymi u largua (në 301 para Krishtit), Siria dhe Mesopotamia iu nënshtruan sundimit të Seleukideut, ndërkohë që Egjipti iu nënshtrua sundimit të Ptolemeut. Toka e Judës dhe Samarisë shërbyen si një zonë zbutëse ndërmjet dy mbretërive dhe, në fillim ndodheshin brënda Perandorisë së Ptolemeut.

Qendra e Perandorisë së Ptolemeut ishte Aleksandria në Egjipt. Ai ishte një qytet vitrinë e kulturës greke në gjithçka. Në mes të popullsisë së tij jetonte një grup i madh Judenjsh, të cilët morrën përsipër përkthimin e Dhiatës së Vjetër në greqisht aty nga mesi i shekullit të tretë para Krishtit. Ky përkthim, *Septuagint* (në greqisht *Septuagint*), që do të thotë shtatëdhjetë, siguronte mundësinë për të përdorur lehtë librat e Dhiatës së Vjetër për popullin greqisht-folës në botën mesdhetare.

Nën sundimin Ptolemean, Juda ishte lejuar të vazhdonte me traditat e saj kulturore. Disa qytete dhe persona nuk pranuan zakonet dhe idetë Greke, por adhurimi tradicional i Perëndisë së Izraelit tek Tempulli në Jeruzalem ishte lënë i patrazuar. Kur Seleukidët e përfshivën me sukses Judën në mbretërinë e tyre në 198 para Krishtit, gjendja e situatës ndryshoi shumë. Seleukidët ishin shumë më tepër të qëllimshëm në synimet për të helenizuar perandorinë e tyre. Një teatër dhe një palestër dolën në Jeruzalem, së bashku me shenja të tjera të helenizimit që po rritej. Përfundimisht, në 168 para Krishtit, perandori Seleukid Antioku IV ndaloi adhurimin dhe zakonet e judaizmit dhe përdori Tempullin e Jeruzalemit për flijimet ndaj Jupiterit.

Politika Seleukide ndaj Judaizmit provokoi kryengritjen Makabease. Matias, një prift që ishte tërhequr nga Jeruzalemi, jetonte në një

H Antiok Epifani IV

Despoti më tiranik i Seleukidëve ishte Antiok Epifani IV, i cili sundoi nga viti 175 para K. deri në 164 para K. Titulli Epifan na tregon se ai përfytyronte veten e tij si "perëndi i dukshëm." Megjithatë historiani Polibius mund të jetë më i saktë kur e quajti "Epimami" që do të thotë "i çmenduri".

Sundimi i tij ishte mbushur me luftëra, dyshime, dhe intriga në çdo anë. Meqë ai nuk mundi ta pushtonte Egjiptin edhe pse u përpoq disa herë, ai vendosi të forconte pushtetin e tij mbi Palestinën. Në vitin 168 para K. ai bëri një sulm në Jeruzalem në të shtunën, dhe vrau shumë prej banorëve e tij. Atëherë, sipas 2 Makabenjve 6:1, ai u dha urdhër judenjve që të "largohen nga ligjet e Perëndisë." Ai ndërtoi një altar brenda oborrit të Tempullit dhe atje i ofroi flijime Jupiterit. Këto veprime janë "veprime të neveritshme që shkaktojnë shkretim" për të cilët flet Danieli 9:27 dhe 11:31.

fshat të vogël rreth 33 kilometra në veri-perëndim të Jeruzalemit. Ai sulmoi dhe vrau një ushtar grek që erdhi në fshat dhe kërkoi flijime pagan. Më pas, Matias dhe pesë djemtë e tij (Gjoni, Simoni, Juda, Eleazar dhe Jonathan) ikën në kodrat e Judeas. Judenj rebel të tjerë shumë shpejt u bashkuan me ta. Nga kodrat, ata filluan luftën guerile kundër garnizoneve greke. Matias vdiq në betejë, dhe pas pak Juda u bë drejtuesi. Ai u bë i njohur me emrin Makabeas–"çekiçi"– sepse ai i dërrmonte si me çekiç ushtarët grek. Më vonë e gjithë familja u bë e njohur si Makabenjtë. Kryengritësit judenj ishin në gjendje të përzënin trupat seleukide dhe të fitonin pavarësinë për Jeruzalemin dhe zonat rrethuese të saj. Në 164 para Krishtit forcat makabease rimorrën Jeruzalemin dhe Tempullin. Ata pastruan Tempullin dhe ia ripërkushtuan edhe njëherë adhurimit të Perëndisë së Izraelit. Kjo ngjarje festohet ende çdo vit në Festën e Dritave, ose Hanukkah.

Në betejën vazhduese, Eleazari dhe Juda u vranë. Jonathani, trashëgimtari i tij, u bë kryeprifti dhe guvernatori i Judeas. Por, më vonë ushtria greke e vrau atë ndërkohë që ai ishte në një mision diplomatik me Sirinë. Simoni mori drejtimin, dhe ai ishte në gjendje të bashkonte disa elementë brënda Judaizmit. Në 140 para Krishtit ai u bë kryeprift dhe drejtues i judenjve. Kjo shënoi fillimin e dinastisë Hasmoneane që sundoi judenjtë deri në 63 para Krishtit. Pasardhës të ndryshëm pak nga pak zgjeruan kufijtë e shtetit, duke përfshirë krahinat e Galilesë, Idumeas, dhe Moabit.

Mosbesimi dhe intriga shoqëruan sundimtarët hasmoneanë duke qenë se secili, njeri pas tjetrit, kërkonte më shumë fuqi dhe famë. Kjo përfundimisht e mposhti mbretërinë e tyre të thyeshme.

Pas vdekjes së sundimtarit Hasmonean, Salome Aleksandra, dy bijtë e saj bashkë me mbështetësit e tyre konkurruan për qeverisjen e shtetit. Të dy më në fund iu drejtuan romakëve për të ndërhyrë dhe të mbështesnin anën e tyre të konfliktit. Pompej, që po stabilizonte sundimin romak në Siri, ndërmjetësoi me trupat e tij, dhe Juda nuk ishte më e lirë të drejtonte vetë. Ai emëroi Hyrcannusi II të drejtonte zonën nën udhëheqjen Romake. Autoriteti i vërtetë pas Hyrcannusit ishte një idumean me emrin Antipas. Ishte biri i Antipas, Herodi që përfundimisht sundoi tokën me një dorë të hekurt dhe solli qëndrueshmëri në vend, pikërisht para lindjes së Jezus Krishtit.

Epoka Greke krijoi disa zhvillime të rëndësishme brenda Judaizmit. Për të neutralizuar ndikimet negative që ndonjëherë shoqëronin helenizimin, u ngrit një grup i quajtur Hasidim. Ata përkrahën thirrjen për t'u kthyer tek standartet e ligjeve të Moisiut. Një degë e grupit ndeshet më vonë, në Dhiatën e Re, në emërtimin farisenj. Një grup tjetër kundërshtues ishte Essenes. Këta njerëz u larguan në shkretëtirën Judease në protestë ndaj korrupsionit në Tempullin e Jeruzalemit, të shkaktuar nga Hasmoneanët. Një grup i tillë u vendos afër Detit të Vdekur në Qumran (Kumran), bënë kopje të librave të Dhiatës së Vjetër dhe i vendosën ato në shpellë për ruajtje. Këto dorëshkrime, të njohura si Rrotullat e Detit të Vdekur, u zbuluan në 1948 pas Krishtit.

Një zhvillim i tretë në Judaizëm, gjatë kësaj kohe, ishte një fokusim në literaturën apokaliptike. Kjo lloj literature parashtronte idenë se populli i Perëndisë duhet të shpresonte më tepër për botën që do të vinte sesa për epokën e sotme. Të frymëzuar nga librat e profetëve të Dhiatës së Vjetër si Ezekieli dhe Zakaria, këto vepra ishin veçanërisht kuptimplotë gjatë kohës të krizave shtetërore, si kryengritja Makabease. Interesimi në këtë lloj literature vazhdoi në epokën e Dhiatës së Re dhe siguroi një bazë mbi të cilën personi i Jezus Krishtit kuptohej.

Përfundim

Ne kemi udhëtuar me popullin e Izraelit që nga fillimi i ekzistencës së tyre deri në dekadat përpara lindjes së Jezusit të Nazaretit. Në historinë e Izraelit dhe në marrëveshjet e Perëndisë me njerëzimin në tërësi, ne pamë vazhdimisht hirin e Tij të punonte. Qëllimi i hirshëm i Perëndisë për thirrjen e Tij ndaj Abrahamit ishte të sillte një bekim tek gjithë njerëzimi nëpërmjet familjes së Abrahamit. Por ne gjejmë fëmijët e Abrahamit vetëm në kriza dhe shqetësim, duke jetuar me ëndrra të paplotësuara dhe pa ndonjë kuptim në misionin e tyre në botë. Judea ishte edhe njëherë një krahinë nën sundimin e një shteti të huaj. Përçarje të ndryshme fetare brënda Judaizmit u ngritën me perspektiva të ndryshme rreth fatit të Izraelit në botë. Kjo ishte situata, plot me pushtime të fuqive politike të huaja, konflikte dhe kriza brenda Judaizmit si edhe dëshpërim dhe mungesë shprese në mes të popullit të Perëndisë, në të cilën Perëndia dërgoi Jezusin, Birin e Tij. Kjo është historia e Dhiatës së Re.

Indeksi i subjekteve dhe emrave

Zh

Shënime

Kapitulli 1

1 Për të mësuar më shumë rreth kuptimit të Izraelit për kohë dhe histori, shih G. Von Rad, Old Testament Theology, vëll. 2, i përkthyer nga D.M.G. Stalker (New York: Harper and Row Publishers, 1965), 99-112.

2 Për një kuptim ueslian të frymëzimit të Shkrimit, shih H. Ray Dunning, Grace, Faith, and Holiness (Kansas City: Beacon Hill Press of Kansas City, 1988), 65-73.

Kapitulli 2

1 Shih John J. Collins, "Dead Sea Scrolls," vëll. 2, The Anchor Bible Dictionary (New York: Doubleday, 1992), 85-101. Më pas i referohet si ABD.

2 Për një trajtim të gjerë dhe të shkëlqyer të historisë së transmetimit të Dhiatës së Vjetër, shih Shemaryahu Talmon, "The Old Testament Text", tek Qumran and the History of the Biblical Text, redaktori Frank M. Cross dhe Shemaryahu Talmon (Cambridge, Mass.: Harvard University Press, 1975), 1-41.

3 Shih Harry Y. Gamble, "Canon," vëll. 1, ABD, 837-61.

Kapitulli 3

1 Herbert Danby, The Mishna: Translated from the Hebrew with Introduction and Brief Explanatory Notes (London: Oxford University Press, 1933), 103, 112.

2 "Letra e Parë të Klementit" tek The Apostolic Fathers with Justin Martyr and Irenaeus: An American Edition, redaktues. A. Cleveland Coxe (version i riprintuar, Peabody, Mass.: Hendrickson Publishers, 1995), 8.

3 Për një trajtim të përgjithshëm, shih Edgar Krentz, The Historical-Critical Method (Philadelphia: Fortress Press, 1975).

4 "Letra e Barnabës" tek Apostolic Fathers, 142.

5 Për një trajtim të përgjithshëm, shih Norman Habel, Literary Criticism of the Old Testament (Philadelphia: Fortress Press, 1971).

6 Për një trajtim të përgjithshëm, shih Gene M. Tucker, Form Criticism of the Old Testament (Philadelphia: Fortress Press, 1971).

7 Hermann Gunkel, The Psalms: A Form Critical Introduction, përkth. Thomas M. Horner (Philadelphia: Fortress Press, 1967).

8 Martin Dibelius, From Tradition to Gospel (New York: Charles Scribner's Sons, 1965), Rudolph Bultmann, The History of the Synoptic Tradition (New York: Harper and Row, 1963).

9 Shih Norman Perrin, What is Redaction Criticism? (Philadelphia: Fortress Press, 1969).

10 Shih J.A. Sanders, Canon and Community: A Guide to Canonical Criticism (Philadelphia: Fortress Press, 1984).

Kapitulli 4

1 Shih "Akkadian Myths and Epics," përkth. E.A. Speiser, tek James B. Pritchard Ancient Near East Texts Relating to the Old Teastament, botim 3, (Princeton, N.J.: Princeton University Press, 1969), 68. Më pas i shkruar ANET. I rishtypur me lejë nga Princeton University Press.

Kapitulli 5

1 Për tektin e plotë të epikës, shih Pritchard, ANET, 60-72.

2 Për një trajtim të pikëpamjeve të ndryshme për javën e krijimit, shih Henri Blocher, In the Beginning: The Opening Chapters of Genesis (Downer's Grove, Ill.: InterVarsity Press, 1984), 39-59.

3 Për një kuptim teologjik të imazhit të Perëndisë, shih Dunning, Grace, Faith and Holiness, 150-61.

4 Për tekstin e plotë të këtij epi, shih Pritchard, ANET, 72-99.

Kapitulli 6

1 Shih Gerhard Von Rad, Deuteronomy: A Commentary, përkth. Dorothea Barton (Philadelphia: Westminster Press, 1966), 84.

Kapitulli 8

1 Shih Victor Hamilton, Handbook on the Pentateuch (Grand Rapids: Baker Book House, 1982), 165-66 për një lidhje të mundshme midis plagëve 1, 2, 4, 5, 7, 8, 9, 10, dhe perëndive të ndryshme të Egjiptit.

2 Shih Childs, Exodus, 232-37 për një përmbledhje të shkëlqyer të historisë së interpretimit të Kalimit të Detit në Eksodin, që gjenden në shkrimeve hebraikë dhe të krishterë.

Kapitulli 9

1 Shih Kodi i Hammurabit tek Pritchard, ANET, 163-80. I rishtypur me lejën e Princeton University Press.

2 Studiuesit janë të ndarë për çështjen e ngjashmërisë midis besëlishjes së Sinait dhe marrëveshjeve të lashta të Hethitëve. Shih D. J. McCarthy, Treaty and Covenant, (Rome, 1963), për një trajtim të përgjithshëm të debatit.

3 Shih Hamilton, Handbook, 213-21, për një analizë të ligjeve të kodit të besëlidhjes dhe të kodeve ligjor jobiblik.

Kapitulli 10

1 Yehezkel Kaufmann, The Religion of Israel (Chicago: University of Chicago Press, 1960) dhe J. Milgrom, The Anchor Bible: Leviticus 1 – 16 (New York: Doubleday, 1991) janë disa nga mbështetësit e mendimit që origjina e Librit të Levitikut ishte në fillimin e shekullit 7 para Krishtit.

2 Shih artikulli i Baruch Levine "The Meaning of Dietary Laws" tek The JPS Torah Commentary: Leviticus (Philadelphia: Jewish Publication Society, 1989), 243-44.

3 Jacob Milgram paraqet 26 arsye të forta dhe 23 arsye mbështetëse për mendimin e tij se materiale priftërore në këtë libër i përkasin një periudhe shumë më hershme se periudhës pas mërgimit. Shih The JPS Torah Commentary: Numbers (Philadelphia: Jewish Publication Society, 1989), xxxii-xxxv.

Kapitulli 11

1 Për një diskutim të hollësishëm në mbështetje të një datë më të hershme sesa shekulli i shtatë para Krishtit, shih P.C. Craigie, The Book of Deuteronomy: The New International Commentary on the Old Testament (Grand Rapids: Wm. B. Eerdmand Publishing Company, 1976), 24-32.

Kapitulli 12

1 Martin Noth ua paraqiti konceptin e Historisë sipas traditës së Ligjit të Përtërirë studimeve biblike. Sugjerimi se ka dy versione të Historisë sipas traditës së Ligjit të Përtërirë, njeri para mërgimit dhe tjetri pas mërgimit, u bë nga Frank Moore Cross tek Canaanite Myth and Hebrew Epic: Essays in the History of the Religion of Israel (Cambridge, Mass.: Harvard University, 1973). Një përmbledhje më e shkurtër e zhvillimit të Historisë sipas Ligjit të Përtërirë jepet në kohën e fundit nga William J. Doorly, Obsession with Justice: The Story of the Deuteronomists (New York: Paulist Press,1994).

2 Shih kronologjia tek Edwin B. Thiele, The Mysterious Numbers of the Hebrew Kings: A Reconstruction of the Chronology of the Kingdom of Israel and Judah, botim i rishikuar, (Grand Rapids: Eerdmans, 1965), dhe Albright, William F., From Stone Age to to Christianity (New York: Doubleday, 1957).

3 Shih Martin Noth, The History of Israel (New York: Harper and Brothers, 1960), 68-84; dhe M. Weippert, "Canaan, Conquest and Settlement of," vëllimi shtes, Interpreter's Dictionary of the Bible (Nashville: Abingdon Press, 1976), 125-30.

4 Norman Gottwald, The Hebrew Bible: A Socio-Literary Introduction (Philadelphia: Fortress Press, 1985), 272-76. Shih gjithashtu librin e Gottwald-it, Tribes of Yahweh: A Sociology of the Religion of Israel, 1250-1050 B.C.E. (Maryknoll, N.Y.: Orbis Books; 1981).

5 Për tekstin e plotë të "Hymn of Victory of Mer-ne-Ptah" (gjithashtu i njohur si "Israel Stela"), shih Pritchard, ANET, 376-78.

Kapitulli 13

1 Shih John Day, "Canaan, Religion of" tek vëllimi 1, ABD, 831-37.

Kapitulli 15

1 Shih R. W. Corney, "Zadok the Priest," vëll. 4 tek Interpreter's Dictionary of the Bible (Nashville: Abingdon Press, 1962), 928-29, për propozime të ndryshme mbi vendin e Tsadokut në historinë e Izraelit.

Kapitulli 16

1 Sipas 1 Mbretërve 9:16, Faraoni i Egjiptit ia dha vajzën e tij Salomonit për nuse, dhe ia dha asaj Gezerin me rastin e dasmës. Bright mendon se Faraoni po përpiqej ta bënte Salomonin aleati të tij me anë të kësaj marrëdhënieje martese të jashtzakonshme, meqë faraonët egjiptianë zakonisht nuk iu jepnin vajzat e tyre mbretërve të huaj. Shih John Bright, A history of Israel, botimi i 4të, (Louisville, Ky.: John Knox Press, 2000), 212.

2 Shih tekstin e plotë të këtij mbishkrimi moabit në gur tek Pritchard, ANET, 320-21.

3 Kjo kronologji bazohet në rindërtimin e historisë së Izraelit nga John Bright. Shih Diagramet Kronologjike të tij në librin e tij, A History of Israel, ashtu si citohet më lartë. Hartime të tjera kronoligjike datojnë ndarjen e mbretërisë në vitin 930 para Krishtit, shih Edwin R. Thiele, The Mysterious Numbers of the Hebrew Kings: A Reconstruction of the Chronology of the Kingdoms of Israel and Judah (Grand Rapids: Eerdmans, 1965).

Kapitulli 17

1 Për një vlerësim të shkëlqyeshëm të historisë së Izraelit dhe Judës, adhtu si tregohet në 2 Mbretërve, shih Bright, 248-339.

2 Shih diagramet kronologjike të Bright-it, në shtojcën e A History of Israel.

3 Pritchard, ANET, 287-88. Rishtypur me lejë nga Princeton University Press.

Kapitulli 18

1 Për një përmbledhje të mirë të situatës së hebrenjve në Judë dhe në Babiloni, shih Peter R. Ackroyd, Exile and Restoration: A Study of Hebrew Thought of the Sixth Cantury B.C. (Philadelphia: Westminster Press, 1968), 20-38

2 Studiuesit janë ndarë për datën e shkatërrimit përfundimtar të Jeruzalemit nga ushtria babilonase. Disa datojnë këtë ngjarje në mars të vitit 586 para Krishtit.

3 Shih Pritchard, ANET, 316. I rishtypur me lejë nga Princeton University Press.

Kapitulli 19

1 Shih R.K. Harrison, Introduction to the Old Testament (Grand Rapids: Eerdmans, 1969), 1153-57, për një disktutim me hollësi të autorësisë dhe datës së Kronikave.

2 Për një trajtim të gjerë të gjenealogjive të Dhiatës së Vjetër, shih Robert R. Wilson, "Genealogy, Genealogies," tek vëll. 2, ABD, 929-33.

Kapitulli 20

1 Shih Harrison, Introduction to the Old Testament, 1145-49, për një studim me hollësi të datës së shërbesës së Ezdrës dhe Nehemias.

2 Shih të njëjtin vepër, 1087-90, për një diskutim me hollësi të problemave të datimit dhe autorësisë së Esterit.

Kapitulli 21

1 Leksionet e Lowthit mbi Poezinë e shenjtë të hebrenjve (1753) treguan se paralelizmi ishte tipari kryesor i poezisë hebraike. Robert Lowth, Lectures on the Sacred Poetry of the Hebrews. 2 vëllime, i përkthyer nga G. Gregory (1787; i rishtypur, New York: Garland, 1971).

2 Shih tekstin e plotë të Instructions of Amen-em-Opet te Pritchard, ANET, 421-24. I rishtypur me leje nga Princeton University Press.

3 Shih The Babylonian Theodicy, një poemë për vuajtje njerëzore, në formë dialogu, midis një personi që vuan dhe shokut të tij, te Pritchard, ANET, 601-4.

Kapitulli 22

1 Shih tekstin e plotë të The Admonitions of Ipuwer tek Pritchard, ANET, 441-44. I rishtypur me leje nga Princeton University Press.

2 Shih ANET, 434-37.

3 Shih ANET, 601-4.

4 Shih veprën e shkëlqyer të John Hartley, që shërben si hyrje për gjininë letrare dhe paralele letrare tek komentari i tij, The Book of Job: New International Commentary on the Old Testament (Grand Rapids: Eerdmans, 1988)

5 Për një diskutim të datimit dhe autorësisë së Jobit, shih Robert Gordis, The Book of God and Man: A Study of Job (Chicago: University of Chicago Press, 1965), 209-18

Kapitulli 24

1 Shikoni përsëri kapitulli 21 mbi urtësinë, veçanërisht urtësinë në kontekstin ndërkombëtar, dhe Fjalët e Urta dhe Udhëzimet e Amen-em Opet.

2 Shih Elizabeth R. Achtemeier, "Righteousness in the OT", vëll. 4 i Interpreter's Dictionary of the Bible. (Nashville: Abingdon Press, 1962), 80-85.

3 Shih James L. Crenshaw, "Ecclesiastes, Book of", vëll. 2, ABD, 271-80.

4   Gjuha e këtij libri përfaqëson, sipas shumicës së studiuesve, hebraishtjen më të fundit që gjendet në Bibël. Robert Gordis, duke bazuar mendimin e tij mbi lidhjen e librit të apokrifës, "Urtësi e Ben Siracidit" (Ekleziastikus) me Qoheleth-in, propozon që Qoheleth shkroi "Predikuesit" rreth vitit 250 para Krishtit. Robert Gordis, Koheleth - The Man and his World (New York: Schocken Books, 1968), 67.

5   Shih "The Epic of Gilgamesh" tek Pritchard, ANET, 64. I riprintuar me lejë nga Princeton University Press.

6   Për një vështrim me hollësi të historisë së interpretimit të "Kantiku i Kantikëve", shih: Marvin H. Pope, Song of Songs: A New Translation with Introduction and Commentary tek The Anchor Bible (New York: Doubleday, 1977), 89-229.

7   E njëjta vepër, 210.

Kapitulli 25

1   Për një trajtim të përgjithshëm të profetëve dhe profecisë jashtë Izraelit, shih J. Lindblom, Prophecy in Ancient Israel (Philadelphia: Fortress Press, 1973), 6-46; për një diskutim me hollësi mbi profecinë në Lindjen e afërme të lashtë, shih H.B. Huffmon, "Prophecy in the Ancient Near East," vëllimi plotësues, Interpreter's Dictionary of the Bible (Nashville: Abingdon Press, 1976), 697-700. Shih James B. Pritchard (red.), ANET, për përkthime të veprave profetike nga Egjipti dhe Mesopotamia.

2   Ky klasifikim bazohet mbi veprën e Paul D. Hanson, The Dawn of Apocalyptic (Philadelphia: Fortress Press, 1975), në të cilën ai arsyeton se eskatologjia apokaliptike në Izrael doli nga eskatologjia profetike.

3   Për një studim të shkëlqyer të formave të ndryshme të të folurit profetik, shih Claus Westermann, Basic Forms of Prophetic Speech (Philadelphia: Westminster Press, 1967).

Kapitulli 26

1   Christopher R. Seitz na jep një analizë të mirë të strukturës teologjike në këta kapituj tek Isaiah 1-39: Interpretation (Louisville: John Knox Press, 1993), 15-18.

2   Shih Paul D. Hanson, Isaiah 40-66: Interpretation (Louisville: John Knox Press, 1995), 1-4, 185-92, për një vështrim të përgjithshëm të mjedisit historik dhe për lidhjen e Isaias 56-66 me Isaian 40-55.

3   Hanson mendon se orakuj te Isaia 56-66 pasqyrojnë mundimet brenda komunitetit; keqësimin e kushteve shoqërore, ekonomike, të fetare; dhe polemikën e ashpër me priftërinjtë e Tsadokut, të cilët ngulmonin të sillnin përsëri në tempull ritualet nga periudha para mërgimit. Shih Isaia 40 – 66, 185-200.

Kapitulli 27

1   Shih tekste vajtimi nga Mesopotamia e lashtë tek ANET, 458.

Kapitulli 28

1   Herbert G. May citon 47 fraza që gjenden shpesh herë në libër. Kjo tregon që libri shkruhet nga një autor vetëm. Shih komentarin e tij, *The Book of Ezekiel*, vëll. 6 te The Interpreter's Bible (Nashville: Abingdon Press, 1956) 50-51.

2   Shih interpretime të ndryshme të këtyre veprimeve simbolike tek Ralph H.Alexander, Ezekiel, vëll. 6, Expositor's Bible Commentary (Grand Rapids: Zondervan Publishing House,1986), 769-71; John B. Taylor, Ezekiel, tek Tyndale Old Testament Commentaries Downers Grove, Ill,: Intervarsity Press, 1969), 74-85; Walther Eichrodt, Ezekiel: A Commentary. Përkth. Cosslett Quin (Philadelphia: Westminster Press, 1970) 80-91.

3   Për një diskutim të përmbajtjes së kapitujve 8-11, shih Eichrodt, Ezekiel, 112-19.

4   Për një diskutim për përputhje të ndryshme të kapitujve 38-48 të Ezekielit me kapitujt 19-22 të Zbulesës, dhe për interpretimin e kapitujve 40-48 të Ezekielit, shih Alexander, Ezekiel, 937-52.

Kapitulli 29

1   Shih Leo Oppenheim, The Interpretation of Dreams in the Ancient Near East (Philadelphia: American Philosophical Society, 1956) për shembuj.

Kapitulli 30

1   Për shprehjen e kësaj pikëpamjeje shih James L. Mays, Hosea: A Commentary (Philadelphia: Westminster Press, 1969), 24-25.

2   Donald E. Gowan, The Book of Amos, vëll. 7 i The New Interpreter's Bible (Nashville: Abingdon Press, 1996), 340.

3   Shih James L. Mays, Amos: A Commentary (Philadelphia: Westminster Press, 1974), 2.

4 Shih Samuel Pagan, The Book of Obadiah, vëll. 7 i The New Interpreter's Bible (Nashville: Abingdon Press, 1996),436.

Kapitulli 31

1   Shih Phyllis Trible, "Jonah," në vëll. 7 e The New Interpreter's Bible (Nashville: Abingdon Press, 1996), 466, shënimi 8, për referencat e librave me data të ndryshme të propozuara nga studiuesit në lidhje me librin e Jonas.

2 Shih O. Palmer Robertson, The Books of Nahum, Habakkuk, dhe Zephaniah, tek The New International Commentary on the Old Testament (Grand Rapids: Wm. B. Eerdmans Publishing Company, 1990), 32, dhe Ralph L. Smith, Micah – Malachi, tek Word Biblical Commentary (Waco: Word Books, 1984), 63, për pikëpamje të ndryshme mbi vendbanimit të Nahumit.

3 Shih Smith, Micah – Malachi, 93, për një përmbledhje të legjendëve dhe teorive për identitetin e Habakukut.

4 Donald E. Gowan, The Triumph of Faith in Habakkuk (Atlanta: John Knox Press, 1976), 14.

5 Theodore Hiebert, The Book of Habakkuk, vëll. 7 i The New Interpreter's Bible (Nashville: Abingdon Press, 1996), 654.

6 Shih Robertson, Books of Nahum, Habakkuk, and Zephaniah, 39.

Kapitulli 32

1 Shih Smith, Micah – Malachi, 121, për këtë këndveshtrimt të propozuar nga Donald L. Williams tek Journal of Biblical Literature 82 (1963), 85-88.

2 Shih Smith, Micah – Malachi, 121-123, për një analizë të gjerë të mendimeve të ndryshme për datën e shërbesës së Sofonias. Ai preferon një datë rreth 627 para Krishtit.

www.ingramcontent.com/pod-product-compliance
Lightning Source LLC
Chambersburg PA
CBHW062033090426
42740CB00016B/2897

9 781563 444081